PETERSON/MOUNTFORT/HOLLOM

Guida degli
UCCELLI
D'EUROPA

FRANCO MUZZIO EDITORE

Titolo originale *A field guide to the Birds of Britain and Europe*
Direzione editoriale di Massimo Pandolfi
Traduzione a cura della redazione
Revisione di Sergio Frugis

I Ristampa Aprile 2015

© 1983 quinta edizione by Roger Tory Peterson, Guy Mountfort, and P.A.D Hollom
© 2011 Harper Collins, London
©1983,1988, 2011 Franco Muzzio editore – Roma, di Gruppo Editoriale Italiano srl

www.editorefrancomuzzio.it

Progetto grafico della copertina
Pixelpress sas - pixelp00@pixelpress.191.it

Foto di copertina: © grandaded - © Ronnie Howard - © Samuele Gallini
© ChristianFallini - © Francesco Ribes - Fotolia.com

Finito di stampare nel mese di Aprile 2015 da CSR - Roma

ISBN: 978-88-7413-047-4

Indice generale

Introduzione di Julian Huxley	9
Prefazione alla quarta edizione aggiornata	11
Norme per i lettori	13
L'area geografica compresa nella Guida	14
Come identificare gli uccelli	15
Topografia di un uccello	22
Lista di controllo	23
Associazioni ornitologiche e principali periodici ornitologi europei	30
STROLAGHE: Gaviidae	33
SVASSI: Podicipedidae	35
ALBATRI: Diomedeidae	36
FULMARI e BERTE: Procellariidae	37
UCCELLI DELLE TEMPESTE: Hydrobatidae	39
SULE: Sulidae	40
MARANGONI: Phalacrocoracidae	40
PELLICANI: Pelecanidae	42
AIRONI e TARABUSI: Ardeidae	42
CICOGNE: Ciconiidae	46
SPATOLE e MIGNATTAI: Threskiornithidae	47
FENICOTTERI: Phoenicopteridae	47
OCHE, CIGNI e ANATRE: Anatidae	48
NIBBI, POIANE, SPARVIERI, AQUILE, ALBANELLE, AVVOLTOI: Accipitridae	66
FALCO PESCATORE: Pandionidae	76
FALCHI VERI O FALCONI: Falconidae	76
TETRAONIDI: Tetraonidae	80
PERNICI, QUAGLIE e FAGIANI: Phasianidae	82
QUAGLIE TRIDATTILE: Turnicidae	85
PORCIGLIONI, VOLTOLINI, GALLINELLE e FOLAGHE: Rallidae	85
GRU: Gruidae	88
OTARDE e GALLINE PRATAIOLE: Otididae	89
BECCACCE DI MARE: Haematopodidae	90
AVOCETTE e CAVALIERI D'ITALIA: Recurvirostridae	91
OCCHIONI: Burhinidae	91
PERNICI DI MARE e CORRIONI: Glareolidae	92

PIVIERI: Charadriidae	93
BECCACCINI, CHIURLI, PITTIME, PIRO-PIRO: Scolopacidae	97
STERCORARI e LABBI: Stercorariidae	111
GABBIANI: Laridae	113
STERNE: Sternidae	120
GAZZE MARINE, URIE e PULCINELLA DI MARE: Alcidae	124
SIRRATTI e GRANDULE: Pteroclididae	127
PICCIONI e TORTORE: Columbidae	128
PAPPAGALLI: Psittacidae	130
CUCULI: Cuculidae	130
BARBAGIANNI: Tytonidae	131
GUFI, CIVETTE e ALLOCCHI: Strigidae	131
SUCCIACAPRE: Caprimulgidae	135
RONDONI: Apodidae	137
MARTIN PESCATORE: Alcedinidae	138
GRUCCIONI: Meropidae	138
GHIANDAIE MARINE: Coraciidae	139
UPUPE: Upupidae	139
PICCHI: Picidae	139
ALLODOLE: Alaudidae	143
RONDINI e TOPINI: Hirundinidae	146
PISPOLE, CUTRETTOLE e BALLERINE: Motacillidae	147
BECCOFRUSONI: Bombycillidae	151
MERLI ACQUAIOLI: Cinclidae	152
SCRICCIOLI: Troglodytidae	152
SORDONI e PASSERE SCOPAIOLE: Prunellidae	152
TORDI, CULBIANCHI, SALTIMPALI, USIGNOLI: Turdidae	153
CANNAIOLE, BIGE, LUÌ: Sylviidae	164
BALIE e PIGLIAMOSCHE: Muscicapidae	179
TIMALLIDI: Timaliidae	181
CODIBUGNOLI: Aegithalidae	181
CINCE: Paridae	181
SITTE O PICCHI MURATORI: Sittidae	184
PICCHI MURAIOLI: Tichodromadidae	185
RAMPICHINI: Certhiidae	186
PENDOLINI: Remizidae	186
RIGOGOLI: Oriolidae	187
AVERLE: Laniidae	187
CORVI: Corvidae	189
STORNI: Sturnidae	193
PASSERI E FRINGUELLI: Passeridae	194
ESTRILDIDI: Estrildidae	196
FRINGUELLI, CARDELLINI, LUCHERINI e CROCIERI: Fringillidae	196

PARULIDI: Parulidae	202
ZIGOLI: Emberizidae	202
Accidentali	208
Cartine	225
Mappe di distribuzione delle specie nidificanti in Italia	273
Elenco delle specie nidificanti in Italia	274
Bibliografia	289
Indice analitico	293

Elenco delle illustrazioni

Becchi di Strolaghe	34
Posizione di varie Anatre sul terreno	56
Fondamentali silhouette di volo dei Rapaci	72
Coturnice e Ciukar	82
Falaropo mentre nuota	110
Sterna scura	123
Culbianco in volo	157
Disegni della coda e del groppone di cinque specie di Culbianchi	158
Formula alare delle Cannaiole	168
Formula alare del Luì verdastro e del Luì boreale	175
Formula alare del Luì grosso e del Luì piccolo	178
Silhouette di volo del Corvo imperiale e della Cornacchia	192
Cicogna nera, Cicogna bianca e Fenicottero	Tav. 6
Edredoni	» 13
Immaturi di Aquila anatraia maggiore	» 26
Fagiano, Fagiano di monte, Gallo cedrone	» 29
Pernice bianca e Pernice bianca nordica	» 30
Disegni tipici in volo degli Uccelli di ripa	» 34
Beccacce di mare	» 37
Code di Stercorari adulti	» 43
Sterna del Dougall, Sterna comune, Sterna codalunga	» 47
Teste di Mignattini in inverno	» 48
Posizioni di Alche sul terreno	» 50
Piccioni domestici	» 51
Disegni del dorso e della faccia di Picchi simili	» 55
Nidi di Rondini	» 57

Elenco delle tavole

1. Svassi e Strolaghe
2. Uccelli pelagici
3. Cormorani
4. Uccelli marini grandi (vari)
5. Ardeidi e Gru
6. Aironi, Spatole, Mignattai, Fenicotteri e Cicogne
7. Cigni e Oche
8. Oche e Cigni in volo
9. Oche grigie
10. Principali Oche grigie in volo
11. Anatre di superficie
12. Anatre tuffatrici
13. Anatre di mare
14. Smerghi, Volpoche, Gobbo rugginoso
15. Uccelli acquatici (specie rare)
16. Anatre in volo
17. Anatre in volo
18. Anatre in volo viste da sotto
19. Anatre in volo viste da sotto
20. Avvoltoi
21. Albanelle e Nibbi
22. Albanelle e Nibbi in volo
23. Poiane e Sparvieri
24. Poiane e piccole Aquile viste da sotto
25. Aquile
26. Aquile e Falco pescatore visti da sotto
27. Falchi veri o Falconi
28. Falchi, Sparvieri e Astori visti da
29. Galliformi
30. Galliformi
31. Porciglioni, Voltolini, Folaghe e Gallinelle
32. Otarde, Ganghe, Sirratte e Occhione
33. Uccelli di ripa
34. Pivieri e Voltapietre in volo
35. Uccelli di ripa rari (principalmente Pivieri)
36. Grossi uccelli di ripa
37. Grossi uccelli di ripa in volo
38. Limicoli
39. Scolopacidi in volo
40. Piccoli limicoli
41. Scolopacidi in volo
42. Limicoli rari (Tringhe)
43. Stercorari
44. Gabbiani (adulti)
45. Gabbiani (immaturi)
46. Gabbiani e Sterne rari
47. Sterne o Rondini di mare
48. Fraticello e Mignattini
49. Teste di Sterne e Mignattini
50. Alche
51. Columbidi
52. Rapaci notturni
53. Rapaci notturni
54. Ghiandaia marina, Gruccione, Upupa, Martin pescatore, Cuculi e Succiacapre
55. Picchi e Torcicollo
56. Allodole
57. Rondoni, Balestrucci, Rondini e Topini
58. Pispole, Ballerine e Cutrettole
59. Teste di Cutrettole e Ballerine
60. Culbianchi, Monachelle, Stiaccini, ecc.

61	Tordi	68	Cince
62	Silvie	69	Gazze, Nocciolaia, Gracchi, Ghian-
63	Silvie	70	Corvidi
64	Silvie (Luì e Canapini)	71	Fringillidi
65	Silvie rare e Fringillidi	72	Fringillidi
66	Regolo, Fiorrancino, Merlo acquaiolo, Scricciolo, Rampichini, Picchio muraiolo, Picchi muratori	73	Passeri, Prunellidi, Zigoli
		74	Zigoli
		75	Specie occasionali o accidentali
67	Pigliamosche, Balie, Beccofrusone e Averle	76	Specie occasionali o accidentali
		77	Alcune specie naturalizzate

Introduzione all'edizione italiana

L'edizione di questo manuale va ad arricchire di un'opera fondamentale il quadro delle pubblicazioni italiane sull'argomento, proprio nel momento in cui un numero sempre crescente di persone rivolge il proprio interesse all'osservazione della natura e in particolare degli uccelli.

Il mondo anglosassone, che da molti anni ha sviluppato una sua particolare cultura naturalistica, definisce *birdwatching* chi si dedica all'osservazione degli uccelli allo stato libero; noi, che solo negli ultimi anni stiamo faticosamente cercando di crearne una nostra, abbiamo preso in prestito il termine *birdwatching* per indicare un modo di avvicinarsi a questi affascinanti animali e alla natura nella sua totalità.

Birdwatching significa *osservare gli uccelli selvatici nei loro habitat naturali* ed è proprio nel contatto con l'ambiente naturale e la vita selvatica che va ricercato il principale significato e motivo di successo del birdwatching.

La sua pratica ci conduce a diretto contatto con gli eventi e i protagonisti del mondo selvatico, permettendoci di maturare una profonda e vera comprensione della natura e dei suoi meccanismi.

Oltre a questo significato "emotivo", il birdwatching è dotato di valore ricreativo, culturale, protezionistico e sportivo. Praticarlo è semplice ma anche piacevolmente impegnativo; con il tempo e l'esperienza comprenderemo la vastità del mondo degli uccelli, in termini di numero di specie, abitudini e relazioni, ed entreremo sempre più in sintonia con questi meravigliosi animali.

L'attrezzatura è costituita da pochi ma essenziali elementi. Primo fra tutti il *binocolo* che ci permette di osservare l'animale a distanza per coglierne le caratteristiche del piumaggio, le forme del capo, e i comportamenti, senza infrangere la "distanza di sicurezza o di fuga" diversa per ciascun animale selvatico.

Una buona *guida agli uccelli d'Europa* come questa costituisce l'altro indispensabile strumento del birdwatcher, in particolar modo del dilettante. Poter confrontare le immagini del libro con i soggetti osservati in natura, è presupposto fondamentale per apprendere rapidamente. Sarà buona norma studiare la guida a tavolino, memorizzando le specie più comuni e imparando a orientarsi fra le molte esistenti, mettendole in relazione con gli ambienti e le stagioni dell'anno.

Altro "attrezzo" complemento di fondamentale importanza è rappresentato dalla compagnia di un birdwatcher esperto che ci comunichi conoscenze ed esperienze sicure, altrimenti, conquistabili solo in lungo tempo, compiendo frequenti errori e rischiando di acquisire convinzioni sbagliate.

La L.I.P.U., Lega Italiana Protezione Uccelli, è la più importante associazione naturalistica del nostro paese che si occupi della conoscenza e della conservazione degli uccelli e degli habitat con cui vivono.

Nel 1982 ha lanciato il *progetto birdwatching*, organizzando in tutta Italia corsi di introduzione all'argomento con lezioni e dimostrazioni pratiche sul campo. Le iniziative del progetto sono proseguite con l'organizzazione di escursioni guidate, viaggi e soggiorni, corsi di approfondimento, corsi per il riconoscimento del canto degli uccelli. Queste iniziative, programmate a livello nazionale da un apposito coordinamento, nella pratica sono per lo più organizzate dalle sezioni locali.

I nostri corsi, ai quali sono intervenuti i nomi più prestigiosi dell'ornitologia italiana, sono il momento di incontro per un numero notevole di appassionati che difficilmente si sarebbero conosciuti in altro modo, e che finalmente hanno trovato l'opportunità di essere introdotti, in forma qualificata ed entusiasmante, alla pratica del birdwatching.

La loro attività di birdwatcher dilettanti potrà contribuire alla ricerca ornitologica come avviene nei paesi in cui questa pratica è notevolmente diffusa. In ogni caso, aumenterà la schiera di coloro che possono dire di sapere realmente che cosa significa "natura e vita selvatica", e si impegnano per la sua salvaguardia. Osservando infatti quotidianamente con i loro inseparabili binocoli, boschi, paludi, coste, campagne, i birdwatcher, sono potenziali avvistatori dei danni e degli attentati quotidianamente alla natura del nostro bel paese.

MARCO LAMBERTINI
Responsabile nazionale progetto "LIPU-BIRDWATCHING"

WALTER PIERETTI LINO
Coordinatore regionale per la Liguria

Introduzione alla prima edizione
di Sir Julian Huxley

Come ogni ornitologo inglese che abbia viaggiato – o intenda viaggiare – sul continente, ho spesso desiderato possedere un buon manuale pratico sugli uccelli d'Europa. Senza una simile guida come potrei esser sicuro che il Picchio che osservai nei pressi di Parigi sia stato un Picchio rosso mezzano? Come trovare il nome di quello strano uccello silvano che udii nei boschi dell'Italia settentrionale? Come distinguere le due specie continentali di Rampichino? Come imparare a riconoscere tutte le specie che ci si può aspettare di osservare in Svizzera o in Portogallo? Sono sicuro che anche gli ornitologi del continente debbano nutrire lo stesso mio desiderio, dato che i confini tra i loro paesi sono, biologicamente parlando, ancor più artificiosi di quanto non lo siano quelli tra le nostre isole ed il resto d'Europa.

Gli unici libri pratici su questo argomento sono vecchi di mezzo secolo, e non hanno illustrazioni, senza considerare, poi, che tali opere non sono concepite per servire ad un osservatore in campagna. Quali devono essere i criteri informatori per un buon manuale sugli uccelli europei che incontri il favore del naturalista pratico? Prima di tutto tale libro deve essere in un unico volume e di un formato tale da potersi portare in viaggio ed usare in campagna. In secondo luogo esso deve essere completamente illustrato e deve riprometter si soprattutto di aiutare il naturalista a riconoscere le nuove specie nelle quali egli si imbatte durante i suoi viaggi. Per terza cosa esso dovrebbe servire ad orientare il naturalista sulla distribuzione geografica degli uccelli che osserva. Infine, dovrebbe essere scientifico, basato sulle ultime scoperte e sulle migliori interpretazioni teoriche.

La nuova "Guida degli Uccelli d'Europa" mi pare soddisfi in modo ammirevole tutte queste esigenze.

Tutt'e tre gli Autori sono particolarmente qualificati per il compito che si sono imposti. Guy Mountfort da lungo tempo aveva progettato di scrivere un libro sugli uccelli del continente. Egli ha viaggiato e osservato gli uccelli in oltre un centinaio di paesi diversi. Ha profondamente studiato quelli dell'Europa occidentale nei dieci anni che ha passato sul continente. Roger Peterson è un appassionato amatore e studioso degli uccelli. Egli ha, inoltre, il merito di aver pubblicato un libro di ornitologia, la cui vendita e diffusione hanno superato di gran lunga quelle di qualsiasi altro mai scritto sull'argomento. Il suo successo è dovuto alla combinazione di un'alta valentia artistica con la personale conoscenza degli uccelli in libertà, che lo hanno condotto alla creazione del suo speciale metodo illustrativo, in cui gli uccelli sono ritratti con frecce indicanti le caratteristiche grazie alle quali essi possono essere riconosciuti. L'applicazione sistematica di questo suo metodo, prima agli uccelli, poi ai mammiferi ed infine agli altri organismi, ha incontrato l'immenso favore dei naturalisti dilettanti d'America. Sebbene americano, Peterson ha una vasta conoscenza dell'Europa ed in essa ha trascorso la maggior parte degli ultimi tre anni, viaggiando per familiarizzarsi con l'avifauna europea. P. A. D. Hollom, infine, gran viaggiatore (noto agli ornitologi inglesi per il suo *The Popular Handbook of British Birds*) e co-redattore della rivista *British Birds*, ha compiuto uno studio particolare sulla distribuzione geografica degli uccelli del Vecchio Mondo.

Guy Mountfort conobbe Peterson nel 1949 sulla Hawk Mountain in Pennsylvania, dove molti ornitologi si riuniscono ogni anno per osservare la spettacolare migrazione degli uccelli da preda (poiane, aquile, sparvieri e falchi) che, sostenuti dalle correnti di aria calda, passano sopra la catena delle Montagne Blu. Pochi minuti dopo essersi conosciuti, Peterson e Mountfort avevano deciso di lavorare insieme per la pubblicazione di una guida degli uccelli europei, seguendo lo schema generale dato dal Peterson alle guide per l'America, che tanto successo avevano già riscosso nel Nuovo Mondo e che già facevano sentire la loro influenza sulla letteratura ornitologica europea. Quando, più tardi, scoprirono che anche Hollom aveva in mente un simile progetto decisero di servirsi anche della sua collaborazione.

Nei tre anni che seguirono, gli Autori viaggiarono per tutta l'Europa dalla Lapponia alla Spagna meridionale, dall'Inghilterra alla Turchia, per dare gli ultimi ritocchi alle loro note pratiche, prendendo contatto con gli ornitologi stranieri e vagliando tutta la letteratura ornitologica di un certo rilievo. Fra tutt'e tre, essi hanno osservato nei loro habitat naturali tutte (tranne una insignificante frazione) le 602 specie descritte in questo libro.

Peterson si è soprattutto occupato delle illustrazioni e delle didascalie, Mountfort del testo esplicativo principale e Hollom delle cartine e delle note sulla distribuzione geografica. Non per questo il libro è la semplice somma del lavoro di tre diversi studiosi, ma è sotto ogni riguardo il prodotto di una stretta collaborazione critica.

Il risultato mi pare molto soddisfacente. Il libro è di formato maneggevole ed è una guida da consultarsi sul posto stesso delle osservazioni. Il sistema Peterson, permette una rapida ed accurata identificazione degli uccelli di ogni sesso ed età. Hollom ha compilato, per ogni specie, le cartine dell'area di distribuzione europea, estiva ed invernale.

È interessante notare che abbiamo dovuto attendere troppo a lungo per questo aiuto visivo allo studio dell'ornitologia, ed io sono certo che questa particolarità sarà del massimo valore per ogni serio studioso. Da ultimo, il testo di Mountfort condensa il massimo di informazioni nel minimo spazio. I nomi comuni degli uccelli sono tradotti in tutte le lingue delle nazioni europee ornitologicamente importanti, e sono riportate quelle notizie sulla voce, il comportamento e l'habitat, che sono utili ai fini dell'identificazione ed aprono la via ad ulteriori studi; non ci si può tuttavia certo aspettare che un manuale pratico, tascabile, possa abbracciare tutti gli aspetti dell'ornitologia.

Gli uccelli sono raggruppati secondo la più recente classificazione scientifica, così che se ne possano dedurre le reali interrelazioni. E, se da un canto si è voluto tener conto del problema delle sottospecie, si è dato d'altra parte il massimo rilievo alla specie come unità di partenza per lo studio.

Le sottospecie riconoscibili in campagna sono elencate alla fine delle note descrittive di ciascuna specie.

La pubblicazione di questa guida pratica mi appare come un evento di notevole importanza per la scienza in generale e per la storia naturale in particolare. Tale guida allargherà certamente il campo di interesse dei nostri ornitologi, promuoverà i legami internazionali tra i naturalisti dell'Europa occidentale e li convincerà che lo studio della storia naturale nei singoli paesi è di per sé insufficiente e che l'ornitologia europea merita di essere inquadrata nel suo insieme. Io spero che questa guida spianerà la strada alla realizzazione di un manuale completo sugli uccelli d'Europa, che renda all'ornitologia europea gli stessi servigi di quelli che l'*Handbook of British Birds* rende a quella del nostro paese.

Le mie congratulazioni vanno sia agli Autori sia agli Editori per la loro impresa.

JULIAN HUXLEY

Prefazione alla quarta edizione aggiornata

Dalla sua prima apparizione nel 1954 quasi un milione di copie sono state vendute in 12 lingue diverse. Con l'unica eccezione dell'analogo volume *A field Guide to the Birds* (del Nordamerica) che Roger Peterson ha pubblicato nel 1934, sono state vendute più copie della Guida di qualsiasi altro libro sugli uccelli mai pubblicato. La successiva pubblicazione di diversi libri competitivi sugli uccelli d'Europa, con titoli molto simili al nostro, ha sorprendentemente poco pregiudicato il suo successo.

L'interesse nell'ornitologia sta evidentemente ancora aumentando rapidamente. L'edizione inglese della Guida è stata ampiamente aggiornata nel 1966 e nuovamente nel 1974 con la collaborazione di I.J. Ferguson-Lees e di D.I.M. Wallace. Queste edizioni sono state ristampate 17 volte. Per andare al passo con la conoscenza di specie europee in costante aumento, si è resa necessaria un'altra edizione aggiornata.

Il testo relativo alle specie "difficili" è stato ampliato in modo da includere un maggior numero di confronti con uccelli simili, come anche per le descrizioni, le note di richiamo e il canto. Si è colta l'occasione di utilizzare riproduzioni a colori migliori e di riorganizzare l'impaginazione.

Ventisei specie rare che dall'ultima edizione ad oggi si sono rinvenute in Europa più di 20 volte, sono state aggiunte ed illustrate nel testo principale, mentre 27 specie erratiche sono state inserite nella sezione intitolata "Accidentali", per un totale di 635.

Nelle precedenti edizioni le illustrazioni erano sparse in tutto il libro, sistemazione che non si è verificata molto soddisfacente.

In un volume inteso come tascabile non è possibile posizionare le illustrazioni in modo che la relativa descrizione della specie compaia sulla pagina a fianco, senza ridurre troppo e quindi privando di valore il testo.

Le tavole a colori sono state quindi riunite in una apposita sezione. A lato di ciascuna tavola c'è una breve legenda con il riferimento alle pagine del testo principale.

Speriamo che i lettori trovino questa disposizione più adeguata. Tutte le tavole prima in bianco e nero ora sono a colori.

Ad eccezione di due tavole delle rarità e di una delle specie introdotte, le illustrazioni sono, naturalmente per quanto possibile, nello stesso ordine delle specie trattate nel testo.

Ancora una volta la sequenza delle specie e la nomenclatura scientifica sono state completamente rivedute, ma sono tuttora causa di qualche confusione.

L'ordine nel quale gli uccelli sono classificati e la nomenclatura loro assegnata sono stati, nella migliore delle ipotesi, creati per comodità dell'uomo, ma è triste constatare che un accordo universale non è ancora stato raggiunto.

Tuttavia, almeno in Europa, ci si sta orientando verso l'adozione di una sequenza e di una nomenclatura proposte dal prof. K.H. Voous in *List of Recent Holarctic Bird Species* pubblicato nel 1977 e adottata dalla British Ornithologists' Union e dai curatori di *Birds of the Western Palearctic*. Pensiamo quindi di soddisfare l'interesse della maggior parte delle persone facendo altrettanto, invece che conservare la sequenza di Peters e Vaurie usata nella terza edizione della Guida.

Tutte le cartine sono state rivedute sulla base delle recenti informazioni, poiché la distribuzione geografica degli uccelli, come è ovvio, cambia continuamente. Esse sono ora raggruppate, assieme alle loro brevi legende, in una singola sezione in fondo al libro. Un ulteriore miglioramento è rappresentato dall'utilizzazione di un secondo colore per indicare le zone di nidificazione.

Desideriamo esprimere la nostra gratitudine agli ornitologi di tutta Europa che hanno nuovamente collaborato con noi per la realizzazione della nuova edizione e ci spiace solamente che siano troppo numerosi per poterli menzionare tutti per nome.

Un particolare ringraziamento va tuttavia ai curatori di *Birds of Western Palearctic* per la loro collaborazione e per averci permesso di accedere alla loro vasta raccolta di materiale non pubblicato. Un ringraziamento anche ai curatori della rivista *British Birds* ed in particolare a M.J. Rogers, segretario del Rarities Committee. I loro articoli illustrati riguardanti le specie rare o difficili sono stati di utilità inestimabile per l'identificazione. Ringraziamo Ian Dawson, C. Harbard e H.E. Walters per l'aiuto fornito nell'aggiornamento delle cartine.

Come ha detto una volta Sir Julian Huxley, la scienza dell'ornitologia è profondamente grata non solo ai professionisti ma anche alla dedizione ed alle attente osservazioni di migliaia di amatori. È stato in considerazione di questo crescente numero di persone entusiaste che è stata preparata questa Guida aggiornata.

Il nostro defunto amico e collega James Fisher, curatore della sezione naturalistica della William Collins, ha seguito la lavorazione della Guida originale nel 1954. È quindi con particolare piacere che 30 anni più tardi, ringraziamo suo figlio Crispin Fisher per l'entusiastico incoraggiamento e l'abilità tecnica forniti nella realizzazione dell'edizione aggiornata.

R.T.P., G.R.M., P.A.D.H. 1983

Norme per i lettori

Questa guida comprende tutti gli uccelli europei che si trovano all'occidente della Russia.

Per comodità d'uso di chi volesse guardare direttamente le tavole quando trova una specie nuova, sono stati usati i seguenti simboli nelle pagine a fianco delle illustrazioni:

- ● **RESIDENTE, REGOLARE** o **ANNUALE** in Italia (comprese tutte le isole).
- ○ **OCCASIONALE** o **MOLTO RARO** in Italia. Venti catture (o osservazioni) ed oltre; non di comparsa regolare ogni anno, ma può capitare in gran numero durante occasionali "invasioni".
- △ **ACCIDENTALE** in Italia. Meno di venti volte.

La mancanza di ogni simbolo sta a significare che l'uccello non è compreso nella lista italiana.

I seguenti simboli sono stati usati per i sessi nelle illustrazioni:
♂ per **maschio**, ♀ per **femmina**.

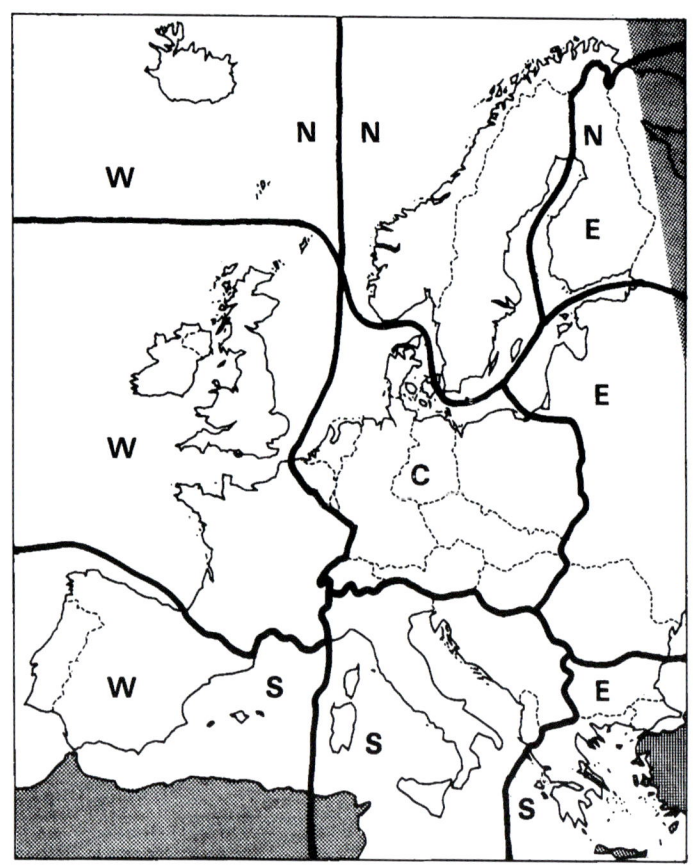

L'area geografica compresa nella Guida.

Gli uccelli descritti sono quelli residenti o che si rinvengono entro la parte non ombreggiata della cartina, vale a dire nelle Isole britanniche e Irlanda, Islanda e Europa continentale a est fino al 30° meridiano. Sono comprese le isole del bacino del Mediterraneo mentre la Turchia ed il Nordafrica sono esclusi. Nel testo si dice che le specie si rinvengono in Europa settentrionale, meridionale, orientale, occidentale e centrale (alcuni paesi si trovano in più di una regione). Le regioni interessate sono:
NORD: Islanda, Faer Oer, Norvegia, Svezia, Finlandia.
SUD: Portogallo, Spagna, Francia mediterranea, Italia, Jugoslavia, Albania, Grecia, Bulgaria.
EST: Finlandia, Stati del Baltico, Romania, Bulgaria, Grecia.
OVEST: Islanda, Faer Oer, Gran Bretagna, Irlanda, Francia, Spagna, Portogallo.
CENTRALE: Belgio, Olanda, Danimarca, Germania orientale e occidentale, Polonia, Cecoslovacchia, Ungheria, Austria, Svizzera.

Come identificare gli uccelli

Molta gente che ha già un vago interesse per gli uccelli, è spaventata all'idea di addentrarsi nella materia, perché, come talora dice, "non riesce a distinguere un merlo da un passero". Altra gente forse non vuol avere a che fare con una astrusa terminologia. Tutte queste persone sono inutilmente ingiuste verso se stesse. La passione per l'ornitologia, che l'uomo ha sviluppato in tanti secoli di attaccamento sentimentale, non dipende né da uno studio intenso né da titoli universitari. Coloro che sostengono di non saper distinguere un merlo da un passero certo riconoscono un'aquila, un gabbiano, una civetta e molti altri uccelli ancora. Essi sono, di fatto, già a buon punto sulla strada per "conoscere gli uccelli". Ma le parole "aquila", "gabbiano", "civetta", sono molto vaghe. Vi sono circa cinquanta specie diverse di aquile nelle varie parti del mondo, e molte più specie di gabbiani e di civette.

Il proposito di questo libro è di mostrare, senza ricorrere a simboli complicati, come si possano riconoscere ad una distanza ragionevole, tutte le specie che abitano l'Italia e l'Europa.

Nel mondo ci sono circa 8.600 specie di uccelli. Noi abbiamo in Europa solo 504 specie, tutte completamente trattate in questo libro. Altre 131 specie sono capitate in Europa meno di venti volte. Queste specie sono descritte brevemente nella lista degli "Accidentali".

Le sottospecie riconoscibili in libertà sono pure brevemente descritte nel testo principale.

Cosa osservare?

Il riconoscere gli uccelli è più o meno una questione di sapere "cosa osservare". Bisogna infatti cercare le caratteristiche, le "*Field marks*", i segni caratteristici.

L'esatta *diagnosi* dipende quindi da un processo di eliminazione, accompagnato da un confronto con le altre specie alle quali l'uccello può somigliare. Le frecce nelle illustrazioni facilitano questo processo. Ma l'aspetto esterno è solo un elemento dell'identificazione. Le note di richiamo, il canto, gli atteggiamenti, il comportamento, l'habitat e la distribuzione sono anche molto importanti.

Che dimensioni ha?

Prendete innanzitutto l'abitudine di confrontare gli uccelli sconosciuti con uno che vi sia familiare – un passero, un merlo, un piccione, ecc. – così che possiate dirvi: "più piccolo di un merlo, un po' più grande di un passero, ecc.". Le misure riportate in questo libro indicano la *lunghezza media* di ogni specie in centimetri, dalla punta del becco a quella della coda.

Che forma ha?

È "tondeggiante" come un Pettirosso (a sinistra) o allungato come una Ballerina (a destra)?

Che forma hanno le sue ali? Sono lunghe e appuntite come quelle di una Rondine (a sinistra) o corte arrotondate come quelle di un Luì (a destra)?

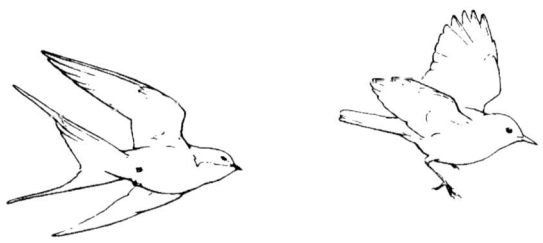

Di che forma ha il becco? È piccolo e fine come quello di un Luì (1), massiccio e corto come quello di un Passero (che deve spaccare i semi) (2) o a forma di pugnale come quello di una Rondine di mare (3) o adunco come quello di un Gheppio (4)?

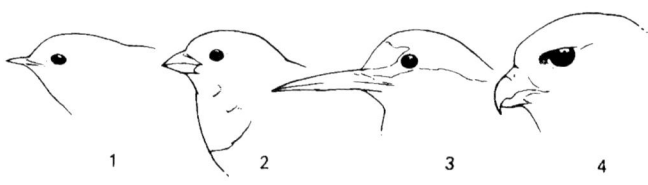

La sua coda è molto forcuta come nella Rondine (a), corta e quadrata come quella di uno Storno (b), profondamente intaccata come nel Fanello (c), rotonda come quella del Cuculo (d) o cuneiforme come quella del Corvo imperiale (e)?

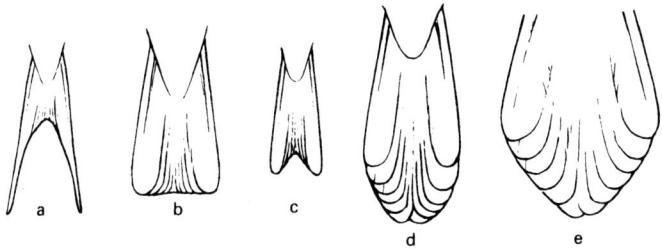

Come si comporta?

Alcuni uccelli hanno abitudini ed atteggiamenti del tutto caratteristici. Muove continuamente la coda in su e in giù come una Ballerina? Fa "tremolare" la coda come un Codirosso? Tiene la coda alzata verticalmente come uno Scricciolo o se ne sta posato ben diritto con la coda in giù come un Pigliamosche?

Si arrampica sugli alberi? Se lo fa, si arrampica a spirale come un Rampichino (1), o a piccoli salti appoggiato sulla coda rigida, come un Picchio (2), oppure si muove (senza usar la coda come "mezzo di propulsione") con altrettanta facilità verso l'alto quanto verso il basso (a testa in giù) come un Picchio muratore (3)?

Se cerca il cibo sul terreno, cammina come un Corvo, saltella come un Passero; corre spasmodicamente come una Ballerina; o si "trascina" sul terreno come la Passera scopaiola?

Se nuota, sta "seduto alto" sull'acqua come una Gallinella (a) o "basso" col dorso quasi sommerso, come una Strolaga (b)? Si tuffa completamente come una Folaga (c) o si limita a stare a "coda in su" come un Germano reale (d)?

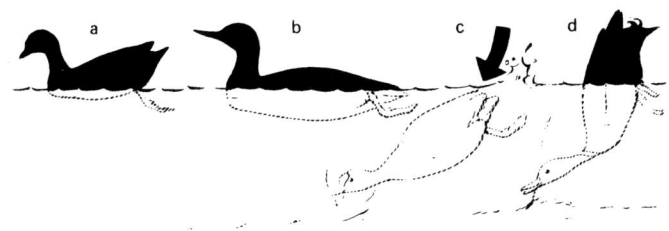

Si alza dall'acqua gradualmente, correndo sulla superficie come una Folaga, o si alza d'un sol colpo come un'Alzavola?

Si mantiene in volo sull'acqua sopra uno stesso punto e poi si tuffa a "capofitto" come una Rondine di mare od un Martin pescatore, o si butta sui pesci, i piedi in avanti, come un Falco pescatore, o cammina decisamente sott'acqua, come un Merlo acquaiolo?
È un uccello di ripa? Se lo è se ne sta immobile nelle acque basse per lungo tempo come un Airone, o corre rapidamente lungo le rive come un Piro-piro, o segue, sulla spiaggia, l'onda che si ritira nel mare come un Piovanello?

Come vola?

È il suo volo fortemente ondulato come quello di un Picchio (1), o diritto e spedito come quello di uno Storno (2)?

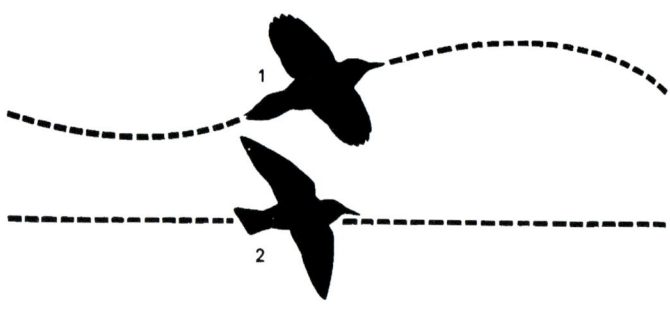

Batte le ali lentamente come un Airone, o rapidamente come un Germano reale, o a periodi alternati di battiti d'ala e "planate" come una Cesena, oppure volteggia con le ali immobili come una Poiana?

Quali sono le sue "caratteristiche"?

Pochi uccelli possono essere immediatamente riconosciuti solo dal colore. Per esempio, non possiamo sbagliarci sul nero e giallo brillanti di un Rigogolo maschio. Ma per riconoscere la maggior parte degli uccelli noi dobbiamo ricorrere a certe "caratteristiche",

che sono di vario tipo e vengono indicate con frecce nelle illustrazioni della Guida; le parti del testo che ad esse corrispondono sono scritte in corsivo.
Caratteristiche "poco chiare" sono state incluse solo quando il problema dell'identificazione lo richiedeva.
Molti uccelli sono più o meno macchiati o striati nelle parti inferiori. Questi "segni" sono sparsi per tutte le parti inferiori (o quasi) come nel Tordo bottaccio (*a*); solo sulla parte alta del petto come nell'Allodola (*b*) o solo sui fianchi come nell'Organetto (*c*)?

a b c

La coda ha qualcosa di particolare? La punta è bianca come nel Frosone (1); le timoniere esterne sono bianche come nel Fringuello (2) o vi sono ai lati "macchie" bianche come nello Stiaccino (3)?

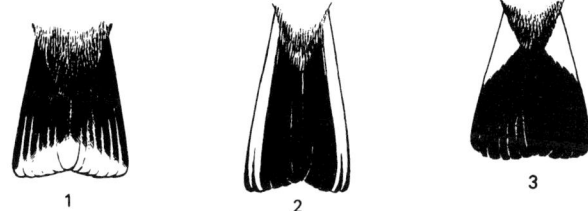

1 2 3

Alcuni uccelli hanno il groppone bianco chiaramente visibile in volo: la Ghiandaia, il Balestruccio, il Ciuffolotto, il Culbianco, molti trampolieri e l'Albanella reale sono solo alcuni esempi.
Quando tante specie hanno in comune un carattere così cospicuo occorre cercare ulteriori segni distintivi.

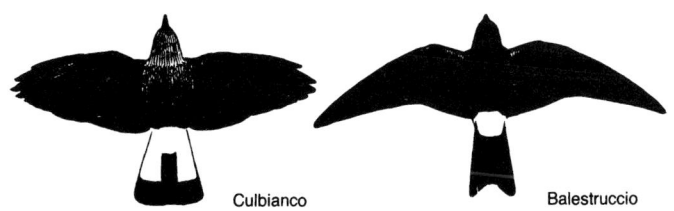

Culbianco Balestruccio

In alcuni gruppi, quali, ad esempio, i Luì, le "fasce" e le "barrature" sulle ali sono molto importanti per distinguere le varie specie. Di queste "fasce" e "barrature" alcune sono molto distinte, altre meno; ve ne sono di semplici e di doppie.

I "sopraccigli" sono altrettanto importanti in molti piccoli passeracei. Vi possono essere strisce sopra, attraverso o sotto l'occhio o una combinazione di due o tre di tali strisce.
Alcune Silvie hanno gli occhi o l'orlo palpebrale colorati in modo caratteristico, oppure hanno dei "mustacchi". Questi particolari sono molto utili naturalmente solo quando è possibile esaminare da vicino l'animale.

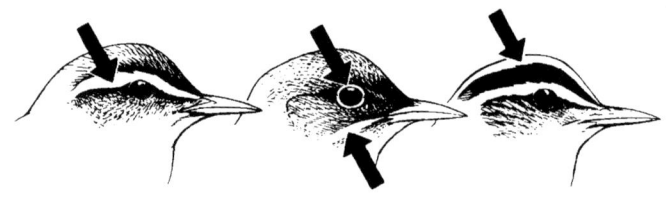

Il disegno e l'aspetto delle ali devono essere sempre osservati specialmente nei Trampolieri (in generale) e nelle Anatre. Le ali possono essere tutte nere, tutte bianche o metà nere e metà bianche, oppure possono mostrare distintamente macchie bianche o colorate.
È molto importante stabilire l'esatta localizzazione di queste caratteristiche, se sulla parte inferiore oppure su quella superiore delle ali.

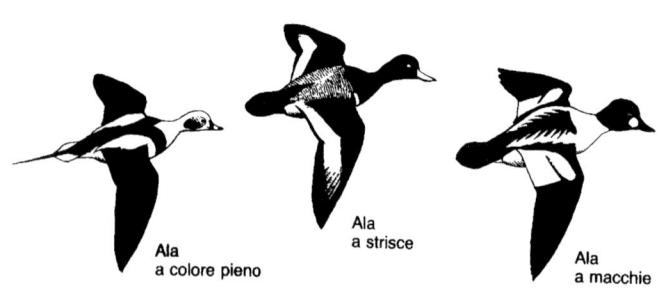

Ala a colore pieno

Ala a strisce

Ala a macchie

Note di richiamo e canto

Un buon ornitologo si affida tanto alle sue orecchie quanto ai suoi occhi per riconoscere gli uccelli. È difficile tradurre in parole i suoni che emettono gli uccelli perché raramente questi suoni sono umani; la nostra interpretazione può quindi variare: una persona trascrive una nota con *tiu*, un'altra con *ciu*, un'altra ancora con *siu*. Bisogna poi tener presente che gli uccelli, come gli uomini, possiedono varianti regionali (dialetti) del canto.

Nella Guida si è fatto il tentativo di riprodurre le principali note di richiamo ed il canto, con frasi e simboli fonetici semplificati; ma il miglior modo per imparare a riconoscere le varie "voci" è quello di seguire qualcuno che conosce bene gli uccelli. Oppure quello di procurarsi una serie di registrazioni denominata *A Field Guide to the Bird Songs of Britain and Europe* di Sturé Palmer and Jeffery Boswall, prodotta in collaborazione con gli autori di questo libro. I 15 LP (o 16 cassette) prodotti dalla Swedish Broadcasting Corporation contengono le voci di circa 600 specie di uccelli. Sono disponibili presso i negozi di dischi o rivolgendosi alla Sveriges Riksradio A.B. Stockholm 105 10, Svezia.

Dove di trova?

Uccelli che i principianti trovano difficile identificare solo dall'apparenza possono essere riconosciuti conoscendo il loro tipico habitat. La Moretta codona può praticamente esser vista solo nelle acque marine, ma il Codone (che è esso pure un'anatra con una lunga coda appuntita) si trova solo nelle acque dolci o tutt'al più salmastre.

I Luì verdi sono uccelletti che abitano di preferenza tra i rami della parte alta dei boschi di faggio e querce e non si trovano nei bassi cespugli dove cercheremo il Forapaglie macchiettato. Gli uccelli hanno limiti di distribuzione geografica, di habitat e di vegetazione molto ben definiti; al di fuori di questi limiti essi si trovano raramente, tranne che durante le migrazioni quando si possono trovare in luoghi molto insoliti.

Le cartine, le note sull'habitat e la distribuzione, che abbiamo incluso nella Guida, devono essere consultate in caso di dubbia identificazione.

Quando si trova?

È sempre interessante conoscere le stagioni durante le quali le diverse specie migratorie possono capitare in una determinata zona. In pochi anni sarà facile prevedere con una certa precisione quando arriveranno i primi Fringuelli, i primi Rondoni o i primi Tordi sasselli. Queste date possono essere annotate ai margini della Guida che è destinata a divenire una vostra compagna di lavoro, non a figurare su uno scaffale.

Siate cauti!

Quando vi trovate di fronte a delle rarità dovete sempre essere molto cauti. Ogni volta che si sospetta di essere in presenza di una rarità, bisogna prendere seduta stante dettagliate note scritte e possibilmente degli schizzi (anche mal disegnati). Se è possibile, bisogna consultare qualche esperto ornitologo che può esaminare le note o, meglio, compiere egli stesso delle osservazioni per convalidare la scoperta. Prima che venga accettata l'osservazione di una rarità, bisogna che vengano sottoposte a degli specialisti *almeno* due serie di note prese *almeno* da due persone e separatamente.

Imparate a memoria questi termini

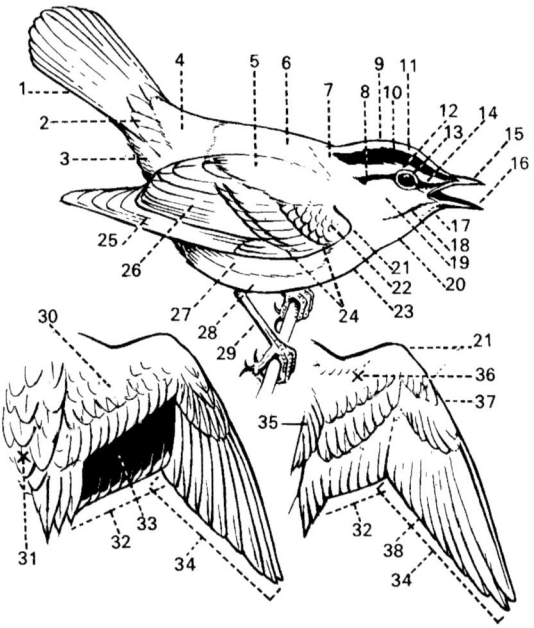

Topografia di un uccello

(chiave dei termini usati in questo volume)

1 Timoniere esterne
2 Copritrici superiori della coda (sopracoda)
3 Copritrici inferiori della coda (sottocoda)
4 Groppone
5 Scapolari
6 Dorso
7 Nuca
8 Stria retrooculare
9 Vertice
10 Stria del capo
11 Stria del vertice
12 Sopracciglio
13 Anello palpebrale
14 Redini
15 Mandibola superiore
16 Mandibola inferiore
17 Mento
18 Mustacchio
19 Copritrici auricolari (guance)
20 Gola
21 Piega dell'ala
22 Carpo (polso)
23 Petto
24 Barre alari
25 Remiganti primarie
26 Remiganti secondarie
27 Fianchi
28 Ventre
29 Tarso
30 Copritrici alari
31 Scapolari
32 Remiganti secondarie
33 Specchio (nelle anatre)
34 Remiganti primarie
35 Ascellari
36 Marginatura dell'ala
37 Margine anteriore dell'ala
38 Margine posteriore dell'ala

La sequenza e la nomenclatura contenute in questa lista sono conformi a quella utilizzata dal Prof. K.H. Voous nella sua *List of Recent Holarctic Bird Species* ed a quella usata dai Coordinatori di *Birds of the Western Palearctic*. Sono incluse anche le specie accidentali (A).
Utilizzate questa lista per segnare le specie che voi avete visto.

...... Strolaga minore
...... Strolaga mezzana
...... Strolaga maggiore
...... Strolaga beccogiallo
...... Podilimbo (A)
...... Tuffetto
...... Svasso maggiore
...... Svasso collorosso
...... Svasso cornuto
...... Svasso piccolo
...... Albatros dal sopracciglio nero
...... Albatros urlatore (A)
...... Fulmaro gigante (A)
...... Fulmaro
...... Berta dal cappuccio (A)
...... Uccello delle tempeste di Bulivec (A)
...... Berta maggiore
...... Berta dell'Atlantico
...... Berta grigia
...... Berta minore
...... Berta minore fusca
...... Uccello delle tempeste di Wilson
...... Uccello delle tempeste fregata (A)
...... Uccello delle tempeste
...... Uccello delle tempeste codaforcuta
...... Uccello delle tempeste di Castro (A)
...... Sula
...... Cormorano o Marangone
...... Marangone dal ciuffo
...... Marangone minore
...... Pellicano
...... Pellicano riccio
...... Fregata magnifica (A)
...... Tarabuso

...... Tarabuso americano
...... Tarabusino americano (A)
...... Tarabusino
...... Tarabusino orientale (A)
...... Nitticora
...... Tarabusino (A) verdastro
...... Sgarza ciuffetto
...... Airone guardabuoi
...... Garzetta gulare (A)
...... Garzetta
...... Airone bianco maggiore
...... Airone cenerino
...... Airone rosso
...... Cicogna nera
...... Cicogna bianca
...... Mignattaio
...... Ibis eremita (A)
...... Spatola
...... Fenicottero
...... Fenicottero minore (A)
...... Dendrocinia vedova (A)
...... Cigno reale
...... Cigno minore
...... Cigno selvatico
...... Oca granaiola
...... Oca zamperosee
...... Oca lombardella
...... Oca lombardella minore
...... Oca selvatica
...... Oca delle nevi
...... Oca del Canada
...... Oca facciabianca
...... Oca colombaccio
...... Oca collorosso
...... Oca egiziana

23

- Casarca
- Volpoca
- Anatra mandarina
- Fischione
- Fischione americano
- Canapiglia
- Alzavola asiatica
- Alzavola
- Germano reale
- Anatra zamperosse (A)
- Codone
- Marzaiola
- Marzaiola americana
- Mestolone
- Anatra marmorizzata
- Fistione turco
- Moriglione
- Moretta dal collare
- Moretta tabaccata
- Moretta
- Moretta grigia
- Edredone
- Re degli Edredoni
- Edredone dagli occhiali (A)
- Edredone di Steller
- Moretta arlecchino
- Moretta codona
- Orchetto marino
- Orco marino dagli occhiali
- Orco marino
- Quattrocchi minore (A)
- Quattrocchi d'Islanda
- Quattrocchi
- Smergo americano (A)
- Pesciaiola
- Smergo minore
- Smergo maggiore
- Gobbo della Giamaica
- Gobbo rugginoso
- Falco pecchiaiolo
- Nibbio bianco
- Nibbio bruno
- Nibbio reale
- Aquila di mare del Pallas (A)
- Aquila di mare
- Gipeto
- Capovaccaio
- Grifone
- Avvoltoio orecchiuto (A)
- Avvoltoio monaco
- Biancone
- Falco di palude
- Albanella reale
- Albanella pallida
- Albanella minore
- Astore cantante (A)
- Astore
- Sparviero
- Spaviero levantino
- Poiana
- Poiana codabianca
- Poiana calzata
- Aquila anatraia minore
- Aquila anatraia maggiore
- Aquila rapace
- Aquila imperiale
- Aquila reale
- Aquila minore
- Aquila del Bonelli
- Falco pescatore
- Grillaio
- Gheppio
- Gheppio americano (A)
- Falco cuculo
- Smeriglio
- Lodolaio
- Falco della regina
- Falco concolore (A)
- Lanario
- Sacro
- Girfalco
- Pellegrino
- Francolino di monte
- Pernice bianca nordica
- Pernice bianca di Scozia
- Pernice bianca
- Fagiano di monte
- Gallo cedrone
- Ciukar
- Coturnice
- Pernice rossa
- Pernice sarda
- Starna
- Quaglia
- Fagiano
- Fagiano dorato
- Fagiano di Lady Amherst
- Quaglia tridattila
- Porciglione
- Voltolino
- Voltolino americano (A)
- Schiribilla

...... Schiribilla grigiata
...... Re di quaglie
...... Gallinella d'acqua
...... Pollo sultano di Allen (A)
...... Gallinella americana (A)
...... Pollo sultano
...... Folaga
...... Folaga americana (A)
...... Folaga crestata
...... Gru
...... Gru canadese (A)
...... Damigella di Numidia
...... Gallina prataiola
...... Ubara
...... Otarda
...... Beccaccia di mare
...... Cavaliere d'Italia
...... Avocetta
...... Occhione
...... Corrione biondo
...... Pernice di mare
...... Pernice di mare orientale
...... Corriere piccolo
...... Corriere grosso
...... Corriere semipalmato (A)
...... Corriere americano
...... Fratino
...... Corriere mongolo (A)
...... Piviere di Leschenault
...... Corriere asiatico (A)
...... Piviere tortolino
...... Piviere asiatico
...... Piviere dorato
...... Pivieressa
...... Pavoncella armata
...... Pavoncella gregaria o Chettusia
...... Piviere codabianca
...... Pavoncella
...... Piovanello maggiore
...... Piovanello tridattilo
...... Piovanello semipalmato
...... Piro-piro occidentale (A)
...... Gambecchio collorosso (A)
...... Gambecchio
...... Gambecchio nano
...... Gambecchio ditalunghe (A)
...... Gambecchio americano
...... Piro-piro dorsobianco
      (o di Bonaparte)
...... Gambecchio di Baird
...... Piro-piro pettorale
...... Piro-piro siberiano
...... Piovanello
...... Piovanello violetto
...... Piovanello pancianera
...... Gambecchio frullino
...... Piro-piro zampelunghe (A)
...... Piro-piro fulvo
...... Combattente
...... Frullino
...... Beccaccino
...... Croccolone
...... Piro-piro pettorossiccio minore (A)
...... Piro-piro pettorossiccio
...... Beccaccia
...... Pittima reale
...... Pittima americana (A)
...... Pittima minore
...... Chiurlo minuto (A)
...... Chiurlo boreale (A)
...... Chiurlo piccolo
...... Chiurlottello
...... Chiurlo
...... Piro-piro codalunga
...... Totano moro
...... Pettegola
...... Albastrello
...... Pantana
...... Totano zampegialle maggiore
...... Totano zampegialle minore
...... Piro-piro solitario
...... Piro-piro culbianco
...... Piro-piro boschereccio
...... Piro-Piro Terek
...... Piro-piro piccolo
...... Piro-piro macchiato
...... Piro-piro vagabondo (A)
...... Willet (A)
...... Voltapietre
...... Falaropo di Wilson
...... Falaropo beccosottile
...... Falaropo beccolargo
...... Stercorario mezzano
...... Labbo
...... Labbo codalunga
...... Stercorario maggiore
...... Gabbiano Leucoftaluo (A)
...... Gabbiano del Pallas
...... Gabbiano corallino
...... Gabbiano sghignazzante
...... Gabbiano di Franklin (A)
...... Gabbianello

...... Gabbiano di Sabine
...... Gabbiano di Bonaparte
...... Gabbiano comune
...... Gabbiano cirrocefalo (A)
...... Gabbiano roseo
...... Gabbiano corso
...... Gavina americana
...... Gavina
...... Zafferano
...... Gabbiano reale
...... Gabbiano d'Islanda
...... Gabbiano glauco
...... Mugnaiaccio
...... Gabbiano di Ross
...... Gabbiano tridattilo
...... Gabbiano d'avorio
...... Sterna zampenere
...... Sterna maggiore
...... Sterna maggiore americana (A)
...... Beccapesci forestiero o Sterna del Rüppell (A)
...... Beccapesci
...... Sterna del Dougall
...... Sterna comune o Rondine di mare
...... Sterna codalunga
...... Sterna aleutina (A)
...... Sterna di Forster (A)
...... Sterna dalle redini (A)
...... Sterna scura
...... Fraticello
...... Mignattino piombato
...... Mignattino
...... Mignattino alibianche
...... Sterna stolida (A)
...... Uria
...... Uria di Brünnich
...... Gazza marina
...... Uria nera
...... Gazza marina minore
...... Alca crestata (A)
...... Alca pappagallo (A)
...... Pulcinella di mare
...... Grandule del Senegal (A)
...... Pterocle dal ventre castano (A)
...... Ganga
...... Grandule
...... Sirratte
...... Piccione selvatico
...... Colombella
...... Colombaccio

...... Tortora dal collare orientale
...... Tortora
...... Tortora orientale (A)
...... Tortora delle palme
...... Parrocchetto dal collare
...... Cuculo dal ciuffo
...... Cuculo
...... Cuculo americano occhirossi (A)
...... Cuculo americano
...... Barbagianni
...... Assiolo
...... Gufo reale
...... Gufo delle nevi
...... Ulula
...... Civetta nana
...... Civetta
...... Allocco
...... Allocco degli Urali
...... Allocco di Lapponia
...... Gufo comune
...... Gufo di palude
...... Gufo di palude del Capo (A)
...... Civetta capogrosso
...... Succiacapre
...... Succiacapre collorosso
...... Succiacapre isabellino
...... Succiacapre americano (A)
...... Rondone codacuta (A)
...... Rondone
...... Rondone pallido
...... Rondone alpino
...... Rondone cafro
...... Rondone pacifico (A)
...... Rondone indiano (A)
...... Martin pescatore di Smyrne (A)
...... Martin pescatore
...... Martin pescatore bianco e nero
...... Martin pescatore americano
...... Gruccione di Persia
...... Gruccione
...... Ghiandaia marina
...... Upupa
...... Torcicollo
...... Picchio cenerino
...... Picchio verde
...... Picchio nero
...... Sfirapico vario (A)
...... Picchio rosso maggiore
...... Picchio rosso di Siria
...... Picchio rosso mezzano
...... Picchio dorsobianco

...... Picchio rosso minore
...... Picchio tridattilo
...... Pigliamosche tiranno di Acadia (A)
...... Lodola del deserto minore (A)
...... Lodola del deserto (A)
...... Lodola beccocurvo (A)
...... Allodola del Dupont
...... Calandra
...... Calandra asiatica (A)
...... Calandra siberiana
...... Calandra nera
...... Calandrella
...... Calandrina o Pispoletta
...... Calandrella Raytal (A)
...... Cappellaccia
...... Cappellaccia di Tekla
...... Tottavilla
...... Allodola
...... Allodola golagialla
...... Topino
...... Rondine montana
...... Rondine
...... Rondine rossiccia
...... Balestruccio
...... Calandro maggiore
...... Prispolone di Blyth (A)
...... Calandro
...... Prispolone indiano
...... Prispolone
...... Pispola della Peciora
...... Pispola
...... Pispola golarossa
...... Spioncello
...... Cutrettola
...... Cutrettola testagialla orientale
...... Ballerina gialla
...... Ballerina bianca
...... Bulbul (A)
...... Beccofrusone
...... Merlo acquaiolo
...... Scricciolo
...... Mimo bruno (A)
...... Uccello gatto (A)
...... Passera scopaiola
...... Passera scopaiola siberiana (A)
...... Sordone
...... Usignolo d'Africa
...... Pettirosso
...... Usignolo maggiore
...... Usignolo
...... Calliope (A)

...... Pettazzurro
...... Usignolo siberiano (A)
...... Codazzurro
...... Irania gutturale (A)
...... Codirosso spazzacamino
...... Codirosso
...... Codirosso algerino (A)
...... Stiaccino
...... Saltimpalo
...... Culbianco isabellino
...... Culbianco
...... Monachella dorsonero
...... Monachella
...... Monachella del deserto
...... Monachella testabianca (A)
...... Monachella nera
...... Codirossone
...... Passero solitario
...... Tordo dorato
...... Tordo siberiano
...... Tordo mustelina (A)
...... Tordo eremita (A)
...... Tordo di Swainson
...... Tordo guancegrigie (A)
...... Cataro fosco (A)
...... Tordo unicolore (A)
...... Merlo dal collare
...... Merlo
...... Tordo oscuro
...... Cesena fosca
...... Cesena di Naumann
...... Tordo golanera
...... Cesena
...... Tordo bottaccio
...... Tordo sassello
...... Tordela
...... Tordo migratore
...... Usignolo di fiume
...... Beccamoschino
...... Locustella del Pallas
...... Locustella lanccolata
...... Forapaglie macchiettato
...... Locustella fluviatile
...... Salciaiola
...... Forapaglie di Gray (A)
...... Forapaglie castagnolo
...... Pagliarolo
...... Forapaglie
...... Cannaiola di Jerdon (A)
...... Cannaiola di Blyth
...... Cannaiola verdognola

27

- Cannaiola
- Cannareccione
- Cannareccione orientale (A)
- Canapino pallido
- Canapino asiatico
- Canapino levantino
- Canapino maggiore
- Canapino
- Magnanina sarda
- Magnanina
- Silvia di Tristram (A)
- Sterpazzola di Sardegna
- Sterpazzolina
- Silvia di Ménétries (A)
- Occhiocotto
- Silvia di Rüppell
- Sterpazzola nana (A)
- Bigia grossa
- Bigia padovana
- Bigiarella
- Sterpazzola
- Beccafico
- Capinera
- Luì verdastro
- Luì boreale
- Luì del Pallas
- Luì forestiero
- Luì di Radde
- Luì scuro
- Luì bianco
- Luì verde
- Luì piccolo
- Luì grosso
- Regolo
- Fiorrancino
- Pigliamosche beccolargo (A)
- Pigliamosche
- Pigliamosche pettirosso
- Balia dal collare
- Balia nera
- Basettino
- Codibugnolo
- Cincia bigia
- Cincia dalmatina
- Cincia bigia alpestre
- Cincia siberiana
- Cincia dal ciuffo
- Cincia mora
- Cinciarella
- Cinciarella azzurra
- Cinciallegra
- Picchio muratore di Krüper
- Picchio muratore corso
- Sitta canadese (A)
- Picchio muratore
- Picchio muratore di roccia
- Picchio muraiolo
- Rampichino alpestre
- Rampichino
- Pendolino
- Rigogolo
- Averla isabellina
- Averla piccola
- Averla cenerina
- Averla maggiore
- Averla capirossa
- Averla mascherata
- Ghiandaia
- Ghiandaia siberiana
- Gazza azzurra
- Gazza
- Nocciolaia
- Gracchio
- Gracchio corallino
- Taccola
- Taccola di Dauria (A)
- Corvo
- Cornacchia nera
- Cornacchia grigia
- Corvo imperiale
- Storno
- Storno nero
- Storno roseo
- Passera oltremontana
- Passera sarda
- Passera d'Italia
- Passera mattugia
- Passera lagia
- Fringuello alpino
- Estrilda
- Vireo occhirossi (A)
- Ciuffolotto roseo (A)
- Fringuello
- Peppola
- Verzellino
- Venturone
- Verdone
- Cardellino
- Lucherino
- Fanello
- Fanello nordico
- Organetto

...... Organetto artico
...... Crociere fasciato
...... Crociere
...... Crociere scozzese
...... Crociere delle pinete
...... Trombettiere
...... Ciuffolotto scarlatto
...... Ciuffolotto roseo (A)
...... Ciuffolotto delle pinete
...... Ciuffolotto
...... Frosone
...... Beccogrosso vespertino (A)
...... Mniotilta varia (A)
...... Parula pellegrina (A)
...... Parula (A)
...... Parula gialla (A)
...... Dendroica golanera (A)
...... Parula tigrina (A)
...... Parula delle magnolie (A)
...... Dendroica coronata (A)
...... Parula di Blackpool (A)
...... Codirosso Americano (A)
...... Zonotrichia dal sopracciglio bianco (A)
...... Seiuro aurocapillo (A)
...... Seiuro o Tordo d'acqua (A)
...... Parula golagialla (A)
...... Wilsonia citrina (A)
...... Tanagra estiva (A)
...... Tanagra scarlatta (A)
...... Passerculo di Sandvich (A)

...... Passerella iliaca (A)
...... Melospiza melodia (A)
...... Zonotrichia collobianco
...... Junco color lavagna (A)
...... Zigolo di Lapponia
...... Zigolo delle nevi
...... Zigolo mascherato (A)
...... Zigolo golarossa
...... Zigolo muciatto orientale (A)
...... Zigolo giallo
...... Zigolo nero
...... Zigolo muciatto
...... Zigolo cenerino
...... Ortolano
...... Ortolano grigio
...... Zigolo dal sopracciglio giallo (A)
...... Zigolo boschereccio
...... Zigolo minore
...... Zigolo rutilo (A)
...... Zigolo dal collare
...... Migliarino di palude
...... Migliarino di Pallas (A)
...... Zigolo testa aranciata (A)
...... Zigolo testanera
...... Strillozzo
...... Beccogrosso pettoroseo (A)
...... Passerina cianea o Ministro (A)
...... Bobolink (A)
...... Ittero testagialla (A)
...... Ittero di Baltimora (A)

Ulteriori accidentali

Associazioni ornitologiche e principali periodici ornitologici europei

In Italia esiste la *Rivista Italiana di Ornitologia* la più antica rivista scientifica italiana sull'argomento, diretta dal prof. Cesare Conci e che ora è diventata uno dei periodici della Società Italiana di Scienze Naturali. Indirizzo: Museo di Storia Naturale di Milano, corso Venezia 55, Milano.

L'Istituto nazionale di Biologia della selvaggina (già Laboratorio di Zoologia applicato alla caccia) è l'unica organizzazione autorizzata per gli inanellamenti a scopo scientifico. L'Istituto rilascia previo esame i nuovi permessi di inanellamento e coordina per l'Italia tale tipo di ricerca in seno all'Euring, l'organizzazione europea per l'inanellamento scientifico.

Dal 1980 ha ripreso ed ampliato la sua attività il Centro Italiano Studi Ornitologici (C.I.S.O.) con sede presso l'Istituto di Zoologia dell'Università di Parma che riunisce la maggior parte degli ornitologi professionisti e amatori, sorto con lo scopo di promuovere, condurre ed aggiornare la ricerca ornitologica italiana su basi scientifiche.

Pubblica la rivista internazionale *Avocetta* che tratta principalmente di argomenti tecnici e promuove in particolare a livello internazionale gli studi ornitologici della Regione Mediterranea. Diretta dal prof. Sergio Frugis ha un comitato editoriale internazionale e pubblica articoli in tre lingue: italiano, francese e inglese.

La Società Ornitologica Italiana (SOI) ha scopo prevalentemente amatoriale, pubblica anch'essa un periodico di ornitologia *Gli Uccelli d'Italia* ed ha sede a Ravenna, Loggetta lombardesca.

La Lega Italiana Protezione Uccelli (LIPU) è l'unica associazione protezionistica che si occupi esclusivamente della protezione degli uccelli in Italia con ricerche che coordina direttamente. Ha istituito con grande successo corsi di *Bird Watching* in tutta Italia. La sede centrale è a Parma in vicolo S. Tiburzio 5/A e pubblica la sua rivista divulgativa *Uccelli*.

Nella maggior parte dei paesi d'Europa esistono associazioni ornitologiche molto ben organizzate e numerosi periodici ornitologici. I seguenti indirizzi possono essere utili a chi volesse aggiornarsi sull'ornitologia europea o desiderasse entrare in contatto con ornitologi di vari paesi d'Europa.

Austria: Oesterreichische Vogelwarte. Burgring 7, Vienna I.
Belgio: l'Institut royal des sciences naturelles de Belgique (31, rue Vautier, Bruxelles) pubblica, quattro volte l'anno la rivista *Le Gerfaut*.
Cecoslovacchia: Société ornithologique tchécoslovaque. Musée National, Praga.
Danimarca: Dansk Ornithologisk Förening. Nörre Alle 49, Copenaghen N.
Finlandia: Ornitologiska Föreningen. Musée zoologique de l'Université, Helsinki.
Francia: la Société ornithologique de France et de l'Union française pubblica la rivista *L'Oiseau et la Revue française d'ornithologie* (55, rue de Buffon, Parigi 5). La Société d'études ornithologiques pubblica *Alauda* (Noël Mayaud, 80, rue du Ranelagh, Parigi 16e).
Germania: Deutsche Ornithologen-Gesellschaft. Schloss Möggingen, Radolfzell.
Gran Bretagna: Qui di seguito sono elencate le principali Società britanniche. Esse non sono in competizione ma provvedono a soddisfare la maggior parte degli interessi degli

ornitologi.

La Società più antica è la British Ornithologists' Union fondata nel 1859, per il progresso della scienza dell'ornitologia. I suoi interessi non sono limitati alla Gran Bretagna ma sono mondiali. La BOU pubblica un'importante rivista trimestrale *The Ibis* in cui vengono pubblicati lavori autorevoli su argomenti come ecologia, comportamento e tassonomia, recensioni della letteratura ornitologica britannica e straniera.

Vengono organizzati convegni scientifici e in tutti gli affari ornitologici internazionali la BOU ha una parte preminente. Indirizzo: The Zoological Society of London, Regent's Park, London, NW1 4RY.

Il British Ornithologists' Club recluta i suoi membri dal BOU. Il Club si riunisce periodicamente a Londra ad un pranzo che è seguito da brevi comunicazioni, proiezioni e letture. Il Bollettino del Club contiene articoli che si riferiscono agli argomenti discussi e descrizioni di nuove specie e razze. Indirizzo: c/o The Zoological Society of London, Regent's Park, London, NW1 4RY.

Il British Trust for Ornithology è il punto focale per il lavoro di campo organizzato. Il suo scopo è quello di incoraggiare la ricerca individuale o di gruppo. I membri prendono parte all'inanellamento e allo schema delle cartelle di nidificazione e a studi sulle popolazioni. Molte riunioni sono tenute con le società locali. Vengono pubblicati bollettini, rapporti, la rivista trimestrale *Bird Study* e guide. Indirizzo: Beech Grove, Tring, Herts HP23 5NR.

La Royal Society for the Protection of Birds si interessa dell'applicazione scientifica della conservazione e si sforza di migliorare e far applicare le leggi sulla protezione degli uccelli. Educa il pubblico per mezzo di proiezioni, mostre e riunioni e finanzia e dirige un gran numero di oasi ornitologiche. La Società pubblica una rivista illustrata, *Birds*, e molte altre pubblicazioni. Ha inoltre una sezione giovanile, il Young Ornithologists' Club. Indirizzo: The Lodge, Sandy, Beds SG19 2DL.

Il Wildfowl Trust ha una collezione unica di anatre, oche e cigni provenienti da ogni parte del mondo. Offre le condizioni ideali per lo studio di ogni specie che si rinviene in Europa. Mantiene un grande impianto per la cattura e l'inanellamento delle anatre ed è possibile osservare gruppi di oche selvatiche al pascolo nella campagna circostante nelle stagioni appropriate. Il Trust pubblica annualmente una rivista illustrata *Wildfowl*, e bollettini periodici. Indirizzo: Slimbridge, Glos GL2 7BT.

La Irish Wildbird Conservancy tratta tutti gli aspetti dell'ornitologia e della conservazione degli uccelli in Irlanda. Indirizzo: South View, Church Road, Greystones, Co. Wicklow, Eire.

Islanda: Natturugripasafnid Rejkyavik.

Iugoslavia: Institut ornithologique, Zagabria.

Norvegia: dott. Holger Holgersen. – Stavanger Museum. – Naturistoriske Avedling Stavanger.

Olanda: Club van Nederlandsche Vogelkundigen. Fernhoutstr. 13, Kampen. – Nederlandsche Ornithologische Vereeniging. Musée d'Histoire naturelle, Leida.

Spagna: Sociedad Española de Ornitologia. Castellana 84, Madrid.

Svezia: Sveriges Ornitologiska Förening. Braviksvägen 28, Johanneshov.

Svizzera: la Société romande pour l'étude et la protection des oiseaux pubblica *Nos Oiseaux* (casella postale 463, Neuchâtel). Esiste anche la rivista *Ala*, in tedesco (Scheideggstrasse 86, Zurigo).

Ungheria: Institut ornithologique de Hongrie, Budapest.

STROLAGHE: Gaviidae

Uccelli nuotatori di notevoli dimensioni con becchi affilati e appuntiti, che frequentano i larghi specchi d'acqua. Corpo più allungato e collo più grosso degli Svassi. Si tuffano e nuotano con abilità sott'acqua. Si immergono velocemente quando sono messi in allarme o nuotano mantenendo la sola testa fuori dall'acqua. Silhouette in volo: Dorso incurvato con la linea che si abbassa verso il collo teso, ali piuttosto piccole e appuntite.
In volo i piedi palmati sporgono dalla coda rudimentale. Voce lamentosa. Sessi simili. Nidificano sul terreno.

STROLAGA MINORE: *Gavia stellata*. Tav. 1
Franc.: Plongeon catmarin. Ingl.: Red-throated Diver. Ted.: Sterntaucher. Oland.: Roodkeelduiker. Spagn.: Colimbo chico. Sved.: Smålom. Nordameric.: Red-throated Loon.

Identificazione: 53-58 cm. Più piccola della Strolaga maggiore, dimensioni circa di quella mezzana ma con testa più piccola. Il becco sottile *volto all'insù* permette una rapida identificazione anche a distanza. In piumaggio nuziale ha testa grigia, una *macchia rossa alla gola* (a distanza sembra nera) e parti superiori uniformi grigio-bruno. Piumaggio invernale più pallido che nelle Strolaghe mezzane, finemente punteggiato di bianco; di sotto bianco. Estese fasce bianche che dai lati della testa vanno alla fronte fanno sì che appaia quasi con la faccia bianca. I becchi delle Strolaghe mezzane e maggiore sono diritti e non volti all'insù, quello di quest'ultima è anche più massiccio (vedi però anche la rara Strolaga beccogiallo). Si vede occasionalmente in "voli" invernali lungo le coste. In inverno sembra più bianca delle altre Strolaghe.

Voce: Un gutturale e ripetuto *cuuc*; meno basso delle simili note della Strolaga mezzana; anche un lamento acuto e sottile. **Habitat**: Soprattutto nelle acque costiere in inverno; nidifica ai margini dei laghi anche molto piccoli (ma profondi) e delle lagune costiere nordiche. Cartina 1.

STROLAGA MEZZANA: *Gavia arctica*. Tav. 1
Franc.: Plongeon arctique. Ingl.: Black-throated Diver. Ted.: Prachttaucher. Oland.: Parelduiker. Spagn.: Colimbo artico. Sved.: Storlom. Nordameric.: Pacific Loon.

Identificazione: 58-67 cm. Più piccola della Strolaga maggiore; dimensioni circa della Strolaga minore. Si distingue in piumaggio nuziale, per il vertice e la parte posteriore del collo grigi, *becco diritto, sottile, nero*; gola *nera* a strisce sottili, bianche sui lati del collo e del petto; macchie bianche quadrangolari sulle parti superiori distribuite in *due distinti gruppi ai lati*. In inverno: simile a una piccola Strolaga maggiore, ma la fronte è più nera del vertice e della parte posteriore del collo, l'uno e l'altro più grigi del dorso. La Strolaga maggiore sembra barrata di scuro sul dorso, mentre la Strolaga mezzana appare di un colore nerastro uniforme e i giovani "a scaglie "; *la chiazza bianca alle cosce* (visibile anche in volo), le dimensioni minori, il *becco meno robusto* e i contorni della testa meno angolati sono la migliore distinzione. Si distingue in inverno dalla Strolaga minore per aspetto d'insieme più scuro e per la fronte nera invece che per la faccia bianca. Il becco è spesso altrettanto sottile, ma diritto e non curvato all'insù, ed è bluastro con la punta nera.

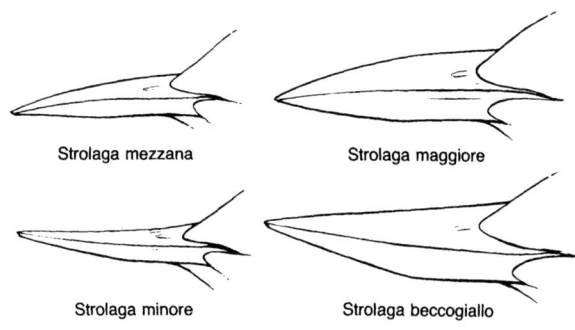

Becchi di Strolaghe

Voce: Un profondo, abbaiato *kau-au*, più profondo del simile richiamo in volo della S. minore, un lamento acuto e in crescendo. Habitat: Sverna principalmente lungo le coste marine. All'epoca delle cove frequenta i laghi con o senza alberi, in mezzo alle colline dell'interno o tra le pianure costiere. Nidifica su isolette o sulle rive di laghi più profondi e più grandi di quelli frequentati dalla Strolaga minore. Cartina 2.

STROLAGA MAGGIORE: *Gavia immer*. Tav. 1
Franc.: Plongeon imbrin. Ingl.: Great Northern Diver. Ted.: Eistaucher. Oland.: IJsduiker. Spagn.: Colimbo grande. Sved.: Islom. Nordameric.: Common Loon.

Identificazione: 67-80 cm. Taglia all'incirca di un'oca. Si distingue all'epoca delle cove per il *dorso a scacchi bianchi e neri*; testa e collo nero brillante, *collare a strisce bianche e nere* e becco grosso a forma di pugnale. D'inverno parti superiori grigio bruno scuro, vertice più nero; guance, gola e parti inferiori bianche con un accenno di collaretto scuro alla base del collo; la colorazione del piumaggio nuziale spesso dura anche fino all'inizio dell'inverno. Il becco può essere chiaro d'inverno (come la Strolaga beccogiallo) ma è sempre *scuro lungo i bordi del culmine*. Vola con collo leggermente pendente e zampe che sporgono posteriormente; "corre" sulla superficie dell'acqua prima di alzarsi in volo. Quando si posa è il petto che per primo tocca l'acqua provocando un grande "splash". Raramente scende sul terreno. Si distingue dai Cormorani, quando nuota, per il becco tenuto *orizzontale*, non volto all'insù; quando è in volo, per la coda e il collo molto più corti e perché più bianco nelle parti inferiori. Vedi le altre Strolaghe.

Voce: In volo un corto, abbaiato *cuc*; nelle zone di nidificazione ha dei lunghi gridi lamentevoli e un riso strano e tremolante. Habitat: Frequenta i laghi nordici, nidificando sugli isolotti e i promontori erbosi. Sverna lungo le coste marine, occasionalmente entroterra. Cartina 3.

STROLAGA BECCOGIALLO: *Gavia adamsii*. Tav. 1
Franc.: Plongeon à bec blanc. Ingl.: White-billed Diver. Ted.: Gelbschnäbliger Eistaucher. Oland.: Geelsnavelduiker. Spagn.: Colimbo di Adams. Sved.: Vitnäbbad islom. Nordameric.: Yellow-billed Loon.

Identificazione: 83-85 cm. Dimensioni e aspetto simili alla Strolaga maggiore, ma leggermente più grande; spesso visibile la fronte gonfia. Il becco è giallastro o *bianco avorio*, non nero. In inverno, però, il becco di molte Strolaghe maggiori è bianco bluastro, specialmente alla base. Il becco della Strolaga maggiore appare diritto, mentre quello della rara Strolaga beccogiallo è diritto superiormente, angolato inferiormente, dando il distinto *effetto* di essere *curvato all'insù*. (Vedi schema). Gli occhi della S. beccogiallo sembrano più piccoli di quelli della S. maggiore e talvolta ha una scura macchia oculare. Comportamento, voce, habitat e costumi nuziali sono simili. Raggiunge dall'Artico orientale la costa norvegese, svedese o finlandese in inverno. Accidentale più a sud in Inghilterra, Austria e Italia.

SVASSI: Podicipedidae

Gli Svassi sono esclusivamente acquatici. Volatori mediocri, ma abili tuffatori. Si distinguono dalle Anatre per il becco appuntito e l'aspetto "senza coda". I loro piedi invece di essere palmati sono *lobati* (membrane separate lungo ciascun dito). Gli Svassi più grossi spesso tengono il sottile collo molto eretto; le Anatre e le Strolaghe lo tengono così solo se allarmate. Di solito costruiscono nidi galleggianti. Sessi simili.

TUFFETTO: *Tachybaptus ruficollis*.   Tav. 1
Franc.: Grèbe castagneux. Ingl.: Little Grebe. Ted.: Zwergtaucher. Oland.: Dodaars. Spagn.: Zampullin. Sved.: Smådopping.

Identificazione: 26 cm. Il più piccolo degli Svassi. Tozzo, col collo corto e becco pure corto, ma proporzionalmente più massiccio di quello delle altre specie. In estate è bruno scuro sopra, più chiaro sotto, con *gola* e *guance castane*. Il verde giallo della base del becco costituisce una *macchia chiara caratteristica* sulla testa scura. Molto più chiaro d'inverno, con gola bianca, collo beige, sottocoda biancastro. I giovani hanno larghe strisce bianche ai lati della testa. Il volo basso e rapido mostra pochissimo bianco sul bordo posteriore delle ali. Comportamento più diffidente e ritirato degli altri Svassi; vola però più facilmente. **Voce**: Nota di richiamo: un forte, sonoro e lamentevole trillo, spesso prolungato talora in crescendo o in calando; ancora un breve *uit uit*. **Habitat**: Frequenta e nidifica negli stagni, paludi, acque morte, ecc. Sverna negli estuari e anche nelle acque calme dell'interno. Cartina 4.

SVASSO MAGGIORE: *Podiceps cristatus*.   Tav. 1
Franc.: Grèbe huppé. Ingl.: Great Crested Grebe. Ted.: Haubentaucher. Oland.: Fuut. Spagn.: Somormujo lavanco. Sved.: Skäggdopping.

Identificazione: 47 cm. Il più grosso degli Svassi, facilmente riconosciuto per i *ciuffi auricolari nerastri* e all'epoca della cova per un *evidente pennacchio castano e nero* ai lati della testa. Aspetto "senza coda" con collo sottile, dorso grigio bruno, di sotto bianco latte splendente. D'inverno manca del pennacchio e appare con testa bianca, vertice scuro e striscia bianca sopra l'occhio; distinto dallo Svasso collorosso per dimensioni maggiori, collo più sottile, sopracciglio bianco, vertice scuro meno esteso e becco *carnicino* (non giallo e nero). Giovane: testa e collo a strisce bianche e nere, senza ciuffi o pennacchi. Vola basso e mostra chiaramente del bianco sulle ali; testa e collo estesi e leggermente volti in basso. Ha complicate cerimonie nuziali.
Voce: Un latrante *kar-arr*, un acuto *iruick* e vari rumori come di trombetta. **Habitat**: Lungo gli stagni, i laghi, le cave di ghiaia; sverna anche lungo le coste. Nidifica dove la vegetazione permette l'ancoraggio del nido. Cartina 5.

SVASSO COLLOROSSO: *Podiceps grisegena.* Tav. 1
Franc.: Grèbe jougris. Ingl.: Red-necked Grebe. Ted.: Rothalstaucher. Oland.: Roodhalsfuut. Spagn.: Somormujo cuellirojo. Sved.: Gråhakedopping. Nordameric.: Holboell's Grebe.

Identificazione: 43 cm. Uno Svasso piuttosto grosso, con larga testa a forma di bulbo. Identificabile in estate dalle *guance grigiastre* che contrastano con il vertice nero (con piccoli ciuffi neri auricolari); *collo castano vivo* e base del becco *giallo* brillante con punta scura. Dorso grigio bruno. Parti inferiori bianco latte lucente. D'inverno appare grigio e bianco somigliando in un certo qual modo allo Svasso maggiore in abito invernale, ma distinto da dimensioni minori e collo più grosso e più grigio, dalle guance grigie, dalla *mancanza di sopracciglio bianco*, dal nero del capo che *raggiunge il livello dell'occhio*, e dal becco *giallo* (non carnicino) con punta scura. Vedi anche Strolaghe minori.

Voce: Un acuto *keck*; anche un lungo grido lamentevole ("canto"). **Habitat**: Sverna soprattutto lungo le coste, nidifica tra le canne e nelle acque calme, ricche di vegetazione. Cartina 6.

SVASSO CORNUTO: *Podiceps auritus.* Tav. 1
Franc.: Grèbe esclavon. Ingl.: Slavonian Grebe. Ted.: Ohrentaucher. Oland.: Kuifduiker. Spagn.: Noveleta cuelliroja. Sved.: Svarthakedopping. Nordameric.: Horned Grebe.

Identificazione: 32 cm. Più grande del Tuffetto, più piccolo dello Svasso maggiore. In piumaggio nuziale ha testa grossa nero brillante con una *larga striscia giallo oro che attraversa l'occhio*, la quale forma dei "cornetti"; collo e fianchi *castano scuro*, parti superiori scure, parti inferiori bianco sericeo, lucente. Una larga fascia alare bianca è molto evidente in volo. In inverno appare scuro di sopra e bianco di sotto come lo Svasso piccolo, ma distinto per il vertice nero e piatto che termina nettamente all'*altezza dell'occhio*; il bianco della testa e del collo è più diffuso e tende a unirsi sulla nuca; il becco è *diritto, più tozzo* e non volto all'insù; *testa e collo ricordano quelli di un serpente*.

Voce: Varie note e versi all'epoca delle cove; la nota principale è un trillo lungo e basso.
Habitat: Stagni, laghi, acque calme. Nidifica nelle basse acque entro terra. Sverna soprattutto nelle baie riparate e negli estuari, ma anche nelle acque dolci. Cartina 7.

SVASSO PICCOLO: *Podiceps nigricollis.* Tav. 1
Franc.: Grèbe à cou noir. Ingl.: Black-necked Grebe. Ted.: Schwarzhalstaucher. Oland.: Geoorde fuut. Spagn.: Noveleta cuellinegra. Sved.: Svårthalsad dopping. Nordameric.: Eared Grebe.

Identificazione: 30 cm. Si distingue dallo Svasso cornuto nel piumaggio nuziale per il collo nero, la *fronte alta e il vertice pure neri* e per la minore evidenza dei *ciuffi di penne dorate a forma di ventaglio dietro gli occhi*. D'inverno appare quasi del tutto nero di sopra e bianco di sotto, ma nell'insieme è più scuro dello Svasso cornuto (si confronti per le altre differenze), ed ha il becco più sottile e volto all'insù. I giovani hanno spesso il becco meno volto all'insù o sono difficilmente distinguibili da quelli degli Svassi cornuti.

Voce: Note di richiamo, un calmo *pu-up* e anche un rapido sommesso e sonoro cicaleccio. **Habitat**: Come lo Svasso cornuto. Nidifica in piccoli gruppi sparsi negli stagni, laghi e lagune. Sverna sui laghi aperti e lungo le coste. Cartina 8.

ALBATRI: Diomedeidae

ALBATROS A SOPRACCIGLIO NERO: *Diomedea melanophris.* Tav. 4

Franc.: Albatros à sourcils noire. Ingl.: Black-browed albatross. Ted.: Mollymauk. Oland.: Wenlbrauwalbatros. Sved.: Svartbrynad albatross.

Identificazione: 2,13 m di apertura alare. Gli albatri si distinguono facilmente per l'ampia apertura alare e le planate che sfiorano le onde. La Diomedea dal sopracciglio nero può essere confusa con l'Albatro dal becco verde e con l'Albatro dalla testa grigia. Tutti e tre hanno testa e collo bianchi o grigiastri ed il groppone e le parti inferiori bianchi che contrastano con il dorso, la coda e la superficie superiore delle ali grigio scuro o fuligginoso. Tutti hanno un segno scuro vicino all'occhio ma nella Diomedea dal sopracciglio nero questo si estende con una corta e stretta striscia attraverso *e oltre l'occhio*. L'adulto ha il *becco giallo-rosato*; le superfici inferiori delle ali bianche *ampiamente* marginate di nero lungo il bordo d'attacco e lungo il bordo posteriore. L'immaturo ha testa e collo grigi (come molti Albatri dal becco verde e Albatri dalla testa grigia adulti) ed il becco scuro. Sottoala con ampi margini scuri con un po' di bianco al centro. Erratico dagli oceani del Sud all'Europa occidentale, settentrionale e centrale. Recenti avvistamenti abbastanza regolari in Scozia sono attribuibili ad un individuo singolo che estiva in colonie di Sule.

FULMARI e BERTE: Procellariidae

Uccelli oceanici che toccano terra solo per nidificare. Si distinguono per le narici esterne tubolari. Le Berte hanno becco più sottile e corpo più allungato dei Fulmari; rasentano la superficie delle acque scivolando sulle ali rigide, lunghe e strette. I Fulmari sono più tozzi, simili ai Gabbiani ma volano anch'essi con le ali rigide. Sessi simili. Nidificano in cavità o sulle pareti rocciose.

FULMARO: *Fulmarus glacialis*. **Tav. 2**
Franc.: Pétrel fulmar. Ingl.: Fulmar. Ted.: Eissturmvogel. Oland.: Noordse stormvogel. Spagn.: Fulmar. Sved.: Stormfågel.

Identificazione: 46 cm. Aspetto da Gabbiano ma più tozzo con volo tipico, scivolando e planando sulle ali rigide vicino alle onde. Si distingue dai Gabbiani per il *collo spesso "taurino"* e per l'*assenza di punta nera alle strette ali*. Becco giallo spesso e corto con narici tubolari. Zampe bluastre. Nella fase chiara, testa e parti inferiori sono bianche; dorso, ali e *coda grigi*; le ali hanno una macchia chiara alla base delle primarie. La fase scura (nordica) ha il piumaggio grigio fumo con punta delle ali più scura; troppo chiaro e becco troppo massiccio per essere scambiato per una Berta grigia (dal becco sottile). Segue le navi. Nuota elegantemente alzandosi dall'acqua con una certa difficoltà. A terra si appoggia sui tarsi, qualche volta striscia aiutandosi anche con le ali; può reggersi sui piedi per breve tempo. Comune in tutte le acque nordiche.
Voce: La nota usuale: un aspro pungente *ag-ag-ag-arrr*. **Habitat**: Strettamente pelagico. Nidifica in colonie sulle scogliere, le rocce isolate e gli isolotti; localmente anche sulle scogliere costiere e sui fianchi erbosi delle colline. Cartina 9.

BERTA MAGGIORE: *Procellaria diomedea*. **Tav. 2**
Franc.: Puffin cendré. Ingl.: Cory's Shearwater. Ted.: Gelbschnabel-Sturmtaucher. Oland.: Cory's pijlstormvogel. Spagn.: Fardela cenicienta. Sved.: Gulnåbbad lira.

Identificazione: 45 cm. Una grande Berta grigia più massiccia e con maggiore apertura alare della B. dell'Atlantico dalla quale si distingue per il *vertice grigio bruno* (non cappuccio nero) che *sfuma gradatamente* nel bianco della gola; il becco massiccio è *giallo*.

Talora come nella B. dell'Atlantico vi è una stretta macchia bianca alla base della coda, molto più spesso questa è indistinta o mancante. *Non ha mai il collare bianco*; parte inferiore bianco puro, senza macchiature scure ai fianchi e al ventre (come la B. dell'Atlantico), ma ha screziature grigiastre ai lati del petto. Il modo di volare si avvicina più a quello del Fulmaro che non a quello della B. dell'Atlantico; sono tipici 5-8 battiti seguiti da una lunga scivolata con ali leggermente abbassate. Notturna nei luoghi di nidificazione (vedi anche Berta minore).

Voce: Nei luoghi di nidificazione un lungo grido lamentevole e un *aiegoua-gou* simile a quello di un Gabbiano. **Habitat**: Pelagica, occasionalmente presso le coste. Nidifica in colonie nei crepacci tra gli scogli e le rocce delle isole. Soprattutto sedentaria nel Mediterraneo; in autunno raggiunge la parte sud-occidentale dell'Inghilterra. Erratica nel Mare del Nord, nelle Faer Oer ed entroterra in Svizzera, Austria e Cecoslovacchia. Cartina 10.

BERTA DELL'ATLANTICO: *Puffinus gravis*. **Tav. 2**
Franc.: Puffin majeur. Ingl.: Great Shearwater. Ted.: Grosser Sturmtaucher. Oland.: Grote Pijlstormvogel. Spagn.: Fardela capirotada. Sved.: Större lira.

Identificazione: 45 cm. Si distingue per un *cappuccio scuro* in netto contrasto con il bianco puro della gola (così la testa appare stretta). Un *collare bianco* quasi completo e *becco scuro sottile*, una *stretta macchia bianca alla base della coda*. Parti superiori bruno scuro, inferiori bianche con fianchi indistintamente macchiettati, e una macchia scura sul ventre. La superficie inferiore biancastra delle ali ha i margini più scuri di quella della B. maggiore. Durante la muta mostra una linea bianca irregolare lungo la parte mediana della superficie superiore delle ali. Comportamento e volo come la B. minore. Quest'ultima è molto più piccola e più nera superiormente e manca della macchia bianca sulla coda. (Vedi anche Berta maggiore).

Voce: Quando si nutre ha un grido rauco simile a quello dei Gabbiani. **Habitat e distribuzione**: Ha distribuzione pelagica; occasionalmente presso le coste; migratrice. Nidifica in tane sulle isole Tristan da Cunha, nel Sud Atlantico, visitando il Nord Atlantico orientale dall'Islanda al Portogallo. In autunno erratica nel Mare del Nord e Mediterraneo a Est sino alla Sardegna.

BERTA GRIGIA: *Puffinus griseus*. **Tav. 2**
Franc.: Puffin fuligineux. Ingl.: Sooty Shearwater. Ted.: Dunkler Sturmtaucher. Oland.: Grauwe pijlstormvogel. Spagn.: Fardela sombria. Sved.: Grå lira.

Identificazione: 40 cm. Ha il corpo pesante e le ali strette. Sembra tutta nera in distanza, scivolando sull'acqua nel modo tipico delle Berte. Spesso si associa con la Berta dell'Atlantico ed ha comportamento simile. Si distingue da tutte le altre Berte nelle acque europee e nordafricane (tranne le forme più scure della razza del Mediterraneo occidentale della Berta minore, *P. puffinus mauretanicus*) per il piumaggio *fuligginoso uniforme*. La parte inferiore delle ali ha zone pallide, generalmente in forma di indistinta stria biancastra lungo il centro dell'ala. Vedi anche le forme scure del Fulmaro, della razza del Mediterraneo occidentale della Berta minore e gli immaturi di Sula e di Stercorario. Non emette suoni quando è sul mare.
Habitat e distribuzione: Pelagica e lungo le coste d'estate. Nidifica nei buchi e nelle tane delle isolette dell'emisfero meridionale. Visitatrice autunnale dell'Atlantico orientale a Nord sino all'Islanda. Erratica nella parte più meridionale del Mare del Nord e sulla Manica; assai rara nel Mediterraneo ad est di Malta.

BERTA MINORE: *Puffinus puffinus*. **Tav. 2**
Franc.: Puffin des Anglais. Ingl.: Manx Shearwater. Ted.: Schwarzschnabel-

Sturmtaucher. Oland.: Noorde pijlstormvogel. Spagn.: Fardela pichonetta. Sved.: Mindre lira.

Identificazione: 35 cm. Si distingue dalle altre Berte per la *parte superiore nera opaca in netto contrasto con quella inferiore bianco puro*. Becco sottile. Di solito si vede in gruppi sparsi scivolare sulle ali rigide; di tanto in tanto ha degli intermittenti battiti di ali. Si gira da un lato sull'altro nel seguire il contorno delle onde mostrando ora il bianco, ora il nero del suo piumaggio. Non segue le navi. Nuota con frequenza; gli stormi si raccolgono sull'acqua verso sera nei pressi dei luoghi di nidificazione. Notturna nei luoghi di nidificazione. La descrizione sopra riportata si riferisce alla razza atlantica *P. p. puffinus*; la razza del Mediterraneo orientale *P. p. yelkouan* ha toni di contrasto meno evidenti; la razza (Balearica) del Mediterraneo occidentale, *P. p. mauretanicus* è più scura e ancor meno "a contrasto di toni"; gli individui a parti inferiori scure possono essere scambiati per la Berta grigia; gli individui più chiari per la Berta maggiore, ma la Berta minore è molto più piccola e più snella di entrambe.

Voce: Varie note aspre e gutturali nei luoghi di nidificazione. **Habitat**: Acque costiere piuttosto che in alto mare. Nidifica localmente in grandi colonie in tane sulle isole o sulle cime di grossi scogli. Cartina 11.

BERTA MINORE FOSCA: *Puffinus assimilis*.   Tav. 2
Franc.: Petit puffin. Ingl.: Little Shearwater. Ted.: Kleine Sturmtaucher. Oland.: Kleine pijlstormvogel. Sved.: Dvårglira.

Identificazione: 25,5 cm. Assomiglia ad una Berta minore in miniatura ma ha le zampe bluastre molto scure (non rosa) ed il *vertice nero non si prolunga sotto l'occhio*. Il volo è più erratico ed ondulatorio di quello della Berta minore ; compie meno planate. Due razze sono accidentali in Europa: la *P. a. baroli* di Madeira che è la più frequente e la *P. a. boydi* di Capo Verde; quest'ultima ha il sottocoda nero. Occasionale lungo le coste della Gran Bretagna e dell'Irlanda; erratica in Europa centrale, dell'Ovest e del Sud.

UCCELLI DELLE TEMPESTE: Hydrobatidae

Piccoli uccelli oceanici, con groppone bianco; svolazzano errabondi seguendo le onde. Sessi simili. Nidificano in cavità.

UCCELLO DELLE TEMPESTE DI WILSON: *Oceanites oceanicus*.   Tav. 2
Franc.: Pétrel océanite. Ingl.: Wilson's Petrel. Ted.: Buntfüssige Sturmschwalbe. Oland.: Wilson's stormvogeltje. Spagn.: Paiño de Wilson. Sved.: Havslöpare.

Identificazione: 17 cm. Molto simile all'Uccello delle tempeste, ma con la *membrana* dei piedi palmati, *gialla*. Le zampe *sorpassano* la corta coda quadrata. L'area chiara sulle copritrici alari è meno evidente che non nell'Uccello delle tempeste a coda forcuta ma più che nell'Uccello delle tempeste. Vola in modo tipico, alternativamente scivolando e battendo le ali come un pipistrello; spesso "cammina" sul pelo dell'acqua con le ali tese e aperte. Il margine anteriore dell'ala sembra ancora più curvo che nel codaforcuta che ha un angolo più acuto all'articolazione del corpo. Segue le navi. Dai luoghi di nidificazione antartici e subantartici raggiunge, in estate, i mari a sud-ovest dell'Irlanda e della baia di Biscaglia. Erratico nelle Isole Britanniche; accidentale nel Mediterraneo.

UCCELLO DELLE TEMPESTE: *Hydrobates pelagicus*.   Tav. 2
Franc.: Pétrel tempête. Ingl.: Storm Petrel. Ted.: Sturmschwalbe. Oland.: Stormvogeltje. Spagn.: Paiño común. Sved.: Stormsvala.

Identificazione: 15 cm. Il più piccolo uccello di mare europeo. Un uccello nerastro ad ali lunghe con un *evidente groppone bianco* e una coda nera, *quadrata*. Ha corte barre sulle ali ma per l'identificazione è più utile la chiazza bianca sulle ali. *Solitamente lo si vede seguire le navi*, a molta distanza dalla terra, con deboli voli appena sopra le onde, di tanto in tanto "correndo" brevemente sulla superficie dell'acqua con le nere zampe pendenti. Notturno a terra. Distinto dall'Uccello delle tempeste codaforcuta per le parti superiori più nere e uniformi e la macchia bianca sul sottoala. Il raro Uccello delle tempeste di Wilson (che pure segue le navi per abitudine) ha gambe più lunghe e piedi gialli che sporgono oltre la coda.
Voce: Nei buchi ove nidifica emette un sostenuto "ronfamento" in calando e crescendo che termina con un caratteristico *ikka*. Ha anche parecchie note stridule. **Habitat**: Pelagico tranne che all'epoca delle cove. Nidifica in colonie sulle isole tra le pietre, in una cavità del suolo o nelle tane abbandonate. Cartina 12.

UCCELLO DELLE TEMPESTE CODAFORCUTA: *Oceanodroma leucorhoa*. Tav. 2
Franc.: Pétrel culblanc. Ingl.: Leach's Petrel. Ted.: Wellenläufer. Oland.: Vaal stormvogeltje. Spagn.: Paiño de Leach. Sved.: Klykstjärtad stormsvala.

Identificazione: 20 cm. Distinto dall'Uccello delle tempeste per ali e corpo più lunghi e per un caratteristico *volo a scatti*, cambiando costantemente velocità e direzione. A breve distanza si distingue per il piumaggio più brunastro, una striscia grigia nel mezzo del groppone bianco e una *banda diagonale chiara lungo le copritrici alari* ma *senza la macchia bianca sul sottoala* e, sebbene difficilmente visibile, per la coda forcuta. Diversamente dall'Uccello delle tempeste *non segue le navi*. Notturno nei luoghi di nidificazione. Vedi Uccello delle tempeste di Wilson.
Voce: Di solito silenzioso, ma, di notte, nei luoghi di nidificazione emette una serie ritmica di note gorgoglianti *uirra-uirra*, punteggiate da un enfatico *uika-uika* che emette talvolta anche in volo. Lunghi borbottii si odono dai buchi in cui nidifica. **Habitat**: Come l'Uccello delle tempeste, ma di solito scava buchi per il nido in terreno torboso. Cartina 13.

SULE: Sulidae

SULA: *Sula bassana*. Tav. 4
Franc.: Fou de Bassan. Ingl.: Gannet. Ted.: Basstöpel. Oland.: Jan van Gent. Spagn.: Alcatraz. Sved.: Havssula.

Identificazione: 90 cm. Un uccello di mare dalle dimensioni di un'oca, che si riconosce per la *parte terminale nera delle lunghe e strette ali*. Il doppio di un Gabbiano reale con *collo molto più lungo* e *becco più grande appuntito* spesso tenuto puntato verso il basso; *coda appuntita* non a ventaglio. Gli immaturi sono più scuri, macchiettati di bianco o a chiazze bianche e nere a seconda dell'età, ma subito riconoscibili per la forma a "sigaro" caratteristica. Volo basso con brevi planate; rotea maestosamente quando si è in cerca di cibo e si tuffa testa in avanti all'inseguimento subacqueo del pesce, anche da 30 e più metri. (I Gabbiani talora cadono in mare seguendo la preda, ma il tuffo della Sula è spettacolare.)
Voce: La nota usuale è un abbaiante *arrah*. **Habitat**: Esclusivamente marittima, si vede spesso in mare aperto. Nidifica in colonie sui bordi di scogli a strapiombo. Vedi cartina 14.

MARANGONI: Phalacrocoracidae

Uccelli d'acqua, grossi, scuri, con becco lungo, più grossi (tranne il Marangone minore) di qualsiasi anatra. Talora confusi con le Strolaghe, ma la coda è più lunga e il becco uncinato. In volo il collo è appena al di sopra dell'orizzontale (quello delle Strolaghe è leggermente cadente). Di solito volano in formazione lineare o a "V" come le Oche. Spesso stanno posati sugli scogli isolati con le ali semiaperte. Quando nuotano somigliano alle Strolaghe, ma il collo è più eretto, il becco volto leggermente all'insù. Nidificano sulle rocce e sugli alberi.

CORMORANO o MARANGONE: *Phalacrocorax carbo*. Tav. 3
Franc.: Grand Cormoran. Ingl.: Cormorant. Ted.: Kormoran. Oland.: Aalscholver. Spagn.: Cormoran grande. Sved.: Storskarv.

Identificazione: 90 cm. Un grosso uccello d'acqua nerastro facilmente confuso col Marangone dal ciuffo, ma identificabile per dimensioni maggiori, *mento e guance bianchi* e nell'abito nuziale per la *macchia bianca ai "calzoni"* e per la mancanza della cresta. I giovani sono brunastri di sopra, e si riconoscono dai giovani Marangoni dal ciuffo per le *parti inferiori biancastre* ed il becco più grosso. Sosta *eretto* sugli scogli, spesso con le ali semiaperte. Nuota basso nell'acqua, come le Strolaghe, ma il collo è tenuto più eretto e il becco leggermente rivolto verso l'alto. Volo rapido e diritto col collo teso leggermente al di sopra della linea orizzontale; gli stormi volano di solito in formazione lineare o a "V". Socievole. La razza continentale e alcune sottospecie britanniche hanno, all'epoca delle cove, testa e collo quasi completamente bianchi.

Voce: Di solito un basso gutturale *r-rah*. **Habitat**: Coste, estuari, laghi costieri, occasionalmente acque interne. Nidifica in colonie, talora vicino ai Marangoni dal ciuffo, sugli scogli e anche sugli alberi nei laghi interni. Vedi cartina 15.

MARANGONE DAL CIUFFO: *Phalacrocorax aristotelis*. Tav. 3
Franc.: Cormoran huppé. Ingl.: Shag. Ted.: Krähenscharbe. Oland.: Kuifaalscholver. Spagn.: Cormoran moñudo. Sved.: Toppskarv.

Identificazione: 75 cm. Più piccolo del Cormorano, con il collo leggermente più sottile e più corto, testa più sottile e *becco più piccolo*. Si riconosce per la *mancanza di bianco sulla faccia*, ed anche per la mancanza della macchia bianca ai "calzoni". A breve distanza si nota il piumaggio *verde nero* anziché nero bronzato. All'epoca delle cove ha una *corta cresta, alzata*. Occhi verdi blu pallidi. I giovani si differenziano da quelli del Cormorano per il piumaggio bruno scuro con *poco, quasi niente, bianco sul petto* (tranne per i giovani della specie mediterranea che mostrano un po' di bianco sulle parti inferiori); il becco è più sottile che negli adulti e più piccolo che nei giovani Cormorani.

Voce: La nota usuale ricorda un gracchiare forte e rauco; durante la cova, un profondo borbottio e un fischio sonoro. **Habitat**: Marittimo, frequenta le coste rocciose e le isole con pareti a scogliera; d'inverno, occasionalmente, si spinge nell'entroterra. Nidifica in colonie (talvolta singolarmente) su speroni rocciosi e tra i sassi. Cartina 16.

MARANGONE MINORE: *Phalacrocorax pygmeus*. Tav. 3
Franc.: Cormoran pygmée. Ingl.: Pygmy Cormorant. Ted.: Zwergscharbe. Oland.: Dwergaalscholver. Spagn.: Cormoran pigmeo. Sved.: Dvärgskarv.

Identificazione: 47 cm. Molto più piccolo e attivo del Cormorano, in volo assomiglia alla Folaga, ma ha coda lunga e *testa piuttosto piccola e rotonda*, simile di forma, attitudini e comportamento. D'estate entrambi i sessi hanno la *testa bruno rosso scuro*, piumaggio verde nero lucido, con *macchioline bianche* tranne che per una "sella" grigio scuro sul dorso e sulle copritrici alari. Le macchie bianche mancano nelle altre stagioni, la gola è bianca, il petto rosso bruno. I giovani hanno mento bianco, gola e petto bruni, parti inferiori bruno biancastre, becco giallastro. Vedi anche Marangone dal ciuffo.

Voce: Note brevi ed aspre all'epoca delle cove. **Habitat**: Preferisce le acque interne, compresi fiumi e paludi. Nidifica in colonie tra i cespugli delle paludi costruendo rozzi nidi. Cartina 17.

PELLICANI: Pelecanidae

PELLICANO: *Pelecanus onocrotalus*. **Tav. 4**
Franc.: Pélican blanc. Ingl.: White Pelican. Ted.: Rosapelikan. Oland.: Gewone pelikaan. Spagn.: Pelicano vulgar. Sved.: Pelikan.

Identificazione: 140-175 cm. Enorme apertura alare. *Bianco, con primarie nerastre*, becco lungo giallastro come la borsa alla gola, *piedi carnicini*. Durante le cove, entrambi i sessi hanno una corta cresta ispida e una tinta rosa al piumaggio. Da vicino sono visibili il ciuffo giallo di piume alla base del collo e gli occhi rossi. I giovani sono bruni e diventano poi via via di un bianco sporco irregolarmente pezzati di bruno. Vola calmo con brevi planate, portando la testa affondata nelle spalle. Vola in formazioni regolari e lineari spesso a grande altezza. Di sopra la punta delle ali è nera, *di sotto è nero l'intero margine posteriore*. Le Cicogne e le Sule sono pure bianche con le punte delle ali nere ma entrambe volano con il collo disteso e hanno il becco di forma molto diversa; le Sule hanno ali più strette, angolose, puntute e coda più lunga e appuntita. Il Pellicano riccio, visto dal disotto, non mostra nero sulle ali. Vedi schema.

Habitat e distribuzione: Larghe distese di acque interne; paludi e lagune basse vicino alla costa. Nidifica in colonie tra le canne in Romania e sverna in Grecia e Albania. Accidentale in quasi tutta l'Europa.

PELLICANO RICCIO: *Pelecanus crispus*. **Tav. 4**
Franc.: Pélican frisé. Ingl.: Dalmatian Pelican. Ted.: Krauskopfpelikan. Oland.: Kroeskoppelikaan. Sved.: Krushuvad pelikan.

Identificazione: 155-175 cm. Si distingue difficilmente dal Pellicano eccetto in volo; le aree di distribuzione si sovrappongono. In volo mostra superiormente le secondarie scure e la punta delle ali nera, inferiormente *le ali sono tutte bianco sporco*. Dimensioni di solito leggermente maggiori; a breve distanza le parti superiori sembrano bianco sporco (invece che bianco roseo); parti inferiori *grigio bianche sporche* con una macchia gialla senza ciuffo sulla bassa gola; primarie bruno scuro; zampe grigio piombo (non carnicino). Le piume del vertice sono leggermente allungate e crespe (non crestate). Occhi giallastri pallidi (non rossi). I giovani assomigliano a quelli del Pellicano, riconoscibili solo da vicino per le penne sulla fronte, che terminano in tronco anziché a punta sopra la mandibola superiore (la stessa distinzione vale per gli adulti). Comportamento, volo e habitat come il Pellicano. Cartina 18.

AIRONI e TARABUSI: Ardeidae

Uccelli di palude, col collo lungo, zampe lunghe e becco pure piuttosto lungo e appuntito. Nel volo sostenuto, la testa viene tenuta indietro tra le spalle. La "cresta" di cui si parla in molte specie è costituita da poche piume lunghe filiformi poste sulla testa, sulle scapolari e sul collo. Le parti molli mutano colore all'epoca della cova. Sessi simili, tranne che per il Tarabusino. Nidificano sugli alberi o tra le canne.

TARABUSO: *Botaurus stellaris*. **Tav. 5**
Franc.: Butor étoilé. Ingl.: Bittern. Ted.: Grosse Rohrdommel. Oland.: Roerdomp. Spagn.: Avetoro común. Sved.: Rördrom.

Identificazione: 75 cm. Un grande, bruno uccello di palude simile ad un Airone, *barrato e screziato*, con grandi zampe verdi ed una *voce caratteristica*. Quando se ne sta nascosto, tiene il becco verticalmente in una caratteristica posizione allungata; cammina con le spalle alzate e la testa bassa. Il volo è lento (evita volentieri di volare) e quando è lanciato tiene il collo ripiegato; le larghe e rotonde ali sono *chiaramente barrate di bruno e nero*. Ritirato, solitario e solitamente crepuscolare, si tiene nascosto tra le canne di giorno. Può essere confuso con una giovane Nitticora, la quale è notevolmente più piccola e "macchiata". Vedi anche il Tarabuso americano.
Voce: Un aspro *aark*. Canto: 2-3 grugniti poco sonori, un'udibile "inspirazione d'aria", seguita da un profondo e rimbombante *uuump* che si può udire talora anche a due chilometri di distanza. **Habitat**: Densi canneti nelle paludi; rive dei fiumi, acque stagnanti e coste lacustri. Nidifica tra le canne, nel continente talora nei pressi di piccole pozze d'acqua in regioni coltivate. Cartina 19.

TARABUSO AMERICANO: *Botaurus lentiginosus*. **Tav. 5**
Franc.: Butor d'Amérique. Ingl.: American Bittern. Ted.: Amerikanische Rohrdommel. Oland.: Amerikaanse Roerdomp. Sved.: Amerikansk rördrom.

Identificazione: 65 cm. Si distingue dal Tarabuso europeo per le *dimensioni minori* e per essere *minutamente screziato* nelle parti superiori delle ali (e non nettamente macchiettato e barrato) decisamente più strette; *punta delle ali nera* (non barrata di bruno e nero), vertice *castano* ed una *lunga striscia nera lungo i lati del collo*. Comportamento e volo simili al Tarabuso europeo, ma si trova più facilmente in zone aperte. Le giovani Nitticore sono pressappoco delle stesse dimensioni, ma sono più grigie, senza la punta delle ali nera.
Voce: Quando viene "alzato", un rapido gutturale *kok-kok-kok*. **Habitat e distribuzione**: Accidentale in Inghilterra, Faer Oer, Irlanda, Islanda.

TARABUSINO: *Ixobrychus minutus*. **Tav. 5**
Franc.: Butor blongios. Ingl.: Little Bittern. Ted.: Zwergrohrdommel. Oland.: Wouwaapje. Spagn.: Avetorillo común. Sved.: Dvärgrördrom.

Identificazione: 35 cm. Si distingue dagli altri piccoli Aironi per le *dimensioni molto piccole*, il vertice e le parti superiori scure, per le *copritrici alari color crema* molto evidenti e per le parti inferiori chiare. Il vertice e il dorso del maschio sono neri con riflessi verdastri; la femmina ha strisce brune superiormente, fulve inferiormente, con le copritrici alari fulvicce meno evidenti. Il becco è giallastro (rosso alla base quando nidifica). Zampe verdi. I giovani sono fittamente striati sopra e sotto. Vola solitamente molto basso, con rapide battute d'ala e lunghe planate. In volo, le *copritrici alari chiare contrastano con lo scuro delle ali e delle parti superiori*. Diffidente e crepuscolare meno che all'epoca delle cove.
Voce: Una quantità di note gracchianti, corte. Il "canto" (di giorno o di notte) è un profondo *uorr* ripetuto ogni due secondi, talora per intere ore. **Habitat**: Sponde dei fiumi con ricca vegetazione, acque morte, stagni, boschi paludosi, canneti. Nidifica normalmente in vicinanza dell'acqua, anche in piccoli gruppi di coppie. Cartina 20.

NITTICORA: *Nycticorax nycticorax*. **Tav. 5**
Franc.: Héron bihoreau. Ingl.: Night Heron. Ted.: Nachtreiher. Oland.: Kwak. Spagn.: Martinete. Sved.: Natthäger.

Identificazione: 50 cm. Un Airone tozzo e con zampe piuttosto corte. L'adulto ha il *dorso nero* e le parti inferiori pallide; *calotta nera*, una lunga cresta bianca pendente, occhi rossi e becco robusto. Zampe giallastre (rosso opaco nella stagione delle cove). Individui immaturi: bruno scuro superiormente, grossolanamente macchiati di color cuoio; senza cresta; in cattiva luce possono essere scambiati per il Tarabuso, ma quest'ultimo ha il piumaggio bruno giallo screziato. In volo ha una silhouette poco slanciata. Crepuscolare, tranne che nella stagione delle cove. Di solito passa la giornata nascosta ed inattiva, spesso sugli alberi, volando in cerca di cibo al tramonto.
Voce: Un gutturale *quack* o *guack*, di solito verso sera. **Habitat**: Zone palustri e rive di fiumi con vegetazione fitta, paludi alberate, risaie e marcite. Cerca il cibo al tramonto e durante la notte nelle cave, nei canali, ai margini delle pozze e degli stagni o nelle paludi aperte, nelle risaie e nelle marcite. Nidifica in colonie, spesso con specie consimili, nei cespuglieti, sugli alberi, localmente anche tra le canne. Cartina 21.

SGARZA CIUFFETTO: *Ardeola ralloides*. Tav. 6
Franc.: Héron crabier. Ingl.: Squacco Heron. Ted.: Rallenreiher. Oland.: Ralreiger. Spagn.: Garcilla cangrejera. Sved.: Rallhäger.

Identificazione: 45 cm. Tozza e col grosso collo; *piumaggio fulvo chiaro, ali bianche* e una cresta cascante lunga. Becco nero e blu durante la cova, verdastro macchiettato di scuro in inverno. Zampe verdognole (rosee al culmine della stagione della cova). Sul terreno appare tarchiato, col collo massiccio, di color sabbia rossiccia; in volo rivela, in modo imprevedibile, una predominanza di bianco sulle ali, sul groppone e sulla coda per cui può essere confuso con la Garzetta e l'Airone guardabuoi, ma il dorso e la testa più scuri sono ottimi segni distintivi.
Voce: All'epoca delle cove un aspro *karr* come di una cornacchia, solitamente emesso all'imbrunire. **Habitat**: Come la Garzetta, sebbene meno spesso all'aperto. Nidifica isolata od in gruppetti sparsi tra Aironi di specie diversa, nei canneti, tra i cespugli o sugli alberi. Cartina 22.

AIRONE GUARDABUOI: *Bubulcus ibis*. Tav. 6
Franc.: Héron garde-bœufs. Ingl.: Cattle Egret. Ted.: Kuhreiher. Oland.: Koereiger. Spagn.: Garcilla bueyera. Sved.: Kohäger.

Identificazione: 50 cm. Sembra bianco in lontananza. Decisamente più piccolo, *più tozzo e col collo più grosso* della Garzetta, con la quale spesso nidifica. La *mascella pesante, un po' gozzuta è un importante segno distintivo*. Si distingue a breve distanza per il colore *fulvo del lungo ciuffo, del petto e del mantello*. In inverno tale tinta è molto pallida. All'epoca della cova il becco è giallo con del rosso sulla base, le zampe rossastre; d'inverno il becco è giallastro e le zampe brunicce. L'occhio è rossastro. La "mascella" robusta è caratteristica. I giovani mancano delle tinte fulve, hanno il becco giallo e le zampe bruno verdastre. Volo e comportamento simile a quello della Garzetta. Sociévole. Al contrario della Garzetta, si *ciba di solito tra le mandrie di bovini al pascolo*. In volo si confonde facilmente con la Sgarza ciuffetto.
Voce: Una serie di note gracchianti all'epoca delle cove. **Habitat e distribuzione**: Meno "acquatico" della maggior parte degli Aironi. Solitamente in mezzo alle mandrie al pascolo nei prati, nelle zone palustri e nelle zone aride. Nidifica in colonie, spesso insieme alla Garzetta o a specie consimili, nei canneti, nei cespuglieti, o sugli alberi sia in vicinanza dell'acqua come in zone aride. Residente nella Spagna del Sud e nel Portogallo. Erratico nelle altre contrade mediterranee (Francia), in Inghilterra, Danimarca, Ungheria e Balcani.

GARZETTA: *Egretta garzetta*. **Tav. 6**
Franc.: Aigrette garzette. Ingl.: Little Egret. Ted.: Seidenreiher. Oland.: Kleine zilverreiger. Spagn.: Garzota común. Sved.: Silkeshäger.

Identificazione: 55 cm. Un piccolo Airone bianco niveo con lungo e sottile becco nero; zampe nere con i *piedi gialli*, questi ultimi evidenti particolarmente in volo. I piedi diventano rossastri in primavera. (L'Airone bianco maggiore è molto più grande e con i piedi neri; l'Airone guardabuoi e la Sgarza ciuffetto in volo e in distanza sembrano bianchi, ma essi sono molto più massicci, e col collo più grosso e il becco più corto). In estate gli adulti hanno una *cresta molto lunga e cascante* e le scapolari molto allungate così da formare un elegante, ricadente mantello. Si ciba nelle acque basse ed aperte, generalmente *non tra le mandre di bovini al pascolo*, come l'Airone guardabuoi.
Voce: Nella stagione della riproduzione, un gracchiante *kaark* ed un gorgogliato *uulla-uulla-uulla*. **Habitat**: Paludi, lagune, stagni. Nidifica in colonie, spesso con gli altri Aironi, tra i cespugli o sugli alberi, nelle paludi, negli acquitrini, nelle zone aperte e asciutte, sulle scogliere, e nei boschi. Cartina 23.

AIRONE BIANCO MAGGIORE: *Egretta alba*. **Tav. 6**
Franc.: Grande aigrette. Ingl.: Great White Egret. Ted.: Silberreiher. Oland.: Grote zilverreiger. Spagn.: Garzota grande. Sved.: Ägretthäger. Nordameric.: American Egret.

Identificazione: 88 cm. Molto più grande della Garzetta (la quale pure ha un piumaggio bianco vaporoso); se ne distingue anche per la forma ancor più allungata e per l'*assenza di una vera cresta*. Il collo è *molto lungo, sottile ed angoloso*. Il becco può essere tutto giallo o parzialmente nero dalla punta. Si distingue dalla Sgarza ciuffetto e dall'Airone guardabuoi (oltre che per la dimensione) per la rima buccale che si estende *oltre l'occhio*. Zampe e *piedi* nero-verdastri (le zampe della Garzetta sono gialle). All'epoca delle cove la parte superiore delle zampe è arancio-rosata. Le scapolari, fortemente allungate nella stagione delle cove, formano un leggero e cascante mantello bianco che pende oltre la coda. La Sgarza ciuffetto e l'Airone guardabuoi che sembrano bianchi ad una certa distanza sono molto più piccoli e tozzi.
Voce: Qualche volta ha una nota gracchiante *kra-ak*. **Habitat**: Laghi e banchi sabbiosi dei fiumi, paludi aperte e lagune. Nidifica tra i fitti canneti, di solito a gruppi sparsi, raramente tra i cespugli o sugli alberi. Cartina 24.

AIRONE CENERINO: *Ardea cinerea*. **Tav. 5**
Franc.: Héron cendré. Ingl.: Grey Heron. Ted.: Fischreiher. Oland.: Blauwe reiger. Spagn.: Garza real. Sved.: Grå häger.

Identificazione: 90 cm. Si distingue dagli altri Aironi per le *grandi dimensioni, le parti superiori grigie, il collo e la testa bianchi con una striscia nera dall'occhio alla punta della lunga ed aggraziata cresta*. Il lungo ed affilato becco è giallastro, le zampe brunastre, ma entrambi diventano rossastri all'inizio della primaria. Se ne sta immobile per lungo tempo nell'acqua o nelle vicinanze, con il lungo collo teso o con la testa affondata nelle spalle. Sta anche appollaiato sugli alberi. Il volo è potente, con lenti e profondi battiti d'ala. La silhouette in volo è caratteristica, con la *testa arretrata tra le spalle* e le zampe estese.
Voce: Un profondo ed aspro *frernk*. Numerose note sgraziate, come delle eruttazioni, vengono emesse nel periodo delle cove. **Habitat**: Marcite, risaie, prati allagati, canali, fiumi, laghi e coste marine. Nidifica in colonie di solito tra gli alti alberi. Cartina 25.

AIRONE ROSSO: *Ardea purpurea*. Tav. 5
Franc.: Héron pourpré. Ingl.: Purple Heron. Ted.: Purpurreiher. Oland.: Purperreiger. Spagn.: Garza purpúrea. Sved.: Purpurhäger.

Identificazione: 78 cm. Si distingue dall'Airone cenerino per le dimensioni minori, la colorazione molto più scura; e, quando è appollaiato, per l'aspetto più "serpentino". Parti superiori ed ali grigio scuro, con piume allungate color castano che pendono dal dorso. Vertice e cresta neri. *Collo molto sottile e molto lungo, castano, striato di nero*; centro del petto castano; resto delle parti inferiori nere. I giovani sono più "color sabbia" con vertice castano, senza nero sul capo o sul collo e con le parti inferiori fulvicce. In volo il *"gomito del collo" resta più in basso e appare più angolato*; i piedi e le zampe appaiono più grandi che non nell'Airone cenerino; quest'ultimo ha la colorazione delle ali in apparenza più contrastante. Molto raro tra gli alberi.

Voce: Simile a quella dell'Airone cenerino, cioè un *frernk* più acuto. **Habitat**: Paludi, cave abbandonate, densi canneti. Meno frequentemente sugli alberi. Nidifica in colonie, talora insieme ad altre specie, nei canneti, occasionalmente tra i cespugli. Cartina 26.

CICOGNE: Ciconiidae

Uccelli grandi con le zampe lunghe, il collo lungo e becco lungo e diritto. Volo lento ma deciso, col collo teso leggermente pendente. Camminano con calma e dignità. Sessi simili. Nidificano sugli alberi o sui tetti.

CICOGNA NERA: *Ciconia nigra*. Tav. 6
Franc.: Cigogne noire. Ingl.: Black Stork. Ted.: Schwarzstorch. Oland.: Zwarte ooievaar. Spagn.: Cigüeña negra. Sved.: Svart stork.

Identificazione: 95 cm. Si distingue dalla Cicogna bianca per il *piumaggio nero brillante*, con le *parti inferiori bianche*. I giovani hanno il petto brunastro. Quasi sempre diffidente e solitaria.

Voce: Ha un notevole numero di suoni che vanno dai "sospiri aspri" ad un suono simile a quello che si ottiene quando si affila la lama di una sega. Ha pure parecchie note più musicali. I "colpi di becco" sono meno frequenti che nella Cicogna bianca. **Habitat**: Zone palustri molto "selvagge" o praterie tra le foreste di conifere o anche miste (con alberi cedui). Nidifica a notevole altezza sugli alberi nelle foreste. Cartina 27.

CICOGNA BIANCA: *Ciconia ciconia* Tav. 6
Franc.: Cigogne blanche. Ingl.: White Stork. Ted.: Weissstorch. Oland.: Ooievaar. Spagn.: Cigüeña común. Sved.: Vit stork.

Identificazione: 1 m. Facilmente riconoscibile per le *grandi dimensioni*, il piumaggio bianco con le *remiganti nere* e il *lungo becco* e le *zampe rosso brillante*. Sta appollaiata sugli alberi e sugli edifici, spesso su una sola zampa. Cammina frequentemente. Talora volteggia o vola a grandi altezze. I colpi d'ala sono lenti. La silhouette in volo si distingue da quella degli Aironi, dei Pellicani e degli Avvoltoi per il lungo *collo teso*. Migra in "voli" irregolari, *non* in formazioni regolari. Socievole. Vedi anche gli immaturi della Spatola.

Voce: Nell'epoca delle cove talora fischi e "colpi di tosse". Colpi di becco sonori e ritmici frequenti durante la "parata nuziale". **Habitat**: Paludi, praterie bagnate e pianure erbose; all'epoca delle cove di solito vicino alle abitazioni. Nidifica sugli edifici, sui pagliai o sui pali appositamente preparati; anche sugli alberi. Cartina 28.

SPATOLE, MIGNATTAI: Threskiornithidae

Nella forma somigliano grossolanamente a piccole Cicogne o agli Aironi, ma hanno il becco lungo curvato e appiattito a spatola. Collo esteso in volo. Sessi simili. Nidificano tra canneti, cespugli o sugli alberi.

MIGNATTAIO: *Plegadis falcinellus*. Tav. 6
Franc.: Ibis falcinelle. Ingl.: Glossy Ibis. Ted.: Brauner Sichler. Oland.: Ibis. Spagn.: Morito. Sved.: Svart ibis.

Identificazione: 55 cm. Becco a forma di Chiurlo; piumaggio *uniforme praticamente nero*. A breve distanza il piumaggio appare con riflessi porporini, bronzei e verdi. Gli immaturi sono bruno scuro *opaco*. La silhouette in volo è caratteristica, con il corpo allungato e stretto, le *ali con punta arrotondata*, il collo esteso e le zampe pendule. I battiti d'ala sono rapidi, con lunghe planate che possono farlo confondere con il Marangone minore. Si posa facilmente sugli alberi. Raramente emette un lungo gracchio.
Habitat: Paludi, stagni, banchi di fango. Nidifica in colonie con gli Aironi o le Garzette, nei vasti canneti presso le acque basse, occasionalmente sugli alberi o tra i cespugli. Cartina 29.

SPATOLA: *Platalea leucorodia*. Tav. 6
Franc.: Spatule blanche. Ingl.: Spoonbill. Ted.: Löffler. Oland.: Lepelaar. Spagn.: Espatúla. Sved.: Skedstork.

Identificazione: 85 cm. Facilmente riconoscibile per il *piumaggio bianco niveo* e per il *lungo becco a spatola*. Gli adulti hanno la base del collo color ocra ed in estate una *cresta "arruffata"*. Zampe e becco neri, il secondo con la punta gialla. Gli immaturi hanno la punta delle ali nera; mancano della tinta ocra sul collo; il becco grigio rosa e le zampe giallo grigiastre. Volo lento e regolare; planate e volteggi ad ali tese; i gruppi volano di solito in fila. Distinti in volo da tutti gli "Aironi bianchi" per il collo *teso* leggermente pendente e per il becco a spatola.
Voce: Occasionalmente dei grugniti durante l'epoca della riproduzione. Quando è eccitata batte le mascelle l'una contro l'altra. **Habitat**: Acque basse, aperte, paludi con canne, estuari. Nidifica in colonie negli estesi canneti o sulle piccole isolette spoglie, localmente sugli alberi o tra i cespugli. Cartina 30.

FENICOTTERI: Phoenicopteridae

FENICOTTERO: *Phoenicopterus ruber*. Tav. 6
Franc.: Flamant rose. Ingl.: Greater Flamingo. Oland., Ted. e Sved.: Flamingo. Spagn.: Flamenco.

Identificazione: m. 1,30. Inconfondibile. Un trampoliere estremamente lungo, rosato, con *zampe e collo sproporzionatamente lunghi e con un grottesco becco curvato all'ingiù*. In volo, *zampe e collo sono tesi* e tenuti leggermente pendenti, le ali mostrano un bellissimo insieme di *carminio e nero*. L'immaturo è bruno grigio sfumato. Cammina lentamente, affondando il becco o l'intera testa nelle basse acque alla ricerca del cibo. Strettamente gregario. Da ricordare la razza cilena rinselvatichita (gli immaturi hanno zampe grigie e "ginocchia" rosa; gli adulti tutto il piumaggio color rosa).
Voce: Un grido come di un'oca e numerose note di "tromba", *arhonk*, specialmente in volo. **Habitat e distribuzione**: Basse lagune costiere, o zone allagate, laghi e banchi di fango

ecc. Nidifica in colonie sui banchi fangosi o nelle acque basse, costruendo col fango un nido a forma di cono a poca distanza dal livello dell'acqua. Nidifica non sempre regolarmente nella Francia meridionale e Spagna meridionale; migratore parziale. Visitatore irregolare del Portogallo e Olanda. Erratico altrove in Europa.

OCHE, CIGNI e ANATRE: Anatidae

I **Cigni** sono grandi uccelli acquatici, con il collo molto lungo e sottile; come alcune oche migrano in formazioni lineari o a "V". Sessi simili; nidificano sul terreno.

Le **Oche** sono più piccoli, rumorosi uccelli acquatici; più pesanti e col collo più lungo delle anatre. Si nutrono principalmente sul terreno. Sessi simili. Nidificano sul terreno e sulle rocce.

Le **Volpoche** sono anatre di aspetto simile a un'oca. Sessi simili; nidificano in cavità.

Le **Anatre di superficie** si nutrono setacciando l'acqua o immergendosi a metà (tenendo caratteristicamente i "posteriori" fuor d'acqua); nell'alzarsi in volo si slanciano direttamente fuor d'acqua. Di solito hanno uno specchio brillantemente colorato (a disegni rettangolari) sulle secondarie; col piumaggio di "eclisse" (fine estate) i maschi tendono ad assomigliare alle femmine. Nidificano sul terreno e in cavità.

Le **Anatre tuffatrici** si tuffano per nutrirsi e corrono sulla superficie dell'acqua prima di alzarsi in volo. Molto importanti sono le barre e i disegni sulle ali. Nidificano in cavità e sul terreno.

Gli **Smerghi** hanno becco sottile, seghettato; la maggior parte possiede un ciuffo e corpo snello, più simile a quello delle Strolaghe che alle Anatre. Il loro profilo in volo appare allungato, con becco, testa, collo e corpo tenuti orizzontali. Nidificano sul terreno o in cavità.

CIGNO REALE: *Cygnus olor*. **Tavv. 7, 8**
Franc.: Cygne tuberculé. Ingl.: Mute Swan. Ted.: Höckerschwan. Oland.: Knobbelzwaan. Spagn.: Cisne vulgar. Sved.: Knölsvan.

Identificazione: 150 cm. Stesse dimensioni del Cigno selvatico, più grande del Cigno minore, si distingue da entrambi per il *becco arancio con una protuberanza nera alla base* (il tuberculo è molto grande nel maschio in primavera); quando nuota, anche per il *collo curvato con grazia, col becco volto all'ingiù*. Gli immaturi più bruni dei giovani Cigni selvatici, senza tubercolo sul becco rosa grigio, zampe grigie. Assume con facilità un *atteggiamento aggressivo* col collo curvato e le ali arcuate e sollevate dal dorso. Spesso viene tenuto allo stato domestico. Volo diritto e potente, col collo teso; il *battito delle ali produce una distintiva ed alta nota sonora*. Socievole (talora in grandissimo numero), tranne che all'epoca delle cove.
Voce: Non è muto, benché meno "vocale" di altri cigni; emette vari suoni schioccanti e fischianti. **Habitat**: Può trovarsi un po' dappertutto; allo stato veramente selvatico frequenta le remote paludi e i laghi poco accessibili; d'inverno sulle coste marine riparate. Cartina 31.

CIGNO MINORE: *Cygnus bewickii*. **Tav. 7**
Franc.: Cygne de Bewick. Ingl.: Bewick's Swan. Ted.: Zwergschwan. Oland.: Kleine zwaan. Spagn.: Cisne chico o de Bewich. Sved.: Mindre sångsvan.

Identificazione: 120 cm. *Considerevolmente più piccolo* e *col collo più corto* dei Cigni reale e selvatico; somiglia molto a quest'ultimo dal quale si riconosce, oltre che per le *minori dimensioni*, per il *giallo del becco che occupa un'area più piccola e di forma*

arrotondata, per la voce meno forte *e la testa rotonda*. Gli immaturi somigliano ai giovani Cigni selvatici tranne che nelle dimensioni. Comportamento ed habitat come il Cigno selvatico, ma vola raramente in formazioni regolari. Non inarca le ali aggressivamente. I battiti d'ala non hanno il caratteristico suono di quelli del Cigno reale.
Voce: Meno vocifero del Cigno selvatico. I branchi al pascolo fanno sentire delle note musicali simili a versi di oca. Cartina 32.

CIGNO SELVATICO: *Cygnus cygnus*. Tavv. 7, 8
Franc.: Cygne sauvage. Ingl.: Whooper Swan. Ted.: Singschwan. Oland.: Wilde zwaan. Spagn.: Cisne cantor. Sved.: Sångsvan.

Identificazione: 50 cm. La base *giallo limone* del nero becco distingue il Cigno selvatico da quello reale, che ha becco arancio con tubercolo nero alla base. Ulteriormente si distingue per il *collo rigidamente diritto* e le *frequenti note come di trombetta*; dal Cigno minore, per il più lungo profilo appiattito per le dimensioni notevolmente superiori, il giallo del *becco che è più esteso e finisce in una punta*, e la voce differente. Gli immaturi sono grigio cenere brunastro ma sono più grigi dei giovani Cigni reali; becco rosa pallido con punta scura. Comportamento e volo come il Cigno reale, ma cammina più facilmente, non inarca le ali aggressivamente ed i battiti d'ala non producono la caratteristica nota sonora. Solitamente in gruppi rumorosi, tranne che durante le cove quando è invece solitario. Vola in linee oblique ondeggianti o in formazione a "V".
Voce: Il più rumoroso dei cigni. Richiamo in volo un forte *hu-hu-hu* come di tromba.
Habitat: Coste marine, acque di marea, laghi e grandi fiumi. Nidifica sulle isolette delle paludi o dei laghi, nelle torbiere, nella tundra artica. Cartina 33.

OCA GRANAIOLA: *Anser fabalis*. Tavv. 9, 10
Franc.: Oie des moissons. Ingl.: Bean Goose. Ted.: Saatgans. Oland.: Rietgans. Spagn.: Ansar campestre. Sved.: Sädgås.

Identificazione: 70-87 cm. Più bruna e *generalmente più scura* delle altre Oche grigie, i margini biancastri delle piume sembrano più brillanti. In distanza la *testa ed il collo piuttosto lungo sembrano neri*. Nessuna barratura sulle parti inferiori. *Becco lungo e nero segnato di giallo arancio*, occasionalmente con bianco alla base. Zampe degli adulti *giallo arancio*; dei giovani, giallastro pallido. Comportamento e volo come l'Oca selvatica ma ha la parte anteriore delle ali più scura. L'Oca selvatica è leggermente più grande e più pallida, specialmente sul capo e sul collo, con la parte anteriore delle ali grigio chiaro, becco arancio terminato di bianco e zampe *rosee*. L'Oca zamperosee adulta è leggermente più piccola, con becco più piccolo *rosa e nero*, zampe *rosee* e parti superiori grigio blu che danno un maggior contrasto al capo e al collo scuri. Le Oche lombardella e lombardella minore adulte sono più piccole col bianco alla base del becco molto evidente e col ventre abbondantemente barrato.
Voce: Meno vocifera delle altre Oche grigie. Un caldo *ang-ang* più basso e più a suono d'organo del simile verso dell'Oca zamperosee. **Habitat**: D'inverno entroterra, in terreni erbosi ricchi d'acqua. Nidifica nell'Artico nelle foreste vicino a laghi e fiumi. Cartina 34.

OCA ZAMPEROSEE: *Anser brachyrhynchus*. Tavv. 9, 10
Franc.: Oie à bec court. Ingl.: Pink-footed Goose. Ted.: Kurzschnabelgans. Oland.: Kleine rietgans. Spagn.: Ansar braquirrinco. Sved.: Spetsbergsgås.

Identificazione: 60-75 cm. Si distingue dall'Oca granaiola e dalle altre Oche grigie per le *parti superiori grigio blu pallido* in forte contrasto col *collo ed il capo molto scuri, il becco piccolo rosa e nero e le zampe rosa*. Durante la muta estiva il piumaggio varia grandemente dal grigio blu al grigio bruno. *La parte anteriore delle ali grigio blu è molto cospicua in volo*, sebbene in misura minore che nell'Oca selvatica, la quale manca del tono bluastro. Gli immaturi hanno talora le zampe più pallide, e d'inverno sembrano più bruni e spesso col collo più chiaro degli adulti. Comportamento e volo come l'Oca lombardella. Si distingue dalle Oche lombardella e lombardella minore adulte per l'assenza di bianco alla base del becco (sebbene occasionalmente vi siano nell'Oca zamperosee tracce di bianco) e per l'assenza delle barre nere sul ventre. Gli individui immaturi sono estremamente difficili da riconoscere e distinguere dai giovani delle Oche lombardelle se non è possibile vedere chiaramente il colore delle zampe e la maggior rotondità della testa, dato che il disegno e la colorazione dei becchi sono molto simili.

Voce: Gridi nasali bi o trisillabici, di timbro alto ma privi dei toni "schiamazzanti" dell'Oca lombardella: un musicale *ang-ank, uink, uink-uink-uink* o *king-uink*. **Habitat**: come l'Oca selvatica, ma più frequentemente nei campi arati. Nidifica in colonie lungo gli affioramenti rocciosi dei fianchi delle colline e delle gole dei fiumi; anche nella tundra. Cartina 35.

OCA LOMBARDELLA: *Anser albifrons*. Tavv. 9, 10
Franc.: Oie rieuse. Ingl.: White-fronted Goose. Ted.: Blässgans. Oland.: Kolgans. Spagn.: Ansar frentialbo grande. Sved.: Bläsgås.

Identificazione: 65-75 cm. Più piccola e più scura dell'Oca selvatica. Gli adulti si distinguono dalle Oche selvatiche, granaiola e zamperosee per una *grossa macchia bianca sul becco roseo, zampe arancio e larghe ed irregolari bande nere sul ventre*. Gli immaturi mancano delle barre nere sul ventre e del bianco sulla fronte, ma la combinazione dell'arancio delle zampe e la mancanza di nero sul becco sono caratteristici. Comportamento e volo normali come quelli dell'Oca selvatica benché il battito delle ali sia più rapido e il margine delle ali bruniccio. La razza groenlandese *A. a. flavirostris*, che sverna principalmente in Irlanda e nella Scozia occidentale, si riconosce dalla razza tipica *A. a. albifrons* per la colorazione più scura in particolare della testa e del collo, ed il becco *giallo arancio*. I giovani di solito presentano poco bianco alla base del becco, o ne sono completamente privi, e spesso non hanno bande pettorali. Vedi anche Oca lombardella minore.

Voce: Le note vocali somigliano a quelle delle altre Oche grigie, ma più alte di timbro e più veloci. Nota più comune: *kau-liau* o *lio-lyok* bi e trisillabica. **Habitat**: Come l'Oca selvatica, ma più difficilmente nelle stoppie o nei campi di patate. Di solito nidifica socialmente nella tundra senza alberi, nelle paludi aperte, isolette dei fiumi, ecc. Cartina 36.

OCA LOMBARDELLA MINORE: *Anser erythropus*. Tav. 9
Franc.: Oie naine. Ingl.: Lesser White-fronted Goose. Ted.: Zwerggans. Oland.: Dwerggans. Spagn.: Ansar frentialbo chico. Sved.: Fjällgås.

Identificazione: 53-65 cm. L'aspetto generale è quello dell'Oca lombardella, ma se ne distingue per il *becco rosaceo molto più piccolo, il bianco della fronte che generalmente si estende più in alto sul vertice* e per l'estremità delle ali che quando sono chiuse *sorpassano la coda*. Di solito *sembra più scura dell'Oca lombardella. A breve distanza l'orlo palpebrale giallo brillante rigonfio* è il segno distintivo più sicuro. Gli immaturi mancano del bianco alla base del becco e delle macchie nere sul ventre, ma hanno l'orlo palpebrale giallo. Comportamento e volo come l'Oca lombardella, ma i battiti delle ali sono più rapidi.

Voce: Di timbro molto più alto dell'Oca lombardella. Note più frequenti: *kiu-yu* o *kiu-yu-yu* (il maschio); *kāu-iau* (la femmina). **Habitat**: Per lo più come l'Oca lombardella, ma è una specie del basso Artico e nidifica ad elevata altitudine solo nella parte meridionale dell'area di distribuzione, nelle zone intorno ai laghi alpini dove vegetano le betulle ed i salici nani. Nell'estremo Nord della Norvegia nidifica a livello del mare. Cartina 37.

OCA SELVATICA: *Anser anser*. Tavv. 9, 10
Franc.: Oie cendrée. Ingl.: Greylag Goose. Ted.: Graugans. Oland.: Grauwe gans. Spagn.: Ansar común. Sved.: Grågås.

Identificazione: 75-85 cm. Due razze europee riconoscibili in libertà: la razza dell'Europa occidentale *A. a. anser* ha il becco *grosso color arancio*; la razza dell'Europa orientale *A. a. rubirostris* ha il becco *grosso color roseo* e appare *più pallida*, avendo il margine delle piume chiaro. Entrambe le razze sono ulteriormente distinte dalle altre Oche grigie per l'*assenza di segni neri sul becco, zampe e piedi rosei, testa e collo non più scuri del corpo, parte anteriore dell'ala grigio chiaro* e parti inferiori uniformi (gli adulti spesso hanno però qualche macchia nera sul petto). Gli immaturi hanno le zampe grigio rosa. In volo, da lontano, tutte le Oche grigie si somigliano molto, volando in fila od in formazioni a "V"; tutte sono gregarie fuori dalla stagione delle cove e sono normalmente diurne, involandosi verso le zone di pascolo all'alba. Le Oche grigie in volo sono meglio identificate dalla voce. L'Oca selvatica si distingue dall'adulta Oca lombardella e dall'Oca lombardella minore per le dimensioni maggiori, testa e collo chiari, mancanza di macchia bianca alla base del becco, parti inferiori non barrate e, a tutte le età, per le zampe rosa (non arancio). Si distingue dall'Oca granaiola e dall'Oca zamperosee, per il capo ed il collo che non sono più scuri del resto del corpo, il becco grande e color arancio (nella razza dell'Europa occidentale) senza segni neri e per l'aspetto generale più pallido.
Voce: La stessa nota nasale e di organo dell'Oca domestica: *aahng-ang-ang*, ecc. In distanza i suoni emessi da uno stormo ricordano i belati delle pecore. **Habitat**: In inverno su terreni erbosi, campi arati presso la costa, paludi ed estuari. Nidifica in colonie nelle paludi, nelle torbiere, nei canneti, sugli isolotti dei fiumi. Cartina 38.

OCA DELLE NEVI: *Anser caerulescens*. Tavv. 7, 8
Franc.: Oie des neiges. Ingl.: Snow Goose. Ted.: Schneegans. Oland.: Sneeuwgans. Spagn.: Ansar hiperbóreo. Sved.: Snögås.

Identificazione: 63-75 cm. Gli adulti facilmente identificabili per il *piumaggio bianco puro con le remiganti primarie nere*. Becco massiccio e zampe di un rosa scuro. La testa è spesso macchiata di arancio. L'immaturo è bianco grigiastro sotto e grigio brunastro sopra, con becco e zampe grigio scuro. Comportamento e volo come le Oche grigie. Pascola frammista con altre specie. L'"Oca azzurra" del Nord America giunta talvolta nelle Isole Britanniche è una fase colorata della stessa specie; è blu grigio fuligginoso, con testa, collo, specchio posteriore bianchi (talvolta anche il petto e il ventre); gli immaturi uniformemente fuligginosi, con una macchia bianca sul mento. L'Oca delle nevi si distingue facilmente da tutti i cigni per il *collo più corto e per le remiganti primarie nere*; si distingue in volo dalla Sula per la testa ed il becco molto più piccoli, di un collo più lungo, coda corta e arrotondata ed ali più larghe.
Voce: Un improvviso, aspro *kaank*; anche un profondo *raug-aug-aug*. **Habitat**: Come le Oche grigie. Nidifica in colonie nella tundra aperta e sulle isole dei laghi. Erratica dal Nordamerica all'Islanda, Inghilterra, Irlanda e alla maggior parte dei paesi europei dalla Norvegia alla Grecia.

OCA DEL CANADA: *Branta canadensis*. Tavv. 7, 8
Franc.: Bernache du Canada. Ingl.: Canada Goose. Ted.: Kanadagans. Oland.: Canadese gans. Spagn.: Barnacla canadiense. Sved.: Kanadagås.

Identificazione: 90-100 cm. La più grossa delle oche che capitano in Europa. La testa nera ed il *lungo collo nero è in netto contrasto col petto biancastro e il corpo bruno*. Si distingue dalle altre Oche nere per le grandi dimensioni e una *larga macchia bianca dalla gola sino alle guance*. Becco e zampe neri. Si distingue dalla molto più piccola Oca

facciabianca per il *corpo bruno* (non grigio), la macchia bianca sulle guance che non comprende anche la fronte, il nero che si estende solo sino alla base del collo (e non sul petto). L'Oca colombaccio è ancor più piccola, senza bianco sul capo. Gregaria fuori dalla stagione delle cove. Normalmente diurna, pascola come le Oche grigie, ma talvolta si immerge a metà (con i "posteriori" in alto) come il Germano reale, nell'acqua. Principalmente è specie d'acqua dolce. Stormi in formazioni regolari in linea o a "V".
Voce: Richiamo in volo un risonante *aa-konk*, la seconda sillaba in crescendo. **Habitat e distribuzione**: Campi e paludi aperte vicino all'acqua dolce; talvolta tra gli alberi e lungo le coste marine. Introdotta in Europa, capita frequentemente e si trova nei parchi. Nidifica isolatamente od in piccoli gruppi nelle isolette cespugliose dei laghi. Nidifica allo stato brado in Inghilterra, Irlanda, Norvegia, Finlandia e in Svezia. Migratrice parziale fino alla Germania e Olanda. Erratica altrove in Europa.

OCA FACCIABIANCA: *Branta leucopsis*. Tavv. 7, 8
Franc.: Bernache nonnette. Ingl.: Barnacle Goose. Ted.: Weisswangengans. Oland.: Brandgans. Spagn.: Barnacla cariblanca. Sved.: Vitkindad gås.

Identificazione: 58-67 cm. Si identifica facilmente per il *piumaggio bianco e nero, la faccia e la fronte bianche molto evidenti; il nero del collo si estende in basso sino al petto*; parti superiori grigio lavanda con barrature nere marginate di bianco, parti inferiori grigiastre, groppone bianco e coda nera. Zampe e becco piccoli, neri. Vola in formazioni serrate. Si nutre di notte. Fortemente gregaria. Si distingue dall'Oca colombaccio per le dimensioni maggiori, la faccia bianca e abitudini più terrestri; dall'Oca del Canada per le dimensioni minori, la faccia bianca, il petto nero e le parti superiori grigie (non brune).
Voce: Gli storni in lontananza producono un suono come di una muta di cani che guaiscono. Nota usuale *gnuk* rapidamente ripetuto. **Habitat**: Raramente molto entroterra, preferisce le paludi salmastre e i campi d'erba vicino agli estuari, banchi sabbiosi scoperti dalla bassa marea, o piccole isole coperte d'erba. Nidifica in colonie, di solito sulle cornici delle ripide scogliere artiche, gole rocciose dei fiumi e fianchi delle colline, talora nella tundra aperta. Cartina 39.

OCA COLOMBACCIO: *Branta bernicla*. Tavv. 7, 8
Franc.: Bernache cravant. Ingl.: Brent Goose. Ted.: Ringelgans. Oland.: Rotgans. Spagn.: Barnacla carinegra. Sved.: Prutgås.

Identificazione: 55-60 cm. La *più piccola e la più scura di tutte le Oche nere* (pressappoco delle dimensioni del Germano reale), con *testa, collo e petto nero pieno*, parti superiori grigio bruno scuro, "posteriori" bianco brillante e una *piccola macchia bianca ai lati del collo* (talora somigliante ad un piccolo e stretto collare, ma mancante negli immaturi). La forma a ventre scuro *B. b. bernicla* ha il ventre grigio bruno scuro; la forma a ventre chiaro *B. b. hrota* ha le parti inferiori molto più pallide in netto contrasto con le parti superiori (entrambe le forme possono trovarsi nello stesso stormo). Più marittima delle altre oche. Fortemente gregaria, pascola lungo la riva del mare di giorno o di notte; riposa nell'acqua durante l'alta marea; spesso tuffa la testa, il collo e gran parte del petto lasciando fuori dall'acqua le parti posteriori del corpo (come i Germani reali). Volo rapido, raramente in formazione, solitamente in gruppi irregolari che cambiano continuamente configurazione. Si distingue dall'Oca facciabianca e dalla molto più grande Oca del Canada *perché ha la testa tutta nera*.
Voce: Un soffice, gutturale *rronk* o *rrak*. Varie altre note "di conversazione". Gli stormi emettono udibilissimi suoni "brontolati". **Habitat**: Marittima fuori dalla stagione delle cove, frequenta le coste e gli estuari dove abbonda l'alga "zostera". Nidifica socialmente nella alta tundra rocciosa e nelle isole al largo delle coste artiche. Cartina 40.

OCA COLLOROSSO: *Branta ruficollis*. Tavv. 7, 10
Franc.: Bernache à cou roux. Ingl.: Red-breasted Goose. Ted.: Rothalsgans. Oland.: Roodhalsgans. Spagn.: Barnacla cuellirroja. Sved.: Rödhalsad gås.

Identificazione: 53-55 cm. Si identifica facilmente per la *contrastante combinazione del piumaggio nero, bianco e castano*. In distanza la *striscia bianca sui fianchi* è la caratteristica di riconoscimento più sicura. Le zampe ed il becco molto piccolo sono neri. L'immaturo è più pallido, più opaco e brunastro, con una macchia bianca indistinta tra il becco e l'occhio. Comportamento e volo simili a quelli delle Oche grigie, ma estremamente svelta ed agile al pascolo; raramente vola in formazioni regolari. Spesso si accompagna alle Oche lombardelle.
Voce: Un trillato, staccato *kik-uik* o *kii-kua*, e varie note pigolanti di conversazione.
Habitat e distribuzione: Normalmente sverna nelle steppe erbose riposando lungo le coste del mare. Nidifica in colonie nella tundra costiera. Alcune svernano in Ungheria, Romania e Grecia. Erratica attraverso l'Europa sino all'Inghilterra, Francia, Svezia.

OCA EGIZIANA (o DEL NILO): *Alopochen aegypticus*. Tav. 77
Franc.: Oie d'Egypte. Ingl.: Egyptian Goose. Ted.: Nilgans. Oland.: Nilgans. Sved.: Nilgås.

Identificazione: 67 cm. Zampe piuttosto lunghe; colorazione grigiastra o rossastra. Si distingue dalla Casarca, che ha una colorazione più uniforme, per una *macchia castana oculare e sulla parte inferiore del petto* e per le zampe più lunghe. Becco e zampe rosa (quelli della Casarca sono neri). In volo è evidente il bianco della parte anteriore delle ali; le primarie sono nere, le secondarie verdi ma le parti inferiori sono biancastre (non castane come nella Casarca). Sessi simili.
Voce: Un basso *kek kek* e vari richiami rauchi "borbottanti". **Habitat e distribuzione**: Acque dolci, paludi e stagni. Allo stato brado in Gran Bretagna; erratica nell'Europa meridionale.

CASARCA: *Tadorna ferruginea*. Tavv. 14, 16, 18
Franc.: Tadorne casarca. Ingl.: Ruddy Shelduck. Ted.: Rostgans. Oland.: Casarca. Spagn.: Tarro canelo. Sved.: Rostand.

Identificazione: 63 cm. Riconoscibile per l'aspetto più di oca che di anatra, *piumaggio castano arancio uniforme con testa più chiara*, zampe e becco piuttosto piccolo, neri, coda nera e remiganti nere con specchio alare verde. *In volo sono chiaramente visibili le copritrici alari bianche*. Il maschio ha uno stretto collare nero. La femmina ha la testa quasi bianca. Il volo somiglia a quello della Volpoca. Di solito a coppie. L'Oca egiziana localmente allo stato brado ha pure evidenti macchie alari, ma è più chiara, con macchia oculare castana.
Voce: Un sonoro e nasale *ah-onk*, un musicale *roo-roo-roo* e parecchie altre note come le oche. **Habitat**: Molto più terrestre della Volpoca. D'inverno frequenta le rive sabbiose dei laghi, i banchi dei fiumi, i campi e persino le steppe aride. Nidifica in buchi nelle dune, tra le rocce, sui vecchi alberi e tra i muri. Cartina 41.

VOLPOCA: *Tadorna tadorna*. Tavv. 14, 16, 18
Franc.: Tadorne de Belon. Ingl.: Shelduck. Ted.: Brandente. Oland.: Bergeend. Spagn.: Tarro blanco. Sved.: Gravand.

Identificazione: 60 cm. Un'anatra piuttosto grossa, simile ad un'oca, che sembra bianca e nera in distanza. Si distingue per la testa ed il collo nero verde contrastanti col corpo bianco; una *larga banda castana intorno alle parti anteriori* ed una striscia scura lungo la linea mediana di quelle inferiori. Scapolari e remiganti primarie nere; specchio verde. Zampe rosee; *becco rosso* con un bitorzolo prominente nel maschio. Giovani bruno cenere di sopra, senza la banda pettorale castana, faccia e gola biancastre, becco roseo e zampe grigie. Vola come le oche, con battiti d'ala più lenti della maggior parte delle anatre. In acqua può essere scambiata per il maschio del Mestolone, il quale anche ha parti superiori bianche e testa scura, ma è più piccolo, sta seduto sull'acqua più basso ed ha il becco a spatola, scuro.

Voce: Raramente emette suoni fuori stagione delle cove. Un rapido nasale *ak-ak-ak* con un più profondo e sonoro *ark-ark*. La femmina coi piccoli ha una soffice nota nasale.
Habitat: Coste fangose e sabbiose, occasionalmente entroterra. Nidifica nelle tane dei conigli, ecc., ed anche nelle macchie. Cartina 42.

ANATRA MANDARINA: *Aix galericulata*. Tav. 11
Franc.: Canard mandarin. Ingl.: Mandarin. Ted.: Mandarinente. Oland.: Mandarijneend. Sved.: Mandarinand.

Identificazione: 42 cm. Il maschio, coloratissimo, si riconosce facilmente per le *"vele" verticali arancione* sulle ali, per le ampie *"basette" laterali* castane e per la multicolore cresta cadente. Il mantello della femmina è grigio brunastro, con larghe macchie biancastre sul petto e *macchie bianche* dietro e attorno all'occhio. I maschi immaturi ed in "eclisse" somigliano alle femmine, ma col becco rosso scuro anziché nerastro.
Voce: Un alto e sonoro *tweek* simile al richiamo della folaga; richiamo in volo *hwick*.
Habitat: Di solito nelle acque interne delle zone boscose e negli stagni ornamentali. Artificialmente introdotta in Europa, ora nidifica allo stato selvatico (negli alberi) in molte regioni, incluse alcune zone dell'Inghilterra di SE e Scozia. Allo stato brado o erratica nelle altre parti dell'Europa.

FISCHIONE: *Anas penelope*. Tavv. 11, 16, 18
Franc.: Canard siffleur. Ingl.: Wigeon. Ted.: Pfeifente. Oland.: Smient. Spagn.: Anade silbon. Sved.: Bläsand.

Identificazione: 45 cm. Il maschio si distingue per *testa castana con fronte giallastra*, corpo grigio e petto rosato. In volo sono caratteri distintivi le *larghe zone bianche verso la parte anteriore delle ali*, il ventre bianco e il "posteriore" nero; in "eclisse" sembra una femmina scura, ma è riconoscibile per le "spalle" bianche. La femmina si distingue da quella del Germano reale per le dimensioni minori, il becco molto più piccolo, la testa più tondeggiante, la coda appuntita e il piumaggio più rossiccio, come pure per lo specchio verde e nero parzialmente oscurato e per il collo apparentemente più corto. "Pascola" nelle acque basse, sui banchi di fango, ed intorno agli specchi d'acqua, rimanendo spesso in mare durante il giorno in stormi molto compatti. I giovani maschi si distinguono dai giovani della Canapiglia per il becco più piccolo, la testa più scura e lo specchio nerastro. Vedi anche Fischione americano.

Voce: Maschio: un acuto fischio *hui-u*. Femmina: *rarr* basso. **Habitat**: Molti individui "marittimi" durante l'inverno, ma se ne trovano anche nelle acque dolci. Nidifica nelle paludi, nelle torbiere e negli isolotti lacustri. Cartina 43.

FISCHIONE AMERICANO: *Anas americana*. Tav. 15
Franc.: Canard siffleur d'Amérique. Ingl.: American Wigeon. Ted.: Nordamerikanische Pfeifente. Oland.: Amerikaanse smient. Sved.: Amerikansk bläsand.

Identificazione: 45-55 cm. Il maschio, contrariamente al Fischione il cui aspetto d'insieme è grigio, è color *rosa-bruno*, con *vertice più spazioso, bianco crema*, una larga fascia

verde metallico va dall'occhio alla nuca; la parte superiore del collo e le guance sono grigie. La femmina è molto simile a quella del Fischione, ma la testa e il collo sono *più grigi* in contrasto col petto bruno rossiccio. Le ali chiuse hanno margini bianchi molto evidenti delle terziarie quasi nere (la femmina del Fischione ha un margine biancastro indistinto alle terziarie brune). Il maschio in volo mostra larghe zone bianche verso la parte anteriore delle ali come il Fischione, ma le ascellari sono *bianche* in entrambi i sessi mentre nel Fischione sono scuricce.
Voce: Il maschio emette un fischiante suono di richiamo: *hui-huiuu*. **Habitat e distribuzione**: Habitat simile a quello del Fischione. Erratico dal Nordamerica all'Inghilterra, Irlanda, Islanda, Olanda, Francia.

CANAPIGLIA: *Anas strepera*. **Tavv. 11, 16, 18**
Franc.: Canard chipeau. Ingl.: Gadwall. Ted.: Schnatterente. Oland.: Krakeend. Spagn.: Anade friso. Sved.: Snatterand.

Identificazione: 50 cm. Più piccola, più snella e con fronte più diritta del Germano reale col quale sovente si associa. Entrambi i sessi hanno *una macchia bianca sul margine posteriore dell'ala*, particolarmente evidente in volo. Maschio: grigiastro con copritrici alari castane, visibili soprattutto in volo, quando il *ventre bianco contrasta nettamente con le copritrici della coda, nere*. Il miglior segno di riconoscimento, in acqua ad una certa distanza, è il *sottocoda nero* in contrasto col piumaggio grigio; becco grigio, zampe giallo arancio; in "eclisse" è simile alla femmina, ma conserva le copritrici alari castane. La femmina somiglia alle femmine del Germano reale e del Codone, ma si distingue da quest'ultima per la coda più corta, da entrambe per le strisce arancio ai lati del becco e per lo *specchio alare bianco*. Vola come il Germano reale, ma le ali sono più appuntite.
Voce: Maschio: una nota bassa unica. Femmina: *kaaak-kaaak-kak-kak-kak* sonoro in "calando". **Habitat**: Come il Germano reale, ma è meno cosmopolita e raramente capita sulle coste marine. Cartina 44.

ALZAVOLA ASIATICA: *Anas formosa*. **Tav. 15**
Franc.: Sarcelle élégante. Ingl.: Baikal Teal. Ted.: Gluckente. Oland.: Siberische taling. Sved.: Gulkindad kricka.

Identificazione: 42 cm. Più grande dell'Alzavola. Il maschio è inconfondibile per *i lati del collo color crema tagliati da una striscia verticale nera dall'occhio al mento*; vertice, parte posteriore del collo e mento neri; una mezzaluna verde squillante bordata di bianco va dall'occhio alla nuca prolungandosi sul collo; le scapolari lunghe e ricadenti sono rossicce, crema e il petto roseo, i fianchi grigi, il sottocoda nero; ogni colore separato da *due strisce verticali bianche*. La femmina assomiglia alla femmina dell'Alzavola ma si distingue per *la macchia bianchiccia ben delineata alla base del becco* e il sopracciglio interrotto sopra la striscia scura dell'occhio. Il becco e le zampe piuttosto lunghe sono grigi. Il comportamento ricorda quello dell'Alzavola, ma il volo è meno rapido, meno erratico.
Voce: Più loquace dell'Alzavola. Il maschio ha delle strane note come di un riso soffocato, *uut, uut* o *proup*. La femmina emette dei *quak quak* simili a quelli dell'Alzavola. **Habitat e distribuzione**: Predilige le acque dolci, sebbene sia stata vista talvolta anche in mare. Erratica dall'Asia all'Inghilterra, Francia, Olanda, Finlandia, Svezia, Belgio, Svizzera, Italia.

ALZAVOLA: *Anas crecca*. **Tavv. 11, 16, 18**
Franc.: Sarcelle d'hiver. Ingl.: Teal. Ted.: Krickente. Oland.: Wintertaling. Spagn.: Cerceta común. Sved.: Kricka.

Identificazione: 35 cm. La più piccola anatra europea. Il maschio ha una cospicua *striscia* *bianca orizzontale* sulle scapolari, la *testa castano scuro con una fascia verde curva dall'occhio all'indietro*, e *macchie color camoscio chiaro* d'ambo i lati sui posteriori neri. In distanza il maschio sembra una *piccola anatra grigia con testa scura*. Entrambi i sessi hanno specchio verde e nero, di toni metallici, e una doppia striscia sulle ali. La femmina, macchiettata di bruno isabellino, si riconosce dalla femmina della Marzaiola (del resto molto simile) per la mancanza del caratteristico disegno sulla faccia più chiara e macchiettata nelle parti inferiori, e per lo *specchio verde più grande e molto brillante*. Volo molto rapido, in gruppi molto uniti, di solito basso, spesso erratico. L'Alzavola americana *A. c. carolinensis* (sottospecie americana) è accidentale in Europa, e si riconosce perché ha (nel maschio) una striscia bianca *verticale* davanti all'ala, invece di quella orizzontale sopra l'ala.

Voce: Molto loquace. Il maschio ha un breve musicale *krrit*; la femmina ha un acuto ed aspro *queck queck*; gli stormi al pascolo fanno piacevoli cori di note varie, corte, nasali.
Habitat: Stagni con canneti; in inverno frequenta le paludi, le marcite, gli estuari e le coste del mare. Nidifica nelle paludi, nei laghetti, nelle torbiere, nelle radure dei boschi, spesso lontano dall'acqua. Cartina 45.

GERMANO REALE: *Anas platyrhynchos*. Tavv. 11, 16, 18
Franc.: Canard colvert. Ingl.: Mallard. Ted.: Stockente. Oland.: Wilde eend. Spagn.: Anade real. Sved.: Gräsand.

Identificazione: 57 cm. Maschio: *capo verde metallico, stretto collare bianco, petto bruno porporino*, parti inferiori grigio pallido, coda bianca con penne centrali nere arricciate, becco giallastro. Femmina: macchiata di bruno, becco bruniccio (spesso arancio ai lati). Entrambi i sessi hanno largo "specchio" porpora viola compreso tra due strisce bianche (molto evidenti in volo) e zampe arancio. Il maschio in "eclisse" somiglia ad una femmina scura, ma con specchio più brillante, vertice più nero e petto più rossiccio. Volo rapido con battiti d'ala poco profondi. La femmina è distinta da quella della Canapiglia per dimensioni maggiori, colorazione più bruna, specchio *porporino*, ali meno appuntite; in acqua sta "seduta" più in basso; da quella del Codone per il becco e la testa più massicci, per il collo più grosso, per il bianco che contorna *entrambi i lati* dello specchio e per la coda biancastra più corta; dalla femmina del Mestolone per dimensioni maggiori, collo più lungo e becco molto più piccolo. Vedi anche il maschio dello Smergo minore.
Voce: Maschio: un calmo *yeeb*; femmina: *qua qua qua* molto sonoro (come le Anatre domestiche); **Habitat**: Pressoché in ogni tipo d'acqua; d'inverno anche sulle coste del mare e negli estuari; nidifica in vicinanza dell'acqua, occasionalmente nei buchi. Cartina 46.

Posizione di varie anatre sul terreno

| Anatre di palude e di stagni (Anatre di superficie) | Anatre degli estuari e del mare (Tuffatrici) | Smerghi (Tuffatori) | Gobbi (Tuffatori) | Volpoche (Anatre di superficie) |

CODONE: *Anas acuta*.　　　　　　　　　　　　　　　　Tavv. **11, 16, 18**
Franc.: Canard pilet. Ingl.: Pintail. Ted.: Spiessente. Oland.: Pijlstaart. Spagn.: Anade rabudo. Sved.: Stjärtand.

Identificazione: 55 cm. Un'"anatra di superficie" snella, con collo lungo, coda molto appuntita. Maschio: capo e collo bruno cioccolato con *cospicua striscia bianca* che dal petto, bianco, risale per i due lati del collo; *coda lunga, appuntita, filiforme*. Parti superiori e fianchi grigi. Il maschio in "eclisse" (e quando è giovane) somiglia alla femmina ma ha le parti superiori più scure. La femmina si distingue con difficoltà dalle molto simili femmine del Germano reale, della Canapiglia e del Fischione per il profilo snello, il collo sottile, la coda più appuntita, lo specchio scuro ed il becco grigio; in volo il margine posteriore delle ali, chiaro, è un utile dettaglio. L'unica altra anatra con una coda lunga è la Moretta codona che è più piccola, con il capo quasi tutto *bianco* ed è un'anatra *tuffatrice* " di mare".
Voce: Fa udire versi raramente. Maschio: un fischio basso. Femmina: un verso come di "borbottamento" ed un basso *quak*. **Habitat**: Soprattutto costiero durante l'inverno. Come il Fischione all'epoca della riproduzione, ma nidifica anche tra le dune sabbiose. Cartina 47.

MARZAIOLA: *Anas querquedula*.　　　　　　　　　　　　Tavv. **11, 16, 18**
Franc.: Sarcelle d'été. Ingl.: Garganey. Ted.: Knäkente. Oland.: Zomertaling. Spagn.: Cerceta carretona. Sved.: Arta.

Identificazione: 37 cm. Solo di poco più grande dell'Alzavola ma con collo più sottile, vertice più piatto e becco più diritto. Il maschio si riconosce in volo per la *parte anteriore delle ali grigio blu pallido*, in netto contrasto con il petto bruno ed il ventre bianco. Facilmente identificabile, in riposo, per una *cospicua mezzaluna bianca dall'occhio alla nuca*, ed anche per le lunghe, pendenti scapolari bianche e nere; in "eclisse" somiglia alla femmina ma è sempre riconoscibile per le "spalle" grigio blu. Femmina molto simile a quella dell'Alzavola, ma riconoscibile per il disegno a strie della testa (soprattutto per il sopracciglio e le guance biancastre), per le spalle più pallide e per lo specchio alare *indistinto*. Comportamento più simile a quello del Mestolone che a quello dell'Alzavola. Volo rapido ed agile.
Voce: Maschio: un caratteristico *krrrt, krrrt* come di raganella (strumento musicale), secco e prolungato. Femmina: *knèck* più breve di quello dell'Alzavola. **Habitat**: Come l'Alzavola, ma meno frequentemente nelle acque salate. Nidifica tra la folta erba o la vegetazione sparsa vicino all'acqua. Cartina 48.

MARZAIOLA AMERICANA: *Anas discors*.　　　　　　　　　　Tav. **15**
Franc.: Sarcelle soucrourou. Ingl.: Blue-winged Teal. Ted.: Blauflügelente. Oland.: Blauwvleugeltaling. Sved.: Amerikansk årta.

Identificazione: 39 cm. Circa le dimensioni della Marzaiola. Il maschio si distingue per la testa grigio bruno scuro con una *grande mezzaluna bianca davanti all'occhio*; copritrici inferiori della coda nere *bordate di bianco* davanti, *in modo evidente*; in volo, la *parte anteriore delle ali chiara, di un azzurro pastello*, è più brillante e meno grigia che nella Marzaiola, simile piuttosto al Mestolone, ma quest'ultimo si distingue facilmente per il grande becco. La femmina assomiglia alla femmina della Marzaiola ma il piumaggio è più scuro, l'azzurro delle ali più vivace e il becco più lungo, quasi diritto. Si distingue solo da *Anas cyanoptera* (Alzavola color cannella) per la caratteristica macchia biancastra ai lati della faccia alla base del becco. Lo specchio del maschio è verde bordato anteriormente di bianco, quello della femmina è più scuro ed opaco. Il becco del maschio è nero, quello della femmina fuligginoso con base e bordi più chiari.

Voce: Il maschio ha note acute e stridenti; la femmina emette un debole *quak, quak*.
Habitat e distribuzione: D'inverno frequenta paludi, risaie, laghetti. Nidifica sui bordi di laghetti d'acqua dolce. Erratica dal Nordamerica all'Inghilterra, Irlanda, Danimarca, Olanda, Italia.

MESTOLONE: *Anas clypeata*. **Tavv. 11, 16, 18**
Franc.: Canard souchet. Ingl.: Shoveler. Ted.: Löffelente. Oland.: Slobeend. Spagn.: Pato cuchara. Sved.: Skedand.

Identificazione: 50 cm. Si distingue da tutte le altre anatre per *becco grosso e "a spatola"*. Maschio: per la maggior parte bianco e nero superiormente, con capo verde a riflessi metallici, *fianchi e ventre castani*; petto bianco ed una grossa macchia sul davanti dell'ala blu pallido. In riposo od in volo (visto dal di sotto) ha una disposizione delle tinte unica: *scuro-bianco-scuro-bianco-scuro*. La femmina è macchiata di bruno come la femmina del Germano reale, ma ha le *spalle bluastre* (come il maschio della Marzaiola). Nell'acqua sta seduto molto basso col petto, il becco rivolto in giù. In volo di profilo *le ali paiono tenute piuttosto indietro*.
Voce: Nota in volo: un profondo *tak-tak*. Maschio: un basso e doppio *quak*. Femmina: come la femmina del Germano reale, ma più bassa di tono. **Habitat**: Il meno marittimo di tutte le Anatre di superficie. Di solito nelle paludi e negli stagni con fitta vegetazione. Nidifica nei prati allagati, nelle marcite, paludi e tra i cespuglieti degli stagni. Cartina 49.

ANATRA MARMORIZZATA: *Marmaronetta angustirostris*. **Tav. 11**
Franc.: Sarcelle marbrée. Ingl.: Marbled Teal. Ted.: Marmelente. Spagn.: Cerceta pardilla. Sved.: Marmorand.

Identificazione: 38 cm. Leggermente più grande dell'Alzavola con collo più lungo e testa più grande. Si distingue dal piumaggio bruno chiaro e scuro "marmorizzato" con una *macchia scura o una fascia scura sfumata, attraverso l'occhio*. In distanza sembra grigio bruno pallido uniforme, con una macchia scura all'occhio. Nessun disegno particolare in volo, tranne le pallide remiganti secondarie e la coda terminata di bianco. Il maschio ha una leggera cresta sulla nuca. Il giovane è più giallastro di sotto, con una striscia scura attraverso l'occhio e due macchie biancastre sull'ala. Vive ritirata, ed è poco attiva. Volo come quello della Marzaiola, ma meno potente.
Voce: Il maschio emette un basso *croak*, le femmine un flebile *quak*. **Habitat e distribuzione**: È specie di acqua dolce e preferisce i luoghi ricchi di vegetazione palustre ai grandi specchi d'acqua. Nidifica presso l'acqua, lungo i banchi dei fiumi, ecc. Visitatrice estiva nella Spagna del Sud, nidifica raramente nel Sud Europa. Erratica: Europa meridionale, centrale e orientale.

FISTIONE TURCO: *Netta rufina*. **Tavv. 12, 17, 19**
Franc.: Nette rousse. Ingl.: Red-crested Pochard. Ted.: Kolbenente. Oland.: Krooneend. Spagn.: Pato colorado. Sved.: Rödhuvad dykand.

Identificazione: 55 cm. Una tozza anatra tuffatrice con testa molto grossa. Maschio: *becco rosso, testa castano acceso* con ciuffo erettile, pallido sul vertice, parti superiori bruno scuro, collo nero, striscia longitudinale sul ventre e sul petto, fianco bianco splendente. In volo mostra chiaramente una larga fascia bianca *praticamente per tutta la lunghezza dell'ala*. In "eclisse" somiglia alla femmina tranne che per la cresta ed il becco, che è rosso, particolarità, questa, che lo distingue anche dal più piccolo Moriglione. Femmina: bruno chiaro con *guance grigio pallido in contrasto col vertice bruno scuro*. Una barra alare bianco sporco. La femmina dell'Orchetto marino è l'unica altra anatra bruna con guance chiare, ma essa ha il becco più massiccio e non ha bianco sull'ala.

Voce: Un *karr* grattato, solitamente in volo. **Habitat**: Laghi con abbondante vegetazione di canne, lagune salmastre, raramente in mare aperto. Nidifica tra la vegetazione delle isole nelle lagune. Cartina 50..

MORIGLIONE: *Aythya ferina*. **Tavv. 12, 17, 19**
Franc.: Fuligule milouin. Ingl.: Pochard. Ted.: Tafelente. Oland.: Tafeleend. Spagn.: Porrón común. Sved.: Brunand.

Identificazione: 45 cm. Corona alta, profilo della testa lungo e inclinato. Maschio facilmente riconoscibile per *testa e collo castano scuro uniforme*, in contrasto col petto nero e col corpo grigio pallido. Becco nero con una striscia azzurro pallido; una banda grigia alare e l'assenza di bianco sull'ala distinguono il maschio dal Fistione turco (becco rosso, bianco sull'ala). In "eclisse" somiglia alla femmina ma, superiormente, è più grigio. La femmina ha il capo e le parti anteriori brune; differisce dalle femmine della Moretta grigia per una indistinta macchia pallida intorno al becco e al mento; un anello bluastro intorno al becco e banda alare grigia (non bianca). Raramente in terra; riposa di giorno sull'acqua; si nutre all'alba e al tramonto. Si tuffa facilmente. Vedi anche Fischione.
Voce: Raramente "vocale". Maschio: fischio rauco, vibrato. Femmina: "borbottio" rauco. Gli stormi emettono un calmo coro fischiante. **Habitat**: Raramente in mare aperto; frequenta i laghi piccoli e grandi, acque morte, ecc. Nidifica nei fitti canneti. Cartina 51.

MORETTA DAL COLLARE: *Aythya collaris*. **Tav. 15**
Franc.: Filigule à bec cerclé. Ingl.: Ring-necked Duck. Oland.: Amerikaanse kuifeend. Ted.: Halsringente. Sved.: Ringand.

Identificazione: 40 cm. Superficialmente assomiglia alla Moretta o alla Moretta grigia con dorso scuro ma se ne distingue per una cresta corta che dà alla testa una forma appuntita e (nel maschio) per i fianchi grigio pallido che davanti all'ala diventa una netta stria bianca. Da vicino è visibile uno stretto collare castano. Entrambi i sessi hanno *due anelli bianchi sul becco* (più visibile nel maschio). In volo mostra larghi bordi posteriori delle ali grigi (bianchi nella Moretta grigia). La femmina è leggermente più pallida e più grigia della femmina della Moretta ed ha un evidente anello palpebrale e del bianco alla base del becco. Si tuffa e nuota sommersa.
Voce: Il maschio fa un fischio basso e sibilante. **Habitat e distribuzione**: Paludi, estuari. Erratica dal Nordamerica all'Europa occidentale, settentrionale, centrale.

MORETTA TABACCATA: *Aythya nyroca*. **Tavv. 12, 17, 19**
Franc.: Fuligule nyroca. Ingl.: Ferruginous Duck. Ted.: Moorente. Oland.: Witoogeend. Spagn.: Porrón pardo. Sved.: Vitögd dykand.

Identificazione: 40 cm. Più piccola e più sproporzionata della Moretta. Entrambi i sessi hanno *capo, collo e petto color mogano scuro*. Il ventre bianco splendente e la fascia alare bianca sono spesso nascosti quando è in riposo. In distanza può essere confusa (specialmente la femmina) con la femmina della Moretta, ma è di solito riconoscibile per *le copritrici inferiori della coda bianche*, e in volo, per la *fascia alare bianca larga e curva*. Non ha mai bianco alla base del becco. (La Moretta casualmente ha del bianco sotto la coda, ma quando è vista insieme alla Moretta tabaccata, sta seduta più eretta sull'acqua e tiene la coda più alta.) Il maschio ha gli *occhi bianchi*. La femmina è più scura ed ha occhi bruni. Giovani simili alle femmine, ma parti inferiori macchiate; si distinguono dalla femmina del Moriglione (simile per molti riguardi) per l'aspetto più scuro e molto più rossiccio, i fianchi bruni e la fascia alare bianca. Comportamento più attivo, voce ed habitat come il Moriglione. Cartina 52.

MORETTA: *Aythya fuligula*.   **Tavv. 12, 17, 19**
Franc.: Fuligule morillon. Ingl.: Tufted Duck. Ted.: Reiherente. Oland.: Kuifeend.
Spagn.: Porrón monñudo. Sved.: Vigg.

Identificazione: 43 cm. Il maschio, bianco e nero, può essere confuso con il maschio, leggermente più grosso, della Moretta grigia, ma se ne distingue per le *parti superiori uniformemente nere e per una sottile cresta cadente*. In "eclisse" somiglia ad una femmina scura. La femmina è più bruna, con una cresta rudimentale e talvolta una macchia chiara alla base del becco (non una larga macchia bianca come la femmina della Moretta grigia; quest'ultima appare simile ma ha più bianco sulla faccia che non la Moretta, ed inoltre le parti superiori più pallide e becco più grande). In volo, gli adulti della Moretta e della Moretta grigia mostrano entrambi una larga fascia bianca più o meno per tutta la lunghezza dell'ala. Vedi anche Moretta tabaccata.
Voce: Maschio: un fischio molto soffice, nel corteggiamento. La femmina "borbotta" come quella del Moriglione. **Habitat**: Raramente in mare. Frequenta laghi grandi e piccoli, spesso associandosi alle anatre domestiche nei parchi. Nidifica spesso socialmente, nei laghi e negli stagni. Cartina 53.

MORETTA GRIGIA: *Aythya marila*.   **Tavv. 12, 17, 19**
Franc.: Fuligule milouinan. Ingl.: Scaup. Ted.: Bergente. Oland.: Toppereend. Spagn.: Porrón bastardo. Sved.: Bergand.

Identificazione: 47 cm. In distanza il maschio sembra *nero ad entrambe le estremità e bianco nel mezzo*. Testa, parti anteriori e sottocoda neri, *dorso grigio pallido*, fianchi e parti inferiori bianche. Becco blu grigio. Si distingue dal maschio della Moretta, leggermente più piccolo, per *dorso grigio* e mancanza di ciuffo. In "eclisse" somiglia alla femmina, ma con dorso grigiastro e poco o punto bianco sulla faccia. La femmina si distingue da quella della Moretta per una *larga macchia bianca intorno alla base del becco* (le femmine e i giovani della Moretta hanno spesso una macchia chiara nello stesso luogo, ma mai così larga). Le giovani femmine di entrambe le specie sono difficili da distinguere tra di loro. Il maschio giovane della Moretta grigia è riconoscibile per il groppone grigiastro. In volo entrambi i sessi mostrano una evidente e larga fascia alare bianca, come la Moretta. Vola a gruppi compatti in formazioni irregolari od in linea. Abile tuffatrice, spesso in mare aperto.
Voce: Raramente "vocale". Maschio: nota di "corteggiamento", un verso soffice. Femmina: aspro e basso *karr-karr*. **Habitat**: Marittimo, tranne che all'epoca delle cove; solitamente nelle baie e negli estuari. Nidifica sulle isole lacustri. Cartina 54.

EDREDONE: *Somateria mollissima*.   **Tavv. 13, 17, 19**
Franc.: Eider à duvet. Ingl.: Eider. Ted.: Eiderente. Oland.: Eidereend. Spagn.: Eider. Sved.: Ejder.

Identificazione: 58 cm. Si distingue da tutte le altre anatre per le notevoli dimensioni, corpo pesante ed allungato, profilo allungato del capo e volo caratteristico. Il maschio è l'unica anatra con basso *ventre nero e dorso bianco*; petto bianco tinto di rosa; intera parte anteriore dell'ala bianca; tesa bianca con vertice nero e macchia verdina sulla nuca; facilmente riconoscibile dal maschio del Re degli edredoni per il dorso bianco ed il profilo allungato del capo. Se l'"eclisse" si prolunga il maschio ha colorazione molto variabile, a macchie nere con petto più chiaro e parte anteriore dell'ala bianca. La femmina è bruna, *finemente barrata* di nero (solo gli Edredoni sono barrati in questo modo); si distingue dalle femmine degli Orchi marini, con i quali gli Edredoni spesso si associano, per il piumaggio *barrato* ed il bruno più caldo; dalla femmina del Re degli Edredoni per il profilo più

appiattito della testa (vedi schema Tav. 13). I giovani maschi dapprincipio sono alquanto simili alle femmine, più tardi si differenziano per il capo color cioccolato e per l'apparizione di irregolari macchie bianche. Di solito vola basso, in fila indiana, con la testa tenuta piuttosto in basso.
Voce: Maschio: lamento sonoro *cu-ru-uh*. La seconda sillaba in crescendo e più marcata. Femmina: un grattato *kor-r-r*. **Habitat**: Essenzialmente marittimo, ma anche lungo le coste rocciose. Nidifica lungo le coste: localmente nell'entroterra intorno ai laghi, o sulle isole dei fiumi. Cartina 55.

RE DEGLI EDREDONI: *Somateria spectabilis*. Tavv. 13, 17, 19
Franc.: Eider à tête grise. Ingl.: King Eider. Ted.: Prachteiderente. Oland.: Koningseidereend. Sved.: Praktejder.

Identificazione: 55 cm. In distanza le *parti anteriori del maschio sembrano bianche, le parti posteriori nere* (nessun'altra anatra dà quest'impressione). Si distingue dall'Edredone per il *dorso nero*, per la forma e la colorazione della testa notevolmente diverse. Vertice e nuca grigio perla, faccia tinta di verde; *il corto becco ha una protuberanza arancio*; le parti anteriori dell'ala hanno una larga macchia bianca. La femmina si distingue da quella dell'Edredone per il *profilo meno piatto dalla fronte al becco massiccio* (vedi schema Tav. 13) e per il piumaggio considerevolmente più fulvo. Alcune femmine hanno la gola senza macchie, dando un aspetto di contrasto con la colorazione del capo che non si nota nelle femmine dell'Edredone. La femmina in piumaggio di cova ha testa e parte posteriore del collo grigiastre per cui la gola appare più scura; le scapolari di color bruno rugginoso, quasi nero al centro, presentano un contrasto assai più evidente che non nella femmina dell'Edredone. Il giovane maschio ha il petto chiaro e la testa bruno scuro, la quantità di bianco presente nel piumaggio varia man mano che diviene adulto. (La femmina del Quattrocchi ha anch'essa il capo bruno scuro, ma è un uccello molto più grigiastro con macchie quadrate bianche sull'ala.)
Voce: Come l'Edredone, ma il verso del maschio ha di solito l'accento sull'ultima nota.
Habitat e distribuzione: Come l'Edredone, ma di solito nidifica socialmente presso gli stagni d'acqua dolce nella tundra. D'estate non nidifica nel Nord della Norvegia e in Islanda. Sverna lungo le coste settentrionali della Norvegia a Sud del Circolo Polare Artico, nelle Faer Oer e in Islanda. Erratico nel resto dell'Europa.

EDREDONE DI STELLER: *Polysticta stelleri*. Tav. 13
Franc.: Eider de Steller. Ingl.: Steller's Eider. Ted.: Scheckente. Oland.: Steller's eidereend. Sved.: Alförrädare.

Identificazione: 45 cm. Maschio inconfondibile: un uccello bianco e nero con le *parti inferiori fulvo rossiccio, testa bianca* con una macchia oculare nera, gola nera, e macchia verde smeraldo sulla nuca. La *macchia rotonda ai lati del petto rossiccio* è un carattere distintivo. La *parte anteriore delle ali, bianca, molto evidente in volo*. In "eclisse" somiglia, tranne che per le ali, alla femmina, la quale ha più l'aspetto di anatra, con un piumaggio fulvo macchiettato di bruno scuro, i lati della testa color ruggine, barra alare bianca e specchio porporino visibili a breve distanza. Femmine e giovani facilmente riconoscibili da quelli degli altri Edredoni per le dimensioni molto minori e la *forma notevolmente diversa della piccola testa e del becco* (vedi schema Tav. 13).
Voce: Le note "tubate" nel maschio somigliano a quelle dell'Edredone ma sono più calme. La femmina ha versi che somigliano a quelli della femmina del Fischione. **Habitat e distribuzione**: Sverna lungo le rocciose coste nordiche; nidifica nella tundra. D'inverno vive nella Norvegia del Nord (può avervi nidificato) e lungo le coste settentrionali del Baltico. Erratico nell'Europa occidentale, a Sud sino all'Inghilterra, Francia e Germania.

MORETTA ARLECCHINO: *Histrionicus histrionicus*. Tavv. **13, 17, 19**
Franc.: Garrot arlequin. Ingl.: Harlequin. Ted.: Kragenente. Oland.: Harlekijneend. Sved.: Strömand.

Identificazione: 42 cm. Una piccola anatra molto scura col becco corto. Il maschio ha piumaggio grigio blu scuro (sembra nero in lontananza) con *fianchi castani e una distribuzione bizzarra di macchie e strisce bianche* sul capo, sul collo e sul petto. Ha la stessa silhouette di volo del Quattrocchi, ma è *scuro uniforme di sotto*. In "eclisse" il maschio si distingue dalla femmina per le parti superiori grigio lavagna scuro e per la mancanza di bianco sul petto. La femmina è bruno scuro con petto macchiettato di bianco sporco, *due indistinte macchie bianche davanti all'occhio ed una macchia brillante dietro quest'ultimo*. Si distingue dalle femmine dell'Orco marino e dell'Orco marino dagli occhiali per piccole dimensioni e piccolo becco: si confonde facilmente con i giovani della Moretta codona che, tuttavia, sono più bianchi sul ventre. Nuota scuotendo continuamente il capo, spesso alzando la coda. Ama tuffarsi nella schiuma del mare burrascoso.
Voce: Di solito silenziosa; il maschio ha un calmo fischio; la femmina un aspro "gracidio". **Habitat e distribuzione**: Sverna lungo le ripide coste marine dove abbondino scogli sommersi parzialmente o per intero. Nidifica colonialmente sugli isolotti dei veloci corsi d'acqua; di solito vicino all'acqua agitata o presso una cascata. Residente in Islanda. Erratica sino in Inghilterra, Scandinavia, Germania, Italia.

MORETTA CODONA: *Clangula hyemalis*. Tavv **13, 17, 19**
Franc.: Harelde de Miquelon. Ingl.: Long-tailed Duck. Ted.: Eisente. Oland.: Ijseend. Spagn.: Havelda. Sved.: Alfågel. Nordameric.: Old Squaw.

Identificazione: Maschio 52 cm. comprese le *lunghe appuntite penne della coda*; femmina 40 cm. L'unica anatra marina che abbia il *bianco del corpo combinato con lo scuro uniforme delle ali*. Si distingue anche per il capo piccolo arrotondato e il becco corto. Il maschio in inverno ha piumaggio bianco e bruno scuro: testa, collo, basso ventre e scapolari bianchi; petto, dorso e ali bruno nerastro; larga macchia scura ai lati del collo; becco a bande rosa e nero. Il maschio d'estate è per lo più bruno scuro, con basso ventre bianco ed una macchia bianca attorno all'occhio. La femmina d'inverno è scura sopra e bianca sotto con fascia scura sul petto; testa bianca con vertice nerastro, *macchia sulla guancia* e becco scuri. Coda di lunghezza normale; in estate è più scura con il disegno del capo simile a quello del maschio. I giovani somigliano alla femmina, ma sono più grigi e con la gola brunastra. Nuota con grazia, con la coda affilata spesso tenuta eretta, tuffandosi con agilità nel mare mosso. L'unica altra anatra a coda lunga è il più grande Codone, il quale ha la *testa scura* ed è un'*anatra di superficie* costiera o delle acque interne (non marino).
Voce: Rumorosa. Il maschio ha un vivace richiamo di circa quattro note alte e nasali, che danno un effetto musicale, in distanza, simile ai richiami delle oche. La femmina ha una bassa nota "abbaiata". **Habitat**: Strettamente marittima, eccetto nella stagione delle cove. Nidifica sulle isole lacustri, nella tundra o tra i cespugli delle zone artiche. Cartina 56.

ORCHETTO MARINO: *Melanitta nigra*. Tavv. **13, 17, 19**
Franc.: Macreuse noire. Ingl.: Common Scoter. Ted.: Trauerente. Oland.: Zwarte zeeëend. Spagn.: Negrón común. Sved.: Sjöorre.

Identificazione: 48 cm. Il maschio è *l'unica anatra interamente nera*. Il becco nero ha lungo il bordo una macchia giallo arancio brillante e alla base una larga protuberanza nera. La femmina e gli immaturi sono bruno scuro con *gola e guance biancastre, che contrastano con il vertice scuro*; inoltre hanno le parti inferiori macchiettate bruno biancastre; si distinguono dalla femmina del Fistione turco (che pure ha le guance chiare ma non è un'anatra marina) per la colorazione più scura, forma d'insieme più appiattita ed *assenza di barra alare*; dalle femmine dell'Orco marino e Orco marino dagli occhiali per la disposizione diversa dei colori facciali e per le zampe nerastre (e non rossastre); la femmina dell'Orco marino ha inoltre una cospicua barra alare bianca, in volo. Nuota agilmente con la coda appuntita spesso tenuta verticale. Il volo è forte, solitamente in file ondulanti o in gruppi.

Voce: Il maschio ha diversi gridi melodiosi, flautati ed una specie di breve "ghigno". Femmina: un aspro borbottio. **Habitat**: Marittimo tranne che durante la cova, preferisce però acque più calme di quelle nelle quali nuota l'Orco marino. Nidifica intorno ai laghi, nelle alte torbiere o nella tundra. Vedi cartina 57.

ORCO MARINO DAGLI OCCHIALI: *Melanitta perspicillata*. **Tavv. 13, 17, 19**
Franc.: Macreuse à lunettes. Ingl.: Surf Scoter. Ted.: Brillenente. Oland.: Brilzeeëend. Sved.: Vitnackad svärta.

Identificazione: 52 cm. Il maschio si distingue, a discreta distanza, dagli altri Orchi marini per le *macchie bianche sulla fronte e sulla nuca*; ha becco più massiccio *rosso, bianco e giallo*. Entrambi i sessi hanno le zampe rossastre come l'Orco marino. La femmina ed i giovani hanno due macchie biancastre ai lati del capo, come la femmina ed i giovani dell'Orco marino, ma sia l'una sia gli altri si riconoscono per *l'assenza di bianco sull'ala*; la femmina può avere macchie bianche sulla nuca (la femmina ed i giovani dell'Orchetto marino hanno le guance pallide che contrastano con i vertici scuri).

Voce: Raramente vocale; ma ha una nota nasale tremolante. **Habitat e distribuzione**: Marittimo e costiero fuori della stagione delle cove. Erratico dal Nordamerica alle Faer Oer, Isole Britanniche, Europa occidentale dalla Finlandia alla Francia.

ORCO MARINO: *Melanitta fusca*. **Tavv. 13, 17, 19**
Franc.: Macreuse brune. Ingl.: Velvet Scoter. Ted.: Samtente. Oland.: Grote zeeëend. Spagn.: Negrón especulado. Sved.: Svärta. Nordameric.: White-winged Scoter.

Identificazione: 55 cm. Uccello massiccio con becco rigonfio. Entrambi i sessi distinguibili dal più piccolo Orchetto marino per la *macchia alare bianca*, spesso nascosta quando l'animale è in riposo, ma chiaramente visibile in volo o quando le ali vengono stirate. Quando si tuffa, i piedi rossastri sono visibili (l'Orco marino dagli occhiali ha pure i piedi rossi e l'Orchetto marino li ha neri). Il maschio ha una *piccola macchia bianca sotto l'occhio* e gialli i lati del becco nero. La femmina di solito si distingue da quella dell'Orchetto marino per due macchie biancastre ai lati del capo (più pronunciate nei giovani); quando queste sono assenti, il bianco sull'ala rende possibile l'identificazione. Solitamente in piccoli gruppi o isolato, spesso con gli Edredoni.

Voce: Molto meno vocifero dell'Orchetto marino. Maschio: *hur-er* fischiato. La femmina emette un aspro borbottio. **Habitat**: Come l'Orchetto marino, ma spesso in acque più mosse. I luoghi di nidificazione variano dalle isole fuori della costa e dalla tundra aperta ai sottoboschi delle foreste nordiche. Cartina 58.

QUATTROCCHI D'ISLANDA: *Bucephala islandica*. **Tav. 12**
Franc.: Garrot d'Islande. Ingl.: Barrow's Goldeneye. Ted.: Spatelente. Oland.: Ijslandse brilduiker. Sved.: Islandsknipa.

Identificazione: 52 cm. Specie tipica dell'Islanda. Facilmente scambiato per il Quattrocchi, sebbene più grande e più pesante. Cercare di vedere una macchia bianca a *forma di mezzaluna* davanti all'occhio (il Quattrocchi ha una macchia bianca *circolare*). Il maschio mostra una maggiore quantità di nero ai lati del corpo, ma il Quattrocchi in "eclisse" può apparire simile, sebbene non sia mai altrettanto nero sul capo e sulle ali. Il Quattrocchi d'Islanda ha la testa a *riflessi porporini* invece che verdi ed il profilo della testa è pure molto diverso, con la fronte molto più alta, il vertice basso e arrotondato e un evidente ciuffo sulla nuca. Le scapolari appaiono chiaramente barrate in bianco e nero. La femmina è somigliantissima a quella del Quattrocchi, ma è più grande con il becco più corto e più profondo, la fronte decisamente più alta e la nuca un po' "arruffata". Comportamento, voce ed habitat come il Quattrocchi. Residente in Islanda, accidentale in Germania, Spagna, Scandinavia e nelle Faer Oer.

QUATTROCCHI: *Bucephala clangula*. Tavv. **12, 17, 19**
Franc.: Garrot à oeil d'or. Ingl.: Goldeneye. Ted.: Schellente. Oland.: Brilduiker. Spagn.: Porrón osculado. Sved.: Knipa.

Identificazione: 45 cm. Maschio distintamente bianco e nero; collo e parti inferiori bianche, coda e dorso neri con *scapolari a strisce*; testa nera, di forma triangolare con becco corto e nero. Si distingue per una *larga macchia circolare bianca tra becco e occhio*. Zampe arancio. In volo appare con testa grossa, collo corto, cospicue *macchie quadrate sull'ala che giungono praticamente al bordo anteriore dell'ala*. In "eclisse" somiglia alla femmina, ma conserva il capo nero e il petto bianco. La femmina ha parti superiori grigie macchiate, *testa triangolare cioccolato-bruno, collare bianco e larghe macchie alari quadrate bianche*, che si vedono ad ali chiuse, diversamente che nella Moretta e nella Moretta grigia. Immaturi più bruni e senza collare. Si alza dall'acqua più rapidamente delle altre Anatre tuffatrici. Le ali producono in volo un caratteristico rumore fischiante. Vedi anche Moretta grigia e Quattrocchi d'Islanda.
Voce: Solitamente silenzioso. Il maschio ha una doppia aspra nota nasale. L'aspra nota della femmina somiglia a quella della Moretta grigia. **Habitat**: Acque costiere, spesso anche sui laghi interni. Nidifica nei buchi degli alberi, tane di coniglio, ecc., lungo i banchi dei fiumi ed intorno ai laghi circondati da boschi. Cartina 59.

PESCIAIOLA: *Mergus albellus*. Tavv. **14, 16, 18**
Franc.: Harle piette. Ingl.: Smew. Ted.: Zwergsäger. Oland.: Nonnetje. Spagn.: Serreta chica. Sved.: Salskrake.

Identificazione: 40 cm. Molto più piccola, molto più simile alle anatre e col becco molto più corto degli altri Smerghi. Il maschio sembra *uniformemente bianco*, con una *cospicua macchia oculare nera*. A breve distanza sono visibili la piccola cadente cresta bianca e nera ed anche le linee nere attraverso le parti anteriori e sopra le scapolari. Fianchi grigio pallido, dorso nero; in volo sembra più scuro superiormente con le ali visibilmente bianche e nere. In "eclisse" le macchie alari bianche sono più grandi di quelle della femmina. La femmina è più piccola e più grigia, con il *vertice leggermente crestato castano e con la gola e le guance bianche*. Gli immaturi hanno le macchie alari brune bianchicce. Vedi le femmine del Fistione turco e dell'Orchetto marino che pure hanno teste brune e bianche. (Vedi anche Svasso cornuto e piccolo in abito invernale).
Voce: Di solito silenzioso eccetto per un basso "stridente" *uk, uk, uk*. Maschio: una nota debole fischiante. Femmina: come quella dello Smergo maggiore. **Habitat**: Laghi e corsi d'acqua, occasionalmente negli estuari e lungo le coste. Nidifica nei cavi degli alberi vicini all'acqua. Cartina 60.

SMERGO MINORE: *Mergus serrator*. Tavv. **14, 16, 18**
Franc.: Harle huppé. Ingl.: Red-breasted Merganser. Ted.: Mittelsäger. Oland.: Middelste zaagbek. Spagn.: Serreta mediana. Sved.: Småskrake.

Identificazione: 57 cm. Più piccolo del Germano reale, forma aerodinamica, zampe e becco molto stretto, rossi, come nel più grosso Smergo maggiore. Si distingue da quest'ultimo per una più evidente e irsuta *doppia cresta*. La testa verde nerastra è separata dalla *banda pettorale castano scuro* da un *ampio collare bianco*; fianchi grigi; il disegno delle ali somiglia a quello dello Smergo maggiore, ma con due strette linee nere attraverso la macchia bianca. La femmina riconoscibile dalla molto simile femmina dello Smergo maggiore per le parti superiori *grigio brunastro*, macchia iugulare bianca sfumata, cresta più evidente e arruffata, tinta della testa più opaca che *sfuma* nel colore biancastro del collo. Più marittimo dello Smergo maggiore; entrambe le specie possono essere presenti sullo stesso lago o fiume.
Voce: Solitamente silenzioso. Maschio: nota di corteggiamento disillabica raspante. Femmina: come le femmine dello Smergo maggiore. **Habitat**: principalmente marittimo fuori della stagione delle cove. Nidifica nell'erica, nella vegetazione tra le rocce e gli scogli, ecc., presso i laghi ed i fiumi boscosi, sulle isole e nella tundra. Cartina 61.

SMERGO MAGGIORE: *Mergus merganser*. Tavv. 14, 16, 18
Franc.: Harle bièvre. Ingl.: Goosander. Ted.: Gänsesäger. Oland.: Grote zaagbeck. Spagn.: Serreta grande. Sved.: Storskrake. Nordameric.: American Merganser.

Identificazione: 65 cm. Corpo lungo ed aerodinamico. Più grande e lungo del Germano reale, con becco molto stretto rosso, come le zampe. Il maschio ha il *petto bianco roseo come le parti inferiori*, dorso nero e *testa nero verdastro lucente*. Facilmente identificabile in volo per *le ali ed il corpo bianchi, con la testa e le remiganti primarie nere*. Si distingue dal più piccolo e più scuro Smergo minore per la mancanza di una cresta irsuta e per il petto biancastro uniforme, come i fianchi e le parti inferiori. La femmina ha *testa castana con cresta*, parti superiori e fianchi grigio blu, parti inferiori bianche ed una *macchia alare quadrata bianca*, evidente in volo; distinguibile dalla molto simile femmina dello Smergo minore per la *netta divisione* del castano del capo e della gola (mento bianco), dal bianco del collo e per le parti superiori grigio blu. Silhouette di volo caratteristicamente allungata.
Voce: Di solito silenzioso. Maschio: una bassa nota gracidante. Femmina: un gutturale *karr*. **Habitat**: Sverna sui grandi fiumi, sui laghi, ecc. Nidifica nei buchi degli alberi, degli argini dei fiumi, solitamente tra gli alberi presso l'acqua, anche oltre il limite di distribuzione degli alberi nel lontano Nord. Cartina 62.

GOBBO DELLA GIAMAICA: *Oxyura jamaicensis*. Tav. 15
Franc.: Erismature à tête noire. Ingl.: Ruddy Duck. Ted.: Schwarzkopf-Ruderente. Oland.: Zwartkopeend. Sved.: Amerikansk kopparand.

Identificazione: 40 cm. Assomiglia al Gobbo ruginoso ma è più piccolo, ha meno bianco sulla testa ed il becco in entrambi i sessi *non ha la base rigonfia*. Il maschio si distingue per le *parti superiori ed i fianchi uniformemente rossastri*, il cappuccio scuro che si estende al collo; le femmine per la barratura delle guance più piccola e indistinta e per la barratura sulle parti inferiori più forte. Entrambi i sessi sono grigiastri in inverno. Comportamento simile al Gobbo ruginoso.
Voce: Di solito silenzioso. Il maschio durante il volo nuziale emette un basso *chuck-uck-uck-ur-r-r*. **Habitat**: Laghetti di acqua dolce, paludi. In inverno anche larghi bacini. Ormai brado in Inghilterra. Quasi regolare in Francia, erratico altrove in Europa occidentale, centrale (origine nordamericana).

GOBBO RUGGINOSO: *Oxyura leucocephala*. Tav. 14
Franc.: Erismature à tête blanche. Ingl.: White-headed Duck. Ted.: Ruderente. Oland.: Witkopeend. Spagn.: Malvasia. Sved.: Kopparand.

Identificazione: 45 cm. L'unica anatra "a coda rigida" d'Europa se si esclude il G. della Giamaica localmente brado. Riconoscibile per la testa grande, il corpo pesante e la lunga rigida e appuntita coda che è spesso tenuta eretta *verticalmente*, mettendo in mostra le copritrici inferiori bianche. Il becco del maschio, rigonfio alla base, è *blu pallido brillante* nell'epoca degli amori. Il maschio ha una grossa *testa bianca* con uno stretto vertice nero, collo nero, corpo brunastro. La femmina è più scura, con un cappuccio scuro, e guance chiare *attraversate da una linea scura*; inoltre ha il becco rigonfio alla base che aiuta a distinguerla da femmine rinselvatichite di Casarca. Comportamento e canto simili a quelli dello Svasso. Volo vibrato, di solito basso sull'acqua, con una silhouette caratteristica: testa grossa, corpo tozzo, ali piccole scure uniformi e lunga coda appuntita (che si scambia per le zampe sporgenti). I Codoni e le Morette codone hanno coda lunga ma flessibile, testa più piccola e collo molto più sottile.
Voce: Note varie rapide "ticchettanti". **Habitat**: Acque interne con canneti e lagune salmastre. Nidifica tra le canne e la vegetazione acquatica, vicino all'acqua. Cartina 63.

NIBBI, POIANE, SPARVIERI, AQUILE, ALBANELLE, AVVOLTOI: Accipitridae

Nibbi: hanno ali lunghe, angolate, code forcute, volo agile e planato spesso "scivolano d'ala". Sessi simili. Nidificano generalmente sugli alberi ma talora anche sulle rocce meno accessibili.

Avvoltoi: uccelli molto grandi, simili ad aquile, con enorme apertura alare, coda corta e capo nudo (tranne il Gipaeto). Sessi simili. Nidificano sulle rocce o sugli alberi.

Albanelle: rapaci snelli con ali lunghe leggermente angolate, coda lunga, volo basso e ondulato con le ali tenute a "V" aperto. Nido sul terreno o tra le canne.

Sparvieri e Astori: sono più piccoli delle Poiane, con ali corte, arrotondate, e lunghe code. Volano velocemente tra gli alberi a bassa quota e si buttano sulla preda. Femmine molto più grandi dei maschi. Nido sugli alberi.

Poiane: hanno ali larghe, code larghe e arrotondate; testa e becco relativamente più piccoli che nelle Aquile. Si vedono di solito volteggiare alte nel cielo e planare sulle ali immobili. Sessi simili. Nido sugli alberi o su rocce scoscese.

Aquile: hanno le teste prominenti ed il becco decisamente alto; ali lunghe arrotondate; il volo è maestoso. Sessi simili. Nidificano sugli alberi o sulle rocce.

Eccezioni in questo gruppo sono il Falco pescatore, ed il Biancone.

FALCO PECCHIAIOLO: *Pernis apivorus*. Tavv. 23, 24
Franc.: Bondrée apivore. Ingl.: Honey Buzzard. Ted.: Wespenbussard. Oland.: Wespendief. Spagn.: Halcón abejero. Sved.: Bivråk.

Identificazione: 50-57 cm. La silhouette di volo differisce da quella della Poiana e della Poiana calzata per le *ali più strette, coda più lunga e testa più piccola* (tipo piccione) *su un collo più lungo*; la coda ha una *banda terminale scura e due bande più strette verso la base*; le segnature sulle parti inferiori e sotto le ali (marginate di scuro) sono più marcate. Piumaggio variabilissimo. Parti superiori bruno scuro; testa grigiastra; parti inferiori nettamente macchiate di bruno scuro, talvolta completamente brune. Gli immaturi hanno spesso qualche macchia crema sulla testa; parti inferiori striate. Vola come la Poiana, ma volteggia e fa "lo spirito santo" più raramente. Si ciba di larve di vespa, di api, talvolta ratti, piccoli uccelli, uova.
Voce: Un acuto *kii-er* completamente diverso dalla lamentevole nota della Poiana;

anche un rapido *ki-ki-ki*. **Habitat**: Radure e margini dei boschi. Di solito utilizza, per covare, vecchi nidi di cornacchia. Cartina 64.

NIBBIO BIANCO: *Elanus caeruleus*. Tav. 21
Franc.: Elanion blanc. Ingl.: Black-shouldered Kite. Ted.: Gleitaar. Oland.: Grijze wouw. Sved.: Svartvingad glada.

Identificazione: 32 cm. Un rapace piccolo e tarchiato, con ali lunghe e coda forcuta piuttosto corta che talvolta è tenuta eretta. Testa biancastra, *parti superiori grigio blu pallido*, con *coda biancastra e "spalle" nere*. Remiganti primarie grigie di sopra ma nere di sotto, in netto contrasto col bianco puro delle parti inferiori. Occhi rosso scuro. Gli immaturi bruno grigi superiormente, bianchi di sotto, tinti di rossiccio e lievemente striati di bruno. Comportamento del tutto diverso dagli altri Nibbi; fa lo "spirito santo" tenendosi sulle lunghe ali appuntite come il Gheppio, vola lentamente come una Albanella in miniatura, o più velocemente con le ali angolate. Si nutre di grossi ratti, insetti, ecc. Spesso crepuscolare.
Voce: Un debole, fischiante *grii-er*. **Habitat e distribuzione**: Zone coltivate con alberi sparsi o radure, nei boschi, margini delle foreste, ecc. Nidifica sugli alberi a poca altezza dal suolo. Residente in Portogallo e forse in Spagna. Erratico nell'Europa occidentale a Nord sino all'Olanda, Germania, Cecoslovacchia e nelle regioni mediterranee.

NIBBIO BRUNO: *Milvus migrans*. Tavv. 21, 22
Franc.: Milan noir. Ingl.: Black Kite. Ted.: Schwarzer Milan. Oland.: Zwarte wouw. Spagn.: Milano negro. Sved.: Brun glada.

Identificazione: 55 cm. Assomiglia al Nibbio reale, ma si distingue facilmente per la *coda molto meno forcuta*, che può sembrare quasi senza intaccatura in volo; le dimensioni leggermente minori, e il *piumaggio molto scuro*; le copritrici alari superiori hanno una "fascia" più chiara dalla base al carpo; è anche più gregario ed è frequentemente visto sulle acque d'entroterra. Alcune macchie bianco sporco sotto le ali dei giovani possono assomigliare a quelle del Nibbio reale, ma mancano negli adulti. Volo e modo di procurarsi il cibo come il Nibbio reale, ma si nutre anche di pesci morti. Se sono in molti si riuniscono rapidamente in branchi attorno alle carogne. In planata tiene le ali orizzontali non a largo "V" come il Falco di palude.
Voce: Molti versi all'epoca delle cove. Un sottile, stimolante squillo come di gabbiano, talvolta seguito da una specie di chiacchierio. **Habitat**: Nell'area di distribuzione occidentale di solito presso laghi o fiumi in zone con boschi o alberi sparsi. Nel Sud e nell'Est dell'area di distribuzione più frequentemente nei villaggi e nelle zone aride. Nidifica spesso in colonie sugli alberi, occasionalmente in vecchi nidi di cornacchie. Cartina 65.

NIBBIO REALE: *Milvus milvus*. Tavv. 21, 22
Franc.: Milan royal. Ingl.: Red Kite. Ted.: Roter Milan. Oland.: Rode wouw. Spagn.: Milano real. Sved.: Glada.

Identificazione: 60 cm. Facilmente riconoscibile per la *coda lunga profondamente forcuta color castano*, ali strette e fortemente angolate, con *grandi macchie biancastre* sul lato inferiore delle nere remiganti primarie, parti superiori bruno rosso con margini delle piume pallidi, parti inferiori rossicce striate di scuro e *testa striata, biancastra*. Gli immaturi sono più pallidi con testa brunastra. L'agile e facile volo volteggiante somiglia a quello della Poiana, ma la silhouette è inconfondibile e il volo normale molto più leggero. Si nutre di preferenza di carogne, ma preda anche mammiferi sino alle dimensioni di un coniglio e piccoli uccelli. Si distingue dal Nibbio bruno per la coda più profondamente forcuta, il piumaggio più rossiccio e la silhouette più slanciata.

Voce: Un alto lamento, come di Poiana, *hi-hi-hiiie*. **Habitat**: Solitamente nelle colline boscose, ma localmente anche nei terreni bassi e in aperta campagna con alberi sparsi. Nidifica sugli alberi, occasionalmente in nidi di cornacchie abbandonati. Cartina 66.

AQUILA DI MARE: *Haliaeetus albicilla*. **Tavv. 25, 26**
Franc.: Pygargue à queue blanche. Ingl.: White-tailed Eagle. Ted.: Seeadler. Oland.: Zeearend. Spagn.: Pigargo. Sved.: Havsörn. Nordameric.: Gray Sea Eagle.

Identificazione: 68-90 cm. Un'aquila molto tozza con *enormi ali a punta tozza e testa grossa e sporgente*. Gli adulti riconoscibili per la *coda bianca corta e cuneiforme*, testa bruniccio pallido e grosso becco giallo. Immaturi con testa bruno nerastra come la coda e il becco, ma facilmente distinguibili dall'Aquila reale per la coda molto più corta e cuneiforme (non lunga e quadrata e senza la base biancastra degli immaturi dell'A. reale). I tarsi sono senza piume. Volteggia ad ali tese con una silhouette da avvoltoio. Cattura i pesci sul pelo dell'acqua volando bassa, occasionalmente tuffandosi. Cattura anche mammiferi sino alle dimensioni di un giovane daino e uccelli sino alle dimensioni di un'anatra. Si ciba anche di carogne.
Voce: Un cigolante *kri-kri-kri* ed un più basso abbaiante *kra*. **Habitat**: Coste rocciose o isolate acque interne. Nidifica sul fianco delle scogliere o in cima ai pinnacoli rocciosi, su grandi alberi, eccezionalmente sul terreno. Cartina 67.

GIPETO: *Gypaetus barbatus*.
Franc.: Gypaète barbu. Ingl.: Bearded Vulture. Ted.: Bartgeier. Oland.: Lammergier. Spagn.: Quebrantahuesos. Sved.: Gamörn.

Identificazione: 100-110 cm. Si distingue dagli altri avvoltoi per la caratteristica silhouette di volo, più simile ad un enorme falcone che ad un avvoltoio, con *ali lunghe piuttosto strette ed angolate e coda scura lunga e cuneiforme*. Gli adulti hanno le parti superiori, le ali e la coda nero grigiastro; testa per lo più crema con una cospicua e larga macchia nera che si protende in avanti dall'occhio al prominente ciuffo di peli neri sotto il becco. Parti inferiori arancio-giallastro, color ruggine sul petto, che contrastano con le ali scure. I giovani hanno collo e testa scuri. Meno indolente degli altri avvoltoi. Normalmente solitario.
Voce: Ha un sottile grido querulo. **Habitat**: Solitari distretti montagnosi. Nidifica nelle caverne dei precipizi. Cartina 68.

CAPOVACCAIO: *Neophron percnopterus*. **Tav. 20**
Franc.: Percnoptère d'Egypte. Ingl.: Egyptian Vulture. Ted.: Schmutzgeier. Oland.: Aasgier. Spagn.: Alimoche. Sved.: Smutsgam.

Identificazione: 53-65 cm. Molto più piccolo degli altri avvoltoi. Ha una silhouette di volo caratteristica, con *le ali diritte, lunghe e appuntite bianche e nere* ed una coda *bianca* cuneiforme. Il capo e la gola degli adulti hanno *la pelle nuda gialla*, al di sopra di un collaretto irsuto biancastro. Piumaggio bianco puro con le remiganti primarie nerastre. Il becco è *più sottile* che negli altri avvoltoi. Gli immaturi variano a seconda dell'età dal bruno scuro al bianco sporco, con testa e collare nerastri. Sebbene non molto socievole, occasionalmente due o tre si possono unire ai Grifoni vicino a una carcassa per mangiare quello che i molto più grossi compagni lasciano loro. Va alla ricerca dei rifiuti organici. Di solito silenzioso. Vedi Cicogna bianca che ha un disegno, in volo, molto simile.
Habitat: Come il Grifone, ma frequenta anche i villaggi. Nidifica sulle rocce o sugli alberi. Cartina 69.

GRIFONE: *Gyps fulvus*. Tav. 20
Franc.: Vautour fauve. Ingl.: Griffon Vulture. Ted.: Gänsegeier. Oland.: Vale gier. Spagn.: Buitre común. Sved.: Gåsgam.

Identificazione: 95-102 cm. Si distingue dagli altri avvoltoi per la silhouette di volo: ali larghe molto lunghe con le primarie aperte che formano delle *estremità arrotondate, e coda molto corta, scura, quadrata*. Parte inferiore delle ali con barra chiara dalle ascellari al "polso". La piccola testa è tenuta bene affondata nel collaretto. Il piumaggio color sabbia contrasta con le penne nerastre della coda e delle ali. Testa e collo coperti da piumino bianco; il collaretto è *biancastro* negli adulti, bruno nei giovani. Gregario quando si ciba e quando va a dormire.

Voce: Note gracchianti e fischianti, solo durante la cova. **Habitat**: Tutti i tipi di regione, ma l'habitat normale è quello montagnoso. Nidifica socialmente nelle grotte, su pareti rocciose, ecc. Cartina 70.

AVVOLTOIO MONACO: *Aegypius monachus*. Tav. 20
Franc.: Vautour moine. Ingl.: Black Vulture. Ted.: Mönchsgeier. Oland.: Monniksgier. Spagn.: Buitre negro. Sved.: Grågam.

Identificazione: 97-105 cm. Nelle dimensioni e nella silhouette di volo molto simile al Grifone ma se ne distingue per la testa più grande e la *coda più lunga e leggermente cuneiforme*; anche per il piumaggio *bruno opaco uniforme* (sembra nero in distanza). Visto da sopra, *le copritrici alari sono più scure* delle remiganti; da sotto non ha la barra alare tipica del Grifone. Collo nudo con pelle rosa bluastro; collaretto *bruno*. Comportamento e voce simili a quelli del Grifone. Vedi anche Avvoltoio degli agnelli. Di solito piuttosto solitario.

Habitat: Pianure e montagne solitarie. Nidifica sugli alberi, molto raramente sui margini delle pareti rocciose. Cartina 71.

BIANCONE: *Circaetus gallicus*. Tav. 24
Franc.: Circaète Jean-le-Blanc. Ingl.: Short-toed Eagle. Ted.: Schlangenadler. Oland.: Slangenarend. Spagn.: Aguila culebrera. Sved.: Ormörn.

Identificazione: 63-67 cm. Più grande di un Falco pescatore, *testa molto più grande* con occhi giallo carico (piuttosto simile a quella di un gufo). Parti superiori grigio brune, con remiganti primarie nerastre. *Parti inferiori* e sottoala caratteristici: *quasi uniformemente bianchi*, di solito con poche macchie sparse, contrastanti con le *parti superiori del petto e la gola scure* (le macchiette scure possono talora mancare). Visto a breve distanza il sottoala ha delle file di piccole macchie scure. La coda ha 3-4 barre scure indistinte, ed è piuttosto lunga. I giovani sono più bruni inferiormente, con barre scure. Vola maestoso volteggiando ad ali pari (non a "V" come le Poiane); fa frequentemente lo "spirito santo". Si nutre di serpenti, lucertole, rane, ecc. Vedi anche Falco pecchiaiolo.

Voce: Piuttosto vocifero. Un aspro lamentevole *gii* ed un debole *ok-ok-ok*. **Habitat**: Pendii, pantani e gole; boscaglie remote, piantagioni alberate e pianure paludose. Cartina 72.

FALCO DI PALUDE: *Circus aeruginosus*. Tavv. 21, 22
Franc.: Busard des roseaux. Ingl.: Marsh Harrier. Ted.: Rohrweihe. Oland.: Bruine kuikendief. Spagn.: Aguilucho lagunero. Sved.: Brun kärrhök.

Identificazione: 48-55 cm. Si distingue dalle altre Albanelle per dimensioni maggiori, struttura più pesante, *ali più larghe e assenza di bianco sul groppone*. Ha un *volo d'esplorazione basso* con rari battiti d'ala e lunghe planate ondulate ad ali leggermente sollevate.

Piumaggio variabile. Maschio adulto castano scuro superiormente con *coda grigio pallido*, *remiganti secondarie grigie che contrastano con le nere primarie*; testa fulva striata come la nuca e il petto; parti inferiori bruno caldo. Femmina e immaturi maschi, di solito senza grigio, sono bruno scuro uniforme con testa e spalle crema (talvolta le femmine sono tutte scure somigliando al Nibbio bruno). Giovani bruno cioccolata scuro con *vertice e gola crema brillante*. Caccia calandosi da bassa quota nelle canne, ecc.
Voce: Un alto *quii-a* come di Pavoncella e varianti. **Habitat**: Quasi sempre paludi con grandi estensioni di fitti canneti; costruisce grossi nidi solitamente circondati dall'acqua, tra i canneti. Cartina 73.

ALBANELLA REALE: *Circus cyaneus*. Tavv. 21, 22
Franc.: Busard Saint-Martin. Ingl.: Hen Harrier. Ted.: Kornweihe. Oland.: Blauwe kuikendief. Spagn.: Aguilucho palido. Sved.: Blå kärrhök. Nordameric.: Marsh Hawk.

Identificazione: 43-50 cm. Distinta dalla molto simile Albanella minore per il *bianco sul groppone più evidente*, ed anche, quando si possano osservare insieme, per un aspetto lievemente più massiccio (specie nelle femmine); ali e coda poco più larghe. Il maschio grigio cenere riconoscibile per: *groppone bianco*, il *margine nerastro alle secondarie* (l'A. minore ha due barre nere al centro delle ali) e ventre e calzoni *non* striati. Le femmine e gli immaturi hanno parti superiori bruno scuro e parti inferiori fulvicce striate; i giovani distinguibili da quelli dell'Albanella minore per le *parti inferiori striate*. Volo caratteristico, solitamente molto basso, scivolando elegantemente con le ali tenute a "V" leggermente aperto. Vedi anche Albanella pallida.
Voce: Un alto vociante *ki-ki-ki*; anche un lungo lamentevole *pii-i*. **Habitat**: Come l'Albanella minore, ma più frequentemente in campagna aperta, colline e coste sabbiose, che nelle paludi. Nidifica sul terreno nelle brughiere, nelle paludi, tra i cespuglieti e nei terreni coltivati. Cartina 74.

ALBANELLA PALLIDA: *Circus macrourus*. Tav. 21
Franc.: Busard pâle. Ingl.: Pallid Harrier. Ted.: Steppenweihe. Oland.: Steppenkuikendief. Spagn.: Aguilucho papialbo. Sved.: Stäpphök.

Identificazione: 43-48 cm. Il maschio appare molto bianco verso la testa e le parti inferiori, con la coda grigio blu pallido come le ali che hanno però le remiganti primarie che formano un piccolo cuneo nero sulla punta dell'ala in netto contrasto. Si distingue dal pallido maschio dell'Albanella reale per il groppone *grigio* invece che bianco puro, petto e lati della testa *bianchi* invece che grigi, e per *meno nero* alla punta delle ali e *mancanza di bordatura nera alle secondarie*; dal pallido maschio dell'Albanella minore per le parti superiori ancor più pallide, *assenza di barra alare nera* e *parti inferiori, compresi i calzoni, senza strie*. La femmina e individui del primo inverno non sono riconoscibili, in libertà, da quelli dell'Albanella minore, ma i giovani si riconoscono da quelli dell'Albanella reale per le *parti inferiori rossicce senza strie*. Comportamento come l'Albanella minore. La voce della femmina ha un caratteristico *priii-pri-pri-pri*.
Habitat: Come l'Albanella reale, ma anche nelle aride steppe, pianure aperte e campagne collinose con alberi sparsi. Cartina 75.

ALBANELLA MINORE: *Circus pygargus*. Tavv. 21, 22
Franc.: Busard cendré. Ingl.: Montagu's Harrier. Ted.: Wiesenweihe. Oland.: Grauwe kuikendief. Spagn.: Aguilucho cenizo. Sved.: Mindre kärrhök.

Identificazione: 40-45 cm. Più piccola e più snella dell'Albanella reale con *ali più strette e più appuntite e volo notevolmente più agile*. La femmina somiglia moltissimo a quella dell'Albanella reale, sebbene solitamente con meno bianco sul groppone. Il maschio si distingue da quello dell'Albanella reale per dorso *grigiastro* anziché bianco puro, *barra alare stretta e nera alla parte centrale delle ali* e *strie brune sul ventre e sui calzoni*. Gli immaturi somigliano alla femmina, ma con parti inferiori rossiccio caldo senza strie. Comportamento come l'A. reale. Vedi anche Albanella pallida.

Voce: Un querulo *kik-kik-kik*; più tremolante di quello dell'Albanella reale. **Habitat**: Paludi, stagni, brughiere con gruppi di alberi o terreni coltivati. Dove è abbondante nidifica socialmente nella vegetazione umida di palude o nei terreni asciutti, occasionalmente nei campi di grano. Cartina 76.

ASTORE: *Accipiter gentilis*. Tavv. 23, 28
Franc.: Autour des palombes. Ingl.: Goshawk. Ted.: Habicht. Oland.: Havik. Spagn.: Azor. Sved.: Duvhök.

Identificazione: 48-60 cm. La femmina molto più grande del maschio. Somiglia a una *femmina molto grande di Sparviero* ma con ali a base larga che però spesso appaiono appuntite, tranne quando plana. Parti superiori scure con una *striscia biancastra* sopra e dietro l'occhio; parti inferiori biancastre fittamente barrate di bruno scuro e con *sottocoda bianco molto evidente*. Giovani più pallidi di sopra, con parti inferiori fulvicce grossolanamente striate (non barrate) di bruno scuro. Insegue gli uccelli tra gli alberi con estrema abilità, velocissimo, a bassa quota, con pochi rapidi battiti d'ala e lunghe planate. Vedi la femmina dello Sparviero.

Voce: Un corto grido simile a quello delle Poiane e un chiacchierato *ghig-ghig-ghig*.
Habitat: Boschi (specialmente conifere) sovente vicino a zone aperte. Costruisce un grosso nido o usa vecchi nidi di altri uccelli in boschi solitari. Cartina 77.

SPARVIERO: *Accipiter nisus*. Tavv. 23, 28
Franc.: Epervier d'Europe. Ingl.: Sparrowhawk. Ted.: Sperber. Oland.: Sperwer. Spagn.: Galivàn. Sved.: Sparvhök.

Identificazione: 27-37 cm. La femmina è molto più grande del maschio. Si distingue dagli altri piccoli uccelli da preda per la combinazione di *ali corte arrotondate e coda lunga*. Gli adulti hanno le parti inferiori finemente barrate e zampe lunghe e gialle. Il maschio ha le parti superiori grigio lavagna scuro con guance rossicce e una macchia biancastra sulla nuca, le parti inferiori finemente barrate di bruno rosso, la coda a larghe bande grigie e bruno scure. La femmina ha parti superiori bruno nerastre, con una striscia bianca sopra e dietro l'occhio e parti inferiori biancastre finemente barrate di grigio. La femmina somiglia all'Astore, ma quest'ultimo è molto più grande con coda relativamente più corta e sottocoda bianco. Gli immaturi somigliano ad una bruna femmina, ma sono più grossolanamente ed irregolarmente barrati di sotto. Caccia volando appena sopra i cespugli o tra gli alberi, buttandosi addosso a piccoli uccelli e mammiferi. Il volo normale consiste di poche rapide battute d'ala intercalate da lunghe planate. Vedi anche Sparviero levantino.

Voce: Parecchie note all'epoca delle cove: un forte rapido *kik-kik-kik*; *kii-au, kiu*, ecc.
Habitat: Boschi e terreni coltivati, boschetti, piantagioni, ecc. Nidifica sugli abeti o altre conifere in boschi misti, occasionalmente tra alti cespugli, ecc. Cartina 78.

SPARVIERO LEVANTINO: *Accipiter brevipes*. Tav. 75
Franc.: Epervier à pieds courts. Ingl.: Levant Sparrowhawk. Ted.: Kurzfangsperber. Oland.: Balkansperwer. Sved.: Balkanhök.

Identificazione: 32-37 cm. La femmina si distingue difficilmente da quella dello Sparviero ma il maschio è caratteristico. Entrambi i sessi hanno *parti inferiori delle ali bianche con*

Fondamentali silhouette di volo

punte scure e occhi bruno rosso (non gialli); ali più lunghe che nello Sparviero (la differenza tra i sessi è minore) con *nuca grigio blu come il mantello e la superficie superiore delle ali*. Le parti inferiori possono apparire quasi bianche, ma solitamente hanno del fulvo verso l'attacco delle ali che contrastano con il bianco delle parti inferiori delle ali. Guance grigiastre (non rossicce) con del fulvo ai lati del collo. Femmina più grigia superiormente della femmina di Sparviero, con macchie brune sulla gola. Gli immaturi hanno grosse macchie brune nelle parti inferiori bianche. Comportamento ed habitat come lo Sparviero, ma più frequente nei boschi decidui e all'aperto.

Voce: Un vibrante *ki-vik* o *ghi-ghik* (molto diverso da quello dello Sparviero). Cartina 79.

POIANA: *Buteo buteo*. **Tavv. 23, 24**
Franc.: Buse variable. Ingl.: Buzzard. Ted.: Mäusebussard. Oland.: Buizerd. Spagn.: Ratonero común. Sved.: Ormvråk.

Identificazione: 50-55 cm. Le Poiane possono essere identificate dalla silhouette di volo (*ali larghe, coda ampia rotonda, colli molto corti*). Gli adulti, molto variabili, generalmente bruno scuro macchiettato di bianco inferiormente. La quantità di bianco sulle parti inferiori e sotto l'ala varia molto, ma è raramente pronunciata quanto nella Poiana calzata, dalla quale si distingue per la coda grigia e bruna *strettamente barrata* con una larga banda terminale scura, *poco evidenti* macchie carpali sotto l'ala e tarsi gialli non piumati.

Volteggia per ore, sulle larghe ali immobili, con le punte delle primarie piegate all'insù e la coda ben aperta; la testa è tenuta ben indietro dandole un aspetto a "collo corto". Volo piuttosto pesante. Occasionalmente fa lo "spirito santo". Caccia precipitandosi da bassa quota su piccoli mammiferi, coleotteri, raramente piccoli uccelli; ama cibarsi anche di carogne. Spesso si vede in piccoli gruppi. Vedi anche Falco pecchiaiolo.
Voce: Un alto e lamentevole *pi-uu* spesso allungato; anche una corta nota gracchiante.
Habitat: Coste rocciose poco accessibili, colline, montagne, vallate, regioni boscose e coltivate. Nidifica sui fianchi delle pareti rocciose, sugli alberi e sul terreno irregolare. Cartina 83.

POIANA CODABIANCA: *Buteo rufinus*. Tavv. 23, 24
Franc.: Buse féroce. Ingl.: Long-legged Buzzard. Ted.: Adlerbussard. Oland.: Arendbuizerd. Spagn.: Ratonero moro. Sved.: Örnvråk.

Identificazione: 60-65 cm. Leggermente più pesante e più grande della Poiana da cui è estremamente difficile distinguerla nelle simili fasi di piumaggio. Ha la stessa notevole variazione di piumaggio, dal bruno rosso caldo, con parti inferiori crema ampiamente striate, alla rara forma melanica con parti inferiori bruno scurissimo. La testa dell'adulto è solitamente *pallida* e la *coda, senza barrature, color cannella*, ma la Poiana, specialmente le sottospecie *B. b. vulpinus* dell'Europa orientale hanno una coda simile con barratura malamente visibile. In volo appare *chiaramente biancastra di sotto*, tranne la punta delle ali che è scura come le macchie carpali ed i calzoni. Gli immaturi non sono distinguibili dalle giovani Poiane.
Voce: Come la Poiana ma meno querula. **Habitat e distribuzione**: Pianure aperte asciutte, e steppe; localmente in montagna. Nidifica sul terreno, occasionalmente su alberi isolati. Nidifica in Grecia. Erratica nell'Europa occidentale a Nord sino alla Danimarca, più regolare nel Sud-Est dell'Europa.

POIANA CALZATA: *Buteo lagopus*. Tavv. 23, 24
Franc.: Buse pattue. Ingl.: Rough-legged Buzzard. Ted.: Rauhfussbussard. Oland.: Ruigpootbuizerd. Spagn.: Ratonero calzado. Sved.: Fjällvråk. Nordameric.: Rough-legged Hawk.

Identificazione: 55-60 cm. Normalmente si distingue dalla Poiana per le *ali più lunghe, più strette* e la *coda bianca con una larga banda terminale scura*. Solitamente molto più bianca sotto le ali e le parti inferiori col basso petto scuro; la testa è pallida. *Macchie carpali scure molto evidenti* sulle parti inferiori delle ali e punta delle ali scura sono segni caratteristici. Le zampe hanno piume biancastre sino alla base delle dita (la Poiana ha i tarsi gialli non piumati). Gli immaturi somigliano alle giovani Poiane, ma hanno del bianco sulla coda. Comportamento, voce e volo sono simili, ma caccia più rasente al terreno e *fa frequentemente lo "spirito santo"*, con le ali che battono lentamente, calandosi poi sulla preda. Si ciba principalmente di conigli e piccoli roditori, occasionalmente di uccelli. Vedi anche Falco pecchiaiolo e Aquila minore.
Voce: Un alto *mee-oo* ma raramente vocale. **Habitat**: Di solito campagna aperta e spoglia e fianchi dei monti; anche paludi e dune sabbiose. Nidifica sulle rocce, o sul terreno nell'alta tundra. Cartina 81.

AQUILA ANATRAIA MINORE: *Aquila pomarina*. Tav. 25
Franc.: Aigle pomarin. Ingl.: Lesser Spotted Eagle. Ted.: Schreiadler. Oland.: Schreeuwarend. Spagn.: Aguila pomerana. Sved.: Mindre skrikörn.

Identificazione: 60-65 cm. Molto simile all'A. maggiore sebbene più sottile di silhouette; spesso un po' più pallida sul vertice e le copritrici alari. Le copritrici superiori della coda

possono avere un po' di bianco. Gli immaturi hanno le macchie bianche più piccole ed in minor numero e, di solito, una *macchia color ruggine sulla nuca*. Si può distinguere in volo per la *base* della coda più stretta, ali più strette tenute *leggermente in avanti* e la *sesta* primaria appena visibile. Ha la stessa posizione delle ali quando plana. Occasionalmente fa lo "spirito santo".
Voce: Meno vibrata dell'A. anatraia maggiore, un sottile *kiip*, *kiip*. **Habitat**: Spesso vicino all'acqua, sebbene meno dell'A. maggiore. Frequenta isolate regioni boscose con zone aperte adatte alla caccia. Nidifica sugli alberi. Cartina 82.

AQUILA ANATRAIA MAGGIORE: *Aquila clanga*. Tavv. 25, 26
Franc.: Aigle criard. Ingl.: Spotted Eagle. Ted.: Schelladler. Oland.: Bastaardarend. Spagn.: Aguila maculada. Sved.: Större skrikörn.

Identificazione: 65-72 cm. Gli adulti sono bruno porporino molto scuro, leggermente più pallidi nelle parti inferiori. Quando volteggia tiene le ali dritte (non in avanti) che cadono leggermente dal "polso" in fuori in scivolata; la settima primaria "aperta" appena visibile; coda piuttosto corta appena arrotondata; la testa e il becco relativamente piccoli si protendono visibilmente dal collo "sottile". Ali in proporzione più ampie che nell'Aquila reale. Vedi i caratteri distintivi dell'A. a. minore. Un *po'* di bianco solitamente visibile sul sopracoda. Gli immaturi hanno *numerose grandi macchie biancastre* sulle parti superiori e bianco notevole, spesso a "V", alla base della coda; in volo mostrano due o più pallide bande sulle ali. Comportamento pigro. Silhouette di volo, e quando è posata, come l'Aquila reale. Vedi anche Aquile rapace e reale con le quali si confonde facilmente.
Voce: Come un vibrato guaire di un cagnolino; *kyek-kyek-kyek*. **Habitat**: Specie amante degli alberi; di solito presso i laghi d'entroterra, i fiumi, le paludi. Nidifica nelle foreste o tra i cespugli. Cartina 83.

AQUILA RAPACE: *Aquila rapax*. Tav. 25
Franc.: Aigle ravisseur. Ingl.: Tawny Eagle. Ted.: Raubadler. Spagn.: Aguila rapáz. Oland.: Steppenarend. Sved.: Stäppörn.

Identificazione: 65-77 cm. Adulti bruno scuro quasi uniforme, con indistinte barre grigie sulla coda corta ed arrotondata. Molto facilmente si confonde con l'adulto dell'Aquila anatraia maggiore, ma l'Aquila rapace ha spesso una *macchia giallo ruggine* sulla nuca e non ha *mai* il bianco sulle copritrici superiori della coda come hanno alcune (non tutte) Aquile anatraie. I giovani sono color *"caffelatte"* con remiganti primarie nerastre ed in volo mostrano due pallide barre alari. Comportamento indolentissimo stando spesso posata per lunghi periodi sul terreno; raramente volteggia e vola di solito vicino al terreno. Si nutre di carogne, rane, ecc. Gli adulti si distinguono dall'Aquila reale per dimensioni minori e coda meno ampia, solo indistintamente barrata senza la larga banda terminale scura; dall'Aquila imperiale per il *vertice scuro*. L'Aquila orientale *A. r. nipalensis* (visitatrice accidentale dall'Asia) è indistinguibile in campagna dall'Aquila rapace con la quale è probabilmente conspecifica.
Voce: Nota usuale un acuto *kau-kau-kau*. **Habitat e distribuzione**: Pianure cespugliose aperte o steppe. Nidifica sul terreno, sulle piccole prominenze. Nidifica in Romania. Accidentale nei paesi mediterranei.

AQUILA IMPERIALE: *Aquila heliaca*. Tav. 25
Franc.: Aigle impérial. Ingl.: Imperial Eagle. Ted.: Kaiseradler. Oland.: Keizerarend. Spagn.: Aguila imperial. Sved.: Kejsarörn.

Identificazione: 67-82 cm. Un'aquila grande e di aspetto piuttosto pesante con piumag-

gio bruno nerastro e vertice e nuca giallastro pallido (praticamente bianco nei vecchi). Solitamente ha *poche piume bianco puro sulle scapolari*. Coda a taglio piuttosto quadrato con 5-7 barre grigie. Quando vola tiene le ali *dritte*, non a "V" largo o in avanti; *parti superiori* uniformemente scure (diversamente dall'Aquila reale adulta). Gli immaturi mancano del bianco e variano dal bruno giallastro al bruno nerastro macchiato a seconda dell'età; normalmente hanno delle strisce scure ed il vertice ocraceo o rossiccio pallido. Gli adulti della forma spagnola *A. h. adalberti* hanno le *spalle* di un *bianco puro* che spicca in volo come una corta banda bianca lungo il margine anteriore dell'ala; gli immaturi sono più rossicci e più pallidi, sul vertice e le parti inferiori, di quelli della *A. h. heliaca* dell'Europa orientale. Comportamento indolente. Vedi anche Aquile reale e rapace.
Voce: Un rapido, abbaiato *auk-auk-auk*. **Habitat**: Pianure, steppe e paludi. Costruisce enormi nidi su alberi alti e isolati. Cartina 84.

AQUILA REALE: *Aquila chrysaetos*. Tavv. 25, 26
Franc.: Aigle royal. Ingl.: Golden Eagle. Ted.: Steinadler. Oland.: Steenarend. Spagn.: Aguila real. Sved.: Kungsörn.

Identificazione: 75-83 cm. Si distingue per le grandi dimensioni, il volo volteggiante e scivolante con rari battiti d'ala, le primarie molto divaricate e volte all'insù e la coda piuttosto quadrata. Il piumaggio degli adulti è uniformemente scuro con una *tinta giallo oro* sulla testa e la nuca. Gli immaturi hanno del bianco *molto evidente* alla base delle primarie ed una *coda bianca con una larga banda terminale scura*, il bianco diminuendo con l'età. Caccia perlustrando i fianchi delle montagne e precipitandosi su pernici bianche, lepri, ecc. da bassissima quota. Quando vola tiene le ali bene in avanti e a "V" aperto. Distinguibile in volo dall'Aquila di mare per la coda più lunga e più quadrata e per la mancanza di bianco sulle copritrici inferiori dell'ala; quando è posata, per l'aspetto meno massiccio e, a breve distanza, per il becco più piccolo ed i tarsi piumati. Variazioni del piumaggio degli immaturi possono causare confusione con le Aquile imperiali, Anatraia maggiore, Anatraia minore e rapace. A prescindere dalle dimensioni, la testa molto più prominente e la coda molto più ampia permettono di non confonderla con una Poiana volteggiante.
Voce: Occasionalmente *kya* e poche altre note fischianti. **Habitat**: Fianchi nudi delle montagne, localmente anche foreste montane, rocce marine e pianure. Nidifica sulle pareti rocciose, occasionalmente anche sugli alberi. Cartina 85.

AQUILA MINORE: *Hieraaetus pennatus*. Tav. 24
Franc.: Aigle botté. Ingl.: Booted Eagle. Ted.: Zwergadler. Spagn.: Aguila calzada. Sved.: Dvärgörn. Oland.: Dwergarend.

Identificazione: 45-52 cm. Un'aquila a lunga coda dalle dimensioni di una Poiana. Dimorfica: la fase chiara più frequente. *Bianca di sotto con remiganti scure e coda fulvo chiaro*, lunga e quadrata. Vista da sopra corpo e copritrici alari fulvicce, remiganti più scure. Fase scura molto meno caratteristica, bruno scuro uniforme tranne la coda, *molto più chiara*. Volteggia ad ali tenute sullo stesso piano leggermente in avanti. Si ciba di piccoli uccelli e mammiferi. Battito più rapido e più agile di quello della Poiana: volteggia spesso tra gli alberi.
Voce: Nota usuale un sottile, alto *kii* con un'inflessione in calando e varie note chiaccheranti. **Habitat**: Foreste di decidue e di conifere vicino a zone aperte per poter cacciare. Raramente lontana dagli alberi. Nidifica sugli alti alberi. Cartina 86.

AQUILA DEL BONELLI: *Hieraaetus fasciatus*. Tav. 24
Franc.: Aigle de Bonelli. Ingl.: Bonelli's Eagle. Ted.: Habichtsadler. Spagn.: Aguila perdicera. Sved.: Hökörn. Oland.: Havikarend.

Identificazione: 65-72 cm. Parti superiori bruno scuro quasi nero sulla punta delle ali, *più pallida* sulla nuca, solitamente con una macchia biancastra sul dorso. La coda piuttosto lunga ha una mezza dozzina di indistinte barre ed una *larga banda terminale scura*. Vista da sotto, le *parti inferiori* strettamente striate, *bianco seta o crema, contrastano con le ali scure lunghe e strette*, distinguendo gli adulti da quelli di tutte le altre aquile. I giovani hanno testa color ruggine, le parti inferiori bruno rossicce fittamente striate e coda fittamente barrata. Gli individui nel secondo anno sono pressoché bruno uniforme e possono essere confusi con le altre aquile; le parti inferiori hanno perso la tinta rossiccia, ma sono ancora bianche. Comportamento aggressivo. Caccia conigli, uccelli, ecc. Volo rapido e saettante. Si "tuffa" sulla preda come i falconi.

Voce: Ricorda l'Astore: un chiacchierante *kie-kie-ki-ki-ki*. **Habitat**: Regioni montagnose e rocciose, ma raramente a grandi altezze; scende in pianura e nel deserto d'inverno. Nidifica sulle rocce scoscese, occasionalmente sugli alberi. Cartina 87.

FALCO PESCATORE: Pandionidae

FALCO PESCATORE: *Pandion haliaetus*.   **Tav. 26**
Franc.: Balbuzard pêcheur. Ingl.: Osprey. Ted.: Fischadler. Oland.: Visarend. Spagn.: Aguila pescadora. Sved.: Fiskgjuse.

Identificazione: 50-57 cm. Nessun altro uccello da preda, simile alle aquile (tranne il Biancone) mostra un così evidente contrasto tra le *parti superiori scure e le inferiori bianco niveo* con una banda pettorale color scuro. *Ha la testa bianca* leggermente crestata *con una larga macchia nera attraverso l'occhio*. Ali lunghe strette e *decisamente angolate*. Parti inferiori dell'ala bianche *con macchioline carpali nere* e file di macchioline scure. Coda barrata. Si libra pesantemente sull'acqua e si *tuffa, i piedi in avanti, dietro ai pesci*. Solitamente posato su un albero morto, o su una roccia, vicino all'acqua.

Voce: Un fischio corto e quasi pigolante, però talora leggermente decrescente. **Habitat**: Invariabilmente presso l'acqua: laghi, grandi fiumi o coste marine. Nidifica su piccole isole remote, scogli rocciosi, alberi, rovine, occasionalmente sul terreno sabbioso o roccioso: talvolta in gruppi sparsi. Cartina 88.

FALCHI VERI (o FALCONI): Falconidae

I Falchi veri e propri (genere *Falco*) hanno ali lunghe e appuntite e coda piuttosto lunga. Volo rapido con battiti rapidi e planate. Le specie più grandi uccidono la preda buttandosi in picchiata a velocità vertiginosa. Sessi talora simili. Nido sul terreno, rocce o alberi.

GRILLAIO: *Falco naumanni*.   **Tavv. 27, 28**
Franc.: Faucon crécerellette. Ingl.: Lesser Kestrel. Ted.: Rötelfalke. Oland.: Kleine torenvalk. Spagn.: Cernícalo primilla. Sved.: Rödfalk.

Identificazione: 30 cm. Sembra un piccolo Gheppio brillantemente colorato; riconoscibile per il *comportamento meno diffidente, più rumoroso e la nidificazione in colonie*. Volo più dolce e coda più stretta (specie alla base) che nel Gheppio. Fa raramente lo "spirito santo" ma plana frequentemente. Il maschio ha le parti superiori rosso castano brillante *senza macchie*, coda e testa più bluastre di quelle del Gheppio; femmina e giovani simili a quelli del Gheppio. Visto da sotto, la coda e le ali appaiono molto chiare, con margini neri; visto da sopra, le secondarie mostrano chiaramente una macchia grande blu lavagna; visto

da vicino le unghie bianche sono caratteristiche (quelle del Gheppio sono nere). Si nutre soprattutto d'insetti.
Voce: Più variata di quella del Gheppio. Nota usuale un chiacchierante *cit-cit-cit* ed un lamentevole *uiii* in crescendo. **Habitat**: Frequenta le vecchie costruzioni, le gole montane, ma di solito caccia in campagna aperta. Nidifica in colonie sugli alti muri, sui tetti, nei crepacci tra le rocce, spesso con piccioni e passeri, ecc. Cartina 89.

GHEPPIO: *Falco tinnunculus*. **Tavv. 27, 28**
Franc.: Faucon crécerelle. Ingl.: Kestrel. Ted.: Turmfalke. Oland.: Torenvalk. Spagn.: Cernícalo vulgar. Sved.: Tornfalk.

Identificazione: 34 cm. Le ali appuntite e la coda stretta lo fanno riconoscere come vero falco; le piccole dimensioni e *l'abitudine di fare lo "spirito santo"* permettono di identificarlo come Gheppio. Il maschio ha parti superiori *castane macchiate*, parti inferiori fulvicce con macchie nere sparse. Testa, groppone e coda grigi, quest'ultima con una larga banda nera vicino alla punta che è bianca. La femmina ha le parti superiori bruno ruggine, barrate anziché macchiate, e coda color ruggine, barrata. Si posa sugli alberi, pali telegrafici, rocce, ecc. Vola con rapide battute d'ala, scivola ogni tanto e fa invece frequentemente e per lunghi periodi lo "spirito santo" orientato contro vento; scende a picco per afferrare topi e grossi insetti. Vedi anche Smeriglio, Grillaio e Sparviero per le differenze.
Voce: Un trillante ripetuto *ki-ki-ki* ed una più musicale doppia nota *ki-li*. Generalmente silenzioso fuori dell'epoca delle cove. **Habitat**: Colline, coste, terreni coltivati, boschi non fitti, localmente montagne e città. Nidifica in vecchi nidi di cornacchie, gazze, e su rocce, scogli, occasionalmente nelle spaccature degli alberi. Cartina 90.

FALCO CUCULO: *Falco vespertinus*. **Tavv. 27, 28**
Franc.: Faucon kobez. Ingl.: Red-footed Falcon. Ted.: Rotfussfalke. Oland.: Roodpootvalk. Spagn.: Cernícalo patirrojo. Sved.: Aftonfalk.

Identificazione: 30 cm. Un falcone piccolo, gregario, con ali lunghe che arrivano quasi alla punta della corta coda, *becco arancio rossastro brillante, come la pelle nuda intorno agli occhi e le zampe*. I maschi, che di solito sono più abbondanti delle femmine, sono grigio nero uniforme con le copritrici inferiori della coda castane. Le femmine hanno il vertice rossiccio, le parti inferiori color sabbia, un corto mustacchio scuro, le parti superiori e la coda barrate di grigio. I giovani somigliano a giovani Lodolai brunastri, con parti superiori e coda più pallide e più fittamente barrate, *fronte chiara* e parti inferiori fulvicce meno marcatamente striate. Fa lo "spirito santo" come il Gheppio ma con il corpo ad angolo più acuto. Si vede spesso in grandi voli, anche di centinaia di individui. Caccia gli insetti volanti sino al tardo imbrunire; cattura cavallette, piccoli roditori, ecc. sul terreno. Vedi anche Lodolaio, Smeriglio, Gheppio e Grillaio.
Voce: Un tremulo *kikikiki*, più acuto di quello del Gheppio. **Habitat**: Pianure aperte cosparse di cespugli, margini dei boschi e presso le fattorie. Nidifica in colonie nei vecchi nidi di corvo, gazza ecc. Cartina 91.

SMERIGLIO: *Falco columbarius*. **Tavv. 27, 28**
Franc.: Faucon émerillon. Ingl.: Merlin. Ted.: Merlin. Oland.: Smelleken. Spagn.: Esmerejón. Sved.: Stenfalk. Nordameric.: Pigeon Hawk.

Identificazione: 26-32 cm. Un falco molto piccolo, senza mustacchio, con le parti inferiori *grossolanamente striate*. Volo agile ed erratico con rapidi battiti delle ali rigide ed occasionali brevi planate. Suggerisce l'immagine di un Pellegrino in miniatura, o di un Lodolaio. Maschio superiormente blu lavagna con una *larga banda terminale nera alla coda e dense striature rossicce nelle parti inferiori*. La femmina è molto più grande, con le

parti superiori bruno scuro e coda barrata di bruno e crema, nessun mustacchio. Caccia in aperta campagna inseguendo le prede a poca altezza; si posa sulle pietre, sulle staccionate, ecc. Lo Sparviero ha ali corte ed arrotondate (non appuntite). Il Gheppio ha le parti superiori castano rossiccio e coda più allungata e slanciata.
Voce: Maschio: un veloce ed alto *ki-ki-ki*. Femmina: un basso lamentevole *iip-iip*.
Habitat: Terreni aperti collinosi e paludosi, scogliere e dune sabbiose. Nidifica sul terreno, nell'erica, tra le erbe, nella sabbia o sugli alberi nei vecchi nidi di corvo. Cartina 92.

LODOLAIO: *Falco subbuteo*. **Tavv. 27, 28**
Franc.: Faucon hobereau. Ingl.: Hobby. Ted.: Baumfalke. Oland.: Boomvalk. Spagn.: Alcotan. Sved.: Lärfalk.

Identificazione: 38-48 cm. Il più aereo dei falconi, con volo impetuoso come quello del Pellegrino, ma le ali sembrano più lunghe e la *coda più corta* (dando l'idea di un grande Rondone). Si nutre di allodole, rondini, ecc., e particolarmente, all'imbrunire, di insetti volanti. Quando è posato sembra più sottile e compatto con *calzoni castani come il sottocoda*; il mustacchio appuntito è più stretto che nel Pellegrino e le *parti inferiori più fittamente striate (non barrate)*. Giovane bruno nerastro di sopra, più fittamente striato di sotto e senza il rossiccio sui calzoni e sotto la coda. Si distingue dallo Smeriglio per le ali più lunghe, più strette e più piegate all'indietro, per il mustacchio, il castano sui calzoni e sotto la coda. Vedi anche Falco cuculo.
Voce: Un chiaro, ripetuto, *kiu* o *kit* ed un rapido *kikikiki*, spesso con timbro variante.
Habitat: Brughiere, colline, pianure con alberi sparsi e boschi radi. Nidifica sugli alberi, in vecchi nidi, specialmente di corvidi. Cartina 93.

FALCO DELLA REGINA: *Falco eleonorae*. **Tavv. 27, 28**
Franc.: Faucon d'Eléonore. Ingl.: Eleonora's Falcon. Ted.: Eleonorenfalke. Oland.: Eleonora's valk. Spagn.: Halcón de Eleonor. Sved.: Eleonorafalk.

Identificazione: 37 cm. Circa delle dimensioni del Pellegrino ma più allungato, con una silhouette *simile* a quella del Lodolaio ma con coda ben più lunga. Dimorfico. La forma scura è *uniformemente bruno scuro* con petto più chiaro (occasionalmente tutto nero); la forma chiara è grigio lavagna o bruno più pallido superiormente, petto crema o fulvo fittamente striato di nero. Le parti inferiori divengono più rossicce verso la coda. Cera e zampe giallo limone o biancastre. Volo molto simile a quello del Lodolaio, con la stessa abitudine di librarsi nell'aria per catturare gli insetti (specie all'imbrunire), sebbene si nutra principalmente di piccoli uccelli su cui si butta in picchiata come il Pellegrino. Talvolta fa lo "spirito santo" come il Gheppio. Di abitudini gregarie. Vedi anche Falco cuculo.
Voce: Uno stridente *küa*, qualche volta ripetuto rapidamente. **Habitat e distribuzione**: Isole rocciose e scogli del Mediterraneo. Migratore, nidifica soprattutto in estate avanzata nelle isole greche, in Sardegna, Isola d'Elba, Baleari, forse Spagna. Erratico nella Francia del Sud ed in Sicilia.

LANARIO: *Falco biarmicus*. **Tav. 27**
Franc.: Faucon lanier. Ingl.: Lanner. Ted.: Feldeggsfalke. Spagn.: Halcón borni. Sved.: Slagfalk. Oland.: Lanner valk.

Identificazione: 42 cm. Sembra un Pellegrino pallido; riconoscibile a breve distanza per il *vertice fulvo o color sabbia*, per una piccola stria nera che fa da mustacchio (non un grande ed arrotondato mustacchio come nel Pellegrino), per le copritrici auricolari biancastre come per le parti inferiori che sono *molto leggermente macchiate* (e non barrate). Gli immaturi di sopra sono più scuri degli adulti e molto più decisamente macchiati di sotto.

Meno ardito del Pellegrino, preda uccelli più piccoli; appare più snello in volo, ed è meno rapido; ali e coda leggermente più lunghe. Vedi anche Sacro.
Voce: Un trillante *kri-kri-kri* all'epoca delle cove. **Habitat**: Scogli, rovine, pendii rocciosi di montagna, sino ai piani con pietraie e nei semideserti. Nidifica tra le rocce, occasionalmente sugli alberi. Cartina 94.

SACRO: *Falco cherrug*. **Tav. 27**
Franc.: Faucon sacre. Ingl.: Saker. Ted.: Würgfalke. Spagn.: Halcón sacre. Sved. Tatarfalk. Oland.: Saker valk.

Identificazione: 45 cm. Si distingue dal Pellegrino per le parti superiori e le ali *bruno rossiccio scuro* (non blu lavagna) con margini delle piume fulvicci, *vertice e nuca biancastri striati di bruno scuro*, mustacchio in forma di stretta striscia indistinta, parti inferiori lievemente striate o macchiate (non barrate) di bruno. Ali più larghe che nel Pellegrino. Coda bruno scuro barrata di bianco. Gli immaturi hanno il vertice e le parti inferiori più fittamente striate degli adulti, specialmente ai fianchi. Molto coraggioso e feroce attacca prede ben più grandi di se stesso. Frequentemente usato per la falconeria nell'Est dell'Europa. Vedi anche Lanario.
Voce: Un aspro, alto *i-jack*. **Habitat**: Pianure aperte; semideserti e deserti. Di solito nidifica su grandi alberi, occasionalmente sulle rocce. Cartina 95.

GIRFALCO: *Falco rusticolus*. **Tav. 28**
Franc.: Faucon gerfaut. Ingl.: Gyrfalcon. Ted.: Gerfalke. Oland.: Giervalk. Spagn.: Halcón gerifalte. Sved.: Jaktfalk.

Identificazione: 50-55 cm. Distinguibile dal Pellegrino, in volo, per le dimensioni maggiori, la coda leggermente più lunga, la *base delle ali più larga*, la punta delle ali leggermente meno appuntita ed il volo a battiti d'ala più lenti; quando è posato, sono da tener presenti la *colorazione considerevolmente più pallida, più uniforme* e l'assenza o quasi di mustacchi. Alcuni individui della razza groenlandese (*F. r. candicans*) appaiono quasi totalmente bianchi, tranne le remiganti primarie che sono scure. (Il Gufo delle nevi ha la testa più grande e le ali arrotondate.)
Voce: Di solito silenzioso. Occasionalmente note di richiamo, ed un acuto guaito, solitamente un po' meno alte di timbro delle simili note del Pellegrino. **Habitat**: Regioni aperte rocciose e selvagge, coste del mare e isole. Localmente, intorno ai margini delle foreste di conifere. Nidifica sui pendii scoscesi delle rocce e degli scogli. Cartina 96.

PELLEGRINO: *Falco peregrinus*. **Tavv. 27, 28**
Franc.: Faucon pèlerin. Ingl.: Peregrine. Ted.: Wanderfalke. Oland.: Slechtvalk. Spagn.: Halcón común. Sved.: Pilgrimsfalk.

Identificazione: 38-48 cm. Riconoscibile come Falcone per le *ali lunghe appuntite, la coda lunga e leggermente affinata in punta* ed il volo rapido tipo piccione, ma con battiti meno profondi interrotti da lunghe planate. Riconoscibile come specie per le *dimensioni di una cornacchia*, e, quando è posato, per un *massiccio mustacchio nero arrotondato*. Il maschio ha il vertice nerastro, parti superiori grigio lavagna, in contrasto con le parti inferiori bianco fulviccio fittamente barrate di nero. La femmina è considerevolmente più grande e più scura. Giovani bruno scuro superiormente con parti inferiori fulvicce striate (non barrate). Caccia buttandosi sulla preda quasi verticalmente a velocità fantastica, con le ali quasi chiuse. Si nutre principalmente di uccelli sino alle dimensioni di un piccione, di una pernice, ecc. Vedi anche Girfalco e Lodolaio.
Voce: Una notevole varietà di note all'epoca delle cove: un ripetuto *ui-ciu*, un alto

kik-kik-kik, un corto *kiack*, ecc. **Habitat**: Zone aperte e selvagge, scogliere, montagne, colline; d'inverno anche paludi, localmente torri e campanili. Nidifica sulle rocce scoscese, talora sugli alberi. Cartina 97.

TETRAONIDI: Tetraonidae

Gallinacei massicci, per la maggior parte viventi sul terreno, dove nidificano. Senza la lunga coda dei fagiani. Tarsi e spesso anche dita piumate. I sessi generalmente differenti.

FRANCOLINO DI MONTE: *Bonasa bonasia*. Tav. 29
Franc.: Gelinotte des bois. Ingl.: Hazel Grouse. Ted.: Haselhuhn. Oland.: Hazelhoen. Spagn.: Grebul. Sved.: Järpe.

Identificazione: 35 cm. Una specie silvestre. Tipica forma di tetraonide, ma con la *coda più lunga* e vertice leggermente *crestato*. Parti superiori dal grigiastro al bruno ruggine (più grigio nella parte Nord dell'area di distribuzione, più rossiccio al Sud). Riccamente macchiato e barrato di nero e di bruno. Una larga banda bianca lungo i lati della gola ed attraverso le scapolari. Parti inferiori biancastre finemente marcate di bruno, più fortemente sui fianchi. Il maschio ha una *gola nera largamente marginata di bianco*. La femmina ha gola biancastra. In volo entrambi i sessi mettono in mostra una *evidente banda nera sulla grigia coda*. Sta spesso sugli alberi.

Voce: Un acuto, fischiante *tsissi-tseri-tsi-tsi-tsi-tsi-tsiu*. **Habitat**: Boschi misti di collina e montagna; specialmente tra le betulle e i pioppi tremuli; localmente anche nelle pianure boscose. Cartina 98.

PERNICE BIANCA NORDICA - PERNICE BIANCA DI SCOZIA:
Lagopus lagopus. Tav. 30
Franc.: Lagopède des saules. Ingl.: Willow Grouse/Red Grouse. Ted.: Moorschneehuhn. Oland.: Moerassneeuwhoen. Sved.: Dalripa.

Identificazione: 38-40 cm. Un uccello massiccio con ali corte e coda nerastra con piumaggio bruno rossiccio. Come in tutti i gallinacei il volo è rapido con battiti d'ala rapidissimi alternati a planate sulle ali arcuate all'ingiù; fatta alzare sembra nera, in volo. La P. bianca nordica (Nord Europa) e la P. bianca di Scozia (*Lagopus lagopus scoticus*), delle Isole Britanniche, sono ora considerate conspecifiche. La P. bianca nordica e la P. bianca di Scozia hanno tutte e due le ali bianche e non si possono distinguere tranne che per la voce e l'habitat. Entrambe assai variabili, ma la P. bianca nordica ha un piumaggio, all'epoca della riproduzione, rossiccio più scuro; a breve distanza il *becco più massiccio* è evidente. In autunno la P. bianca nordica diventa "pezzata" di bianco e bruno. La P. bianca (*Lagopus mutus*) diventa grigia superiormente. In inverno, dove l'area di distribuzione delle due specie si sovrappone, una P. bianca con coda nera e il capo bianco senza altri segni potrebbe essere una P. bianca nordica di ambo i sessi o una femmina di P. bianca (*Lagopus mutus*). Se ha una *macchia nera sulla faccia* è un maschio di *Lagopus mutus*. Vedi schema Tavola 30.

La P. bianca di Scozia è bruno rossiccio scuro con *ali bruno più scuro*. Il piumaggio estivo più pallido di quello invernale; la femmina sempre più chiara e più piccola del maschio. La razza irlandese è più "giallastra" di quella inglese. Riconoscibile dalla femmina del Fagiano di monte per dimensioni minori, colorazione più rossastra e coda *non forcuta*; dalla *P. bianca* (*Lagopus mutus*) in abito estivo per il ventre più scuro.

Voce: P. bianca nordica: un rapido *kank-ok-ok-ok* spesso preceduto da un debole *au-au*. La P. bianca di Scozia ha un verso simile; durante l'epoca delle cove uno stridente *go-bek go-bek*. **Habitat e distribuzione**: La P. bianca nordica abita le collinette, gli ericheti, con salici, betulle e cespugli di ginepro ad un'altitudine minore di quella della P. bianca; nidifica tra i cespugli. La P. bianca di Scozia preferisce le brughiere e le lande scozzesi, le torbiere, ecc. scendendo, in autunno, a livelli più bassi, nelle stoppie; nidifica tra le eriche, ecc. Cartina 99.

PERNICE BIANCA: *Lagopus mutus*. **Tav. 30**
Franc.: Lagopède des Alpes. Ingl.: Ptarmigan. Ted.: Alpenschneehuhn. Oland.: Sneeuwhoen. Spagn.: Perdiz nival. Sved.: Fjällripa. Nordameric.: Rock Ptarmigan.

Identificazione: 35 cm. Una Pernice bianca degli alti pendii montuosi, si distingue in ogni stagione per *le ali ed il ventre bianchi*. I piedi sono ricoperti di piume bianche. Caruncola rossa sopra l'occhio. Nel piumaggio di nozze il maschio ha le parti superiori riccamente macchiettate di bruno nerastro come il petto ed i fianchi; la femmina è più fulva. In autunno, le parti superiori, il petto e i fianchi del maschio sono grigi, finemente segnati di bianco e nero, le parti inferiori quasi tutte bianche; la femmina è grigio giallastro e appare più scura del maschio. D'inverno, entrambi i sessi sono *bianco puro tranne la coda nera* (che è per lo più coperta, quando l'animale è posato, dalle bianche copritrici caudali), ma il maschio ha una *stria nera che dal becco attraversa l'occhio*, sicura distinzione della Pernice bianca nordica (vedi schema Tavola 30). A breve distanza il becco della Pernice bianca è evidentemente più piccolo e sottile di quello della Pernice bianca nordica; entrambe le specie sono molto variabili, con tre distinte mute di piumaggio.

Voce: Un basso ed aspro gracidio; nota d'allarme, un suono ripetuto grattante e profondo. Il maschio durante la parata nuziale ha un breve canto. **Habitat**: Crinali montani spogli e sassosi ad altitudine maggiore della Pernice bianca nordica, tranne quando è spinta più in basso per il maltempo. Nidifica al riparo delle rocce o dei cespugli. Cartina 100.

FAGIANO DI MONTE: *Tetrao tetrix*. **Tav. 29**
Franc.: Tétras lyre. Ingl.: Black Grouse. Ted.: Birkhuhn. Oland.: Korhoen. Spagn.: Gallo lira. Sved.: Orre.

Identificazione: Maschio 52 cm., femmina 40 cm. Il maschio facilmente riconoscibile per il piumaggio *blu nero* a riflessi, con la *coda a forma di lira*, cospicue *copritrici inferiori della coda bianche e barra alare bianca*. La femmina si distingue dalla Pernice bianca di Scozia per le maggiori dimensioni ed il *piumaggio meno rossiccio*; dalla femmina del Gallo cedrone per le dimensioni minori ed il *piumaggio meno grossolanamente barrato*; da entrambe per la stretta banda alare bianca e la coda forcuta (caratteristiche poco evidenti). Entrambi i sessi hanno una rossa caruncola sopra l'occhio. Il maschio in abito eclissale (autunno) sembra brunastro sporco chiazzato sopra, con la gola bianca; la coda non ha la caratteristica forma a lira finché non è completamente cresciuta. Di solito vola più alto della Pernice bianca di Scozia, con planate più lunghe; il collo e la coda più lunghi gli danno un aspetto particolare. Si posa volentieri sugli alberi. Talora possono trovarsi ibridi con il Gallo cedrone, la Pernice bianca e quella bianca di Scozia e il Fagiano, molto difficili da riconoscere in libertà.

Voce: Il maschio ha un deciso *tciu-suii* come di starnuti. Canto al "lek" (luogo ove avvengono le "parate" e le lotte dei maschi), un rapido musicale coro di note borbottanti e gorgoglianti. **Habitat**: Vicino agli alberi che costeggiano le colline, foreste di conifere con radure; terreno paludoso con cespugli ed alberi sparsi, torbiere, colline coperte di erica e rocciose, piantagioni, ecc. Nidifica sul terreno. Cartina 101.

GALLO CEDRONE: *Tetrao urogallus*. **Tav. 29**
Franc.: Grand tétras. Ingl.: Capercaillie. Ted.: Auerhuhn. Oland.: Auerhoen. Sved.: Tjäder.

Identificazione: Maschio 85 cm., femmina 60 cm. Un gallinaceo dalle dimensioni molto grandi. Il maschio si distingue da tutti gli altri gallinacei per le *dimensioni notevoli, la colorazione scura e coda arrotondata*. Colorazione generale grigia con copritrici alari bruno acceso, petto verde blu a riflessi; la testa ha la pelle scarlatta sopra l'occhio ed una barba ispida, becco biancastro; parti inferiori e coda grossolanamente macchiate di bianco. La femmina si può confondere con la femmina del Fagiano di monte o della Pernice bianca di Scozia, ma è molto più grossa con *coda grande* ed una *macchia rossastra sul petto* che contrasta con le pallide parti inferiori. Di solito si vede sul terreno nelle foreste di conifere, d'estate; sugli alberi, d'inverno. Volo di solito breve, con rapide battute d'ala alternate a lunghe planate; si alza dal terreno con notevole frastuono. La femmina può accoppiarsi con il Fagiano di monte.

Voce: Il maschio al "lek" (terreno ove avvengono le "parate" e le lotte dei maschi) ha un gutturale richiamo; le femmine un *kok-kok* come di fagiano. Il canto del maschio comincia con un calmo *tik-ap*, *tik-ap* che va rapidamente accelerando e finisce con un *pop* (come di una bottiglia stappata), seguito da una corta strofa di soffianti e sussuranti note. **Habitat**: Terreni elevati collinosi con boschi di conifere. Nidifica nel sottobosco ai piedi dei pini, o tra i cespugli su terreno relativamente scoperto, in montagna. Cartina 102.

PERNICI, QUAGLIE e FAGIANI: Phasianidae

Uccelli terrestri somiglianti alle galline, con zampe senza piume. I Fagiani hanno una lunga coda; i sessi sono differenti e le femmine hanno la coda più corta. Le Pernici e le Quaglie sono molto più piccole, più rotonde, con code molto corte. Nidificano sul terreno.

CIUKAR: *Alectoris chukar*.   Pag. 82
Franc.: Perdrix choukar. Ingl.: Chukar. Ted.: Chukarhuhn. Oland.: Aziatische steenpatrijs. Sved.: Berghöna.

Identificazione: 35 cm. Molto simile alla Coturnice. Miglior segno di riconoscimento la *voce chiocciante simile a quella dei polli domestici*. Redini *bianche* (nere nella Coturnice); la "maschera" nera è più *stretta* ed interrotta. La gola più fulva e meno grigia. Il centro della "pettorina" *macchiettata* (non a margini netti); le barre dei fianchi in numero minore e più grandi; parti superiori più brune.
Voce: Un decrescente "ridacchiante" *tchouk-tchouk-tchoukor-tchoukor*. **Habitat e distribuzione**: Habitat simile a quello della Coturnice ma anche in regioni più aride. Nidifica in Grecia orientale, Bulgaria orientale e nell'Egeo.

Coturnice   Ciukar

COTURNICE: *Alectoris graeca*. Tav. 30
Franc.: Perdrix bartavelle. Ingl.: Rock Partridge. Ted.: Steinhuhn. Oland.: Steenpatrijs. Spagn.: Perdiz grieja. Sved.: Stenhöna.

Identificazione: 35 cm. Indistinguibile in lontananza dalla Pernice rossa e dalla Ciukar. Il miglior *segno di riconoscimento è la voce*. La macchia bianca alla gola è leggermente più grande, col bordo inferiore nero *netto*, anziché sfumato verso l'alto petto. Fronte grigio cenere. Parti superiori *bruno grigie* e non brune.

Voce: Richiamo *uit-uit-uit* come di Picchio muratore; nota d'allarme un esplodente *k-k-kwowk*; canto (primavera ed autunno) uno staccato *tcertsi-ritt-ci*, con molte varianti.
Habitat: Terreni elevati pietrosi o rocciosi, fianchi montani anche leggermente boscosi, scendendo ad altezze minori, d'inverno. Nidifica tra le rocce. Cartina 103.

PERNICE ROSSA: *Alectoris rufa*. Tav. 30
Franc.: Perdrix rouge. Ingl.: Red-legged Partridge. Ted.: Rothuhn. Oland.: Rode patrijs. Spagn.: Perdiz roja. Sved.: Rödhöna.

Identificazione: 34 cm. In lontananza si confonde facilmente con la Starna, ma da vicino gli adulti si riconoscono per le *zampe ed il becco rossi, collaretto nero che contorna la gola bianca*, vertice castano con una *lunga striscia bianca sopra l'occhio*, fianchi grigio lavanda *fortemente barrati di bianco, castano e nero*. I giovani sono molto simili a quelli della Starna. Voce molto diversa; corre più velocemente della Starna; i voli sono meno compatti. Vedi anche Ciukar, Coturnice e Pernice sarda.

Voce: Nota usuale del maschio: *ciak*, *ciak-er* o un lento aspro *sciak... sciak*; quando viene fatta "alzare", il verso è *cac-cac*. **Habitat**: Come la Starna o quasi. Sebbene spesso in terreno paludoso, normalmente preferisce località asciutte, terreno sabbioso, argilloso o pietroso. Cartina 104.

PERNICE SARDA: *Alectoris barbara*. Tav. 30
Franc.: Perdrix gambra. Ingl.: Barbary Partridge. Ted.: Felsenhuhn. Oland.: Barbarijse patrijs. Spagn.: Perdiz moruna. Sved.: Klipphöna.

Identificazione: 32 cm. In lontanza sembra più chiara e più rosa della Pernice rossa, ma a breve distanza si identifica facilmente per un largo *collare castano*, spruzzato di macchioline biancastre e *guance grigio blu* come il sopracciglio, la gola e la parte alta del petto. Vertice e copritrici auricolari castano rosato; parti superiori bruno rosato, con scapolari blu lavagna abbondantemente marginate di rosso. Ampia stria fulva dietro l'occhio. Anello palpebrale rosa-fiamma. Parti inferiori simili a quelle della Pernice rossa, fianchi a grosse barrature bianche e nere, grigie e castane. Zampe rossastre.
Voce: Canta all'alba ed al tramonto. Un rapido *kakelik* e un più lento *ciak-ciak-ciakor-ciakor*. **Habitat e distribuzione**: Fianchi collinosi coperti di cespugli, guadi semideserti con una certa quantità di acqua e ripari. Residente a Gibilterra ed in Sardegna.

STARNA: *Perdix perdix*. Tav. 30
Franc.: Perdrix grise. Ingl.: Grey Partridge. Ted.: Rebhuhn. Oland.: Patrijs. Spagn.: Perdiz pardilla. Sved.: Rapphöna. Nordameric.: Hungarian Partridge.

Identificazione: 30 cm. Un gallinaceo rotondo con ali corte arrotondate e coda corta rossiccia; vola basso e rapidamente, con sequenze alternate di velocissimi battiti d'ala e planate sulle ali molto arcuate. Si confonde facilmente con la Pernice rossa, ma è riconoscibile per la *testa castano pallido*, collo e petto grigi. Il maschio ha una *macchia a ferro di cavallo castano scuro sul basso petto* (la femmina mostra tracce di una analoga macchia, i giovani no), parti superiori striate di fulvo, i fianchi barrati di castano. Cammina tutta

raccolta accovacciandosi a terra se allarmata e di preferenza corre velocemente con la testa ben alzata, piuttosto che alzarsi in volo. Molto più corta di coda che non i giovani Fagiani. Molto più grande e meno color sabbia della Quaglia. Vedi anche Pernice rossa.
Voce: Un penetrante, grattante *krrr-ic*, o *kar-uic* ripetuto rapidamente quando è eccitata. **Habitat**: Terreni coltivati, pascoli, terreni incolti, colline, dune sabbiose, ecc. Nidifica ben nascosta sotto i cespugli nei campi di grano, ecc. Cartina 105.

QUAGLIA: *Coturnix coturnix*. **Tav. 30**
Franc.: Caille des blés. Ingl.: Quail. Ted.: Wachtel. Oland.: Kwartel. Spagn.: Codorniz. Sved.: Vaktel.

Identificazione: 17 cm. Somiglia ad una minuscola Starna. Di solito il primo segno di riconoscimento è dato dalla *voce caratteristica* del maschio. Colore generale *giallo sabbia fortemente striato* di bianco, fulvo e nero di sopra, più chiaro di sotto, con strie chiare e scure (niente barrature) ai fianchi. Vertice bruno scuro, con una stria crema lungo la parte mediana ed un'altra stria crema sopra l'occhio. Il maschio ha la gola con striature nerastre. La femmina ha la gola fulviccia senza strie e petto finemente macchiettato. Volo più lento e di solito più corto di quello della Starna. Molto difficile da far "alzare". Solitaria tranne che durante la migrazione.
Voce: Ventriloqua. Il caratteristico richiamo del maschio è trisillabico ed ha l'accento sulla prima sillaba: un ripetuto *quit-qui-quit*, in primavera *quit-ma-mau*. Femmina: *quip-quip*. Si ode di notte e di giorno. **Habitat**: Frequenta e nidifica nelle pasture incolte, nei coltivi, in terreno aperto con cespugli d'erba ecc. Cartina 106.

FAGIANO: *Phasianus colchicus*. **Tav. 29**
Franc.: Faisan de chasse. Ingl.: Pheasant. Ted.: Fasan. Oland.: Fazant. Spagn.: Faisán vulgar. Sved.: Fasan.

Identificazione: Maschio 75-87 cm., femmina 53-62. Un gallinaceo, familiare ai cacciatori, *con lunga coda appuntita*. Il maschio è riccamente colorato, con testa verde scuro a riflessi, caruncole scarlatte tutto intorno all'occhio e corti ciuffi auricolari. Piumaggio molto variabile dovuto all'introduzione di varie razze, ma di solito ha un *collare bianco*. La femmina è sobriamente macchiata di fulvo e nerastro, con coda più corta. Piuttosto che prendere il volo, corre velocemente al riparo. Volo forte (si alza con notevole frastuono), ma raramente sostenuto a lungo, od alto.
Voce: Maschio: una nota doppia, stridente *kok-kok*, solitamente seguita da un breve vibrato battito di ali. **Habitat**: Margini dei boschi, parchi, terreni coltivati, cespuglieti, canne. Nidifica sul terreno, sotto la bassa vegetazione e nei campi. Cartina 107.

FAGIANO DORATO: *Chrysolophus pictus*. **Tav. 77**
Franc.: Faisan doré. Ingl.: Golden Pheasant. Ted.: Goldfasan. Oland.: Goudfazant. Sved.: Guldfasan.

Identificazione: Il maschio ha inconfondibili *parti inferiori scarlatte*, la cresta e il groppone dorati, "un cappuccio" dorato e nero a forma di ventaglio, ali verdi e blu e una lunga e cadente coda. La femmina assomiglia a quella del Fagiano ma con le ali più lunghe e più chiaramente barrate. Il grido stridulo assomiglia a quello del Fagiano di Lady Amherst ma è più alto. Si possono trovare incroci tra le due specie. Allo stato selvatico in diverse parti della Gran Bretagna, nidifica in parchi, arbusteti. Residente.

FAGIANO DI LADY AMHERST: *Chrysolophus amherstiae*. **Tav. 77**
Franc.: Faisan de Lady Amherst. Ingl.: Lady Amherst's Pheasant. Ted.: Diamantfasan. Oland.: Lady Amherst-fazant. Sved.: Diamantfasan.

Identificazione: Dimensione e forma come il Fagiano dorato ma con la coda più lunga. Il maschio facilmente riconoscibile per le *parti inferiori bianche* e la coda lunga barrata di nero e bianco. Vertice, gola e ali verde-blu scuro. "Cappuccio" nero e bianco. Groppone dorato e rosso. La femmina si distingue da quella del Fagiano dorato per le zampe grigio-blu e l'anello palpebrale blu-verde, invece che rossastro. Si trovano incroci tra le due specie. Richiamo stridulo simile. Allo stato selvatico in diverse parti dell'Inghilterra, nidifica nei parchi. Residente.

QUAGLIE TRIDATTILE: Turnicidae

QUAGLIA TRIDATTILA: *Turnix sylvatica*. Tav. 30
Franc.: Turnix d'Andalousie. Ingl.: Andalusian Hemipode. Ted.: Laufhühnchen. Oland.: Vechtkwartel. Spagn.: Torillo. Sved.: Springhöna.

Identificazione: 17 cm. Un uccello piccolo, della forma di una Quaglia con la quale può essere facilmente confuso quando si leva in volo. Vertice scuro, con una stria centrale crema; lati del capo e gola fulvo chiaro con macchie piccole e scure. La principale distinzione dalla Quaglia è data dalla *macchia fulvo-arancio brillante* sul petto e dalle *grosse macchie nere* ai lati. Rima palpebrale ed occhio azzurro pallido. Sessi simili. Estremamente diffidente; difficile da far levare in volo. Corre velocemente; volo riluttante, basso e rapido, con le ali tenute un po' erette quando si posa. Solitaria.

Voce: Una nota profonda ed ovattata *crruu*, simile alla nota del Tarabuso in lontananza o al muggito di un bovino, principalmente all'alba e all'imbrunire. Quando "richiama", sovente si "gonfia come una palla". Anche calme note fischianti. **Habitat e distribuzione**: Pianure sabbiose con cespugli di palme nane, distese coperte di arbusti, stoppie e campi di barbabietole da zucchero. Nidifica nella vegetazione folta. Stazionaria nelle zone meridionali della Spagna e del Portogallo, molto localizzata.

PORCIGLIONI, VOLTOLINI, GALLINELLE e FOLAGHE: Rallidae

Voltolini, Schiribille e Porciglioni sono uccelli di palude "compatti", la cui forma è piuttosto somigliante a quella di un pollo. Hanno abitudini ritirate e si odono spesso più di quanto non si vedano. Ali corte e arrotondate, coda corta e spesso tenuta verticale. Volano con riluttanza e solitamente per breve tratto, con le zampe penzoloni. I Voltolini e le Schiribille hanno il becco corto, i Porciglioni, invece, lungo e sottile. Le Gallinelle e le Folaghe hanno corpo tozzo, testa piccola e dita molto lunghe per poter camminare sulla vegetazione acquatica; quando nuotano, "scuotono" spesso la testa.

PORCIGLIONE: *Rallus aquaticus*. Tav. 31
Franc.: Râle d'eau. Ingl.: Water Rail. Ted.: Wasserralle. Oland.: Waterral. Spagn.: Rascón. Sved.: Vattenrall.

Identificazione: 27 cm. Difficile da vedere; di solito viene riconosciuto per la *voce molto caratteristica*. Si distingue da tutti gli altri rallidi per il *becco lungo e rosso*. Parti superiori bruno oliva, fittamente striate di nero; faccia, gola e petto grigio blu; i *fianchi sono chiaramente barrati di bianco e nero*. Sottocoda *biancastro*; zampe bruno carnicino. I giovani hanno le parti inferiori macchiettate. Comportamento nervoso e ritirato, come il Re di quaglie, ma qualche volta si posa sui cespugli all'aperto.

Voce: Un duro, persistente *ghep... ghep... ghep...*; una serie di *krui, krui, krui* in calando ed una serie di note gracchianti, grugnenti, udibili spesso anche di notte. **Habitat**:

Densa vegetazione acquatica, canneti e zone con salici che crescono nell'acqua, stagni di smaltimento dei rifiuti, stagni con folta vegetazione, banchi dei fiumi, fossi, ecc. Nidifica tra le canne ed i giunchi sopra l'acqua bassa. Cartina 108.

VOLTOLINO: *Porzana porzana*. Tav. 31
Franc.: Marouette ponctuée. Ingl.: Spotted Crake. Ted.: Tüpfelsumpfhuhn. Oland.: Porceleinhoen. Spagn.: Polluela pintoja. Sved.: Småfläckig sumphöna.

Identificazione: 22 cm. Dimensione del corpo simile al Porciglione ma becco molto più corto. Molto difficile da vedere, ma riconoscibile dalla voce. Assomiglia ad un minuscolo Re di quaglie, con parti superiori bruno oliva *scuro, striate e macchiate di bianco*, con le corte *ali bruno scuro* (non castane). Zampe verdastre. Becco giallastro con base rossa. Petto grigio con macchioline bianche. Alza la coda quando è insospettito, mettendo in mostra il *sottocoda crema*. Solitario e per lo più crepuscolare. Schiribilla e Schiribilla grigiata sono molto più piccole con sottocoda barrato. Il Porciglione è molto più grosso, con il becco lungo e rosso.

Voce: Un alto e acuto *quitt... quitt... quitt*. Il maschio ha anche un duro e monotono *trik-trek* da "orologio". **Habitat**: Paludi erbose, praterie umide, bordi degli stagni e dei corsi di acqua. Nidifica sui ciuffi d'erba circondati d'acqua. Cartina 109.

SCHIRIBILLA: *Porzana parva*. Tav. 31
Franc.: Marouette poussin. Ingl.: Little Crake. Ted.: Kleines Sumpfhuhn. Oland.: Klein waterhoen. Spagn.: Polluela bastarda. Sved.: Liten sumphöna.

Identificazione: 18 cm. La Schiribilla e la Schiribilla grigiata sono molto simili d'aspetto, voce ed habitat, e si possono raramente vedere da vicino. Entrambe sono *molto più piccole* del Voltolino. Il maschio della Schiribilla si distingue da quello della Schiribilla grigiata perché ha le *parti superiori bruno oliva senza strie bianche sulle copritrici alari e le parti inferiori grigio lavagna uniformi senza barre ai fianchi*; le copritrici inferiori della coda sono però barrate come nella Schiribilla grigiata. La femmina è facilmente distinguibile da quella della Schiribilla grigiata avendo le parti inferiori fulve (non grigie) e la *gola bianca*. Entrambi i sessi hanno becco *verde con la base rossa*. Le zampe sono *verdi* (quelle della Schiribilla grigiata sono carnicino scuro). I giovani di entrambe le specie somigliano alla femmina della Schiribilla, ma quelli della Schiribilla grigiata sono più fittamente barrati inferiormente. Si comporta in volo come il Voltolino. Vedi Schiribilla grigiata.

Voce: Un acuto *quek, quek, quek*, spesso gradualmente cadente di tono e accelerato in un breve trillo. Vedi Schiribilla grigiata per le differenze. **Habitat**: Come il Voltolino, ma con preferenza per gli stagni ricoperti di vegetazione galleggiante. Cartina 110.

SCHIRIBILLA GRIGIATA: *Porzana pusilla*. Tav. 31
Franc.: Marouette de Baillon. Ingl.: Baillon's Crake. Ted.: Zwergsumpfhuhn. Oland.: Kleinst waterhoen. Spagn.: Polluela chica. Sved.: Dvärgsumphöna.

Identificazione: 17 cm. Più piccola di uno Storno. Entrambi i sessi somigliano al maschio della Schiribilla, ma quando si possono vedere bene (cosa che accade raramente) se ne distinguono per le *dimensioni minori* (il più piccolo rallide d'Europa), per le *parti superiori più rossicce, a strie bianche grosse e fitte, fianchi fortemente barrati di bianco e nero, zampe carnicino scuro* e becco verde *senza* base rossa. In volo, il margine anteriore bianco delle ali è un'ulteriore distinzione. I maschi di entrambe le specie hanno la faccia, la gola e le parti inferiori grigio blu lavagna e con il sottocoda barrato di bianco e nero. I giovani sono molto simili tra di loro (ricordando la femmina della Schiribilla) sebbene le parti inferiori di quelli della Schiribilla grigiata siano più fittamente barrate e le parti superiori abbiano dei distinti segni chiari. Comportamento ed habitat come la Schiribilla. Vedi anche Voltolino.

Voce: Facilmente confusa con la nota trillante della Schiribilla, ma quella della Schiribilla grigiata è più veloce, più vibrata, e scende rapidamente di tono, di solito senza note di "conversazione" intercalate; anche un netto, acuto *chirp*. **Habitat**: Di solito preferisce vegetazione più densa e più bassa e stagni più piccoli della Schiribilla. Cartina 111.

RE DI QUAGLIE: *Crex crex*. Tav. 31
Franc.: Râle de genêt. Ingl.: Corncrake. Ted.: Wachtelkönig. Oland.: Kwartelkoning. Spagn.: Guión de codornices. Sved.: Kornknarr.

Identificazione: 26 cm. Difficile da vedere. La sua presenza è spesso segnalata dalla *caratteristica voce "raspante"* del maschio. Sembra *corto di collo*. Piumaggio *fulvo giallastro*, macchiato di nerastro superiormente; grigiastro sul capo e petto. Fianchi e sottocoda barrati di castano. Le *ali castane sono particolarmente evidenti in volo*. Abitudini solitarie, crepuscolari e molto ritirate, nascondendosi nell'erba alta. Si distingue da Schiribille e Voltolini per le dimensioni maggiori e il colore più fulvo.

Voce: All'epoca della riproduzione il maschio ha un richiamo insistente e penetrante: un raspante bisillabico *crrr-crrr* o *rerrp-rerrp* solitamente di notte, ma spesso anche di giorno. **Habitat**: Abita e nidifica nelle praterie e nei terreni coltivati. Cartina 112.

GALLINELLA D'ACQUA: *Gallinula chloropus*. Tav. 31
Franc.: Poule d'eau. Ingl.: Moorhen. Ted.: Teichhuhn. Oland.: Waterhoen. Spagn.: Polla de agua. Sved.: Rörhöna. Nordameric.: Florida Gallinule.

Identificazione: 32 cm. Un massiccio uccello nerastro delle rive degli stagni. Si distingue dalla Folaga per le dimensioni minori, il *becco e la placca frontale rossi* (il becco ha la punta giallastra), *una larga ed irregolare stria bianca attraverso i fianchi e sottocoda bianco* con striscia centrale nera. Zampe verdi, con una "giarrettiera" rossa. I giovani sono più bruni, con becco e placca frontale bruno verdastro. Alza e abbassa continuamente la coda quando è allarmata. Nuota con grazia "scuotendo" la testa. Si tuffa occasionalmente (specialmente se ferita o inseguita dai cani). Si alza dall'acqua correndo prima sulla superficie. Volo solitamente lento, con zampe pendenti. D'inverno, spesso pascola in gruppetti.

Voce: Un aspro penetrante *krrr-i-k* o *kittik*, ecc. e varie note cinguettanti e pigolanti. **Habitat**: Stagni, fiumi, paludi, stagni di smaltimento dei rifiuti e praterie adiacenti, risaie e "fontanili". Nidifica tra le canne ed i cespugli vicino all'acqua, talora anche su nidi galleggianti, occasionalmente sugli alberi e nei vecchi nidi di altre specie. Cartina 113.

POLLO SULTANO: *Porphyrio porphyrio*. Tav. 31
Franc.: Poule sultane. Ingl.: Purple Gallinule. Ted.: Purpurhuhn. Oland.: Purperkoet. Spagn.: Calamón común. Sved.: Purpurhöna.

Identificazione: 47 cm. Parti superiori *blu porpora* scuro con riflessi turchesi alla gola e al petto. Sottocoda *bianco puro*. *Becco alto e depresso*, placca frontale, zampe e occhi *rosso brillante*. Più grande e massiccio della Folaga con *zampe più lunghe*. I giovani sono grigio bluastro scuro, con grigio alla gola e ai lati del capo. Si arrampica sulle canne; raramente si fa vedere allo scoperto. Nuota solo occasionalmente. Riconoscibile in volo per le lunghe zampe *rosse* pendenti. La Folaga è nerastra uniforme, con placca frontale bianca e zampe grigie; la Gallinella è molto più piccola e ha zampe verdi.

Voce: Suono come di tromba, acuto e bizzarro. **Habitat e distribuzione**: Paludi con estesi canneti, rive dei laghi con vegetazione naturale molto fitta. Nidifica tra le canne, ecc.

Stazionario nella Spagna del Sud, Portogallo, Sardegna e Sicilia. Erratico nella Francia del Nord, Norvegia, Cecoslovacchia, Austria, Ungheria.

FOLAGA: *Fulica atra*. **Tav. 31**
Franc.: Foulque macroule. Ingl.: Coot. Ted.: Blässhuhn. Oland.: Meerkoet. Spagn.: Focha común. Sved.: Sothöna.

Identificazione: 37 cm. Un massiccio uccello d'acqua, nero lavagna, con il capo di un bel nero brillante. Si distingue dalla Gallinella per le dimensioni maggiori e per *il becco e la placca frontale bianchi molto visibili*; anche per l'assenza della stria bianca attraverso i fianchi e del bianco sul sottocoda. In volo mette in evidenza una stretta marginatura bianca delle remiganti secondarie. Zampe verdi con dita "lobate" che sporgono considerevolmente dalla coda, in volo. Giovani grigio bruno con gola e parte alta del petto bianche; qualche volta possono confondersi con i giovani dello Svasso maggiore. Sta in acqua più della Gallinella e si tuffa frequentemente in cerca di cibo. Talvolta rimane sott'acqua per mezzo minuto. Gregaria, d'inverno. Riconoscibile a grande distanza, quando nuota con le anatre, per lo "scuotimento" della piccola testa e il dorso arrotondato. Volo debole e laborioso, si posa sull'acqua con un notevole "splash". Corre sulla superficie dell'acqua prima di alzarsi in volo.
Voce: Un forte e corto *kiuk*; anche una serie di richiami bisillabici *kt-kauk*, ecc., e un aspro, esplodente *skik*. **Habitat**: Come la Gallinella, ma di solito preferisce zone con acqua, più vaste. D'inverno si riunisce spesso in enormi stuoli nei larghi specchi d'acqua, specialmente nelle lagune e "valli" d'acqua salata. Nidifica tra le canne e l'alta vegetazione acquatica. Il nido spesso è galleggiante. Cartina 114.

FOLAGA CRESTATA: *Fulica cristata*. **Tav. 31**
Franc.: Foulque à crête. Ingl.: Crested Coot. Ted.: Kammblässhuhn. Oland.: Knobbelmeerkoet. Spagn.: Focha cornuda. Sved.: Kamsothöna.

Identificazione: 40 cm. Somiglia molto alla Folaga, ma se ne distingue per i *prominenti tubercoli rossi* ai lati della placca frontale bianca, becco grigio-blu e *voce caratteristica*. Non ha bianco alle remiganti secondarie. Zampe grigio bluastre. Comportamento, volo ed habitat come la Folaga, con cui si mischia ma è più diffidente e si tiene più al coperto.
Voce: La nota usuale si dice sia un forte, quasi umano *huu, huu*. **Distribuzione**: Residente nella Spagna del Sud, raggiungendo il Portogallo, d'inverno. Erratica in Francia, Sardegna, Italia, Sicilia.

GRU: Gruidae

Uccelli grandi, decisamente terrestri, superficialmente somiglianti agli Aironi e alle Cicogne. Le remiganti secondarie più interne sono molto allungate, cadenti sulla coda. Il lungo collo e le lunghe zampe in volo sono tenuti distesi. Di solito migrano in formazioni a "V" o lineari. La voce somiglia al suono di una tromba. Gregari, tranne che all'epoca delle cove. Sessi simili. Nido sul terreno.

GRU: *Grus grus*. **Tav. 5**
Franc.: Grue cendrée. Ingl.: Crane. Ted.: Kranich. Oland.: Kraanvogel. Spagn.: Grulla común. Sved.: Trana.

Identificazione: 112 cm. Si distingue dalle Cicogne e dagli Aironi per le remiganti interne molto allungate che formano *una coda nerastra cascante*. Colore generale grigio lavagna, con una *striscia bianca curva* ai lati del capo e del collo, in contrasto con il nero della faccia e della gola. A breve distanza è visibile il *vertice rosso*. Il becco è più corto che nelle Cicogne e negli Aironi. Gli immaturi hanno capo e parti superiori brune senza il disegno bianco degli adulti sul capo e coda meno "cespugliosa". Comportamento estremamente diffidente. Cammina lentamente, con grazia. Quando è insospettita si allunga tutta col lungo collo eretto. Molto raramente si posa sugli alberi. Volo lento, ma potente, col collo e le zampe distesi, punte delle ali quadrate. Gli stormi in migrazione si dispongono in formazione lineare o a "V". (Le Cicogne di solito volano in formazioni non ordinate.)

Voce: Uno stridente, trombettante *kruuk* ed un gutturale, più calmo *kr-r-r*. Varie altre note gutturali o sibilate. **Habitat**: D'inverno, evita le regioni boscose, e si trova sui banchi dei fiumi, nelle lagune, campi e steppe. Nidifica sul terreno nelle zone bagnate, nelle paludi leggermente boscose, nei canneti, ecc. Cartina 115.

DAMIGELLA DI NUMIDIA: *Anthropoides virgo*. Tav. 5
Franc.: Demoiselle de Numidie. Ingl.: Demoiselle Crane. Ted.: Jungfernkranich. Oland.: Jufferkraan. Spagn.: Grulla damisella. Sved.: Jungfrutrana.

Identificazione: 95 cm. Facilmente distinguibile dalla Gru per le dimensioni molto minori, per il *grande ciuffo di piume bianche, a mo' di cresta, dietro a ciascun occhio* e per il becco molto più corto. Piumaggio per lo più grigio blu cenere, con nero sulle redini, sulla maggior parte del collo, delle penne allungate del petto e delle ali. Le copritrici secondarie interne sono terminate di nero e molto allungate, cascanti diritte sopra la coda, ma *senza l'aspetto arruffato di quelle della Gru*. Vola come la Gru, col collo teso e da quest'ultima non è possibile distinguerla a grande altezza, a meno che le due specie non siano insieme, poiché allora sono caratteri distintivi per la Damigella le dimensioni minori e la voce più acuta.

Voce: Un forte e musicale suono come di tromba, considerevolmente più alto di timbro di quello della Gru. **Habitat e distribuzione**: Pianure aperte e pianori, visitando regolarmente le zone dove vi è acqua dolce nella stagione calda. Nidifica sul terreno arido e asciutto. Stazionaria in Romania. Erratica verso l'Europa del Sud e a Nord sino alla Germania, alla Danimarca e alla Svezia.

OTARDE e GALLINE PRATAIOLE: Otididae

Uccelli terrestri, che frequentano le steppe erbose e i campi coltivati. Hanno un'andatura maestosa. Comportamento molto diffidente; corrono velocemente al primo segno di pericolo. Volo potente, le larghe ali ed il grosso corpo dando loro una silhouette caratteristica. Nido sul terreno.

GALLINA PRATAIOLA: *Tetrax tetrax*. Tav. 32
Franc.: Outarde canepetière. Ingl.: Little Bustard. Ted.: Zwergtrappe. Oland.: Kleine trap. Spagn.: Sisón. Sved.: Småtrapp.

Identificazione: 42 cm. Meno della metà dell'Otarda. La sua estrema diffidenza la rende molto difficile da osservare. Il maschio in piumaggio nuziale si riconosce per un *grosso collare bianco e nero*. Le parti superiori ed il vertice sono color sabbia caldo finemente vermicolate; la faccia è grigio blu. Parti inferiori bianche. La femmina è più pallida superiormente, striata e barrata di nero, bianco crema di sotto con i fianchi ed il petto barrati, nessuna caratteristica particolare sulla faccia o sul collo. Comportamento come quello dell'Otarda, ma corre con maggior frequenza e si nasconde accocciandosi sul terreno. Volo molto veloce, con battiti d'ala rapidi e fischianti. *In volo sembra quasi bianca*

con la punta delle ali nera. Vola più in alto dell'Otarda. Solitamente in piccoli gruppi, ma in autunno si riunisce in grossi voli. Vedi anche Ubara.
Voce: Un corto *dehg* e, nella parata nuziale, uno schioppettante *ptrrr*. **Habitat**: Pianure erbose, grandi campi di grano, trifoglio ed altre colture. Cartina 116.

UBARA: *Chlamydotis undulata*. **Tav. 32**
Franc.: Outarde houbara. Ingl.: Houbara Bustard. Ted.: Kragentrappe. Oland.: Kraagtrap. Spagn.: Hubara. Sved.: Kragtrapp.

Identificazione: 62 cm. Dimensioni intermedie tra l'Otarda e la Gallina prataiola: la forma ricorda quella della femmina di tacchino. Collo e la fulva coda notevolmente lunghi. Entrambi i sessi riconoscibili in tutte le stagioni per una *corta cresta bianca e nera e per le bianche penne cadenti d'ambo i lati del collo* che possono essere notevolmente messe in mostra o parzialmente nascoste; occhi grandi. Parti superiori sabbia caldo vermicolate; parti inferiori bianche con gola grigiastra. In volo mostra copritrici alari e mantello color sabbia uniforme, penne-maestre nere con una macchia bianca vicino alla base delle primarie ma il disegno delle ali mostra meno bianco che non nella Gallina prataiola o nella Otarda. Battiti d'ala lenti; ali lunghe e strette.
Voce: Una specie di latrato basso occasionale. **Habitat e distribuzione**: Steppe nude pietrose e sabbiose, o semideserti. Capita anche nei campi coltivati. Erratica nell'Inghilterra e nella maggior parte dell'Europa continentale.

OTARDA: *Otis tarda*. **Tav. 32**
Franc.: Outarde barbue. Ingl.: Great Bustard. Ted.: Grosstrappe. Oland.: Grote trap. Spagn.: Avutarda. Sved.: Stortrapp.

Identificazione: 1 m. La femmina è molto più piccola. Facilmente riconoscibile per le *dimensioni notevoli*, il *grosso corpo*, il *grosso e lungo collo* e le *lunghe zampe*. Testa e collo *grigio pallido* (il maschio ha lunghi "mustacchi" formati da setole biancastre), parti superiori giallo rossiccio barrate di nero, parti inferiori bianche con il petto color castano caldo. La femmina è meno massiccia e senza la banda pettorale. In volo sembra *fondamentalmente bianca*, tenendo la punta delle ali, nera, molto aperta; collo e zampe tesi. I battiti d'ala sono lenti, regolari e potenti. Cammina con calma, con testa eretta. Il maschio, in lontananza, sembra tutto bianco quando fa la "ruota". Particolarmente diffidente. Solitamente in piccoli gruppi nei quali predominano le femmine. All'epoca delle cove i maschi rimangono riuniti. Si distingue dalle altre Otarde per le dimensioni maggiori e per l'assenza di nero sul collo.
Voce: All'epoca delle cove, talora una specie di latrato. **Habitat**: Frequenta e nidifica nelle pianure aperte e senza alberi, steppe erbose, grandi campi di grano, mais, ecc. Cartina 117.

BECCACCE DI MARE: Haematopodidae

BECCACCIA DI MARE: *Haematopus ostralegus*. **Tavv. 36, 37**
Franc.: Huitrier pie. Ingl.: Oystercatcher. Ted.: Austernfischer. Oland.: Scholekster. Spagn.: Ostrero común. Sved.: Strandskata.

Identificazione: 42 cm. Un uccello di ripa, grosso, piuttosto massiccio, con un *lungo becco rosa carico*. Testa, petto e parti superiori nere, in netto contrasto con il bianco puro delle parti inferiori ed il *rosa delle grosse zampe*. Il becco, depresso ai fianchi, è spesso leggermente volto all'insù. Una larga banda alare bianca, groppone bianco, coda bianca e

nera sono particolarmente evidenti in volo. D'inverno, ha una banda bianca attraverso alla gola. Molto rumorosa. Gli storni se ne stanno sugli isolotti e le strisce di sabbia che le maree mettono allo scoperto. Va in cerca di cibo tra gli scogli o tra la melma. Volo forte, con forti battiti poco profondi.
Voce: Un trillante, stridente *kliip* o *klir-iip*. Nota d'allarme un forte *pic-pic-pic*. Il canto è un lungo ed aspirato trillo, lento all'inizio e variante in volume e tempo. **Habitat**: Principalmente spiagge marine, isole, estuari. Localmente entroterra. Solitamente nidifica lungo le coste basse, localmente entroterra presso i fiumi ed i laghi; occasionalmente lontano dall'acqua. Cartina 118.

AVOCETTE e CAVALIERI D'ITALIA: Recurvirostridae

CAVALIERE D'ITALIA: *Himantopus himantopus*. Tavv. 36, 37
Franc.: Echasse blanche. Ingl.: Black-winged Stilt. Ted.: Stelzenläufer. Oland.: Steltkluut. Spagn.: Ciguñuela. Sved.: Styltlöpare.

Identificazione: 37 cm. Inconfondibile. In volo, le *zampe rosa grottescamente lunghe* sporgono di ben 15 cm. oltre la coda. *Le parti superiori nere contrastano con le inferiori bianco splendente*. Il maschio, in primavera ed in estate, ha la parte posteriore del capo nera; la femmina ha il collo e capo bianchi ed il mantello e le ali bruno scuro. I giovani e gli adulti, d'inverno, hanno dei segni scuri al capo e al collo. *La superficie inferiore nera delle ali appuntite e triangolari è molto evidente in volo*. Andatura con passo studiato e lungo, spesso cammina in acque relativamente profonde. Comportamento nervoso e rumoroso.
Voce: Un acutissimo e guaiente *kyip-kyip-kyip*. **Habitat**: Paludi umide, lagune, zone allagate. Nidifica in colonie costruendo il nido nell'acqua bassa o sui ciuffi d'erba o sul fango. Cartina 119.

AVOCETTA: *Recurvirostra avosetta*. Tavv. 36, 37
Franc.: Avocette. Ingl.: Avocet. Ted.: Säbelschnäbler. Oland.: Kluut. Spagn.: Avoceta. Sved.: Skärflácka.

Identificazione: 42 cm. Inconfondibile. Becco *lungo sottile* rosa e *curvato all'insù*, piumaggio a contrasti *bianchi e neri* e zampe lunghe *grigio plumbeo*. Gli immaturi sono più o meno soffusi di bruno. In volo, le zampe sporgono parecchio oltre la coda. Andatura veloce e aggraziatissima. Si ciba nelle acque basse con un caratteristico ritmico movimento laterale del capo; ma qualche volta anche in acque più profonde; talora nuota.
Voce: Un alto flautato *klip* o *klu-it* e un guaiente *kyik* o *keio*. **Habitat**: Banchi di fango, estuari e banchi di sabbia. Nidifica in colonie tra i ciuffi d'erba ed i cespugli vicino all'acqua bassa, sui banchi di sabbia, sui bassi isolotti al delta dei fiumi e nelle marcite. Cartina 120.

OCCHIONI: Burhinidae

OCCHIONE: *Burhinus oedicnemus*. Tavv. 32, 41
Franc.: Oedicnème criard. Ingl.: Stone-curlew. Ted.: Triel. Oland.: Griel. Spagn.: Alcaravan. Sved.: Tjockfot.

Identificazione: 40 cm. Un uccello grande, piuttosto bizzarro, distinguibile da tutti gli altri uccelli di ripa per l'aspetto arrotondato del capo, *con grossi occhi gialli*. Ha un becco corto, massiccio, giallo e nero, zampe lunghe e robuste giallastre e piumaggio striato bruno pallido e bianco. In volo, mostra un caratteristico disegno dell'ala con *due larghe barre*

biancastre (una delle quali evidente anche ad ali chiuse). Corre furtivamente con la testa bassa ed il corpo raccolto. Sta posato sui tarsi tenuti orizzontali, appiattendosi con la testa contro il suolo per nascondersi. Volo solitamente basso, con misurati colpi d'ala e talora con lunghe planate, ma al calar del sole può eseguire, riunito in gruppi, dei voli bizzarri.
Voce: Un lamentevole *cu-ri* o un alto e acuto *ki-rrr-i*, la sillaba mediana cadente, soprattutto verso sera. **Habitat**: Frequenta e nidifica sul terreno aperto pietroso, sabbioso o argilloso, sulle colline brulle, negli ericheti con vegetazione sparsa; occasionalmente tra i pini sparsi, campi coltivati e paludi, ecc. Può trovarsi, d'inverno, lungo le coste marine. Cartina 121.

PERNICI DI MARE e CORRIONI: Glareolidae

CORRIONE BIONDO: *Cursorius cursor*. **Tavv. 33, 39**
Franc.: Courvite isabelle. Ingl.: Cream-coloured Courser. Ted.: Rennvogel. Oland.: Renvogel. Spagn.: Corredor. Sved.: Ökenlöpare.

Identificazione: 22 cm. Sembra più grande in volo. Uccello slanciato *color sabbia molto pallido*, con *zampe lunghe crema*; becco affilato e ricurvo, *primarie nere molto cospicue*, e superficie inferiore delle ali *nera*. Una larga *striscia bianca e nera*, curva, dall'occhio alla nuca grigio-chiara. Comportamento simile ad un Piviere; corre rapidamente ma spasmodicamente, s'accovaccia per sfuggire alla vista. Volo rapido con battiti regolari delle *nere* ali appuntite. Facilmente riconoscibile dalle Pernici di mare per l'aspetto molto più pallido, per le zampe biancastre molto più lunghe, per il sopracciglio molto evidente e per la coda corta e arrotondata.
Voce: Raramente vocifero. Nota di richiamo un aspro, abbaiato *hark*. **Habitat e distribuzione**: Specie del deserto, capita come erratica sulle spiagge sabbiose tra le dune, ecc. nella maggior parte dei paesi europei a Nord sino all'Inghilterra, alla Scandinavia e alla Finlandia.

PERNICE DI MARE: *Glareola pratincola*. **Tavv. 36, 39**
Franc.: Glaréole à collier. Ingl.: Collared Pratincole. Ted.: Brachschwalbe. Oland.: Vorkstaartplevier. Spagn.: Canastera. Sved.: Vadaresvala.

Identificazione: 22 cm. Sia posata che in volo ha un aspetto "insolito". Ha ali scure lunghe e appuntite, *coda profondamente forcuta, nera con base bianca*, zampe nere e corte e becco corto leggermente curvo all'ingiù. Parti superiori bruno oliva, parti inferiori fulvicce con ventre bianco e *macchia sulla gola crema bordata di nero*. In inverno, la macchia crema della gola ha un bordo indistinto. I giovani hanno una larga banda pettorale a strie scure. Nel volo rapido, tipo Sterna, mette in evidenza il *castano* sotto le ali (la Pernice di mare orientale ha del nero sotto l'ala; vedi anche Corrione biondo) ma normalmente in volo sembra nero. I grossi stuoli rumorosi volteggiano alla caccia degli insetti. Gregaria e spesso crepuscolare.
Voce: Rumorosa in volo; la nota di richiamo un *kyik* tipo Sterna, oppure un cinguettante *kitti-kirrik-kitik-tik*. **Habitat**: Distese di fango riarse dal sole con bassa vegetazione, paludi, pianure spesso vicino all'acqua. Nidifica in colonie. Cartina 122.

PERNICE DI MARE ORIENTALE: *Glareola nordmanni*. **Tav. 36**
Franc.: Glaréole à ailes noires. Ingl.: Black-winged Pratincole. Ted.: Schwarzflügelige Brachschwalbe. Oland.: Steppenvorkstaartplevier. Sved.: Svartvingad vadaresvala.

Identificazione: 25 cm. Indistinguibile dalla Pernice di mare, tranne quando la superficie inferiore delle ali nera (non castana) è visibile, cosa che si può notare con certezza solo quando l'uccello si alza in volo. Possono trovarsi le forme intermedie tra le due specie; la parte inferiore delle ali in volo sembra nera. Il piumaggio in genere sembra bruno leggermente più scuro (meno oliva), *mancando alle secondarie il margine bianco della Pernice di mare*. Comportamento, volo e habitat come la Pernice di mare. Vedi anche Corrione biondo. Nidifica nel delta del Danubio; una volta anche in Ungheria. Di passo nell'Europa sud-orientale. Erratica in Inghilterra, Irlanda, Norvegia, Danimarca, Olanda, Italia, Sicilia.

PIVIERI: Charadriidae

Uccelli di ripa, di struttura più compatta, collo più spesso e colorazione a contrasti più netti degli Scolopacidi (Beccaccini, Piro-piri ecc.). I becchi sono più corti e più grossi, gli occhi più grandi; caratteristico movimento "oscillante" quando mangiano. Il disegno del piumaggio (in volo) e le note di richiamo sono caratteristiche importanti per la identificazione. Gli immaturi di molte specie trascorrono l'estate lungo le coste a sud delle zone di nidificazione. Sessi di solito simili. Nidificano sul terreno.

CORRIERE PICCOLO: *Charadrius dubius*. Tavv. 33, 34
Franc.: Petit gravelot. Ingl.: Little Ringed Plover. Ted.: Flussregenpfeifer. Oland.: Kleine plevier. Spagn.: Chorlitejo chico. Sved.: Mindre strandpipare.

Identificazione: 15 cm. Somiglia ad un piccolo Corriere grosso, ma se ne distingue per l'*assenza di barra alare bianca*, per le *zampe carnicine o giallastre* (non arancio, ma non ci si può basare sul colore quando sono infangate), la *voce diversa* e solitamente il diverso habitat; anche per una linea bianca *sopra* la banda frontale nera. A breve distanza si può vedere la *rima palpebrale gialla*. I giovani hanno spesso la banda pettorale interrotta che li fa somigliare al Fratino, ma da questo si distinguono per le *zampe carnicino pallide* (non nere) e per l'assenza di fascia alare.

Voce: Un acuto, aspirato *ti-u*. Il canto trillante è abbastanza simile a quello del Corriere grosso, ma manca della sua varietà essendo una ripetizione di *tri-e tri-e*. **Habitat**: Località d'acqua dolce; particolarmente ghiaieti allagati e sponde ghiaiose degli isolotti dei fiumi; frequenta la costa marina, d'inverno. Nidifica tra le ghiaia e la sabbia in riva alle acque dolci; localmente anche sulla costa. Cartina 123.

CORRIERE GROSSO: *Charadrius hiaticula*. Tavv. 33, 34
Franc.: Grand gravelot. Ingl.: Ringed Plover. Ted.: Sandregenpfeifer. Oland.: Bontbekplevier. Spagn.: Chorlitejo grande. Sved.: Större strandpipare.

Identificazione: 19 cm. Un piccolo, paffuto e vivace uccello di ripa con una *larga banda nera* attraverso il bianco petto. Parti superiori bruno grigio con un *collare bianco* ed una macchia nera attraverso l'occhio e sopra l'*evidentissima fronte bianca*. Becco giallo arancio con punta nera. *Zampe arancio* (possono sembrar nere se sporche di fango). La bianca banda alare è molto evidente in volo. La barra alare, il colore delle zampe e la voce sono le migliori caratteristiche per distinguerlo dal Corriere piccolo. Gli immaturi hanno la banda pettorale brunastra, spesso interrotta davanti, che li fa somigliare al Fratino, ma distinti da questo per le zampe *giallastre* (non nere), *punta della coda bianca* (non bianca solo ai lati). Molto attivo, corre fermandosi per brevi intervalli, quando raccoglie il cibo. Volo rapido con battiti regolari; gli stormi eseguono evoluzioni collettive a bassa quota.

Voce: Un melodioso *tu-li* o *cu-ip*. Il canto comincia lentamente per divenire una trillante ripetizione della frase *quitu-uiu*. **Habitat**: Spiagge sabbiose e fangose; visita le acque interne, ecc. durante la migrazione. Nidifica sulle spiagge, tra le dune, nelle paludi salate e localmente entroterra. Cartina 124.

CORRIERE AMERICANO: *Charadrius vociferus*. Tav. 35
Franc.: Gravelot à double collier. Ingl.: Killdeer. Ted.: Keilschwanzregenpfeifer. Oland.: Killdeerplevier. Sved.: Skrikstrandpipare.

Identificazione: 26 cm. Somiglia superficialmente al Corriere grosso, ma è molto più grande ed ha *due* bande pettorali nere. La lunga coda rossiccia ha una banda subterminale nera con le punte bianche. In volo mette in mostra un *groppone rossiccio-dorato, una lunga coda cuneata* e parti basse alari bianche. Becco sottile e nero; zampe carnicino pallido.
Voce: Generalmente "rumoroso"; un lungo insistente e ripetuto *killdii*; anche un lamentevole *dii-i* con un'inflessione "in salita". **Habitat e distribuzione**: Generalmente si trova nei campi arati e nei pascoli dove nidifica (fungendo da corrispettivo nordamericano della Pavoncella); d'inverno frequenta anche le rive del mare. Erratico dal Nordamerica all'Inghilterra, Irlanda, Francia, Faer Oer, Islanda.

FRATINO: *Charadrius alexandrinus*. Tavv. 33, 34
Franc.: Gravelot à collier interrompu. Ingl.: Kentish Plover. Ted.: Seeregenpfeifer. Oland.: Strandplevier. Spagn.: Chorlitejo pantinegro. Sved.: Swartbent strandpipare. Nordameric.: Snowy Plover.

Identificazione: 16 cm. Si distingue dai Corrieri grosso e piccolo per le parti superiori più chiare, la forma meno paffuta, le *zampe e il becco nerastri*, la macchia scura attraverso l'occhio *più stretta* e per una *piccola macchia scura* a ciascun lato dell'alto petto (invece di una completa banda nera). La stretta banda alare bianca richiama il disegno alare del Corriere grosso, ma le parti superiori sono decisamente più chiare e la coda scura mostra più chiaramente del bianco ai lati. Il maschio ha una stretta stria bianca sopra l'occhio, una macchia nerastra sulla fronte ed il *vertice rossiccio*. La femmina è più pallida con le macchie ai lati del petto brunastre invece che nerastre, e non ha nero sul vertice. I giovani si possono confondere con quelli dei Corrieri grosso e piccolo che hanno una "banda" incompleta sul petto, ma zampe gialle o color carnicino, non nere. Movimento delle zampe molto più veloce, in corsa, del C. grosso.
Voce: Un soffice *uit-uit-uit*, un flautato *pu-it* o *po-it*. Nota d'allarme *kittap*. Canto: un lungo trillo che inizia lentamente e accelera. **Habitat**: Principalmente costiero. Abita e nidifica sulla sabbia mista a detriti, sulle spiagge fangose, o tra la melma secca. Cartina 125.

PIVIERE DI LESCHENAULT: *Charadrius leschenaultii*. Tav. 35
Franc.: Gravelot mongol. Ingl.: Greater Sand Plover. Ted.: Wüstenregenpfeifer. Oland.: Woestijnplevier. Sved.: Ökenpipare.

Identificazione: 21,5 cm. Bruno terra superiormente, bianco inferiormente, *con becco massiccio, da Sterna, nero*, zampe oliva scuro. Il maschio in abito nuziale ha una *larga banda pettorale color ruggine, copritrici auricolari nere ed una stretta banda nera attraverso la fronte bianca*; parte anteriore del vertice e nuca rossiccio pallido (assenza di collare bianco). La femmina ha la banda pettorale più chiara meno marcata e grigio al posto del nero sul capo. D'inverno sessi simili, ma il maschio conserva tracce di nero sul capo ed ha un largo sopracciglio bianco. In inverno si distingue dal Piviere asiatico per le dimensioni maggiori, il becco più lungo e massiccio, la testa più larga e le zampe più lunghe. Immaturi con bordi chiari alle piume del dorso e bordi rossicci a quelli del petto.
Voce: Un *piih* musicale e fischiato. Meno "ciarliero" della maggior parte dei pivieri.
Habitat e distribuzione: Frequenta le coste sabbiose e fangose. Erratico dall'Asia centrale e occidentale in Svezia, Germania e Grecia.

PIVIERE TORTOLINO: *Charadrius morinellus*. Tavv. 33, 34
Franc.: Pluvier guignard. Ingl.: Dotterel. Ted.: Mornellregenpfeifer. Oland.: Morinelplevier. Spagn.: Chorlito carambolo. Sved.: Fjällpipare.

Identificazione: 21 cm. Il maschio è più piccolo; molto confidente. Distinguibile per una *banda bianca* attraverso il petto bruno e per le *parti inferiori castano arancio*, il vertice nerastro, una larga *striscia bianca sopra l'occhio* che si riunisce in una caratteristica "V" sulla nuca. Ventre nero. Adulti, d'inverno, e giovani più pallidi, con disegno più indistinto e petto bruno cenere. In volo, visto da sotto, la gola, la banda pettorale e le copritrici della coda bianche sono in netto contrasto col petto ed il ventre scuri; d'inverno, in volo, il disegno è meno chiaro, ma la banda pettorale è sempre diagnostica. Nessuna barra alare. Ha un aspetto "grosso" con coda corta in volo. Zampe giallastre.
Voce: Un ripetuto ed aspirato *titi-ri-titi-ri* che diviene un rapido trillo. **Habitat**: Zone elevate, specialmente se sassose, e tundra. Durante la migrazione anche nelle praterie di pianure, sulla costa e nelle zone paludose. Nidifica nei terreni elevati e privi di vegetazione. Cartina 126.

PIVIERE ASIATICO: *Pluvialis dominica*. Tav. 35
Franc.: Pluvier doré asiatique. Ingl.: Lesser Golden Plover. Ted.: Sibirischer Goldregenpfeifer. Oland.: Aziatische Goudplevier. Sved.: Arktisk Ljungpipare.

Identificazione: 26 cm. Più piccolo e meno massiccio del Pivere dorato, con *zampe più lunghe*, testa relativamente più grande, spesso con sopracciglio più prominente e ali strette che si estendono oltre la coda quando è chiusa. Si distingue in ogni piumaggio per il *sottoala fulvo sporco e le ascellari grigie* (il Piviere dorato è bianco sotto le ali). Gli adulti d'estate mostrano più nero nelle parti superiori ed inferiori, i fianchi di solito non hanno le bordature bianche. Gli immaturi ricordano il Piviere tortolino della stessa età; ha la faccia ed il sopracciglio più bianchi e parti inferiori più fulve dell'immaturo del Piviere dorato.
Voce: Una singola nota musicale, o doppia o tripla, un più distintivo *pee-wit* e *klee-e-eet* simile alla Pavoncella. **Habitat e distribuzione**: Durante le migrazioni come il Piviere dorato. Nidifica nella tundra artica. Erratico nell'Europa occidentale, settentrionale e centrale.

PIVIERE DORATO: *Pluvialis apricaria*. Tavv. 33, 34
Franc.: Pluvier doré. Ingl.: Golden Plover. Ted.: Goldregenpfeifer. Oland.: Goudplevier. Spagn.: Chorlito dorado. Sved.: Ljungpipare.

Identificazione: 27 cm. Si distingue in ogni piumaggio per le parti superiori scure *spruzzate di giallo dorato*. La razza nordica *P. a. altifrons*, d'estate, ha la *faccia e le parti inferiori nero intenso* chiaramente contornate da due strie bianche dalla fronte in giù lungo il collo (sul petto esse quasi si uniscono) e lungo i lati sino ai fianchi. La razza meridionale *P. a. apricaria* è molto meno nettamente disegnata; con le parti inferiori e la faccia parzialmente scure ed il bianco irregolare e giallastro. Le due razze non sono riconoscibili, d'inverno, quando hanno faccia e parti inferiori *biancastre macchiate di bruno giallastro* sul petto. Nessuna barra alare, ma la parte inferiore delle ali è *uniformemente bianca*, la coda ed il groppone sono *interamente scuri*. Può essere confuso in tutti i piumaggi (particolarmente i giovani) con la Pivieressa.
Voce: Richiamo (solitamente in volo) un chiaro e liquido *tlui*; nota di allarme un malinconico *tliu-i*. Canto, durante il volo nuziale, un trillo ondulato e vario che incorpora frasi ripetute: *turi, tirr-piu*, ecc. **Habitat**: Lande di pianura e collina e, d'inverno, anche campi, coste marine ed estuari; nidifica tra l'erica. Cartina 127.

PIVIERESSA: *Pluvialis squatarola.* **Tavv. 33, 34**
Franc.: Pluvier argenté. Ingl.: Grey Plover. Ted.: Kiebitzregenpfeifer. Oland.: Zilverplevier. Spagn.: Chorlito gris. Sved.: Kustpipare. Nordameric.: Black-bellied Plover.

Identificazione: 27 cm. In piumaggio nuziale, *nero di sotto e biancastro di sopra*. Non assomiglia a nessun altro trampoliere tranne che al Piviere dorato; ma da questo si distingue in qualsiasi piumaggio per le *ascellari nere*, in contrasto con la superficie inferiore biancastra delle ali, per la *banda alare, il groppone e la coda biancastri*. D'estate, gli adulti hanno le parti superiori spruzzate di macchie *biancastre* (non giallastre). D'inverno, il disopra è bruno grigio più uniforme, e le parti inferiori sembrano più bianche di quelle del Piviere dorato; l'immaturo è giallastro e può essere confuso con il Piviere dorato. Atteggiamento afflitto e gobbo.
Voce: Nota di richiamo, un lamentevole liquido fischio *trisillabico ti-u-i*. **Habitat**: Soprattutto spianate fangose costiere, spiagge e coste sabbiose. Nidifica nella tundra artica. Cartina 128.

PAVONCELLA ARMATA: *Hoplopterus spinosus.* **Tav. 35**
Franc.: Vanneau éperonné. Ingl.: Spur-winged plover. Ted.: Spornkiebitz. Oland.: Sporenkievit. Sved.: Sporrvipa.

Identificazione: 27,5 cm. Aspetto *bianco e nero* assai caratteristico. Con una cresta poco marcata, il vertice nero fumo, *centro della gola nero*, come il petto e le parti inferiori. Guance, collo e sottocoda bianchi. Parti superiori bruno terra con scapolari marginate di scuro e cascanti. Ali e coda a disegno bianco e nero molto marcato; un piccolo sperone alla piegatura dell'ala. Comportamento simile a quello della Pavoncella.
Voce: La nota più frequente, un sonoro *zac-zac-zac*. **Habitat e distribuzione**: Terreni aperti e paludi, spesso salmastre. Una specie asiatica e nordafricana, che nidifica in Grecia e probabilmente in Bulgaria. Erratico in Europa centrale e meridionale.

PAVONCELLA GREGARIA o CHETTUSIA: *Chettusia gregaria.* **Tav. 35**
Franc.: Pluvier sociable. Ingl.: Sociable Plover. Ted.: Steppenkiebitz. Oland.: Steppenkievit. Sved.: Stäppvipa.

Identificazione: 30 cm. Un piviere piuttosto grande con zampe lunghe. Appare grigio-rosato in distanza ma da vicino il *vertice nero contrasta con i grandi sopraccigli bianchi che si congiungono a "V" sulla nuca*. In volo si vedono bene le *secondarie bianche, le primarie nere e la coda bianca con una larga banda terminale nera*. In estate guance e "bassa gola" fulvo carico, petto e dorso grigio rosato, il ventre che sfuma nel *castano scuro che, in volo, è in netto contrasto con il sottocoda bianco*. D'inverno, i segni sul capo e sul ventre sono meno distinti ed il petto ha qualche striatura scura. Gli immaturi appaiono come adulti bruni in abito invernale ma le parti inferiori sono fulvicce con striature più forti. Il volo ricorda quello della Pavoncella ma le ali sono più strette e meno arrotondate.
Voce: D'inverno un acuto e corto fischio ed un duro grattante *etc-etc-etc* che diventa talora un lungo cicaleccio. **Habitat e distribuzione**: Pianure molto aperte erbose e sabbiose e zone incolte vicino ai coltivi; si rinviene anche vicino alle coste. Nidifica nella steppa. Erratico dall'Asia, attraverso l'Europa centrale e meridionale sino in Spagna, Inghilterra, Irlanda, Danimarca e Finlandia.

PAVONCELLA CODABIANCA: *Chettusia leucura.* **Tav. 35**
Franc.: Vanneau à queue blanche. Ingl.: White-tailed Plover. Ted.: Weisswanzsteppenkiebitz. Oland.: Witstaartkievit. Sved.: Sumpvipa.

Identificazione: 27 cm. Dimensioni di una piccola Pavoncella ma con becco più lungo e

con *zampe gialle notevolmente più lunghe* che in volo si protendono oltre la coda. La *testa bianca grigiastra pallida e la coda bianco puro* sono i migliori segni distintivi. Parti superiori bruno-bronzeo, parti inferiori pallide, gola bianca. Petto grigio, ventre bianco tinteggiato di rosso. In volo il disegno delle ali nero e bianco (assomiglia alla Pavoncella armata), la coda bianca, e le zampe sporgenti sono caratteristici.
Voce: Un acuto *kit-kit*. **Habitat e distribuzione**: Acque dolci, paludi e stagni. Erratico dall'Asia occidentale, all'Europa orientale, meridionale e occidentale.

PAVONCELLA: *Vanellus vanellus*. Tavv. 33, 34
Franc.: Vanneau huppé. Ingl.: Lapwing. Ted.: Kiebitz. Oland.: Kievit. Spagn.: Avefría. Sved.: Tofsvipa.

Identificazione: 30 cm. Tipica delle zone coltivate. Un piviere grande, *verde nero iridescente e bianco*, riconoscibile per una *lunga, "arruffata" cresta*, e una *larga banda pettorale nera* che contrasta con il bianco puro delle parti inferiori e delle guance; anche per la voce caratteristica e (in volo) per le *larghe ali molto arrotondate*. Coda bianca con una larga banda terminale nera ed il sottocoda castano acceso. Il volo è spesso stranamente irregolare con lenti battiti d'ala. Gregaria, spesso in gruppi enormi, d'inverno.
Voce: Un forte e nasale *kii-ui* ed un più lungo *kii-r-ui* con molte varianti durante gli acrobatici voli nuziali. **Habitat**: Terreni coltivati, paludi, marcite, lande e zone melmose. Nidifica nei terreni da arare, nelle paludi, nelle marcite, ecc. Cartina 129.

BECCACCINI, CHIURLI, PITTIME, PIRO-PIRO: Scolopacidae

Le zampe sono piuttosto lunghe, a volte molto lunghe; le ali sono solitamente appuntite ed angolate; i becchi lunghi e sottili. Spesso i piumaggi, d'inverno, d'estate e nell'abito giovanile, sono differenti e creano talora notevole confusione quando sono in muta. Importantissime caratteristiche di riconoscimento sono le barrature alle ali, ed il disegno dei colori al groppone ed alla coda. Le voci sono varie e spesso musicali. Principalmente gregari al di fuori dell'epoca della riproduzione. Molte specie estivano sulle coste a sud dell'area di nidificazione; alcune si riuniscono in enormi stuoli sulla riva del mare. Sessi simili; di solito nidificano sul terreno.

PIOVANELLO MAGGIORE: *Calidris canutus*. Tavv. 40, 41
Franc.: Bécasseau maubèche. Ingl.: Knot. Ted.: Knutt. Oland.: Kanoetstrandloper. Spagn.: Correlimos gordo. Sved.: Kustsnäppa.

Identificazione: 25 cm. *Notevolmente massiccio e corto di collo, becco e zampe*. In estate, parti superiori fortemente macchiate di nero e castano, testa e parti inferiori *ruggine* (il Piovanello è molto simile di colorazione, ma è molto più piccolo, più lungo di zampe ed ha un becco più lungo e curvo all'ingiù). D'inverno, ha un indefinito color grigio cenere a "squame" di sopra, bianco di sotto. Riconoscibile, in volo, per le dimensioni abbastanza grandi, *coda e groppone pallidi*, e pallida barra alare (il Piovanello panciera ed il Piovanello tridattilo, in volo, hanno il centro del groppone nerastro ed una barra alare più netta, e sono molto piccoli). Spesso *raggruppato in fitti stuoli*.
Voce: Un basso *not*. Richiamo in volo: un sibilante *tuit-uit*. **Habitat**: Frequenta le coste sabbiose e fangose, occasionalmente le acque interne. Nidifica nelle alte zone artiche. Cartina 130.

PIOVANELLO TRIDATTILO: *Calidris alba* Tavv. 40, 41
Franc.: Bécasseau sanderling. Ingl.: Sanderling. Ted.: Sanderling. Oland.: Drieteenstrandloper. Spagn.: Correlimos tridactilo. Sved.: Sandlöpare.

Identificazione: 20 cm. Un piccolo uccello biancastro estremamente attivo, che corre inseguendo il va e vieni delle onde lungo la spiaggia, come se fosse un giocattolo a molla. In volo, la *lunga striscia bianca sull'ala scura* contrasta più che negli altri piccoli uccelli di ripa. La coda scura ha i lati bianchi. D'estate, parti superiori, testa e petto, castano chiaro spruzzati di nerastro, in netto contrasto con il ventre bianco puro (vedi anche Gambecchio). D'inverno è il *più bianco di tutti i Piovanelli* e *Piro-piro*; parti inferiori e testa bianche; parti superiori grigio pallido con macchia scura alla spalla. Si distingue dai molto più slanciati Falaropi in abito invernale per l'assenza di macchia scura all'occhio e differente comportamento. Zampe e becco neri. D'inverno, distinguibile dal più scuro Piovanello pancianera per le dimensioni leggermente maggiori, la *barra alare molto più distinta e più grossa*, il *becco diritto*; in estate, anche per le *parti superiori più pallide e per l'assenza di macchia nera al ventre*. L'immaturo "a scacchi" neri e bianchi superiormente, con testa e petto fulvo-rosati.

Voce: Un corto *tuick* o *quit*. **Habitat**: Sverna sulle spiagge sabbiose; qualcuno capita anche entroterra, di passo. Nidifica nella sassosa tundra artica. Cartina 131.

PIOVANELLO SEMIPALMATO: *Calidris pusilla*. Tav. 42
Franc.: Bécasseau semi-palmé. Ingl.: Semipalmated Sandpiper. Ted.: Sandstrandläufer. Oland.: Kleine grijze strandloper. Sved.: Dvärgsnäppa.

Identificazione: 14,5-16 cm. Può essere confuso con gli altri due erratici nordamericani, il Piovanello occidentale e il Gambecchio americano e in inverno anche con il Gambecchio. D'estate è *molto meno rossiccio* del Piovanello occidentale e del Gambecchio americano. Il becco è più corto e più diritto che nel Piovanello occidentale e con la punta più spessa; è più massiccio e leggermente più lungo che nel Gambecchio americano. Il Piovanello occidentale ha spesso le scapolari color ruggine, mentre il semipalmato le ha pallide. Il Gambecchio americano è più piccolo, più bruno, il becco più sottile ed ha le zampe gialle (quelle del Piovanello semipalmato e occidentale sono nere). In autunno il semipalmato, specialmente il giovane, è estremamente difficile da distinguere dal Gambecchio con piumaggio invernale. Il Gambecchio giovane può essere distinto per una prominente "V" bianca sul dorso. I principali segni di distinzione del semipalmato sono: il corpo grassottello, becco leggermente più corto e con la punta più spessa, diverse note di richiamo e un modo di alimentarsi "parti e fermati" da Piviere. Da vicino può essere visibile la parte semipalmata fra le dita.

Voce: Un breve, dolce *chiup* o *chirrup*. **Habitat e distribuzione**: Spiagge e pantani. Erratico dal Nordamerica all'Europa occidentale (compresa la Gran Bretagna).

GAMBECCHIO: *Calidris minuta*. Tavv. 40, 41
Franc.: Bécasseau minute. Ingl.: Little Stint. Ted.: Zwergstrandläufer. Oland.: Kleine strandloper. Spagn.: Correlimos menudo. Sved.: Småsnäppa.

Identificazione: 14 cm. Il più piccolo dei limicoli comuni. Si distingue dal Piov. pancianera per *il becco corto e dritto*, dimensioni decisamente minori e aspetto più pulito. Gli adulti, d'estate, hanno vertice e parti superiori bruno rossicci, petto striato, sopracciglio e ventre bianchi. D'inverno ha parti superiori grigio "freddo", con petto e collo più bianchi. Immaturi come un pallido adulto d'estate, con petto più pulito e due distinte "V" chiare sul dorso. In volo mostra una stretta barra alare e *lati* del groppone bianchi, come il Piov. pancianera. Vedi anche Gambecchio nano, Piov. tridattilo d'estate e Piovanello semipalmato, come altri Gambecchi accidentali.

Voce: Un netto *tirri-tit-tit*. Canto: un lungo trillo ondulato. **Habitat**: Di passo, come il Piovanello pancianera. Nidifica nelle paludi costiere e nella tundra tra i cespugli di salice, ecc. Cartina 132.

GAMBECCHIO NANO: *Calidris temminckii*. Tavv. 40, 41
Franc.: Bécasseau de Temminck. Ingl.: Temminck's Stint. Ted.: Temminckstrandläufer. Oland.: Temminck's strandloper. Spagn.: Correlimos de Temminck. Sved.: Mosnäppa.

Identificazione: 14,5 cm. Si distingue dal molto simile Gambecchio per *l'aspetto più grigio* sopra e sul petto, per la voce ed il comportamento differenti. In volo, mostra una poco evidente banda alare chiara e poco bianco sulle timoniere esterne (il Gambecchio le ha grigie). A breve distanza, le *zampe verdastre o brunastre* pallide sono anche segni di riconoscimento (il Gambecchio le ha nere). Quando viene fatto alzare, si leva a campanile come il Beccaccino. Vedi anche Piro-piro piccolo e Gambecchio americano.
Voce: Un corto trillante *tirrr* ed un chiaro prolungato tremolio, sia in volo nuziale sia a terra. **Habitat**: Raramente sulla riva del mare. Di passo frequenta le zone paludose, i laghi, le acque salmastre e gli estuari. Nidifica tra la bassa vegetazione sulle rive dei laghi e dei fiumi. Cartina 133.

GAMBECCHIO AMERICANO: *Calidris minutilla*. Tav. 42
Franc.: Bécasseau minuscule. Ingl.: Least Sandpiper. Ted.: Wiesenstrandläufer. Oland.: Amerikaanse kleinste strandloper. Sved.: Amerikansk småsnäppa.

Identificazione: 14 cm. Il più piccolo dei gambecchi. Aspetto generale scuro, minuto e con la testa quadrata, più scuro del Piovanello semipalmato, più opaco del Gambecchio e del Piovanello occidentale. Si distingue per le dimensioni piccole, la *punta nerastra* del becco con una leggera curvatura, le parti superiori bruno *scuro* con una stretta e pallida "V" sui bordi del mantello, petto e gola striati e ventre molto bianco. Le zampe possono sembrare pallide o nerastre, variando dal verde-giallo al bruno scuro. In volo le ali sembrano relativamente corte e piccole con una sottile barratura biancastra. Ha un distintivo *aspetto rannicchiato* quando si ciba o corre. Quando è disturbato si innalza a "campanile".
Voce: Un alto e lungo *kriit* o variazioni su *trrip-trip* e *quii*. **Habitat e distribuzione**: Zone soggette a marea e stagni. Erratico dal Nordamerica all'Europa occidentale, settentrionale, centrale.

PIRO-PIRO DORSOBIANCO (o di BONAPARTE): Tav. 40
Calidris fuscicollis.
Franc.: Bécasseau de Bonaparte. Ingl.: White-rumped Sandpiper. Ted.: Weissbürzelstrandläufer. Oland.: Bonaparte's strandloper. Sved.: Piplärksnäppa.

Identificazione: 17 cm. Un piccolo Piro-piro striato, leggermente più piccolo del Piovanello pancianera con *una macchia bianca rotonda sulle copritrici superiori della coda* contrastante col resto della coda scura. Dorso bruno, in primavera; grigiastro, d'autunno, nella quale stagione si distingue dal Piovanello (che pure ha il groppone bianco) per le dimensioni minori, per il becco più corto *diritto* e macchia sul groppone bianca e più piccola. Gli immaturi assomigliano agli adulti in autunno, ma hanno il margine delle penne rossastro e biancastro.
Voce: Un sottile *giit* come di topolino, simile alla nota della Pispola. **Habitat e distribuzione**: Spiagge e distese di fango. Erratico dal Nordamerica alle Isole Britanniche e Olanda.

GAMBECCHIO DI BAIRD: *Calidris bairdii*. Tav. 40
Franc.: Bécasseau de Baird. Ingl.: Baird's Sandpiper. Ted.: Baird-strandläufer. Oland.: Baird's strandloper. Sved.: Gulbröstad snäppa.

Identificazione: 17 cm. Più piccolo del Piro-piro pettorale, *con lunghe ali che coprono la coda quando è posato*. La parte inferiore del dorso e la parte centrale delle piume della coda sono nere. L'adulto in estate assomiglia al Piovanello tridattilo ma con le striature delle ali meno marcate. Gli uccelli del primo inverno hanno le parti superiori scure a scaglie e le parti inferiori bianche con macchie rossastre sul petto. Becco leggermente curvato. Zampe nerastre. Richiamo *churrut* o *kreep*, simile a quello del Piovanello. Simile al Piovanello semipalmato e occidentale e al Gambecchio americano. Il Piro-piro a dorso bianco e il Piro-piro pettorale sono *più o meno striati* superiormente mentre il Piro-piro fulvo è tutto rossiccio nella parte inferiore (non solo sul petto) e ha le zampe gialle (non nerastre). Erratico dal Nordamerica all'Europa occidentale, settentrionale, centrale, orientale.

PIRO-PIRO PETTORALE: *Calidris melanotos*. Tavv. 40, 41
Franc.: Bécasseau tacheté. Ingl.: Pectoral Sandpiper. Ted.: Graubruststrandläufer. Oland.: Gestreepte strandloper. Sved.: Tuvsnäppa.

Identificazione: 18 cm. Un poco più grande del Piovanello pancianera, più piccolo del Piovanello maggiore. Vertice, collo e parti superiori striate di nero e rosso ruggine, con *strie* crema (come quella del Beccaccino) *lungo il dorso*. Il vertice e le copritrici auricolari bruno rosso contrastano con il sopracciglio e il mento crema. Collo e petto finemente striati *terminanti bruscamente contro il bianco puro del basso petto*. Quando è allarmato, il collo appare più lungo che non in altri uccelli di ripa molto simili (rendendolo più simile ad un piccolo Combattente). *Zampe ocra*. Volo irregolare, quando si alza, praticamente senza mettere in mostra alcuna barra alare; penne centrali della coda, invece, molto scure. Vedi anche Piro-piro siberiano e Gambecchio di Baird.
Voce: Un flautato *krik-krik* quando si leva in volo. **Habitat e distribuzione**: Capita di passo nelle zone fangose con qualche ciuffo d'erba e nelle paludi, occasionalmente sulla riva del mare. Raro visitatore autunnale dal Nordamerica all'Inghilterra e Irlanda. Erratico nell'Islanda, Norvegia, Francia.

PIRO-PIRO SIBERIANO: *Calidris acuminata*. Tav. 42
Franc.: Bécasseau à queue pointue. Ingl.: Sharp-tailed Sandpiper. Ted.: Spitzschwanzstrandläufer. Oland.: Siberische gestreepte strandloper. Sved.: Spetsstjärtad snäppa.

Identificazione: 20 cm. Facilmente scambiato con il Piro-piro pettorale ma si distingue in tutti i piumaggi per la *mancanza di contrasto fra il petto scuro e il ventre bianco* e per la rima palpebrale più bianca e prominente. Zampe verde-grigio o nerastro. Gli adulti d'estate hanno scaglie bruno scuro (non striature) sul petto rossastro che si fondono con il ventre ed i fianchi bianchi. In autunno il petto è grigio-bruno o rossiccio vivo e alcune striature sui lati possono anche formare un collare sulla parte bassa della gola. Gli immaturi d'inverno hanno un petto rossiccio vivo.
Voce: Un *trrit* piuttosto gracchiante o un *chri-crip* meno aspro di quello del Piro-piro pettorale. **Habitat e distribuzione**: Spiagge marine e orli erbosi di paludi salmastre. Erratico dalla Siberia all'Europa occidentale, settentrionale e centrale.

PIOVANELLO: *Calidris ferruginea*. Tavv. 33, 40, 41
Franc.: Bécasseau corcorli. Ingl.: Curlew Sandpiper. Ted.: Sichelstrandläufer. Oland.: Krombekstrandloper. Spagn.: Correlimos zarapitin. Sved.: Spovsnäppa.

Identificazione: 18 cm. In piumaggio nuziale soprattutto castano, somigliando al ben più grande Piovanello maggiore; vertici e parti superiori riccamente segnate di nero e castano; lati del capo, collo e parti inferiori color *ruggine acceso*; groppone bianco parzialmente oscurato da punte nerastre. D'inverno somiglia molto al Piovanello pancianera col quale

spesso suole associarsi; se ne distingue per il *groppone bianco*, che è molto evidente in volo (il Piovanello pancianera ha il centro del groppone scuro), per le zampe e collo più lunghi, per l'andatura più aggraziata, il petto meno macchiato, il sopracciglio più evidente, la voce differente ed il becco *più sottile, più lungo e leggermente curvato all'ingiù*. La forma del becco non è sempre un buon segno di riconoscimento, dato che il Piovanello pancianera talora lo ha molto simile a quello del Piovanello.
Voce: Un liquido *cirrip* molto carratteristico. **Habitat e distribuzione**: Di passo, come il Piovanello pancianera. Nidifica nell'Asia orientale artica. Passa attraverso l'Europa; d'inverno, occasionalmente al Nord sino alle Isole Britanniche. Qualche individuo può "estivare" in Italia.

PIOVANELLO VIOLETTO: *Calidris maritima*.   **Tavv. 40, 41**
Franc.: Bécasseau violet. Ingl.: Purple Sandpiper. Ted.: Meerstrandläufer. Oland.: Paarse strandloper. Spagn.: Correlimos oscuro. Sved.: Skärsnäppa.

Identificazione: 20 cm. Dimensioni tra il Piovanello maggiore e quello pancianera. Si distingue per l'abitudine di stare sugli scogli, per la struttura massiccia e, d'inverno, per la *testa grigio bruno molto scuro come il petto e le parti superiori*, che contrastano con il ventre bianco e i fianchi macchiati. D'estate, le parti superiori sembrano più pallide, perché i margini rossicci chiari delle piume gli danno un aspetto "disegnato". Il comportamento confidente, di solito, permette di avvicinarlo e vedere le *corte zampe gialle e la base gialla del becco*. Ha una grossa barra alare bianca e bianco sotto le ali. Si ciba tra gli scogli.
Voce: Quando si leva in volo, un aspirato *uitt-uit* e un breve *tritt-trit*. **Habitat**: D'inverno, frequenta le coste rocciose. Nidifica sui fianchi delle colline, nella tundra. Cartina 134.

PIOVANELLO PANCIANERA: *Calidris alpina*.   **Tavv. 33, 40, 41**
Franc.: Bécasseau variable. Ingl.: Dunlin. Ted.: Alpenstrandläufer. Oland.: Bonte strandloper. Spagn.: Correlimos común. Sved.: Kärrsnäppa. Nordameric.: Red-backed Sandpiper.

Identificazione: 17 cm. Il più comune di tutti gli uccelli di ripa europei. Riconoscibile, d'estate, per una *larga macchia nera al basso petto*; parti superiori e vertice *castani* striati di nero; alto petto bianco, finemente striato. Becco discretamente lungo e leggermente curvato in basso. D'inverno, striato di grigio bruno superiormente, bianco di sotto col petto grigio finemente striato. Barra alare bianca e *lati del groppone* e della coda bianchi molto evidenti in volo (il Piovanello tridattilo in abito invernale è più grande, con piumaggio più bianco ed una barra alare più evidente; il Piovanello, d'inverno, sebbene più aggraziato, con zampe più lunghe e parti inferiori più bianche, si distingue per il *groppone bianco particolurmente evidente*). Atteggiamento "raccolto" quando si ciba.
Voce: Un corto, alto e nasale *trirr*. Canto: Un trillo forzato. **Habitat**: Coste marine, estuari, anche acque interne, marcite, ecc. Nidifica vicino all'acqua sulle alte colline, nelle torbiere, nelle paludi salmastre. Cartina 135.

GAMBECCHIO FRULLINO: *Limicola falcinellus*.   **Tav. 40**
Franc.: Bécasseau falcinelle. Ingl.: Broad-billed Sandpiper. Ted.: Sumpfläufer. Oland.: Breedbekstrandloper. Spagn.: Correlimos falcinello. Sved.: Myrsnäppa.

Identificazione: 16 cm. Più piccolo del Piovanello pancianera con zampe sproporzionatamente corte. Si distingue, in piumaggio nuziale, per le *parti superiori molto scure* e con *strie color crema molto marcate sul dorso* (come il Beccaccino). Lo stretto vertice scuro ha il margine inferiore chiaro, separato dal sopracciglio biancastro (tranne che davanti all'occhio) da una linea scura, così da dare al capo un caratteristico *aspetto striato*. In riposo, i *margini delle remiganti secondarie color rame* possono essere evidenti; il petto striato contrasta con le parti inferiori bianche. In volo sembra molto scuro con una leggera barratura alare. D'inverno è grigiastro superiormente, col petto striato, molto simile al Piovanello pancianera, ma ha *sopracciglio bianco* e la *macchia nera* all'articolazione carpale (ad ali chiuse) è quasi altrettanto evidente di quella del Piovanello tridattilo. Il becco è leggermente curvo, apparendo spesso angolato, piuttosto che curvato, verso la punta. Ha tendenza ad essere solitario e meno attivo della maggior parte degli uccelli di ripa. **Voce**: un trillo profondo: *chr-e-ch.* **Habitat**: Durante il passo, di solito nelle paludi, distese di fango, marcite e meno spesso sulla costa del mare. Nidifica nei ciuffi d'erba, nelle torbiere umide, ecc. Cartina 136.

PIRO-PIRO FULVO: *Tryngites subruficollis.* **Tav. 40**
Franc.: Bécasseau rousset. Ingl.: Buff-breasted Sandpiper. Ted.: Grasläufer. Oland.: Blonde strandloper. Sved.: Prärielöpare.

Identificazione: 20 cm. Ricorda l'immaturo del Combattente ma è più piccolo. Ha una caratteristica testa piccola arrotondata su collo lungo, anello oculare chiaro, becco corto e zampe giallo-cromo. Parti superiori come il Combattente ma non ha i segni neri e bianchi sopra la coda; nessuna barra alare. Faccia e parti inferiori color cuoio chiaro spesso scolorantesi in biancastro sul ventre. Superfici inferiori delle ali bianche con punta "marmorizzata". Molto confidente. Vedi anche Gambecchio di Baird.

Voce: Un basso tremolante *pr-r-r-rit.* **Habitat e distribuzione**: Preferisce i campi asciutti con erba molto bassa. Specie erratica dal Nordamerica segnalata nelle Isole Britanniche, anche altrove nell'Europa occidentale, centrale e settentrionale.

COMBATTENTE: *Philomachus pugnax.* **Tavv. 38, 41**
Franc.: Chevalier combattant. Ingl.: Ruff (♂) Reeve (♀). Ted.: Kampfläufer. Oland.: Kemphaan. Spagn.: Combatiente. Sved.: Brushane.

Identificazione: 29 cm. La femmina è molto più piccola. Il maschio è inconfondibile in livrea nuziale, con un *enorme collare e ciuffi auricolari erettili,* nelle varie combinazioni di nero, bianco, bruno, castano e crema, che gli conferiscono un aspetto a "collo grosso", in volo. La femmina ed il maschio d'inverno hanno parti superiori grossolanamente a scaglie scure e color sabbia, petto fulvo chiaro e nessun collare o ciuffo auricolare. I maschi adulti, in abito nuziale appena iniziato o quasi finito, sono bruni superiormente con numerose macchiettature scure, che contrastano con il mento pallido ed il ventre bianco. D'inverno, somiglia alla Pettegola, ma se ne distingue per becco più corto, piumaggio a "scaglia", *coda scura con un'evidente macchia ovale bianca a ciascun lato,* mancanza di bianco sulle remiganti secondarie e portamento più eretto. Il colore del becco e delle zampe varia grandemente. I giovani somigliano alla femmina, ma con parti superiori più riccamente segnate e petto fulvo rosato; possono creare notevoli problemi di identificazione.

Voce: Un raro suono profondo e gutturale all'epoca del corteggiamento. **Habitat**: D'inverno e di passo, nelle paludi entro terra, nelle marcite e nelle risaie allagate, lungo le rive dei laghi, occasionalmente negli estuari. Nidifica nella tundra settentrionale; nella parte meridionale dell'area di distribuzione anche nei prati bagnati, marcite e paludi. Sessualmente promiscuo. Cartina 137.

FRULLINO: *Lymnocryptes minimus.* **Tavv. 38, 39**
Franc.: Bécassine sourde. Ingl.: Jack Snipe. Ted.: Zwergschnepfe. Oland.: Bokje. Spagn.: Agachadiza chica. Sved.: Dvärgbeckasin.

Identificazione: 19 cm. Il più piccolo dei Beccaccini. Difficile da vedersi a terra, ma si

distingue subito dal Beccaccino per le *dimensioni minori, il becco relativamente molto più corto e per il volo più lento, e più rettilineo* (sebbene talora possa anche compiere delle specie di zig-zag). Si alza in volo all'ultimo momento e si rimette al coperto quasi subito, invece di alzarsi a campanile dopo aver bizzarramente zigzagato come fa invece il Beccaccino. *Solitamente silenzioso quando si invola*. A breve distanza, l'assenza della stria centrale crema, sul vertice, le strie più chiare sul dorso, e la *mancanza di bianco sulla coda* e di barrature ai fianchi, sono ulteriori distinzioni dal Beccaccino. Quasi sempre solitario.
Voce: In volo nuziale o a terra, un curioso tamburreggiamento attutito. **Habitat**: Come il Beccaccino. Nidifica tra i pantani umidi e nelle torbiere. Cartina 138.

BECCACCINO: *Gallinago gallinago* **Tavv. 38, 39**
Franc.: Bécassine des marais. Ingl.: Snipe. Ted.: Bekassine. Oland.: Watersnip. Spagn.: Agachadiza común. Sved.: Enkelbeckasin. Nordameric.: Wilson's Snipe.

Identificazione: 26 cm. Un uccello di palude bruno, accorto e ritirato, con un becco lungo e diritto. Difficile da osservarsi a breve distanza, ma si identifica facilmente per il *caratteristico volo a zig-zag e per il caratteristico grido aspro che emette quando viene fatto alzare in volo*. Molto più grande del Frullino (che ha il becco più corto), pressappoco delle dimensioni del Croccolone, più piccolo della Beccaccia. Dorso nero e rossastro *fortemente striato* di crema. La coda ha *poco bianco* ai lati (il Croccolone adulto ha *molto bianco*, il Frullino niente); anche i giovani Croccoloni non hanno bianco e sono molto difficili da distinguere in libertà dai Beccaccini, tranne che per il comportamento. Le strie chiare, sul capo, sono *nel senso della lunghezza* (quelle della Beccaccia sono *trasversali*). In volo, il lungo becco sottile viene tenuto all'ingiù. Vola in piccoli gruppi verso i terreni di pascolo al sopravvenire dell'oscurità.
Voce: Quando vien fatto alzare in volo, un secco e raspante *sciep*. Canto: un monotono ripetuto *cic-ka*. Durante la parata nuziale, in volo obliquo, le timoniere esterne molto divaricate producono un suono vibrato, come un *huhuhuhuhuhu* rapidamente ripetuto.
Habitat: Paludi, praterie bagnate, marcite, campi di riso (specialmente in autunno-inverno), ecc. Nidifica tra le erbe ed i giunchi, talora tra l'erica. Cartina 139.

CROCCOLONE: *Gallinago media*. **Tavv. 38, 39**
Franc.: Bécassine double. Ingl.: Great Snipe. Ted.: Doppelschnepfe. Oland.: Poelsnip. Spagn.: Agachadiza real. Sved.: Dubbelbeckasin.

Identificazione: 28 cm. In terra si riconosce con difficoltà dal Beccaccino per l'*aspetto più pesante e più barrato*, compreso il ventre (che è bianco nel Beccaccino) ed il becco più corto con la base più profonda. Si distingue più facilmente in volo, quando le ali mettono in evidenza un pannello centrale nerastro con i bordi bianchi, mentre le secondarie del Beccaccino formano un'area scura; gli adulti mostrano *molto più bianco sulle timoniere esterne*. I giovani non sono distinguibili. Volo più lento, più pesante e solitamente rettilineo, senza piegarsi ora su un fianco ora sull'altro (come il Beccaccino). *Di norma si alza in volo senza alcun verso*, con il becco tenuto più orizzontale.
Voce: Qualche volta un breve grido gutturale. I maschi in primavera (sui terreni di "parata") cantano in coro: *bibibibib... orr*. **Habitat**: Tranne che all'epoca delle cove, frequenta spesso località più asciutte di quelle del Beccaccino: campi di stoppie, brughiere, ecc. Durante la riproduzione, solitamente in regioni paludose, banchi dei fiumi, ecc. Cartina 140.

PIRO-PIRO PETTOROSSICCIO: *Limnodromus scolopaceus*. **Tavv. 38, 39**
Franc.: Bécasseau à long bec. Ingl.: Long-billed Dowitcher. Ted.: Langschnabel-Schlammläufer. Oland.: Noordelijke grizze snip. Sved.: Större beckasinsnäppa.

Identificazione: 29 cm. Un uccello delle proporzioni di un Beccaccino, che, al contrario di un vero Beccaccino, si rinviene lungo le *coste aperte*. In qualsiasi piumaggio riconoscibile per *becco* molto lungo, diritto, *come di Beccaccino*, e basso dorso, groppone e coda bianchi. Il bianco *si prolunga sull'alto dorso* in una punta. Può essere confuso con la Pantana; ma le zampe sono molto più corte e le ali hanno una linea bianca sul margine posteriore. In abito estivo, ha il petto lavato di rosso cannella; in quello autunnale, di grigio chiaro. Cerca il cibo con un caratteristico movimento a "macchina da cucire", ficcando rapidamente il suo lungo becco perpendicolarmente nel fango. Difficile da distinguere dal molto simile *L. griseus* (accidentale) ma è più grande, col becco più lungo; le ali chiuse non raggiungono l'apice della coda e le copritrici inferiori della coda sono *barrate* (non macchiate).

Voce: Un rapido triplice *tu-tu-tu* metallico, simile al verso della Pantana, ma di timbro più basso. **Habitat e distribuzione**: Frequenta le distese di fango lasciate scoperte dalla marea e le paludi salmastre. Erratico dal Nordamerica all'Inghilterra; accidentale in Francia e Danimarca.

BECCACCIA: *Scolopax rusticola*. Tavv. 38, 39
Franc.: Bécasse des bois. Ingl.: Woodcock. Ted.: Waldschnepfe. Oland.: Houtsnip. Spagn.: Chocha perdiz. Sved.: Morkulla.

Identificazione: 34 cm. Un uccello "di bosco" piuttosto solitario; il piumaggio mimetico perfetto, da "foglia morta", e le abitudini ritirate ne rendono difficile l'osservazione. Si distingue dal Beccaccino per dimensioni maggiori, forma più massiccia, becco più spesso, parti inferiori *finemente barrate*, giallastre e per le *barrature trasversali nere* sulla parte posteriore del capo e sul collo. Il grande occhio è posto molto indietro sulla testa rotonda. *Ali arrotondate* (quelle del Beccaccino sono appuntite). Passa le giornate nel folto della vegetazione alzandosi in volo con un caratteristico rumore (senza "versi" però), ricacciandosi presto di nuovo al coperto. Volo di solito rapido e "rullato". In volo appare tozza e "senza collo" e tiene il becco all'ingiù. Crepuscolare.

Voce: Durante il lento "volo nuziale" sopra gli alberi (all'alba e al crepuscolo) il maschio produce un soffice, gracidante *orrrt-orrrt* ed un acuto, starnutito *tsiuick*. **Habitat**: Regioni boscose, particolarmente dove il sottobosco è fitto, abbondante e umido, e dove vi sono macchie di sempreverdi. Solitamente nidifica ai piedi di un albero. Cartina 141.

PITTIMA REALE: *Limosa limosa*. Tavv. 36, 37
Franc.: Barge à queue noire. Ingl.: Black-tailed Godwit. Ted.: Uferschnepfe. Oland.: Grutto. Spagn.: Aguja colinegra. Sved.: Rödspov.

Identificazione: 40 cm. Si distingue dalla Pittima minore per il becco *diritto* più lungo, per le *zampe molto lunghe* che sporgono di parecchio dietro la coda in volo, per la *grossa banda nera sulla coda* bianco oro o per una *larga barra alare bianca*. In estate, capo e petto sono castani, fianchi e ventre bianchi con barre nerastre. Il piumaggio invernale è più simile ad una scura Pittima minore; ma il disegno delle ali e della coda sono invariati. I giovani hanno collo e petto giallastri.

Voce: Richiamo in volo, un chiaro *rita-rita-rita*; note più frequenti sui luoghi di nidificazione: un rapido *tiu-i-tiu* ed un nasale *qui-it*. **Habitat**: D'inverno, estuari e paludi; di passo, laghi interni, marcite, risaie. Nidifica nelle praterie bagnate (marcite), nelle dune e nelle lande. Cartina 142.

PITTIMA MINORE: *Limosa lapponica*. Tavv. 36, 37
Franc.: Barge rousse. Ingl.: Bar-tailed Godwit. Ted.: Pfuhlschnepfe. Oland.: Rosse grutto. Spagn.: Aguja colipinta. Sved.: Myrspov.

Identificazione: 37 cm. La Pittima minore è lievemente più piccola della Pittima reale e se ne distingue per il *becco leggermente volto all'insù*, l'assenza di barra alare bianca, la *coda fittamente barrata*, il groppone bianco sporco e per le *zampe più corte*, le quali in volo sporgono appena dalla coda. D'estate, il maschio è castano rossiccio acceso, specialmente intorno al capo, al collo e al petto. La femmina è molto più scura e opaca. D'inverno, entrambi i sessi appaiono notevolmente più pallidi, con le parti superiori grigio macchiettate e le parti inferiori biancastre; in distanza il colore non è dissimile da quello del Chiurlo. Gli individui giovani hanno il petto fulviccio più fittamente striato.
Voce: In genere silenziosa fuori della stagione delle cove. Richiamo in volo: un aspro *kirrik*; allarme: uno stridente *krik*. Intona un canto più alto e rapido di quello della Pittima reale. **Habitat**: Generalmente costiera. D'inverno si osserva spesso in fitti stuoli ai limiti dell'acqua. Nidifica nelle torbiere paludose, nelle paludi vicino o al di là del limite degli alberi. Cartina 143.

CHIURLO PICCOLO: *Numenius phaeopus*. Tavv. 36, 37
Franc.: Courlis corlieu. Ingl.: Whimbrel. Ted.: Regenbrachvogel. Oland.: Regenwulp. Spagn.: Zarapito trinador. Sved.: Snåspov.

Identificazione: 40 cm. Si riconosce con facilità dal Chiurlo per le dimensioni notevolmente minori, le parti superiori più scure e più contrastanti, per il becco relativamente più corto, meno ricurvo, e per il *vertice a grosse strie*. Il verso di richiamo è completamente diverso, i battiti d'ala sono più veloci. Raramente in grandi stuoli. Vedi anche Chiurlottello. Il Chiurlo di Hudson *N. p. hudsonicus* (una razza nordamericana, accidentale in Islanda, Scozia e Spagna) non ha il groppone bianco.
Voce: Un liscio ripetersi di sette note fischianti, di uguale tonalità. Il canto somiglia alla parte flautata e gorgogliante di quello del Chiurlo. **Habitat**: In tutto simile al Chiurlo. Nella stagione delle cove frequenta le lande torbiere; nidifica tra l'erica e l'erba fitta nelle brughiere o nelle isole. Cartina 144.

CHIURLOTTELLO: *Numenius tenuirostris*. Tav. 36
Franc.: Courlis à bec grêle. Ingl.: Slender-billed Curlew. Ted.: Dünnschnabel-Brachvogel. Oland.: Dunbekwulp. Spagn.: Zarapito fino. Sved.: Smalnäbbad spov.

Identificazione: 40 cm. Molto più piccolo del Chiurlo, con il becco un po' più lungo di quello del Chiurlo piccolo. Assomiglia di più ad un pallido Chiurlo piccolo *senza le due grosse strie sul vertice* e con delle caratteristiche *macchie a forma di cuore* sui fianchi (ma "rotonde" in distanza). Vertice striato che assomiglia ad un cappuccio sopra il sopracciglio bianco. Si distingue in volo per la combinazione di *bianco-niveo, delle parti inferiori e del groppone*, la coda pallida ed il contrasto fra le primarie scure e le secondarie pallide e barrate. Il volo ricorda quello del Chiurlo ma è molto più veloce ed erratico.
Voce: Si dice somigli a quella del Chiurlo, ma più elevata. **Habitat e distribuzione**: D'inverno come il Chiurlo. Nidifica nelle steppe paludose. Capita durante il passo in Italia e nei Balcani. Erratico nel Mediterraneo occidentale, a Nord sino alla Germania e all'Inghilterra.

CHIURLO: *Numenius arquata*. Tavv. 36, 37
Franc.: Courlis cendré. Ingl.: Curlew. Ted.: Grosser Brachvogel. Oland.: Wulp. Spagn.: Zarapito real. Sved.: Storspov.

Identificazione: 52-57 cm. Il più grosso degli uccelli di ripa europei. Facilmente riconoscibile per il *lunghissimo becco curvo all'ingiù* e per la voce caratteristica. Piumaggio bruno giallastro, finemente striato; groppone bianco. Volo forte e simile a quello di un gabbiano, con battiti d'ala misurati. Gli stormi di solito volano alti, in linea o a "V". Il Chiurlo piccolo è di dimensioni minori, col becco più corto ed il vertice striato. Vedi anche Chiurlottello. **Voce**: Un puro, squillante *cur-li*, *crui* o *cru-i*. Il canto è sonoro, lentamente in crescendo e notevolmente "liquido", contenente un lungo trillo gorgogliante. Canta più o meno tutto l'anno. **Habitat**: Spianate di fango ed estuari. Si rinviene nell'entroterra durante la migrazione. Nidifica nelle brughiere, nelle paludi, nei prati bagnati, tra le dune. Cartina 145.

PIRO-PIRO CODALUNGA: *Bartramia longicauda*. Tav. 42
Franc.: Bartramie à longue-queue. Ingl.: Upland Sandpiper. Ted.: Bartrams Uferläufer. Oland.: Bartram's strandloper. Sved.: Höglandssnäppa.

Identificazione: 27 cm. Un Piro-piro grande, striato, bruno giallastro, dalle dimensioni quasi uguali a quelle del Combattente senza alcuna caratteristica. La colorazione generale bruna, il becco piuttosto corto (più corto del capo), l'aspetto relativamente a "testa piccola" e a "collo sottile", le ali lunghe senza barrature ma con punta delle secondarie bianca, la *coda rossastra piuttosto lunga* e l'abitudine di tenere le ali sollevate, appena posato, sono tutti utili segni di riconoscimento (la parte inferiore delle ali è fittamente barrata). I battiti d'ala sono poco profondi come nel Piro-piro piccolo. Vedi anche Piro-piro pettorale.

Voce: Un dolce fischio in volo *kip-ip-ip-ip*. **Habitat e distribuzione**: Pianure aperte, terreni bruciati, ecc. (non lungo le coste marine). Una specie erratica dal Nordamerica. È stata segnalata soprattutto nelle Isole Britanniche; anche in Danimarca, Germania, Olanda, Italia, Malta.

TOTANO MORO: *Tringa erythropus*. Tavv. 38, 39
Franc.: Chevalier arlequin. Ingl.: Spotted Redshank. Ted.: Dunkler Wasserläufer. Oland.: Zwarte ruiter. Spagn.: Archibebe oscuro. Sved.: Svartsnäppa.

Identificazione: 30 cm. Riconoscibile, in estate, da tutti gli altri uccelli di ripa per il *piumaggio nero cupo*, spruzzato di bianco sulle parti superiori, in distanza apparendo più scuro di sotto che di sopra. Groppone bianco, coda barrata. D'inverno, è più simile alla Pettegola, ma se ne distingue per l'*assenza di barra alare*, per il becco più lungo e più sottile, per le zampe più lunghe che in volo sporgon di parecchio dalla coda e per le parti superiori grigio cenere più pulito, copiosamente macchiettate di bianco. Le zampe sono rosso scuro d'estate, arancio d'inverno. La voce è molto caratteristica. Quando è visto insieme alla Pettegola, il Totano moro *sta ritto* con collo più lungo e più attivo nel cercare il cibo. Vedi anche Pantana.

Voce: Un forte, caratteristico *ciuitt* o *tuiuitt* ed un *cick-cick-cick*. **Habitat**: Simile alla Pettegola. Nidifica nelle zone aperte delle foreste nordiche. Cartina 146.

PETTEGOLA: *Tringa totanus*. Tavv. 38, 39
Franc.: Chevalier gambette. Ingl.: Redshank. Ted.: Rotschenkel. Oland.: Tureluur. Spagn.: Archibebe común. Sved.: Rödbena.

Identificazione: 27 cm. Riconoscibile in volo per *dorso e groppone bianchi* e per un distinto *largo margine posteriore bianco sulle scure ali*; quando è posata, per le *zampe lunghe arancio rosso*. Becco lungo rossastro con punta nera. Parti superiori fortemente segnate di nero e grigio. Coda barrata bianca e nera, parti inferiori finemente striate e macchiate. I giovani sono più fulvi di sopra e con zampe *gialle-arancio*; qualche volta si possono confondere con i Totani zampegialle minori, ma se ne distinguono per il bianco sull'ala, particolarità che questi ultimi non hanno. Comportamento sospettoso e rumoroso; quando si sente a disagio, si "scuote" spesso. Vedi anche Totano moro.

Voce: Quando si leva in volo, un insieme di note acute. Il richiamo usuale è un musicale, decrescente *tliu-hu-hu*. Allarme: un continuo *tiuk*. Il canto ha varie frasi musicali ripetute, specialmente *tauiuu*. **Habitat**: Paludi, lande, saline e lagune salate, pozzanghere in riva al mare, ecc. Sverna negli estuari e sulle distese di fango. Nidifica tra i ciuffi d'erba. Cartina 147.

ALBASTRELLO: *Tringa stagnatilis*. Tav. 38
Franc.: Chevalier stagnatile. Ingl.: Marsh Sandpiper. Ted.: Teichwasserläufer. Oland.: Poelruiter. Spagn.: Archibebe fino. Sved.: Dammsnäppa.

Identificazione: 22 cm. Sembra una Pantana molto piccola, specialmente in inverno, ma se ne distingue, oltre che per le dimensioni, per *becco diritto molto sottile, fronte bianca* e gambe proporzionalmente più lunghe e più sottili, verdastre. In estate, le piume del dorso hanno il centro nero e i margini fulvi che provocano un *effetto di grosse macchie*. In volo, mostra un disegno chiaro e scuro simile a quello della Pantana, ma i *piedi sporgono ancora di più dalla coda*. La voce è completamente differente. I movimenti sono molto più aggraziati di quelli della Pantana.
Voce: Note usuali (nessuna molto forte): *ti-u tiu tia*, ecc. ed un trillo tremolante. **Habitat**: Raramente sulle rive del mare. Sverna lungo le acque interne e le paludi. Nidifica (occasionalmente in piccoli gruppi) sui bordi erbosi dei laghi e nelle steppe paludose. Cartina 148.

PANTANA: *Tringa nebularia*. Tavv. 38, 39
Franc.: Chevalier aboyeur. Ingl.: Greenshank. Ted.: Grünschenkel. Oland.: Groenpootruiter. Spagn.: Archibebe claro. Sved.: Gluttsnäppa.

Identificazione: 30 cm. Riconoscibile dalla Pettegola per le parti superiori *più pallide* e più grigie; testa e parti inferiori più biancastre, *assenza di barra alare bianca*, *zampe* più lunghe e *verdi* che sporgono parecchio oltre la coda, in volo; anche per dimensioni leggermente maggiori, becco nerastro leggermente volto all'insù ed una maggior zona bianca sul dorso, groppone e coda. Vedi anche Totano moro, Totano zampegialle minore e Albastrello.
Voce: Uno squillante *tiu-tiu-tiu* meno stridulo di quello della Pettegola; un ripetuto *tyip* ecc. Canto: un dolce ripetuto *tiu-i*. **Habitat**: Come la Pettegola. Nidifica nelle brughiere o tra i ciuffi d'erba o di erica nelle foreste, solitamente non lontano dall'acqua. Cartina 149.

TOTANO ZAMPEGIALLE MAGGIORE: *Tringa melanoleuca*. Tav. 42
Franc.: Grand chevalier à pattes jaunes. Ingl.: Greater Yellowlegs. Ted.: Grosser gelbschenkel. Oland.: Grote geelpootruiter. Sved.: Stor gulbena.

Identificazione: 33-39 cm. Di circa un terzo più grande del simile T. zampegialle minore. Il miglior segno di riconoscimento è il *becco relativamente più lungo, più massiccio e solitamente volto leggermente all'insù* (come nella Pantana); più massiccio e più lungo anche di quello della Pettegola. Somiglia molto alla Pantana sebbene sia più macchiato superiormente e non abbia il lungo cuneo bianco sul basso dorso (il groppone biancastro è macchiettato leggermente). Zampe robuste e giallo carico; becco nero con base oliva. Immaturi in inverno più bianchi sul groppone e le parti inferiori.
Voce: Un tri-quadrisillabico *hiu-hiu-hiu* molto simile a quello della Pantana ma più forte, più alto e più squillante di quello del T. zampegialle minore. **Habitat e distribuzione**: Dopo l'epoca della cova, paludi erbose intorno alle pozze d'acqua e sulle distese fangose lungo le coste. Erratico dal Nordamerica all'Inghilterra, Irlanda e Islanda.

TOTANO ZAMPEGIALLE MINORE: *Tringa flavipes*. Tav. 38
Franc.: Petit chevalier à pattes jaunes. Ingl.: Lesser Yellowlegs. Ted.: Gelbschenkel. Oland.: Kleine Geelpootruiter. Sved.: Gulbena.

Identificazione: 25 cm. Leggermente più piccolo della Pettegola; di proporzioni simili al Piro-Piro boschereccio, ma più grande e con il becco più lungo e sottile e zampe più lunghe. Ha la colorazione ed il disegno generale della Pantana (groppone bianco, niente bianco sull'ala), ma ha *zampe giallo brillante* ed un richiamo diverso. Il bianco sopracciglio si incontra col controlaterale sulla fronte. Il bianco del groppone non si estende come un cuneo sul resto del dorso. L'ancor più raro Totano zampegialle maggiore (*Tringa melanoleuca*) è più grande (32-37 cm.) con un richiamo di tre note simile a quello della Pantana. **Voce**: Un soffice fischio di una o due note *chiu* o *chiu-chiu*. **Habitat e distribuzione**: Frequenta le distese di fango, le paludi ecc. Specie erratica dal Nordamerica alle Isole Britanniche; ricordato per l'Olanda e la Danimarca.

PIRO-PIRO SOLITARIO: *Tringa solitaria*. Tav. 42
Franc.: Chevalier solitaire. Ingl.: Solitary Sandpiper. Ted.: Einsiedelwasserläufer. Oland.: Amerikaanse bosruiter. Sved.: Amerikansk skogssnäppa.

Identificazione: 19,5-22 cm. Un Piro-piro dal dorso scuro, groppone nerastro con ali tutte scure e coda scura al centro, con *lati bianchi molto evidenti*, attraversato da grosse barrature nere. La parte inferiore delle ali nerastra e le zampe verdi-oliva ricordano il Piro-piro culbianco, ma il *groppone scuro* permette di distinguerlo rapidamente. Si distingue anche dal simile Totano zampegialle minore per le zampe e il groppone scuri e dal Totano moro per la mancanza di striature alari bianche. In pastura tentenna il capo; ha un volo scattante con un batter d'ali da rondine.
Voce: Un usuale alto *pit* o *pit-uit-uit*. **Habitat e distribuzione**: Paludi di acqua dolce, stagni, rive di ruscelli. Erratico dal Nordamerica all'Europa settentrionale e occidentale.

PIRO-PIRO CULBIANCO: *Tringa ochropus*. Tavv. 38, 39
Franc.: Chevalier culblanc. Ingl.: Green Sandpiper. Ted. Waldwasserläufer. Oland.: Witgatje. Spagn.: Andarrios grande. Sved.: Skogssnäppa.

Identificazione: 22 cm. Considerevolmente più grande del Piro-piro piccolo e di quello boschereccio. In volo, si distingue facilmente per il *nerastro* sotto le ali (il Piro-piro boschereccio ha del biancastro) e per le *parti superiori nerastre* in forte contrasto col *bianco del groppone*, della maggior parte della coda, e delle parti inferiori. Collo e petto bruno grigiastro. Nessuna barra alare. La coda è barrata di nero verso la punta. D'estate, parti superiori spruzzate di bianco crema, ma molto meno evidentemente che nel Piro-piro boschereccio. Vagamente macchiettato d'inverno, zampe verdastre e non sporgenti dalla coda. Comportamento accorto e solitario. Scuote sia la testa che le parti inferiori. Volo rapido con battiti d'ala, come il Beccaccino.
Voce: Quando viene fatto volare un trillante *tluitt-uitt-uitt*. Canto: un trillo flautato *titti-lui titti-lui-titti-lui* ecc. **Habitat**: Al di fuori della stagione delle cove: marcite, paludi, laghi e fiumi, raramente lungo le rive del mare. Nidifica nelle regioni con foreste paludose, spesso in vecchi nidi sugli alberi. Cartina 150.

PIRO-PIRO BOSCHERECCIO: *Tringa glareola*. Tavv. 38, 39
Franc.: Chevalier sylvain. Ingl.: Wood Sandpiper. Ted.: Bruchwasserläufer. Oland.: Bosruiter. Spagn.: Andarrios bastardo. Sved.: Grönbena.

Identificazione: 20 cm. Un piro-piro abbastanza "esile". Si distingue, d'estate, per le parti superiori bruno scuro *fittamente macchiettate di bianco*; capo, collo e petto finemente striati. Largo sopracciglio bianco. In volo, il *groppone bianco ed il biancastro sotto le ali* contrastano nettamente con le parti superiori scure. Nessuna barra alare. D'inverno, le macchiette bianche sono scolorite, facendolo somigliare al Piro-piro culbianco, ma quest'ultimo è più grande e più nerastro, con molto più bianco sul groppone e sulla *coda* ed ha del *nerastro* sotto le ali. Le zampe sono piuttosto lunghe, giallo verdastre.

Voce: Abitualmente rumoroso; i gruppetti emettono un acuto e liquido trillo. Quando si alza: uno stridente *ciff-iff-iff*. Anche un dolce *tlui* in crescendo. Il canto comprende un musicale *tlia-tlia-tlia* durante l'alto volo nuziale. **Habitat**: Durante il passo frequenta le paludi, le risaie, le marcite, le rive dei laghi. Nidifica nel terreno aperto vicino all'acqua, nelle regioni delle foreste nordiche e nella tundra. In Italia, anche estivo. Cartina 151.

PIRO-PIRO TEREK: *Xenus cinereus*. **Tav. 40**
Franc.: Bargette de Térek. Ingl.: Terek Sandpiper. Ted.: Terekwasserläufer. Oland.: Terek strandloper. Spagn.: Andarrios de Terek. Sved.: Tereksnäppa.

Identificazione: 22 cm. Riconoscibile per il *lungo sottile becco leggermente curvato all'insù*. In inverno vertice e parti superiori grigio bruno *pallido*, parti inferiori bianche con deboli strie al collo e al petto. In estate, ha due larghe strie nere irregolari che formano una "V" lungo il dorso. *Zampe giallo arancio*. In volo, il groppone chiaro ed il margine posteriore bianco delle scure ali sono molto evidenti. Si "scuote" come il Piro-piro piccolo, ma andatura scattante e, di fronte, aspetto massiccio sono caratteristici.

Voce: Piuttosto rumoroso. Un flautato *dududududu* o un lungo e soffiato suono tremolante. All'epoca delle cove una quantità di note melodiose, alcune delle quali ricordano quelle del Chiurlo piccolo. **Habitat e distribuzione**: Capita lungo le sponde dei grandi fiumi, delle lagune salate e delle spianate costiere. Nidifica tra i cespugli di salice. Ha nidificato in Finlandia. Erratico in molte regioni dell'Europa occidentale e nell'Inghilterra.

PIRO-PIRO PICCOLO: *Actitis hypoleucos*. **Tavv. 40, 41**
Franc.: Chevalier guignette. Ingl.: Common Sandpiper. Ted.: Flussuferläufer. Oland.: Oeverloper. Spagn.: Andarrios chico. Sved.: Drillsnäppa.

Identificazione: 19 cm. Si distingue per le *parti superiori bruno oliva scuro* (debolmente picchiettate di nero, d'estate), per il groppone bruno scuro come la coda, che ha però i lati bianchi; parti inferiori bianche, debolmente striate sul petto e sul collo. Ha un caratteristico basso strie volo sull'acqua con rapidi e poco profondi battiti d'ala, che si alternano a brevi planate sulle *ali curvate all'ingiù*, mettendo in evidenza una distinta barra alare bianca. Riconoscibile anche per il *continuo "scuotimento" del capo e della coda* e per la voce acuta e penetrante. Corre tra le pietre lungo le rive dei fiumi. Si riconosce dagli altri Piro-piro per le piccole dimensioni e le *parti superiori* e il *groppone scuri*. Vedi anche Gambecchio nano.

Voce: Quando si leva in volo, un acuto e aspirato *tui-ui-ui*. Il canto, un acuto e rapido *titti-uiti-titti-uiti*. **Habitat**: Fiumi dalla corrente rapida, canali artificiali, torrenti di collina e laghi; all'epoca del passo, presso le cave di sabbia, negli stagni di depurazione dei rifiuti, estuari, ecc. Nidifica sui banchi di sabbia dei fiumi e dei laghi, sulle dighe di protezione dei fiumi, ecc. Cartina 152.

PIRO-PIRO MACCHIATO: *Actitis macularia*. **Tav. 42**
Franc.: Chevalier grivelé. Ingl.: Spotted Sandpiper. Ted.: Drosseluferläufer. Oland.: Amerikaanse oeverloper. Sved.: Amerikansk drillsnäppa.

Identificazione: 19,5 cm. Generalmente distinguibile dal Piro-piro piccolo per la voce, che di solito *non ha la qualità squillante* del Piro-piro piccolo e comprende un duro *chwit* e un richiamo in volo *pit-uit*. Diversità del piumaggio più marcate d'estate quando le parti inferiori sono molto *macchiate* e la punta del becco *giallo* è nera. Gli immaturi si distinguono per la barratura biancastra più marcata sulle copritrici alari, le secondarie interne più scure (senza la macchia biancastra del Piro-piro piccolo), le zampe di solito giallastre e le parti inferiori più pulite. Gli adulti d'inverno sono più grigi del Piro-piro piccolo. Erratico dal Nordamerica all'Europa occidentale, centrale e meridionale. Ha nidificato in Scozia.

VOLTAPIETRE: *Arenaria interpres*. **Tavv. 33, 34**
Franc.: Tournepierre à collier. Ingl.: Turnstone. Ted.: Steinwälzer. Oland.: Steenloper. Spagn.: Vuelvepiedras. Sved.: Roskarl.

Identificazione: 22 cm. Un uccello di ripa robusto, con piumaggio a "*guscio di tartaruga*", zampe *arancio* ed un becco nero massiccio e appuntito. D'estate, le parti superiori sono castano acceso e nero, la testa nera e bianca, le parti inferiori bianche con una *larga banda pettorale scura*. D'inverno, il caratteristico colore è sostituito dal bruno scuro; gola bianca. Rivolta le pietre e le conchiglie quando va in cerca di cibo.
Voce: Nota usuale: un netto staccato *tak-a-tak* e un trillo lungo e rapido. **Habitat**: Sverna lungo le coste rocciose o ghiaiose. Di solito nidifica sul terreno roccioso e scoperto, sulle isole costiere, sugli isolotti dei fiumi, ed anche nell'Artico, ma raramente. Cartina 153.

FALAROPO DI WILSON: *Phalaropus tricolor*. **Tav. 35**
Franc.: Phalarope de Wilson. Ingl.: Wilson's Phalarope. Ted.: Wilsons Wassertreter. Oland.: Wilson's Franjepoot. Sved.: Wilsons Simsnäppa.

Identificazione: 23 cm. I Falaropi sono uccelli simili ai Piro-piro, delicati, *notevolmente confidenti, che nuotano abitualmente e con grazia spesso anche in alto mare*. Quando si nutrono nelle acque basse, essi si girano sovente su se stessi in modo caratteristico. Le femmine sono più grandi e più brillantemente colorate dei maschi. Il Falaropo di Wilson è piuttosto grande con ali scure *senza barra alare* e col *groppone bianco*. La femmina in abito nuziale ha una larga striscia scura al collo che sfuma dalla nera stria oculare ad un castano acceso sul collo sino a un castano più pallido sul dorso. Vertice, parte posteriore del collo e dorso grigio pallido; parti inferiori bianche con una sfumatura rossastra alla parte anteriore del collo. Maschio più opaco con vertice e dorso scuri. D'inverno sessi simili, grigio bruno pallido superiormente, petto e fianchi non striati bianco lucente, lati del capo e collo bianchi talora con una macchia scura attraverso l'occhio; *becco più lungo che negli altri falaropi* molto sottile; zampe nere d'estate, spesso giallastre d'inverno. In volo mette in mostra il groppone bianco come i Totani zampegialle ma se ne distingue per i movimenti, il piumaggio non macchiettato e le zampe più corte. Molto attivo, corre sul fango saettando il becco da un lato all'altro.

Falaropo mentre nuota

Voce: Un nasale e grugnente *aangh* ed un *ciu* da Totani zampegialle, in volo. **Habitat e distribuzione**: Meno acquatico degli altri falaropi si rinviene solitamente sulle spiagge fangose o nelle acque basse. Erratico dal Nordamerica all'Inghilterra e all'Irlanda.

FALAROPO BECCOSOTTILE: *Phalaropus lobatus*. Tavv. **33, 40, 41**
Franc.: Phalarope à bec étroit. Ingl.: Red-necked Phalarope. Ted.: Odinshühnchen. Oland.: Grauwe franjepoot. Spagn.: Falaropo picofino. Sved.: Smalnäbbad simsnäppa. Nordameric.: Northern Phalarope.

Identificazione: 17 cm. Simile per abitudini e voce al Falaropo beccolargo, ma se ne distingue, in abito nuziale, per le dimensioni minori, la *gola e le parti inferiori bianche* con una *brillante macchia arancio lungo i lati del collo*. In autunno, riconoscibile per le *parti superiori più scure e più striate*, per la *barra alare bianca più chiaramente contrastante sulle ali più scure*; a breve distanza anche per *il becco sottile come un ago, tutto nero*, e per zampe *nerastre* (non giallastre). Gli immaturi somigliano agli adulti, in inverno, ma con parti superiori e vertice molto più scuri. Si distingue dal Piovanello tridattilo, in abito invernale, per la caratteristica macchia scura attraverso l'occhio, il becco molto più sottile e per l'abitudine di nuotare.
Voce: Simile a quella del F. beccolargo ma con toni più bassi. **Habitat**: Come il Falaropo beccolargo. Nidifica in piccoli gruppi sparsi nelle paludi, lungo le rive dei laghi, le spiagge e le isolette dei fiumi. Cartina 154.

FALAROPO BECCOLARGO: *Phalaropus fulicarius* Tavv. **33, 40, 41**
Franc.: Phalarope à bec large. Ingl.: Grey Phalarope. Ted.: Thorshühnchen. Oland.: Rosse franjepoot. Spagn.: Falaropo picogrueso. Sved.: Brednäbbad simsnäppa. Nordameric.: Red Phalarope.

Identificazione: 20 cm. In estate, il Falaropo beccolargo ha le *parti inferiori castano scuro* (nerastre in distanza), *faccia bianca, vertice scuro, becco giallo*; le parti superiori hanno delle larghe strie simili a quelle del Beccaccino. La barra alare bianca è evidente in volo. D'inverno, grigio blu pallido di sopra con faccia e parti inferiori bianche; somiglia al Piovanello tridattilo; ma da questo si distingue per una *macchia scura attraverso l'occhio*, aspetto più allungato e comportamento diverso. Molto simile al Falaropo beccosottile, in autunno, ma leggermente più grande, più pallido e meno striato superiormente; riconoscibile a breve distanza per il becco più corto e più grosso con la punta scura talvolta giallastro alla base, per le zampe grigie o nere e, in volo, per il bianco molto meno contrastante sulle ali grigie.
Voce: Un penetrante *uit* o *prip*, simile a quello del Piovanello tridattilo e un quieto *eeee*. La femmina in corteggiamento emette un suono misto di note musicali e stridule. **Habitat**: Pelagico fuori della stagione delle cove; capita occasionalmente, durante il passo, lungo le coste o nelle acque interne. Nidifica nella tundra intorno alle pozze o alle lagune. Cartina 155.

STERCORARI e LABBI: Stercorariidae

Uccelli di mare grandi, simili ai Falchi, con piumaggio scuro ed ali strette ed angolate. Le timoniere centrali solitamente allungate, ma spesso rotte così da divenir corte. Piumaggio variabile e tale da crear confusioni, rinvenendosi fasi chiare, scure ed intermedie; tutti mostrano però del bianco sulle ali, dato dallo stelo chiaro delle remiganti. I giovani non hanno le penne della coda allungate e sono per lo più simili tra loro, barrati e macchiettati; solitamente quindi indistinguibili in libertà. Comportamento piratesco; inseguono gli altri uccelli per far loro rigettare il cibo già catturato. Si stabiliscono sull'acqua. Sessi simili. Nidificano sul terreno.

STERCORARIO MEZZANO: *Stercorarius pomarinus*. **Tav. 43**
Franc.: Labbe pomarin. Ingl.: Pomarine Skua. Ted.: Mittlere Raubmöwe. Oland.: Middelste jager. Spagn.: Págalo pomerano. Sved.: Bredstjärtad labb. Nordameric.: Pomarine Jaeger.

Identificazione: 50 cm., comprese le timoniere allungate. Più piccolo dello Stercorario maggiore, più grande dei Labbi. Gli adulti si riconoscono per le timoniere *centrali allungate ma arrotondate e ricurve*, che gli danno un aspetto caratteristico in volo, ma spesso queste timoniere sono spezzate. Esistono le forme chiara e scura. La forma chiara ha un collare e le guance giallo biancastre; parti inferiori bianche, fianchi barrati e di solito una banda pettorale scura. La meno comune forma scura è bruno scuro quasi uniforme. Entrambe le forme hanno segni biancastri sulla superficie superiore ed inferiore delle ali, ma non così bianchi come nello Stercorario maggiore. Gli immaturi sono uniformemente spruzzati di bruno scuro e rossiccio, fittamente barrati di sotto, senza timoniere allungate; indistinguibili, in libertà, dai giovani del Labbo e Labbo codalunga, tranne che per le dimensioni maggiori ed il becco molto più massiccio, ali più arrotondate.
Voce: Un aspro, veloce *uicc-iu*. **Habitat e distribuzione**: Soprattutto lungo le coste, ma anche pelagico. Nidifica in piccole colonie largamente distanziate nella tundra paludosa. Di passo sulle coste dell'Europa occidentale e nel Baltico. Erratico sino all'Europa centrale e al Mediterraneo.

LABBO: *Stercorarius parasiticus*. **Tav. 43**
Franc.: Labbe parasite. Ingl.: Arctic Skua. Ted.: Schmarotzerraubmöwe. Oland.: Kleine jager. Spagn.: Págalo parásito. Sved.: Labb. Nordameric.: Parasitic Jaeger.

Identificazione: 45 cm., compresa la coda con le penne centrali allungate. Più piccolo dello Stercorario mezzano, più grosso e più pesante del Labbo codalunga. Si distingue per le timoniere centrali allungate ma *diritte ed appuntite*; quelle dello Stercorario mezzano sono tozze e ricurve; quelle del Labbo codalunga solitamente più lunghe e più sottili. Il becco è molto più affilato di quello dello Stercorario mezzano. Vi sono le forme chiare e quelle scure. La forma chiara ha vertice nerastro, parti superiori bruno scuro, collo lungo e guance bianco giallastro, parti inferiori bianche, generalmente con una banda pettorale scura. La forma scura è bruno nerastra uniforme. D'inverno, la forma chiara è fittamente barrata e picchiettata sopra e sotto. Vedi Stercorario mezzano per le caratteristiche degli immaturi. Comportamento piratesco; caccia gli altri uccelli marini sinché essi non rigettano il cibo. Volo normale, regolare e aggraziato; in caccia, rapido e saettante come un falcone. Gli adulti e particolarmente gli immaturi mostrano uno sprazzo bianco sull'ala.
Voce: Più alta di quella dello Stercorario maggiore; anche un nasale squillante *ii-eir*.
Habitat: Lungo le coste ed acque pelagiche; talora in gran numero lungo le coste durante la migrazione. Nidifica in colonie nella tundra e nelle lande. Cartina 156.

LABBO CODALUNGA: *Stercorarius longicaudus*. **Tav. 43**
Franc.: Labbe à longue queue. Ingl.: Long-tailed Skua. Ted.: Kleine Raubmöwe. Oland.: Kleinste jager. Spagn.: Págalo rabero. Sved.: Fjällabb. Nordameric.: Long-tailed Jaeger.

Identificazione: 52 cm., comprese le timoniere molto allungate. Si distingue dalla forma chiara del più comune Labbo per le dimensioni minori e di solito per le *timoniere centrali molto più lunghe, più flessibili e sottili* (ma spesso queste penne sono rotte in entrambe le specie). Il Labbo codalunga è molto più bianco sul petto del Labbo, manca della banda

pettorale ma con parte inferiore del petto scura, ed ha un *cappuccio nero più netto*, in contrasto col *largo collare bianco* ed il dorso pallido. Le guance sono giallo più pulito. *Becco nero* (non bruno), zampe *grigie* (non nere); ha anche meno bianco sulle ali. Una forma scura bruno uniforme si rinviene molto raramente. Gli immaturi di solito indistinguibili dai giovani Labbi, ma i primi sono più grigi ed hanno poco o niente bianco sulle ali. Quando nuota, il collo eretto e la lunga coda verticale sono caratteristici. Volo più leggero e aggraziato degli altri Labbi.
Voce: Raramente vocifero. Nei luoghi di nidificazione, un acuto *krii*. **Habitat**: Più pelagico del Labbo. Nidifica in colonie largamente distanziate nell'alta tundra e nelle colline rocciose. Cartina 157.

STERCORARIO MAGGIORE: *Stercorarius skua*. **Tav. 43**
Franc.: Grand labbe. Ingl.: Great Skua. Ted.: Grosse Raubmöwe. Oland.: Grote jager. Spagn.: Págalo grande. Sved.: Storlabb. Nordameric.: Skua.

Identificazione: 57 cm. Dimensioni di un Gabbiano reale, ma molto più massiccio. Piumaggio quasi uniformemente scuro, più rossiccio di sotto. Riconoscibile in volo da tutti gli altri Stercorari e Labbi adulti e dai Gabbiani immaturi per l'aspetto più massiccio, per la *coda corta*, il becco grosso nero ed uncinato, e per una macchia bianca *molto evidente* alla base delle *remiganti primarie*. Ali larghe e arrotondate, *non appuntite* come negli altri Stercorari. Zampe nerastre. I giovani hanno meno bianco sulle ali. Volo normale simile a quello di un Gabbiano, ma saettante come un Falcone quando insegue gli altri uccelli, che costringe a rigettare e accidentalmente uccide. Solitario al di fuori dell'epoca delle cove. Si posa frequentemente sull'acqua.
Voce: Quando si lancia all'attacco, un gutturale *tak-tak*; anche un aspro nasale *skirrr* e un profondo abbaiato *ak-ak-ak*. **Habitat e distribuzione**: Alto mare e acque costiere. Nidifica in colonie sparse sulle alte lande vicino al mare, in Islanda, Faer Oer, Shetland e Orcadi; di recente anche nella Scozia settentrionale. Essenzialmente migrante, d'inverno, spingendosi a Sud sull'Atlantico e sul Mare del Nord occidentale sino alla Spagna (e oltre). Erratico in Irlanda, Scandinavia, Finlandia, Europa centrale e Mediterraneo, a Est sino alla Jugoslavia.

GABBIANI: Laridae

I Gabbiani sono uccelli di mare (alcuni si trovano regolarmente nell'entroterra) con ali lunghe; più robusti, con ali più larghe e zampe più alte delle Sterne, becchi leggermente adunchi e tenuti più orizzontali; coda di solito rotonda o quadrata. La maggior parte dei Gabbiani sono simili con dorso ed ali grigi o neri; molti hanno la punta delle ali scura. Le specie a testa bianca hanno spesso delle striature più scure, d'inverno. Le specie a cappuccio scuro, nel periodo invernale, perdono il cappuccio. I giovani sono di solito macchiettati di bruno. Sessi simili. Nido su scogli e terreni.

GABBIANO DEL PALLAS: *Larus ichthyaetus*. **Tav. 46**
Franc.: Goéland à tête noire. Ingl.: Great Black-headed Gull. Ted.: Fischmöwe. Oland.: Reuzenzwartkopmeeuw. Sved.: Svarthuvad trut.

Identificazione: 70 cm. Dimensioni del Mugnaiaccio. Il solo *grande* gabbiano con la testa nera nell'epoca delle cove con un semianello bianco attorno all'occhio orlato di rosso. Si distingue in ogni stagione per il *massiccio becco giallo con fasce nere e punta rossastra*. Zampe verde-giallastro. In inverno la testa è bianca con segni scuri sul vertice e vicino all'occhio; si distingue dal Gabbiano reale in abito invernale per il becco massiccio e il

bianco esteso sulle ali. Gli immaturi hanno la coda bianca con una grossa fascia nera e un disegno alare bianco e nero, del tutto caratteristico.
Voce: Un aspro *kraaka*. Varie note "ridenti" e guaienti al nido. **Habitat e distribuzione**: Normalmente sulle coste, di passaggio nell'entroterra. Erratico dalla Russia e Asia all'Europa.

GABBIANO CORALLINO: *Larus melanocephalus*. Tavv. 44, 45
Franc.: Mouette mélanocéphale. Ingl.: Mediterranean Gull. Ted.: Schwarzkopfmöwe. Oland.: Zwartkopmeeuw. Spagn.: Gaviota cabecinegra. Sved.: Svarthuvad mås.

Identificazione: 39 cm. Più grande e più massiccio del Gabbiano comune. Gli adulti si riconoscono ad ogni stagione per le *primarie bianco puro senza punte nere* e per il *becco molto più massiccio*. Zampe e becco rosso brillante; il becco è attraversato da una banda scura. D'estate, il capo è *nero* (non bruno), il cappuccio estendendosi sino alla nuca con evidente cerchio orbitale bianco, *interrotto*. D'inverno, il capo è come nel Gabbiano comune in abito invernale. Gli immaturi vengono facilmente confusi con i giovani della Gavina ma la barratura caudale nera è più stretta; le ali hanno una banda centrale biancastra che si estende alle primarie interne (la Gavina ha un disegno simile ma meno contrastante). I subadulti hanno del nero sulle primarie più esterne. Comportamento e voce del Gabbiano comune.
Voce: Un nasale *ayeea* e un gutturale *kwow*. **Habitat**: Come quello comune, ma meno spesso nell'entroterra. Nidifica sulle isolette delle lagune e dei laghi. Cartina 158.

GABBIANO SGHIGNAZZANTE: *Larus atricilla*. Tav. 46
Franc.: Goéland atricille. Ingl.: Laughing Gull. Ted.: Aztekenmöwe. Oland.: Lachmeeuw. Sved.: Sotvingad mås.

Identificazione: 40-42 cm. Dimensioni della Gavina ma più slanciato. I migliori segni di riconoscimento sono *il mantello scuro che si fonde con il nero della punta delle ali* e un netto bordo bianco al margine anteriore dell'ala. Nell'epoca delle cove la testa è nera; d'inverno bianca con segni scuri attorno all'occhio e dietro la testa. Becco lungo leggermente cadente e zampe dal rosso scuro al nerastro. Gli uccelli del primo anno sono molto scuri, con groppone bianco; utili segni di distinzione sono il petto scuro, il margine posteriore delle ali bianco, zampe nerastre e fronte piatta.
Voce: Uno stridente e "ridente" *ha-ha-ha-ha-haah-haah- haah* e *ka-ha, ka-ha*. **Habitat e distribuzione**: Lungo le coste, paludi salmastre. Erratico dal Nordamerica all'Europa occidentale.

GABBIANELLO: *Larus minutus*. Tavv. 44, 45
Franc.: Mouette pygmée. Ingl.: Little Gull. Ted.: Zwergmöwe. Oland.: Dwergmeeuw. Spagn.: Gaviota nana. Sved. Dvärgmås.

Identificazione: 27 cm. Il più piccolo gabbiano, con un'apertura alare del 20 per cento inferiore a quella del G. comune. Punta delle ali leggermente arrotondata. Parte terminale della coda quadrata. Agile in volo, da Sterna, si ciba sulla superficie dell'acqua. Gli uccelli del primo anno si identificano per le dimensioni minori, un *evidente disegno a zig-zag sulle ali superiori*, banda nera sulla coda e cappuccio nerastro. Gabbiani tridattili al primo anno hanno un simile disegno a zig-zag ma hanno la coda leggermente forcuta, dorso grigio invece che brunastro, zampe nere e piuttosto scure invece che rossastre, ali più lunghe e appuntite. Il Gabbianello del secondo inverno ha la punta delle ali nera e bianca. Gli adulti e gli uccelli del secondo anno sono facilmente distinguibili in volo per la superficie inferiore delle ali *nerastra*, la parte superiore grigio pallido e d'estate per il *cappuccio nero brillante*, che scende fino alla nuca. Vedi anche Gabbiano di Sabine e di Bonaparte.

Voce: Un piuttosto basso *kek-kek-kek* ed un ripetuto *ke-iy*. **Habitat**: Come il Gabbiano comune. Nidifica in colonie sparse, spesso con le Sterne o gli altri Gabbiani, solitamente intorno alle paludi interne. Cartina 159.

GABBIANO DI SABINE: *Larus sabini*. Tavv. 44, 45
Franc.: Mouette de Sabine. Ingl.: Sabine's Gull. Ted.: Schwalbenmöwe. Oland.: Vorkstaartmeeuw. Spagn.: Gaviota de Sabine. Sved.: Tärnmås.

Identificazione: 34 cm. Dimensioni fra il Gabbiano tridattilo e il Gabbianello. L'unico gabbiano europeo con una coda *nettamente forcuta* (quella dei giovani Gabbiani tridattili è solo leggermente forcuta). Si distingue in volo per il contrastante *triangolo nero, bianco e grigio* e la coda forcuta completamente bianca. Becco nero con *punta gialla*. Zampe verde scuro. In estate ha testa grigiastra scura e parti superiori grigie uniformi. In inverno ha uno stretto semicollare nerastro sulla nuca. Da lontano il disegno alare può essere confuso con il G. tridattilo e col Gabbianello del primo anno ma le contrastanti primarie nere, le secondarie principalmente bianche e le copritrici grigie del G. di Sabine sono più ben delimitate, e la coda è evidentemente forcuta. I giovani (più facili da vedere in acque europee) hanno grigio-bruno esteso sulla testa e sui lati del petto e danno l'impressione di una parte frontale scura; da vicino cercate il disegno molto "a scaglia" delle parti superiori, la barra scura sulle secondarie inferiori, le zampe rosate chiare, il becco tutto nero e l'ampia banda caudale bianca.

Voce: Ha un verso grattato come di Sterna. **Habitat e distribuzione**: Acque costiere del Nord e, nella stagione delle cove, anche nella tundra artica. Nidifica sulle isolette paludose e lungo le basse coste. Occasionale in Islanda, Faer Oer, Inghilterra e coste dell'Europa occidentale. Erratico in Svizzera e nel Baltico.

GABBIANO DI BONAPARTE: *Larus philadelphia*. Tav. 46
Franc.: Mouette de Bonaparte. Ingl.: Bonaparte's Gull. Ted.: Bonaparte-Möwe. Oland.: Kleine Kokmeeuw. Sved.: Bonapartes mås.

Identificazione: 32,5 cm. Più piccolo del G. comune, cui assomiglia avendo la parte inferiore dell'ala bianca con le punte delle primarie nere, ma ha un *becco nero* e *più sottile* ed in estate un cappuccio scuro *color lavagna*. D'inverno il capo somiglia a quello del G. comune. La miglior caratteristica distintiva è il *bianco sul lato inferiore delle primarie* (quelle del G. comune sono grigiastre nell'adulto, scure negli individui del primo inverno). Zampe degli adulti *arancio* non rosse; scure nei giovani che somigliano a dei piccoli giovani G. comuni, ma le chiazze scure presso la punta delle primarie più interne e delle secondarie formano un ben evidente margine posteriore scuro. *Volo notevolmente agile e tipo Sterna*.

Voce: Piuttosto silenzioso, ha talora un grido "grattato". **Habitat e distribuzione**: Habitat come il G. comune. Nidifica vicino alle coste. Erratico dal Nordamerica all'Inghilterra, Irlanda, Islanda, Francia, Olanda, Heligoland.

GABBIANO COMUNE: *Larus ridibundus*. Tavv. 44, 45
Franc.: Mouette rieuse. Ingl.: Black-headed Gull. Ted.: Lachmöwe. Oland.: Kokmeeuw. Spagn.: Gaviota reidore. Sved.: Skrattmås.

Identificazione: 37 cm. Un gabbiano attivo, piuttosto piccolo, frequentemente entro terra. Riconoscibile, in volo, per il *margine anteriore delle ali bianco puro*. Superficie inferiore delle primarie grigio scuro. Becco sottile e zampe, carminio. D'estate, la testa è *bruno cioccolato*; d'inverno, è bianca con macchiette brune intorno all'occhio. L'immaturo ha le parti superiori macchiate, brunastre come il vertice; la coda bianca, nera in punta; ma già mostra il caratteristico margine anteriore bianco alle ali. La superficie inferiore delle primarie è bianca, facendosi scura con l'età; becco giallastro con punta scura, zampe

giallastre. Volo più agile che nei grossi gabbiani; spesso segue l'aratro nei campi. La Gavina è un po' più grande, ma se ne distingue in tutte le stagioni per il becco e le zampe verdastre e per il diverso disegno delle ali. Vedi anche Gabbiani corallino, corso, di Sabine e Gabbianello.
Voce: Rumoroso all'epoca delle cove. Nota usuale un aspro *kuorr* ed un corto *kuap* ecc.
Habitat: Comune nell'entroterra e lungo le coste; raramente lontano da terra. Frequenta i laghi, le cave, i bacini di smaltimento dei rifiuti, i porti, le terre coltivate. Nidifica in colonie nelle isolette, nelle paludi, ecc. Cartina 160.

GABBIANO ROSEO: *Larus genei*. Tav. 44
Franc.: Goéland railleur. Ingl.: Slender-billed Gull. Ted.: Dünnschnäblige Möwe. Oland.: Dunbekmeeuw. Spagn.: Gaviota picofina. Sved.: Smalnäbbad mås.

Identificazione: 42 cm. Si può confondere col Gabbiano comune per il *simile disegno alare* ma ha collo più lungo, coda più lunga e cuneiforme e solitamente *capo e becco tenuti all'ingiù in modo caratteristico*. Becco più lungo, più appuntito ma più massiccio che nel G. comune; pare nero sebbene sia in realtà rosso scuro. Zampe rosso scuro. In piumaggio nuziale capo e collo *bianco puro*. Le parti inferiori hanno una debole tinta rosata. Gli immaturi sono molto simili agli adulti che non negli altri gabbiani, ma hanno la barra terminale nera alla coda; una sfumatura grigia solitamente visibile sulle copritrici auricolari; i segni bruno pallido sulle parti superiori, più deboli che nei giovani di G. comune; zampe giallastro sporco.
Voce: Un nasale *yep, yep* e alte note cinguettanti. **Habitat**: Acque costiere ed estuari. Nidifica in piccoli gruppi o in colonie talvolta tra le Sterne, sui banchi di fango secco, nelle isolette e nelle lagune, nelle paludi, sui banchi sabbiosi dei fiumi, ecc. Cartina 161.

GABBIANO CORSO: *Larus audouinii*. Tav. 44
Franc.: Goéland d'Audouin. Ingl.: Audouin's Gull. Ted.: Korallenmöwe. Oland.: Audouin's meeuw. Spagn.: Gaviota de Audouin. Sved.: Rödnäbbad trut.

Identificazione: 49 cm. Dimensioni del Gabbiano reale ma meno massiccio, le ali sono più lunghe e più strette. Becco pesante, *rosso corallo, con una banda nera e la punta gialla*; la parte superiore "basale" del becco decisamente piumata che in distanza appare scura. Rima palpebrale rossa. Zampe verde-oliva. Parte inferiore delle ali e ventre dell'adulto soffusi di grigio, cosicché la testa sembra molto bianca. In volo gli adulti mostrano le *primarie esterne nere* (le punte bianche sono molto ristrette) che formano una *macchia cuneiforme* in netto contrasto con il grigio pallido delle ali interne. Negli immaturi e subadulti questa macchia cuneiforme si estende fino alla giuntura carpale; essi si distinguono inoltre per il vertice grigio pallido, il segno scuro dietro l'occhio e le parti superiori brune. Si nutre con maggiore abilità del Gabbiano reale sull'acqua.
Voce: Un nasale *ghi-au*. **Habitat**: Una specie di alto mare. Localmente attorno alle isole, occasionalmente lungo le coste rocciose. Nidifica in colonie tra gli scogli delle isolette del Mediterraneo. Cartina 162.

GAVINA AMERICANA: *Larus delawarensis*. Tav. 46
Franc.: Goéland à bec cerclé. Ingl.: Ring-billed Gull. Ted.: Ringschnabelmöwe. Oland.: Ringsnavelmeeuw. Sved.: Ringnäbbad mås.

Identificazione: 47-50 cm. Leggermente più grande della Gavina, con mantello molto pallido, *evidente anello nero sul becco giallo lungo e spesso*, e zampe giallastre o verdastre. Occhio pallido. In volo mostra più nero sotto le primarie del più grande Gabbiano reale. Gli immaturi hanno spesso le zampe rosate ma si distinguono dai giovani del Gabbiano

reale per la banda nera sulla coda più stretta; dai giovani della Gavina per il manto pallido, la coda più grigia e la fascia sulla coda meno distintamente definita.
Voce: Uno stridulo *kyow*, molte note stridule e un ansioso *ka-ka-ka*. **Habitat e distribuzione**: Coste, estuari, laghi. Nidifica sulle isolette lacustri. Erratico dal Nordamerica all'Europa occidentale e settentrionale.

GAVINA: *Larus canus*. Tavv. 44, 45
Franc.: Goéland cendré. Ingl.: Common Gull. Ted.: Sturmmöwe. Oland.: Stormmeeuw. Spagn.: Gaviota cana. Sved.: Fiskmås. Nordameric.: Short-billed Gull.

Identificazione: 40 cm. Gli adulti della Gavina e del Gabbiano reale si assomigliano, con le loro parti superiori grigio pallido e la punta delle ali bianca e nera, ma la Gavina è molto più piccola con *becco molto più fine, verde giallastro come le zampe*. Le zampe del Gabbiano reale sono carnicino chiaro (gialle nelle forme mediterranea e scandinava orientale) ed il ben più massiccio becco giallo ha una macchia rossa; il dorso è anche più pallido. Gli immaturi si distinguono dai Gabbiani reali nel secondo anno per una *banda nera più stretta sulla bianca coda* (vedi Tavola 45). I giovani sono per lo più bruno grigi, con becchi nerastri e zampe bruno carnicine. Si distingue in volo dal Gabbiano tridattilo (che ha le stesse dimensioni) e dal Gabbiano comune (più piccolo) per la *grossa macchia bianca sulla nera punta delle ali*.
Voce: Molto più alta e acuta di quella del Gabbiano reale. **Habitat**: Come il Gabbiano reale, ma più spesso nell'entroterra. Nidifica in colonie nelle lande, sui fianchi delle colline e sulle isole. Cartina 163.

ZAFFERANO: *Larus fuscus*. Tavv. 44, 45
Franc.: Goéland brun. Ingl.: Lesser Black-backed Gull. Ted.: Heringsmöwe. Oland.: Kleine mantelmeeuw. Spagn.: Gaviota sombria. Sved.: Silltrut.

Identificazione: 53 cm. Circa delle dimensioni del Gabbiano reale; molto più piccolo del Mugnaiaccio, dal quale si distingue oltre che per le dimensioni, per le zampe *giallastre*; ma taluni adulti, d'inverno, o alcuni individui quasi adulti hanno zampe color carnicino o pallide. La forma inglese *L. f. graellsii* ha le parti superiori grigio lavagna; la forma scandinava *L. f. fuscus* è nera come il Mugnaiaccio. I giovani e gli individui del primo anno sono macchiati di bruno scuro, con becchi nerastri e zampe bruno carnicine, generalmente indistinguibili, in libertà, dai giovani Gabbiani reali. Gli immaturi più anziani hanno il dorso progressivamente più scuro, il capo e le parti inferiori più bianche; becco e zampe sempre più gialli.
Voce: Come quella del Gabbiano reale, ma più profonda. **Habitat**: Come il Gabbiano reale. Nidifica in colonie sulle lande d'entroterra, sulle isolette marine erbose, sulla cima delle rocce e degli scogli. Cartina 164.

GABBIANO REALE: *Larus argentatus*. Tavv. 44, 45
Franc.: Goéland argenté. Ingl.: Herring Gull. Ted.: Silbermöwe. Oland.: Zilvermeeuw. Spagn.: Gaviota argentea. Sved.: Gråtrut.

Identificazione: 55 cm. Il più comune di tutti i gabbiani costieri. Assomiglia molto alla Gavina, con *punta delle ali bianca e nera*, ma è ben più grosso, più pallido di sopra ed ha un becco più massiccio giallo, con una macchia rossa, e le *zampe color carnicino rosa* (tranne che nella forma mediterranea *L. a. michahellis* ed in quella della Scandinavia orientale *L. a. omissus* che hanno le zampe gialle e *dorsi più scuri*). Si distingue dai gabbiani Zafferani adulti per le parti superiori grigio *pallide* e, nella forma tipica, per le *zampe carnicine*, non gialle. I Gabbiani glauco e d'Islanda non hanno nero sulle ali. I giovani sono bruno uniforme con le remiganti primarie più scure, coda più scura e becco nerastro, indistinguibili dai giovani Zafferani. Gli individui del secondo anno hanno il dorso più grigio e base della coda più bianca con punta scura.

Voce: Uno stridente e ripetuto *kiau-kiu*; nota d'allarme, quando nidifica, un secco *gah-gah-gah*; anche altre note abbaianti, miagolate o come di risa. **Habitat**: Coste, estuari, acque e campagne, spesso parecchio nell'entroterra. Nidifica solitamente in colonie, sulle scogliere, isole, spiagge, ed occasionalmente nelle paludi. Cartina 165.

GABBIANO D'ISLANDA: *Larus glaucoides*. Tav. 44
Franc.: Goéland à ailes blanches. Ingl.: Iceland Gull. Ted.: Polarmöwe. Oland.: Kleine burgemeester. Spagn.: Gaviota polar. Sved.: Vitvingad trut.

Identificazione: 55 cm. Dimensioni del Gabbiano reale. Assomiglia al Gabbiano glauco (vedi sotto), ma è *più piccolo, meno massiccio, con becco molto più corto e meno pesante*, occhi più grandi e scuri e vertice più prominente. Quando è posato la punta delle ali sporge notevolmente oltre la coda. Gli adulti all'epoca delle cove hanno l'anello palpebrale *rosso*. Le ali sembrano notevolmente lunghe nel volo che è più rapido e rumoroso di quello del Gabbiano glauco. Gli uccelli del primo e secondo anno hanno la punta del becco nera che sfuma nel becco grigio o rosa (il G. glauco giovane ha i due terzi della base del becco giallo o rosa brillante, con una corta ben delimitata punta nera). Il piumaggio dei giovani ha una barratura più nitida di quella del G. glauco e appare più *grigio*-bruno con un'ampio bordo biancasto sulla coda.

Voce: Di tono più alto del G. reale. **Distribuzione**: Visitatore invernale dal lontano Artico all'Islanda, Gran Bretagna, Scandinavia. Erratico altrove in Europa occidentale, centrale e meridionale.

GABBIANO GLAUCO: *Larus hyperboreus*. Tavv. 44, 45
Franc.: Goéland bourgmestre. Ingl.: Glaucous Gull. Ted.: Eismöwe. Oland.: Burgemeester. Spagn.: Gaviota hiperbórea. Sved.: Vittrut.

Identificazione: 65-80 cm. I Gabbiani glauco e d'Islanda sono i soli gabbiani del Paleartico occidentale *senza nero sulle ali o sulla coda* e che mostrano evidenti primarie e secondarie bianche a tutte le età. Il Gabbiano glauco è di dimensioni fra il G. reale e i Mugnaiaccio con becco lungo e massiccio e fronte "sfuggente" che gli dà un aspetto aggressivo. Quando è posato, la punta delle ali sporge oltre la coda meno che nel G d'Islanda, che è più piccolo, meno massiccio, con becco più piccolo e testa più arrotondata Il G. glauco adulto da lontano sembra tutto bianco, ma ha un mantello grigio pallido anello palpebrale *giallo*, zampe rosa e becco giallo con macchia rossa. Vedi G. d'Islanda per confronti con i giovani. Il G. glauco giovane è di un colore caffè pallido invece che grigio-bruno come il G. d'Islanda.

Voce: Assomiglia al G. reale ma solitamente più penetrante. **Habitat**: Come il Mugnaiaccio. Nidifica in colonie sopra e sotto le costiere rocciose, nelle lande e isolette nell'Artico. Cartina 166.

MUGNAIACCIO: *Larus marinus*. Tavv. 44, 45
Franc.: Goéland marin. Ingl.: Great Black-backed Gull. Ted.: Mantelmöwe. Oland. Mantelmeeuw. Spagn.: Gavión. Sved.: Havstrut.

Identificazione: 72 cm. Molto più grosso dei Gabbiano reale e Zafferano. Si distingue dagli adulti di quest'ultimo in abito nuziale (oltre che per le dimensioni) per le *zampe rose biancastre* e per la voce più profonda. L'adulto è nero di sopra, non grigio lavagna come la forma inglese dello Zafferano, sebbene la forma scandinava di quest'ultimo sia pure

nerastra. Il giovane ha macchiature scure più marcate che non i giovani Gabbiani reali, con testa e parti inferiori più pallide; diviene progressivamente più bianco e più scuro di sopra nel secondo e terzo anno. Comportamento aggressivo e rapace.
Voce: Nota usuale, un aspro e profondo *auk*. **Habitat**: Acque costiere, coste ed estuari. Localmente nell'entroterra, d'inverno. Dove è numeroso, nidifica in colonie, talvolta insieme allo Zafferano, sulle isolette costiere rocciose, nelle lande; occasionalmente su scogli e isole dei laghi. Cartina 167.

GABBIANO DI ROSS: *Rhodostethia rosea*. Tav. 46
Franc.: Mouette de Ross. Ingl.: Ross's Gull. Ted.: Rosenmöwe. Oland.: Rose Meeuw. Sved.: Rosenmås.

Identificazione: 31,5 cm. Un po' più grande del Gabbianello, al quale talvolta assomiglia, ma la *lunga coda è notevolmente a forma di cuneo*. Vola agilmente con le lunghe ali appuntite (non arrotondate come nel Gabbianello). Fa lo "spirito santo" prendendo il cibo dall'acqua e si nutre come un Falaropo quando nuota. Quando è posato, la testa rotonda, il piccolo becco nero e le gambe corte e rosse gli danno l'aspetto di una colomba, ma le ali sporgono molto oltre la coda. L'adulto d'estate ha un inconfondibile *collarino nero* e le *parti inferiori rosa*; il rosa spesso si mantiene d'inverno. L'adulto spesso differisce dal Gabbianello per una stretta striscia nera dal margine anteriore all'ala esterna ed una grossa banda bianca sul margine posteriore dell'ala interna e, d'inverno, per l'assenza del cappuccio scuro. Gli uccelli del primo anno mostrano in volo un caratteristico disegno a zig-zag attraverso l'ala, come il Gabbianello, ma la coda a forma di cuneo è caratteristica. Il nero sulla coda è limitato alle lunghe penne centrali. Gli adulti in abito invernale non hanno il cappuccio nero come il Gabbianello; il sottoala è grigio (non nerastro) ed il bordo posteriore bianco sulla superficie superiore dell'ala non si estende alle primarie esterne come nel Gabbianello. Il disegno alare degli immaturi ricorda il G. di Sabine ma quest'ultimo ha le primarie interne completamente bianche e la coda forcuta.
Voce: Variabile; più acuta e melodiosa che nella maggior parte degli altri gabbiani; richiami tipici *a-u*, *a-u* e *cloo* oppure *clioo*. **Habitat e distribuzione**: I migratori frequentano coste e lagune costiere. Lo si vede regolarmente posato sui banchi di ghiaccio e sugli orli dei ghiacciai (polari), raramente nuota. Nidifica nella tundra artica acquitrinosa. Erratico dalla Siberia nord-orientale all'Inghilterra, Francia, Olanda, Islanda, Faer Oer, Norvegia, Danimarca, Germania, Sardegna.

GABBIANO TRIDATTILO: *Rissa tridactyla*. Tavv. 44, 45
Franc.: Mouette tridactyle. Ingl.: Kittiwake. Ted.: Dreizehnmöwe. Oland.: Drieteenmeeuw. Spagn.: Gaviota tridactila. Sved.: Tretåig mås.

Identificazione: 40 cm. Una specie di mare aperto. Un po' più piccolo della Gavina con zampe corte nerastre e una posizione piuttosto eretta quando è posato. Solitamente raccoglie il cibo dalla superficie dell'acqua, tuffandosi come una Sterna. L'adulto ha la testa bianca d'estate (con macchie grigie d'inverno), coda bianca, becco giallo-verdastro. Caratteristico disegno in volo con mantello grigio come le copritrici alari (più scuri nella Gavina), margine posteriore bianco e primarie grigio pallido che sfumano nel bianco prima del *triangolo nero compatto* (senza macchie bianche) sulla punta delle ali. Il giovane ha il becco nero, una macchia auricolare nerastra come il mezzo collaretto posteriore. In volo mostra un evidente disegno a zig-zag attraverso l'ala e una banda nera al termine della coda leggermente forcuta. Nella prima estate il mezzo collaretto e il disegno alare sono parzialmente oscurati ed il becco è giallastro alla base. Il Gabbianello piccolo ha un simile disegno in volo ma è più piccolo con la coda che termina quadrata e senza barra sul collo. Vedi anche il G. di Ross e il G. di Sabine.

Voce: Rumoroso solo all'epoca delle cove. Un forte *kitti-ueik* o *keke-uik* con un'inflessione in crescendo. **Habitat**: Solitamente in alto mare, spesso nelle zone di pesca nordiche; raro nell'entroterra. Nidifica in fitte colonie sui ripidi pendii delle scogliere e nelle grotte marine. Localmente sui fabbricati. Cartina 168.

GABBIANO D'AVORIO: *Pagophila eburnea*.   **Tav. 44**
Franc.: Goéland sénateur. Ingl.: Ivory Gull. Ted.: Elfenbeinmöwe. Oland.: Ivoormeeuw. Sved.: Ismås.

Identificazione: 44 cm. Facilmente riconoscibile per il *piumaggio bianco uniforme*, per le corte zampe *nere* e, quando è posato, per *l'aspetto* fittamente piumato, "paffuto", come *di un piccione*. Becco piuttosto corto, grigiastro con punta aranciata; testa piccola e rotonda. Anello palpebrale rosso, occhio grande e nero. Gli immaturi hanno irregolari "macchie" grigie su faccia e mento, becco grigio, ed una *spruzzata di macchie nere* sulle parti superiori (talora anche di sotto), la punta delle remiganti primarie nere ed una stretta banda terminale nera sulla coda. Ali relativamente lunghe; volo agile, come le Sterne. Raramente si posa sull'acqua. I molto più grossi Gabbiani glauco e d'Islanda hanno essi pure ali tutte bianche, ma le zampe rosa. Si distingue dalla occasionale Gavina albina e dal Gabbiano tridattilo per le zampe nere, il becco grigio con la punta gialla e le dimensioni maggiori. **Voce**: Rauchi ed acuti gridi: *kierr* ecc., come le Sterne. **Habitat e distribuzione**: Specie artica, erra talora verso Sud, in inverno. Nidifica in colonie lungo le coste rocciose più o meno circondate da ghiacci. Occasionale in Islanda, Faer Oer, Scandinavia settentrionale. Erratico a Sud sino all'Inghilterra, Francia settentrionale, Italia.

STERNE: Sternidae

Le Sterne (o Rondini di mare), sono uccelli con ali più strette dei Gabbiani e più aggraziate in volo. Il becco è più sottile e appuntito, spesso tenuto verso il basso, in volo. La coda è forcuta; la maggior parte delle Sterne è biancastra con cappuccio nero; d'inverno, le fronti sono bianche; di solito fanno lo "spirito santo" e si tuffano per pescare. Le Sterne sono gregarie. Sessi simili. Nidificano sul terreno o negli stagni.

STERNA ZAMPENERE: *Gelochelidon nilotica*.   **Tavv. 47, 49**
Franc.: Sterne hansel. Ingl.: Gull-billed Tern. Ted.: Lachseeschwalbe. Oland.: Lacstern. Spagn.: Págaza piconegra. Sved.: Sandtärna.

Identificazione: 37 cm. Somiglia al Beccapesci, sia in piumaggio invernale sia in quello estivo, ma se ne distingue per il *becco più grosso, molto più corto, interamente nero* e per la coda *grigia*, molto meno forcuta; in volo ha le ali più ampie e il corpo più grosso. Zampe nere, notevolmente più lunghe che nelle altre Sterne. Il cappuccio nero viene perduto, d'inverno, perché il capo diviene molto più bianco che nel Beccapesci. I giovani, in volo, somigliano molto ad un piccolo gabbiano, con testa color daino con una macchia scura attorno agli occhi, becco piuttosto corto (tipo gabbiano), ma se ne distinguono per *la coda leggermente forcuta*. Comportamento come le altre Sterne, ma *l'abitudine di volteggiare sopra il terreno in cerca d'insetti* è una caratteristica che ci permette di distinguerla dal Beccapesci. Raramente si tuffa in acqua.
Voce: Un gutturale, aspro *ze-ze-se* o *ke-ueck*, completamente diverso dalla più acuta nota del Beccapesci. **Habitat**: Paludi salmastre, coste sabbiose ed acque interne. Nidifica in colonie sulle spiagge sabbiose e sulle isolette nelle lagune saline. Cartina 169.

STERNA MAGGIORE: *Sterna caspia*. Tavv. **47, 49**
Franc.: Sterne caspienne. Ingl.: Caspian Tern. Ted.: Raubseeschwalbe. Oland.: Reuzenstern. Spagn.: Págaza piquirroja. Sved.: Skräntärna.

Identificazione: 52 cm. Grande quasi come un Gabbiano reale. Riconoscibile per il grande cappuccio nero, la coda forcuta ed il *massiccio becco rosso arancio*. Il cappuccio nero scende sotto l'occhio, ma d'inverno appare grigiastro, più scuro intorno all'occhio. I giovani, e gli adulti d'inverno, hanno le parti superiori macchiettate di bruno. In volo ha l'aspetto di un Gabbiano, molto meno rumorosa delle altre Sterne, ma si riconosce per il grande becco. Molto evidenti le scure superfici inferiori delle remiganti primarie. Vedi anche Sterna reale.
Voce: Un forte, profondo e corvino *kraa-ak* o *kaak*. **Habitat**: Soprattutto costiera, ma capita anche sui laghi ed i grandi fiumi. Nidifica, isolatamente o in colonie, sulle coste sabbiose e sulle isole. Cartina 170.

BECCAPESCI: *Sterna sandvicensis*. Tavv. **47, 49**
Franc.: Sterne caugek. Ingl.: Sandwich Tern. Ted.: Brandseeschwalbe. Oland.: Grote stern. Spagn.: Carrán patinegro. Sved.: Kentsk tärna. Nordameric.: Cabot's Tern.

Identificazione: 40 cm. Riconoscibile per le dimensioni piuttosto grandi, ali lunghe, *coda corta e forcuta*, e per il *lungo e sottile becco nero con la punta gialla* (il giallo è difficile da vedersi nei giovani). Zampe nere. Le parti inferiori possono avere una tinta rosa, come la Sterna del Dougall, ma le timoniere molto lunghe ed i piedi rossi di quest'ultima sono caratteristici. *Le penne allungate della parte posteriore del vertice*, erette quando è eccitato, gli danno un *aspetto "arruffato"*; d'inverno, il vertice è più o meno bianco con la cresta striata di nero; può assumere il piumaggio invernale quando ancora sta nidificando. Gli immaturi sembrano molto bianchi, con code molto meno forcute e possono mancare del giallo sul becco potendo essere confusi con la Sterna zampenere. Il volo è molto più da gabbiano che nelle altre più piccole Sterne.
Voce: Più rumorosa delle altre Sterne. Uno stridente, grattante *kirrik* (più alto della piuttosto simile nota della Sterna zampenere) o *kirr-kitt*. **Habitat**: Quasi esclusivamente marittimo. Nidifica in colonie affollate sulle spiagge sabbiose o ghiaiose, sulle isolette rocciose o sabbiose, occasionalmente sulle rive delle acque interne. Cartina 171.

STERNA DEL DOUGALL: *Sterna dougallii*. Tavv. **47, 49**
Franc.: Sterne de Dougall. Ingl.: Roseate Tern. Ted.: Rosenseeschwalbe. Oland.: Dougall's stern. Spagn.: Carrán de Dougall. Sved.: Rosentärna.

Identificazione: 37 cm. Riconoscibile quando è con le Sterne comune e codalunga per la voce molto diversa, l'aspetto *più bianco* e più slanciato e per le *timoniere esterne molto più lunghe*. Becco *nero* con base rossa d'estate; tutto nero d'inverno. La tinta rosata sul petto visibile in primavera, scompare presto. Il Beccapesci ha spesso una tinta rosata al petto, ma la Sterna del Dougall si riconosce subito per le *zampe rosse* e le lunghe timoniere esterne. Quando è posata, tali timoniere oltrepassano *di parecchio* le ali chiuse; nella Sterna comune e in quella codalunga esse raramente sporgono in tal misura o non sporgono affatto. I giovani si distinguono a malapena da quelli delle Sterne comune e codalunga per le macchie più marcate sul vertice e le parti superiori. Comportamento come la Sterna comune, ma volo più agile e disinvolto, con battiti d'ala meno profondi.
Voce: Un lungo grattante *aaak*, un soffice, molto caratteristico *ciu-ick* ed un lungo grido rabbioso *kekekekeke*, come le Sterne comune e codalunga. **Habitat e distribuzione**: Come la Sterna comune, ma esclusivamente marittimo. Nidifica insieme alle Sterne comune e codalunga sugli isolotti, occasionalmente sulle spiagge. Visitatrice estiva, nidifi-

ca localmente in Inghilterra, da Clyde e Tay verso Sud; anche sulle coste dell'Irlanda e al largo della Bretagna. Ha nidificato nella Francia del S. Erratica lungo le coste dell'Europa occidentale a N. sino alla Svezia e ad E. sino all'Italia; anche in Svizzera.

STERNA COMUNE o RONDINE DI MARE: **Tavv. 47, 49**
Sterna hirundo.
Franc.: Sterne pierregarin. Ingl.: Common Tern. Ted.: Flussseeschwalbe. Oland.: Visdiefje. Spagn.: Carrán común. Sved.: Fisktärna.

Identificazione: 35 cm. Le Sterne comune, del Dougall e codalunga si confondono facilmente tra di loro e le caratteristiche differenziali raramente sono del tutto riconoscibili in libertà. La Sterna comune, in estate, di solito si riconosce (a breve distanza) per *la punta nera del becco rosso arancio* (quello della Sterna codalunga è interamente rosso sangue, quello della Sterna del Dougall è quasi completamente nerastro). D'inverno, il becco della Sterna comune è nerastro con base rossa (quello delle altre due, interamente nerastro). Tutte e tre hanno, d'estate, le zampe rosse, ma quando sono posate insieme, la Sterna codalunga appare con le zampe notevolmente più corte; d'inverno, le zampe della Sterna comune sono sempre rosse (quelle della Sterna codalunga sono nerastre, quelle della Sterna del Dougall sono rosso arancio, ma nerastre nei giovani). Le due timoniere esterne allungate, in quella comune *non sporgono oltre la punta delle ali chiuse* (quelle della Sterna codalunga sporgon leggermente, quelle della Sterna del Dougall sporgono di parecchio oltre le ali). In abito invernale o da immaturo, tutte e tre hanno il cappuccio nero incompleto, con la fronte bianca, ma quella comune ha delle *macchie sulle spalle* notevolmente più scure. D'estate notare il contrasto sul margine posteriore delle ali esterne: la punta delle primarie esterne è scura ma quella delle primarie interne è pallida (questo contrasto manca nella Sterna codalunga). In volo le primarie della Sterna codalunga sono *tutte semitrasparenti*; nella Sterna comune solo le quattro più interne danno luogo ad una *macchia chiara* oltre l'angolo alare. I giovani sono difficilmente distinguibili tra di loro. Volo molto agile.
Voce: Rumorosa e variata. Un lungo grattante *kriii-errr* con un'inflessione verso il basso; *kirri-kirri* ed un chiacchierato *kikkikkikkik*. **Habitat**: Acque costiere e talora interne, spiagge, isole. Nidifica in colonie sulle spiagge tra le dune di sabbia, sulle isolette nelle acque salate o dolci. Cartina 172.

STERNA CODALUNGA: *Sterna paradisaea.* **Tavv. 47, 49**
Franc.: Sterne arctique. Ingl.: Arctic Tern. Ted.: Küstenseeschwalbe. Oland.: Noordse stern. Spagn.: Carrán ártico. Sved.: Silvertärna.

Identificazione: 37 cm. Si distingue dalla Sterna comune per il *becco interamente rosso sangue* (interamente nerastro d'inverno, e la punta può essere ancora nera di primavera); quando è posata, solitamente, si riconosce per le *zampe più corte*. Parti inferiori e collo in genere più grigi che nelle Sterne comune e del Dougall; spesso è evidente una *stria bianca sotto il cappuccio nero*. Le timoniere esterne allungate, di solito, sporgono *di poco* dalle ali chiuse, ma nella stessa misura di quelle della Sterna del Dougall. Vedi la Sterna comune per l'accurato confronto tra le tre specie.
Voce: Come la Sterna comune, ma si dice che un fischiante *kii-kii* sia caratteristico. Note più alte e dure della Sterna comune. **Habitat**: Come la Sterna comune, ma più marittima e più frequentemente sulle isolette rocciose fuori dalla costa. Cartina 173.

STERNA SCURA: *Sterna fuscata.* **Tav. 46**
Franc.: Sterne fuligineuse. Ingl.: Sooty Tern. Ted.: Russseeschwalbe. Oland.: Bonte stern. Sved.: Sottärna.

Sterna scura

Identificazione: 40 cm. Nessun'altra Sterna europea è *nera di sopra e bianca di sotto* in tutte le stagioni. Vertice, dorso, ali e coda neri; piedi neri; becco lungo e nero; parti inferiori, guance e macchia frontale bianche. Il molto più piccolo Mignattino è grigio-nerastro di sopra, mai nero, ed ha una coda grigia leggermente forcuta. La Sterna scura ha una coda nera profondamente forcuta con i margini esterni *bianchi*. Gli immaturi sono *bruno scuro* superiormente, macchiati di bianco sul dorso, grigio bruno inferiormente. Vedi anche Sterna dalle redini (Accidentali).
Voce: Un nasale *ker-uacky-uack*. **Habitat e distribuzione**: Oceanica, nidifica sulle isole dei caldi mari del Sud. Erratica in Inghilterra, Galles, Francia, Germania, Italia.

FRATICELLO: *Sterna albifrons*. Tavv. **48, 49**
Franc.: Sterne naine. Ingl.: Little Tern. Ted.: Zwergseeschwalbe. Oland.: Dwergstern. Spagn.: Carrancito. Sved.: Småtärna. Nordameric.: Least Tern.

Identificazione: 24 cm. Facilmente riconoscibile dalle altre Sterne per le *piccole dimensioni*, il *becco giallo terminato di nero, zampe gialle e fronte bianca*, che d'estate è in netto contrasto con il vertice ed una stria attraverso l'occhio neri. D'inverno e da giovane, vertice grigio cenere, sfumato nel nero nella parte posteriore del capo. Gli immaturi assomigliano agli adulti in abito invernale ma con becco e zampe più scuri. Le timoniere esterne sono relativamente corte. In volo, le ali sono relativamente più corte, *i battiti d'ala più frequenti* ed i periodi di "spirito santo", prima di tuffarsi, più lunghi che nelle altre Sterne.
Voce: Un alto e raspante *kre-ick* ed un ripetuto *kitt* ed un rapido *kirri-kirri-kirri*. **Habitat**: Spiagge sabbiose e ghiaiose, capita nell'entroterra in migrazione. Nidifica in piccole colonie sparse sulle spiagge; nell'Europa continentale, anche sulle rive dei laghi e dei fiumi. Cartina 174.

MIGNATTINO PIOMBATO: *Chlidonias hybridus*. Tavv. **48, 49**
Franc.: Guifette moustac. Ingl.: Whiskered Tern. Ted.: Weissbartseeschwalbe. Oland.: Witwangstern. Spagn.: Fumarel carialbo. Sved.: Skäggtärna.

Identificazione: 25 cm. Il Mignattino piombato, il Mignattino e il M. alibianche sono piccole Sterne di palude con piumaggio nuziale generalmente scuro e un caratteristico volo di *immersione* per cibarsi. D'estate, il M. piombato si distingue dagli altri due Mignattini per le *guance ed i lati del collo bianchi* che contrastano con il vertice nero e le *parti inferiori grigio scuro*; in volo è piuttosto evidente il *bianco sotto le ali e sotto le copritrici caudali*. Sembra molto più pallido degli altri mignattini: ma la coda forcuta, il volo e l'immersione per la ricerca del cibo, ricordano la Sterna comune. L'adulto d'inverno si distingue dal Mignattino per le parti superiori più pallide, *l'assenza di macchie scure sui lati del petto* e

per meno nero sul vertice; dal M. alibianche per il *grigio* (non bianco) sulla nuca, il becco più lungo e le parti inferiori più uniformi. L'immaturo si distingue dal Mignattino giovane per "la sella" più *variegata* che contrasta con le ali pallide e per la mancanza di macchie sul petto; dal giovane M. alibianche per il groppone *grigio pallido* (non bianco) e becco più lungo. Becco rosso scuro d'estate, nerastro d'inverno lungo tanto quanto la testa e più alto di quello degli altri mignattini.
Voce: Un raspante *zick* o *ki-ik* e altre note rauche. **Habitat**: Come il Mignattino ma preferisce le acque profonde. Cartina 175.

MIGNATTINO: *Chlidonias niger*. Tavv. 48, 49
Franc.: Guifette noire. Ingl.: Black Tern. Ted.: Trauerseeschwalbe. Oland.: Zwarte stern. Spagn.: Fumarel común. Sved.: Svarttärna.

Identificazione: 24 cm. L'unica "sterna" con piumaggio nuziale *tutto nerastro*, tranne il *sottocoda* che è *bianco*. Il dorso e le ali sono grigio lavagna. Immaturi e adulti, d'inverno, hanno fronte, collo e parti inferiori bianchi, con una *irregolare macchia scura* ai lati del petto davanti all'ala. Durante la muta sembra macchiettato e chiazzato. Becco nero sottile, lungo quasi quanto la testa; zampe bruno rosse. L'immaturo somiglia all'adulto d'inverno ma ha una "sella" più scura. Vedi Mignattini piombato e alibianche per il raffronto, d'inverno. Vola avanti e indietro sull'acqua "picchiando" per raccogliere insetti dalla superficie, ma raramente si tuffa. Vedi anche Sterna scura.
Voce: Solitamente uno squittente *kitt* o *kriik*. **Habitat**: Acque interne ed anche costiere durante il passo. Nidifica in colonie sparse, costruendo nidi galleggianti nelle basse acque delle lagune e delle paludi. Localmente anche nelle risaie. Cartina 176.

MIGNATTINO ALIBIANCHE: *Chlidonias leucopterus*. Tav. 48
Franc.: Guifette leucoptère. Ingl.: White-winged Black Tern. Ted.: Weissflügelseeschwalbe. Oland.: Witvleugelstern. Spagn.: Fumarel aliblanco. Sved.: Vitvingad tärna.

Identificazione: 23 cm. Inconfondibile d'estate, con *piumaggio nero, coda e "spalle" bianche*. Zampe e becco rossi d'estate, nerastri d'inverno. Il Mignattino ha parti inferiori nere e sottocoda bianco in netto contrasto, mentre quello alibianche ha la *coda bianca e la superficie inferiore delle ali nera* (non grigio pallido). D'inverno è indistinguibile in libertà dal Mignattino piombato, tranne che a breve distanza quando si può vedere il becco più corto. Si distingue dagli individui in abito invernale del Mignattino, per l'assenza di *macchie scure ai lati del petto* meno nero sul vertice, becco più massiccio e volo più calmo. Gli immaturi si distinguono dai giovani del Mignattino per il *contrasto* fra il bruno scuro della "sella" e il grigio pallido delle ali; dai giovani del M. piombato per un'*uniforme* "sella" scura e il groppone bianco netto. Becco rosso d'estate, nerastro d'inverno, più corto e massiccio di quello del Mignattino e del Mignattino piombato.
Voce: un *cheer* o *keer* raspante. **Habitat**: come il Mignattino, col quale spesso si associa durante tutto l'anno. Cartina 177.

GAZZE MARINE, URIE e PULCINELLA DI MARE: Alcidae

Uccelli tuffatori delle acque marine, bianchi e neri, con collo corto, ali cortissime e strette; i piedi sono posti molto indietro. Becco appuntito o compresso ai lati. Volo "vibrato", cambiante continuamente direzione, raramente per lungo tratto in linea retta, i larghi piedi sporgenti ai lati prima di posarsi. Portamento solitamente eretto quando sono posati. Gregari. Sessi simili. Nidificano su scogli o buchi.

Tavole a colori

Tavola 1

Svassi e Strolaghe

- ○ **SVASSO CORNUTO** pag. 36
  Estate: Ciuffi della testa biondi. Collo castano-rossiccio.
  Inverno: Bianco e nero; becco sottile e scuro; cappuccio nero sopra l'occhio.
- ○ **SVASSO PICCOLO** 36
  Estate: Ciuffi auricolari biondi. Collo nero.
  Inverno: Come lo S. cornuto, ma collo più grigio, becco volto all'insú, cappuccio nero sin sotto l'occhio.
- ● **SVASSO COLLOROSSO** 36
  Estate: Collo rossastro. Mento e guance bianchi.
  Inverno: Collo grigiastro, base del becco gialla. Senza bianco sopra l'occhio.
- ● **TUFFETTO** 35
  Estate: Scuro; macchia chiara sul becco.
  Inverno: Chiaro di sotto; riconoscibile dalla forma e dal becco.
- ● **SVASSO MAGGIORE** 35
  Estate: Collo bianco; "corni" neri e pennacchio color ruggine.
  Inverno: Bianco; becco carnicino, bianco sopra l'occhio.
- ● **STROLAGA MINORE** 33
  Estate: Testa grigia, gola rosso scuro.
  Inverno: Faccia chiara, dorso macchiato, becco sottile volto all'insú.
- ● **STROLAGA MEZZANA** 33
  Estate: Vertice grigio; macchie sul dorso riunite a chiazze.
  Inverno: Scura come la S. maggiore; becco sottile ma "non volto all'insú".
  Spesso aiuta per l'identificazione la macchia biancastra sulla coscia.
- ○ **STROLAGA MAGGIORE** 34
  Estate: Testa nera; dorso tutto "a scacchi"; becco massiccio.
  Inverno: Dorso scuro; becco massiccio "diritto".
- △ **STROLAGA BECCOGIALLO** 34
  Piumaggi simili alla S. maggiore.
  Si riconosce per il becco massiccio, biancastro, volto all'insú.

Le Strolaghe, in volo, hanno il dorso gibboso con una leggera curva in basso verso il collo ed i piedi, che sporgono dalla rudimentale coda.

Tavola 2

Uccelli pelagici

Gli uccelli delle tempeste (piccoli uccelli di mare scuri con macchia chiara sul groppone) si vedono di solito volare bassi sulle onde o sfiorarle. Fulmari e Berte volano con diversi battiti d'ala seguiti da una scivolata, curvandosi sulle ali rigide, a sciabola, tra le onde.

△ **UCCELLO DELLE TEMPESTE CODAFORCUTA** pag. 40
Coda forcuta raramente visibile; vola a scatti. Strisce grigiastre diagonali sulle ali.

△ **UCCELLO DELLE TEMPESTE DI WILSON** 39
Zampe lunghe, piedi giallastri; battito d'ala come un pipistrello. Coda che termina quadrata. Sottoala scuro.

● **UCCELLO DELLE TEMPESTE** 39
Coda che finisce quadrata; vola rasente le onde. Barratura biancastra sotto l'ala.

● **BERTA MINORE** 38
Nera di sopra, bianca di sotto, nessuna macchia alla base della coda. La forma del Mediterraneo occidentale è più bruna sopra e sotto.

△ **BERTA MINORE FOSCA** 39
Simile ad una Berta minore ma il vertice nero non si estende sotto l'occhio; zampe bluastre (non rosa).

● **BERTA MAGGIORE** 37
Nessun contrasto di colori sul capo, becco giallo; vola come il Fulmaro. Può avere o meno il bianco alla base della coda.

△ **BERTA DELL'ATLANTICO** 38
Cappuccio nero ben definito, guance bianche e macchia bianca alla base della coda. Volo simile alla Berta minore.

FULMARO 37
Collo taurino, becco pesante, vola ad ali rigide, scivolando d'ala.
Fase chiara: Testa bianca; macchia chiara alla base delle remiganti primarie.
Fase scura: Grigio fumo.

△ **BERTA GRIGIA** 38
Tutta scura ad eccezione dei bordi biancastri sulle parti inferiori delle ali.

Altri uccelli di mare che passano la maggior parte del loro tempo in volo: Stercorari (Tav. 43); Gabbiani (Tavv. 44, 45 e 46); Sterne o Rondini di mare (Tavv. 47, 48, 49).

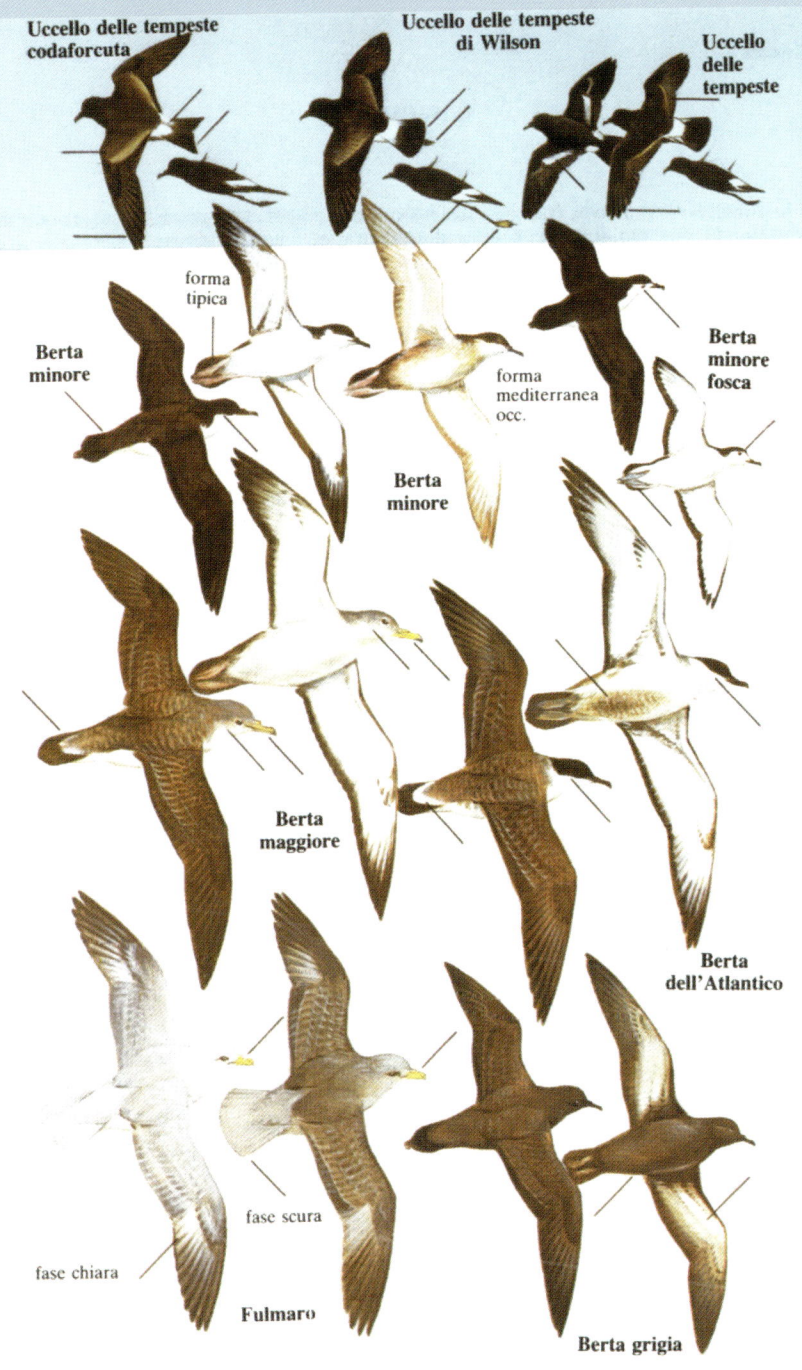

Tavola 3

Cormorani

I Cormorani sono uccelli acquatici dal becco lungo, scuri, più grandi (ad eccezione del Marangone minore) di qualsiasi altra anatra. In volo il collo è tenuto leggermente al di sopra della linea orizzontale. Volano in formazione lineare o a "V", come le oche, e stanno diritti, spesso con le ali per metà aperte nella posa di un'"aquila con le ali spiegate". Nuotano bassi, come le Strolaghe, ma con i colli più eretti.

- **CORMORANO** pag. 41
  Differisce dal Marangone dal ciuffo per le dimensioni maggiori, il becco più pesante, il *mento e le guance bianchi*. Quando nidifica ha *una macchia bianca sulle cosce*. Gli uccelli continentali all'epoca delle cove hanno molto bianco sul collo. Gli immaturi possono essere distinti dai giovani del Marangone dal ciuffo per la loro dimensione, corporatura e la presenza di *più bianco* sulle parti inferiori.

- **MARANGONE DAL CIUFFO** 41
  Ha il becco più piccolo e più sottile del Cormorano; gli adulti non hanno la macchia bianca sulla guancia e quando nidificano possono avere una cresta corta eretta.
  L'immaturo ha le parti inferiori molto più scure del giovane del Cormorano.

- **MARANGONE MINORE** 41
  Più piccolo, con il collo ed il becco più corti del Marangone dal ciuffo. Coda più lunga.

Tavola 4

Uccelli marini grandi (vari)

△ **PELLICANO** pag. 42
Molto grande; becco enorme. Nero molto esteso sulle primarie e sulle secondarie del sottoala. Zampe rossastre.

△ **PELLICANO RICCIO** 42
Molto grande. Può essere distinto dal Pellicano per la mancanza di nero molto esteso sul sottoala e per il piumaggio bianco più sporco. Zampe nerastre.

ALBATROS A SOPRACCIGLIO NERO 36
Apertura alare m. 2,15. Ricorda un Mugnaiaccio, dalle ali lunghe, il becco grande, ma sono da notare la coda nera e ampi bordi neri sul sottoala. Si distingue per il volo che sfiora molto da vicino le onde.

● **SULA** 40
Adulto: Bianco; coda appuntita; primarie nere. Si immerge a capofitto a caccia di pesci.
Immaturo: Bruno scuro con coda appuntita.
Immaturo in fase transitoria: Bianco, chiazzato di scuro.

Tavola 5

Ardeidi e Gru

(Tarabusi, Aironi, Gru)

- **TARABUSO** pag. 43
  Bruno fulvo; barrato e screziato. Becco spesso volto verso l'alto.

  TARABUSO AMERICANO 43
  Più piccolo del Tarabuso; più "a strisce", meno barrato. Distinta macchia nera al collo.

- **TARABUSINO** 43
  Molto piccolo; una larga zona crema sull'ala.
  Maschio: Dorso nero. *Femmina*: Dorso bruno.
  Immaturo: Brunastro, ali striate.

- **NITTICORA** 43
  Adulto: Petto bianco, dorso nero, vertice nero.
  Immaturo: Bruno, macchie biancastre sul dorso e sulle ali.

- **AIRONE CENERINO** 45
  Grande, grigio pallido, remiganti scure.

- **AIRONE ROSSO** 46
  Più scuro, più snello dell'A. cenerino, collo color castagna matura evidente in volo. Immaturo più color sabbia.

- **GRU** 88
  Lunghe strisce bianche sulle guance; piume cadenti sopra la coda.

- △ **DAMIGELLA DI NUMIDIA** 89
  Più piccola della Gru; petto nero, ciuffi alla testa bianchi.

Gli Aironi (inclusi i Tarabusi, le Garzette e le Nitticore) volano con il collo piegato all'indietro verso le spalle. Le Gru e gli altri uccelli palustri a zampe lunghe volano col collo teso.

Tavola 6

Aironi, Spatole, Mignattai, Fenicotteri e Cicogne

- **GARZETTA** pag. 45
  Piccola, bianca, piedi gialli, becco nero sottile.
- **AIRONE BIANCO MAGGIORE** 45
  Grande, bianco, piedi nerastri.
- ○ **AIRONE GUARDABUOI** 44
  Appare bianco, "mascella" pesante, zampe e becco rossastri. Le piume fulvicce del capo vengono perse dopo l'epoca delle cove; allora il becco e le zampe possono essere giallognole o fuligginose.
- **SGARZA CIUFFETTO** 44
  Adulto: Color sabbia rossiccia; in volo appare quasi compiutamente bianco, zampe verdastre.
  Giovane: Petto striato.
- **SPATOLA** 47
  Adulto: Bianco; becco nero, lungo a spatola.
  Giovane: Becco a spatola carnicino, punta delle ali nera.
- **MIGNATTAIO** 47
  Corpo scuro lucente; becco curvo all'ingiù.
- **FENICOTTERO** 47
  Cremisi brillante sulle ali; zampe e collo lunghissimi.
- **CICOGNA BIANCA** 46
  Bianca con del nero sulle ali; becco rosso.
- **CICOGNA NERA** 46
  Nera col ventre bianco; becco rosso.

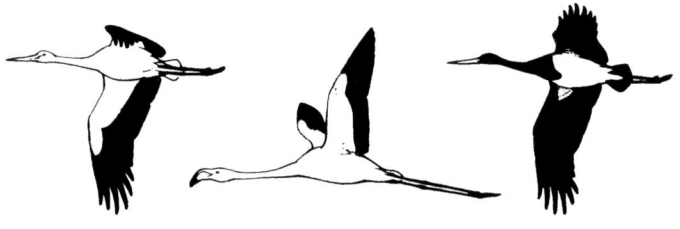

CICOGNA BIANCA   **FENICOTTERO**   **CICOGNA NERA**

Tavola 7

Cigni e Oche
(vedi anche Tav. 8)

○ **CIGNO MINORE** pag. 48
Adulto: Testa rotonda; base del becco gialla.
Immaturo: Cenerognolo; becco carnicino scuro sino alla base.

○ **CIGNO SELVATICO** 49
Adulto: Profilo piatto; giallo sul becco, più esteso e formante una macchia appuntita.
Immaturo: Più grande del C. minore, collo più lungo.

○ **CIGNO REALE** 48
Adulto: Becco arancione con una protuberanza nera.
Immaturo: Becco carnicino, nero alla base.

OCA DELLE NEVI 51
Adulto: Bianco con la punta delle ali nera.
Immaturo: Più grigiastro, becco scuro.

△ **OCA FACCIABIANCA** 52
Petto e collo neri; faccia bianca.

OCA DEL CANADA 51
Collo nero, petto chiaro; macchia bianca sulla gola.

○ **OCA COLOMBACCIO** 52
Collo e petto neri; piccola macchia bianca sul collo. Gli individui immaturi mancano della macchia sul collo.
Forma a ventre scuro: Di solito sulle coste orientali e meridionali della Gran Bretagna.
Forma a ventre chiaro: Soprattutto nella parte occidentale della Gran Bretagna, specialmente in Irlanda.

△ **OCA COLLOROSSO** 53
Petto castano, larga striscia bianca sui fianchi.

Tavola 8

Oche e Cigni in volo
(vedi anche Tav. 7)

La maggior parte delle Oche e dei Cigni vola in formazione lineare o a "V".

○ **OCA COLOMBACCIO** pag. 52
Piccola; petto, collo e testa neri.
Forma a ventre chiaro: Parti inferiori chiare.
Forma a ventre scuro: Parti inferiori scure.

△ **OCA FACCIABIANCA** 52
Collo e petto neri; faccia bianca.

OCA DEL CANADA 51
Petto chiaro, collo nero, macchia bianca sulla gola.

○ **CIGNO SELVATICO** 49
Tutto bianco; collo molto lungo.
Il C. minore è più piccolo, con collo più corto.

○ **CIGNO REALE** 48
"Bitorzolo" sulla fronte.
Le ali producono un rumore sonoro in volo.

OCA DELLE NEVI 51
Bianca; remiganti primarie nere.

Tavola 9

Oche grigie
(vedi anche Tav. 10)

Il luogo migliore in Europa per studiare le Oche sono i New Grounds del Severn Wildfowl Trust, a Slimbridge (Inghilterra). Esemplari in cattività di tutte le specie illustrate in questa tavola possono essere studiati in quel luogo e durante l'inverno se ne possono vedere molti selvatici. Peter Scott, direttore del Trust, ha seguito la preparazione delle tavole che illustrano le Oche.

Oche grigie con zampe arancio

● **OCA LOMBARDELLA** pag. 50
Becco rosa; la macchia bianca attorno alla base del becco e le chiazze nere sull'addome, mancano nei giovani.

OCA LOMBARDELLA DI GROENLANDIA 50
Una sottospecie; sverna principalmente in Irlanda e nella Scozia occidentale. Più scura; becco giallo. I giovani di solito presentano poco bianco alla base del becco o addirittura ne sono privi e nessuna barratura sul petto.

○ **OCA LOMBARDELLA MINORE** 50
Più piccola; becco corto e massiccio, *cerchio giallo* intorno all'occhio. Il bianco è più esteso sulla fronte. Costituisce una specie distinta.

● **OCA GRANAIOLA** 49
Testa e collo scuri; becco giallo-arancio con segni neri ma variabile.

Oche grigie con zampe rosa

△ **OCA ZAMPEROSEE** 49
Piccola testa scura; collo scuro, becco rosa e nero.

● **OCA SELVATICA** 51
Grande e pallida; il becco giallo-arancio non presenta macchie nere.

OCA SELVATICA ORIENTALE 51
Più pallida, con larghi margini chiari sulle piume; becco rosa.
Allo stato brado in Europa occidentale compresa la Gran Bretagna.

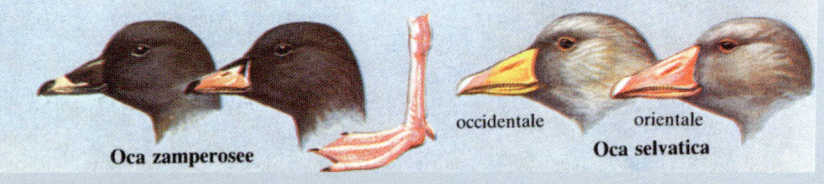

Tavola 10

Principali Oche grigie in volo
(vedi anche Tav. 9)

Per la maggior parte, le Oche grigie in volo appaiono molto simili tra loro ed è necessaria molta esperienza per distinguerle in distanza. La "voce" (vedi sotto) è il miglior mezzo di riconoscimento. A breve distanza il becco e le zampe con i loro colori (vedi Tav. 9) sono utili mezzi di riconoscimento.

- **OCA LOMBARDELLA** pag. 50
  Margine anteriore dell'ala brunastro; gli adulti hanno chiazze nere sul petto. A breve distanza: zampe arancio, becco rosa, fronte bianca. L'O. lombardella di Groenlandia ha il becco giallo.
  Voce: Musicale, di tono alto, solitamente disillabica, talora trisillabica: *kau-lyau* o *lyo-lyok*, ecc.

- **OCA GRANAIOLA** 49
  Scura; senza toni di contrasto sul margine anteriore dell'ala; zampe arancio, becco giallo e nero.
  Voce: *ânk, ânk*, basso, come emesso da un "fagotto" o da una canna d'organo; non dissimile dalle note più basse dell'O. zamperosee. Relativamente silenziosa.

- △ **OCA ZAMPEROSEE** 49
  Margine anteriore dell'ala grigio-blu. Corpo chiaro, testa molto scura, zampe rosee.
  Voce: Un musicale *ânk-ânk* più acuto di quello dell'O. granaiola. Talora: *king-uink* o, spesso ripetuto, *uink-uink*.

- **OCA SELVATICA** 51
  Margine anteriore delle ali di un visibilissimo grigio pallido. Piuttosto grande; testa chiara.
  Voce: *Ohng-ang-ang* o *gohnk*, molto simile alla voce dell'O. domestica.

- △ **OCA COLLOROSSO** 53
  Addome nero, petto rossiccio, strisce bianche.

Tavola 11

Anatre di superficie
(Stagni e paludi)

- **GERMANO REALE** pag. 56
  Maschio: Testa verde, anello bianco al collo, petto bruno-porporino.
  Femmina: Un po' di arancio sul becco; coda biancastra.
- **CODONE** 57
  Maschio: Coda filiforme; striscia sul collo.
  Femmina: Becco grigio; coda allungata e appuntita.
- **CANAPIGLIA** 55
  Maschio: Corpo grigio; "posteriori" neri.
  Femmina: Strisce arancio ai lati del becco, "specchio" bianco (in volo).
- **FISCHIONE** 54
  Maschio: Testa castana con vertice rossiccio.
  Femmina: Becco corto grigio-blu, spalle chiare (non sempre visibili quando nuota).
- **MESTOLONE** 58
  Maschio: Becco "a cucchiaio", fianchi castano scuro.
  Femmina: Becco "a cucchiaio", spalle blu (in volo).
- △ **ANATRA MANDARINA** 54
  Maschio: Mustacchi laterali arancio, "vele" arancio.
  Femmina: Bianco intorno all'occhio; mento bianco.
- **ALZAVOLA** 55
  Maschio: Piccolo; grigio con la testa scura; striscia orizzontale bianca sopra l'ala.
  Femmina: Piccole dimensioni; specchio verde.
- **MARZAIOLA** 57
  Maschio: Striscia bianca sul capo, sulle spalle una macchia bluastra.
  Femmina: Si distingue dall'Alzavola per le ali più grigie, specchio scuro poco visibile.
- ○ **ANATRA MARMORIZZATA** 58
  Mediterranea; piumaggio "screziato". Testa color sabbia, fascia scura attraverso l'occhio; coda bianca.

Tavola 12

Anatre tuffatrici
(Quattrocchi, Morette, Moriglione, Fistione turco)

Le Anatre tuffatrici (proprie delle acque aperte e marine) corrono sulla superficie delle acque prima di spiccare il volo. Le Anatre di superficie (vedi Tav. 11) si levano direttamente in volo fuor dell'acqua.

- **QUATTROCCHI** pag. 64
Maschio: Macchia rotonda bianca davanti all'occhio.
Femmina: Corpo grigio, testa bruna, collare bianco, "bianco" sull'ala visibile quando nuota.

  QUATTROCCHI D'ISLANDA 63
  Maschio: Mezzaluna bianca sulla faccia, di sopra più scuro che nel Quattrocchi.
  Femmina: Molto simile alla femmina del Quattrocchi (vedi testo).

- **MORETTA TABACCATA** 59
Maschio: Mogano scuro; sottocoda bianco.
Femmina: Simile, ma più opaca.

○ **MORETTA GRIGIA** 60
Maschio: Parti anteriori nere, dorso pallido, becco azzurrino. "Nera alle due estremità, bianca nel mezzo".
Femmina: Macchia bianca alla base del becco, molto marcata.

- **MORETTA** 60
Maschio: Parti anteriori nere, dorso nero, ciuffo "cadente" dietro il capo.
Femmina: Si distingue dalla femmina della M. grigia per un accenno di ciuffo. Il bianco alla base del becco è molto ristretto o manca del tutto.

- **MORIGLIONE** 59
Maschio: Grigio; petto nero; testa castana.
Femmina: Contorno fulvo attorno all'occhio e alla base del becco, banda azzurra sul becco.

- **FISTIONE TURCO** 58
Maschio: Si distingue dal Moriglione per il becco rosso e i fianchi bianchi.
Femmina: Guance bianche; vertice scuro; si distingue dalla femmina dell'Orchetto marino per una macchia bianca sull'ala, per il rosso sul becco e per il piumaggio più chiaro.

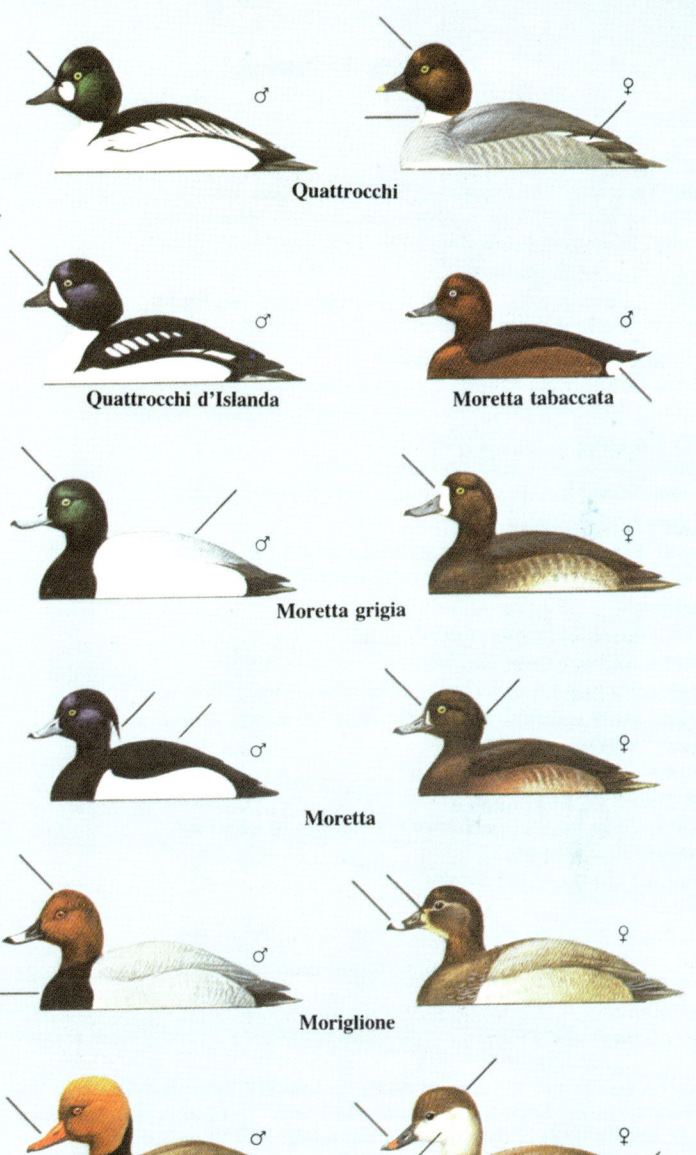

Tavola 13

Anatre di mare

○ **MORETTA CODONA** pag. 62
Maschio, in estate: Coda filiforme, macchia facciale bianca.
Maschio, in inverno: Coda filiforme; colorazione bianca e nera.
Femmina: Ali scure, faccia bianca, macchie scure sulle guance.

△ **MORETTA ARLECCHINO** 62
Maschio: Scuro; fianchi "ruggine", piumaggio ad "arlecchino".
Femmina: Scura; macchie sulla faccia, becco piccolo.

ORCO MARINO DAGLI OCCHIALI 63
Maschio: Corpo nero, chiazze bianche sulla testa e sul becco.
Femmina: Macchie chiare sulla faccia; assenza di bianco sull'ala.

○ **ORCO MARINO** 63
Maschio: Corpo nero, macchia bianca sull'ala.
Femmina: Macchie chiare sulla faccia, specchio alare bianco.

◐ **ORCHETTO MARINO** 62
Maschio: Piumaggio tutto nero; macchia arancio sul becco.
Femmina: Corpo scuro, guance chiare, vertice scuro.

○ **EDREDONE** 60
Maschio: Bianco di sopra, nero di sotto.
Femmina: Bruna fittamente "barrata". (Vedi schema).

△ **RE DEGLI EDREDONI** 61
Maschio: Parti anteriori biancastre, dorso nero per due terzi; "scudo frontale" arancio.
Femmina: Vedi schema.

EDREDONE DI STELLER 6
Maschio: Testa bianca, parti inferiori castane; macchia nera.
Femmina: Vedi schema.

EDREDONE ♀   RE DEGLI EDREDONI ♀   EDREDONE DI STELLER ♀

Le femmine degli Edredoni possono essere distinte dal loro becco: lungo e degradante nell'Edredone, con un "lobo che si estende alla fronte"; più massiccio e con un lobo molto più piccolo nel Re degli edredoni; senza alcun lobo nell'Edredone di Steller.

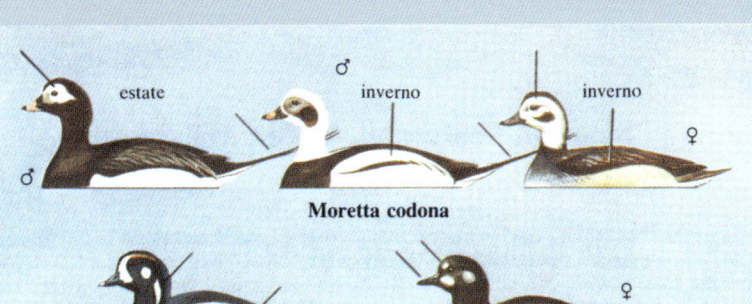
Moretta codona

Moretta arlecchino

Orco marino dagli occhiali

Orco marino

Orchetto marino

Edredone

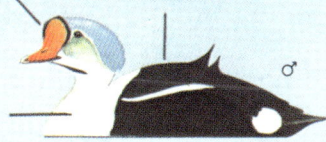
Re degli edredoni

Edredone di Steller

Tavola 14

Smerghi, Volpoche, Gobbo rugginoso

Gli Smerghi ("becchi a sega" o anatre mangiatrici di pesci) hanno un becco allungato e sottile, con i margini dentellati. Nuotano stando "bassi" nell'acqua. Le Casarche e le Volpoche sono grandi, con un aspetto che ricorda le Oche. I Gobbi sono tozzi, con una lunga coda, spesso tenuta sollevata.

- **SMERGO MINORE** pag. 64
  Maschio: Collare bianco, cresta doppia e irsuta, petto castano.
  Femmina: Cresta sul capo; le tinte del collo e della coda *"sfumate"*.

- **SMERGO MAGGIORE** 65
  Maschio: Corpo bianco allungato, testa scura, dorso nero.
  Femmina: "Cresta sul capo", tinte del collo e della gola *nettamente definite*.

- **PESCIAIOLA** 64
  Maschio: Bianco segnato di nero; cresta bianca.
  Femmina: Cappuccio castano, guance bianche, becco sottile.

- **VOLPOCA** 53
  Larga fascia ruggine che circonda il corpo bianco, becco rosso. Il maschio ha un "bitorzolo" sul becco; la femmina manca del bitorzolo.

- ○ **CASARCA** 53
  Corpo castano arancio, testa chiara. Il maschio ha uno stretto collare nero; la femmina è senza collare.

- **GOBBO RUGGINOSO** 65
  Maschio: Corpo scuro, testa bianca, becco azzurro (in estate).
  Femmina: Guance chiare attraversate da una linea scura.
  Entrambi i sessi hanno il becco rigonfio alla base.

Smergo minore

Smergo maggiore

Pesciaiola

Volpoca

Casarca

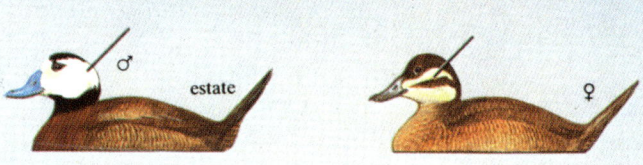

estate

Gobbo rugginoso

Tavola 15

Uccelli acquatici (specie rare)

Nota: sono illustrati solo i maschi in volo.

PODILIMBO pag. 208
Inverno: Becco corto e massiccio, sottocoda bianco.
Estate: Anello nero sul becco, gola nera.

GOBBO DELLA GIAMAICA 65
Maschio in estate: Corpo rossastro, guancia bianca, cappuccio nero.
Maschio in inverno: Grigiastro, guancia bianca; cappuccio scuro.
Femmina: Linee scure attraverso la guancia bianca. Si distingue dal Gobbo rugginoso per la mancanza del becco rigonfio e le dimensioni minori.

MORETTA DAL COLLARE 59
Maschio: Testa con vertice alto, banda bianca sul becco; segno bianco sulla parte anteriore del fianco grigio.
Femmina: Lieve c indistinta macchia facciale, anello oculare bianco ed anello bianco sul becco.

△ **MARZAIOLA AMERICANA** 57
Maschio: Macchia bianca a forma di luna sulla faccia, "posteriori" neri e bianchi.
Femmina: Macchia chiara sulla faccia vicino alla base del becco; becco più lungo che nell'Anatra marzaiola.

ALZAVOLA ASIATICA 55
Maschio: Guancia crema con disegno circolare.
Femmina: Macchia bianca vicino al becco; sopracciglio rotto.

FISCHIONE AMERICANO 54
Maschio: Bruno-rosato; testa grigia con macchia verde scuro e vertice bianco.
Femmina: Differisce dalla femmina del Fischione per la testa più grigia e i bordi biancastri sulle terziarie.

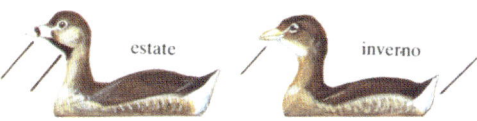

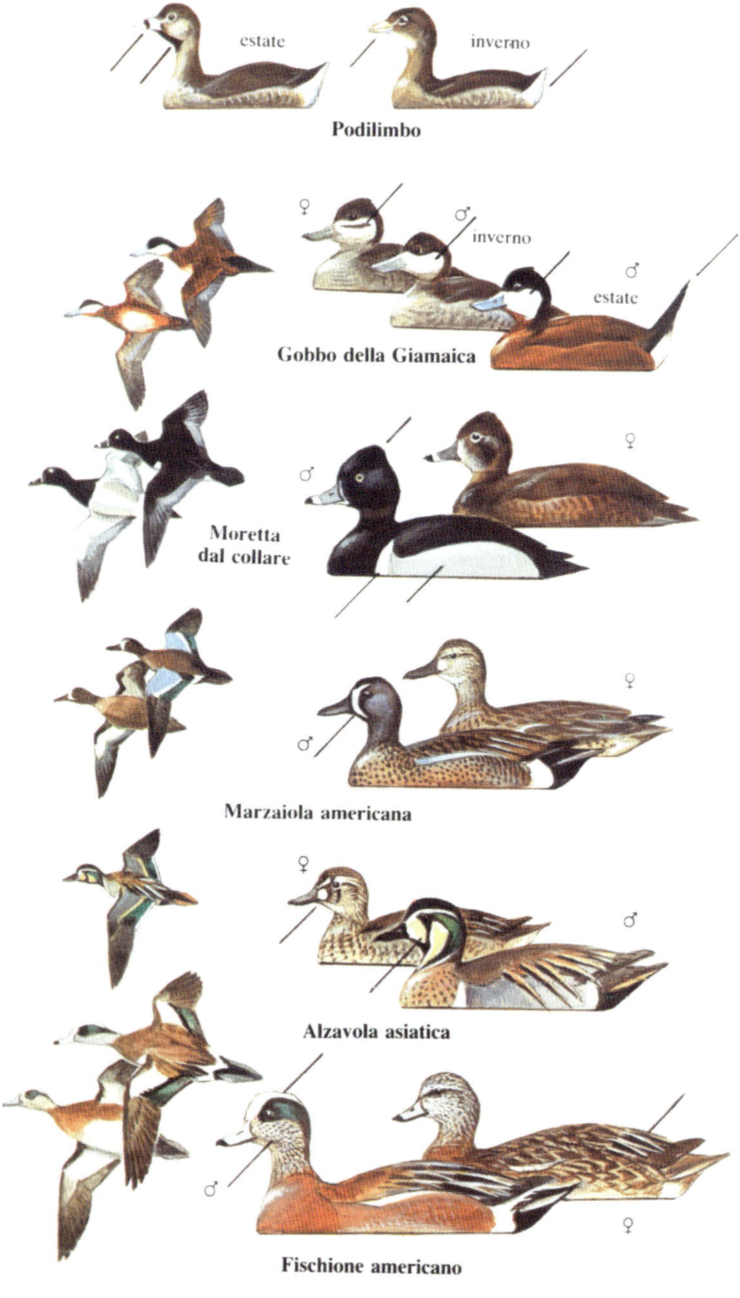
estate
inverno
Podilimbo
♀
♂
inverno
♂
estate
Gobbo della Giamaica
♀
♂
Moretta
dal collare
♀
♂
Marzaiola americana
♀
♂
Alzavola asiatica
♂
♀
Fischione americano

Tavola 16

Anatre in volo
(vedi anche Tav. 18)

In questa pagina sono descritti solo i maschi. Per le femmine vedere il testo.

- **VOLPOCA** pag. 53
  Disegno bianco, nero e castano.
- ○ **CASARCA** 53
  Color cannella chiaro, larghe macchie bianche sulla parte anteriore delle ali.
- **GERMANO REALE** 56
  Testa scura, due bordi bianchi allo specchio, collare.
- **CODONE** 57
  Coda filiforme, un bordo bianco allo specchio, testa scura.
- **FISCHIONE** 54
  Grandi macchie bianche sulle spalle, dorso grigio.
- **MESTOLONE** 58
  Becco pesante, evidenti macchie blu alla spalla.
- **CANAPIGLIA** 55
  Grigio bruno; macchia bianca sulle secondarie interne.
- **MARZAIOLA** 57
  Piccola; striscia bianca sul capo, macchie bluastre alle spalle
- **ALZAVOLA** 55
  Piccola; ali e testa scure; specchio verde.
- **PESCIAIOLA** 64
  Testa e parte interna delle ali bianche; mantelletto dorsale e parte esterna della ali neri.
- **SMERGO MAGGIORE** 65
  Silhouette da Smergo; corpo e parte interna delle ali bianchi.
- **SMERGO MINORE** 64
  Silhouette da Smergo; petto scuro, bianca la parte interna delle ali.

Gli Smerghi (Pesciaiola compresa) volano con becco, testa, collo e corpo tenuti in linea orizzontale (confronta con le Strolaghe, Tavola 1).

Tavola 17

Anatre in volo
(vedi anche Tav. 19)

In questa pagina sono descritti solo i maschi. Per le femmine vedere il testo.

- **MORETTA** pag. 60
  Dorso nero, fascia bianca sul margine posteriore dell'ala.
- **MORETTA GRIGIA** 60
  Dorso grigio chiaro; fascia bianca sul margine posteriore dell'ala.
- **MORETTA TABACCATA** 59
  Color mogano; fascia bianca sul margine posteriore dell'ala.
- **MORIGLIONE** 59
  Dorso grigio; fascia grigia sul margine posteriore dell'ala.
- **FISTIONE TURCO** 58
  La grande macchia bianca si estende per quasi tutta la lunghezza dell'ala.
- **QUATTROCCHI** 64
  Grandi quadrati bianchi sull'ala, collo corto, testa scura con macchia bianca. Le ali, in volo, "fischiano".
- ○ **MORETTA CODONA** 62
  Ali scure uniformi; bianco sulla testa e sul corpo.
- △ **MORETTA ARLECCHINO** 62
  Massiccia, scura con segni bianchi; becco piccolo.
- △ **RE DEGLI EDREDONI** 61
  Parti anteriori biancastre; dorso e parti posteriori neri.
- ○ **EDREDONE** 60
  Dorso bianco, parte anteriore delle ali bianca, addome nero.
- ○ **ORCO MARINO** 63
  Corpo nero; le secondarie bianche.
- **ORCO MARINO DAGLI OCCHIALI** 63
  Corpo nero, macchie bianche sulla testa e sul becco.
- ○ **ORCHETTO MARINO** 62
  Piumaggio tutto nero.

Tavola 18

Anatre in volo viste da sotto
(vedi anche Tav. 16)

Solo i maschi sono descritti qui sotto. Per le femmine vedere il testo.

- **VOLPOCA** pag. 53
  Banda pettorale castana sulle parti inferiori bianche.
- ○ **CASARCA** 53
  Corpo cannella chiaro, bianca sotto le ali.
- **GERMANO REALE** 56
  Testa e petto scuri, ventre chiaro; collare.
- **CODONE** 57
  Piccola testa scura, petto bianco, collo lungo e sottile, coda filiforme.
- **FISCHIONE** 54
  Ventre bianco nettamente delimitato, coda scura appuntita.
- **MESTOLONE** 58
  Testa e ventre scuri, collo bianco massiccio, becco grande.
- **CANAPIGLIA** 55
  Ventre bianco, bianca la parte interna delle secondarie.
- **MARZAIOLA** 57
  Piccole dimensioni, parti inferiori chiare, parti anteriori scure.
- **ALZAVOLA** 55
  Piccole dimensioni, ventre bianco, testa scura.
- **PESCIAIOLA** 64
  Tutta bianca di sotto, tranne le ali e la coda.
- **SMERGO MAGGIORE** 65
  Testa scura, corpo bianco, bordi delle ali bianchi.
- **SMERGO MINORE** 64
  Silhouette da Smergo; banda pettorale scura.

Tavola 19

Anatre in volo viste da sotto
(vedi anche Tav. 17)

Solo i maschi sono descritti qui sotto. Per le femmine vedere il testo.

- **MORETTA GRIGIA** pag. 60
  Simile alla Moretta in volo vista da sotto ma meno massiccia.
- **MORETTA** 60
  Petto nero; stria bianca che si rende visibile attraverso l'ala.
- **MORETTA TABACCATA** 59
  Parti anteriori e fianchi color mogano, ventre bianco sfumato.
- **MORIGLIONE** 59
  Petto nero, testa castana, ventre grigio.
- **FISTIONE TURCO** 58
  Ventre nero, grosse macchie bianche ai lati.
- **QUATTROCCHI** 64
  Orlo delle ali nerastro, corpo bianco.
- ○ **MORETTA CODONA** 62
  Ali scure uniformi, testa e ventre bianchi, petto scuro.
- △ **MORETTA ARLECCHINO** 62
  Colore scuro uniforme, macchie bianche, becco piccolo.
- △ **RE DEGLI EDREDONI** 61
  Petto bianco, ventre nero, testa tronca.
- ○ **EDREDONE** 60
  Petto bianco, ventre nero, testa appuntita.
- ○ **ORCO MARINO** 63
  Corpo nero, secondarie bianche.
- **ORCO MARINO DAGLI OCCHIALI** 63
  Corpo nero, bianco sul capo e sul becco.
- ○ **ORCHETTO MARINO** 62
  Corpo nero, remiganti argentee.

Tavola 20

Avvoltoi

- **GRIFONE** pag. 69
  Lungo, con ali ampie; coda corta, scura, quadrata. Groppone chiaro. Macchia chiara sul sottoala.
- △ **AVVOLTOIO MONACO** 69
  Dimensioni del Grifone, ma con becco più massiccio, groppone scuro e coda leggermente a forma di cuneo. Sembra tutto nero.
- △ **GIPETO** 68
  Forma del volo caratteristica; ali strette, spesso angolate e lunghe, coda lunga a forma di diamante. Testa color cuoio con "mustacchi".
- **CAPOVACCAIO** 68
  Più piccolo degli altri avvoltoi. Ali lunghe bianche e nere con coda bianca a forma di cuneo. Becco lungo, sottile; faccia gialla. Giovani tutti scuri.

Tavola 21

Albanelle e Nibbi
(vedi anche Tav. 22)

Le Albanelle hanno teste piccole, corpi allungati, ali lunghe, code lunghe.

- **FALCO DI PALUDE** pag. 69
  Maschio: Grigio sulle ali e sulla coda; rossiccio di sotto.
  Femmina: Bruno scuro; gola e vertice pallidi.
  Giovane: Come la femmina, o con la testa quasi tutta scura.

- **ALBANELLA MINORE** 70
  Maschio: Barre nere attraverso le secondarie, groppone grigiastro, striature color ruggine sulle parti inferiori.
  Femmina: Più affilata di quella dell'A. reale, macchia sul groppone leggermente più piccola.

- **ALBANELLA REALE** 70
  Maschio: Grigio, con evidente macchia bianca sul groppone; senza barra nera attraverso l'ala, ma secondarie con la punta scura.
  Femmina: Bruna, striata; macchia bianca sul groppone.

- **ALBANELLA PALLIDA** 70
  Maschio: Più pallido dell'A. reale, con petto bianco, senza macchia bianca sul groppone, senza barra alare nera.
  Femmina: Indistinguibile in libertà da quella dell'A. minore.

I Nibbi sono piuttosto simili di forma alle Albanelle, ma hanno code forcute o intaccate.

- **NIBBIO BRUNO** 67
  Scuro; coda leggermente forcuta.

- **NIBBIO REALE** 67
  Intenso color ruggine; testa chiara, coda profondamente forcuta.

△ **NIBBIO BIANCO** 67
  Spalle nere; coda bianca.

Tavola 22

Albanelle e Nibbi in volo
(vedi anche Tav. 21)

Le Albanelle hanno ali lunghe, code lunghe e corpo pure allungato. Le ali non sono appuntite come quelle dei Falchi e il loro volo è più languido e più planato, generalmente a bassa quota. Quando planano, le ali (specialmente nella Albanella minore e in quella reale) sono per lo più tenute a "V" aperto.

- **FALCO DI PALUDE** pag. 6(
  Maschio: Macchie alari e coda grigie, contrastanti.
  Femmina: Scura; spalle e testa chiare.
- **ALBANELLA MINORE** 7(
  Maschio: Barra scura sull'ala; groppone grigiastro.
  Femmina: Si distingue dall'A. reale per il corpo più assottigliato; macchia sul groppone leggermente più piccola.
- **ALBANELLA REALE** 7(
  Maschio: Le punte delle secondarie, da sotto, formano una barra stretta; groppone bianco.
  Femmina: Striata di bruno; groppone bianco.

I Nibbi somigliano di forma alle Albanelle, ma hanno coda fortemente intaccata o forcuta. Sono abilissimi nel planare facendo molto uso della loro mobile e flessibile coda.

- **NIBBIO REALE** 6.
  Color ruggine; coda profondamente forcuta; disegno dell'ala caratteristico.
- **NIBBIO BRUNO** 6.
  Scuro; coda leggermente forcuta; disegno dell'ala non caratteristico.
  Nota: Si confonde facilmente con alcuni scuri Falchi di palude.

Tavola 23

Poiane e Sparvieri
(vedi anche Tavv. 24 e 28)

 Le Poiane hanno corpo pesante, coda corta ed ampia.

○ **POIANA CALZATA** pag. 73
Ventre scuro, coda biancastra con banda terminale scura.

● **POIANA** 72
Variabile. Di solito scura, con parti inferiori macchiate o barrate. Coda di solito come illustrato, talvolta color cannella senza barre.

● **FALCO PECCHIAIOLO** 66
Testa più piccola e coda più lunga della Poiana. La coda ha una larga banda nera alla base ed in punta.

○ **POIANA CODABIANCA** 73
Coda (solitamente) cannella pallido, di solito senza barre; a volte bianchiccia alla base.

Gli Sparvieri (e l'Astore) hanno teste piccole, ali corte, code lunghe.

● **SPARVIERO** 71
Maschio: Piccolo, parti inferiori fittamente barrate di rosso-bruno.
Femmina: Parti inferiori fittamente barrate di grigio.

● **ASTORE** 71
Adulto: Grande, barrato; guancia scura, sopracciglio bianco.
Giovane: Bruno, striato; sopracciglio pronunciato.

Tavola 24

Poiane e piccole Aquile viste da sotto
(vedi anche Tav. 23)

Le Poiane sono massicce, con larghe ali e larga coda. Esse volteggiano e roteano alte nel cielo. Certe Aquile sono simili di profilo alle Poiane, ma generalmente hanno ali proporzionatamente più lunghe.

○ **POIANA CALZATA** pag. 73
Ventre scuro; coda biancastra con una larga banda nera terminale. Macchie nere sui bordi pallidi delle ali.

● **POIANA** 72
Variabile, solitamente scura. Secondarie e coda di solito con numerose e strette barre. Collo corto.

○ **POIANA CODABIANCA** 73
Coda ruggine molto pallido, senza barre. Bordi inferiori delle ali rossicci.

● **FALCO PECCHIAIOLO** 66
Testa più prominente, coda più lunga di quella della Poiana, con larghe bande nere presso la base. Notare le barre attraverso tutte le remiganti.

● **AQUILA DEL BONELLI** 75
Adulto: Parti inferiori bianco sericeo, ali scure.
Giovane: Copritrici inferiori dell'ala rossicce con bordi scuri.

○ **AQUILA MINORE** 75
Dimensioni di una Poiana; coda più lunga. Vedi l'habitat.
Fase chiara: Copritrici inferiori dell'ala bianche, remiganti scure.
Fase scura: Scura; pallida alla base delle primarie e della coda.

● **BIANCONE** 69
Le parti inferiori e il sotto-ala bianchi generalmente contrastano con la parte alta del petto scura. Alcuni individui sono privi della banda scura al petto. Testa simile al Gufo.

Tavola 25

Aquile
(vedi anche Tav. 26)

- **AQUILA REALE** pag. 75
  Molto più grande della Poiana; silhouette diversa. L'adulto è tutto scuro con penne dorate sulla testa e sulla parte posteriore del collo. Vedi i disegni del volo dell'adulto e dell'immaturo nella Tav. 26.

△ **AQUILA DI MARE** 68
  Adulto più massiccio dell'Aquila reale; testa completamente pallida, coda bianca. Vedi disegni del volo dell'adulto e dell'immaturo nella Tav. 26.

△ **AQUILA RAPACE** 74
  Adulto quasi uniformemente bruno scuro, spesso con macchia giallo-ruggine sulla testa. Giovani (non illustrati) color caffelatte. In volo mettono in evidenza due pallide barrature alari.

△ **AQUILA IMPERIALE** 74
  Simile all'Aquila reale ma il vertice chiaro dell'adulto può essere quasi bianco in alcuni uccelli. Di solito ha alcune *penne bianco puro* sulle scapolari. La forma spagnola ha evidenti *spalle bianche*.

○ **AQUILA ANATRAIA MINORE** 73
  Molto simile all'Aquila anatraia maggiore ma con corporatura meno massiccia, ali più strette.
  Gli immaturi hanno meno macchie. Vedi testo.

○ **AQUILA ANATRAIA MAGGIORE** 74
  Adulto completamente scuro, di solito con bianco visibile sulle copritrici superiori della coda.
  Gli immaturi hanno *numerose grandi macchie biancastre* che formano delle bande pallide sull'ala; una "V" bianca alla base della coda.

Tavola 26

Aquile e Falco pescatore visti da sotto
(vedi anche Tav. 25)

- **AQUILA REALE** pag. 75
  Molto più grande di una Poiana, con silhouette diversa.
  Immaturo: Coda scura con base bianca; grandi macchie bianche alla base delle remiganti primarie e delle secondarie esterne.
  Adulto: Quasi uniformemente scuro. Quando è possibile vedere le parti superiori, le penne dorate sulla testa e sulle copritrici alari permettono un'esatta e sicura determinazione.

- **AQUILA DI MARE** 68
  Immaturo: Si distingue dall'A. reale adulta per la coda più corta e decisamente cuneiforme. Becco grande e forma delle ali da avvoltoio. Per il resto più pallido dell'A. reale, spesso striato di bianco e bruno sulle parti inferiori.
  Adulto: Coda bianca.

- **FALCO PESCATORE** 76
  Testa bianca, ventre bianco, macchie scure ai polsi (carpi).

Immaturo di Aquila anatraia maggiore (da P.J. Hayman)

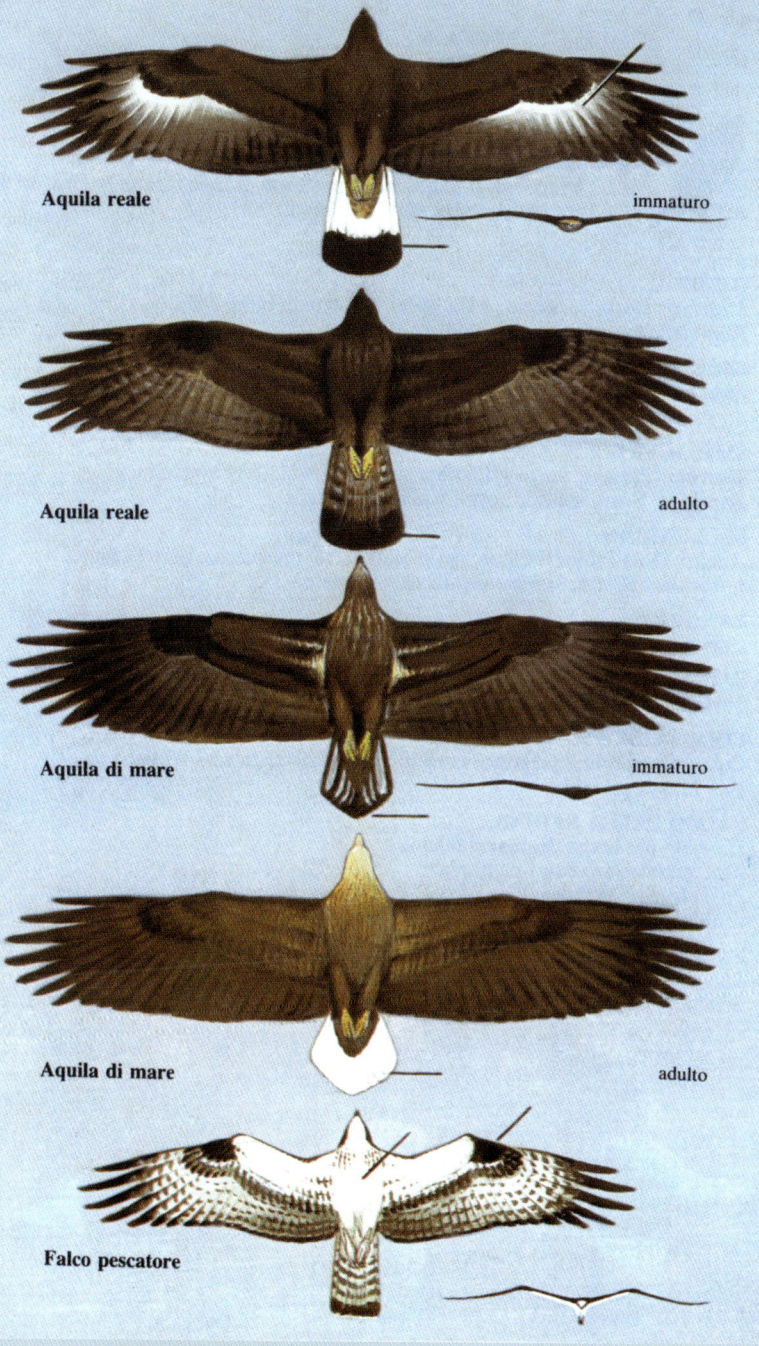

Tavola 27

Falchi veri o Falconi
(vedi anche Tav. 28)

I veri Falchi hanno testa piuttosto grande, spalle larghe, ali lunghe appuntite, coda piuttosto lunga.

- **GHEPPIO** pag. 77
  Maschio: Dorso rossiccio, coda grigia con banda nera.
  Femmina: Parti superiori rossastre; barrata.

- **GRILLAIO** 76
  Maschio: Si distingue dal maschio del Gheppio per l'assenza di macchie sul dorso; bordi dell'ala bianchi. Mediterraneo. Gregario.

- **SMERIGLIO** 77
  Maschio: Piccolo, dorso grigio blu scuro.
  Femmina: Scura sopra e sotto; coda a bande.

- **PELLEGRINO** 79
  Adulto: Dorso color lavagna, petto biancastro, mustacchio nero pesante.
  Immaturo: Bruno, striato; mustacchio pesante.

- **LANARIO** 78
  Cappuccio color cuoio; dorso bruno scuro.

- **SACRO** 79
  Testa biancastra, ali e dorso bruni.

- **LODOLAIO** 78
  Come un piccolo Pellegrino; parti inferiori striate, calzoni rossicci; macchia bianca sul collo.

- **FALCO DELLA REGINA** 78
  Ha coda più lunga degli altri falchi.
  Fase scura: Nero con i piedi gialli.
  Fase chiara: Dà l'idea di un piccolo Pellegrino immaturo, ma i mustacchi sono più stretti e la cera gialla (non azzurro chiaro).

- **FALCO CUCULO** 77
  Maschio: Color lavagna; piedi rossi, sottocoda color ruggine.
  Femmina: Vertice e ventre color ruggine; dorso grigio barrato.

Tavola 28

Falchi, Sparvieri e Astori visti da sotto
(vedi anche Tavv. 23 e 27)

 I Falchi veri hanno ali lunghe ed appuntite, coda lunga. I battiti d'ala sono forti, rapidi, ma poco profondi.

△ **GIRFALCO** pag. 79
Fase grigia: Più grande del Pellegrino, senza contrasti di disegno alla faccia. Base delle ali più larga.
Fase bianca: Bianco come il Gufo delle nevi.

● **SMERIGLIO** 77
Più piccolo del Gheppio; più scuro, più compatto.

● **PELLEGRINO** 79
Forma classica di falcone; disegno della faccia; dimensioni di una Cornacchia.

● **LODOLAIO** 78
Come un piccolo Pellegrino; coda più corta. Ali simili al Rondone.

● **FALCO CUCULO** 77
Maschio: Molto scuro; piedi rossi; copritrici inferiori della coda color ruggine.
Femmina: Bordi delle ali color ruggine; ventre ruggine uniforme.

● **GHEPPIO** 77
Piccolo, affilato; larga banda nera presso il termine della coda. Fa lo "spirito santo".

● **FALCO DELLA REGINA** 78
Forma chiara: Parti inferiori striate di rossiccio, ali scure.
Forma scura: Tutto scuro con zampe chiare.

GRILLAIO 76
Coda leggermente a forma di cuneo. Bordi delle ali bianchi. Talvolta fa lo "spirito santo".

 Sparvieri ed Astori hanno ali corte, arrotondate e coda lunga. In volo alternano parecchi rapidi battiti d'ala con una breve planata. Volteggiano talvolta.

● **ASTORE** 71
Molto grande; parti inferiori barrate di grigio; sottocoda bianco molto evidente.

● **SPARVIERO** 71
Parti inferiori barrate di color ruggine (maschio) o di grigio (femmina).

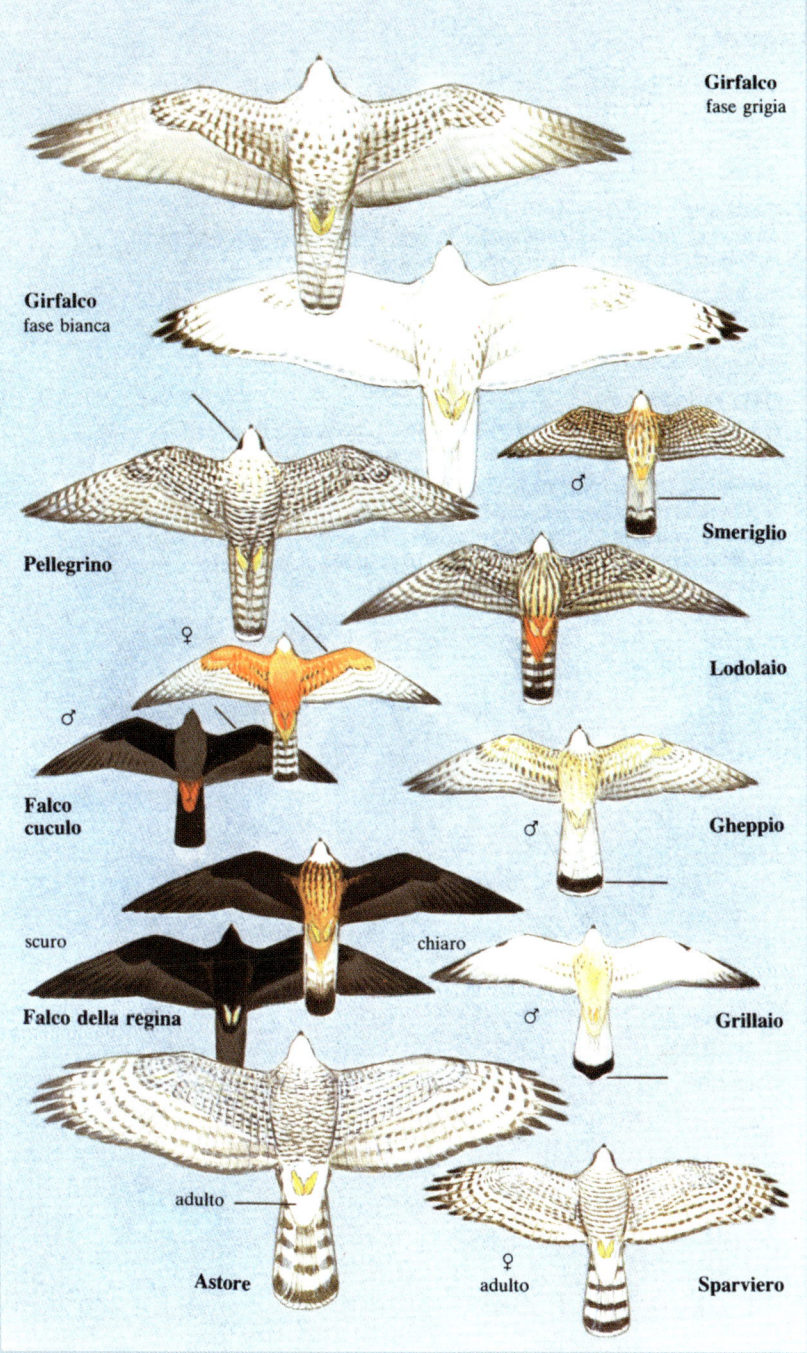

Tavola 29

Galliformi
(vedi anche Tav. 30)

- **FAGIANO** pag. 84
  Maschio: Variopinto; coda molto lunga; di solito un collare.
  Femmina: Grande, bruna; coda lunga e appuntita.
- **FAGIANO DI MONTE** 81
  Maschio: Nero a riflessi; coda a "lira", barra alare bianca.
  Femmina: Grande, bruna; coda "intaccata" (l'intaccatura non è sempre visibile).
  GALLO CEDRONE 81
  Maschio: Molto grande, colorazione scura, coda a ventaglio.
  Femmina: Grande, bruna; coda a ventaglio.
- **FRANCOLINO DI MONTE** 80
  Dimensioni di una pernice; coda a ventaglio con larga banda nera. Le "fasi di colore" variano dal rossiccio al grigio, tendendo al rossiccio nella parte meridionale dell'area di distribuzione e al grigio nella parte settentrionale.

FAGIANO ♂   **FAGIANO DI MONTE ♂**   **GALLO CEDRONE ♂**

Vedi anche le illustrazioni degli altri Galliformi (Tav. 30).

Tavola 30

Galliformi
(vedi anche Tav. 29)

- **PERNICE BIANCA DI SCOZIA** pag. 80
  Piumaggio rossiccio scuro, ali scure, coda scura.
  Femmina meno rossiccia, più barrata.

  PERNICE BIANCA NORDICA 80
  Inverno: Si distingue dalla P. bianca. (Vedi disegno).
  Estate: Rossiccia; ali bianche, coda nera.
  Ad altitudini minori della P. bianca.

- **PERNICE BIANCA** 81
  Inverno: Bianca con la coda nera.
  Estate: Ali bianche, corpo grigio o bruno, coda nera.

- **STARNA** 83
  Coda rossiccia, testa color ruggine.
  Il maschio ha una macchia scura a ferro di cavallo sul ventre.

Le zampe rosse e *la coda rossastra* (evidente solo in volo) caratterizzano le tre seguenti specie di Pernici. Sono meglio identificabili per il disegno del collo.

- **PERNICE ROSSA** 83
  Collare nero che si continua in corte striature.

- **COTURNICE** 83
  Collare nero ben marcato e netto. (Vedi Ciukar pag. 82).

- **PERNICE SARDA** 83
  Collare bruno rosso, con macchioline bianche; faccia grigia.

- **QUAGLIA** 84
  Piccola; color bruno sabbia; capo striato.

  QUAGLIA TRIDATTILA 85
  Simile alla Quaglia; macchia fulva sul petto, macchie molto marcate ai lati del petto.

PERNICE BIANCA ♂   **PERNICE BIANCA NORDICA ♂ e ♀**

Notare la macchia nera sulla faccia della P. bianca d'inverno. Entrambi i sessi della P. bianca nordica non hanno tale macchia ma hanno il becco più grosso.

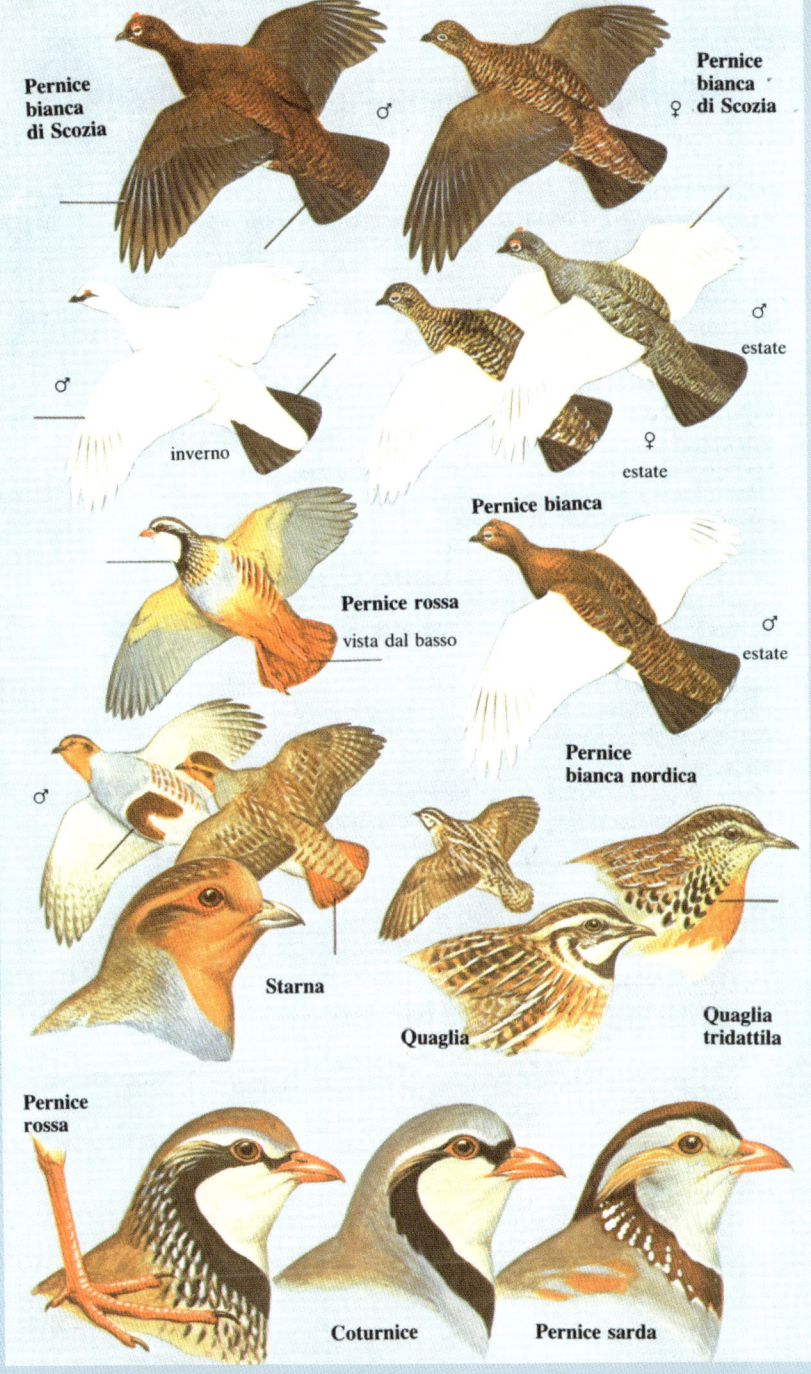

Tavola 31

Porciglioni, Voltolini, Folaghe e Gallinelle

- **PORCIGLIONE** pag. 85
  Adulto: Becco lungo rosso, fianchi barrati; bianco sotto la coda.
  Giovane: Scuro, parti inferiori screziate.
- **RE DI QUAGLIE** 87
  Ali rosso ruggine; becco giallastro. Spesso più scuro di quanto illustrato con guance e petto grigiastri.
- **VOLTOLINO** 86
  Simile al Voltolino americano, spesso più scuro di quanto illustrato. Sottocoda biondo, zampe verdastre, base del becco rosa.
- **SCHIRIBILLA GRIGIATA** 86
  Assenza di rosso sul becco, zampe bruno carnicine, barre grossolane sui fianchi. Parti superiori castano-vinacee più acceso di quanto illustrato, grossolanamente striate di bianco.
- **SCHIRIBILLA** 86
  Maschio: Zampe verdi, ma senza macchie sul petto né barre scure sui fianchi, parti superiori bruno oliva.
  Femmina: Petto fulviccio; zampe verdastre, macchia rossa sul becco nei due sessi.
- **GALLINELLA D'ACQUA** 87
  Adulto: Becco rosso, stria bianca sul fianco e sotto la coda.
  Giovane: Corpo brunastro con becco giallo verdastro.
- **FOLAGA** 88
  Adulto: Becco e placca frontale bianchi.
  Giovane: Si distingue da quello della Gallinella per la taglia maggiore e per l'assenza di bianco sulle copritrici caudali.
  Pulcino: Testa rosso arancio.
- △ **FOLAGA CRESTATA** 88
  Becco bluastro e placca frontale bianchiccia; tubercoli rossi sulla fronte, spesso non vistosi.
- **POLLO SULTANO** 87
  Blu purpureo intenso, zampe rosse, becco molto grande, rosso.

Le Folaghe e le Gallinelle corrono sull'acqua prima di prendere il volo.

Tavola 32

Otarde, Ganghe, Sirratte e Occhione

Le Otarde sono uccelli grossi con le zampe lunghe e stanno nelle grandi pianure. I Sirratti e le Ganghe sono uccelli del deserto ed hanno la forma di un Piccione e la coda lunga e appuntita.

○ **OTARDA** pag. 90
Grandi dimensioni; capo e collo grigio pallido (non nero), il bianco sulle ali arriva alle remiganti primarie.

● **GALLINA PRATAIOLA** 89
Maschio: Disegno del collo bianco e nero; mostra molto bianco in volo.
Femmina: Collo e capo striati di bruno.

△ **UBARA** 90
La silhouette ricorda un tacchino con coda piuttosto lunga. Piume lunghe cadenti sul collo bianche e nere.

△ **GANGA** 127
Ventre nero e coda meno allungata che nelle altre Pterocli. Orlo nerastro alle ali.

GRANDULE 127
Ventre e sottoala bianchi, coda lunga\appuntita e filiforme.

○ **SIRRATTE** 127
Ventre nero; coda lunga, appuntita e filiforme; orlo chiaro alle ali.

● **OCCHIONE** 91
Atteggiamento gibboso, occhi grandi e chiari, larga barra chiara ad ali chiuse.

Tavola 33

Uccelli di ripa
(vedi anche Tav. 34)

- **CORRIERE GROSSO** — pag. 93
  Banda trasversale sul petto, zampe e base del becco gialli.
- **CORRIERE PICCOLO** — 93
  Più piccolo del C. grosso; zampe carnicine, linea bianca sopra il nero della fronte.
- **FRATINO** — 94
  Nero solo ai lati del petto; zampe nere, sopracciglio non interrotto.
- **PIVIERESSA** — 96
  Estate: Nera di sotto, argentata di sopra.
  Inverno: Forma di Piviere; grigia di sopra.
- **PIVIERE DORATO** — 95
  Estate: Nero di sotto, scuro di sopra; larga fascia bianca ai lati (la forma meridionale è meno nera).
  Inverno: Meno massiccio della Pivieressa, bruno dorato superiormente.
- **PAVONCELLA** — 97
  Lunga cresta, alto petto nero, dorso iridescente.
- **VOLTAPIETRE** — 110
  Estate: Dorso ruggine, disegno della faccia caratteristico.
  Inverno: Banda pettorale scura, zampe arancione.
- ○ **CORRIONE BIONDO** — 92
  Color sabbia sopracciglio ben delineato; lunghe zampe crema.
- **PIVIERE TORTOLINO** — 95
  Stria bianca sopra l'occhio e attraverso il petto/fianchi rossastri; ventre nero.
- **PIOVANELLO PANCIANERA** — 101
  Estate: Dorso rossiccio, macchia nera sul ventre.
- **PIOVANELLO** — 100
  Estate: Becco curvo, piumaggio rossiccio.
- ○ **FALAROPO BECCOLARGO** — 111
  Femmina in estate: Rossastra di sotto, guance bianche.
  Maschio in estate: Colori più confusi.
- ○ **FALAROPO BECCOSOTTILE** — 111
  Femmina in estate: Collo rosso, gola bianca.
  Maschio in estate: Colori più confusi.

Tavola 34

Pivieri e Voltapietre in volo
(vedi anche Tav. 33)

- **CORRIERE GROSSO** pag. 93
  Prominente barratura alare; coda scura con bordi bianchi.
- **CORRIERE PICCOLO** 93
  Si distingue dal C. grosso per la mancanza di barra alare e per la voce.
- **FRATINO** 94
  Bruno sabbia di sopra; lati della coda bianchi.
- **PIVIERESSA** 96
  Estate: Parti inferiori nere, bianco sulle ali e sul groppone.
  Inverno: Ascellari nere, bianco sulle ali e sul groppone.
- **PIVIERE DORATO** 95
  Estate: Parti inferiori nere, senza bianco superiormente.
  Inverno: Mancanza di segni particolari, sia sopra che sotto.
- **PIVIERE TORTOLINO** 95
  Faccia bianca. Barra chiara attraverso il petto, parti inferiori scure. Il ventre è più chiaro d'inverno.
- **PAVONCELLA** 97
  Bianca e nera, ali molto larghe e arrotondate.
- **VOLTAPIETRE** 110
  Disegno da "arlecchino".

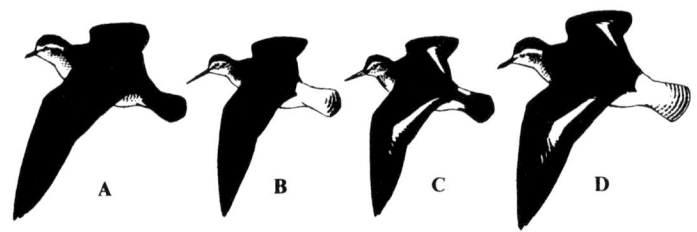

DISEGNI TIPICI IN VOLO

A. Nessuna barra alare, nessun disegno alla coda.
B. Nessuna barra alare, coda e groppone bianchi.
C. Barra alare, groppone e coda scuri.
D. Barra alare, groppone e coda bianchi.

Tavola 35

Uccelli di ripa rari (principalmente Pivieri)

○ **CHETTUSIA** pag. 96
Vertice nero; "sopracciglio" bianco unito a "V" sulla nuca; macchia scura sul ventre.

PAVONCELLA ARMATA 96
Nera e bianca in modo evidente ad eccezione del dorso bruno.

PIVIERE DI LESCHENHAULT 94
Maschio: Banda rossiccia sul petto; becco pesante. In inverno la banda pettorale è sostituita da chiazze grigiastre solo sui fianchi; marchio facciale sbiadito, sopracciglio bianco.

△ **PAVONCELLA CODABIANCA** 96
Coda bianca, petto scuro, ali notevolmente bianche e nere.

△ **PIVIERE ASIATICO** 95
Nell'epoca delle cove: Simile al Piviere dorato ma è nero sui fianchi e sotto le copritrici caudali; sottoala color cuoio scuro (non bianco). Vedi testo.

CORRIERE AMERICANO 94
Due bande nere attraverso il petto; coda lunga arancione.

△ **FALAROPO DI WILSON** 110
Nella stagione delle cove: Becco sottile, disegno facciale forte, stria castana sul collo.
Non nella stagione delle cove: Si distingue dagli altri Falaropi per il groppone bianco, l'assenza di barratura alare, becco più lungo e più sottile. Paragonare con il Totano zampegialle minore (Tav. 38).

Tavola 36

Grossi uccelli di ripa
(vedi Tav. 37)

- **AVOCETTA** pag. 91
  Becco volto all'insú, dorso bianco e nero.
- **BECCACCIA DI MARE** 90
  Grosse dimensioni, testa nera, becco rosso arancio.
- **CAVALIERE D'ITALIA** 91
  Nero di sopra, bianco di sotto; zampe lunghissime rosa. Entrambi i sessi possono avere i vertici neri o bianchi.
- **PITTIMA REALE** 104
  Estate: Petto castano, becco lungo e diritto, coda nera e barre sui fianchi.
  Inverno: Grigia; becco lungo e diritto, coda nera.
- **PITTIMA MINORE** 104
  Estate: Zampe più corte che in quella reale; becco più volto all'insú, coda barrata.
  Inverno: Grigio bruna.
- **PERNICE DI MARE** 92
  Piuttosto simile ad una Rondine di mare; coda forcuta, groppone bianco, macchia chiara alla gola.
- △ **PERNICE DI MARE ORIENTALE** 92
  Come la P. di mare, ma *nera* (non rossiccia) sotto le ali.
- **CHIURLO** 105
  Becco molto lungo e curvo; nessuna stria sul capo.
- **CHIURLO PICCOLO** 105
  Becco curvo più corto, vertice con strie marcate.
- **CHIURLOTTELLO** 105
  Dimensioni del becco quasi simili a quelle del Chiurlo piccolo, ma il vertice somiglia a quello del Chiurlo. Notare le macchie a forma di cuore sui fianchi.

Tavola 37

Grossi uccelli di ripa in volo
(vedi anche Tav. 36)

- **AVOCETTA** pag. 91
  Nelle parti superiori a disegni bianchi e neri, becco sottile volto all'insú.
- **CAVALIERE D'ITALIA** 91
  Bianco di sotto, ali completamente nere, lunghissime zampe rosa.
- **BECCACCIA DI MARE** 90
  Banda alare e groppone bianchi, testa nera, becco arancio.

  CHIURLO PICCOLO 105
  Becco ricurvo in basso, grosse strie sul vertice. (Sia il C. piccolo che il Chiurlo sono bruni con groppone biancastro ma il primo è più piccolo e più pulito).
- **CHIURLO** 105
  Becco ricurvo molto lungo, nessuna stria marcata sul vertice.
- **PITTIMA MINORE** 104
  Becco lungo leggermente volto all'insú, coda barrata grigiastra, nessuna stria alare.
- **PITTIMA REALE** 104
  Becco molto lungo, coda con larga fascia terminale nera, barra alare e groppone bianchi.

BECCACCE DI MARE

Tavola 38

Limicoli

- **BECCACCINO** pag. 103
  Becco diritto e lungo, vertice e mantello striati.
- **CROCCOLONE** 103
  Più grosso del Beccaccino; più bianco ai lati della coda.
- **FRULLINO** 102
  Più piccolo del Beccaccino; stria centrale del vertice scura. Becco più corto; la coda appuntita è priva di bianco.
- **BECCACCIA** 104
  Massiccia; becco lungo, vertice barrato, parti inferiori barrate.

  PIRO-PIRO PETTOROSSICCIO 103
  Becco da Beccaccino; groppone lungo e bianco; zampe corte.
  Inverno: Grigio.
  Estate: Rossiccio.
- **PIRO-PIRO CULBIANCO** 108
  Molto scuro di sopra; groppone bianco quadrato, zampe scure.
- **PIRO-PIRO BOSCHERECCIO** 108
  Più chiaro e più bruno del P.-p. culbianco; zampe più chiare e giallastre. a volte; forma più snella.
- **ALBASTRELLO** 107
  Ricorda una piccola e più snella Pantana ma ha il becco molto più sottile; zampe molto lunghe. Il bianco sul dorso arriva alle spalle.

  TOTANO ZAMPEGIALLE MINORE 108
  Zampe lunghe giallo brillante, groppone bianco, becco sottile.
- **COMBATTENTE** 102
  Maschio in primavera: Straordinario collare di piume estremamente variabile.
  Maschio in autunno: Parti superiori brunastre a "squame". Vedi testo.
  Femmina: Come il maschio piccolo in autunno.
- **PANTANA** 107
  Zampe lunghe verdastre, dorso e groppone bianchi, testa chiara.
- **PETTEGOLA** 106
  Zampe lunghe rosso arancio, base del becco rossastra.
- **TOTANO MORO** 106
  Adulto in estate: Nerastro, zampe rosso scuro.
  Adulto in inverno: Molto più chiaro della Pettegola; bianco sul dorso; becco più lungo.

Tavola 39

Scolopacidi in volo
(vedi anche Tav. 38)

- **BECCACCINO** pag. 103
  Becco lungo di solito tenuto verso il basso, ali appuntite; bordo della coda biancastro, volo a zig-zag.
- **CROCCOLONE** 103
  Leggermente più grosso del Beccaccino, più bianco sui lati della coda, volo più rettilineo.
- **FRULLINO** 102
  Più piccolo del Beccaccino, becco più corto; assenza di bianco sulla coda; si alza silenziosamente, zigzagando meno.
- **BECCACCIA** 104
  Becco lungo, ali arrotondate, colore foglia morta.
  PIRO-PIRO PETTOROSSICCIO (entrambe le specie) 103
  Becco da Beccaccino; macchia lunga, stretta e bianca sul dorso, bianco al margine posteriore dell'ala.
- **PANTANA** 107
  Groppone lungo e bianco senza stria alare bianca.
- **PETTEGOLA** 106
  Groppone bianco; larga stria bianca al margine posteriore delle ali.
- **TOTANO MORO** 106
  Inverno: Disegno simile alla Pantana, ma macchia bianca più stretta; zampe sporgenti dal corpo.
- **PIRO-PIRO CULBIANCO** 108
  Molto scuro di sopra; groppone bianco, sottoala nerastro.
- **PIRO-PIRO BOSCHERECCIO** 108
  Si distingue dal P.-p. culbianco per aver meno bianco sulla coda e sul groppone; sottoala chiaro.
- ○ **CORRIONE BIONDO** 92
  Color sabbia caldo; primarie nere sopra e sotto
- **PERNICE DI MARE** 92
  Simile ad una Rondine di mare; coda forcuta, bianca alla base.

Tavola 40

Piccoli limicoli

- **PIRO-PIRO PICCOLO** pag. 109
  Macchia sfumata sul petto; "scuote" la coda.
- ○ **FALAROPO BECCOLARGO** 111
  Inverno: Macchia sull'occhio, becco spesso, dorso grigio.
- ○ **FALAROPO BECCOSOTTILE** 111
  Inverno: Macchia sull'occhio, becco sottile, ad ago, dorso striato.
- **PIOVANELLO PANCIANERA** 101
  Inverno: Becco leggermente curvo, fianchi e petto striati.
- ○ **PIOVANELLO VIOLETTO** 101
  Dignitoso; color lavagna; zampe e base del becco gialli.
- **PIOVANELLO TRIDATTILO** 97
  Inverno: Biancastro; "spalline" nere; becco corto.
  Estate: Rossiccio di sopra e sul petto; ventre bianco.
- **PIOVANELLO MAGGIORE** 97
  Inverno: Massiccio, grigio; marginatura chiara alle piume; zampe corte.
  Estate: Inferiormente rossiccio, becco relativamente corto.
- **PIOVANELLO** 100
  Autunno: Grigio; becco curvo, groppone bianco.
- △ **PIRO-PIRO TEREK** 109
  Becco piegato in su, zampe gialle e corte. "Scuote" la coda.
- **PIRO-PIRO PETTORALE** 100
  Netta divisione tra basso e alto petto; dorso striato. Vertice scuro.
- **GAMBECCHIO DI BAIRD** 99
  Petto rossastro, dorso squamato, becco piccolo, zampe nere.
- **PIRO-PIRO FULVO** 102
  Intere parti inferiori fulve; testa piccola, zampe gialle.
- **PIRO-PIRO DORSOBIANCO** 99
  Inverno: Differisce dal Piovanello per le zampe più corte e per il becco più corto e più diritto. Groppone bianco più piccolo.
- **GAMBECCHIO** 98
  Estate: Molto piccolo, color ruggine, zampe nere, becco molto piccolo.
  Autunno: Un "V" chiaro sul dorso, petto biancastro.
- **GAMBECCHIO NANO** 99
  Più grigio del Gambecchio, zampe verdastre o giallastre. Nessun "V".
- ○ **GAMBECCHIO FRULLINO** 101
  "Rattrappito". Becco a base larga; doppio sopracciglio; zampe corte.

Tavola 41

Scolopacidi in volo
(vedi anche Tav. 40)

- **PIOVANELLO PANCIANERA** pag. 101
  Autunno: Grigio-bruno; dimensioni circa del P. tridattilo, ma più scuro, con barra alare meno evidente.
- **PIOVANELLO VIOLETTO** 101
  Color lavagna. Copritrici caudali laterali bianche.
- **PIOVANELLO MAGGIORE** 97
  Inverno: Massiccio; grigiastro, con groppone chiaro barrato.
- **PIOVANELLO** 100
  Autunno: Sembra un elegante P. pancianera, ma ha il groppone bianco.
- **PIOVANELLO TRIDATTILO** 97
  Grigio-perla. Ha la stria alare più evidente che in qualsiasi altro piccolo trampoliere.
- **PIRO-PIRO PICCOLO** 109
  Si riconosce per i battiti d'ala molto corti che, in volo, gli danno un aspetto ad "arco rigido".
- **GAMBECCHIO** 98
  Molto piccolo; debole stria alare, lati della coda grigi.
- **GAMBECCHIO NANO** 99
  Si distingue dal Gambecchio per il colore più grigio e i lati della coda bianchi.
- ○ **FALAROPO BECCOSOTTILE** 111
  Immaturo: A strisce; barra alare grossa e becco sottile.
- ○ **FALAROPO BECCOLARGO** 111
  Inverno: Somiglia al Piovanello tridattilo, ma la stria alare è meno contrastante; becco più spesso di quello del F. beccosottile.
- **PIRO-PIRO PETTORALE** 100
  Bruno scuro. Stria alare debole e stretta. Disegno della coda simile al Piovanello pancianera.
- **OCCHIONE** 91
  Doppia barra alare bianca.
- **COMBATTENTE** 102
  Maschio: Collare rossiccio d'estate; molto variabile. Macchie bianche ovali alla base della coda.

Tavola 42

Limicoli rari (Tringhe)

GAMBECCHIO AMERICANO pag. 99
Il più piccolo dei Piovanelli; becco molto sottile; aspetto accovacciato quando si ciba. Vedi testo.
Nota, un distintivo "*Krii-iit*".

PIOVANELLO SEMIPALMATO 98
Grigiastro-bruno; becco corto e grosso; zampe nerastre. Vedi testo.
Nota, un distintivo "*chewp*" o "*chirrup*".

PIRO-PIRO MACCHIATO 109
Adulto in estate: A macchie come il tordo; becco giallo con punta nera.
Giovani o uccelli d'inverno: Come il Piro-piro piccolo ma con la coda più corta; il petto bianco più nitido in centro; non è striato.

PIRO-PIRO SIBERIANO 100
Non presenta una netta separazione di strisce fra il petto e il ventre. In autunno ha il petto bruno con strisce limitate ai fianchi.

△ **PIRO-PIRO CODALUNGA** 106
Testa piccola, becco corto, occhio a "bottone di scarpa", collo sottile, coda lunga bruna.

PIRO-PIRO SOLITARIO 108
Come il Piro-piro culbianco ma con groppone scuro (non bianco).

TOTANO ZAMPEGIALLE MAGGIORE 107
Forma della Pantana ma con zampe giallo brillante. Più grande del Totano zampegialle minore; becco più lungo e leggermente volto all'insù. Giunture delle zampe più prominenti.

Tavola 43

Stercorari

Gli Stercorari sono uccelli marini che somigliano ai Falchi e che inseguono gli altri uccelli come pirati. Tutti mostrano del bianco sulle ali. Gli adulti delle tre specie più piccole hanno le timoniere centrali (vedi il disegno qui sotto) allungate. Il Labbo e lo Stercorario mezzano si rinvengono nelle fasi chiara, scura ed intermedia. La punta della coda è spesso rotta. Gli immaturi hanno la coda con le timoniere centrali meno allungate e sono difficilissimi da distinguersi tra loro.

△ **STERCORARIO MAGGIORE** pag. 113
Scuro, massiccio; grandi macchie alari; coda tozza.

○ **LABBO** 112
Penne centrali della coda appuntite (lunghezza moderata).

○ **STERCORARIO MEZZANO** 112
Penne centrali della coda lunghe ma grosse (e leggermente arrotolate).
Ampia base alare; fianchi e sottoala dentellati.

○ **LABBO CODALUNGA** 112
Penne centrali della coda molto lunghe, appuntite e flessibili; ali strette; collaretto completamente bianco.

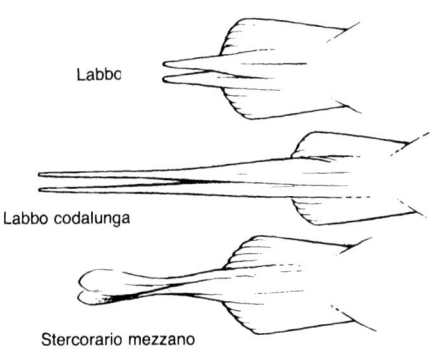

Labbo

Labbo codalunga

Stercorario mezzano

CODE DI STERCORARI ADULTI

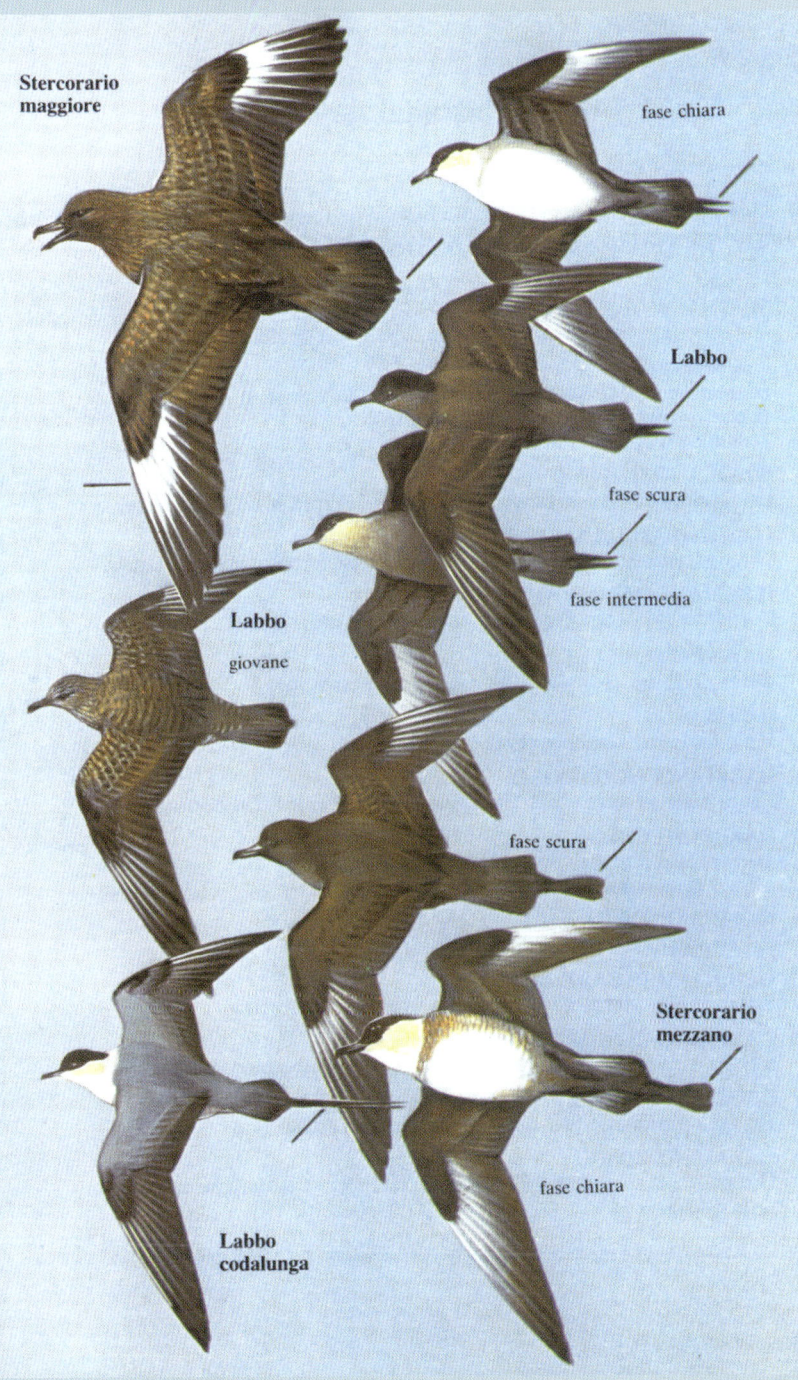

Tavola 44

Gabbiani (adulti)

Nell'identificare i Gabbiani, le caratteristiche da tener presente sono i disegni delle ali (particolarmente la punta delle ali) ed il colore delle zampe.

△ **MUGNAIACCIO** pag. 118
Grandi dimensioni, dorso e ali nere, zampe carnicino.

● **ZAFFERANO** 117
Dimensioni del Gabbiano reale, zampe gialle o arancio.
Forma nordica: Più scura (dorso nerastro).
Forma meridionale: Più chiara (grigio scuro).

△ **GABBIANO GLAUCO** 118
Dimensioni del Mugnaiaccio; primarie bianche; becco e testa pesanti.

△ **GABBIANO D'ISLANDA** 118
Dimensioni del G. reale ma con testa e becco più piccoli; primarie bianche.

GABBIANO D'AVORIO 120
Tutto bianco; zampe nere. Dimensioni del G. tridattilo.

● **GABBIANO REALE** 117
dorso e ali grigi, punta delle ali nera, zampe carnicine.

● **GAVINA** 117
Più piccola del Gabbiano reale; becco e zampe giallo-verdastri.

○ **GABBIANO TRIDATTILO** 119
Punta delle ali nera come "inzuppata nell'inchiostro"; zampe nere.

● **GABBIANO CORSO** 116
Becco rosso pesante con barra scura non sempre visibile; zampe verde oliva. Primarie esterne nere che contrastano con il grigio pallido dell'ala.

● **GABBIANELLO(*)** 114
Ali arrotondate nerastre di sotto.

GABBIANO DI SABINE(*) 115
Primarie più esterne nere; triangolo bianco, coda forcuta.

● **GABBIANO COMUNE(*)** 115
Striscia bianca sulle remiganti primarie; zampe e becco rossi.

● **GABBIANO CORALLINO(*)** 114
Remiganti primarie bianche. Cappuccio nero esteso.

● **GABBIANO ROSEO** 116
Disegno delle ali come nel G. comune, ma il becco è più lungo e cadente; la testa è bianca.

(*) Gli adulti d'inverno perdono il nero sul capo e somigliano agli immaturi (Tav. 45).

Tavola 45

Gabbiani (immaturi)

△ **MUGNAIACCIO** pag. 118
Grandi dimensioni; contrasto maggiore tra il dorso macchiettato e le parti inferiori in confronto ai giovani del Gabbiano reale.

● **ZAFFERANO** 117
Dapprincipio indistinguibile dai giovani del Gabbiano reale, ma l'identificazione è possibile man mano che gli individui crescono.

△ **GABBIANO GLAUCO** 118
Primo inverno: Fulviccio, con primarie biancastre.
Secondo inverno: Tutto molto bianco.
(Il G. d'Islanda ha le stesse sequenze di piumaggio).

● **GABBIANO REALE** 117
Primo inverno: Quasi uniformemente bruno.
Secondo inverno: Più bianco, con larga banda nera alla coda.

● **GAVINA** 117
Si distingue dal Gabbiano reale in secondo inverno per la banda nera più stretta sulla coda bianca. Dimensioni minori. Becco più corto.

○ **GABBIANO TRIDATTILO** 119
Banda diagonale scura attraverso l'ala; collaretto posteriore nero.

● **GABBIANO COMUNE** 115
Macchie scure alle guance, banda caudale scura stretta. Primarie esterne biancastre.

GABBIANO DI SABINE 115
Coda forcuta e disegno dell'ala degli adulti. Senza barra diagonale scura come nel G. tridattilo.

● **GABBIANO CORALLINO** 114
Si distingue dal G. comune per le primarie più esterne nerastre (non biancastre). Si distingue dalla Gavina per la banda caudale stretta.

● **GABBIANELLO** 114
Disegno delle ali come nei Gabbiani tridattili immaturi; ali più arrotondate; manca della barra scura alla nuca; cappuccio scuro.

Tavola 46

Gabbiani e Sterne rari

△ **GABBIANO DEL PALLAS** pag. 113
Grandi dimensioni; banda nera sul becco grande giallo; fronte lunga piatta; banda nera attraverso le primarie bianche.

GABBIANO SGHIGNAZZANTE 114
Adulto: Il mantello scuro sfuma nella punta delle ali nera. In inverno perde il cappuccio nero.
Immaturo: Scuro con *groppone bianco contrastante* e bordo posteriore delle ali bianco.

GABBIANO DI BONAPARTE 115
Adulto all'epoca delle cove: Come un piccolo Gabbiano comune ma con becco *nero* più sottile.
Immaturo: Bordo posteriore scuro sulle ali.
In tutte le età: Primarie bianche inferiormente, con margine posteriore nero.

△ **GABBIANO DI ROSS** 119
Coda graduata; becco nero delicato; senza nero sulla punta delle ali.
Adulto all'epoca delle cove: Colorato di *rosa* inferiormente; *collare* stretto.

GAVINA AMERICANA 116
Adulto: Più piccolo del Gabbiano reale con zampe giallastre o verdastro pallido con *anello nero* che circonda il becco.
Immaturo: Ricorda il Gabbiano reale ma con banda caudale più stretta e di solito (ma non sempre) *ben definita*.

△ **STERNA SCURA** 122
Disegno molto chiaro; nerastro superiormente, bianco inferiormente; con macchia bianca sulla fronte.

Sterne o Rondini di mare

Le Sterne sono di costruzione più slanciata con le ali più strette ed il volo più aggraziato dei Gabbiani. I becchi sono più allungati e appuntiti, solitamente tenuti, in volo, rivolti in basso verso l'acqua. La coda di solito è forcuta. La maggior parte delle Sterne è biancastra con cappuccio nero in estate. Vedi anche Tav. 49.

- **STERNA ZAMPENERE** pag. 120
  Il becco massiccio e nero. La coda grigiastra è solo moderatamente forcuta.

- **BECCAPESCI** 121
  Becco lungo, affilato, nero con punta gialla. Pallido. Cappuccio arruffato.

○ **STERNA MAGGIORE** 121
  Grosse dimensioni; becco pesante scarlatto; "scura" sul lato inferiore delle primarie.

- **STERNA COMUNE o RONDINE DI MARE** 122
  Adulto in estate: Becco rosso arancio con punta nera. Notare superiormente le primarie esterne scure che contrastano con il grigio chiaro del resto delle ali. Dal di sopra le primarie esterne scure contrastano con la macchia semitrasparente sulle primarie interne.
  Giovane: Fronte bianca, spalle scure.

△ **STERNA DEL DOUGALL** 121
  Adulto in estate: Becco per la maggior parte nero; più chiara della S. comune, timoniere esterne più lunghe.
  Giovane: "Spalle più chiare"; più macchiette sulle ali della giovane S. codalunga.

△ **STERNA CODALUNGA** 122
  Adulto in estate: Becco rosso sangue fino alla punta più grigia della S. comune. Superiormente le primarie presentano meno contrasto che nella Sterna comune. Dal di sopra, le timoniere in volo hanno un aspetto trasparente con una bordatura nera ben definita sulla punta delle primarie.
  Giovane: Molto simile a quello della S. comune; vedi testo.

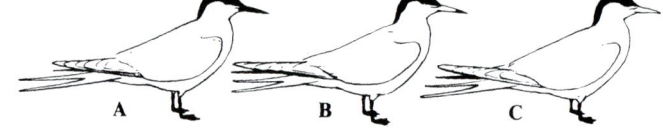

A) *STERNA DEL DOUGALL. La più chiara delle tre; la coda sporge parecchio dalle ali.*
B) *STERNA COMUNE. La coda non sporge dalle ali.*
C) *STERNA CODALUNGA. Più grigia, zampe più corte; coda leggermente più lunga che nella Sterna comune.*

Tavola 48

Fraticello e Mignattini

Ad eccezione del Fraticello, le specie illustrate in questa tavola sono palustri (Mignattini). Vedi anche Tav. 49.

- **FRATICELLO** pag. 123
  Adulto in estate: Piccole dimensioni, becco giallo, fronte bianca.
  Giovane: Piccole dimensioni; margine anteriore delle ali nero.
- **MIGNATTINO PIOMBATO** 123
  Adulto in estate: Ventre scuro, guance bianche.
  Inverno: Più chiaro e più grande del Mignattino; meno nero sulla nuca; mantello e groppone grigio uniforme.
- **MIGNATTINO** 124
  Adulto in estate: Corpo e testa neri, ali grigie.
  Inverno: Si distingue dal M. alibianche per le macchie scure ai lati del collo; banda scura sul margine anteriore dell'ala (non si vede nell'illustrazione); nessun contrasto tra mantello e groppone.
- **MIGNATTINO ALIBIANCHE** 124
  Adulto in estate: Corpo e testa neri, copritrici inferiori delle ali nere; copritrici superiori bianche, coda bianca.
  Inverno: Come il Mignattino ma non ha la macchia scura al collo e la banda scura sul margine anteriore dell'ala. Diversamente dagli altri Mignattini il groppone biancastro "contrasta" col mantello grigio.

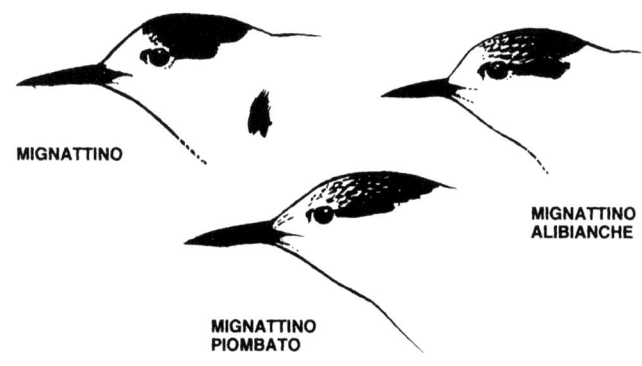

Teste di Mignattini in inverno.

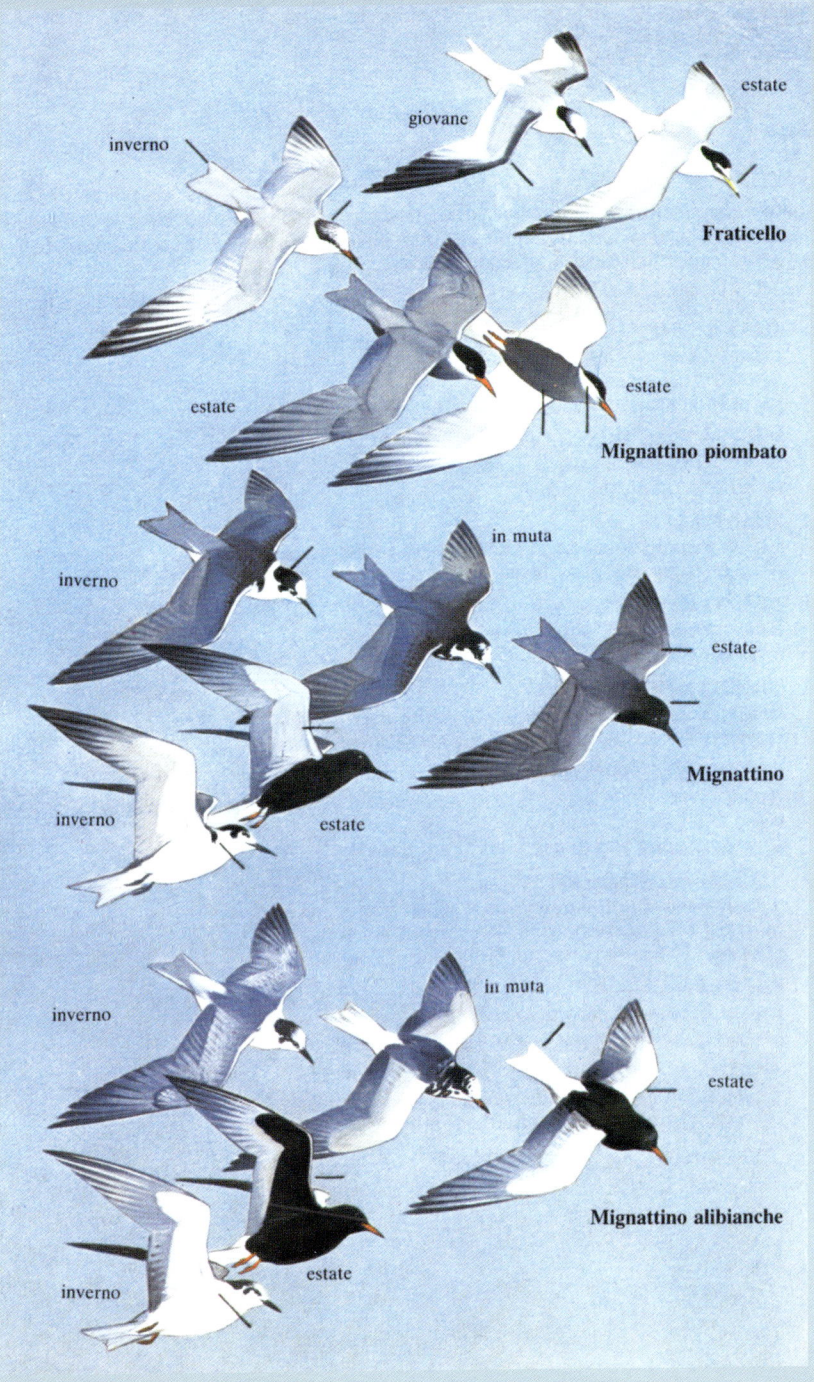

Tavola 49

Teste di Sterne e Mignattini

I becchi sono, nelle Sterne, la principale chiave per il riconoscimento. Tutte le Sterne nella stagione delle cove hanno un cappuccio nero. Nella tarda estate esse cominciano ad avere la fronte bianca tipica del piumaggio invernale.

- **MIGNATTINO** pag. 124
  Estate: Testa completamente nera.
  Inverno: Testa bianca e nera.
  Per il Mignattino alibianche, vedi Tav. 48 e testo.
- **MIGNATTINO PIOMBATO** 123
  Estate: Gola scura, guance bianche.
  Inverno: Vedi testo.
- **FRATICELLO** 123
  Estate: Piccole dimensioni; becco giallo, fronte bianca.
  Immaturo: Piccole dimensioni. (Vedi testo).
- **STERNA COMUNE o RONDINE DI MARE** 122
  Estate: Becco rosso arancio, punta nera.
  Inverno: Macchia nera dall'occhio sino intorno alla nuca.
△ **STERNA CODALUNGA** 122
  Estate: Becco rosso sangue, senza punta nera.
  Inverno: Simile alla S. comune. (Vedi testo).
△ **STERNA DEL DOUGALL** 121
  Estate: Becco per la maggior parte nero (alcuni individui hanno parecchio rosso alla base).
  Inverno: Simile alla S. comune. (Vedi testo).
- **STERNA ZAMPENERE** 120
  Estate: Becco simile a quello del Gabbiano, massiccio e nero.
  Inverno: Macchia auricolare nera, becco massiccio e nero.
  Giovane: Molto simile ad un Gabbiano. (Vedi testo).
- **BECCAPESCI** 121
  Estate: Crestato; becco nero con punta gialla.
  Inverno: Simile, ma con fronte bianca.
○ **STERNA MAGGIORE** 121
  Estate: Grandi dimensioni, grande becco scarlatto.
  Inverno: Grande becco scarlatto, fronte striata.

Tavola 50

Alche

Le Alche sono uccelli marini approssimativamente della forma delle Anatre, con un collo corto e massiccio. Esse hanno un volo vibrato e una posizione caratteristica, con zampe "spalancate", quando stanno per appoggiarsi.

△ **GAZZA MARINA** pag. 125
Adulto: Testa grossa, becco profondo con segno bianco.
Immaturo: Becco più piccolo, con margine curvo.

URIA DI BRÜNNICH 125
Becco più massiccio che nella Uria comune.
Inverno: Il cappuccio nero arriva fin sotto l'occhio.
Estate: Segno chiaro alla mandibola.

● **URIA** 125
Inverno: Linea nera sulle guance bianche.
Estate: Becco snello, testa nera.
La varietà *U. dalle redini* ha un anello bianco intorno all'occhio e una linea bianca dietro a questo.

URIA NERA 126
Inverno: Corpo biancastro, macchie alari grandi e bianche.
Estate: Corpo nero, becco appuntito, grandi macchie alari bianche.

● **PULCINELLA DI MARE** 126
Inverno: Becco triangolare, guance scure.
Immaturo: Becco più piccolo, guance scure.
Estate: Becco triangolare colorato, guance biancastre.

○ **GAZZA MARINA MINORE** 126
Dimensioni di uno Storno, becco corto: forma senza collo.

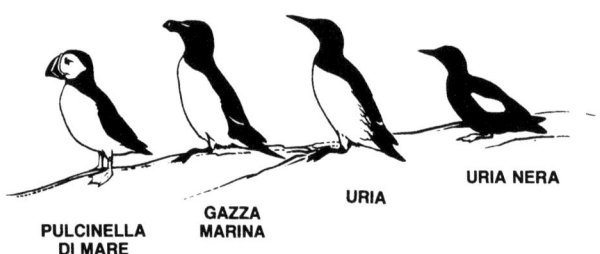

Tavola 51

Columbidi

I termini "piccione" e "tortora" vengono impropriamente usati e spesso scambiati, ma di solito "piccione" si riferisce alle specie più grandi e "tortora" alle più piccole.

- **COLOMBACCIO** pag. 128
  Grosso; macchie bianche sulle ali e sul collo.
- **PICCIONE SELVATICO** 128
  Groppone bianco; due larghe barre nere alle ali. I vari piccioni domestici sono discendenti di questa specie e molti gli assomigliano ancora molto.
- **COLOMBELLA** 128
  Barra corta e nera sulle secondarie; groppone grigio.
- **TORTORA** 129
  Più sottile, dorso rossiccio, coda arrotondata e con punta bianca.
- **TORTORA DAL COLLARE ORIENTALE** 129
  Collare nero; metà inferiore della coda bianca. La T. domestica (*Streptopelia risoria*) è simile, ma ha le parti inferiori caffellatte chiaro e non fulvo vinate grigie, le primarie chiare e non quasi nere.

I Piccioni domestici che discendono dal piccione selvatico hanno una grande varietà di disegni e di colori, ma molti somigliano molto alla razza selvatica.

Tavola 52

Rapaci notturni

Uccelli da preda notturni, con testa grande, occhi grandi posti frontalmente. "Dischi facciali" e volo silenzioso, da "falena".

- **GUFO DELLE NEVI**   pag. 132
  Grande, bianco. Occhi grandi e gialli.
- **BARBAGIANNI**   131
  Faccia a forma di "cuore" o faccia rotonda da "scimmia". Nessuna stria sul petto. Occhi scuri.
  Forma a petto chiaro: Petto bianco.
  Forma a petto scuro: Petto fulvo.
- **GUFO DI PALUDE**   135
  Bruno giallastro; petto striato; paludi.
- **ASSIOLO**   132
  L'unico Gufo molto piccolo con "ciuffi". Grigio bruno marezzato; capo piccolo; ciuffi eretti quando è in allarme.
- **GUFO COMUNE**   134
  Sottile, pesantemente striato, "ciuffi" lunghi eretti quando è in allarme.
- **GUFO REALE**   132
  Molto grande con "grandi ciuffi", color ruggine, con strie e barre.

Vedi anche le illustrazioni degli altri Gufi (Tav. 53).

Tavola 53

Rapaci notturni

I Gufi sono per la maggior parte notturni e perciò raramente ben visibili a meno che non si "scoprano" nei loro luoghi di riposo diurni. È quindi particolarmente importante imparare a conoscere le loro voci, che sono descritte nel testo. Nessuna delle seguenti specie ha "ciuffi".

● **ALLOCCO** pag. 133
Massiccio di struttura, petto striato, occhi neri, piumaggio rossiccio o grigio.

● **CIVETTA** 133
Piccola, macchiata superiormente; sopraccigli bassi che le danno un aspetto "accigliato".

● **CIVETTA NANA** 133
Delle dimensioni di un Frosone, con testa piccola; scuote la coda verso l'alto.

ULULA 132
Contorno facciale marcato di nero, parti inferiori barrate coda lunga.

● **CIVETTA CAPOGROSSO** 135
Si distingue dalla Civetta per il capo più grande, più ampi "sopraccigli", faccia più bianca, dischi facciali più marcatamente delineati.

△ **ALLOCCO DEGLI URALI** 134
Molto grande, striato; faccia "senza linee", occhi piccoli scuri.

ALLOCCO DI LAPPONIA 134
Molto grande, grigio; grande testa rotonda: faccia "con linee concentriche"; occhi piccoli e gialli.

Vedi anche le illustrazioni degli altri Gufi (Tav. 52).

Tavola 54

Ghiandaia marina, Gruccione, Upupa, Martin pescatore, Cuculi e Succiacapre

- **GHIANDAIA MARINA** pag. 139
  Testa e petto azzurro-verde, dorso castano.
- **GRUCCIONE** 138
  Gola gialla, petto verde blu. Superiormente castano e giallo.
- **UPUPA** 139
  Disegno delle ali "bianco e nero"; cresta erettile a ventaglio.
- **MARTIN PESCATORE** 138
  "Accorciato"; blu verde brillante di sopra.
- **CUCULO** 130
  Testa e parte alta del petto grigie, parti inferiori barrate.
  Fase rossiccia della femmina (rara): Barrata di sopra e di sotto.
- **CUCULO DAL CIUFFO** 130
  Cresta, coda lunga bordata di bianco; crema inferiormente, macchiato superiormente.
- **SUCCIACAPRE** 136
  Colore mimetico, "foglia morta" di sopra; fittamente barrato di sotto.
- △ **SUCCIACAPRE COLLOROSSO** 136
  Si distingue dal Succiacapre per la nuca color ruggine; più bianco sulla gola, voce differente e capo più massiccio.

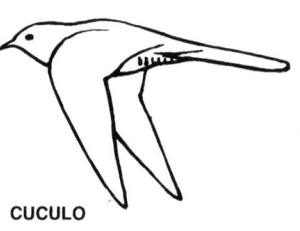

CUCULO

SUCCIACAPRE

Tavola 55

Picchi e Torcicollo

- **PICCHIO ROSSO MINORE** pag. 142
  Dimensioni di un Passero; dorso barrato.
- **PICCHIO ROSSO MEZZANO** 141
  Somiglia al giovane di Picchio rosso maggiore ma le macchie nere sulla faccia non si "uniscono". Nessun bordo nero al vertice rosso.
- **PICCHIO ROSSO MAGGIORE** 141
  Grandi macchie bianche alle scapolari, vertice nero. I giovani hanno il vertice rosso.

  PICCHIO ROSSO DI SIRIA 141
  Come il P. rosso maggiore, ma la barra trasversale sulle guance è assente.
- △ **PICCHIO DORSOBIANCO** 142
  Groppone bianco; ali "barrate".
- △ **PICCHIO TRIDATTILO** 142
  Dorso bianco, fianchi barrati, guance nere.
  Il maschio ha il vertice giallo.
- **PICCHIO NERO** 140
  Dimensioni di un Corvo, nero, il maschio ha una cresta rossa, la femmina solo la nuca.
- **PICCHIO VERDE** 140
  Dorso verdastro, groppone giallastro; faccia scura con larghi e appuntiti "mustacchi". Giovani macchiati.
- **PICCHIO CENERINO** 140
  Testa grigia con stretti "mustacchi" neri.
  Solo il maschio ha il vertice rosso.
- **TORCICOLLO** 139
  Coda lunga; disegno da Succiacapre.

PICCHIO ROSSO MINORE

PICCHIO ROSSO MEZZANO

PICCHIO ROSSO MAGGIORE

PICCHIO DORSO-BIANCO

Tavola 56

Allodole

Uccelli di terra bruni, striati, che cantano in volo. Assomigliano in parte alle Pispole (Tav. 58), ma sono meno slanciati.

- **ALLODOLA** pag. 145
  Leggermente crestata, striata, timoniere esterne bianche.

- **TOTTAVILLA** 145
  Si distingue dall'Allodola per la coda corta senza il margine bianco, i sopraccigli che si incontrano alla nuca, la macchia bianca e nera sul margine dell'ala.

- **CAPPELLACCIA** 144
  Lunga cresta, coda corta con i margini fulvi; *color cuoio* sotto le ali arrotondate.

○ **ALLODOLA GOLAGIALLA** 146
  "Cornetti", macchia facciale e macchia pettorale nere.
  Immaturo: Tracce della macchiatura dell'adulto.

  CAPPELLACCIA DI TEKLA 145
  Molto simile alla Cappellaccia, ma con *grigio* sotto le ali, petto più chiaramente striato; piumaggio leggermente più scuro.

- **CALANDRA** 143
  Grande; grande macchia al collo, becco pesante ali scure con margini posteriori biancastri.

- **CALANDRELLA** 144
  Piccola, pallida; petto chiaro. Le piccole macchie al collo sono talora visibili.

△ **CALANDRINA** 144
  Piccola; petto finemente striato; grigio-bruna.

△ **CALANDRA SIBERIANA** 143
  Vertice rossiccio, macchia alare bianca. (Vedi Zigolo delle nevi).

△ **CALANDRA NERA** 144
  Nera; d'inverno "squamata" di bianco.

△ **ALLODOLA DEL DUPONT** 143
  Becco sottile e ricurvo, sopracciglio molto evidente.

Tavola 57

Rondoni, Balestrucci, Rondini e Topini

- **RONDONE** pag. 137
  Quasi completamente nerastro, coda corta e forcuta.
- **RONDONE PALLIDO** 137
  Più pallido del Rondone, ali esterne e "sella" scure; più bianco sulla gola. Macchia oculare scura.
- **RONDONE ALPINO** 137
  Molto grande; ventre bianco, banda pettorale scura.
- **BALESTRUCCIO** 147
  Macchia bianca sul groppone; parti inferiori bianche.
- **RONDINE** 146
  Coda profondamente forcuta, gola scura.
- **RONDINE ROSSICCIA** 147
  Macchia sul groppone fulviccia; gola pallida.
- **TOPINO** 146
  Dorso bruno, banda attraverso il petto.
- **RONDINE MONTANA** 146
  Dorso bruno, senza banda pettorale; coda quadrata con macchiette bianche quando è tenuta aperta; montagne.

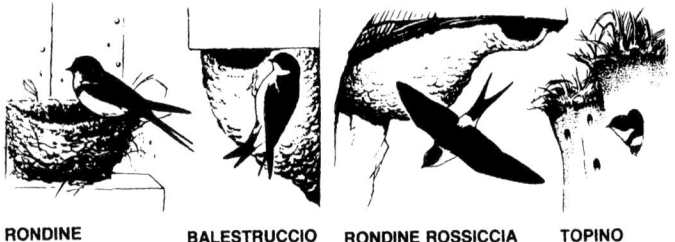

Tavola 58

Pispole, Ballerine e Cutrettole

Le Pispole sono uccelli terrestri striati di bruno con le timoniere esterne bianche o biancastre e lunga unghia al dito posteriore. Somigliano alle Allodole (Tav. 56) ma sono più slanciate.
Ballerine e Cutrettole sono uccelli terrestri a disegno marcato più slanciate e con coda molto più lunga delle Pispole. Alcune Pispole e tutte le Ballerine e Cutrettole fanno "tremare" la coda.
Per ulteriori notizie sulle Cutrettole e le Ballerine vedi Tav. 59.

- **PISPOLA** pag. 149
  Piccola; striata sopra e sotto, timoniere esterne bianche.
- **PRISPOLONE** 149
  Si distingue dalla Pispola per colore più fulvo, meno olivaceo, zampe più rosee.
- **SPIONCELLO e SPIONCELLO MARINO** 150
  Le uniche Pispole con *zampe scure*.
  Spioncello: *Estate:* (montagna) petto rosato senza strie, parti superiori grigiastre, timoniere esterne bianche.
  Inverno: (diffuso) petto biancastro striato, sopracciglio bianco, timoniere esterne bianche.
  Spioncello marino: Scuro; timoniere esterne grigiastre. Coste.
- **CALANDRO** 148
  Sottile; petto senza strie; zampe e coda lunghe.
- ○ **CALANDRO MAGGIORE** 148
  Massiccio, scuro, zampe molto lunghe, petto striato.
- **PISPOLA GOLAROSSA** 149
  Estate: Gola rosso mattone. Variabile.
  Inverno: Si distingue dalla Pispola per strie più forti e più nere e groppone a grosse strie.
- **CUTRETTOLA e CUTRETTOLA TESTAGIALLA** 150
  Parti inferiori gialle, dorso verde oliva.
  Cutrettola testagialla: Testa gialla e oliva.
  Cutrettola: Testa grigio blu come le guance.
- **BALLERINA BIANCA e BALLERINA NERA** 151
  Senza giallo in tutti i piumaggi.
  Ballerina bianca: Dorso grigio; cappuccio e "bavaglino" neri separati.
  Ballerina nera: Dorso nero; cappuccio e "bavaglino" neri uniti.
- **BALLERINA GIALLA** 151
  Parti inferiori gialle, dorso grigio. La coda più lunga di tutte le Ballerine e Cutrettole.
  Maschio in estate: Gola nera.

Tavola 59

Teste di Cutrettole e Ballerine

Gruppo Ballerina bianca: *Motacilla alba* pag. 151

Si riconosce per l'assenza di giallo o di oliva nel piumaggio.

○ **BALLERINA NERA**
M. a. yarrellii. Dorso nero (maschio) o molto scuro (femmina). Cappuccio e "bavaglino" neri riuniti negli adulti. Nidifica nelle Isole Britanniche e spiagge adiacenti al Continente.

● **BALLERINA BIANCA**
M. a. alba. Dorso grigio. Cappuccio e "bavaglino" neri separati. Nidifica nell'Europa continentale.

Gruppo Ballerina gialla: *Motacilla cinerea* 151

Si riconosce per il dorso grigio e parti inferiori gialle.

● **BALLERINA GIALLA**
M. c. cinerea. Maschio in estate: Gola nera, di sotto gialla.
Femmina in estate ed entrambi i sessi in inverno: Gola biancastra, dorso grigio, di sotto gialla.

Gruppo Cutrettola: *Motacilla flava* 150

Dorso verde oliva, parti inferiori gialle.

△ **CUTRETTOLA TESTAGIALLA**
M. f. flavissima. Testa gialla e oliva. Nidifica in Inghilterra ed alcune anche sulle coste adiacenti al Continente.

● **CUTRETTOLA**
M. f. flava. Maschio in estate: Sopracciglio che comincia alle narici. Europa centrale (area non occupata da altre razze).

CUTRETTOLA DI SPAGNA
M. f. iberiae. Maschio in estate: Sopracciglio che parte da dietro l'occhio. Nidifica in Spagna e Portogallo; sta invadendo la Francia meridionale.

● **CUTRETTOLA CAPOCENERINO**
M. f. cinereocapilla. Maschio in estate: Vertice e guance grigi senza sopracciglio. Nidifica: Italia, Corsica, Sardegna, Sicilia, Albania.

● **CUTRETTOLA CAPOSCURO**
M. f. thunbergi. Maschio in estate: Vertice grigio, guance nerastre, senza sopracciglio. Svezia settentrionale e centrale, Finlandia, Norvegia.

● **CUTRETTOLA CAPINERA**
M. f. feldegg. Maschio in estate: Vertice e guance neri, nessun sopracciglio. Balcani, talvolta Austria.

Nota: La sistematica del gruppo della Cutrettola è molto complessa. Alcuni autori classificano le varie forme come vere specie. Ma vi è una intergradazione di caratteri dove le aree di distribuzione si sovrappongono. Individui "mutanti" con l'aspetto di altre razze nidificano con uccelli di aspetto normale. Così uccelli identici alla forma spagnola *M. f. iberiae* della Spagna possono nidificare con delle normali *M. f. feldegg* dei Balcani. Per gli studi d'ordine generale è quindi meglio chiamarle tutte "Cutrettole".

Tavola 60

Culbianchi, Monachelle, Stiaccini, ecc.

- **CULBIANCO** pag. 157
  Maschio in estate: Dorso grigio; groppone bianco; maschera nera.
  Autunno: Bruno di sopra, fulviccio di sotto, groppone bianco.
- **MONACHELLA** 159
  Forma a gola nera: Dorso fulvo, gola nera.
  Forma a gola chiara: Dorso fulvo; maschera nera.
- △ **MONACHELLA DORSONERO** 158
  Dorso nerastro, gola nera.
- **MONACHELLA NERA** 159
  Nera con groppone bianco.
- **CODIROSSO** 156
  Maschio: Coda color ruggine, parti inferiori arancio, bavaglino nero.
  Femmina: Coda color ruggine, petto brunastro.
- **CODIROSSO SPAZZACAMINO** 155
  Maschio: Nero; coda color ruggine.
  Femmina: Color lavagna; coda color ruggine.
- **SALTIMPALO** 156
  Maschio: Testa nera; petto ruggine, macchia bianca sul collo.
  Femmina: Brunastra, con un accenno al disegno del maschio.
- **STIACCINO** 156
  Guance scure con strie bianche, bianco sulla coda.
- **PETTIROSSO** 154
  Faccia e petto arancio. Giovane macchiato e barrato.
- ○ **PETTAZZURRO** 154
  Maschio: Gola blu, macchie arancio sulla coda.
  Femmina: Collare a forma di "U", macchie arancio sulla coda.
- **USIGNOLO** 154
  Dorso bruno, petto senza macchie, coda castana.
- △ **USIGNOLO MAGGIORE** 154
  Più grigio; meno castano sulla coda; petto macchiettato.
- **CODIROSSONE** 159
  Maschio: Testa blu, basso dorso bianco; petto e coda arancio.
  Femmina: Barrata, coda arancio.
- **PASSERO SOLITARIO** 160
  Maschio: Blu lavagna.
  Femmina: Barrata e macchiettata.

Tavola 61

Tordi

● **MERLO** *Maschio*: Tutto nero; becco giallo. *Femmina*: Bruno scuro.	pag. 161
● **MERLO DAL COLLARE** Nero, con mezzaluna bianca sul petto; bordi delle ali chiari.	161
● **CESENA** Testa e groppone grigi, dorso rossiccio.	162
● **TORDO BOTTACCIO** Bruno, con petto a macchie; copritrici inferiori delle ali fulve.	163
● **TORDELA** Più grande e più grigia; macchie arrotondate, copritrici inferiori delle ali bianche.	163
● **TORDO SASSELLO** Fianchi e copritrici inferiori delle ali rossicci; sopracciglio.	163
○ **TORDO DORATO** Disegno a larghe "squame" di sopra e di sotto.	160
△ **CESENA FOSCA** Doppia banda pettorale, sopracciglio. La C. fosca e la C. di Naumann hanno individui a caratteri intermedi; probabilmente sono conspecifici.	162
△ **TORDO GOLANERA** Gola e alto petto neri, in contrasto col bianco delle altre parti inferiori. Il T. golanera e quello golarossa sono razze della medesima specie.	162
△ **TORDO SIBERIANO** *Maschio*: Nerastro, con sopracciglio bianco molto evidente. *Femmina*: Vedi testo. Bruna.	160
TORDO MIGRATORE Petto rosso mattone, testa nerastra, anello oculare interrotto.	164
△ **CESENA DI NAUMANN** Petto rossiccio, ali rossicce. Vedi Cesena fosca.	162
TORDO GOLAROSSA Petto, gola e sopracciglio rossicci. Vedi Tordo golanera.	162
△ **TORDO OSCURO** Alto petto grigio, lati ruggine; sopracciglio.	161

Tavola 62

Silvie

Caratteristiche e habitat   *Canto*

Senza striature sul dorso

- **CANNAIOLA** — pag. 169
Bruna di sopra, bianco fulvo di sotto. Anello palpebrale chiaro. *Canneti e paludi.*
Tendenza a ripetere le frasi 2-3 volte: *cirrac-cirrac-gieg-gieg-gieg*, ecc.

- **CANNARECCIONE** — 169
Grandi dimensioni, sopracciglio. Becco grande. *Canneti.*
Stridente: *karra-karra*, *krik-krik*, *gark-gark*, ecc.

- **CANNAIOLA VERDOGNOLA** — 168
Più oliva della Cannaiola, zampe rosa carnicino, non scure. *"Macchie" umide, fossi.*
Più musicale e variato che nella C., con trilli tipo Canarino, imitazioni, ecc.

- **USIGNOLO DI FIUME** — 164
Parti superiori rossiccio scuro. Tiene la coda sollevata. *"Macchie" dense, fossi con cespugli.*
Un forte ed improvviso scoppio, principalmente una ripetizione di *ciui*.

- **SALCIAIOLA** — 166
Come una grossa Cannaiola, voce come quella del Forapaglie macchiettato. *Paludi.*
Come il trillo meccanico (da mulinello da pesca) del Forapaglie macchiettato, ma più basso e più breve.

- **LOCUSTELLA FLUVIATILE** — 166
Strie sfumate sul petto. *Diffusa nelle "macchie" ed erba folta.*
Note rapide ma calme *ciuf-ciuf* separate più nettamente.

Con striature sul dorso

- **FORAPAGLIE** — 167
Striature, sopracciglio crema. *Canne, cespuglieti umidi.*
Più vario che nella Cannaiola; trilli, cicalecci, imitazioni.

- **FORAPAGLIE CASTAGNOLO** — 166
Dal Forapaglie per "cappuccio" più scuro, sopracciglio più bianco, dorso più ruggine. *Canneti e paludi.*
Ricorda la Cannaiola; più dolce, con frasi che ricordano il *lu-lu* della Tottavilla.

- **FORAPAGLIE MACCHIETTATO** — 165
Parti superiori bruno-oliva macchiettate. *Sottobosco umido, cespugli.*
Suono lungo e meccanico su di una sola nota.

- **PAGLIAROLO** — 167
Stria fulva lungo il vertice. *Paludi aperte, carici*, ecc.
Molto simile a quello del Forapaglie.

- **BECCAMOSCHINO** — 164
Grosse strie sul capo, coda corta. *Paludi, terreni coltivati.*
Canta in volo: *zip... zip... zip*, ecc.

Senza striature sul dorso

Cannareccione

Cannaiola

Cannaiola verdognola

Usignolo di fiume

Salciaiola

Locustella fluviatile

Con striature sul dorso

Forapaglie

Forapaglie castagnolo

Forapaglie macchiettato

Pagliarolo

ZIP···ZIP···ZIP···ZIP···ZIP···ZIP···

Beccamoschino

Tavola 63   # Silvie

Principalmente genere *Sylvia*. Con segni distintivi e "cappuccio"

Caratteristiche e habitat	Canto	
● **CAPINERA** Cappuccio nero sino all'occhio nel ♂ bruno nella ♀. *Vegetazione bassa e alberi.*	Note ricche e gorgheggianti più variate del Beccafico.	pag. 174
● **BIGIA GROSSA** Cappuccio nero fino sotto l'occhio bianco. *Boschi, frutteti e coltivazioni di alberi vari.*	Gorgheggio dolce (tipo Tordo); le frasi ripetute 4-5 volte.	173
● **OCCHIOCOTTO** Cappuccio nero fin sotto l'occhio; fianchi grigi\solleva la coda. *Diffuso nelle "macchie" asciutte, cespugli.*	Ricorda la Sterpazzola; più lungo con uno "staccato" *cia-cia-cia-cia.*	172
● **STERPAZZOLA** Gola bianca, rossiccio fulvo sulle ali. *Cespugli, rovi.*	Breve, accelerato gorgheggio, spesso in volo nuziale.	174
● **BIGIARELLA** Guance scure, senza fulvo sulle ali. *Siepi, arbusti.*	Rumore di "raganella" su di una sola nota.	174
△ **SILVIA DI RÜPPELL** Gola nera, mustacchio bianco. *Egeo. Cespugli in zone rocciose.*	Come un forte Occhiocotto, con forte "raganellio".	173
● **STERPAZZOLA DI SARDEGNA** Come una piccola Sterpazzola, petto più rosa, guance più scure. *Mediterraneo; Salicornia.*	Breve e simile alla Sterpazzola, più calmo, senza note grattanti.	172
● **STERPAZZOLINA** Petto rosa carico; mustacchio. *Cespugli e radure di boschi.*	Più lento, senza le note dure grattanti dell'Occhiocotto.	172
● **MAGNANINA** Petto vinato scuro; coda sollevata. *Ginestre, bassi cespugli*, ecc.	Cicaleccio musicale con note liquide; ricorda la Sterpazzola.	171
● **MAGNANINA SARDA** Petto lavagna scuro. *Mediterraneo occidentale. Vegetazione bassa.*	Somiglia alla Magnanina, ma è meno aspro. Allarme caratteristico: *zzig.*	171
● **BIGIA PADOVANA** Petto barrato. Barre alari. *Rovi di spine, cespugli.*	Somiglia al Beccafico; più rapido, frasi più brevi.	173
△ **USIGNOLO D'AFRICA** Fulvo; coda grande a ventaglio. *Mediterraneo. Giard. e piantagioni.*	Musicale, disunito; talora ricorda l'Allodola.	153

Silvie

Caratteristiche e habitat	Canto	
● **LUÌ GROSSO** "Più nitido" del Luì piccolo e (di solito) zampe più chiare. *Cespugli, piccoli alberi.*	Una liquida cascata musicale, discendente, con fioritura finale.	pag. 178
● **LUÌ PICCOLO** "Più sporco" del Luì grosso, zampe scure. *Boschi, alberi, cespugli.*	*Ciff-ciaff-ciff-ciff-ciaff* deliberatamente ripetuto.	178
△ **LUÌ BOREALE** Barra alare semplice, zampe chiare, becco grande. *Foreste e arbusti artici.*	Un corto acuto trillo: *ziz-ziz-ziz*. Richiamo: *tssp*.	175
LUÌ VERDASTRO Barra alare, zampe scure, becco debole. *Foreste e boschetti.*	Tintinnio forte e acuto che sfocia in un trillo.	175
△ **LUÌ FORESTIERO** Due barre alari, sopracciglio evidente. *Boschi misti o di conifere.*	Richiamo: *weest*. Per il canto vedi testo.	176
● **LUÌ BIANCO** Groppone giallo; capo chiaro. *Foreste di pini, querceti da sughero.*	Ricorda il trillo del L. verde, più breve, meno serrato.	177
● **LUÌ VERDE** Gola gialla, ventre bianco. *Boschi.*	Una nota ripetuta accelerata in un trillo secco.	177
● **CANAPINO MAGGIORE** Ali lunghe, zampe bluastre. *Europa settentrionale, orientale e centrale; cespugli.*	Una cascata di note, ciascuna ripetuta; alcune discordanti.	170
● **CANAPINO** Ali corte; zampe brunastre. *Europa di S.O.; cespugli.*	Gorgheggio più prolungato più musicale del C. maggiore.	170
△ **CANAPINO LEVANTINO** Marginatura chiara alle ali; becco grande; *oliveti, querceti.*	Più alto, più lento e più profondo degli altri *Hippolois*.	170
△ **CANAPINO PALLIDO** Color "topo"; ali corte. *Coltivazioni, macchie.*	Vigoroso; ricorda il Forapaglie, ma meno aspro.	169
● **BECCAFICO** Brunastro, senza caratteristiche. Vedi testo. *Boschi, siepi, macchie.*	Dolce, ricorda la Capinera ma più lungo e meno variato.	174

Tavola 65

Silvie rare e Fringillidi

LOCUSTELLA LANCEOLATA   pag. 165
Dorso molto striato; bande di strisce sotto la gola bianca.

LOCUSTELLA DEL PALLAS   165
Dorso molto striato; groppone rossiccio che sfuma nella coda scura. I giovani hanno una banda pettorale color cuoio con alcune striscie chiare.

CANNAIOLA DI BLYTH   167
Più grigia della Cannaiola; becco più lungo; sopracciglio indistinto.

CANAPINO ASIATICO   170
Pallido, color sabbia; color cuoio pallido su petto e fianchi.

LUÌ DI RADDE   176
Più grande del Luì piccolo; lungo, sopracciglio molto evidente; zampe giallastre, parti inferiori bianco-crema.

△ **LUÌ SCURO**   177
Più piccolo del Luì di Radde; più scuro, becco più sottile; auricolari più scuri e sopracciglio più rossiccio.

LUÌ DEL PALLAS   176
Il vertice striato ricorda il Fiorrancino ma è da notare la macchia gialla sul groppone.

PARULA DI BLACKPOOL   202
Autunno: Verdastro opaco; barrature alari notevolmente chiare, dorso striato. Strisce deboli sulle parti inferiori giallastre.
Maschio in primavera: Cappuccio nero e guance bianche. Fittamente striato.

△ **TROMBETTIERE**   200
Becco tozzo rosa; voce inconfondibilmente belante.

ZONOTRICHIA COLLOBIANCO   202
Macchia bianca sulla gola circondata di grigio. Le strisce sulla testa possono essere nere e bianche o color cuoio e "sporche".

Tavola 66

Regolo, Fiorrancino, Merlo acquaiolo, Scricciolo, Rampichini, Picchio muraiolo e Picchi muratori

- **REGOLO** pag. 179
  Minuscolo; vertice arancio o giallo, senza stria definita attraverso l'occhio.
- **FIORRANCINO** 179
  Si distingue dal Regolo per i marcati sopraccigli bianchi e neri; spalle "bronzate".
- **MERLO ACQUAIOLO** 152
  Tozzo; scuro con "bavaglino" bianco, coda corta e sollevata.
- **SCRICCIOLO** 152
  Minuscolo, rotondo, bruno; coda solitamente sollevata.
- **RAMPICHINO ALPESTRE** 186
  Allungato, con becco curvo; bruno striato con groppone rossiccio; parti inferiori bianco argentate.
- **RAMPICHINO** 186
  Quasi identico al R. alpestre, ma i fianchi sono più brunastri. Sicuramente identificabile solo per la voce e l'area di distribuzione (Vedi testo e cartine).
- **PICCHIO MURAIOLO** 185
  Grandi macchie carminie sulle ali molto arrotondate.
- **PICCHIO MURATORE** 185
  Tozzo; coda corta, becco affilato, dorso grigio blu. La forma scandinava è più bianca di sotto.
- **PICCHIO MURATORE CORSO** 184
  Piccolo; sopracciglio bianco; cappuccio nero (maschio). Corsica.

  PICCHIO MURATORE DI ROCCIA 185
  Più chiaro del P. muratore, becco più grande, senza macchie sulla coda. Balcani, Grecia.

Tavola 67

Pigliamosche, Balie, Beccofrusone e Averle

I Pigliamosche sono piccoli uccelli che stanno posati sui rami più alti degli alberi, in posizione "eretta", aspettando che gli insetti passino vicino. Spesso alzano nervosamente la coda.
I Beccofrusoni sono uccelli "leccati", crestati, bruni con punta della coda gialla.
Le Averle sono passeracei col becco adunco e con le abitudini di piccoli Falchi, catturano insetti, topi e uccelletti.

- **PIGLIAMOSCHE** pag. 179
  Senza macchia alare, dorso grigio bruno, petto striato.
- **BALIA NERA** 180
  Maschio: Nero e bianco, larga macchia bianca sull'ala. Come la femmina in inverno.
  Femmina: Dorso bruno, macchia alare bianca.
- **BALIA DAL COLLARE** 180
  Maschio in estate: Collare e groppone bianchi; la grande macchia alare si estende lungo l'ala.
- ○ **PIGLIAMOSCHE PETTIROSSO** 180
  Maschio: Gola arancio, guancia grigia, macchie bianche sulla coda.
  Femmina: Petto fulviccio, macchie bianche sulla coda. (Vedi Stiaccino).
- ○ **BECCOFRUSONE** 151
  Lunga cresta, punta gialla della coda, punta scarlatta delle secondarie.
- **AVERLA MAGGIORE** 188
  Fronte grigio chiaro, sopracciglio bianco.
  Becco sottile; coda lunga; ali corte; bianco sulle scapolari.
- **AVERLA CENERINA** 188
  Fronte nera, becco massiccio, posa più eretta, ali più lunghe.
- **AVERLA PICCOLA** 187
  Maschio: Dorso castano, vertice grigio.
  Femmina: Dorso rossiccio, petto barrato.
- **AVERLA CAPIROSSA** 189
  Adulti: Larghe "spalline" bianche, vertice castano; groppone bianco.
  Giovani: Fittamente barrati; tracce della macchia alare.

  AVERLA MASCHERATA 189
  Si distingue dall'A. capirossa per vertice e groppone neri, fronte bianca e fianchi rossicci.

Cince

Piccoli uccelli con becco corto e tozzo; estremamente attivi, spesso pendono con la testa all'ingiù nella loro indaffarata ricerca del cibo. La maggior parte delle vere Cince (*Parus*) hanno bavaglino nero, guance bianche e vertici neri o bianchi. Nelle vere Cince i sessi sono simili.

- **CINCIALLEGRA** pag. 184
  Stria nera sul ventre.
- **CINCIA MORA** 183
  Macchia bianca sulla nuca.
- **CINCIARELLA** 183
  Vertice blu, parti inferiori giallastre.
- **CINCIA BIGIA** 182
  Cappuccio nero *brillante*, piccolo "bavaglino"; senza marginatura chiara alle ali.
- **CINCIA BIGIA ALPESTRE** 182
  Cappuccio nero *opaco*; zona chiara sulle ali formata dai margini chiari delle penne; voce caratteristica. La forma scandinava è molto più pallida, con le guance più bianche.

  CINCIARELLA AZZURRA 183
  Cappuccio bianco, parti inferiori bianche, molto bianco sull'ala.
- △ **CINCIA DALMATINA** 182
  Grossa, color grigio sporco, becco grosso.

  CINCIA SIBERIANA 182
  Cappuccio bruno, aspetto "impolverato".
- **CINCIA DAL CIUFFO** 183
  Cresta; disegno della faccia "con redini".
- **CODIBUGNOLO** 181
  Stria bianca sul vertice, o testa tutta bianca; coda molto lunga.
- **PENDOLINO** 186
  "Maschera" nera attraverso gli occhi, dorso color ruggine.
- **BASETTINO** 181
  Maschio: "Mustacchi" neri, coda molto lunga.
  Femmina: Senza mustacchi, bruna, coda molto lunga.

Tavola 69

Gazze, Nocciolaia, Gracchi, Ghiandaie, Rigogolo e Storni

- **GAZZA** pag. 190
  Disegno bianco e nero, coda lunga.
- **NOCCIOLAIA** 190
  Bruna con macchiette bianche; sottocoda bianco.
  GAZZA AZZURRA 190
  Ali e coda blu-grigio, cappuccio nero; Spagna, Portogallo.
- **GRACCHIO CORALLINO** 191
  Becco rosso ricurvo, zampe rosse (vedi Tav. 70).
- **GRACCHIO** 191
  Becco giallo più corto, zampe rosse. (Vedi Tav. 70).
- **GHIANDAIA** 189
  Macchia bianca e azzurra sulle ali; groppone bianco.
  GHIANDAIA SIBERIANA 190
  Bruno grigia; rossastra sulle ali e sulla coda.
- **RIGOGOLO** 187
  Maschio: Corpo giallo brillante; coda e ali nere.
  Femmina: Verdastra di sopra; biancastra finemente striata di sotto.
- **STORNO NERO** 193
  Senza macchie; Spagna, Portogallo, Sardegna, Sicilia e Corsica.
- **STORNO** 193
  Piumaggio iridescente finemente macchiettato, becco affilato.
  Giovane: Bruno grigio, coda corta, becco affilato.
- ○ **STORNO ROSEO** 193
  Corpo rosa sporco, cappuccio e ali neri.
  Giovane: Color sabbia, col becco giallo.

Tavola 70

Corvidi

- **GRACCHIO CORALLINO** pag. 191
  Becco rosso sottile; zampe rosse. Montagne; localmente rocce marine (vedi anche Tav. 69).
- **GRACCHIO** 191
  Becco giallo più corto; zampe rosse. Alta montagna (vedi anche Tav. 69).
- **CORNACCHIA GRIGIA** 192
  Dorso e ventre grigi, cappuccio nero.
- **CORNACCHIA NERA** 192
  Tutta nera; becco moderatamente pesante.
- **TACCOLA** 191
  Piccola; becco corto, testa grigia; occhi grigio chiaro.
- **CORVO** 191
  Macchia facciale nuda, becco chiaro; "calzoni" pelosi.
  Giovane: Simile alla Cornacchia nera ma con becco più sottile.
- **CORVO IMPERIALE** 192
  Molto grande; becco massiccio, gola pelosa; coda a forma di cuneo.

Tavola 71

Fringillidi

I Fringillidi (compresi gli Zigoli) hanno *becco massiccio* adatto a rompere l'involucro dei semi. Esistono tre tipi di becco nel gruppo: quello del Frosone e dei Ciuffolotti estremamente massiccio e arrotondato di profilo; il più comune becco "da canarino" della maggior parte delle specie e quello dei Crocieri, le cui mandibole sono incrociate alla punta.

- **FROSONE** pag. 202
  Becco e testa massicci; bande alari bianche, coda corta.
- **FRINGUELLO** 196
  Doppia barra alare bianca, lati della coda bianchi.
  Maschio con vertice grigio-blu, guance e petto rosati.
- **PEPPOLA** 196
  Groppone bianco, spalle e petto color ruggine.
  Il maschio d'estate ha testa e dorso neri.
- **CARDELLINO** 197
  Faccia rossa e bianca, larga banda alare gialla. Sessi simili.
- **VERDONE** 197
  Maschio: Verde; macchie alari e caudali gialle.
  Femmina: Più opaca; macchie gialle opache sulle ali.
- **VENTURONE** 197
  Senza strie; nuca grigia, barre alari verde opaco.
- **LUCHERINO** 198
  Maschio: Vertice e mento neri, giallo sulla coda.
  Femmina: Petto striato; giallo sulla coda.
- **VERZELLINO** 196
  Forme raccolte, becco tozzo; strie, petto giallo, groppone giallo.

La maggior parte dei Fringillidi ha un volo fortemente ondulato.

Fringillidi

- **CIUFFOLOTTO** pag. 201
  Cappuccio nero, groppone bianco, coda tozza.
  Maschio: Petto rosa carminio.
  Femmina: Petto bruno-rosato caldo.
- **FANELLO** 198
  Maschio: Fronte e petto rossi, senza nero al mento.
  Femmina: Striata, testa grigia, dorso più bruno.
- **ORGANETTO** 199
  Fronte rossa, mento nero; barre alari rossicce.
  Il maschio ha il petto rosa.
  ORGANETTO ARTICO 199
  Si distingue dall'Organetto per l'aspetto "brinato" e per il groppone bianco uniforme; barre alari bianche.
- **FANELLO NORDICO** 198
  Fulvo caldo con strie nere; becco giallo d'inverno.
  Il maschio ha il groppone debolmente rosato come l'Organetto.
- △ **CIUFFOLOTTO SCARLATTO** 201
  Maschio: Petto, vertice e groppone rosa carminio. Nessuna barra alare bianca.
  Femmina: Bruno-giallastra, striata; testa rotonda; occhio scuro; barre alari chiare.
- △ **CIUFFOLOTTO DELLE PINETE** 201
  Maschio: Grande, rosato; barra alare bianca, coda lunga.
  Femmina: Bruno-dorata con vertice e groppone più brillanti, barre alari.
- **CROCIERE** 200
  Maschio: Rosso opaco; ali e coda scure, becco incrociato.
  Femmina: Grigio-giallastra; ali e coda scure.
- △ **CROCIERE DELLE PINETE** 200
  Becco molto massiccio. Vedi testo.
- ○ **CROCIERE FASCIATO** 199
  Maschio: Carminio; barre alari bianche, becco incrociato.
  Femmina: Giallastro-oliva; barre alari bianche, striata.

Tavola 73

Passeri, Prunellidi, Zigoli

- **PASSERA OLTREMONTANA** pag. 194
  Maschio: Gola nera, vertice grigio.
  Femmina: Petto grigio bianco sporco, sopracciglio tenue.
- **PASSERA D'ITALIA** 194
  Maschio: Vertice cioccolata, senza strie ai fianchi (una via di mezzo tra la P. oltremontana e la P. sarda).
  Femmina: Simile a quella della P. oltremontana.
- **PASSERA SARDA** 194
  Maschio: Vertice cioccolata, pesanti strie nere.
  Femmina: Come la P. oltremontana, ma con deboli strie ai fianchi.
- **PASSERA MATTUGIA** 195
  Macchia nera sulle guance, vertice cioccolata. Sessi simili.
- **PASSERA LAGIA** 195
  Pallida, vertice striato, macchioline bianche sulla coda, macchia gialla indistinta sul petto.
- **PASSERA SCOPAIOLA** 153
  Striata di bruno; faccia e petto grigi; becco sottile.
- **SORDONE** 153
  Gola bianca, macchiata; lati castani, barre alari.
- ○ **ZIGOLO BOSCHERECCIO** 205
  Estate: Testa bianca e nera, banda color ruggine al petto.
  Inverno: Bruno, con tracce del disegno del capo e della banda pettorale.
- ○ **ZIGOLO DELLE NEVI** 203
  Grandi macchie alari bianche, testa lavata di bruno.
  In estate, il maschio ha testa bianca e dorso nero.
- **FRINGUELLO ALPINO** 195
  Si distingue dallo Zigolo delle nevi per la testa grigia e il mento nero.
- ○ **ZIGOLO DI LAPPONIA** 203
  Maschio in primavera: Faccia e petto neri, nuca color ruggine.
  Femmina e maschio in inverno: Coda corta, nuca color ruggine.
  Immaturi: Stria chiara sul vertice.
- **MIGLIARINO DI PALUDE** 206
  Maschio: Testa e gola nere, mustacchio e collare bianchi.
  Femmina: Striata; strie del mustacchio crema e nere.

Tavola 74

Zigoli

- **STRILLOZZO** pag. 207
  Grande, striato, becco tozzo, senza bianco sulla coda.
- ○ **ZIGOLO MINORE** 206
  Vertice e guance rossicci; nettamente striato di nero.
- **ZIGOLO MUCIATTO** 204
  Strie nere sul capo grigio, ventre e groppone fulvo arancio.
- **ORTOLANO** 205
  Gola gialla, anello palpebrale giallo, testa e petto oliva.
  Immaturo: Striato, becco rosa, anello palpebrale chiaro.
- △ **ORTOLANO GRIGIO** 205
  Si distingue dall'Ortolano per la gola rossiccia, testa grigio-blu.
  Immaturo: Indistinguibile da quello dell'Ortolano.
- **ZIGOLO GIALLO** 204
  Giallastro, con groppone rossiccio.
- **ZIGOLO NERO** 204
  Maschio: Gola nera, disegno della faccia giallo e nero.
  Femmina: Si distingue da quella dello Z. giallo per il groppone bruno-oliva.
- **ZIGOLO TESTANERA** 207
  Maschio: Cappuccio nero, parti inferiori gialle, dorso rossiccio.
  Femmina: Senza strie di sotto; sottocoda giallo brillante, becco alto.
- △ **ZIGOLO DAL COLLARE** 206
  Maschio: Faccia nera, banda castana sul petto giallo, barre alari bianche.
  Femmina: Testa a forti strie, fianchi striati.
- △ **ZIGOLO TESTA ARANCIATA** 223
  Maschio: Testa e petto rossicci, parti inferiori gialle.
- ○ **ZIGOLO GOLAROSSA** 203
  Maschio: Vertice bianco, macchia castana sulla gola.
- △ **ZIGOLO MUCIATTO ORIENTALE** 222
  Maschio: Vertice e guance castane, sopracciglio bianco, mustacchio nero.

ZIGOLO MASCHERATO 222
Maschio: Testa grigio scura, parti inferiori giallo sporco.

ZIGOLO CENERINO 205
Maschio: Testa giallo sporco, corpo e nuca grigiastri.

Tavola 75

Specie occasionali o accidentali

RONDONE CAFRO pag. 137
Stretta macchia bianca sul groppone, coda profondamente forcuta.

SPARVIERO LEVANTINO 71
Superfici inferiori bianche fino alla punta delle ali scura. Occhi rossastri (non gialli). Maschio grigio-blu di sopra, guance grigie.

△ **GRUCCIONE DI PERSIA** 138
Verde con gola arancio-bruciato. Stretta maschera oculare nera bordata di blu superiormente ed inferiormente.

TORTORA DELLE PALME 129
Piumaggio scuro, chiazza frontale sulla gola scura. Molto bluastra sulle ali nella zona carpale.

△ **CUCULO AMERICANO** 131
Mandibola inferiore gialla; grandi macchie bianche sulla coda; primarie castane.

○ **SUCCIACAPRE ISABELLINO** 136
Pallido, più color sabbia del Succiacapre. Senza bianco evidente sulle ali o sulla coda.

Tavola 76

Specie occasionali o accidentali

△ **CUTRETTOLA TESTAGIALLA ORIENTALE** pag. 150
Maschio: Testa gialla; collare posteriore nero.
Femmina: Più bruna; più opaca; manca il collare posteriore nero.

PISPOLA DELLA PECIORA 149
Si distingue dal Prispolone per la voce e le strie chiare sul dorso.

PRISPOLONE INDIANO 148
Più piccolo del Prispolone, dorso più olivaceo con striatura raramente visibile; striato in modo più forte sul petto. Macchia postoculare spesso presente.

△ **BALIA DAL COLLARE "Forma semi-torquata"** 180
Si distingue dalla Balia nera per la presenza di una barra alare bianca superiormente.

△ **MONACHELLA DEL DESERTO** 159
Coda tutta nera; color sabbia superiormente ed inferiormente.

○ **CULBIANCO ISABELLINO** 157
Superiormente grigio-sabbia; coda per la maggior parte nera; becco grande.

△ **CODAZZURRO** 155
Maschio: Blu scuro superiormente; fianchi arancio.
Femmina: Scura, con petto scuro, gola bianca, fianchi arancio.

TORDO DI SWAINSON 160
Molto più piccolo del Tordo; anello oculare, guance e gola fulvo chiaro.

PICCHIO MURATORE DI KRÜPER 184
Marcata macchia pettorale rossiccia-scura.

Tavola 77

Alcune specie naturalizzate

Molte specie esotiche sono state introdotte in tempi diversi in Gran Bretagna e in Europa occidentale o sono fuggite.
Sebbene molto spesso sono state condannate all'insuccesso, alcuni uccelli, come quelli qui illustrati hanno avuto un successo limitato.

- **PARROCCHETTO DAL COLLARE** pag. 130
Un parrocchetto sottile, dalla coda lunga, verde con un becco rosso a uncino. Il maschio ha uno stretto anello sul collo.

  ESTRILDA 196
  Un fringillide scuro, sottile, barrato, con *ventre rosso, becco rosso* e guance bianche.
  Gli immaturi hanno il becco nero.

  OCA EGIZIANA (o del Nilo) 53
  Macchia oculare color cioccolata e macchia scura sulla parte inferiore del petto.

  FAGIANO DORATO 84
  Maschio: Inconfondibile, con parti inferiori scarlatte, cresta e groppone dorati.
  Femmina: Simile alla femmina del Fagiano ma con coda più lunga e più fortemente barrata.

  FAGIANO DI LADY AMHERST 84
  Maschio: Inconfondibile, parti inferiori bianche, coda barrata di bianco.
  Femmina: Simile alla femmina del Fagiano dorato (vedi testo).

Nota: Gli uccelli illustrati in questa tavola variano in scala. Vedi testo per le misure.

URIA: *Uria aalge.* Tav. 50
Franc.: Guillemot de Troil. Ingl.: Guillemot. Ted.: Trottellumme. Oland.: Zeekoet. Spagn.: Aráo común. Sved.: Sillgrissla. Nordameric.: Common Murre.

Identificazione: 41 cm. Si distingue dalla Gazza marina *per il becco sottile, appuntito, e per il collo meno grosso*. Le parti superiori della razza settentrionale *U. a. aalge* solitamente sembrano nere, come quelle della Gazza marina, sebbene la testa sia più bruna; la razza meridionale *U. a. albionis* è bruno cioccolato scuro d'estate, grigio bruna d'inverno. La forma "dalle redini" abbastanza frequente (non è una specie distinta) ha uno stretto anello bianco attorno all'occhio ed una linea bianca che si spinge dietro l'occhio. D'inverno, i lati del capo e della gola sono bianchi come nell'abito invernale della Gazza marina, ma con una evidente *linea nera* che attraversa l'occhio e arriva alle copritrici auricolari. Comportamento come la Gazza marina, ma in volo il collo sembra più fine e più lungo, la coda più corta. Vedi anche Uria di Brünnich.
Voce: Molto rumorosa all'epoca delle cove. Un lungo aspro *aarrr* o *arra*. **Habitat**: Come la Gazza marina. Nidifica in dense colonie sui margini delle rocce scoscese delle scogliere e sulle piatte cime degli scogli isolati, spesso con le Gazze marine e i Gabbiani tridattili. Cartina 178.

URIA DI BRÜNNICH: *Uria lomvia.* Tav. 50
Franc.: Guillemot de Brünnich. Ingl.: Brünnich's Guillemot. Ted.: Dickschnabellumme. Oland.: Kortsnavelzeekoet. Sved.: Spetsbergsgrissla. Nordameric.: Brünnich's Murre.

Identificazione: 41 cm. Molto simile all'Uria comune, ma riconoscibile in tutte le stagioni per il *becco notevolmente più corto e più spesso* (ma molto meno cupo di quello della Gazza marina) e, *a breve distanza*, per la *sottile stria pallida lungo i lati del becco*. D'inverno, anche per il nero del vertice che si estende *parecchio sotto l'occhio*, senza alcuna stria scura attraverso le copritrici auricolari. Le giovani Gazze marine si possono scambiare per delle Urie di Brünnich, ma i becchi sono molto più grossi ed arrotondati. Voce, comportamento e volo come l'Uria.
Habitat: Come l'Uria, ma si porta più in alto mare d'inverno. Nidifica in Islanda, sverna a Sud fino alla Norvegia e occasionalmente alle Faer Oer. Erratica sulle coste meridionali fino alle Isole Britanniche, Francia del Nord, Austria e Cecoslovacchia.

GAZZA MARINA: *Alca torda.* Tav. 50
Franc.: Petit pingouin. Ingl.: Razorbill. Ted.: Tordalk. Oland.: Alk. Spagn.: Alca. Sved.: Tordmule. Nordameric.: Razor-billed Auk.

Identificazione: 40 cm. Nera di sopra, bianca di sotto. Si distingue dalle Urie per la testa piuttosto pesante, collo corto e *becco alto, lateralmente compresso*, incrociato a mezz'altezza da una evidente *linea bianca*. Sembra più piatta dell'Uria, quando nuota, e di solito tiene la *coda all'insù*. Entrambe le specie hanno una linea curva ad ali chiuse ed un'evidente marginatura posteriore bianca, in volo. Gola e lati del capo bianchi negli adulti, in abito invernale. I giovani hanno becco più piccolo senza linea bianca; le giovani Urie hanno becco più lungo ed appuntito ed una caratteristica linea nera che dall'occhio si dirige all'indietro. Socievole, sta posata "in piedi" o "accucciata" insieme alle Urie sulle pareti rocciose in riva al mare.
Voce: Un debole vibrante fischio ed un prolungato grugnito querulo, nei luoghi di nidificazione. **Habitat**: Pesca per la maggior parte del suo tempo nelle acque costiere o poco lontano da queste. Nidifica in colonie, solitamente con le Urie, sugli scogli. Cartina 179.

URIA NERA: *Cepphus grylle.* **Tav. 50**
Franc.: Guillemot à miroir. Ingl.: Black Guillemot. Ted.: Gryllteiste. Oland.: Zwarte zeekoet. Sved.: Tobisgrissla.

Identificazione: 34 cm. Molto più piccola dell'Uria. Si distingue facilmente, d'estate, per il *piumaggio tutto nero, con una larga macchia bianca sulle ali, i piedi rosso brillante.* D'inverno, le parti inferiori sono bianche, e il nero di quelle superiori è fittamente macchiettato di bianco. D'inverno, superiormente, i giovani sono più scuri degli adulti, con le parti bianche indistintamente macchiate di bruno. Comportamento come l'Uria, ma di solito si vede in numero assai ristretto. In acqua, da lontano e d'estate si può scambiare con l'Orco marino, il quale però è molto più grosso e mostra solo una piccola barra bianca ad ali chiuse e, in volo, il *bianco sul margine posteriore* (non anteriore) delle ali. Vedi anche Svassi, d'inverno.
Voce: Un grido molto chiaro, debole, simile a quello del Rondone, durante l'emissione del quale si vede benissimo il rosso brillante dell'interno del becco. **Habitat:** Resta più vicino alla costa di ogni altra Uria, spesso tra le rocce, talvolta in isolotti boscosi. Nidifica singolarmente o in piccoli gruppi sparpagliati in cavità delle coste rocciose a picco. Cartina 180.

GAZZA MARINA MINORE: *Alle alle.* **Tav. 50**
Franc.: Mergule nain. Ingl.: Little Auk. Ted.: Krabbentaucher. Oland.: Kleine alk. Spagn.: Mergulo marino. Sved.: Alkekung. Nordameric.: Dovekie.

Identificazione: 20 cm. Il più piccolo uccello marino invernale, appena più grande di uno storno. Facilmente riconoscibile per la *forma raccolta, "senza collo"* e per il *becco cortissimo.* I sottala nerastri impediscono di confonderla col giovane del Pulcinella di mare o altre gazze, in quanto questi ultimi li hanno pallidi. D'estate, testa, parti superiori nere ed alto petto bruno nerastro, stretta barra alare bianca; parti inferiori bianche. D'inverno, le copritrici auricolari, la gola e l'alto petto divengono bianco sporco.
Voce: Molto rumorosa nei luoghi di nidificazione. Un acuto cicaleccio. **Habitat e distribuzione:** Pelagica e delle acque costiere. Occasionalmente "sbattuta" sulle coste da violente tempeste. Nidifica in vaste colonie nei buchi, tra le rocce delle alte scogliere artiche; occasionalmente tra le montagne. Nidifica nell'Islanda del N. Parzialmente migratoria. D'inverno si spinge a Sud, dall'Artico al Mare del Nord e al N. Atlantico; irregolare nel Canale Inglese; erratica in Finlandia e a Sud sino al Mediterraneo, a Est sino all'Italia.

PULCINELLA DI MARE: *Fratercula arctica.* **Tav. 50**
Franc.: Macareux moine. Ingl.: Puffin. Ted.: Papageitaucher. Oland.: Papegaaiduiker. Spagn.: Frailecillo. Sved.: Lunnefågel.

Identificazione: 30 cm. Facilmente riconoscibile, d'estate, per il *becco triangolare, compresso lateralmente, rosso blu e giallo,* la forma tozza della grossa testa, il piumaggio bianco e nero ed i *piedi arancio brillante.* D'inverno, il becco è un po' più piccolo, ma ancora con la sua forma caratteristica. Le guance sono più grigie. I giovani hanno un becco nerastro molto più piccolo, ma hanno già il tipico disegno della faccia (vedi Tav. 50). In volo, il capo appare grosso e spicca nettamente. Portamento eretto quando sta posato, "accucciato" quando si riposa.
Voce: Solitamente silenzioso, ha una nota grugnente *au* o *arr* quando è vicino al nido.
Habitat: Acque costiere o poco lontane dalla costa. Nidifica in colonie nelle tane dei conigli o delle berte, in buche scavate nel terriccio sulle rocce o sulle isole erbose. Cartina 181.

SIRRATTI e GRANDULE: Pteroclididae

Uccelli terrestri, massicci, a forma di piccione, con zampe e piedi molto corti piumati. Ali e coda lunghe ed appuntite. Volo molto rapido. Andatura da piccione. Sessi dissimili. Estremamente diffidenti. Gregari. Habitat: solitamente deserti e terreni aridi. Rumorosi. Nidificano sul terreno.

GANGA: *Pterocles orientalis*. Tav. 32
Franc.: Ganga unibande. Ingl.: Black-bellied Sandgrouse. Ted.: Sandflughuhn. Oland.: Zwartbuikzandhoen. Spagn.: Ortega. Sved.: Ringflyghöna.

Identificazione: 35 cm. Più grossa della Grandule, ha pressappoco le dimensioni del Sirratte. Se ne distingue, anche in lontananza, per la coda molto meno allungata e per il *ventre distintamente nero*. Il maschio ha il capo grigio sabbia, le parti superiori grigiastre spruzzate di arancio, copritrici alari e remiganti secondarie arancio, gola castana con una macchia nera al di sotto, petto grigio rosato attraversato da una stretta banda nera. La femmina è color sabbia, fittamente macchiata sul capo e sulle parti superiori; la gola è gialla con una macchia nerastra, petto ocra caldo, fittamente macchiato di nero e attraversato da una banda nera.
Voce: Nota usuale un profondo *ciarr-rar-rar*. **Habitat e distribuzione**: Regioni semidesertiche o sassose o ondulate. Nidifica sul terreno. Residente in Spagna e Portogallo. Erratica in Italia, Malta e Germania.

GRANDULE: *Pterocles alchata*. Tav. 32
Franc.: Ganga cata. Ingl.: Pin-tailed Sandgrouse. Ted.: Spiessflughuhn. Oland.: Witbuikzandhoen. Spagn.: Ganga. Sved.: Långstjärtad flyghöna.

Identificazione: 31 cm. A terra somiglia ad una piccola pallida pernice, ma se ne distingue subito per le penne centrali della coda, lunghe, appuntite e filiformi; in volo, anche per le ali lunghe appuntite e per la silhouette "senza collo". Più piccola della Ganga e del Sirratte. Si distingue da entrambi, particolarmente in volo, per il *ventre bianco* e per il *sottala bianco con punta nera*. Il maschio, in piumaggio nuziale, ha le parti superiori grigio brune scure, con grosse macchie giallo limone, copritrici alari castane, vertice grigio, faccia giallo arancio, *mento e gola neri, larga banda pettorale castana*. La femmina ha le parti superiori giallastre, finemente barrate di nero e color lavanda; gola e parti inferiori bianche con due o tre strette bande nere attraverso il petto. Il maschio, d'inverno, somiglia alla femmina ma è senza tinta lavanda. Di solito in stormi molto più grossi che non la Ganga, spesso compiono evoluzioni in massa. Il rapido volo ricorda quello da Piviere dorato. Vedi Ganga, Sirratte e Grandule del Senegal (Accidentali).
Voce: Un forte gracidante *catar-catar*, solitamente in volo. **Habitat e distribuzione**: Pianure aride e polverose, altipiani sassosi, spianate di fango bruciate dal sole, ecc. Nidifica sul terreno. Residente nella Francia meridionale, Spagna, Portogallo. Erratica in Italia, Sicilia e Malta.

SIRRATTE: *Syrrhaptes paradoxus*. Tav. 32
Franc.: Syrrhapte paradoxal. Ingl.: Pallas's Sandgrouse. Ted.: Steppenhuhn. Oland.: Steppenhoen. Spagn.: Ganga de Pallas. Sved.: Stäpphöna.

Identificazione: 35-40 cm. Si distingue per le lunghe, filiformi timoniere centrali (più lunghe che nella Grandule), per la mancanza di bianco sulle ali e per la grossa ed evidente *macchia nera* attraverso il ventre (meno estesa che nella Ganga). Il maschio ha il capo e la gola arancio, con una linea curva grigia dall'occhio giù verso i lati del collo; parti superiori color sabbia, barrate, petto e remiganti primarie grigiastro pallido. La femmina ha uno

stretto bordo nero alla macchia della gola e macchiette nere sul vertice e sul collo, che manca della tinta arancio. Vedi Ganga e Grandule.
Voce: Gli stormi sono molto rumorosi; nota usuale: *kerki* o *kerkerki*. **Habitat e distribuzione**: Regioni sabbiose semidesertiche. Durante le periodiche irruzioni in Europa, si trova sulle coste sabbiose, nelle stoppie, ecc. Capita sporadicamente per tutta l'Europa, a Ovest sino all'Inghilterra (dove, come in Danimarca, ha nidificato) e ha raggiunto le Faer Oer. L'ultima grande invasione è del 1908.

PICCIONI e TORTORE: Columbidae

Uccelli "paffuti", veloci volatori, con teste piccole e voce profonda, caratteristica, "tubante". I termini "piccione" e "colomba" o "colombo" sono usati indifferentemente e generalmente servono per definire le specie più grosse con coda ampia, quadrata o rotonda. Le "tortore", invece, sono le specie più piccole e slanciate, con coda generalmente più lunga, graduata. Sessi simili. Nidificano su alberi o buchi.

PICCIONE SELVATICO: *Columba livia*. Tav. 51
Franc.: Pigeon biset. Ingl.: Rock Dove. Ted.: Felsentaube. Oland.: Rotsduif. Spagn.: Paloma bravia. Sved.: Klippduva.

Identificazione: 32 cm. L'antenato del familiare "Piccione domestico". Riconoscibile dalla Colombella e dal più grosso Colombaccio per il *groppone biancastro, due larghe bande nere proprio attraverso le remiganti secondarie e per il bianco sotto le ali*. La coda ha una banda terminale nera, solitamente con del bianco sulle penne più esterne. Piumaggio grigio blu, più chiaro sul dorso, con riflessi verde lucente e lilla ai lati del collo. Le varietà domestiche vanno dalla forma ancestrale tipica a quelle bianche, cannella e nerastre. Volo più veloce del Colombaccio e di solito più basso.
Voce: Il canto non è distinguibile dall'*u-ru-cuu* del Piccione domestico. **Habitat**: Solitamente in piccolo numero intorno alle coste rocciose marine e nei campi adiacenti. Nel continente e localmente, anche intorno a zone rocciose d'entroterra. Nidifica nei crepacci o nelle grotte tra gli scogli. Le forme domestiche sono abbondanti nelle città e nelle campagne dove nidificano sui fabbricati. Cartina 182.

COLOMBELLA: *Columba oenas*. Tav. 51
Franc.: Pigeon colombin. Ingl.: Stock Dove. Ted.: Hohltaube. Oland.: Holenduif. Spagn.: Paloma zurita. Sved.: Skogsduva.

Identificazione: 32 cm. Notevolmente *più piccola e più scura* del Colombaccio, dal quale facilmente si riconosce, in volo e posata, per *l'assenza di bianco sulle ali e sul collo*. Parti superiori grigio blu più intenso. Macchia verde a riflessi metallici ai lati del collo. Due corte ed interrotte barre alari nere. I giovani non hanno il verde sul collo. Comportamento come il Colombaccio, con il quale spesso si associa d'inverno, ma il volo è più rapido. Il Piccione selvatico ha il groppone bianco caratteristico e due larghe bande alari nere non interrotte.
Voce: Distinguibile da quella del Colombaccio per l'emissione più monotona, la prima sillaba pronunciata con enfasi *uu-ruu-uu*. **Habitat**: Come il Colombaccio, ma preferisce i terreni più aperti ed i parchi con vecchi alberi, anche rocce, dune sabbiose, ecc. Nidifica nei buchi dei vecchi alberi, nelle tane dei conigli, nei fabbricati, ecc. Cartina 183.

COLOMBACCIO: *Columba palumbus*. Tav. 51
Franc.: Pigeon ramier. Ingl.: Woodpigeon. Ted.: Ringeltaube. Oland.: Houtduif. Spagn.: Paloma torcaz. Sved.: Ringduva.

Identificazione: 40 cm. Più grosso degli altri Piccioni, con una *larga banda bianca attraverso l'ala* (evidente in volo) e con un po' di verde a riflessi porporini, con una *piccola macchia bianca su ciascun lato del collo*. I giovani mancano dei segni sul collo. Spesso "erra" in enormi stuoli, d'inverno. Si mischia volentieri ai Piccioni domestici e alle Colombelle. Parte improvvisamente dagli alberi, con frastuono, quando è allarmato. Vedi anche Colombella e Piccione selvatico.
Voce: Profondo e sommesso tubare; una frase ripetuta di cinque note *cu-cu-ruu, cu-cuu*; l'accento sulla seconda sillaba. **Habitat**: Si rinviene un po' dappertutto tranne che nelle regioni senza alberi e nell'estremo Nord. Nidifica sugli alberi, siepi, vecchi nidi, ecc. Cartina 184.

TORTORA DAL COLLARE ORIENTALE: *Streptopelia decaocto*. Tav. 51
Franc.: Tourterelle turque. Ingl.: Collared Dove. Ted.: Türkentaube. Oland.: Turkse tortel. Spagn.: Tórtola turca. Sved.: Turkduva.

Identificazione: 27 cm. Si distingue dalla Tortora per uno stretto semicollare *nero*, sulla parte *posteriore* del collo. Parti superiori bruno sporco pallido; le "spalle" grigio blu pallido sono visibili in volo. Testa e parti inferiori più pallide e più grigie, con una tinta vinata particolarmente sul petto. Vista da sopra, quando è aperta, *la coda* mette in evidenza molto bianco; *di sotto ha la metà terminale bianca*. Le remiganti primarie nerastre contrastano col resto del piumaggio. Occhio rosso scuro. Si distingue dalla Tortora domestica, *S. risoria* (che ha pure un semicollare nero), per la colorazione grigio rosea (e non caffellatte chiaro) e per le remiganti primarie nerastre. In complesso ricorda più la forma di un Colombaccio che di una Tortora.
Voce: Un profondo *cuccuuuuccuccu*, solitamente con l'accento sulla seconda sillaba (la *S. risoria* ha l'accento sulla prima). Richiamo in volo, un nasale *gvii*. **Habitat**: Soprattutto città e villaggi. Nidifica generalmente sul terreno o sugli alberi; localmente sui caseggiati. Cartina 185.

TORTORA: *Streptopelia turtur*. Tav. 51
Franc.: Tourterelle des bois. Ingl.: Turtle Dove. Ted.: Turteltaube. Oland.: Tortelduif. Spagn.: Tórtola común. Sved.: Turturduva.

Identificazione: 27 cm. Più piccola degli altri comuni Columbidi. Si riconosce per la forma molto più allungata e per la *coda graduata, nera con i bordi bianchi*. Parti superiori *rossastre* col centro delle piume nero; macchia a strie bianche e nere ai lati del collo; gola e petto rosato tenue. I giovani mancano delle macchie al collo e della tinta vinata. Solitamente a coppie o in piccoli gruppi. Volo veloce e diritto, col battito delle ali più a scatti che nel Colombaccio. Vedi anche Tortore dal collare orientale, dalle palme e orientale (Accidentali).
Voce: Più delicata e sopita di quella degli altri Piccioni: un ripetuto *turrr-turrr* vibrante; in volo nuziale, anche una specie di suono aspro. **Habitat**: Regioni aperte e cespugliose con siepi incolte e boschetti. Nidifica tra i cespugli, nei frutteti, nei boschetti, ecc. Cartina 186.

TORTORA DELLE PALME: *Streptopelia senegalensis* Tav. 75
Franc.: Tourterelle du Sénégal. Ingl.: Laughing Dove. Ted.: Palmtaube. Oland.: Palmtortel. Sved.: Palmduva.

Identificazione: 25 cm. Una tortora non molto grande con un *collare anteriore*. Capo e collo rosa-vinato, con un *collare chiazzato di nero e bronzo alla base della parte anteriore del collo*; mento più chiaro, ventre e copritrici inferiori della coda bianchi; parti superiori rossiccio scuro, con groppone grigiastro; *le copritrici alari blu grigio pallido sono evidenti in* *volo*; coda nerastra, con punte bianche alle timoniere esterne; zampe e cerchio orbitale carminio. Sessi simili, gli immaturi meno brillanti.

Voce: Un *cuu* rapidamente ripetuto, ciascuna serie con note ascendenti e discendenti.

Habitat e distribuzione: Diffusa intorno e nelle città e villaggi in parte dell'Africa e dell'Asia sud-occidentale, nidifica nei cespugli spinosi, sui piccoli alberi o sui fabbricati. Attualmente nidifica nella Turchia sia asiatica sia europea, erratica in Europa.

PAPPAGALLI: Psittacidae

PARROCCHETTO DAL COLLARE: *Psittacula krameri*. Tav. 77

Franc.: Perruche à collier. Ingl.: Ring-necked Parakeet. Ted.: Halsbandsittiche. Oland.: Halsbandparakiet. Sved.: Halsbandsparakit.

Identificazione: 40 cm. Inconfondibile verde smeraldo con coda molto lunga e becco rosso uncinato. Il maschio ha un collaretto stretto rosso e nero, sessi per il resto simili. Gregario; vola rumorosamente e rapidamente. Richiamo usuale: un grido alto e raspante. Nidifica nei buchi degli alberi, sotto i tetti, ecc. (Asia). Allo stato selvatico in Inghilterra, Scozia e Galles, Trieste.

CUCULI: Culculidae

Uccelli piuttosto allungati, con coda lunga, con due dita in avanti e due all'indietro (rampicanti). Di abitudini per lo più parassitarie; per la nidificazione, le femmine depositano le proprie uova nel nido di altre specie lasciando a queste la cura dei piccoli. Sessi simili.

CUCULO DAL CIUFFO: *Clamator glandarius*. Tav. 54

Franc.: Coucou-geai. Ingl.: Great Spotted Cuckoo. Ted.: Häherkuckuck. Oland.: Kuifkoekoek. Spagn.: Crialo. Sved.: Skatgök.

Identificazione: 39 cm. Facilmente riconoscibile per la *cospicua cresta* (o ciuffo), la lunga coda graduata, grigio scura, con *larghi spazi bianchi ai margini* e le parti superiori brune a *distinte macchie bianche*. Parti inferiori e lati del capo color crema, giallastro sulla gola. Rima palpebrale arancio vivo. I giovani hanno testa nerastra senza cresta; primarie *castano acceso*. Molto rumoroso, ama mettersi in mostra posandosi spesso sugli steccati; in alcuni atteggiamenti somiglia alla Gazza. Volo forte e diritto. Socievole.

Voce: Un chiacchierante *kittera*, *kittera*, *kittera* come una Sterna seguito da note gloglottanti; un aspro crescente *zhri* (che ricorda la Gazza azzurra), un *kark* d'allarme, di tipo corvino, ecc. **Habitat e distribuzione**: Spiazzi dei boschi, oliveti, pianure cespugliose con qualche albero. Generalmente è parassita dei nidi della famiglia dei Corvi, specialmente della Gazza; spesso depone più uova nello stesso nido. Visitatore estivo in Spagna, Portogallo e forse Bulgaria. Ha nidificato nella Francia del Sud. Erratico nell'Europa meridionale, a Nord sino alla Finlandia, Germania, Danimarca, Inghilterra.

CUCULO: *Cuculus canorus*. Tav. 54

Franc.: Coucou gris. Ingl.: Cuckoo. Ted.: Kuckuck. Oland.: Koekoek. Spagn.: Cuco. Sved.: Gök.

Identificazione: 32 cm. Coda lunga, ali piuttosto appuntite ed affilate. In volo, qualche volta, viene confuso con lo Sparviero (il quale ha però ali larghe e *arrotondate*). *La nota di*

richiamo è inconfondibile. Parti superiori e gola blu grigie; parti inferiori biancastre barrate di grigio scuro; coda lunga arrotondata, grigio lavagna, macchiata e terminata di bianco. Zampe gialle. Giovani variabili: parti superiori sia bruno rosso fittamente barrate (come di un Gheppio femmina), sia bruno grigio con barre poco evidenti. Entrambe le forme hanno parti inferiori crema barrate, ed una macchia bianca alla nuca. Qualche volta si possono trovare femmine rossicce, simili ai giovani rosso bruni. Volo diritto; plana prima di posarsi. Solitario al di fuori dell'epoca delle cove.
Voce: Un dolce, penetrante *cuc-cù*, qualche volta le note sono singole o triple. Anche un profondo *hu-hu-hu*. La femmina ha una lunga nota gorgogliante. **Habitat**: Margini dei boschi, campagne cespugliose, ecc., anche in zone senza alberi, localmente in terreni alti e scoperti. Poliandrico e parassita; le uova sono deposte singolarmente in ogni nido, poiché ciascun individuo è parassita di una sola specie. Cartina 187.

CUCULO AMERICANO: *Coccyzus americanus*. Tav. 75
Franc.: Coulicou à bec jaune. Ingl.: Yellow-billed Cuckoo. Ted.: Gelbschnabelkuckuck. Oland.: Geelsnavelkoekoek. Sved.: Gulnäbbad regengök.

Identificazione: 30 cm. Più piccolo e più allungato del Cuculo; bruno opaco superiormente e biancastro di sotto. Segni distintivi sono il *giallo* della mandibola inferiore, le *larghe macchie bianche* in cima alle penne della coda e il *rossiccio* sulle ali, particolarmente evidente in volo. Vedi anche Cuculo americano occhirossi (Accidentali).
Voce: Un rapido gutturale *ke-ke-ke-ke-kekau-kau-kaup-kaup-kaup* (più lento verso la fine). **Habitat e distribuzione**: Boschetti e zone boscose. Una specie erratica dal Nordamerica alle Isole Britanniche, Islanda, Francia, Belgio, Danimarca, Italia.

BARBAGIANNI: Tytonidae

BARBAGIANNI: *Tyto alba*. Tav. 52
Franc.: Chouette effraie. Ingl.: Barn Owl. Ted.: Schleiereule. Oland.: Kerkuil. Spagn.: Lechuza común. Sved.: Tornuggla.

Identificazione: 34 cm. Un gufo con zampe lunghe, molto chiaro, con la faccia bianca. *Parti superiori fulvo dorate*, finemente macchiettate; *parti inferiori bianche senza strie*. Occhi neri. Nessun "ciuffo". Notturno, caccia occasionalmente di giorno. Quando si posa, le lunghe zampe "divaricate" ed il grosso capo sono caratteristici. Volo ondulante, al calar del sole, decisamente da "fantasma". Si nutre soprattutto di piccoli roditori. La forma a petto scuro *T. a. guttata* dell'Europa nord-orientale è più scura di sopra e fulvo carico di sotto.
Voce: Un lungo e selvaggio ghigno; note sibilanti, grugnenti e guaienti qualche volta.
Habitat: Molto legato alle abitazioni umane, nidifica nelle costruzioni rurali, nei campanili, nelle rovine. Frequenta anche parchi con alberi molto vecchi, occasionalmente le rocce. Cartina 188.

GUFI, CIVETTE e ALLOCCHI: Strigidae

Uccelli da preda notturni, con testa grande, faccia appiattita le cui piume formano dei "dischi facciali". Occhi frontali. Becchi adunchi e unghie robuste. Volo silenzioso e solitamente come di "falena". Alcune specie hanno caratteristici ciuffi di piume, "cornetti" o "orecchie". La maggior parte dei Gufi ha occhi grandi e zampe piumate. Sessi solitamente simili. Nidificano in buchi, vecchi nidi o sul terreno.

ASSIOLO: *Otus scops*. **Tav. 52**
Franc.: Hibou petit-duc. Ingl.: Scops Owl. Ted.: Zwergohreule. Oland.: Dwergooruil.
Spagn.: Autillo. Sved.: Dvärguv.

Identificazione: 19 cm. Si riconosce per la combinazione delle piccolissime dimensioni (per un gufo) e dei *"cornetti"* (questi non sempre evidenti). Piumaggio finemente vermicolato e spruzzato di bruno grigio. Ha la testa più piccola e più piatta della Civetta ed è più allungato, con la figura più affilata e coda più lunga. *Il monotono richiamo* è caratteristico. Essenzialmente notturno. Si ciba soprattutto d'insetti.
Voce: Nota usuale, un fischio melanconico, insistentemente ripetuto, *kiu*. **Habitat**: Alberi vicino alle abitazioni umane, piantagioni, giardini, ecc. Anche tra i vecchi fabbricati. Nidifica in buchi, occasionalmente nei vecchi nidi di altri uccelli. Vedi cartina 189.

GUFO REALE: *Bubo bubo*. **Tav. 52**
Franc.: Hibou grand-duc. Ingl.: Eagle Owl. Ted.: Uhu. Oland.: Oehoe. Spagn.: Buho real. Sved.: Berguv.

Identificazione: 65-70 cm. Il più grosso Gufo europeo (il doppio del Gufo comune), con *"orecchie" molto evidenti*, petto fulvo a larghe strie e *grandi occhi arancione*. Parti superiori bruno fulvo, macchiettate di bruno scuro. Cattura prede sino alle dimensioni di un Gallo cedrone. Caccia all'alba e al tramonto. Dorme nelle fenditure delle rocce o nel cavo degli alberi, oppure su di un grosso ramo vicino al tronco. Solitario.
Voce: Un profondo ma breve *hu-hu*, la seconda sillaba spegnendosi lentamente, decrescente, qualche volta seguito da un calmo risolino gutturale. La femmina ha un richiamo simile a quello della volpe. **Habitat**: Promontori rocciosi nelle foreste, crepacci, fianchi delle montagne e steppe aperte. Nidifica nei buchi tra i cespugli e le rocce, nel cavo degli alberi o in vecchi nidi di uccelli da preda. Cartina 190.

GUFO DELLE NEVI: *Nyctea scandiaca*. **Tav. 52**
Franc.: Chouette harfang. Ingl.: Snowy Owl. Ted.: Schneeule. Oland.: Sneeuwuil. Sved.: Fjälluggla.

Identificazione: 52-65 cm. Un gufo *molto grande, bianco, a testa rotonda*, spruzzato o barrato di bruno scuro. Alcuni individui molto più bianchi degli altri. I maschi sono più bianchi delle femmine. Principalmente diurno e solitario. Plana lentamente o saetta rapidamente dietro agli uccelli che gli passano vicino. Cattura prede sino alle dimensioni della Lepre artica e dell'Edredone. Si posa all'aperto appostandosi sulle rocce, sui covoni, sulle dune o qualunque altro punto che faccia da buon posto di osservazione. Compie delle irruzioni dal lontano artico in notevole numero ogni quattro anni o giù di lì. Si riconosce dalla fase bianca del Girfalco per il capo più grosso e arrotondato, per le ali pure arrotondate e per il volo meno potente; dalla forma a petto bianco del Barbagianni, per le dimensioni maggiori, per le parti superiori bianche e per gli *occhi gialli*.
Voce: Di solito silenzioso. Quando nidifica, la nota in volo è un ripetuto forte *krau-au* o un ripetuto *rick*. **Habitat**: Tundra artica e colline nude. Durante le sue irruzioni frequenta la campagna aperta, le dune, le paludi, le coste dei laghi e del mare. Nidifica tra i massi muschiosi della tundra. Cartina 191.

ULULA: *Surnia ulula*. **Tav. 53**
Franc.: Chouette épervière. Ingl.: Hawk Owl. Ted.: Sperbereule. Oland.: Sperweruil. Sved.: Hökuggla.

Identificazione: 35-40 cm. Si distingue dagli altri Gufi per la *coda lunga* e arrotondata, ali piuttosto corte appuntite che in volo gli danno una silhouette da falco e per le parti inferiori

fittamente barrate. Faccia biancastra *con bordi marcati di nero.* Vertice e parti superiori bruno nerastri, barrati di bianco. Caccia principalmente di giorno. Si apposta in osservazione sulla cima di un albero o di un palo telegrafico, spesso in una *posizione inclinata* per niente simile alla comune postura di un gufo e muove frequentemente la coda. Vola basso, "impennandosi" per andarsi a posare. Il volo ricorda quello dello Spaviero. Spesso del tutto indifferente alla presenza dell'uomo.
Voce: *kikikiki* più simile al verso di un falco che di un gufo. Canto: un suono sonoro, profondo e gorgogliante. **Habitat**: Foreste di conifere e boschetti di betulle in zone aperte. Nidifica al riparo delle cime spezzate degli alberi, nei buchi degli alberi, in vecchi nidi di falco, ecc. Cartina 192.

CIVETTA NANA: *Glaucidium passerinum*. Tav. 53
Franc.: Chouette chevêchette. Ingl.: Pygmy Owl. Ted.: Sperlingskauz. Oland.: Dwerguil. Spagn.: Mochuelo chico. Sved.: Sparvuggla.

Identificazione: 16 cm. Il più piccolo rapace notturno europeo, più piccolo di uno storno. Si riconosce per le *dimensioni molto piccole* e per la testa relativamente piccola. Parti superiori bruno scuro macchiettate di bianco crema, parti inferiori bianco grigie striate di nerastro; faccia biancastra con gli occhi gialli e piccoli sotto i "sopraccigli" bianchi. La coda, fittamente barrata di bruno e di biancastro, viene *frequentemente sollevata o addirittura volta verso l'alto.* Comportamento confidente ed attivo. Parzialmente diurna. Caccia e uccide in volo piccoli uccelli. La Civetta è molto più grossa e più chiara con il vertice appiattito. Vedi anche Civetta capogrosso.
Voce: Molto ciarliera. Un fischiante *kiuu kitcick*, ecc. Il canto è un monotono e ripetuto: *uhi... uhi... uhi* come di un Ciuffolotto. **Habitat**: Foreste remote e antiche, generalmente di conifere nelle regioni montagnose. Nidifica nei buchi degli alberi e nei buchi scavati dai picchi. Cartina 193.

CIVETTA: *Athene noctua*. Tav. 53
Franc.: Chouette chevêche. Ingl.: Little Owl. Ted.: Steinkauz. Oland.: Steenuil. Spagn.: Mochuelo. Sved.: Minervauggla.

Identificazione: 21 cm. Riconoscibile per le *piccole dimensioni* e per *l'aspetto a "testa appiattita, quasi schiacciata"*. Parti superiori bruno scure, finemente barrate e macchiettate di bianco. Parti inferiori biancastre a larghe strie brune. La testa piatta, la faccia e gli occhi gialli le danno un aspetto feroce e corrucciato. Si vede spesso di giorno. Se ne sta posata sui pali telegrafici, sulle staccionate, ecc.; si "dondola" e si "inchina" quando è sospettosa. Volo basso e rapido, *fortemente ondulante.* Si nutre soprattutto di insetti e piccoli roditori, meno spesso di piccoli uccelli. Vedi anche Civetta capogrosso.
Voce: Uno stridente, piuttosto lamentevole *cuccuiu* ed un netto abbondante *uirro*, ecc. **Habitat**: Vario, ma generalmente in aperta campagna. Nidifica in alberi cavi, specialmente gelsi e salici capitozzati, e tra le rocce, nei fabbricati, ecc. Vedi cartina 194.

ALLOCCO: *Strix aluco*. Tav. 53
Franc.: Chouette hulotte. Ingl.: Tawny Owl. Ted.: Waldkauz. Oland.: Bosuil. Spagn.: Cárabo. Sved.: Kattuggla.

Identificazione: 37 cm. *Macchiettato e striato; testa grande e rotonda, occhi neri, senza cornetti.* Parti superiori varianti dal bruno caldo al fulvo o al grigiastro. Parti inferiori bruno fulve con grosse strie scure. Dischi facciali bruno grigi. Strettamente notturno. Si nutre principalmente di piccoli roditori, uccelli, insetti, ecc. Si distingue dal Gufo comune per l'aspetto più massiccio, per gli occhi neri e per l'assenza di "ciuffetti". Si distingue dal

Gufo di palude per l'aspetto più scuro, meno giallo fulvo e per gli occhi neri; dal Barbagianni per le dimensioni maggiori e l'aspetto molto più scuro, specialmente sulla faccia e le parti inferiori.
Voce: Un acuto *ke-uick*. Canto: un profondo e musicale *hu-hu-hu*, seguito a una certa distanza da un lungo, tremolante *u-u-u-u*. **Habitat**: Boschi di una certa età, parchi, grandi giardini. Costruisce il nido nei buchi degli alberi, nei vecchi nidi abbandonati da altri uccelli; occasionalmente nei fabbricati e nelle tane dei conigli. Cartina 195.

ALLOCCO DEGLI URALI: *Strix uralensis*. Tav. 53
Franc.: Chouette de l'Oural. Ingl.: Ural Owl. Ted.: Habichtskauz. Oland.: Oeraluil. Sved.: Slaguggla.

Identificazione: 60 cm. Assomiglia a un grande, pallido, con coda lunga Allocco. Colore generale grigio biancastro, a larghe strie brune. Le ali e la coda, piuttosto lunga e arrotondata, sono a larghe barre. Testa arrotondata, senza ciuffi. Dischi facciali grigio biancastri *senza linee*. Occhi *bruno neri*. Comportamento molto simile all'Allocco. L'Allocco di Lapponia è più grande, con occhi *gialli* più piccoli e dischi facciali a fitte linee. L'Allocco è molto più piccolo e più scuro con occhi più grandi.
Voce: Un piuttosto alto, abbaiante *uau... uau... uau...* ad intervalli irregolari ed un aspro *koveck*. Canto: un profondo, crescente e decrescente *oo-hoo*. **Habitat**: Boschi misti, zone alberate e foreste. Nidifica in alberi cavi, occasionalmente in vecchi nidi di altri uccelli da preda. Cartina 196.

ALLOCCO DI LAPPONIA: *Strix nebulosa*. Tav. 53
Franc.: Chouette lapone. Ingl.: Great Grey Owl. Ted.: Bartkauz. Oland.: Laplanduil. Sved.: Lappuggla.

Identificazione: 57 cm. Quasi grande come il Gufo reale, dal quale si distingue facilmente per la *colorazione grigia, il capo molto arrotondato, senza ciuffi* e per la coda più lunga. Il piumaggio è grigio sporco, irregolarmente macchiettato di bianco e di scuro sulle parti superiori, a larghe strie di sotto. Dischi facciali molto grandi e nettamente marcati con linee scure; *macchia scura al mento; occhi notevolmente piccoli e gialli*. In volo ha una caratteristica banda chiara attraverso la base delle primarie. L'Allocco degli Urali è un po' più piccolo e più bruno, con occhi *scuri* e con disco facciale *privo di linee* scure.
Voce: Un *hu-hu-huu* di tono basso e ripetuto a intervalli regolari. Anche un acuto *ke-uick*. **Habitat e distribuzione**: Dense foreste di conifere del Nord. Depone le uova nei vecchi nidi dei grossi rapaci. Residente nelle zone artiche di Norvegia, Svezia e Finlandia. Ha nidificato in Polonia. Negli anni delle "invasioni" si spinge a S. per la maggior parte della Scandinavia, Finlandia, Estonia; occasionalmente Prussia orientale.

GUFO COMUNE: *Asio otus*. Tav. 52
Franc.: Hibou moyen-duc. Ingl.: Long-eared Owl. Ted.: Waldohreule. Oland.: Ransuil. Spagn.: Buho chico. Sved.: Hornuggla.

Identificazione: 35 cm. L'unico gufo di medie dimensioni con *lunghi ciuffi*. Difficile da osservarsi a causa delle abitudini strettamente notturne. Parti superiori spruzzate e macchiettate, fulve e grigio brune; parti inferiori più pallide di sotto. Si distingue dall'Allocco per i lunghi ciuffi (non visibili in volo), la figura più slanciata e gli occhi *gialli* (invece che neri). In volo, le ali e la coda appaiono più lunghe che nell'Allocco; punta delle ali più arrotondata (meno "a dita aperte"). Il Gufo di palude è più massiccio, con ciuffi molto corti e, diversamente dal Gufo comune, plana sovente con le ali a "V" molto aperto. Se ne sta di giorno nel folto in posizione eretta e allungata, su un ramo vicino al tronco principale. Si nutre di piccoli mammiferi, uccelli ed insetti. Occasionalmente si riunisce in piccoli gruppi, d'autunno e d'inverno.

Voce: Un basso e sospirante *u-u-u* molto più lugubre di quello dell'Allocco. Anche parecchie note guaienti e lamentevoli, nonché il "battere delle ali tra di loro". Normalmente silenzioso fuori dalla stagione delle cove. **Habitat**: Foreste di conifere; anche boschetti di conifere; localmente nei boschi cedui. Nidifica in vecchi nidi, ed occasionalmente sul terreno, nel bosco o nella brughiera. Cartina 197.

GUFO DI PALUDE: *Asio flammeus.* **Tav. 52**
Franc.: Hibou des marais. Ingl.: Short-eared Owl. Ted.: Sumpfohreule. Oland.: Velduil. Spagn.: Lechuza campestre. Sved.: Jorduggla.

Identificazione: 37 cm. Caccia all'imbrunire e alla luce del giorno in aperta campagna. In volo assomiglia al Gufo comune (quando nessuno dei due mette in mostra i ciuffi), ma in genere è più pallido e con più macchie. Entrambi hanno una larga macchia scura carpale sulla superficie superiore delle ali che parte dalla base delle primarie; nel Gufo di palude, che ha anche una pallida barratura sulle secondarie, il contrasto è più evidente. Il Gufo di palude ha il *margine superiore dell'ala pallido* e la coda *fittamente barrata*, mentre quella del Gufo comune appare più uniformemente scura. Le parti inferiori sono variabili in entrambi, ma nel Gufo di palude il ventre è *notevolmente più pallido del petto*. Entrambi hanno una piccola macchia carpale scura sul sottoala. Si distingue dal Gufo comune quando sta posato per la testa più rotonda, per i ciuffi quasi invisibili, il colore bruno e l'espressione più feroce. Si posa sul terreno. Volo "rollato": frequenti planate con *ali leggermente alzate*.

Voce: Un alto e starnutito latrato simile a un *ki-oo*. Canto: un ripetuto, profondo *bu-bu-bu*, solitamente durante il circolare volo nuziale. Anche "battere d'ali". **Habitat**: Regioni aperte e paludose, dune sabbiose, colline e lande. Nidifica sul terreno tra l'erica, le canne ed i ciuffi di erba. Cartina 198.

CIVETTA CAPOGROSSO: *Aegolius funereus.* **Tav. 53**
Franc.: Chouette de Tengmalm. Ingl.: Tengmalm's Owl. Ted.: Rauhfusskauz. Oland.: Ruigpootuil. Spagn.: Lechusa de Tengmalm. Sved.: Pärluggla. Nordameric.: Boreal Owl.

Identificazione: 25 cm. Somiglia superficialmente alla Civetta, ma se ne distingue per l'atteggiamento più eretto, per le dimensioni maggiori, per il *capo molto più arrotondato, con dischi facciali più profondi* (non appiattiti sopra gli occhi come nella Civetta). Ha i *bordi* dei dischi facciali *più scuri*; sopraccigli bianchi più larghi, colorazione *bruna più calda*, zampe e piedi piumati bianchi; il vertice finemente macchiato (non striato) di bianco. I giovani sono bruno rossicci con larghi sopraccigli bianchi. Strettamente notturna, tranne che nell'Artico. Se ne sta di giorno tra le conifere. La voce è un segno di riconoscimento.

Voce: Una piuttosto rapida frase di 3-6 note simili, acute ma musicali, *pu-pu-pu* ecc., la nota finale spesso diminuendo di enfasi, qualche volta accelerante sino ad una specie di trillo. Allarme: *ja-uik*. **Habitat**: Foreste di conifere nelle regioni montagnose, localmente in boschi misti. Sverna nelle valli e nei terreni bassi. Nidifica nei buchi dei picchi o in cavità naturali degli alberi. Cartina 199.

SUCCIACAPRE: Caprimulgidae

Uccelli insettivori notturni, con occhi grandi, enorme apertura della bocca, becchi e piedi minuscoli, ali lunghe e code ampie. Piumaggio meravigliosamente mimetico con disegno a "foglia morta". Solitamente passano il giorno immobili sul terreno o appollaiati su un ramo nel senso della lunghezza. Sessi simili. Nidificano sul terreno.

SUCCIACAPRE: *Caprimulgus europaeus*. Tav. 54
Franc.: Engoulevent d'Europe. Ingl.: Nightjar. Ted.: Ziegenmelker. Oland.: Nachtzwaluw. Spagn.: Chotacabras gris. Sved.: Nattskärra.

Identificazione: 26 cm. Meglio riconoscibile per il curioso *canto vibrante* notturno e il volo deciso. Aspetto generale grigio bruno, fittamente picchiettato e barrato di fulvo e bruno scuro, che consente un perfetto mimetismo. La larga testa è appiattita, con becco piccolissimo ed un'apertura boccale molto grande. Coda e ali lunghe. Il maschio ha delle macchie bianche verso la punta delle ali e alla punta delle timoniere esterne. Passa il giorno accoccolato e immobile su un ramo nel senso della lunghezza (occasionalmente anche di traverso) e sul terreno. Si ciba in volo di notte, inseguendo le farfalle notturne silenziosamente. Un rumoroso "batter delle ali tra di loro" si ode frequentemente durante l'epoca delle cove. Vedi anche Succiacapre collorosso e isabellino.
Voce: Richiamo in volo, un soffice e nasale *gu-eck*; allarme, un acuto *quick-quick-quick*. Canto: di notte, un forte rapido vibrare, *in crescendo e in calando* che dura anche per cinque minuti, qualche volta cadendo con poche note chioccianti, *errrrrr... eurrrr*. **Habitat**: Lande, macchie, radure dei boschi e terreni aridi. Depone le uova sul nudo terreno. Cartina 200.

SUCCIACAPRE COLLOROSSO: *Caprimulgus ruficollis*. Tav. 54
Franc.: Engoulevent à collier roux. Ingl.: Red-necked Nightjar. Ted.: Rothalsziegenmelker. Oland.: Moorse nachtzwaluw. Spagn.: Chotacabras pardo. Sved.: Rödhalsad nattskärra.

Identificazione: 31 cm. Somiglia molto al Succiacapre comune, ma se ne distingue per le dimensioni un po' maggiori, la testa più pesante, *il collare fulvo rossastro e la grande macchia bianca alla gola*. In volo sembra più rossiccio e pesante del Succiacapre. *Entrambi* i sessi hanno le macchie bianche sulle ali e le timoniere esterne.
Voce: Il canto (che si ode da lontano) consiste di una sola o di due note incessantemente ripetute *kakack, kakack, kakack* ecc., come un rapido picchiettio su di un legno cavo, fino a 100 note per minuto. **Habitat e distribuzione**: Regioni cespugliose semidesertiche e colline sparse di pini. Depone le uova sul nudo terreno. Visitatore estivo in Spagna e Portogallo meridionale. Ha nidificato nella Francia meridionale. Erratico in Sicilia, Malta, Inghilterra.

SUCCIACAPRE ISABELLINO: *Caprimulgus aegyptius*. Tav. 75
Franc.: Engoulevent d'Egypte. Ingl.: Egyptian Nightjar. Ted.: Ägyptischer Ziegenmelker. Oland.: Egyptische nachtzwaluw. Sved.: Ökennattskärra.

Identificazione: 25 cm. Somiglia da vicino al Succiacapre, ma è *più pallido*, senza le striature nere sul dorso e (nel maschio) senza macchie bianche alle ali e alla coda. Il bianco del vessillo interno delle primarie si dice che sia visibile in volo. Difficile da riconoscersi in libertà.
Voce: Una nota singola e ripetuta *tok, tok, tok*. **Habitat e distribuzione**: Una specie desertica che capita casualmente a Malta ed in Sicilia. È stato segnalato nell'Heligoland e in Inghilterra.

RONDONI: Apodidae

Essenzialmente aerei. Con ali strette e allungate e più a mezzaluna e con coda corta. Volo estremamente rapido. Sessi simili. Nidificano nei buchi.

RONDONE: *Apus apus*. **Tav. 57**
Franc.: Martinet noir. Ingl.: Swift. Ted.: Mauersegler. Oland.: Gierzwaluw. Spagn.: Vencejo común. Sved.: Tornsvala.

Identificazione: 16 cm. Si distingue da tutte le specie della famiglia delle Rondini per il *piumaggio nero fumo*, con il mento biancastro (raramente visibile); *ali lunghe e a mezzaluna stretta*, coda corta e forcuta. Socievole ed esclusivamente aereo. Il rapido instancabile volo è caratteristico, con battito d'ali estremamente rapido. Rumoroso all'epoca delle cove, quando i gruppi urlanti si inseguono selvaggiamente intorno alle cime dei tetti e delle torri, ecc. Vedi anche Rondoni alpino e pallido.
Voce: Un grido stridulo prolungato e penetrante *srii srii scrii*, oppure un trillo rapido vicino al nido o alle caverne in cui ha costruito il nido. **Habitat**: Aereo, si può trovare ovunque, ma specialmente in zone con luoghi adatti alla nidificazione. Solitamente nidifica nei fabbricati sotto le tegole e le grondaie; occasionalmente sulle rocce e le scogliere; sugli alberi, nell'Europa settentrionale. Cartina 201.

RONDONE PALLIDO: *Apus pallidus*. **Tav. 57**
Franc.: Martinet pâle. Ingl.: Pallid Swift. Ted.: Fahlsegler. Oland.: Vale gierzwaluw. Spagn.: Vencejo pálido. Sved.: Blek tornsvala.

Identificazione: 16 cm. In buona luce può essere distinto dal Rondone per la colorazione pallida bruno-lattea; ali esterne più scure delle interne sia superiormente che inferiormente (all'opposto del Rondone); *il mantello scuro crea un distinto effetto di "sella"*; la gola bianca *si estende alla parte superiore del petto, ai lati del collo e alla fronte*; la macchia scura dell'occhio contrasta con la testa pallida. La coda sembra recisa con una stretta biforcazione. Volo più cauto di quello del Rondone, al quale spesso si associa. Voce e habitat simili. Cartina 202.

RONDONE ALPINO: *Apus melba*. **Tav. 57**
Franc.: Martinet alpin. Ingl.: Alpine Swift. Ted.: Alpensegler. Oland.: Alpengierzwaluw. Spagn.: Vencejo real. Sved.: Alpseglare.

Identificazione: 21 cm. *Molto più grosso*, più pallido e più bruno del Rondone, con le *parti inferiori bianche ed una banda pettorale scura*. Le dimensioni sono particolarmente evidenti quando le due specie si osservano insieme. Voce molto diversa. Comportamento e volo come il Rondone, ma plana spesso con le ali molto abbassate. Socievole. Vedi anche Chetura codacuta (Accidentali).
Voce: Ha un forte, crescente e calante trillo in volo; molto più musicale del verso del Rondone, spesso in coro quando rotea intorno ai luoghi ove nidifica. **Habitat**: Soprattutto nelle alte regioni rocciose di montagna; localmente anche sulle scogliere e tra le costruzioni. Costruisce nidi a forma di coppa tra le fenditure delle rocce e sotto le sporgenze dei tetti. Di solito nidifica in colonie. Cartina 203.

RONDONE CAFRO: *Apus caffer*. **Tav. 75**
Franc.: Martinet à croupion blanc. Ingl.: White-rumped Swift. Ted.: Weissburzelsegler. Oland.: Witstuitgierzwaluw. Sved.: Kafferseglare.

Identificazione: 12 cm. Si distingue dal Rondone indiano (Accidentali) per le dimensioni leggermente più grandi, *la macchia bianca sul groppone molto più stretta, e la coda profondamente forcuta*. Nei giovani la macchia sul groppone può essere difficile da notare. Piumaggio altrimenti uniformemente nerastro, più pallido sulla parte inferiore del ventre e con una macchia biancastra sulla gola ben definita. Il canto ha un tono leggermente più profondo di quello del Rondone piccolo. Di solito si associa alla Rondine rossiccia, della quale utilizza i vecchi nidi per nidificare, ma si ciba anche con il Rondone piccolo e può essere quindi facilmente controllato. È una specie tropicale africana che nidifica nella Spagna meridionale dal 1966.

MARTIN PESCATORE: Alcedinidae

MARTIN PESCATORE: *Alcedo atthis*. **Tav. 54**
Franc.: Martin-pêcheur. Ingl.: Kingfisher. Ted.: Eisvogel. Oland.: Ijsvogel. Spagn.: Martin pescador. Sved.: Kungsfiskare.

Identificazione: 16 cm. Inconfondibile. *Parti superiori blu e verde smeraldo* brillanti; gola e macchia al collo bianca; *guance e parti inferiori castane; becco lungo a forma di daga*. Testa grande, corpo raccolto, ali e coda corte; piedi piccoli rosso brillante. Sta posato sempre all'erta, con frequenti scuotimenti del capo e della coda; si tuffa nell'acqua dietro a piccoli pesci ed insetti; occasionalmente fa "lo spirito santo" prima di tuffarsi. Volo normale basso, diritto e rapidissimo. Solitario.
Voce: Un alto, sibilante *cii* o *ci-kii*, rapidamente ripetuto quando è eccitato. Il non frequente canto è un breve trillo simile al richiamo. **Habitat**: Torrenti, fiumi, canali, laghi. D'inverno, anche sulla costa del mare e nelle paludi soggette alla marea. Nidifica in buchi scavati nei banchi sabbiosi dei fiumi, talvolta lontano dall'acqua. Cartina 204.

GRUCCIONI: Meropidae

GRUCCIONE DI PERSIA: *Merops superciliosus*. **Tav. 75**
Franc.: Guêpier de Perse. Ingl.: Blue-cheeked Bee-eater. Ted.: Blauwangenspint. Oland.: Groene Bijeneter. Sved.: Blåkindad biätare.

Identificazione: 30 cm. Facilmente distinguibile dal Gruccione per il *piumaggio quasi uniformemente verde brillante* e senza giallo o bruno sulle parti superiori. Ha una macchia sulla gola *arancio-rame* ma nessuna barratura nera inferiormente. In volo mostra la superficie inferiore delle ali ramata. La parte centrale delle timoniere è più lunga che nel Gruccione. Note di richiamo molto simili ma più rauche. Habitat e comportamento all'epoca delle cove simili. Erratico dall'Africa, Asia, all'Europa meridionale, occidentale, centrale, settentrionale.

GRUCCIONE: *Merops apiaster*. **Tav. 54**
Franc.: Guêpier d'Europe. Ingl.: Bee-eater. Ted.: Bienenfresser. Oland.: Bijeneter. Spagn.: Abejaruco. Sved.: Biätare.

Identificazione: 27 cm. Inconfondibile. I *vividi colori*, il volo planato, il lungo becco ricurvo e le timoniere mediane sporgenti ed appuntite sono molto evidenti anche a grande distanza. Entrambi i sessi hanno *parti superiori castane e gialle*, ali e coda verde blu, *parti inferiori verde blu* con una distinta *gola giallo brillante*. I giovani non hanno le timoniere di mezzo allungate. Comportamento strettamente gregario; spesso si posa sui fili del telegrafo. Volo aggraziato come la Rondine.

Voce: Molto caratteristica; nota usuale, un liquido ma piuttosto squittante *prruik* ripetuto continuamente. **Habitat**: Preferisce la campagna aperta e cespugliosa con pochi alberi, o pali telegrafici, ma capita anche nelle radure del bosco. Nidifica in colonie in buchi scavati nei banchi di sabbia, nelle rovine, in campagna o sui bordi dei fiumi, occasionalmente sul terreno. Cartina 205.

GHIANDAIE MARINE: Coraciidae

GHIANDAIA MARINA: *Coracias garrulus*. Tav. 54
Franc.: Rollier d'Europe. Ingl.: Roller. Ted.: Blauracke. Oland.: Scharrelaar. Spagn.: Carraca. Sved.: Blåkråka.

Identificazione: 30 cm. Un uccello pesante, simile ad una Ghiandaia con un potente becco. Piumaggio *blu azzurro pallido, con dorso castano acceso, ali blu intenso con margini neri* (in volo), coda blu verdastra con le penne centrali brune. Comportamento piuttosto simile ad una Averla, "calandosi" da un ramo esposto o da un filo sugli insetti che passano. Volo forte, occasionalmente planato. Durante il volo nuziale, "picchia" da notevole altezza.
Voce: Un forte, profondo, "corvino" *k-r-r-ak* o *krak-ak* ed un aspro chiacchierio.
Habitat: Foreste rigogliose e campagna aperta con pochi alberi. Nidifica nel cavo e nei buchi degli alberi, rovine, ecc. Cartina 206.

UPUPE: Upupidae

UPUPA: *Upupa epops*. Tav. 54
Franc.: Huppe fasciée. Ingl.: Hoopoe. Ted.: Wiedehopf. Oland.: Hop. Spagn.: Abubilla. Sved.: Härfågel.

Identificazione: 27 cm. Inconfondibile. Entrambi i sessi hanno piumaggio bruno roseo, *coda e ali a grosse barre nere e bianche*, lunga *cresta erettile* terminata di nero (ma che generalmente è tenuta depressa), becco curvo e lungo. Si nutre principalmente sul terreno aperto. Volo svogliato ed ondulante con caratteristico lento movimento delle ali a "farfalla".
Voce: Un basso *pu-pu-pu* che si ode da lontano; anche parecchie note miagolate e grido d'allarme rauco. **Habitat**: Zone boscose ma aperte, frutteti, parchi, ecc. Sverna in zone cespugliose più aperte. Nidifica in vecchi buchi d'albero, occasionalmente tra le rovine. Cartina 207.

PICCHI: Picidae

Uccelli arrampicatori con becco a scalpello, per bucare gli alberi, con piedi robusti (solitamente con due dita in avanti e due indietro, come i Pappagalli); lingua notevolmente lunga, coda corta e rigida che serve da propulsore nell'arrampicarsi sul tronco degli alberi. Volo di solito forte, ma ondulato. Nella maggior parte delle specie i maschi hanno del rosso sul capo. Nidificano in buchi scavati negli alberi.

TORCICOLLO: *Jynx torquilla*. Tav. 55
Franc.: Torcol fourmilier. Ingl.: Wryneck. Ted.: Wendehals. Oland.: Draaihals. Spagn.: Torcecuello. Sved.: Göktyta.

Identificazione: 16 cm. Sebbene imparentato coi picchi, gli atteggiamenti e l'aspetto sono piuttosto di un passeraceo. In distanza sembra *bruno grigio uniforme con parti inferiori più pallide*; da vicino, il piumaggio vermicolato somiglia a quello del Succiacapre. Le parti superiori e la coda piuttosto lunga e arrotondata sono fittamente disegnate di grigio, bruno e fulvo. Le parti inferiori sono più fulvicce con barrature ravvicinate brune. I piedi sono come quelli di un Picchio: due dita in avanti e due indietro. Piume del vertice erettili. Si ode più spesso di quanto non si veda. Si nutre sul terreno, saltellando con la coda sollevata; si posa tra i rami; ma si arrampica sul tronco come il Picchio. Volo ondulato, sembra un'alloloda con coda lunga.

Voce: Un nasale e ripetuto *kiu-kiu-kiu* più forte e meno aspro del simile verso del Picchio rosso minore. **Habitat**: Come il Picchio rosso minore. Nidifica nei buchi degli alberi, tra i mattoni, nelle cassette-nido, ecc. Cartina 208.

PICCHIO CENERINO: *Picus canus*. Tav. 55
Franc.: Pic cendré. Ingl.: Grey-headed Woodpecker. Ted.: Grauspecht. Oland.: Kleine groene specht. Spagn.: Pito cano. Sved.: Gråspett.

Identificazione: 25 cm. Facilmente scambiato per un Picchio verde piuttosto piccolo e grigiastro, ma riconoscibile per *il collo ed il capo grigi*, con una sottile stria nera attraverso l'occhio ed uno *stretto* mustacchio nero. Il maschio ha la fronte rosso brillante (non il vertice). La femmina è senza rosso. I giovani sono più bruni ed hanno i fianchi barrati di bruno. I giovani maschi hanno un po' di rosso in fronte. Comportamento come il Picchio verde. La razza spagnola del Picchio verde ha poco nero sulla faccia e una colorazione grigiastra e può quindi essere confusa con il Picchio cenerino.

Voce: La nota di richiamo assomiglia a quella del Picchio verde ma il canto (la "risata") è molto meno aspro e diviene *progressivamente più profondo e più lento*. "Tambureggia" per lungo tempo, in primavera. **Habitat**: Come il Picchio verde, ma si trova anche localmente nei boschi cedui di montagna, sino al limite degli alberi. Evita generalmente i boschi di conifere. Cartina 209.

PICCHIO VERDE: *Picus viridis*. Tav. 55
Franc.: Pic vert. Ingl.: Green Woodpecker. Ted.: Grünspecht. Oland.: Groene specht. Spagn.: Pito real. Sved.: Gröngöling.

Identificazione: 31 cm. Un grosso picchio con *parti superiori verde scuro*, parti inferiori verde grigio chiaro, vertice carminio, *groppone e basso dorso visibilmente giallo*. Lati del capo e mustacchi neri. Il maschio ha il centro del largo mustacchio nero, di un bel rosso. I giovani sono più pallidi, distintamente macchiati e barrati. Si ciba frequentemente sul terreno, ai nidi di formiche. Salta pesantemente in una posa piuttosto eretta. Volo profondamente ondulante con lunghe pause ad "ali chiuse" tra ogni "impennata". La razza spagnola *P. v. sharpei* ha meno nero sulla faccia e le copritrici inferiori della coda senza barrature. Vedi anche Picchio cenerino.

Voce: Una squillante e molto forte risata. Raramente "tambureggia". **Habitat**: Boschi cedui, parchi, terreni coltivati, zone ad alberi sparsi. Nidifica in buchi scavati negli alberi. Cartina 210.

PICCHIO NERO: *Dryocopus martius*. Tav. 55
Franc.: Pic noir. Ingl.: Black Voodpecker. Ted.: Schwarzspecht. Oland.: Zwarte specht. Spagn.: Pito negro. Sved.: Spillkråka.

Identificazione: 45 cm. Il più grosso Picchio europeo (grosso come un Corvo) con *piumaggio nero uniforme*. Il maschio ha il vertice rosso carminio e leggermente crestato; la

femmina ha il rosso ristretto ad una macchia sulla parte posteriore della testa. Occhi giallo pallido. Becco chiaro. Volo pesante e leggermente ondulante.
Voce: Un forte e fischiante *klia* ed un acuto, grattante *krri-krri-krri-krri*. Canto: solitamente in volo, uno stridente, squillante *ciok-ciok-ciok* che ricorda quello del Picchio verde, ma in genere più lento e più corto. "Tambureggia" occasionalmente, ma molto forte. **Habitat**: Foreste mature di conifere nelle regioni nordiche e montagnose e nei boschi di betulle. Scava dei buchi-nido molto grandi, talvolta a notevole altezza. Cartina 211.

PICCHIO ROSSO MAGGIORE: *Dendrocopos major*. **Tav. 55**
Franc.: Pic épeiche. Ingl.: Great Spotted Woodpecker. Ted.: Buntspecht. Oland.: Grote bonte specht. Sved.: Större hackspett.

Identificazione: 22 cm. Considerevolmente più piccolo del Picchio verde, ma molto più grande del Picchio rosso minore, dal quale si riconosce per il dorso nero con *grandi "spalline" bianche*, e le *copritrici inferiori della coda carminio* (le parti superiori del Picchio rosso minore hanno l'aspetto fittamente barrato). *Barra nera interrotta* attraverso le guance bianche. Parti inferiori bianche senza strie. Il maschio (non la femmina) ha una macchia rossa alla nuca, ma i giovani di entrambi i sessi hanno *l'intero vertice rosso carminio*. Raramente si ciba sul terreno. Vedi anche Picchi dorsobianco, di Siria e rosso mezzano.
Voce: Un forte squittente *cick* o *kik* molto forte e molto più frequente del simile richiamo del Picchio rosso minore. Entrambi i sessi "tambureggiano" rapidamente su dei rami morti che risuonano. **Habitat**: Come il Picchio verde, ma anche nei boschi di pini al Nord. Cartina 212.

PICCHIO ROSSO DI SIRIA: *Dendrocopos syriacus*. **Tav. 55**
Franc.: Pic syriaque. Ingl.: Syrian Woodpecker. Ted.: Blutspecht. Oland.: Syrische bonte specht. Sved.: Syrisk hackspett.

Identificazione: 22 cm. Molto simile al Picchio rosso maggiore (grande, con "spalline" bianche e vertice nero) ma *manca della barra nera trasversale sulle guance*. Il sottocoda è rosso carminio ma più pallido che nel Picchio rosso maggiore. I giovani, a causa del loro vertice rosso, possono scambiarsi per il Picchio rosso mezzano; ma hanno un collare rossiccio e il mustacchio nero raggiunge il becco.
Voce: Più soffice di quella del P.r. maggiore; un calmo *chij, kirrook* (non dissimile dal verso della Gallinella d'acqua). Il canto assomiglia a quello del Picchio rosso mezzano.
Habitat: Come il Picchio rosso maggiore, ma più spesso in terreni coltivati. Cartina 213.

PICCHIO ROSSO MEZZANO: *Dendrocopos medius*. **Tav. 55**
Franc.: Pic mar. Ingl.: Middle Spotted Woodpecker. Ted.: Mittelspecht. Oland.: Middelste bonte specht. Sved.: Mellanspett.

Identificazione: 21 cm. Può venir confuso col Picchio rosso maggiore e con quello di Siria, i quali sono gli unici altri Picchi europei con *"spalline" bianche*. Si riconosce per le dimensioni leggermente minori, per il vertice carminio chiaro piuttosto evidente e leggermente crestato, senza marginatura nera. *I lati del capo bianchi molto evidenti*, hanno dei mustacchi molto stretti, ma nessuna stria nera attraverso l'occhio (testa completamente chiara); le parti inferiori bianche, con i fianchi fittamente striati, *sfumano gradatamente* nel rosso rosa del ventre (anziché contrastare nettamente col carminio del sottocoda come nel Picchio rosso maggiore). Le ali sono a grosse barre nere e bianche, con strette "spalline" bianche come il Picchio rosso maggiore. La femmina è più scura col vertice carminio pallido. Vedi anche Picchio rosso di Siria.
Voce: Somiglia a quella del Picchio rosso maggiore, ma è di tono leggermente più basso e

la prima nota è di solito più acuta *ptik-tiuk-tiuktiuk*. In primavera ha un lento nasale *ueit... ueit* ripetuto scendendo o salendo di scala tonale. "Tambureggia" raramente. **Habitat**: Più o meno come il Picchio rosso maggiore, ma di solito si osserva sui rami alti. Scava il buco per il nido in alto su un albero ceduo. Cartina 214.

PICCHIO DORSOBIANCO: *Dendrocopos leucotos*. **Tav. 55**
Franc.: Pic à dos blanc. Ingl.: White-backed Woodpecker. Ted.: Weissrückenspecht. Oland.: Witrugspecht. Spagn.: Picapuertas dorsiblanco. Sved.: Vitryggig hackspett.

Identificazione: 25 cm. Leggermente più grosso del Picchio rosso maggiore e con testa più chiara. Si riconosce per la combinazione del *dorso e delle "spalline" nero uniforme, con il groppone bianco puro o barrato*. Il maschio ha la fronte biancastra e il vertice, sino alla nuca, scarlatto. Parti inferiori bianche a grosse strie nere, *sfumanti nel carminio* del sottocoda. Ali a grosse strie nere e bianche *senza "spalline" bianche*. La femmina ha il vertice nero. I giovani mostrano tracce di rosso al vertice e al sottocoda. Il Picchio tridattilo è l'unico altro Picchio europeo col dorso bianco, ma è molto più piccolo ed ha il bianco che si estende dalla nuca al groppone.

Voce: Il richiamo, poco frequente, somiglia a quello del Picchio rosso maggiore, ma meno stridente. **Habitat**: Boschi cedui di collina con abbondanza di vecchi alberi marci; localmente nelle dense foreste di conifere; attorno alle città, d'inverno. Nidifica in buchi scavati negli alberi marci. Cartina 215.

PICCHIO ROSSO MINORE: *Dendrocopos minor*. **Tav. 55**
Franc.: Pic épeichette. Ingl.: Lesser Spotted Woodpecker. Ted.: Kleinspecht. Oland.: Kleine bonte specht. Spagn.: Picapuertas menor. Sved.: Mindre hackspett.

Identificazione: 14 cm. Il più piccolo Picchio europeo. Si riconosce da tutti gli altri Picchi "bianchi e neri" per le *dimensioni molto ridotte*, per le parti superiori bianche e nere *fittamente barrate* e per *l'assenza di carminio al sottocoda*. Fronte, guance e parti inferiori biancastre con poche strie scure ai fianchi. Il maschio ha il vertice carminio scuro; la femmina lo ha biancastro. I giovani mostrano del carminio sul vertice ed hanno le parti inferiori più brunastre. Comportamento ritirato; passa la maggior parte del tempo tra i rami più alti *sbattendo le ali tra i ramoscelli*.

Voce: Un ripetuto alto *ki-ki-ki* non dissimile dal verso del Torcicollo, ma più debole e meno squillante. Anche, raramente, un *cick* piuttosto debole, simile a quello del Picchio rosso maggiore. "Tambureggia" meno potentemente del Picchio rosso maggiore. **Habitat**: Come il Picchio rosso maggiore. Cartina 216.

PICCHIO TRIDATTILO: *Picoides tridactylus*. **Tav. 55**
Franc.: Pic tridactyle. Ingl.: Three-toed Woodpecker. Ted.: Dreizehenspecht. Oland.: Drieteenspecht. Sved.: Tretåig hackspett.

Identificazione: 21 cm. Circa delle dimensioni del Picchio rosso maggiore. I piedi hanno solo tre dita. Si distingue da tutti gli altri Picchi europei "bianchi e neri" per la *mancanza assoluta di segni rossi* (anche nel maschio), per le ali pressoché nere, per la *larga stria biancastra dalla nuca giù lungo il dorso fino al groppone*, e per le guance nere. Il maschio ha il centro del vertice *giallastro*; la femmina lo ha nero con fronte biancastra. Parti inferiori bianche *barrate di nero* ai fianchi. I giovani sono più grigi, con il dorso bianco notevolmente punteggiato di bruno nero. Il Picchio dorsobianco ha pure il groppone bianco, ma l'alto dorso è nero ed ha sottocoda carminio a barre bianche sulle ali. Meno attivo degli altri picchi, trascorre lunghi periodi in uno stesso luogo.

Voce: Raramente vocifero; talvolta emette un debole suono simile a quello del Picchio rosso maggiore; qualche volta un chiacchierato *kek-ek-ek-ek*. "Tambureggia" occasionalmente, piuttosto lentamente. **Habitat**: Montagne e foreste boreali, con preferenza alle zone bruciate. Nidifica in buchi scavati negli alberi e nei pali telegrafici. Cartina 217.

ALLODOLE: Aaudidae

Uccelli cantori striati di bruno, soprattutto terrestri. L'unghia del dito posteriore solitamente diritta e allungata. Sessi simili (tranne che nella Calandra nera). Voce varia e musicale. Nidificano sul terreno. Gregari all'infuori della stagione delle cove.

ALLODOLA DEL DUPONT: *Chersophilus duponti*. Tav. 56
Franc.: Sirli de Dupont. Ingl.: Dupont's Lark. Ted.: Dupont-Lerche. Oland.: Dupont's leeuwerik. Spagn.: Alondra de Dupont. Sved.: Smalnäbbad lärka.

Identificazione: 19 cm. Una specie estremamente diffidente e ritirata; riconoscibile per l'aspetto rossiccio ed il *lungo sottile becco curvato all'ingiù* e per l'assenza di bianco sull'ala. Timoniere esterne bianche. Il sopracciglio chiaro è molto evidente. Raramente si vede in volo, tranne che nel volo nuziale primaverile, quando volteggia a grandi altezze; atterrando, *corre velocemente* per nascondersi nella vegetazione più fitta che le riesca di trovare. Posata, sta eretta e allungata.
Voce: Richiamo, un fischiante *hoo-ee* e un *dweej* simile a quello del Verdone. Il canto ha una nota musicale alta e corta e delle frasi nasali, delle quali quella che si distingue maggiormente è *dzee-too-see*. **Habitat e distribuzione**: Semideserti con cespugli di timo selvatico ecc. Erratica nell'Europa mediterranea da Malta verso Ovest.

CALANDRA: *Melanocorypha calandra*. Tav. 56
Franc.: Alouette calandre. Ingl.: Calandra Lark. Ted.: Kalanderlerche. Oland.: Kalanderleeuwerik. Spagn.: Calandria. Sved.: Kalanderlärka.

Identificazione: 19 cm. Si riconosce per le grandi dimensioni, per la struttura pesante, il *massiccio becco giallo corneo e per un largo semicollare nero a ciascun lato del collo*. Il petto fulviccio è leggermente striato di bruno. In volo, le punte delle secondarie formano un distinto margine posteriore bianco alle ali grandi e triangolari che, inferiormente, paiono praticamente nere. Nessuna cresta. I giovani sono più fulvicci. Le macchie del collo sono in parte oscurate. Volo molto agile ed elegante. Vedi anche Calandra siberiana e femmina della Calandra nera.
Voce: Un nasale *klitra*. Canto simile a quello dell'Allodola, ma più forte con frequente introduzione di imitazione di altri canti e suoni e di trilli. Canta nel "volo nuziale" circolare a grande altezza, spesso "picchiando" in silenzio dalle ultime decine di metri sino a terra.
Habitat: Zone incolte sassose, terreni coltivati e steppe. Nidifica sul terreno. Cartina 218.

CALANDRA SIBERIANA: *Melanocorypha leucoptera*. Tav. 56
Franc.: Alouette leucoptère. Ingl.: White-winged Lark. Ted.: Weissflügellerche. Oland.: Witvleugelleeuwerik. Sved.: Vitvingad lärka.

Identificazione: 17 cm. Si distingue dalle altre Allodole per la *grossa macchia alare bianca* che arriva sino al margine posteriore, molto evidente in volo; dalla Calandra anche per l'assenza di macchie nere al collo e ali più strette. Parti superiori fulve con strie scure; vertice castano come le copritrici alari e la coda. Parti inferiori e ascellari biancastre, con gola e petto leggermente macchiati di fulvo. Il vessillo esterno della più lunga primaria visibile ad ali chiuse. La femmina ha il vertice bruno striato.
Voce: Il canto si dice che somigli ad una versione corta di quello dell'Allodola, emesso

durante il breve volo nuziale volteggiante, e in terra. **Habitat e distribuzione**: Aride steppe erbose. Nidifica sul terreno. Di passo e nei rigidi inverni nella Romania orientale e Polonia di Sud-Est. Erratica attraverso l'Europa a Ovest sino all'Inghilterra e a Sud sino a Malta.

CALANDRA NERA: *Melanocorypha yeltoniensis*. **Tav. 56**
Franc.: Alouette nègre. Ingl.: Black Lark. Ted.: Mohrenlerche. Oland.: Zwarte leeuwerik. Sved.: Svart lärka.

Identificazione: 19 cm. Maschio inconfondibile, grosso, nero, con margini delle piume chiari color sabbia, che d'inverno, parzialmente, oscurano il nero. Becco corto e massiccio, giallo con punta nera. La femmina è molto simile ad una *pallida* Calandra, ma riconoscibile per l'*assenza di macchie nere alla base del collo* e per il sottoala nerastro. Nessuno dei due sessi ha bianco sulle ali o sulla coda.
Voce: Ha una chiara nota pigolante di richiamo. Il canto somiglia alla parte corta del canto dell'Allodola. **Habitat e distribuzione**: Steppe erbose o cespugliose spesso vicino all'acqua, anche nel deserto; più vicina alle zone coltivate e alle strade, d'inverno. Erratica, d'inverno, nell'Europa centrale, a Ovest sino all'Inghilterra e a Sud sino a Malta.

CALANDRELLA: *Calandrella brachydactyla*. **Tav. 56**
Franc.: Alouette calandrelle. Ingl.: Short-toed Lark. Ted.: Kurzzehenlerche. Oland.: Kortteenleeuwerik. Spagn.: Terrera común. Sved.: Korttålärka.

Identificazione: 13,5 cm. Chiara e appiattita; molto più piccola dell'Allodola. Fulviccia di sopra con grosse strie scure. Biancastra senza strie di sotto, piccole macchie scure ai lati del collo (spesso difficili da vedere). Senza cresta, ma solleva il cappuccio rossastro quando è allarmata. Becco corto e giallastro. I giovani hanno una banda macchiata di bruno scuro attraverso il petto. Volo basso e ondulante. Vedi anche Calandrina.
Voce: Un corto e secco cinguettio *tci-tcirrp* che ricorda il Passero; nota d'allarme *ti-u*. Canto (soprattutto nell'alto e ripidamente "innalzantesi e abbassantesi" volo nuziale), una semplice frase di circa otto note acute, ripetute a brevi intervalli, e sostenute a lungo. **Habitat**: Zone aperte incolte, sabbiose o sassose, steppe e campi. Nidifica sul terreno. Cartina 219.

CALANDRINA (o **PISPOLETTA**): *Calandrella rufescens*. **Tav. 56**
Franc.: Alouette pispolette. Ingl.: Lesser Short-toed Lark. Ted.: Stummellerche. Oland.: Kleine kortteenleeuwerik. Spagn.: Terrera marismeña. Sved.: Dvärglärka.

Identificazione: 13,5 cm. Molto simile alla Calandrella con la quale si associa, ma riconoscibile a breve distanza per la parte alta del petto finemente striata. Non ha le macchie scure al collo ed è leggermente più bruna, meno rossiccia.
Voce: Ha una corta nota caratteristica *prrit* che si ritrova anche nel canto. Solitamente canta in volo, che è meno ripido e ondulato, e solitamente meno alto di quello della Calandrella. Il canto è più melodioso di quello della Calandrella. **Habitat e distribuzione**: Come la Calandrella. Visitatrice estiva, nidifica nella Spagna meridionale. Erratica a Malta, Italia, Heligoland.

CAPPELLACCIA: *Galerida cristata*. **Tav. 56**
Franc.: Cochevis huppé. Ingl.: Crested Lark. Ted.: Haubenlerche. Oland.: Kuifleeuwerik. Spagn.: Cogujada común. Sved.: Tofslärka.

Identificazione: 17 cm. Più "paffuta" e piuttosto più pallida dell'Allodola. Se ne distingue per la *lunga cresta diritta*, per il becco leggermente curvo piuttosto lungo, e per la coda corta con centro scuro e lati fulvi. Parti superiori bruno sabbia, meno fortemente striata dell'Allodola. Parti inferiori fulvo crema, striate sul petto. *In volo appare più rossiccia*. I giovani sono più macchiati superiormente, con cresta più corta. Si distingue dall'Allodola e dalla Tottavilla per la lunga e stretta cresta, per il becco più lungo e per l'assenza di bianco sulle ali e sulla coda. Vedi anche la molto simile Cappellaccia di Tekla.

Voce: Un liquido *tui-ti-tiu* che si alza e si abbassa. Il canto è meno musicale e più corto che nell'Allodola, di solito in corte frasi ripetute, emesse da terra, da un basso appoggio o in volo. **Habitat**: Campagna aperta arida o erbosa; spesso vicino all'abitato, mulattiere polverose, lati delle strade ecc. Nidifica sul terreno. Cartina 220.

CAPPELLACCIA DI TEKLA: *Galerida theklae*. Tav. 56
Franc.: Cochevis de Thékla. Ingl.: Thekla Lark. Ted.: Theklalerche. Oland.: Thekla leeuwerik. Spagn.: Cogujada montesina. Sved.: Lagerlärka.

Identificazione: 16 cm. Indistinguibile in libertà dalla Cappellaccia, a meno che le due specie possano essere confrontate a breve distanza nei luoghi dove esse si rinvengono insieme. La Cappellaccia di Tekla è un po' più piccola con parti inferiori più chiare. Strie e macchiette pettorali sono più estese e raggiungono la nuca. Chiaramente grigia (non fulva) al sottoala. Becco più corto, meno appuntito. Quando è eretta la cresta è più "a ventaglio" che nella Cappellaccia.

Voce: Canto simile, un po' meno liquido, meno melodioso. **Comportamento e habitat**: Simili, sebbene la Cappellaccia di Tekla mostri una maggior preferenza per i lati sassosi e secchi delle colline, con vegetazione sparsa e le dune sabbiose, e si rinvenga a maggiori altitudini. Residente in Portogallo, Spagna del Sud, Baleari e forse Francia meridionale.

TOTTAVILLA: *Lullula arborea*. Tav. 56
Franc.: Alouette lulu. Ingl.: Woodlark. Ted.: Heidelerche. Oland.: Boomleeuwerik. Spagn.: Totovia. Sved.: Trädlärka.

Identificazione: 15 cm. Si distingue dall'Allodola per le dimensioni minori, per la *coda molto corta senza margini bianchi, sopracciglio bianco molto evidente, che si congiunge a quello del lato opposto sulla nuca*. Becco più sottile e voce molto diversa. Ha una caratteristica macchia nera alla piega dell'ala. Volteggia in ampie spirali nel volo nuziale, alla fine tuffandosi ad ali chiuse sino quasi a raggiungere il terreno. Si posa sugli alberi. Vedi anche Prispolone.

Voce: Un melodioso *tuuluitt*. Canto meno variato, meno sostenuto e meno potente di quello dell'Allodola, ma più melodioso, consistente in corte frasi intercalate con un liquido trillo *lu-lu-lu*; dai rami, dal terreno o in volo. **Habitat**: Margini dei boschi, fianchi delle colline con qualche albero, lande marine ecc. Sverna nei campi coltivati. Nidifica sul terreno. Cartina 221.

ALLODOLA: *Alauda arvensis*. Tav. 56
Franc.: Alouette des champs. Ingl.: Skylark. Ted.: Feldlerche. Oland.: Veldleeuwerik. Spagn.: Alondra común. Sved.: Sånglärka.

Identificazione: 17 cm. Parti superiori brune fittamente striate di nero. Parti inferiori bianco fulvo con larghe strie al petto. *La coda piuttosto lunga con bianco molto evidente sulle timoniere esterne*. I margini posteriori delle ali lunghe ed appuntite, in volo, mostrano del biancastro. Cresta corta e arrotondata. Cammina in posizione "accucciata". Volo forte e leggermente ondulante, con battiti d'ala alternati a periodi ad "ali chiuse". Volteggia e fa lo "spirito santo" nel volo nuziale. Vedi anche Tottavilla e Cappellaccia.

Voce: Un chiaro, liquido *cir-r-ep*; anche *siu-siu*. Canto di tono acuto, musicale e potente, sostenuto a lungo nel volo volteggiante e lentamente discendente; occasionalmente da terra o su di un basso appoggio. **Habitat**: Lande, campagne, marcite, zone paludose e dune di sabbia. Nidifica per terra. Cartina 222.

ALLODOLA GOLAGIALLA: *Eremophila alpestris*. **Tav. 56**
Franc.: Alouette hausse-col. Ingl.: Shore Lark. Ted.: Ohrenlerche. Oland.: Strandleeuwerik. Spagn.: Alondra cornuda. Sved.: Berglärka. Nordameric.: Horned Lark.

Identificazione: 17 cm. Si distingue facilmente da tutte le altre Allodole per la *faccia e la gola giallo pallido, per la banda pettorale larga e le guance nere*. Bruno rosata di sopra, biancastra di sotto. Il maschio ha una banda trasversale nera attraverso il vertice e *piccoli cornetti neri*. La femmina ha meno nero. I giovani appaiono macchiati e più sporchi. I segni del capo negli adulti vengono parzialmente oscurati d'inverno.
Voce: Un chiaro *tsi-i* o *tsi-titi* come una Pispola o una Cutrettola ecc. Canto tintinnante, irregolare e alto di timbro, spesso a lungo sostenuto; talora in aria ad una certa altezza alla maniera dell'Allodola. **Habitat**: Sverna lungo le coste del mare, le paludi salmastre, occasionalmente nei campi coperti di stoppie. Nidifica oltre il limite degli alberi nella tundra arida. Cartina 223.

RONDINI e TOPINI: Hirundinidae

Le forme allungate ed aerodinamiche ed il volo aggraziato sono caratteristici; piedi minuscoli, ali lunghe e appuntite, becchi corti e fauci larghe. Il cibo, costituito da insetti, è catturato in volo. Sessi simili. Costruisce nidi di fango su rocce o edifici (eccetto il Topino).

TOPINO: *Riparia riparia*. **Tav. 57**
Franc.: Hirondelle de rivage. Ingl.: Sand Martin. Ted.: Uferschwalbe. Oland.: Oeverzwaluw. Spagn.: Avión zapador. Sved.: Backsvala. Nordameric.: Bank Swallow.

Identificazione: 12 cm. La più piccola rondine europea. Si riconosce per le parti superiori *bruno terra*, le parti inferiori bianche con una *banda pettorale bruna*. Fortemente gregario. Si nutre principalmente alla superficie delle acque. Volo meno impetuoso e più volteggiante della Rondine. Vedi anche Rondine montana.
Voce: Un secco *tcrrip*; allarme, un breve *britt*. Canto, un debole tintinnio. **Habitat**: Aperta campagna con stagni, fiumi ecc. Nidifica in colonie, in tunnel scavati nella sabbia o nei mucchi di ghiaia, sulle sponde terrose dei fiumi, nelle rocce. Cartina 224.

RONDINE MONTANA: *Ptyonoprogne fuligula*. **Tav. 57**
Franc.: Hirondelle de rochers. Ingl.: Crag Martin. Ted.: Felsenschwalbe. Oland.: Rotszwaluw. Spagn.: Avión rupestre. Sved.: Klippsvala.

Identificazione: 14,5 cm. In distanza può essere scambiata per un Topino, ma se ne distingue per la struttura più massiccia, parti inferiori bianco seta, senza *banda pettorale* scura, più opaca sul ventre e sul sottocoda; a breve distanza, anche per le *macchiette bianche vicino alla punta della coda, visibili quando questa è spiegata*. Comportamento su per giù come le altre Rondini, ma non è gregaria e frequentemente fa "lo spirito santo". Il Rondone alpino è molto più grande, con parti inferiori bianche e banda pettorale scura.
Voce: Non molto vocifero; un piuttosto debole *cicc* o *tcrrri*. **Habitat**: Gole montane, isolòtti rocciosi e scogliere costiere, raramente a grande altezza. Costruisce un nido a mezza coppa, col fango, nei crepacci, in grotte, sulla superficie degli scogli; occasionalmente si trova con i Balestrucci. Cartina 225.

RONDINE: *Hirundo rustica*. **Tav. 57**
Franc.: Hirondelle de cheminée. Ingl.: Swallow. Ted.: Rauchschwalbe. Oland.: Boe-

renzwaluw. Spagn.: Golondrina común. Sved.: Ladusvala. Nordameric.: Barn Swallow.

Identificazione: 19 cm. Si riconosce per le *lunghe e filiformi timoniere esterne*. Ha le *parti superiori blu metallico scuro*, fronte e gola castane, *parte bassa della gola blu scuro* e il resto delle parti inferiori bianco crema (qualche volta anche rossicce come nella specie americana). I giovani sono molto più opachi, con timoniere esterne più corte. Volo agile e aggraziato spesso molto veloce e scivolante. Gregaria; un po' meno quando nidifica. Il Balestruccio ha gola e groppone bianchi senza timoniere esterne filiformi. Il Topino e la Rondine montana sono bruni di sopra, senza timoniere filiformi. Il Rondone è uniformemente scuro. Vedi anche Rondine rossiccia.
Voce: Un acuto *tsuit* che diventa un rapido tintinnio quando è eccitata. Nota d'allarme, un acuto *tsuii*. Canto: un piacevole e debole insieme di note tintinnanti e gorgheggianti.
Habitat: Campagna aperta e coltivata con fattorie, praterie, laghetti ecc. Costruisce un nido coperto di fango e paglia sotto le grondaie o sui bordi delle stalle, dei letamai ecc., localmente nei camini. Cartina 226.

RONDINE ROSSICCIA: *Hirundo daurica*. Tav. 57
Franc.: Hirondelle rousseline. Ingl.: Red-rumped Swallow. Ted.: Rötelschwalbe. Oland.: Roodstuitzwaluw. Spagn.: Golondrina dáurica. Sved.: Rostgumpsvala.

Identificazione: 18 cm. Si riconosce immediatamente per il *groppone rossiccio e per il sopracciglio e la nuca castani*; gola e parti inferiori fulve, senza macchia "a collarino" scura. Vertice e dorso blu metallico scuro, coda forcuta e ali nerastre. Manca dei segni bianchi sui margini della coda che ha la Rondine; le timoniere filiformi sono più corte e la punta delle ali *più ottusa*. Si distingue dal Balestruccio per il groppone e le parti inferiori fulvicce e non bianche.
Voce: Ha un richiamo in volo caratteristico aspro e sottile. Allarme *kiit*. Il canto somiglia a quello della Rondine, ma è meno musicale. **Habitat**: Scogli marini e rocce isolate entroterra: meno attaccata della Rondine ai terreni coltivati, ma localmente, nelle zone di pianura, frequenta ponti e fabbricati. Nido simile a quello del Balestruccio, ma con l'entrata tubolare: nelle grotte, nelle fenditure delle rocce, sotto i ponti ecc. Cartina 227.

BALESTRUCCIO: *Delichon urbica*. Tav. 57
Franc.: Hirondelle de fenêtre. Ingl.: House Martin. Ted.: Mehlschwalbe. Oland.: Huiszwaluw. Spagn.: Avión común. Sved.: Hussvala.

Identificazione: 12 cm. L'unica rondine europea con il *groppone bianco puro*. Parti inferiori bianche; testa, dorso, ali e coda nero blu. La coda è corta e forcuta senza timoniere filiformi. Le corte zampe sono bianche piumate. Comportamento come la Rondine, *ma più socievole*; nidifica in colonie fitte. Volo meno impetuoso, più volteggiante che la Rondine e spesso più alto. Vedi anche Rondone indiano.
Voce: Un chiaro *tcirrip* o *citcirrip*; allarme, uno stridulo *tsiip*. Canto: un tintinnio debole ma piacevole, meno variato che nella Rondine. **Habitat**: Come la Rondine, ma più spesso vicino alle abitazioni umane anche in aperta campagna. Costruisce un nido di fango chiuso, con un buco per entrare in cima attaccato sotto i cornicioni delle case, i portici, localmente anche sulle rocce. Cartina 228.

PISPOLE, CUTRETTOLE e BALLERINE: Motacillidae

Uccelli terrestri, che corrono e camminano vivacemente. Le Pispole in genere sono uccelli bruni striati, con timoniere esterne bianche o biancastre; sono meno slanciate delle

Ballerine e delle Cutrettole, con l'unghia posteriore lunga; sessi simili; gregari d'inverno. Le Ballerine e le Cutrettole sono molto allungate, a disegno molto netto, con la coda lunga, il becco sottile e le zampe esili ma abbastanza lunghe; femmine e giovani più opachi e piuttosto differenti dai maschi. Nidificano sul terreno o sulle rocce.

CALANDRO MAGGIORE: *Anthus novaeseelandiae*. Tav. 58
Franc.: Pipit de Richard. Ingl.: Richard's Pipit. Ted.: Spornpieper. Oland.: Grote pieper. Spagn.: Bisbita de Richard. Sved.: Stor piplärka.

Identificazione: 17,5 cm. Una "Pispola" *grossa, con coda lunga e zampe lunghe*. Parti superiori brune a larghe strie nerastre. Petto fulviccio a *strie sparse ma marcate*. Strie fulvicce pallide sopra l'occhio e sotto le guance. Una stretta linea "a mustacchio" ed una linea nera sotto l'occhio. Le zampe e l'unghia posteriore molto lunghe. Leggermente più grande e scuro del Calandro, dal quale si distingue per il dorso marcatamente striato, per le zampe più lunghe e per il petto e la gola striati. In autunno non si può sicuramente distinguere dai giovani (striati) del Calandro, tranne che per la voce.

Voce: Un *r-riip* piuttosto aspro. **Habitat e distribuzione**: Praterie umide, steppe paludose e campi di riso. Quasi annualmente di passo o invernale nell'Heligoland; più raramente in Inghilterra, Scandinavia, Portogallo ed Europa centro-orientale.

CALANDRO: *Anthus campestris*. Tav. 58
Franc.: Pipit rousseline. Ingl.: Tawny Pipit. Ted.: Brachpieper. Oland.: Duinpieper. Spagn.: Bisbita campestre. Sved.: Fältpiplärka.

Identificazione: 16 cm. Più slanciato delle altre "Pispole" e somigliante alle Ballerine, ma si confonde facilmente con il Calandro maggiore. Pallido quasi uniformemente color sabbia di sopra, con parti inferiori più *chiare, solitamente senza strie. Sopracciglio crema molto evidente.* Stria, a mo' di mustacchio, bruna indistinta. Zampe lunghe e giallastre sebbene più corte di quelle del Calandro maggiore. Si distingue ulteriormente dal Calandro maggiore per il piumaggio *più chiaro*, meno marcatamente striato e per le dimensioni leggermente minori. Gli immaturi (petto striato) somigliano ai giovani del Calandro maggiore, tranne che per le zampe più corte.

Voce: Più forte e più variata di quella delle altre Pispole, solitamente delle varianti sul tema *tsiip*, *tsi-ac* ecc. Il canto è un ripetuto metallico *civii civii civii*, solitamente nella parte discendente del volo nuziale. **Habitat**: Zone incolte con sabbia e cespugli, d'inverno anche nei terreni coltivati. Nidifica nelle depressioni del suolo al riparo della vegetazione. Cartina 229.

PRISPOLONE INDIANO: *Anthus hodgsoni*. Tav. 76
Franc.: Pipit sylvestre. Ingl.: Olive-backed Pipit. Ted.: Waldpieper. Oland.: Indische boompieper. Sved.: Sibirisk piplärka.

Identificazione: 14,5 cm. A differenza della maggior parte degli altri Calandri è *senza strie e verde-olivastro scuro superiormente*; parti inferiori biancastre soffuse di bruno pallido e con strie scure molto evidenti attraverso la parte superiore del petto. Il miglior segno di riconoscimento è il *disegno della testa* con il sopracciglio bianco orlato di nero molto prominente *oltre* l'occhio. Da vicino si può notare che la guancia scura ha una macchia bianca verso il retro con una macchia nera inferiormente. Muove *continuamente* la coda come una ballerina.

Voce: Un forte *tseet*. Canto debole e cinguettante. **Habitat e distribuzione**: Di solito ai margini delle foreste di conifere. Erratico dall'Asia all'Europa.

PRISPOLONE: *Anthus trivialis*. Tav. 58
Franc.: Pipit des arbres. Ingl.: Tree Pipit. Ted.: Baumpieper. Oland.: Boompieper. Spagn.: Bisbita arboreo. Sved.: Trädpiplärka.

Identificazione: 15 cm. La miglior distinzione dalla molto simile Pispola è la *voce*, il *petto giallastro e le zampe rosa carnicine con l'unghia posteriore corta*. Parti superiori brune striate di nerastro. Crema fulviccio di sotto con "mustacchio" stretto e nerastro e petto e fianchi striati; sopracciglio giallastro; timoniere esterne biancastre. Si posa volentieri sugli alberi. Lo Spioncello è *più scuro* e più grande. Vedi anche Pispola golarossa.
Voce: Un *tiize* piuttosto aspro; allarme, un persistente, ripetuto *sip*. Canto forte e musicale con lunghi trilli, che finisce col caratteristico *siie-siie-siie* o con un molto lento *ciu-ciu-ciu*; canta durante la discesa a "paracadute" prima di posarsi dopo un corto volo verso l'alto (la Tottavilla si "butta" sul terreno). **Habitat**: Lande, radure dei boschi, colline con alberi sparsi e cespugli. Nidifica sotto le felci, nell'erba alta ecc. Cartina 230.

PISPOLA DELLA PECIORA: *Anthus gustavi*. Tav. 76
Franc.: Pipit de la Petchora. Ingl.: Petchora Pipit. Ted.: Petschorapieper. Oland.: Petchora-pieper. Sved.: Tundrapiplärka.

Identificazione: 14,5 cm. Somiglia al Prispolone; miglior riconoscimento la *nota di richiamo e due strie pallide lungo il dorso*. Groppone a grossolane strie come la P. golarossa. Parti inferiori a grosse stric, timoniere esterne fulvicce (non bianche). Piuttosto diffidente.
Voce: Un duro *puit* solitamente ripetuto; il canto è in due parti: un trillo seguito da un basso cicaleccio. **Habitat e distribuzione**: Tranne quando nidifica, sta di preferenza vicino al coperto, raramente posato sui pali come fa il Prispolone, ma nelle zone di nidificazione si posa volentieri sugli alberi. Erratico dall'Europa nord-orientale e Asia sino all'Inghilterra (Fair Isle) e all'Olanda.

PISPOLA: *Anthus pratensis*. Tav. 58
Franc.: Pipit farlouse. Ingl.: Meadow Pipit. Ted.: Wiesenpieper. Oland.: Graspieper. Spagn.: Bisbita común. Sved.: Ängspiplärka.

Identificazione; 14,5 cm. Molto simile al Prispolone, ma se ne distingue per *la voce*, le parti superiori più oliva e solitamente per *il petto più bianco* e *meno giallino* con strie più piccole e numerose. Timoniere esterne bianche. Zampe brunastre con unghia posteriore lunga. Si posa sugli alberi meno frequentemente del Prispolone. Lo Spioncello è più grosso e più scuro. Vedi Pispola golarossa.
Voce: Un vago *tsiip* rapidamente ripetuto quando è allarmata; un *si-sip* anche un più forte *tissip*. Il canto è una sottile, accelerata ripetizione di una nota e finisce in un musicale trillo emesso durante il volo nuziale e durante la discesa "a paracadute". **Habitat**: Colline, lande, pascoli; d'inverno preferisce le paludi, le marcite, i terreni coltivati e la costa del mare. Nidifica per terra. Cartina 231.

PISPOLA GOLAROSSA: *Anthus cervinus*. Tav. 58
Franc.: Pipit à gorge rousse. Ingl.: Red-throated Pipit. Ted.: Rotkehlpieper. Oland.: Roodkeelpieper. Spagn.: Bisbita gorgirrojo. Sved.: Rödstrupig piplärka.

Identificazione: 14,5 cm. Somiglia al Prispolone, ma se ne distingue per le parti superiori *più scure, il groppone marcatamente striato* e *per la voce caratteristica*. In piumaggio nuziale, gola e alto petto sono tutti tinti *di rosso ruggine*. D'inverno, si distingue dalla Pispola per il groppone striato e per le parti superiori meno oliva.
Voce: Richiamo: un rauco *tziiz* (con la z dolce), un chiaro *pii-iz* ed un soffice *tiu*. Canto

meno musicale e più acuto di quello della Pispola. **Habitat**: Tundra paludosa, paludi e terre coltivate umide, solitamente con qualche cespuglio, spesso vicino alla costa. Nidifica sul terreno. Cartina 232.

SPIONCELLO: *Anthus spinoletta*. Tav. 58
Franc.: Pipit spioncelle. Ingl.: Rock Pipit. Ted.: Strandpieper. Oland.: Oeverpieper. Spagn.: Bisbita ribereño. Sved.: Skärpiplärka.

Identificazione: 16 cm. Leggermente più grosso e più slanciato della Pispola e del Prispolone, col becco piuttosto lungo. *Zampe molto più scure* che nelle altre Pispole. La tipica razza di montagna *A. s. spinoletta* ha *le timoniere esterne bianche*, sopracciglio biancastro e parti inferiori biancastre, che d'autunno e d'inverno sono striate mentre sono senza strie e soffuse di rosato all'epoca delle cove. Le razze costiere (Spioncello marino *A. s. littoralis*, *petrosus* ecc.) hanno l'aspetto più scuro, più oliva, con parti inferiori fittamente striate fulviccio oliva, e con le timoniere esterne grigiastre (non bianche). Si distingue dalla Pispola per le parti superiori, in inverno, più brune e *le zampe scure*; dal Calandro per le dimensioni minori, le parti superiori e le zampe pure scure.

Voce: Un sottile *tsip*, *giip* o *tsiip-ip*. Canto simile a quello della Pispola e del Prispolone, solitamente nel volo nuziale. **Habitat**: Nidifica nelle zone montane (*A. a. spinoletta*), o lungo le coste del mare (*A. s. petrosus*, ecc.). D'inverno si trova nelle zone paludose, all'interno lungo i corsi d'acqua, zone fangose e litorali marini. Nidifica nei crepacci delle rocce ecc. Cartina 233.

CUTRETTOLA (e altre razze): *Motacilla flava*. Tavv. 58, 59
Franc.: Bergeronnette flavéole. Ingl.: Yellow Wagtail. Ted.: Englische Schafstelze. Oland.: Engelse gele kwikstaart. Spagn.: Lavandera boyera. Sved.: Engelsk gulärla.

Identificazione: 16 cm. Un uccello slanciato con coda lunga e zampe pure lunghe con le parti inferiori gialle. Parecchie razze capitano in Europa e con *un po' di pratica* possono essere riconosciute in libertà (specialmente in primavera). Razza dell'Europa centrale *M. f. flava*: maschio, testa grigio bluastra con sopracciglio e mento bianchi; femmina, più indistinta con mento bianco. Razza inglese *M. f. flavissima*: maschio, con parti superiori e guance giallo verdastre, sopracciglio e gola e parti inferiori giallo acceso; femmina, con mento fulviccio ed un bavaglino bruno. In Italia, oltre la sottospecie tipica *M. f. flava*, sono abbastanza regolari di passo e nidificanti le seguenti sottospecie: C. capinera *M. f. feldegg* C. capocenerino *M. f. cinereocapilla*; C. capoScuro *M. f. thunbergi*. Le altre sottospecie o sono rare o non sono state finora segnalate da noi. (Vedi per le differenze la Tav. 59).

Nota: C'è la tendenza tra le varie popolazioni (cioè le diverse sottospecie) a produrre per mutazione, individui che occasionalmente sono identici, nelle caratteristiche esterne, a quelli delle altre sottospecie. La maggior parte degli osservatori potrà limitarsi a chiamare tutte queste varietà col termine generale di Cutrettole. Vedi anche Ballerina gialla.

Voce: Un forte musicale *tsuiip* ed un più grattante *isirr*. Il canto è un semplice *tsip-tsip tsipsi*. **Habitat**: Solitamente vicino all'acqua, paludi, torrenti, praterie, marcite, risaie Nidifica per terra tra l'erba, i cereali ecc. Cartina 234.

CUTRETTOLA TESTAGIALLA ORIENTALE: *Motacilla citreola*. Tav. 70
Franc.: Bergeronnette citrine. Ingl.: Citrine Wagtail. Ted.: Zitronenstelze. Oland. Citroenkwikstaart. Sved.: Gulhuvad ärla.

Identificazione: 16 cm. Il maschio facilmente identificabile nel piumaggio nuziale per la *testa e il collo giallo canarino*, parti superiori grigio-blu con collaretto nero, parti inferior gialle. La femmina è più bruna e più opaca, senza collare. D'inverno entrambi i sess assomigliano visti frontalmente alla tipica Cutrettola (con fronte e sopracciglio gialli) m visti dal di dietro assomigliano alla Ballerina bianca. Muove la coda e la testa un po' meno della Ballerina bianca.

Voce: Un ansante e legato *sweep* che ricorda la Cutrettola. **Habitat e distribuzione**: Vicino ad acque dolci, in aperta campagna, paludi, stagni. Erratico dall'Asia all'Europa centrale, settentrionale, occidentale, meridionale.

BALLERINA GIALLA: *Motacilla cinerea*. **Tavv. 58, 59**
Franc.: Bergeronnette des ruisseaux. Ingl.: Grey Wagtail. Ted.: Gebirgstelze. Oland.: Grote gele kwikstaart. Spagn.: Lavandera cascadeña. Sved.: Forsärla.

Identificazione: 17,5 cm. Si distingue ad ogni stagione da tutte le Cutrettole per *la coda molto lunga nera*, con timoniere esterne molto evidenti, *parti superiori grigio blu e sottocoda giallo*. Petto giallo brillante d'estate, fulviccio d'inverno. Groppone giallo verdastro. Il maschio ha un sopracciglio bianco ed una evidente stria bianca dal becco, giù, lungo la guancia che è grigio scuro. Mento e gola del maschio *neri d'estate*, biancastri d'inverno. La femmina è tinta di verde superiormente con bianco sulla gola, d'estate e d'inverno. I giovani sono bruno grigi di sopra, fulvicci di sotto; si riconoscono da quelli della Ballerina bianca per *il sottocoda giallo*. Volo e comportamento come le Cutrettole. Non gregaria, tranne quando va a dormire. Vedi anche Cutrettola.

Voce: Richiamo più metallico che nella Ballerina bianca ed il canto è più variato e musicale. Allarme, uno stridulo *sii-it* o *siz-it*. **Habitat**: Torrenti poco profondi nelle regioni montuose e collinose, ma anche in pianura presso gli stagni di smaltimento dei rifiuti e terreni coltivati, specialmente d'inverno. Nidifica nei buchi dei muretti, sotto i ponti ecc. Cartina 235.

BALLERINA BIANCA: *Motacilla alba*. **Tavv. 58, 59**
Franc.: Bergeronnette grise. Ingl.: White Wagtail. Ted.: Bachstelze. Oland.: Witte kwikstaart. Spagn.: Lavandera blanca. Sved.: Sädersärla.

Identificazione: 17,5 cm. Un uccello a disegno netto bianco e nero con zampe slanciate e coda lunga. In abito estivo il maschio della sottospecie inglese (B. nera *Motacilla a. yarrelli*) ha *il dorso nero come il vertice*, la gola ed il petto. Ali nerastre con doppia barra bianca. Coda nera con timoniere esterne bianche; fronte, lati del capo e ventre bianchi. La femmina è più grigia di sopra, meno nera sulla testa e sul petto. D'inverno, entrambi i sessi hanno del nero sul vertice e la gola bianca con bavaglino nero a forma di mezzaluna e dorso grigio. La sottospecie continentale *Motacilla. alba* è simile, ma in abito nuziale ha *il dorso ed il groppone grigio chiaro*. È più facile confonderla con la sottospecie inglese, d'autunno.

Voce: Un vivace *tcizzick*; allarme, un improvviso *tcick*; canto, un trillo che contiene delle varianti della nota di richiamo. **Habitat**: Giardini, fattorie, campagna aperta e città. Spesso, ma non sempre, vicino all'acqua. Nidifica nei buchi dei fabbricati, rocce ecc. Cartina 236.

BECCOFRUSONI: Bombycillidae

BECCOFRUSONE: *Bombycilla garrulus*. **Tav. 67**
Franc.: Jaseur boréal. Ingl.: Waxwing. Ted.: Seidenschwanz. Oland.: Pestvogel. Spagn.: Ampelis europeo. Sved.: Sidensvans. Nordameric.: Bohemian Waxwing.

Identificazione: 17,5 cm. Si riconosce per l'inconfondibile *cresta castano rosata* e per *la coda corta terminata di giallo*. Ha una stria attraverso l'occhio e una macchia alla gola, nere. Parti superiori castane con groppone grigio. Parti inferiori bruno rosa, *con sottocoda*

castano. Le ali scure sono *macchiate di bianco e giallo con punte scarlatte* di "ceralacca" alle secondarie (meno evidenti nella femmina). I giovani sono senza macchia nera alla gola ed hanno soffici strie di sotto. Volo forte da Storno. Spesso molto confidente. Le abitudini acrobatiche, quando va in cerca di cibo, ricordano quelle del Crociere. Gregario.
Voce: Richiamo, un debole acuto trillo *zhrii*. **Habitat**: Nidifica nelle radure aperte dei boschi di conifere o betulle del Nord. Sverna in terreni più aperti cercando bacche nei cespugli. Nelle annate molto fredde scende molto più a Sud del suo normale habitat. Cartina 237.

MERLI ACQUAIOLI: Cinclidae

MERLO ACQUAIOLO: *Cinclus cinclus*. Tav. 66
Franc.: Cincle plongeur. Ingl.: Dipper. Ted.: Wasseramsel. Oland.: Waterspreeuw. Spagn.: Mirlo aquatico. Sved.: Strömstare.

Identificazione: 17 cm. Un uccello massiccio, simile allo Scricciolo di forma, ma molto più grande con zampe piuttosto grandi e robuste: la corta coda è spesso sollevata. *Nerastro con petto bianco* bordato inferiormente di castano scuro, nero o bruno a seconda delle razze. Sessi simili. I giovani sono grigio lavagna di sopra, macchiettati di grigio e bianco di sotto. "Si scuote spasmodicamente" appollaiato su di un sasso in un torrente. Si tuffa o cammina sott'acqua, rimanendo sommerso per nutrirsi, cercando il cibo sul fondo. Nuota sopra o sott'acqua. Vola solitamente basso rapido e diritto, seguendo la corrente del torrente. Solitario, sempre nella stessa "striscia di acqua tutto l'anno".
Voce: Un breve *zit* o, in volo, un metallico *clink*. Il canto è una successione di note corte grattanti ed esplosive, intercalate da liquidi gorgheggi. Canta quasi tutto l'anno. **Habitat**: Veloci torrenti di collina e montagna. Occasionalmente visita le coste, d'inverno. Costruisce un nido globoso nei crepacci, sotto le cascate, i ponti ecc., invariabilmente vicino ad acqua fortemente corrente. Cartina 238.

SCRICCIOLI: Troglodytidae

SCRICCIOLO: *Troglodytes troglodytes*. Tav. 66
Franc.: Troglodyte mignon. Ingl.: Wren. Ted.: Zaunkönig. Oland.: Winterkoning. Spagn.: Chorchin. Sved.: Gärdsmyg. Nordameric.: Winter Wren.

Identificazione: 9 cm. Un piccolo, paffuto uccelletto bruno fittamente barrato, con una *coda corta tenuta sollevata*. Estremamente attivo; fruga nello strame a terra come un topo, e cerca gli insetti tra il fogliame come una Bigia. Volo vibrato e diritto.
Voce: Un forte e duro *tit-tit-tit* che diviene un aspro *tserrrettettett* quando è allarmato. Il canto è un prolungato trillo, senza fiato, di note stridenti ma musicali con acuti più o meno lunghi. Canta quasi tutto l'anno. **Habitat**: Fogliame basso, cespugli e siepi nei giardini, boschetti, margini dei canali e torrenti, boschi, rocce ecc. Costruisce un nido globulare nelle siepi, nei buchi degli alberi e dei fabbricati ecc. Cartina 239.

SORDONI e PASSERE SCOPAIOLE: Prunellidae

Aspetto piuttosto scialbo, da passero, ma con becco più sottile ed appuntito. Hanno una caratteristica andatura strisciante, abitudini ritirate e un canto breve, acuto, ticchettante. Sessi simili. Nidifica su arbusti o rocce.

PASSERA SCOPAIOLA: *Prunella modularis*. **Tav. 73**
Franc.: Accenteur mouchet. Ingl.: Dunnock. Ted.: Heckenbraunelle. Oland.: Heggemus. Spagn.: Accentór común. Sved.: Järnsparv.

Identificazione: 14,5 cm. Poco evidente e senza caratteristiche particolari; *le combinazioni di bruno caldo e grigio scuro* sono le migliori caratteristiche per riconoscerla. Parti superiori bruno scure striate di nero. Testa e collo grigio lavagna con vertice bruniccio. *Parti inferiori grigio lavagna* con fianchi a strie scure. Il becco sottile e scuro è caratteristico. Si nutre sul terreno, raramente lontano dal fitto della vegetazione, muovendosi con andatura lenta, strisciante, con le ali frequentemente scosse. Solitamente solitaria.
Voce: Un alto, sibilante *tsiip* ed una nota acuta trillante. Il canto è un affrettato, debole ma piacevole tintinnio, molto più corto e più debole di quello dello Scricciolo, ma in un certo senso simile di carattere. Canta tutto l'anno. **Habitat**: Siepi, cespugli, boschetti. Nidifica nei cespugli, nei sempreverdi, nelle cataste di legna. Cartina 240.

SORDONE: *Prunella collaris*. **Tav. 73**
Franc.: Accenteur alpin. Ingl.: Alpine Accentor. Ted.: Alpenbraunelle. Oland.: Alpenheggemus. Spagn.: Accentór alpino. Sved.: Alpjärnsparv.

Identificazione: 17,5 cm. Più grosso, più massiccio della Passera scopaiola, sebbene gli atteggiamenti e le abitudini ritirate siano simili. Si riconosce per *il mento e la gola macchiettati di nero, il petto grigiastro, i fianchi striati di castano, l'ala con una banda irregolare doppia* e la punta della coda fulviccio pallido. Parti superiori striate grigio brune. Zampe rosso corallo o carnicine. I giovani hanno la gola grigia senza macchie.
Voce: Un trillante *tcir-rip* come di Allodola ed un gutturale *ciarrg*. Il canto è un piacevole e sostenuto gorgheggio emesso da terra o nel breve volo nuziale. **Habitat**: Fianchi rocciosi delle montagne, sino al limite delle nevi eterne. Sverna più in basso. Nidifica nei buchi tra i sassi o la vegetazione. Cartina 241.

TORDI, CULBIANCHI, SALTIMPALI, USIGNOLI: Turdidae

Uccelli cantori lunghi di zampe e che stanno spesso in posizione eretta. Becco appuntito, sottile o molto sottile. Occhi piuttosto grandi. Coda solitamente quadrata. Generalmente migratori. La maggior parte dei giovani è più o meno macchiettata. Sessi di solito simili.

USIGNOLO D'AFRICA: *Cercotrichas galactotes*. **Tav. 63**
Franc.: Agrobate roux. Ingl.: Rufous bush Robin. Ted.: Heckensänger. Spagn.: Alzacola. Sved.: Rödsångare.

Identificazione: 15 cm. Slanciato, con zampe lunghe e, in certi atteggiamenti, simile ad un Tordo. Si identifica subito *per la lunga coda a ventaglio castana curiosamente terminata di bianco e nero*. La forma occidentale *A. g. galactotes* ha tutte le parti superiori bruno rosso volpe; la forma orientale *A. g. syriacus* (Usignolo levantino) ha il castano limitato al groppone ed alla coda, il rimanente delle parti superiori essendo bruno grigio. Entrambe le forme hanno un marcato sopracciglio crema e le parti inferiori color sabbia. Comportamento molto più coraggioso della maggior parte delle Silvie, sta posato in tutta evidenza sui cespugli o sul terreno, con le ali cascanti, la lunga coda aperta a ventaglio e alzata verticalmente.
Voce: Richiamo, un duro *teck*. Il canto è molto musicale, ma slegato e di volume variante, ricorda l'Allodola in certe frasi. Canta da una posizione in vista, pali telegrafici ecc. e nel lento discendente volo nuziale. **Habitat**: Giardini, vigneti, palmeti e uliveti. Nidifica nei cespugli di palme e nelle siepi di fichi d'India. Cartina 242.

PETTIROSSO: *Erithacus rubecula*. **Tav. 60**
Franc.: Rougegorge. Ingl.: Robin. Ted.: Rotkehlchen. Oland.: Roodborst. Spagn.: Petirrojo. Sved.: Rödhake.

Identificazione: 13,5 cm. Un uccelletto paffuto, "senza collo". Gli adulti hanno petto e fronte arancio, parti superiori bruno oliva. I giovani mancano dell'arancio e sono fortemente macchiettati di bruno scuro e fulvo; si riconoscono dai giovani Codirossi per la coda bruno scura anziché castana, dai giovani Usignoli per le dimensioni minori, per le parti inferiori più fulve e per la coda bruno scura. Comportamento confidente nei riguardi dell'uomo e attitudini vivaci note a tutti, ma gli uccelli continentali sono solitamente diffidenti.
Voce: Un persistente e spesso ripetuto *tic*, un debole *tsip* o *tsissip* ed un sottile lamentevole *tsiii*. Il canto, che si può udire tutto l'anno, è una serie variata e definita di frasi corte e altamente gorgheggiate. **Habitat**: Giardini, siepi, boschetti, boschi con sottobosco, d'inverno anche lungo i filari e i prati delle marcite ecc. Nidifica nei buchi o nelle spaccature di alberi, ai piedi delle siepi, nell'edera ecc. Cartina 243.

USIGNOLO MAGGIORE: *Luscinia luscinia*. **Tav. 60**
Franc.: Rossignol progné. Ingl.: Thrush Nightingale. Ted.: Sprosser. Oland.: Noordse nachtegaal. Sved.: Näktergal.

Identificazione: 16 cm. Molto simile all'Usignolo, ma se ne distingue per la colorazione più bruno oliva *compresa la coda* e, a distanza ravvicinata, per il *petto picchiettato di bruno*. Comportamento come l'Usignolo.
Voce: Richiamo come l'Usignolo; il canto è anche più riccamente musicale con il tipico profondo *ciack-ciack-ciack* di apertura. Si riconosce per l'assenza delle frasi che si elevano in crescendo. **Habitat**: Zone fitte e umide, particolarmente in quelle con betulle e ontani e nel sottobosco paludoso. Abitudini di nidificazione come l'Usignolo. Cartina 244.

USIGNOLO: *Luscinia megarhynchos*. **Tav. 60**
Franc.: Rossignol philomèle. Ingl.: Nightingale. Ted.: Nachtigall. Oland.: Nachtegaal. Spagn.: Ruiseñor común. Sved.: Sydnäktergal.

Identificazione: 16 cm. Piuttosto senza caratteristiche, se si escludono *la coda castano bruna ed il notevole canto*. Parti superiori bruno uniforme caldo, parti inferiori bruno biancastre. I giovani sono macchiati e picchiettati come i giovani del Pettirosso, ma se ne distinguono facilmente per le maggiori dimensioni, la coda castana e le parti inferiori più bianche. Si distinguono dai giovani del Codirosso per le dimensioni maggiori e per la coda castana molto meno brillante. Comportamento ritirato e solitario. Volo e attitudini, quando si ciba sul terreno, come il Pettirosso. Vedi anche Usignolo maggiore.
Voce: Un liquido *uhitt*, un forte *tec*, un soffice molto breve *tac* ed un aspro *kerr* d'allarme. Il canto è ricco, forte e musicale, ciascuna nota rapidamente ripetuta parecchie volte; le note più caratteristiche sono un profondo gorgogliante *ciuck-ciuck-ciuck* ed un lento *piu-piu-piu* che si alza in un brillante crescendo. Canta di giorno e di notte, nella vegetazione folta o da un ramo basso ed esposto. **Habitat**: Boschi cedui di pianura, vegetazione fitta e umida, siepi ecc. Il nido è ben nascosto vicino al terreno, nei sambuchi, tra le ortiche. Cartina 245.

PETTAZZURRO: *Luscinia svecica*. **Tav. 60**
Franc.: Gorge-bleue. Ingl.: Bluethroat. Ted.: Blaukehlchen. Oland.: Blauwborst. Spagn.: Pechiazul. Sved.: Blåhake.

Identificazione: 13,5 cm. Simile al Pettirosso di forma e di abitudini, la coda aperta e mossa frequentemente così da mettere in mostra *molto evidentemente la base castana*. Il maschio, in primavera, ha *una macchia sotto la gola blu brillante*, separata dalla parte bassa del petto da bande nere e castane. La forma scandinava (*P.* orientale, *C. s. svecica*) ha una *macchia castana* al centro di quella azzurra della gola; la forma dell'Europa centrale e meridionale (*P.* occidentale, *C. s. cyanecula*) ha una *macchia bianca*. D'autunno, la gola di solito è biancastra, con poco blu e un bordo nero ed ha una banda pettorale scura. La femmina ha la macchia della gola biancastra con strie nere ai lati, che sfumano in una irregolare collana scura o in una banda pettorale spesso con tracce di blu e castano. I giovani sono simili a giovani Pettirossi striati, ma si riconoscono per la base della coda castana. Le femmine e i giovani delle due forme, orientale e occidentale, non sono differenziabili in libertà, i maschi difficilmente distinguibili in autunno.

Voce: Un netto *tec*, un soffice *uhitt* ed un gutturale *tarr*. Il canto molto musicale e variato, in parte somiglia leggermente a quello dell'Usignolo e della Tottavilla, ma di timbro più acuto, più debole e meno ricco; comprende una netta alta nota come di un triangolo metallico percosso e anche una nota come di grillo. Canta posato e nel volo a zig-zag. **Habitat**: Collinette e vegetazione folta semipalustre o palustre ecc. Nidifica vicino a terra tra le betulle, i salici e i ginepri, nelle zone bagnate ed elevate. Solitamente nelle alte montagne e (nell'Europa centro-occidentale) in pianura. Cartina 246.

CODAZZURRO: *Tarsiger cyanurus*. Tav. 76
Franc.: Rossignol à flancs roux. Ingl.: Red-flanked Bluetail. Ted.: Blauschwanz. Oland.: Blauwstaart. Sved.: Blåstjärt.

Identificazione: Forma e dimensioni del Codirosso. Il maschio ha le *parti superiori blu-grigie* (cobalto brillante sulle spalle, groppone e coda, più scuro alle guance e lati del collo); parti inferiori crema con i *fianchi arancio vivo*. Stria bianca attraverso la fronte e sopra gli occhi. Femmina bruno oliva superiormente più chiara di sotto, con una stretta macchia bianca sotto la gola, coda e groppone bluastri e fianchi arancio. Immaturi simili ai giovani macchiettati del Pettirosso. Estremamente diffidente. Muove frequentemente la coda.
Voce: Richiamo *tick-tick* tipo Pettirosso. Canto caratteristico che inizia e termina molto tranquillamente con una sonora frase discendente *trii-li-trii-li* (tipo Tordo) nel mezzo. Canta di notte e di giorno indifferentemente, in genere in cima agli alberi. **Habitat e distribuzione**: Dense foreste di pini o abeti e cespuglieti umidi. Nidifica sul terreno. Attualmente probabile visitatore estivo regolare nella Finlandia orientale. Erratico dalla Russia centrale all'Inghilterra, Germania e Italia. Ha nidificato in Estonia.

CODIROSSO SPAZZACAMINO: *Phoenicurus ochruros*. Tav. 60
Franc.: Rouge-queue noir. Ingl.: Black Redstart. Ted.: Hausrotschwanz. Oland.: Zwarte roodstaart. Spagn.: Collirojo tizon. Sved.: Svart rödstjärt.

Identificazione: 14 cm. Entrambi i sessi hanno a tutte le età la *coda colore ruggine continuamente tremolante, e il groppone pure ruggine* (come il Codirosso), ma sono molto più scuri, con parti inferiori e disotto delle ali nerastre (non castane) e con il paio centrale delle timoniere bruno scuro. Il maschio è nero fuliggine con macchia alare biancastra (alcuni giovani maschi nidificanti non l'hanno); piumaggio più chiaro d'autunno, con la macchia alare parzialmente oscurata. La femmina e i giovani somigliano alle femmine e ai giovani Codirossi ma sono scuri ed hanno le parti inferiori scuro grigiastre anziché fulvicce. Si comporta come il Codirosso, ma preferisce posarsi sulle rocce e sui fabbricati.
Voce: Un breve *tsip* ed un *tititic* più incisivo della simile nota del Codirosso. Il canto corto e molto rapido è più semplice e meno musicale di quello del Codirosso, comprendendo alcune note curiose, sibilanti ecc. Canta dalla cima dei tetti, o da qualche altro posto

elevato. **Habitat**: Rocce, fabbricati, pareti rocciose, occasionalmente vigneti e parchi. Nidifica nei buchi dei muri, delle rocce, dei fabbricati ecc. Cartina 247.

CODIROSSO: *Phoenicurus phoenicurus*. Tav. 60
Franc.: Rouge-queue à front blanc. Ingl.: Redstart. Ted.: Gartenrotschwanz. Oland.: Gekraagde roodstaart. Spagn.: Collirojo real. Sved.: Rödstjärt.

Identificazione: 14 cm. Entrambi i sessi si riconoscono a tutte le età (da tutte le specie tranne che dal Codirosso spazzacamino) per la *coda costantemente tremolante color ruggine come il groppone*. Il maschio ha *faccia e gola nere*, fronte bianca, parti superiori grigio lavagna, petto e fianchi *castani*. Il nero della gola è parzialmente oscurato dai margini bianchi delle piume, d'autunno. La femmina è bruno grigiastra di sopra, fulviccia di sotto; i giovani sono macchiettati come il Pettirosso giovane, ma con la coda ed il groppone ruggine. Femmina e giovani molto più chiari e bruni dei corrispondenti Codirossi spazzacamino femmina e giovane. Comportamento simile a quello del Pettirosso.
Voce: Un piuttosto tremulo *ui-tic-tic*, un liquido *uhitt* molto simile alla nota del Lui grosso, ed un chiaro *tuick*. Il canto è un breve piacevole tintinnio di note squillanti affrettate (come il Pettirosso), terminando con un debole cinguettio. **Habitat**: Zone boscose, parchi, colline con cespugli e vecchi alberi, occasionalmente o localmente tra le rovine. Nidifica nei buchi degli alberi, nei muri a secco, sotto i capannoni ecc. Cartina 248.

STIACCINO: *Saxicola rubetra*. Tav. 60
Franc.: Traquet tarier. Ingl.: Whinchat. Ted.: Braunkehlchen. Oland.: Paapje. Spagn.: Tarabilla norteña. Sved.: Buskskvätta.

Identificazione: 12,5 cm. Massiccio, con coda corta; l'aspetto ricorda quello della femmina del Saltimpalo, ma si riconosce in ogni stagione *per il sopracciglio molto evidente, per le macchie bianche alla base della coda* e per l'atteggiamento meno eretto. Il maschio ha le guance brune fortemente striate, come le parti superiori ed il vertice; *largo sopracciglio bianco e stria bianca lungo i lati della gola*. Macchia bianca trasversale sulle ali nerastre, gola e petto fulvo caldo. La femmina è più chiara, con sopracciglio fulviccio anziché bianco e le macchie alari più piccole. I giovani non hanno la macchia alare. Comportamento come il Saltimpalo.
Voce: Un breve *tic-tic*, *tiu-tic-tic*, anche parecchie altre note ticchettanti e anche *chrrr*. Il canto è un piacevole gorgheggio, ma brevissimo e piuttosto metallico, che ricorda quello del Codirosso o del Saltimpalo. Canta dalla cima dei cespugli, occasionalmente in volo.
Habitat: Pascoli, paludi, percorsi ferroviari, terreni aperti con pochi cespugli, ginestre ecc. Durante il passo: nei campi coltivati e nelle zone cespugliose. Nidifica nelle erbacce spesso ai piedi di un piccolo cespuglio o di un grosso albero. Cartina 249.

SALTIMPALO: *Saxicola torquata*. Tav. 60
Franc.: Traquet pâtre. Ingl.: Stonechat. Ted.: Schwarzkehlchen. Oland.: Roodborsttapuit. Spagn.: Tarabilla común. Sved.: Svarthakad buskskvätta.

Identificazione: 12,5 cm. Più paffuto e ancora più eretto dello Stiaccino. Il maschio ha un caratteristico *capo e gola neri, con un largo semicollare bianco* ed una stretta fascia alare bianca. Parti superiori scure con macchia biancastra sul groppone. Parti inferiori castano acceso, sfumanti nel fulvo. Il piumaggio autunnale è più bruno e più opaco. La femmina e i giovani hanno le parti superiori brune con strie nere senza bianco sul groppone, ma con alcuni segni neri sulla gola. Si distinguono dallo Stiaccino per l'assenza di sopracciglio, petto rossastro invece che fulvo e per la mancanza di bianco ai lati della coda. Sta posato con le ali e la coda continuamente tremolanti, sulla cima dei cespugli e dei pali telegrafici. Volo lento e a scosse.

Voce: Un persistente *uit-tsack-tsack* come di due sassi picchiati l'uno contro l'altro, anche una nota ticchettante come lo Stiaccino. Il canto consiste di note doppie ripetute irregolarmente e rapidamente, non dissimili dal canto della Passera scopaiola. Canta posato su qualcosa di elevato o nel "danzante" volo nuziale. **Habitat**: Come lo Stiaccino, ma generalmente più localizzato alle zone ricoperte di ginestre e alle zone costiere. Cartina 250.

CULBIANCO ISABELLINO: *Oenanthe isabellina*. Tav. 76
Franc.: Traquet isabelle. Ingl.: Isabelline Wheatear. Ted.: Isabellsteinschmätzer. Oland.: Isabeltapuit. Sved.: Isabellastenskvätta.

Identificazione: 16,5 cm. Sessi simili. Riconoscibile per le *dimensioni relativamente grandi e l'aspetto grigio-sabbia chiaro pressoché uniforme*. A prima vista somiglia ad una femmina molto pallida o ad un giovane Culbianco di Groenlandia ma di questi non ha le copritrici auricolari scure e *capo e becco sono decisamente più grandi*. Il nero cospicuo della coda si estende *per più di metà della lunghezza di questa*, con una brevissima estensione verso il groppone. Le copritrici inferiori dell'ala molto più chiare che nel Culbianco. Andatura "di corsa" caratteristica.

Voce: Richiamo: un forte *cip* o un fischiato *uit-uit*. Il canto è lungo, pieno, come di Allodola e poco simile a quello degli altri Culbianchi. **Habitat e distribuzione**: Solitamente nella steppa, pianure nude o bassi pendii di colline nude; ha una spiccata preferenza per le località "sabbiose" d'inverno. Nidifica nella Grecia nord-orientale e nella Turchia europea. Erratico in Inghilterra e Romania.

CULBIANCO: *Oenanthe oenanthe*. Tav. 60
Franc.: Traquet motteux. Ingl.: Wheatear. Ted.: Steinschmätzer. Oland.: Tapuit. Spagn.: Collalba gris. Ted.: Stenskvätta.

Identificazione: 14,5 cm. Entrambi i sessi hanno il *groppone* e i lati della coda di un *bianco* molto evidente, in contrasto con la punta ed il centro della coda neri (come un largo "T" rovesciato). Il maschio, in livrea nuziale, ha il dorso blu grigio, *un largo sopracciglio bianco*, copritrici auricolari nere come le ali (brunastre d'autunno), parti inferiori biondo rosate. Il maschio, d'autunno, è più fulviccio col dorso brunastro. La femmina è come il maschio, d'autunno. Sempre in movimento, svolazzando o camminando attraverso il terreno aperto "scuotendo e ondeggiando" la coda aperta a ventaglio. La razza di

Culbianco in volo

Groenlandia *O. o. leucorrhoa* (che passa attraverso l'Europa occidentale) è più grossa, tende ad una colorazione più viva e a posarsi più spesso sugli alberi, ma molti individui non sono sicuramente identificabili. Vedi anche Monachella.

Voce: Un duro *cieck*, *cieck-uit* o *uit-ceck*, ecc. Canto, un breve gorgheggio, da Allodola, formato da note musicali e ronzanti. **Habitat**: Colline, lande, pascoli montani e collinosi, rocce e dune. Nidifica nei buchi dei muri, nelle tane di coniglio, nelle pietraie ecc. Cartina 251.

MONACHELLA DORSONERO: *Oenanthe pleschanka*. **Tav. 60**
Franc.: Traquet pie. Ingl.: Pied Wheatear. Ted.: Nonnensteinschmätzer. Oland.: Bonte tapuit. Sved.: Nunnenstenskvätta.

Identificazione: 14,5 cm. Il maschio si distingue dalle altre Monachelle europee per il *dorso ed il petto neri* e per le parti inferiori bianche. Vertice e nuca bianchi d'estate, bruno terra d'inverno. Il bianco sulle timoniere esterne qualche volta si estende sino alle punte, ma il paio centrale è nero da cima a fondo. Ali e copritrici nere d'estate, marginate di fulvo chiaro d'inverno. La femmina, d'estate, è indistinguibile da quella della Monachella, sebbene il dorso e le ali siano solitamente più bruno terreo. Spesso si ciba alla moda delle Averle calandosi da un cespuglio, da un sasso o da un albero.

Voce: Un duro *zack*. Il canto somiglia a quello della Monachella, ma è più variato.
Habitat e distribuzione: Rocce "soffici" costiere e cave di pietre in Europa, altrove zone nude e sassose, fianchi rocciosi delle colline con pochi cespugli, nidifica nei buchi delle sponde sabbiose dei fiumi, tra le radici degli alberi e le pietre. Visitatrice estiva, nidifica nella Romania sud-orientale e in Bulgaria. Erratica in Scozia, Heligoland, Italia (dove forse ha nidificato).

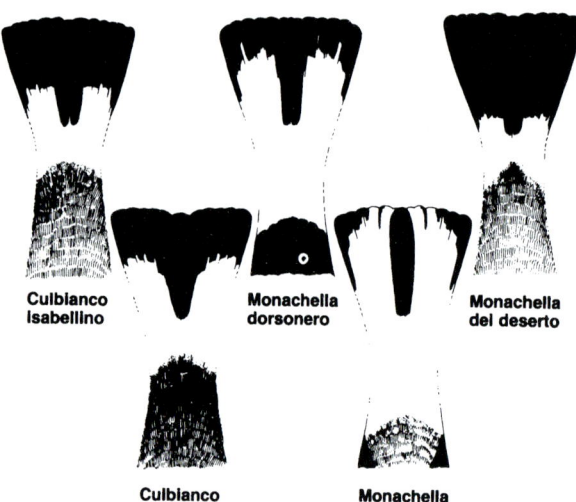

Disegni del groppone e della coda di cinque specie di Culbianchi presi da campioni di maschi nel British Museum (Storia Naturale)

MONACHELLA: *Oenanthe hispanica*. **Tav. 60**
Franc.: Traquet oreillard. Ingl.: Black-eared Wheatear. Ted.: Mittelmeersteinschmätzer. Oland.: Blonde tapuit. Spagn.: Collalba rubia. Sved.: Rödstenskvätta.

Identificazione: 14,5 cm. I maschi sono dimorfici, trovandosi sia quelli con *una macchia nera attraverso l'occhio e le guance (gola biancastra)*, sia quelli con la *faccia interamente nera, col nero che si estende all'intera gola*. Il corpo è biondo sabbia molto chiaro, con vertice e dorso più bianchi, il petto fulviccio e le parti inferiori biancastre. Ali e scapolari nere molto evidenti. Coda bianca con penne centrali e punta nere. Il piumaggio autunnale è più fulvo. La femmina somiglia al Culbianco, ma se ne distingue per la macchia sulla guancia più scura, per le ali *più nere* e per avere più bianco sulla coda; indistinguibili dalle femmine della Monachella dorsonero, sebbene solitamente sia più chiara di sopra. Si posa frequentemente sugli alberi.
Voce: Una nota raspante seguita da un fischio lamentevole. Il canto rapido, acuto *scuer-scuii-sciuii-u* nel circolare volo nuziale o posata. **Habitat**: Campagna arida e leggermente boscosa e fianchi sassosi delle montagne. Di solito nidifica nei buchi tra le rocce, i muri ecc. Cartina 252.

MONACHELLA DEL DESERTO: *Oenanthe deserti*. **Tav. 76**
Franc.: Traquet du désert. Ingl.: Desert Wheatear. Ted.: Wüstensteinschmätzer. Oland.: Woestijntapuit. Sved.: Ökenstenskvätta.

Identificazione: 14,5 cm. Entrambi i sessi distinti dagli altri "Culbianchi" per la *coda nera quasi sino alla base* e degli evidenti margini bianchi alle copritrici alari. Groppone e copritrici caudali superiori bianche, tinte di biondo, specialmente nella femmina, che ha la gola biancastra e le ali più brune del maschio; la *nera gola* del maschio può creare confusione con le forme a gola nera della Monachella ma da quest'ultima riconoscibile per le scapolari rossastre anziché nere e mancanza di bianco evidente sulla coda. I maschi in autunno hanno gli orli bianchi alle piume della gola.
Voce: Richiamo: un fischio soffice, lamentoso. **Habitat e distribuzione**: Distese nude sabbiose o rocciose; d'inverno anche nei coltivi vicino ai luoghi deserti. Erratico dall'Africa e dall'Asia sino all'Inghilterra, Heligoland, Finlandia, Svezia, Italia e Grecia.

MONACHELLA NERA: *Oenanthe leucura*. **Tav. 60**
Franc.: Traquet rieur. Ingl.: Black Wheatear. Ted.: Trauersteinschmätzer. Oland.: Zwarte tapuit. Spagn.: Collalba negra. Sved.: Sorgstenskvätta.

Identificazione: 17,5 cm. Facilmente riconoscibile per le *grandi dimensioni* ed il *piumaggio caratteristico nero*, leggermente a riflessi col groppone bianco, come il sottocoda e i lati della coda. La femmina somiglia al maschio, ma è più opaca, nero brunastra. Vedi anche Monachella testabianca (Accidentali).
Voce: Canto, un breve e dolce gorgheggio, cominciando e finendo con un verso chiacchierato. **Habitat**: Deserti rocciosi e regioni montagnose. Nidifica nei buchi tra le rocce, spesso schermando l'entrata con un muretto di ghiaia. Cartina 253.

CODIROSSONE: *Monticola saxatilis*. **Tav. 60**
Franc.: Merle de roche. Ingl.: Rock Thrush. Ted.: Steinrötel. Oland.: Rode rotslijster. Spagn.: Roquero rojo. Sved.: Stentrast.

Identificazione: 19 cm. In tutti i piumaggi ha la *corta coda castana*, col centro bruno. Il maschio, d'estate, ha *la testa, il collo ed il mantello blu lavagna chiaro, basso dorso bianco*, ali nerastre e *parti inferiori castano arancio*, d'inverno i colori sono parzialmente oscurati dalle marginature fulvicce delle piume, che gli danno un aspetto macchiettato. La femmina

ha le parti inferiori a forti macchie brune, talvolta con tracce di bianco sul dorso e parti inferiori fulvicce macchiettate. Comportamento ritirato e solitario; sta posato in posizione eretta come un Culbianco con la coda sollevata o leggermente ondeggiante, prima di tuffarsi tra le rocce per sottrarsi alla vista. Facilmente distinguibile dal Passero solitario per la coda castana e il groppone bianco.
Voce: Un moderato *ciack-ciack*. Il canto è un chiaro flautato gorgheggio emesso da una roccia o da altro posatoio e nel breve e verticale volo nuziale. **Habitat**: Nidifica nelle regioni rocciose ma aperte dai mille metri in su, occasionalmente più in basso e tra gli alberi o le rovine. Cartina 254.

PASSERO SOLITARIO: *Monticola solitarius*. Tav. 60
Franc.: Merle bleu. Ingl.: Blue rock Thrush. Ted.: Blaumerle. Oland.: Blauwe rotslijster. Spagn.: Roquero solitario. Sved.: Blåtrast.

Identificazione: 20 cm. Leggermente più grosso del Codirosso. Il maschio è facilmente riconoscibile per il *piumaggio blu grigio intenso*. D'inverno appare nerastro. La femmina è bruno bluastra superiormente, più chiara di sotto, finemente barrata di bruno grigio. Sta posato sulle rocce con le ali cadenti, con la coda relativamente corta aperta a ventaglio, sparendo dalla vista appena lo si avvicina. Solitario. Vedi anche Codirosso.
Voce: Un duro *tciack* o un lamentevole *tsiic*. Canto deciso, forte e flautato, ricorda quello del Merlo, ma è più limitato; canta da una roccia o durante il verticale volo nuziale. **Habitat**: Regioni deserte, montagnose o rocciose. Nidifica nei crepacci delle rocce e sui fabbricati. Cartina 255.

TORDO DORATO: *Zoothera dauma*. Tav. 61
Franc.: Grive dorée. Ingl.: White's Thrush. Ted.: Erddrossel. Oland.: Goudlijster. Sved.: Guldtrast.

Identificazione: 25 cm. Più grande della Tordela. Se ne distingue per il piumaggio *bruno dorato* col margine delle piume *a mezzaluna nera*, sul capo e sul corpo. In volo, *le bande bianche e nere sotto l'ala sono caratteristiche*. Volo fortemente ondulato. Si distingue dai giovani della Tordela per i segni bianchi e neri sotto le ali e per l'aspetto dorato (invece che grigio).
Voce: Canto: un fischio singolo, lungo, penetrante a diverse altezze a 6 secondi di intervallo, ciascuna con inizio e fine calmi. **Habitat e distribuzione**: Normalmente nelle fitte foreste con molto sottobosco. Erratico dall'Asia verso Ovest attraverso l'Europa sino alla Norvegia, Inghilterra, Islanda, Francia e Sardegna.

TORDO SIBERIANO: *Zoothera sibirica*. Tav. 61
Franc.: Merle sibérien. Ingl.: Siberian Thrush. Ted.: Sibirische Drossel. Oland.: Siberische lijster. Sved.: Sibirisk trast.

Identificazione: 22 cm. Il maschio si riconosce per il piumaggio *nero lavagna, il sopracciglio bianco molto evidente* ed il centro del ventre bianco e in volo per le punte bianche della coda. La femmina ha le parti superiori bruno oliva, sopracciglio fulvo, parti inferiori bianco fulvicce fittamente macchiate di bruno. In volo, entrambi i sessi mostrano una *chiara banda attraverso il lato inferiore delle ali*, offrendo così un carattere distintivo dai piuttosto simili Tordo golanera e Cesena fosca. Erratico dall'Asia verso Ovest attraverso l'Europa sino alla Norvegia, Francia, Italia e Scozia. Ha un breve canto formato di due fischi flautati seguiti da un debole cinguettio.

TORDO DI SWAINSON: *Catharus ustulatus*. Tav. 76
Franc.: Grive petite. Ingl.: Swainson's Thrush. Ted.: Zwergdrossel. Oland.: Dwerglijster. Sved.: Gråbrun dvärgtrast.

Identificazione: 17,5 cm. Sembra un Tordo bottaccio molto piccolo con *cerchio orbitale biondo e gola e guance fulvicce*. Queste caratteristiche lo distinguono anche dal molto simile Tordo guancegrigie (vedi elenco degli Accidentali). Alto petto rossiccio macchiato di nero; macchie indistinte anche sugli alti fianchi; parti inferiori bianche; dorso e groppone bruno oliva. Becco nerastro, zampe bruno pallido. Si distingue in volo dal Tordo bottaccio per l'assenza di arancio sotto le ali. Diffidente, si tiene nel sottobosco ma lo si può talora vedere in cima agli alberi. Si nutre principalmente sul terreno ma talora anche in volo prendendo mosche.
Voce: Un alto di tono ma debole *uit*. Canto flautato e musicale con ciascuna frase in crescendo. **Habitat e distribuzione**: Durante il passo frequenta le radure dei boschi, giardini e zone alberate palustri. Nidifica nelle parti bagnate delle foreste di conifere. Erratico dal Nordamerica all'Irlanda, Francia, Belgio, Germania, Austria e Italia.

MERLO DAL COLLARE: *Turdus torquatus*. Tav. 61
Franc.: Merle à plastron. Ingl.: Ring Ouzel. Ted.: Ringdrossel. Oland.: Beflijster. Spagn.: Mirlo collarizo. Sved.: Ringtrast.

Identificazione: 24 cm. Inconfondibile. Il maschio ha un piumaggio nero opaco uniforme, con una larga *banda pettorale a mezzaluna bianca*; il piumaggio invernale ha i margini delle piume bianchicci, che gli danno un aspetto a "scaglie". La femmina è più bruna, con la mezzaluna più stretta e più sporca. I giovani non hanno mezzaluna e sembrano dei giovani merli molto macchiati. Vola rapidamente, riparandosi dietro le rocce all'avvicinarsi di qualcuno. Si distingue da eventuali Merli bianchi e neri (albini parziali) per la *macchia grigiastra sulle remiganti ad ali chiuse*.
Voce: Un chiaro fischiante *pii-u* e uno schioccante *tac-tac-tac* più secco che nel Merlo. Canto: alcune note doppie o triple *tceru*, *tcivi*, *ti-cio-o* ecc. ripetute tre o quattro volte ed intercalate nelle pause con alcune note schioccanti. **Habitat**: Colline e montagne generalmente sopra i trecento metri. Nidifica tra l'erica, i ginepri, le rocce, spesso vicino ai sentieri o ai torrenti. Cartina 256.

MERLO: *Turdus merula*. Tav. 61
Franc.: Merle noir. Ingl.: Blackbird. Ted.: Amsel. Oland.: Merel. Spagn.: Mirlo común. Sved.: Koltrast.

Identificazione: 25 cm. Il maschio è un uccello *tutto nero* con *rima palpebrale e becco giallo arancio vivo*. La femmina è uniformemente bruno scuro di sopra, rosso bruno più chiaro di sotto, con mento biancastro e becco bruno. I giovani sono più rossicci e più macchiettati. I maschi immaturi sono più brunastri con il becco nerastro. Gli occasionali albini parziali, maschi, si distinguono dal Merlo dal collare per l'assenza della macchia chiara sull'ala e per la diversa voce. Si nutre sul terreno. Appena si posa, la coda è sollevata e aperta e le ali cascanti.
Voce: Uno stridente chiacchierio, quando viene fatto levare; una nota persistente *tcink-tcink-tcink*, un ansioso *tciuck*, un sottile *tsii* ecc. Il canto è un deliberato, forte e melodioso gorgheggio, facilmente distinguibile dal canto del Tordo bottaccio per le note più pure e flautate senza l'abitudine di ripeterle e la caratteristica caduta in un debole, non musicale finale. **Habitat**: Boschi, siepi, giardini, cespuglieti ecc. Nidifica sulle siepi, nelle cataste di legna ecc. Cartina 257.

TORDO OSCURO: *Turdus obscurus*. Tav. 61
Franc.: Grive obscure. Ingl.: Eye-browed Thrush. Ted.: Weissbrauendrossel. Oland.: Vale lijster. Sved.: Vitbrynad trast.

Identificazione: 18 cm. Parte alta del petto *grigio* e lati del petto e fianchi *fulvo arancio*. Parti superiori oliva bruno con vertice grigiastro; un *chiaro sopracciglio bianco* ed una larga macchia bianca sotto l'occhio sino al mento. La femmina è più opaca. Erratico dalla Siberia all'Europa centrale e a Ovest sino al Belgio, alla Francia e all'Italia. Il canto è semplice, formato di 2-3 frasi.

CESENA FOSCA: *Turdus naumanni eunomus*. **Tav. 61**
Franc.: Grive à ailes rousses. Ingl.: Dusky Thrush. Ted.: Rostflügeldrossel. Oland.: Bruine lijster. Sved.: Sibirisk rödvingetrast.

Identificazione: 22 cm. Si distingue dai più comuni Tordi europei per *due bande pettorali nerastre* (quella inferiore incompleta). I fianchi hanno delle macchie a mezzaluna nerastre d'inverno. Becco pesante. *Sopracciglio bianco molto evidente*. Larghe zone castane sulle superfici *superiori e inferiori* dell'ala e sul groppone. Si distingue dal Sassello per il petto ed i fianchi nerastri e per il castano sulle ali; dalla Cesena di Naumann (con la quale forse è conspecifica) per il nerastro anziché castano sul petto ed i fianchi e per la coda nerastra invece che castana. Erratica dall'Asia verso Ovest attraverso l'Europa sino alla Norvegia, Inghilterra, Francia e Italia. Richiamo stridente, *spirr*.

CESENA DI NAUMANN: *Turdus naumanni naumanni*. **Tav. 61**
Franc.: Grive de Naumann. Ingl.: Naumann's Thrush. Ted.: Naumannsdrossel. Oland.: Naumann's lijster. Sved.: Naumanns trast.

Identificazione: 22 cm. Le Cesene di Naumann e fosca probabilmente si incrociano, e perciò possono essere conspecifiche. La Cesena di Naumann si distingue per il *castano* (non nerastro) sul petto, fianchi e coda. Il maschio ha le parti superiori grigio brune con un po' di *castano sulle ali*. La femmina è più bruna superiormente e molto più chiara di sotto, con macchie nerastre sul petto e sui fianchi. Erratica dall'Asia all'Europa centrale, a Ovest sino alla Norvegia, Inghilterra, Francia e Italia. Ha un breve canto discendente, terminante con un debole cinguettio.

TORDO GOLANERA: *Turdus ruficollis atrogularis*. **Tav. 61**
Franc.: Grive à gorge noire. Ingl.: Black-throated Thrush. Ted.: Schwarzkehldrossel. Oland.: Zwartkeellijster. Sved.: Svarthalsad trast.

Identificazione: 23 cm. Il maschio ha *faccia, gola e l'alto petto neri* (parzialmente oscurati dai margini biancastri delle piume, d'inverno), le parti superiori bruno grigio uniforme, il sopracciglio stretto e nerastro, le parti inferiori bianco sericeo. La femmina è più bruna superiormente con gola e petto biancastri finemente macchiettati e striati di nero. In volo, mostra del rosso ruggine sotto le ali. Comportamento come la Cesena. La forma orientale, il Tordo golarossa, *T. r. ruficollis*, ha il nero della gola del *T. r. atrogularis* rimpiazzato dal color rosso mattone. Sono gregari d'inverno.
Voce: La nota usuale si dice che somigli alla squillante nota d'allarme del Merlo. **Habitat e distribuzione**: Sverna in aperta campagna e nelle zone riparate vicino alle coltivazioni. Erratico dall'Asia e dalla Russia verso Ovest attraverso l'Europa sino alla Norvegia, Inghilterra, Francia e Italia.

CESENA: *Turdus pilaris*. **Tav. 61**
Franc.: Grive litorne. Ingl.: Fieldfare. Ted.: Wacholderdrossel. Oland.: Kramsvogel. Spagn.: Zorzal real. Sved.: Björktrast.

Identificazione: 25 cm. Leggermente più piccola della Tordela, molto più grande del Bottaccio e del Sassello. Si riconosce per la *testa ed il groppone grigio chiaro, il dorso*

castano e la coda quasi nera. Gola e petto giallo rugginoso striati di nero, fianchi fittamente segnati di macchie nere. In volo, il groppone grigio, il bianco sotto le ali e il richiamo sono caratteristici. Volo meno ondulante della Tordela. Ha un atteggiamento eretto e all'erta sul terreno. Gregaria.
Voce: Un aspro chiacchierante *tciack-tciack-tciack* ed un calmo *sii*. Il canto è un miscuglio di rapide note squittenti; frequentemente emesso in volo. **Habitat**: Sverna in campagna aperta, cercando il cibo nei campi e lungo le siepi. Nidifica solitamente in colonie presso i margini o gli spiazzi dei boschi, specialmente di betulle, occasionalmente sui fabbricati e sui covoni; sul terreno oltre il limite di vegetazione degli alberi. Cartina 258.

TORDO BOTTACCIO: *Turdus philomelos*. Tav. 61
Franc.: Grive musicienne. Ingl.: Song Thrush. Ted.: Singdrossel. Oland.: Zanglijster. Spagn.: Zorzal común. Sved.: Taltrast.

Identificazione: 22 cm. Un uccello col dorso bruno, col petto macchiato. Si distingue dalla Tordela e dalla Cesena per le dimensioni molto minori, per le parti superiori *bruno* uniforme, fianchi e petto fulvo gialliccio, con *piccole macchie* nere; dal Sassello per l'assenza di castano sui fianchi e sotto l'ala e la mancanza del sopracciglio chiaro. In volo mostra del *fulviccio* sotto le ali. Spesso si ciba sul terreno scoperto correndo spasmodicamente.
Voce: Un forte *tciack* o *tcick* ripetuto rapidamente quando è allarmato, richiamo in volo un soffice *sip* (più corto di quello del Sassello). Canto forte e musicale, le corte variate frasi *ripetute 2 o 4 volte*, intercalate da brevi pause. **Habitat**: Intorno alle abitazioni umane, parchi, boschi e siepi. Nidifica in cespugli, siepi, edera ecc. occasionalmente nei fabbricati. Nella parte meridionale della sua area di distribuzione estiva nidifica nei boschi di conifere in montagna. Cartina 259.

TORDO SASSELLO: *Turdus iliacus*. Tav. 61
Franc.: Grive mauvis. Ingl.: Redwing. Ted.: Rotdrossel. Oland.: Koperwiek. Spagn.: Zorzal malviz. Sved.: Rödvingetrast.

Identificazione: 20,5 cm. Il più piccolo dei Tordi comuni. Somiglia al Tordo bottaccio, ma se ne distingue per il *sopracciglio crema molto evidente*, i fianchi *castano* acceso (non fulvi), petto e fianchi *striati* (non macchiati) e, in volo, per il *castano* (non fulvo) sotto le ali. Gregario, percorre la campagna insieme alle Cesene, d'inverno. Vedi anche la rara Cesena fosca.
Voce: Nota caratteristica (spesso anche durante la migrazione notturna), un fine *siip-ip*, anche un aspro *cittac*. Il canto varia notevolmente a seconda della località; una frase ripetuta di 4-6 note flautate, in crescendo o calando tipicamente *trui-trui-trui-tru-tri* seguita da un debole gorgheggiante "sotto canto". **Habitat**: Sverna nella campagna aperta e nei boschi non fitti. Nidifica sui ceppi degli alberi, su cataste di legna, sugli alberi ed i cespugli, sul terreno ecc. nei boschi radi, nelle zone paludose spesso ai margini delle colonie delle Cesene. Cartina 260.

TORDELA: *Turdus viscivorus*. Tav. 61
Franc.: Grive draine. Ingl.: Mistle Thrush. Ted.: Misteldrossel. Oland.: Grote lijster. Spagn.: Zorzal charlo. Sved.: Dubbeltrast.

Identificazione: 26 cm. Si distingue dal molto più piccolo Tordo bottaccio e dal Tordo sassello per le *parti superiori grigio brune*, per le *inferiori fittamente macchiate*, e per la postura più eretta, con la testa alzata. In volo, mostra del bianco sotto le ali, come la Cesena; ma da questa è facilmente distinguibile per il dorso *grigiastro* invece che rossastro castano, groppone grigio bruno invece che grigio blu, petto *bianco crema* invece che

ruggine e *coda più chiara* con la punta delle timoniere più esterne bianca. I giovani sono fortemente macchiettati superiormente. Comportamento diffidente. Il volo forte somiglia a quello della Cesena, ma con periodi ad ali chiuse più lunghi e regolari. I giovani, fortemente macchiati di sopra, possono essere confusi col raro Tordo dorato.
Voce: Un secco raspante cicaleccio, un duro *tac-tac-tac* e un fine (tipo Sassello) *sii-ip*. Il canto è sonoro, in un certo senso simile a quello del Merlo, ma manca della dolcezza e varietà di questo, ripetendo corte frasi piuttosto simili. Canta con qualsiasi tempo, dalla cima degli alberi. **Habitat**: Grandi giardini, frutteti, boschi. nidifica su una biforcazione scoperta. Piccoli gruppi vagano per le campagne e le valli, d'autunno. Cartina 261.

TORDO MIGRATORE: *Turdus migratorius*. **Tav. 61**
Franc.: Merle migrateur. Ingl.: American Robin. Ted.: Wanderdrossel. Oland.: Roodborstlijster. Sved.: Vandringstrast.

Identificazione: 25 cm. Ha le caratteristiche del Merlo, ma col petto *rosso mattone uniforme*, il dorso e il capo grigio scuro, *segni bianchi marcati attorno all'occhio* e le punte delle timoniere esterne bianche. Mento bianco striato di nero. Becco giallo. Sessi simili, ma il maschio ha il capo più nero. Vedi anche Cesena di Naumann e i Tordi golarossa e oscuro. Le aspre e schioccanti note sono quelle tipiche dei tordi.
Habitat e distribuzione: Boschi e boschetti, spesso presso le abitazioni. Erratico in Inghilterra, Germania, Francia, Belgio, Austria, Cecoslovacchia e Jugoslavia.

CANNAIOLE, BIGE, LUÌ: Sylviidae

Una numerosa famiglia di piccoli uccelli insettivori, attivi, con becco fine. Sessi generalmente simili; i giovani somigliano ai genitori (o alla femmina adulta quando i sessi sono differenti). Molti sono sorprendentemente privi di caratteristiche peculiari e i piumaggi si consumano molto rapidamente, cosicché gli uccelli in abito autunnale sono molto difficili da identificare, specialmente tra i Luì. Molti hanno note di richiamo simili. La voce, il comportamento e l'habitat sono quindi tutti molto importanti per identificarli. Solitamente nidificano tra la vegetazione bassa vicino o sul terreno, oppure (nel genere *Acrocephalus*) il nido è appeso alle canne.

USIGNOLO DI FIUME: *Cettia cetti*. **Tav. 62**
Franc.: Bouscarle de Cetti. Ingl.: Cetti's Warbler. Ted.: Seidensänger. Oland.: Cetti's zanger. Spagn.: Ruiseñor bastardo. Sved.: Cettisångare.

Identificazione: 14 cm. Le abitudini ritirate ne rendono l'identificazione "a vista" molto difficile, ma *il canto è inconfondibile*. Parti superiori *bruno rosso scuro*, il corto sopracciglio e le parti inferiori bianco grigiastre con fianchi più brunastri e sottocoda barrato. Coda fortemente arrotondata. L'aspetto piuttosto rossiccio può creare confusione con l'Usignolo, ma quest'ultimo è molto più grande, con la coda più lunga e di colore più rossiccio che le parti superiori. La coda è spesso tenuta alzata.
Voce: Un forte *cii*, un breve *tuic*, un soffice *huit* ed un allarme *chrrrr*. Il canto è molto forte, "scoppiettante", principalmente una ripetizione di *ciuii* o *ciuiuu* con enfasi varia. Canta nella folta vegetazione. **Habitat**: Vegetazione bassa e fitta, solitamente vicino all'acqua, paludi, canneti ecc. Il nido è ben nascosto nella bassa vegetazione. Cartina 262.

BECCAMOSCHINO: *Cisticola juncidis*. **Tav. 62**
Franc.: Cisticole des joncs. Ingl.: Fan-tailed Warbler. Ted.: Cistensänger. Oland.: Waaierstaartrietzanger. Spagn.: Buitrón. Sved.: Grässångare.

Identificazione: 10 cm. Lo si vede con facilità, generalmente nel volo nuziale durante la stagione delle cove. Ricorda un piccolo Forapaglie brillantemente colorato. Se ne distingue per *la mancanza di sopracciglio chiaro* e per le dimensioni molto inferiori (è il più piccolo Silvide d'Europa) e *per la coda a "spuntone"*. Le parti superiori bruno scuro con larghi margini alle piume fulvo rossicce e col groppone rossiccio gli danno l'aspetto di un uccello pesantemente striato di fulvo; gola e parti inferiori biancastre senza strie, tinte di fulvo rossiccio sul petto e sui fianchi, la coda corta e ben arrotondata, con punte bianche e nere alle timoniere più esterne. Comportamento diffidente.
Voce: Un netto, raspante *dziip... dziip... dziip...* corrispondente ad ogni impennata del debole volo ondulante, a buona altezza. Nota di richiamo, *tiu*. **Habitat**: Zone asciutte e umide, campi di grano, pianure erbose, paludi. Costruisce il nido a tasca profonda sospeso sull'erba alta, sul grano in crescita o nel denso sottobosco. Cartina 263.

LOCUSTELLA DEL PALLAS: *Locustella certhiola*. **Tav. 65**
Franc.: Locustelle de Pallas. Ingl.: Pallas's grasshopper Warbler. Ted.: Streifenschwirl. Oland.: Siberische snor. Sved.: Starrsångare.

Identificazione: 13,5 cm. Ha il carattere molto "ritirato" delle Locustelle; spesso corre sul terreno. Il piumaggio ricorda il Forapaglie ma con *contrasto più marcato tra le zone chiare e quelle scure*. Ha il sopracciglio biancastro simile a quello del Forapaglie, ma il vertice è più scuro e la fronte molto più pallida; la gola e la parte superiore del petto sono molto bianche e formano un *distinto collare*; le parti inferiori sono grigiastre con bianco sotto la coda. La parte superiore del dorso grigiastra dà un *contrastante effetto chiaro di "scialle"*. I bordi biancastri delle timoniere centrali scure danno un'impressione di "scacchi". La macchia scura sull'ala è visibile in volo. Becco scuro, zampe rosa. Gli immaturi hanno il petto e i fianchi gialli e una debole banda pettorale formata da indistinte macchiette.
Voce: Nota invernale descritta come *cir-cir*. Canto più simile ad un *Acrocephalus* che ad una *Locustella*: si apre con due note seguite da un duro strepitio e si chiude con un trio musicale. **Habitat e distribuzione**: Praterie bagnate con erba alta e nel sottobosco assai fitto. Sverna nelle risaie, canneti e paludi. Erratico dall'Asia centrale e Siberia all'Inghilterra, Irlanda, Heligoland.

LOCUSTELLA LANCEOLATA: *Locustella lanceolata*. **Tav. 65**
Franc.: Locustelle lancéolée. Ingl.: Lanceolated Warbler. Ted.: Strichelschwirl. Oland.: Temminck's rietzanger. Sved.: Träsksångare.

Identificazione: 11,5 cm. Somiglia a un piccolo Forapaglie macchiettato ma è più pesantemente striata di sopra specialmente sul bruno dorso. La miglior caratteristica, in libertà, è il *collarino ben distinto di strie fitte e parallele sull'alto petto, sottomento e gola biancastri*. Stria oculare bianco crema indistinta. Becco bruno scuro di sopra, carnicino pallido di sotto; zampe carnicino-rosate. Comportamento assai ritirato.
Voce: Nota invernale come *cin-cin* simile a quella della L. del Pallas. Il canto assomiglia a quello del Forapaglie macchiettato ma è più acuto e più basso. **Habitat e distribuzione**: Canne e vegetazione fitta ai bordi dell'acqua, praterie bagnate e paludi con densa vegetazione. Erratico dalla Russia nord-orientale e dall'Asia in Inghilterra, Olanda, Danimarca, Svezia, Germania e Jugoslavia.

FORAPAGLIE MACCHIETTATO: *Locustella naevia*. **Tav. 62**
Franc.: Locustelle tachetée. Ingl.: Grasshopper Warbler. Ted.: Feldschwirl. Oland.: Sprinkhaanrietzanger. Spagn.: Buscarla pinta. Sved.: Gräshoppsångare.

Identificazione: 12,5 cm. Molto diffidente. Solitamente si riconosce per il *canto caratteri-*

stico. Parti superiori *fortemente striate*, bruno oliva (a volte giallastre). Groppone leggermente rossiccio meno striato. Parti inferiori leggermente striate, crema. Coda arrotondata con barre appena accennate. Zampe rosa, variabile. Corre e si arrampica con grande agilità tra la bassa vegetazione; piuttosto riluttante a volare.
Voce: Un breve *tuit* o *pitt* che sfocia in un cicaleccio quando è allarmato. Il canto, che si ode molto da lontano, è un "ronzio" meccanico su di un'unica nota alta (come il rumore di un mulinello da canna da pesca), spesso per più di due minuti. Ottiene effetti da "ventriloquo" girando il capo. Canta di giorno e di notte. Vedi anche Locustella lanceolata e Salciaiola. **Habitat**: Vegetazione di fondo nelle paludi, praterie bagnate, marcite, anche zone asciutte, siepi ecc. Nidifica ben nascosto vicino o sul terreno, nell'erba alta, siepi, vegetazione bassa ecc. Cartina 264.

LOCUSTELLA FLUVIATILE: *Locustella fluviatilis*. Tav. 62
Franc.: Locustelle fluviatile. Ingl.: River Warbler. Ted.: Schlagschwirl. Oland.: Krekelzanger. Sved.: Flodsångare.

Identificazione: 12,5 cm. Si distingue dal Forapaglie macchiettato per le parti superiori bruno terra scuro *senza macchie* e le parti inferiori biancastre leggermente striate di bruno sull'alto petto. Coda arrotondata leggermente rossiccia. Zampe rosate. I giovani hanno solo leggere strie sulla gola, parti superiori senza macchie, più rossicce e parti inferiori bianco fulvicce. Ha comportamento ritiratissimo ed è riluttante a volare come il Forapaglie macchiettato, dal quale però differisce per canto ed habitat.
Voce: Ha una nota di richiamo bassa e rauca. Il canto somiglia in un certo senso a quello del Forapaglie macchiettato, ma è più forte e più chiaro, e le note sono molto più nettamente separate. **Habitat**: Località umide, spesso anche nel folto dei boschi o nell'erba incolta e nelle macchie di rovi, nel terreno scoperto o negli spiazzi dei boschi compresi quelli di pini. Nidifica vicino o sul terreno, nella vegetazione fitta e impenetrabile. Cartina 265.

SALCIAIOLA: *Locustella luscinioides*. Tav. 62
Franc.: Locustelle luscinioïde. Ingl.: Savi's Warbler. Ted.: Rohrschwirl. Oland.: Snor. Spagn.: Buscarla luscinioide. Sved.: Vassångare.

Identificazione: 14 cm. Somiglia superficialmente alla Locustella fluviatile, ma da questa si riconosce per il canto che somiglia a quello del Forapaglie macchiettato. Coda larga e ben graduata, spesso sbiaditamente barrata. Parti superiori bruno rossastro *senza strie*; parti inferiori bianco brunicce con fianchi leggermente bruno rossicci. Sopracciglio fulviccio corto e indistinto. Si riconosce dal Forapaglie macchiettato per il piumaggio a colorazione *uniforme*; dalla Locustella fluviatile per il petto *senza strie*; dall'Usignolo di fiume per le parti inferiori *molto più brune*; da tutti e tre per il canto caratteristico. Molto meno diffidente del Forapaglie macchiettato, ma corre anche come un topo attraverso la vegetazione con nervose contrazioni delle ali e della coda.
Voce: Un calmo ed insistente *tsuick* ed uno scoppiettante cicaleccio. Il canto somiglia molto al rumore del "mulinello" da canna da pesca del Forapaglie macchiettato, ma più basso e più breve; spesso preceduto da note basse ticchettanti che accelerano sino a raggiungere il tipico "ronzio". Canta dalla cima delle canne. **Habitat**: Paludi, canneti con cespugli sparsi. Nido ben nascosto tra la fitta vegetazione nell'intrico delle canne morte ecc. Cartina 266.

FORAPAGLIE CASTAGNOLO: *Acrocephalus melanopogon*. Tav. 62
Franc.: Lusciniole à moustaches. Ingl.: Moustached Warbler. Ted.: Tamariskensänger. Oland.: Zwartkoprietzanger. Spagn.: Carricerin real. Sved.: Tamarisksångare.

Identificazione: 12,5 cm. Si distingue con difficoltà dal Forapaglie *per il vertice quasi nero*, contrastante con *il più bianco sopracciglio* che termina nettamente quadrato, alla nuca, *guance bruno scuro, gola molto bianca*. Appare decisamente più color *ruggine* del Forapaglie. Si distingue subito dal Forapaglie e dal Pagliarolo per *l'abitudine di sollevare la sua corta coda arrotondata*. Comportamento piuttosto ritirato.
Voce: Un soffice ma penetrante *t-trrt* ed un più aspro *tciak* che sfocia in un gutturale suono d'allarme. Il canto ricorda quello della Cannaiola, sebbene sia più dolce. Distinguibile per una frase che ricorda il *lu-lu-lu* della Tottavilla, e per alcune note in crescendo che ricordano l'Usignolo. **Habitat**: Canneti e paludi. Nidifica tra le canne o cespugli sopra l'acqua. Cartina 267.

PAGLIAROLO: *Acrocephalus paludicola*. Tav. 62
Franc.: Phragmite aquatique. Ingl.: Aquatic Warbler. Ted.: Seggenrohrsänger. Oland.: Waterrietzanger. Spagn.: Carricerin cejudo. Sved.: Vattensångare.

Identificazione: 12,5 cm. Somiglia ad un Forapaglie piuttosto giallastro, ma se ne distingue per una *marcata stria crema lungo la parte centrale del vertice*, il sopracciglio fulviccio (invece che crema), le marcate strie del dorso che si estendono, meno marcate, *al groppone* e, particolarmente nel piumaggio estivo, per fini strie sparse sul petto ed i fianchi. Zampe giallo-arancio (quelle del Forapaglie sono grigiastre). Si distingue da tutti gli altri *Acrocephalus* e dal Forapaglie castagnolo per la stria sul vertice e per il groppone striato. Più ritirato del Forapaglie. Spesso si ciba sul terreno. Attenzione alla notevole somiglianza col Forapaglie giovane.
Voce: Molto simile a quella del Forapaglie. Canto anche piuttosto simile, ma meno variato, senza mimesi e comprendente un cinguettante *dee-dee-dee*. **Habitat**: Come il Forapaglie, ma preferisce le paludi aperte con bassa vegetazione, carici, ecc. Nidifica vicino a terra. Cartina 268.

FORAPAGLIE: *Acrocephalus schoenobaenus*. Tav. 62
Franc.: Phragmite des joncs. Ingl.: Sedge Warbler. Ted.: Schilfrohrsänger. Oland.: Rietzanger. Spagn.: Carricerin común. Sved.: Sävsångare.

Identificazione: 12,5 cm. Si distingue dalla Cannaiola per *l'evidente sopracciglio crema, per le parti superiori decisamente striate* ad eccezione del groppone fulvo uniforme. Il vertice degli adulti può essere molto scuro e causare confusione con il F. castagnolo. Parti inferiori crema con fianchi fulvi. I giovani sono più giallastri con vaghe macchioline alla gola ed all'alto petto. Occasionalmente può avere una leggera stria crema sul vertice, particolarità che può creare confusione con il Pagliarolo. Coda piuttosto appuntita. Volo e comportamento come la Cannaiola. Vedi anche Pagliarolo e Forapaglie castagnolo. Gli altri *Acrocephalus* (Cannaiola ecc.) hanno le parti superiori senza strie.
Voce: Un esplosivo *tac* che diviene un sonoro grattamento quando è eccitato; anche un aspro *ciarrrrrr*. Canto più variato della Cannaiola: una rapida, forte sequenza di note musicali e di aspri cicalecci ripetuti, misti a bassi trilli e ad imitazioni. Canta posato e nel breve, verticale volo nuziale. **Habitat**: Canneti e vegetazione fitta vicino all'acqua, cespuglieti bagnati, coltivazioni. Costruisce un nido sospeso nella vegetazione bassa e densa. Cartina 269.

CANNAIOLA DI BLYTH: *Acrocephalus dumetorum*. Tav. 65
Franc.: Rousserolle des buissons. Ingl.: Blyth's Reed Warbler. Ted.: Buschrohrsänger. Oland.: Blyth's kleine karekiet. Sved.: Busksångare.

Identificazione: 12,5 cm. Indistinguibile in libertà dalla Cannaiola verdognola, ha le parti superiori di solito più brune. Si distingue con difficoltà dalla Cannaiola per le parti superiori leggermente più scure e solitamente meno bruno ruggine. Identificabile con sicurezza solo in mano, per la formula alare. Becco notevolmente lungo e sopracciglio indistinto, ali corte, arrotondate che fan sembrare la coda molto più lunga. Voce e comportamento come la Cannaiola verdognola, ma più arboreo. Canto eccezionalmente lungo, alto, variato e musicale, con frasi ripetute 3-8 volte. Visitatrice estiva, nidifica nella Finlandia di Sud-Est e nell'Estonia orientale. Ha nidificato in Lituania. Accidentale in Inghilterra.

CANNAIOLA VERDOGNOLA: *Acrocephalus palustris*. Tav. 62
Franc.: Rousserolle verderolle. Ingl.: Marsh Warbler. Ted.: Sumpfrohrsänger. Oland.: Bosrietzanger. Spagn.: Carricero políglota. Sved.: Kärrsångare.

Identificazione: 12,5 cm. La Cannaiola verdognola, la Cannaiola e la Cannaiola di Blyth vengono facilmente confuse e il piumaggio delle diverse sottospecie può variare. La Cannaiola verdognola in primavera si distingue dalla Cannaiola per il suo *canto notevolmente musicale e variato*, per il becco *leggermente* più corto e più massiccio, *per la fronte più arrotondata* (quella della Cannaiola è più piatta) e per le zampe *chiare* bruno-carnicino (quelle della Cannaiola sono più scure). Sopracciglio e anello palpebrale di solito più prominenti che nella Cannaiola. In autunno la Cannaiola verdognola sembra di solito grigio-bruna in quanto non ha le parti superiori e il groppone rossicci come la Cannaiola. Si può distinguere dalla Cannaiola di Blyth per il sopracciglio più distinto, parti superiori più olivastre (meno grigie), il becco più corto e massiccio, le zampe più chiare e le ali più lunghe. Per la differenza delle ali vedi disegno.
Voce: Un forte ripetuto *tciak*, un calmo *tac* e dei *tictirric*, *tuik* ecc. Il canto è eccezionalmente variato e musicale con trilli tipo canarino, ed una estesa gamma di imitazioni, intercalati da note chiacchierate come la Cannaiola e da una caratteristica nota nasale.
Habitat: Densa e bassa vegetazione lungo le rive dei fiumi, nelle piantagioni di salici, nell'acqua, coltivazioni, boschi umidi spesso vicino all'acqua. Costruisce un nido sospeso, retto da tiranti cuciti intorno alla vegetazione circostante. Cartina 270.

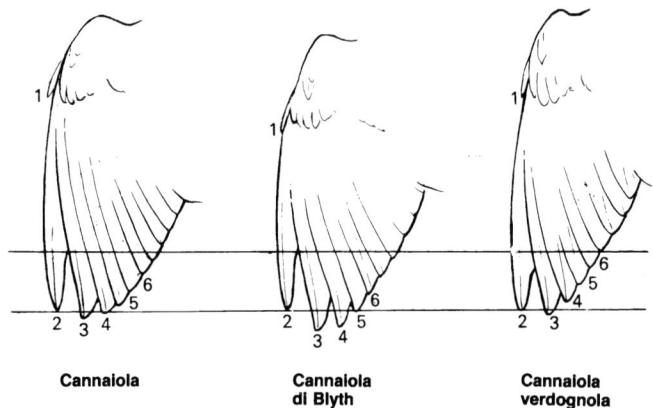

Cannaiola   Cannaiola   Cannaiola
                 di Blyth   verdognola

Formula alare delle Cannaiole.
Confrontare la lunghezza relativa della seconda remigante primaria e l'intaccatura del suo vessillo interno.

CANNAIOLA: *Acrocephalus scirpaceus*. Tav. 62
Franc.: Rousserolle effarvatte. Ingl.: Reed Warbler. Ted.: Teichrohrsänger. Oland.: Kleine karekiet. Spagn.: Carricero común. Sved.: Rörsångare.

Identificazione: 12,5 cm. Parti superiori bruno uniforme, parti inferiori bianco fulvicce con copritrici della coda fulvicce. Zampe di colore variabile ma di solito bruno chiaro o grigio-carnicino. Si distingue dal Forapaglie per il capo e il dorso *senza strie*, per un sopracciglio *molto indistinto*. Il Cannareccione è molto più grosso. Quasi indistinguibile in libertà dalla Cannaiola verdognola (tranne che per la voce), è però più bruno ruggine con *zampe più scure*, becco più lungo e più sottile e fronte piatta; in autunno i giovani sembrano identici. Si muove con estrema agilità tra le canne, ma piuttosto diffidente. La coda arrotondata è aperta e depressa durante i brevi voli sull'acqua. Vedi anche Cannaiola di Blyth e Cannaiola di Jerdon (Accidentali). Si vedano le formule alari.

Voce: Un basso *ciarr*, un aspro *skarr* d'allarme (molto simile a quello del Forapaglie) ed una debole nota ticchettante. Il canto prolungato somiglia a quello del Forapaglie, ma se ne distingue per la tendenza a ripetere le frasi due o tre volte: *cirrac-cirrac, giag-giag-giag* ecc., con note liquide e imitazioni intercalate. Canta giorno e notte. **Habitat**: Canneti e densa vegetazione ai margini dell'acqua. In alcune parti d'Europa si trova anche nei campi coltivati, lontano dall'acqua. Nidifica in colonie sospendendo il nido alle canne. Cartina 271.

CANNARECCIONE: *Acrocephalus arundinaceus*. Tav. 62
Franc.: Rousserolle turdoide. Ingl.: Great Reed Warbler. Ted.: Drosselrohrsänger. Oland.: Grote karekiet. Spagn.: Carricero torda. Sved.: Trastsångare.

Identificazione: 18,5 cm. Facilmente riconoscibile dalla Cannaiola *per le dimensioni molto maggiori, il becco più lungo e più massiccio, solitamente per un marcato sopracciglio, e per la voce stridula*. Colorazione come la Cannaiola. Comportamento meno diffidente: si posa sugli alberi o sui pali telegrafici. Volo basso con coda aperta, tuffandosi pesantemente tra le canne.

Voce: Stridente e forte. Canto aspro e prolungato, udibile a gran distanza. Una notevole varietà di note grattate, ciascuna ripetuta 2-3 volte; *karra-karra, krik-krik, gark-gark-gark* ecc. **Habitat**: Nidifica in colonie sulle canne che bordeggiano l'acqua aperta, lungo i fiumi, gli stagni, i laghi ecc., costruendo nidi appesi alle canne come la Cannaiola. Cartina 272.

CANAPINO PALLIDO: *Hippolais pallida*. Tav. 64
Franc.: Hypolaïs pâle. Ingl.: Olivaceous Warbler. Ted.: Blassspötter. Oland.: Vale spotvogel. Spagn.: Zarcedo palido. Sved.: Blek gulsångare.

Identificazione: 12,5 cm. La forma ed il comportamento ricordano quelli del Canapino ma manca di solito della colorazione verdastra e giallastra. Ha il *becco più lungo* con mandibola inferiore *giallastra* e *vertice più piatto*, parti superiori grigie o bruno-olivastro e (a parte i bordi deboli e pallidi delle secondarie interne) *ali più scure e senza segni* che raggiungono solo la base della coda. Quest'ultima caratteristica è un utile segno di distinzione dal Canapino maggiore nel primo inverno (che è grigiastro). Parti inferiori bianco opaco con strie rossastre sui fianchi e sulle copritrici alari inferiori e qualche volta attraverso il petto. Gola spesso più bianca. Anello palpebrale grigio chiaro. Zampe di colore variabile. Becco più lungo, sopracciglio più prominente e vertice più piatto del Beccafico. In primavera le parti inferiori possono avere del giallino.

Voce: Richiamo piuttosto simile a quello del Canapino maggiore: *tac*. Nota d'allarme, un calmo ticchettio. Il vigoroso canto ricorda quello del Forapaglie, sebbene meno variato e meno aspro. **Habitat**: Giardini e aree coltivate, con alberi e cespugli. Nidifica in cespugli e siepi, e qualche volta sui palmeti. Cartina 273.

CANAPINO ASIATICO: *Hippolais caligata*. **Tav. 65**
Franc.: Hippolaïs russe. Ingl.: Booted Warbler. Ted.: Buschspötter. Oland.: Russische spotvogel. Sved.: Liten gulsångare.

Identificazione: 11,5 cm. Un piccolo Canapino per la maggior parte non descritto, attivo che assomiglia a un *piccolo* Canapino pallido ma con becco più sottile e più corto e la testa leggermente più arrotondata. Ha un sopracciglio rudimentale che si estende avanti e dietro l'occhio e qualche volta una striscia palpebrale scura che ricorda un *Phylloscopus*. In volo mostra le timoniere esterne bianche; parti inferiori d'estate più rossastre del Canapino pallido, ma d'inverno sembrano grigio-argento.
Voce: Canto: un misto di note bisbiglianti e cinguettanti disseminate di *shrek-shrek*.
Habitat e distribuzione: Di solito tra arbusti o terreni coltivati, localmente in macchie semidesertiche. Erratico dalla Russia, Asia occidentale all'Europa orientale, settentrionale, centrale, occidentale.

CANAPINO LEVANTINO: *Hippolais olivetorum*. **Tav. 64**
Franc.: Hypolaïs des oliviers. Ingl.: Olive-Tree Warbler. Ted.: Olivenspötter. Oland.: Griekse spotvogel. Sved.: Olivgulsångare.

Identificazione: 15 cm. Un canapino grande *grigiastro* con becco *appuntito*, giallastro alla base, e *marginature biancastre molto evidenti alle secondarie*. Primarie e coda grigio-bruno più scure. Zampe grigio-bluastre. Il vertice visto dal retro ha un aspetto a punta. Il sopracciglio chiaro si estende oltre l'occhio. Il becco grande, i segni sulle ali, le dimensioni maggiori e le ali più lunghe lo rendono facilmente distinguibile dal Canapino pallido.
Voce: Il canto è forte, rapido e melodioso. Ricorda quello del Forapaglie, ma è più musicale e più ricco. **Habitat**: Frequenta la parte alta e fitta del fogliame negli oliveti e nei querceti, tenendosi ben fuori di vista. Nidifica nella biforcazione dell'olivo. Cartina 274.

CANAPINO MAGGIORE: *Hippolais icterina*. **Tav. 64**
Franc.: Hypolaïs ictérine. Ingl.: Icterine Warbler. Ted.: Gelbspötter. Oland.: Spotvogel. Spagn.: Zarcero icterino. Sved.: Gulsångare.

Identificazione: 13 cm. Un uccelletto massiccio e vivace, verde e giallo. Difficile distinguerlo dal Canapino ma di solito ha le parti superiori più brillanti, verdastro-oliva (spesso con una venatura di giallo), il vertice *acuto* piuttosto che arrotondato, *ali più lunghe, più appuntite che superano decisamente la base della coda*. Tranne che nel consueto piumaggio autunnale i bordi delle secondarie interne formano una *visibile macchia chiara, ad ali chiuse* (biancastra negli immaturi e giallastra negli adulti). Alcuni adulti non hanno il giallo di sotto e sono più grigi superiormente. Immaturi più grigi e "slavati" di quelli del Canapino. Le zampe variano dal grigio-blu al blu-nero. Becco piuttosto grande e largo con mandibola superiore scura ed inferiore rosata. *La voce e le aree di distribuzione* differiscono da quelle del Canapino.
Voce: Un *tec* come la Capinera; un musicale e caratteristico *dideroid*, un *huit* come il Fringuello ed un allarme basso gutturale. Il canto ricorda quello della Cannaiola verdognola; un forte e variato scroscio, notevolmente a lungo sostenuto, di note melodiose e discordanti, ciascuna *ripetuta* parecchie volte, intercalate da note aspre gutturali, come quelle della Cannaiola. **Habitat**: Giardini, parchi e terreni coltivati, ma anche nei boschi, nelle zone a fitta vegetazione, siepi ecc. Cartina 275.

CANAPINO: *Hippolais polyglotta*. **Tav. 64**
Franc.: Hypolaïs polyglotte. Ingl.: Melodious Warbler. Ted.: Orpheusspötter. Oland.: Orpheusspotvogel. Spagn.: Zarcero común. Sved.: Polyglottgulsångare.

Identificazione: 12,5 cm. Difficile distinguerlo, in libertà, dal Canapino maggiore tranne che per la *voce*. Leggermente più piccolo con parti superiori più brune o più opache, specialmente sul groppone. Ha decisamente il capo *arrotondato e ali più corte e arrotondate che non oltrepassano la base della coda*. All'epoca delle cove molti adulti hanno una macchia alare gialla ma meno evidente che nel C. maggiore. Gli immaturi, più bruni, non l'hanno. Le zampe variano dal bruniccio al bluastro ma sono *solitamente più brune* che nel C. maggiore. Colore del becco come nel C. maggiore. Parti inferiori variabili ma di solito giallo più intenso che nel C. maggiore. Alcuni adulti e gli immaturi mancano del giallo e sono più bruni superiormente. Entrambe le specie ed il C. pallido non hanno l'anello palpebrale o il sopracciglio dando alla faccia un aspetto senza caratteristiche che aiuta a distinguerli da qualsiasi simile *Acrocephalus* o *Phylloscopus*. Il Beccafico ha il becco più corto e più grosso e non ha piumaggio giallo.
Voce: Un cicaleccio come di Passera oltremontana; un *huit* come di Fringuello ed un improvviso *tit, tit*. Il canto, spesso iniziato lentamente, è un *prolungato* e molto musicale "gorgoglio", più affrettato e meno aspro di quello del Canapino maggiore; spesso introduce note "cinguettanti" come di Passera oltremontana ed imitazioni, ma con poche ripetizioni. **Habitat**: Simile a quello del Canapino maggiore, ma più spesso nella vegetazione folta vicino all'acqua. Costruisce un nido delicato nei cespugli o persino sugli alberi. Cartina 276.

MAGNANINA SARDA: *Sylvia sarda*. Tav. 63
Franc.: Fauvette sarde. Ingl.: Marmora's Warbler. Ted.: Sardengrasmücke. Oland.: Sardijnse grasmus. Spagn.: Curruca sarda. Sved.: Sardinisk sångare.

Identificazione: 12 cm. Sembra quasi nera in distanza. Dimensioni e forma della Magnanina, ma se ne distingue per la gola e le parti inferiori *grigio lavagna*, invece che bruno porporino. Parti superiori grigio lavagna scuro *con testa quasi nera come le ali e la coda*. Ventre bianco brunastro. La coda è leggermente più corta che nella Magnanina; rima palpebrale rossa. La femmina è leggermente più bruna. Giovani più chiari e più grigi di sopra e molto più bianchi di sotto dei giovani della Magnanina. Comportamento ed habitat come la Magnanina, ma ancora più ritirata. Vedi anche l'Occhiocotto.
Voce: Un unico netto *tzig*. Il canto somiglia a quello della Magnanina, ma è meno aspro.
Distribuzione: Residente nelle isole del Mediterraneo occidentale e sulla costa orientale spagnola.

MAGNANINA: *Sylvia undata*. Tav. 63
Franc.: Fauvette pitchou. Ingl.: Dartford Warbler. Ted.: Provencegrasmücke. Oland.: Provence-grasmus. Spagn.: Curruca rabilarga. Sved.: Provencesångare.

Identificazione: 12,5 cm. Si riconosce per *il piumaggio molto scuro e per la lunga coda costantemente alzata o aperta a ventaglio*. Il maschio ha la testa grigio lavagna (con le piume del vertice caratteristicamente sollevate), sfumante *nel bruno scuro delle parti superiori*; parti inferiori *bruno porporino scuro*; gola e mento macchiettati di bianco, in autunno; coda graduata bruno scuro con bordo bianco. Occhi rosso arancio. Comportamento furtivo e nascosto. Volo debole con caratteristico movimento della coda ciondoloni e le ali rapidamente vibranti. Vedi anche Sterpazzolina e Magnanina sarda.
Voce: Un garrente metallico *tcir-r*, un breve *tac*, *tcir-r-tac* ed anche un allarme "raganellato". Il canto è un corto musicale chiacchierio intercalato con note liquide, tipo Sterpazzola, ma più piacevole. **Habitat**: Boschi all'aperto, querce nane, lati delle colline coperti dalle ginestre ecc. Nidifica nei cespuglieti vicino a terra. Cartina 277.

STERPAZZOLA DI SARDEGNA: *Sylvia conspicillata*. **Tav. 63**
Franc.: Fauvette à lunettes. Ingl.: Spectacled Warbler. Ted.: Brillengrasmücke. Oland.: Brilgrasmus. Spagn.: Curruca tomillera. Sved.: Glasögonsångare.

Identificazione: 12,5 cm. Assomiglia per certi riguardi alla Sterpazzola, ma è più piccola. *La gola bianca contrasta maggiormente con la testa scura e il petto bruno rosato*. La stretta rima palpebrale bianca non è un buon segno di riconoscimento, in libertà. Zampe caratteristicamente e sorprendentemente *color paglierino chiaro*. Vertice grigio lavagna, le redini e le copritrici auricolari più scure, parti superiori brune *con margini rossicci* molto evidenti sulle copritrici alari e sulle remiganti secondarie. I giovani sono più bruni, senza grigio sul capo e con le parti inferiori più fulvicce. I movimenti ricordano la Sterpazzola. Spesso alza la coda, mostrando le timoniere esterne bianche.
Voce: Il canto è corto e simile a quello della Sterpazzola, ma più calmo e senza note grattanti; canta da un ramo esposto o nel danzante volo nuziale. Allarme, un sommesso molto caratteristico "raganellio" simile a quello dello Scricciolo. **Habitat**: Principalmente tra i cespugli di *Salicornia* e sulle spianate costiere con cespugli (spesso in compagnia della Magnanina). Nidifica nei bassi cespugli. Cartina 278.

STERPAZZOLINA: *Sylvia cantillans*. **Tav. 63**
Franc.: Fauvette passerinette. Ingl.: Subalpine Warbler. Ted.: Weissbartgrasmücke. Oland.: Baardgrasmus. Spagn.: Curruca carrasqueña. Sved.: Rödstrupig sångare.

Identificazione: 12 cm. Il maschio si riconosce per *il mustacchio bianco* in contrasto con il castano rosato dell'alto petto e della gola. Ulteriormente si distingue dalla Magnanina (con la quale assai spesso si trova) per le parti superiori molto più chiare, grigio cenere, la gola senza macchie ed il molto evidente bianco alle timoniere esterne della coda scura e arrotondata. La femmina ed il giovane sono più chiari, rosa fulviccio di sotto con il "mustacchio" molto meno evidente. Gli occhi appaiono rossi a distanza ravvicinata. Comportamento come la Magnanina, alzando e aprendo la coda quando è eccitata, ma la coda è più corta. Vedi anche Sterpazzola di Sardegna.
Voce: Un duro, ma calmo *tec tec* ed un rapido chiacchierante allarme. Il canto ricorda quello dell'Occhiocotto e della Sterpazzola, ma è più piacevole, più lento e senza note improvvise ed aspre. Canta dai cespugli e durante il breve danzante volo nuziale. **Habitat**: Bassi cespugli e ammassi di vegetazione fitta, spesso con qualche albero sparso; ma anche nelle radure aperte dei boschi e lungo i banchi dei fiumi. Nidifica nei fitti cespugli. Cartina 279.

OCCHIOCOTTO: *Sylvia melanocephala*. **Tav. 63**
Franc.: Fauvette mélanocéphale. Ingl.: Sardinian Warbler. Ted.: Samtkopfgrasmücke. Oland.: Kleine zwartkop. Spagn.: Curruca cabecinegra. Sved.: Sammetshätta.

Identificazione: 13 cm. Il maschio si riconosce per *il cappuccio nero che si estende ben sotto l'occhio*, la gola bianco puro, le parti superiori grigie, quelle inferiori biancastre con i *fianchi grigiastri*. L'*anello palpebrale rosso brillante* è molto evidente. La coda nerastra graduata, frequentemente tenuta aperta, ha le timoniere esterne di un bianco molto evidente. La femmina è molto più bruna, con il cappuccio grigio appena più scuro delle rimanenti parti superiori. Il volo ed il comportamento instancabile ricordano quelli della Sterpazzola. Vedi anche Bigia grossa, Capinera e Silvia di Rüppell.
Voce: Ha un forte, "staccato" allarme: *ce-ce-ce-ce* come di uno strumento di legno rapidamente vibrato. Il canto ricorda vagamente quello della Sterpazzola, ma è più lungo, più musicale ed intercalato dalla nota di allarme in "staccato". Canta da un ramo esposto o nascosto e nel breve danzante volo nuziale. **Habitat**: Terreno asciutto con cespugli e nel sottobosco. Cartina 280.

SILVIA DI RÜPPELL: *Sylvia rueppelli*. Tav. 63
Franc.: Fauvette masquée. Ingl.: Rüppell's Warbler. Ted.: Maskengrasmücke. Oland.: Rüppell's grasmus. Sved.: Svarthakad sångare.

Identificazione: 13,5 cm. Il maschio *ha vertice, faccia e gola neri con una evidente stria bianca a mo' di mustacchio*, parti superiori grigie, parti inferiori biancastre, coda nera con *grossa marcatura bianca alle timoniere esterne*. La femmina è più opaca, con gola scura o chiara, ma il "mustacchio" è ancora abbastanza visibile. Occhi e zampe rosso bruno brillante. Il maschio si riconosce dall'Occhiocotto *per la gola nera ed il "mustacchio" bianco*.
Voce: Si confonde facilmente con quella di un forte canto di Occhiocotto. La nota solita è come di una "raganella" (strumento musicale) velocemente agitata. Il canto somiglia a quello della Sterpazzola, ma intercalato col caratteristico suono di raganella. **Habitat e distribuzione**: Nidifica nei cespugli tra la bassa vegetazione con spuntoni rocciosi. Visitatore estivo, nidifica nella regione egea. Erratica in Inghilterra, Italia, Sicilia.

BIGIA GROSSA: *Sylvia hortensis*. Tav. 63
Franc.: Fauvette orphée. Ingl.: Orphean Warbler. Ted.: Orpheusgrasmücke. Oland.: Orpheusgrasmus. Spagn.: Curruca mirlona. Sved.: Mästersångare.

Identificazione: 15 cm. Somiglia ad un grosso, grigiastro maschio di Capinera, ma se ne distingue per *il bianco delle timoniere esterne*; il cappuccio nero opaco del capo *si estende molto al di sotto dell'occhio* e sfuma nel grigio del mantello, anziché essere nettamente delimitato; anche *per la gola bianca* invece che grigia. *Gli occhi sono caratteristicamente paglierino chiaro*. La femmina è più bruna superiormente e il cappuccio è più chiaro. Si distingue dall'Occhiocotto per le dimensioni maggiori, gli occhi chiari e il cappuccio opaco, anziché nero lucido e nettamente delimitato, e per l'habitat differente. Gli immaturi possono essere confusi con i giovani della Bigia padovana, ma la coda è più corta e le copritrici superiori mancano delle leggere macchie bianche.
Voce: Un *tac tac* come la Capinera o *tyat tyat* ed un forte grattante allarme (come suono di nacchere). Il canto è un dolce gorgheggio *quasi come quello dei tordi*, ciascuna frase solitamente ripetuta 4-5 volte, senza note discordanti. **Habitat**: Specialmente arboreo. Distretti boscosi, frutteti, giardini, oliveti e coltivazioni di limoni. Nidifica nei cespugli e sui bassi rami. Cartina 281.

BIGIA PADOVANA: *Sylvia nisoria*. Tav. 63
Franc.: Fauvette épervière. Ingl.: Barred Warbler. Ted.: Sperbergrasmücke. Oland.: Gestreepte grasmus. Spagn.: Curruca gavilana. Sved.: Höksångare.

Identificazione: 13,5 cm. Si riconosce per le parti inferiori biancastre *barrate con delle macchie scure a forma di mezzaluna*, meno distinte nella femmina. Il maschio è grigio cenere superiormente, la femmina è più bruna. Le ali bruno scuro hanno *due barre biancastre*. La coda piuttosto lunga ha un po' di bianco sulle timoniere esterne. Gli adulti hanno gli occhi *giallo brillante*. I giovani hanno le parti inferiori leggermente fulvicce con nessuna o poche barrature. Si distingue dalla Sterpazzola e dal Beccafico per la colorazione più grigia, le barre alari e le maggiori dimensioni. Di aspetto pesante e con zampe e becco robusti; la coda è spesso mossa. Comportamento ritirato.
Voce: Un duro *tciack*, un basso *ciarrrr* ed un caratteristico basso grattante *tciarrr, tciarrr* che si ritrova nel suo canto. Il canto somiglia a quello della Capinera per ricchezza e purezza, ma è più rapido ed in frasi più brevi. **Habitat**: Cespugli di spini, boschetti, cespugli, siepi, radure nei boschi ecc. Solitamente nidifica nei cespugli di spini. Cartina 282.

BIGIARELLA: *Sylvia curruca*. Tav. 63
Franc.: Fauvette babillarde. Ingl.: Lesser Whitethroat. Ted.: Klappergrasmücke. Oland.: Braamsluiper. Spagn.: Curruca zarcerilla. Sved.: Ärtsångare.

Identificazione: 13 cm. Si distingue dalla Sterpazzola *per coda più corta, parti superiori molto più grigie, copritrici auricolari scure* (che le danno un aspetto mascherato), *la mancanza di castano sulle ali* ed il canto caratteristico. La coda appare più corta che nella Sterpazzola. Più ritirata della Sterpazzola. Vedi anche Occhiocotto e Silvia di Rüppel. **Voce**: Richiamo simile a quello della Sterpazzola. Il canto comincia con un sommesso gorgheggio, seguito da una improvvisa emissione di un "grattamento", per nulla musicale, *su di una nota sola*. Canta nel folto della vegetazione, ma non ha il volo nuziale verticale della Sterpazzola. **Habitat**: Come la Sterpazzola, sebbene solitamente in vegetazione più alta e più densa con più alberi. Cartina 283.

STERPAZZOLA: *Sylvia communis*. Tav. 63
Franc.: Fauvette grisette. Ingl.: Whitethroat. Ted.: Dorngrasmücke. Oland.: Grasmus. Spagn.: Curruca zarcera. Sved.: Törnsångare.

Identificazione: 13,5 cm. Un vivace uccelletto con *ali visibilmente color ruggine* e una coda piuttosto lunga con le timoniere esterne bianche. Il maschio ha *un cappuccio grigio chiaro* che si estende sino alla nuca e sotto l'occhio (grigio bruno in autunno), *gola bianco puro*, parti superiori bruno rossicce, coda piuttosto lunga con le timoniere esterne bianche. Parti inferiori fulvo rosato molto pallido. La femmina è più opaca e scura, con la testa brunastra ed un rosa leggerissimo sul petto. Irrequieta, sempre in movimento, sbuca fuori dal sottobosco e vi rientra fulmineamente con la cresta alzata e la coda aperta. Vedi anche Bigiarella.
Voce: Un ripetuto *ceck*, un aspro e forte *tciarrr* ed un calmo *uiit uiit uit uit uit* che finisce affrettato. Il canto è un vigoroso e urgente chiacchierio. Canta nel folto della vegetazione o nel breve danzante volo nuziale. **Habitat**: Campagna piuttosto aperta con cespugli, sambuchi, carici, distese di ortiche. Nidifica vicino al terreno sulla bassa vegetazione. Cartina 284.

BECCAFICO: *Sylvia borin*. Tav. 64
Franc.: Fauvette des jardins. Ingl.: Garden Warbler. Ted.: Gartengrasmücke. Oland.: Tuinfluiter. Spagn.: Curruca mosquitera. Sved.: Trädgårdssångare.

Identificazione: 13,5 cm. Un paffuto uccelletto brunastro uniforme con le parti inferiori fulvo chiaro ed una caratteristica *testa arrotondata e becco tozzo*. Nessuna caratteristica particolare, ma si può riconoscere per il *bel canto sostenuto*. Si distingue dalla femmina e dai giovani della Capinera per il vertice brunastro uniforme come le parti superiori. Le zampe sono plumbee.
Voce: Richiamo: *cek, cek*, simile a quello della Capinera, ma meno duro. Un basso aspro *tciar-r-r* ed un debole *uit*. Il canto ha la stessa dolcezza e qualità di quello della Capinera, ma è più calmo, e *sostenuto molto più a lungo*. Canta dal sottobosco e dalla bassa vegetazione, in genere. **Habitat**: Boschi con abbondante sottobosco, cespuglieti con macchie di sambuchi, cespugli con bacche ecc. Nidifica nei bassi cespugli e nel sambuco. Cartina 285.

CAPINERA: *Sylvia atricapilla*. Tav. 63
Franc.: Fauvette à tête noire. Ingl.: Blackcap. Ted.: Mönchsgrasmücke. Oland.: Zwartkop. Spagn.: Curruca capirotada. Sved.: Svarthätta.

Identificazione: 13,5 cm. Il maschio si riconosce per *il vertice nero lucido sino al livello*

dell'occhio, parti superiori grigio brune, *lati del capo* e parti inferiori grigio cenere. La femmina ha *il vertice bruno rosso* e le parti inferiori più brune. I giovani sono più ruggine di sopra, più giallastri di sotto; i giovani maschi hanno il vertice bruno nerastro. Si distingue dalla Bigia grossa e dall'Occhiocotto per il *cappuccio nettamente delimitato che termina all'altezza dell'occhio e per l'assenza di bianco sulla coda*. Vedi anche Beccafico.
Voce: Un enfatico *tac tac* rapidamente ripetuto quando è allarmata, ed un aspro *ciarrrrr*. Il canto è un gorgheggio notevolmente ricco, *più variato ma meno sostenuto* di quello del Beccafico, spesso più forte verso la fine. **Habitat**: Spiazzi nei boschi con sottobosco, siepi fitte, cespugli ed alberi da frutta ecc. Nidifica nei sambuchi, caprifoglio, sempreverdi ecc. Cartina 286.

LUÌ VERDASTRO: *Phylloscopus trochiloides*. Tav. 64
Franc.: Pouillot verdâtre. Ingl.: Greenish Warbler. Ted.: Grüner Laubsänger. Oland.: Grauwe fitis. Sved.: Lundsångare.

Identificazione: 10,5 cm. Molto simile al Luì piccolo, se ne distingue per la voce, la corta barra alare biancastra, le parti inferiori meno gialle, i lati del collo grigiastri e il sopracciglio più pronunciato. Le dimensioni sono tra quelle del Luì boreale e quelle del Luì forestiero, *ma è più grigio*, meno verde di questi e il sopracciglio è meno evidente. Zampe grigio-bruno *scure*. Difficile da distinguere dalle razze orientali del Luì piccolo (con barrature alari) eccetto che per il becco più lungo, sopracciglio e canto più lunghi. (Vedi formula alare.)
Voce: Nota usuale, un discendente *ui-hur*. Canto forte e breve, che inizia con nota di richiamo rapidamente ripetuta, e sbocca in un trillo. **Habitat**: Molto vario: boschi cedui o di conifere, frutteti, boschetti ecc. Nidifica per terra o vicino a terra, non necessariamente con vegetazione bassa, occasionalmente in muretti bassi di pietra. Cartina 287.

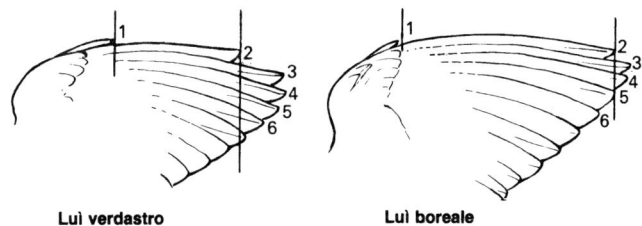

Luì verdastro   Luì boreale

Formula alare
Il Luì verdastro ha la prima remigante primaria più lunga e la seconda più corta rispetto al Luì boreale.

LUÌ BOREALE: *Phylloscopus borealis*. Tav. 64
Franc.: Pouillot boréal. Ingl.: Arctic Warbler. Ted.: Nordischer Laubsänger. Oland.: Noordse boszanger. Sved.: Nordsångare.

Identificazione: 12 cm circa. Delle dimensioni del Luì verde, ma con la gola più biancastra e un evidente sopracciglio giallo-bianco che constrasta con una striscia scura che attraversa l'occhio e che giunge sin quasi alla nuca. Piumaggio variabile: dal grigio

verdastro al verde brunastro sulle parti superiori (più scuro nel primo inverno), parti inferiori bianco grigiastre, talora con tracce di giallo. Solitamente *una stretta barra alare biancastra*, talvolta appare una leggera traccia di una seconda barra, ma entrambe possono andare perse per il consumarsi del piumaggio. Le zampe sono *giallo brune*. Estremamente attivo. Vedi anche Luì verdastro. (Vedi formula alare.)
Voce: Un sommesso *tsssp* ed un calmo raganellio di basso timbro. Una nota brontolante ripetuta *tsirrip*. Il canto è un ripetuto *tcick* seguito da un corto acuto trillo che ricorda il Forapaglie macchiettato. **Habitat**: Solitamente vicino all'acqua nel sottobosco umido, ma anche nei boschi di conifere e di betulle. Nidifica sul terreno. Cartina 288.

LUÌ DEL PALLAS: *Phylloscopus proregulus*. Tav. 65
Franc.: Pouillot de Pallas. Ingl.: Pallas's Warbler. Ted.: Goldhähnchenlaubsänger. Oland.: Pallas' boszanger. Sved.: Kungsfågelsångare.

Identificazione: 9 cm. Le piccole dimensioni, il piumaggio ed il comportamento, compreso lo "svolazzare", richiamano alla mente il Fiorrancino. Distinto dal Luì forestiero per le parti superiori verde più brillante, *stria gialla larga sui lati del vertice scuro*; fronte e sopracciglio gialli; doppia barra alare *gialla; macchia sul groppone giallo primula* ben visibile quando "svolazza".
Voce: Un dolce ma penetrante *uiisp* in crescendo, più prolungato del simile richiamo del Luì forestiero; talora considerato come di due note: *ui-isp*, la seconda più alta della prima. **Habitat e distribuzione**: Soprattutto in cima agli alberi; nidifica nei boschi di betulle, di conifere e misti. Erratico dall'Asia all'Inghilterra, Belgio, Heligoland, Svezia, Finlandia, Jugoslavia.

LUÌ FORESTIERO: *Phylloscopus inornatus*. Tav. 64
Franc.: Pouillot à grands sourcils. Ingl.: Yellow-browed Warbler. Ted.: Gelbbrauenlaubsänger. Oland.: Bladkoninkje. Sved.: Vitbrynad sångare.

Identificazione: 10 cm. Si riconosce per le dimensioni molto piccole, la *doppia barra alare biancastra*, la più bassa lunga, larga e *orlata di scuro*, i larghi margini bianchicci alle secondarie ed un *sopracciglio crema evidente*. Parti superiori verde giallastro con groppone verde pallido. Parti inferiori biancastre. Coda piuttosto corta; talora ha una linea chiara indistinta lungo il centro del vertice. Dà spesso la caccia alle mosche come un Pigliamosche. Si riconosce dai giovani Regoli per le dimensioni maggiori, per il sopracciglio crema e per le parti inferiori biancastre. Vedi anche Luì del Pallas.
Voce: Una stridente più monosillabica versione dell'*huit* del Luì grosso. Il canto è un rapido tremolante *fitifitifiti* su una nota, inframmezzato da trilli, solitamente emesso dalla cima degli alberi. **Habitat e distribuzione**: Boschi misti e di conifere. Cespugli e sottobosco d'inverno. Di passaggio quasi regolare in Inghilterra ed Heligoland. Erratico dall'Asia alle Faer Oer, Norvegia, Danimarca, Irlanda e a Sud sino all'Italia.

LUÌ DI RADDE: *Phylloscopus schwarzi*. Tav. 65
Franc.: Pouillot de Schwarz. Ingl.: Radde's Warbler. Ted.: Bartlaubsänger. Oland.: Radde's boszanger. Sved.: Videsångare.

Identificazione: 12,5 cm. Notevolmente più grande e con la coda più lunga del Luì piccolo, ricorda il Luì scuro. Si distingue per il *sopracciglio molto lungo color crema*, strie nerastre superiormente dal becco attraverso l'occhio quasi fino alla nuca. Becco piuttosto massiccio, zampe gialle, parti superiori bruno-oliva pallido, *parti inferiori bianco-crema*. Si distingue dal Luì scuro per il sopracciglio più evidente, le dimensioni maggiori, il becco più pesante e le zampe giallastre (non scure).

Voce: Un debole *twit-twit* e un ricco canto squillante. **Habitat e distribuzione**: Principalmente in zone erbose ma anche sotto terra. Erratico dall'Asia all'Europa centrale, settentrionale, occidentale.

LUÌ SCURO: *Phylloscopus fuscatus*. Tav. 65
Franc.: Pouillot brun. Ingl.: Dusky Warbler. Ted.: Dunkellaubsänger. Oland.: Bruine boszanger. Sved.: Brunsångare.

Identificazione: 11 cm. Superficialmente assomiglia al L. di Schwarz, ma è più piccolo, ha il *becco più sottile* e la coda più corta. Sopracciglio molto meno pronunciato e *rossastro* (non crema), senza strisce nere inferiormente. Sembra più scuro e più bruno degli altri *Phylloscopus* senza colorazione verde o gialla. Nessuna barratura alare. Parti inferiori biancastre con fianchi rossastri. Copritrici auricolari scure macchiettate di bruno-rossiccio che contrastano con il sopracciglio. Zampe brune. Voce molto diversa da quella del L. di Schwarz.
Voce: Un aspro *tchak-tchak*. **Habitat e distribuzione**: Di solito si ciba sul terreno in zone umide. Erratico dall'Asia all'Europa occidentale, settentrionale, centrale.

LUÌ BIANCO: *Phylloscopus bonelli*. Tav. 64
Franc.: Pouillot de Bonelli. Ingl.: Bonelli's Warbler. Ted.: Berglaubsänger. Oland.: Bergfluiter. Spagn.: Mosquitero papialbo. Sved.: Bergsångare.

Identificazione: 11 cm. Un Luì molto grigio con parti superiori grigio chiaro, *capo grigio chiaro* e *parti inferiori biancastre*. Il giallo al capo e la macchia alare giallastra fanno contrasto. La macchia gialla al groppone può saltare all'occhio ma è difficile che capiti di vederla.
Voce: Un soffice *hu-i* molto più chiaramente disillabico che non la nota del Luì grosso e *cii-cii*; richiamo della specie orientale *P.b. orientalis*; nei Balcani, un frequente, alto, forte e corto *tsiep*. Il canto è un trillo *sulla medesima nota*, più lento, musicale e più nettamente separato dal solito trillo del Luì verde; può essere confuso col canto di un lontano Zigolo nero o col trillo della Bigiarella. **Habitat**: Denso fogliame tra gli alberi, variando localmente dalle foreste di pino alle foreste di caducifoglie, piantagioni di querce da sughero, o anche spessa vegetazione sino al limite degli alberi, in montagna. Nidifica sul terreno sotto gli alberi. Cartina 289.

LUÌ VERDE: *Phylloscopus sibilatrix*. Tav. 64
Franc.: Pouillot siffleur. Ingl.: Wood Warbler. Ted.: Waldlaubsänger. Oland.: Fluiter. Spagn.: Mosquitero silbador. Sved.: Grönsångare.

Identificazione: 12,5 cm. Più grosso del Luì piccolo, con ali molto più lunghe. Si riconosce per le parti superiori, brillantemente contrastanti, giallo verdastro, il petto e la gola *giallo zolfo* e per il *ventre bianco*. Largo sopracciglio giallo. Ali lunghe brune, con marginatura gialla alle penne. Comportamento come il Luì piccolo, ma non agita le ali, sebbene le tenga spesso un po' pendenti.
Voce: Un liquido *piu* ed un soffice *uit-uit-uit*. Ha due suoni: un pigolante *piu* ripetuto 5-20 volte e uno *stip* lentamente ripetuto che si accelera per terminare in un tremolante trillo *stip*, *stip*, *stip*, *stip-stip-stip-stip-shreeeee* simile a quello di un grillo. Canta mentre si muove tra le foglie. **Habitat**: Boschi cedui; anche nei boschi di conifere nell'Europa centrale. Nidifica per terra tra la vegetazione, solitamente nei boschi di betulle o di querce. Cartina 290.

LUÌ PICCOLO: *Phylloscopus collybita*. **Tav. 64**
Franc.: Pouillot véloce. Ingl.: Chiffchaff. Ted.: Zilpzalp. Oland.: Tjiftjaf. Spagn.: Mosquitero común. Sved.: Gransångare.

Identificazione: 10,5 cm. Slanciato, di aspetto delicato, molto simile al Luì grosso, ma il piumaggio è un po' più sbiadito. Il miglior segno di riconoscimento è *il caratteristico canto*. *Zampe solitamente nerastre*, non bruno chiaro come nella maggior parte dei Luì grossi; ma tale colore non può sempre essere considerato valido segno differenziale. Parti superiori bruno oliva, parti inferiori fulvicce lavate leggermente di giallo limone. (Un utile mezzo di riconoscimento quando lo si cattura per inanellarlo: la seconda primaria più corta della settima, mentre quella del Luì grosso è più lunga.) Comportamento irrequieto, ali e coda frequentemente mosse. I giovani sono gialli inferiormente. Gli erratici delle specie orientali spesso mostrano una debole barratura alare e possono essere confusi con il L. verdastro.

Voce: Un soffice *huit*, un più forte *tuit* ed un sommesso *tsiff-tsiff-tsiff*. Il canto consiste in due note ripetute con insistenza, in ordine irregolare: *ciff, ciff, ciaff, ciff, ciaff* ecc. **Habitat**: Più arboreo del Luì grosso. Solitamente nidifica appena sopra il terreno nei sambuchi, sempreverdi, ecc. Sverna tra la vegetazione in zone ben aperte. Cartina 291.

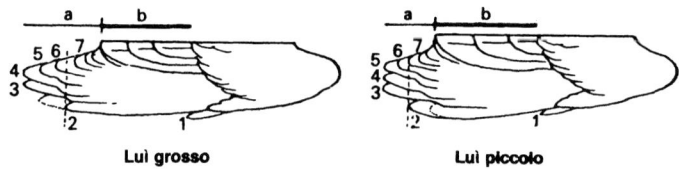

Luì grosso   Luì piccolo

Formule Alari
Luì grosso: seconda remigante primaria più lunga della settima. Luì piccolo: seconda remigante primaria uguale o più corta della settima. Notare la lunghezza relativa delle parti A e B delle ali. Le linee tratteggiate indicano la possibile variazione di posizione delle seconde remiganti primarie.
(Da Scott e Grant).

LUÌ GROSSO: *Phylloscopus trochilus*. **Tav. 64**
Franc.: Pouillot fitis. Ingl.: Willow Warbler. Ted.: Fitis. Oland.: Fitis. Spagn.: Mosquitero musical. Sved.: Lövsångare.

Identificazione: 10,5 cm. Il più comune visitatore estivo nella metà settentrionale d'Europa. Si confonde facilmente con il Luì piccolo, tranne che per *il caratteristico canto*. È meno tozzo, con le ali più lunghe e di solito sembra leggermente più verde superiormente e giallo inferiormente. La base del becco e le zampe sono *di solito bruno-chiaro* non nerastre come nel Luì piccolo (ma le zampe sono talvolta scure). I giovani possono essere molto gialli inferiormente. Comportamento e volo come il Luì piccolo. Vedi per il paragone tra le formule alari il disegno del Luì piccolo.

Voce: Una nota molto simile a quella del Luì piccolo, ma più vicina ad essere di due sillabe: *huiit o sui*. Il canto è liquido, musicale, in cadenza, cominciando calmo e divenendo via via più chiaro e deciso, *discendendo* poi in un caratteristico *suit-suiitu*. **Habitat**: Meno arboreo del Luì piccolo, più amante della bassa vegetazione. Nidifica sul terreno nelle zone aperte e cespugliose. Cartina 292.

REGOLO: *Regulus regulus*. **Tav. 66**
Franc.: Roitelet huppé. Ingl.: Goldcrest. Ted.: Wintergoldhähnchen. Oland.: Goudhaantje. Spagn.: Reyezuelo sencillo. Sved.: Kungsfågel.

Identificazione: 9 cm. Si riconosce dalle Cince e dalle Silvie *per le dimensioni piccolissime, la forma "paffuta" ed il vertice giallo brillante bordato di nero*; la cresta ha il centro arancio nel maschio, giallo pallido nella femmina, manca nei giovani. Parti superiori verde oliva; parti inferiori bianco fulviccio sporco con i fianchi verdolini. Le ali hanno *due barre bianche ed una nera più larga*. Comportamento simile a quello delle Silvie. Si aggira in compagnia delle Cince fuori dalla stagione delle cove. Il miglior segno per distinguerlo dal Fiorrancino è *la mancanza del sopracciglio bianco*.
Voce: Un frequente, stridulo, acuto *zii zii zii*. Il canto, un'acuta ma sottile doppia nota ripetuta circa sei volte, terminando con un breve trillo. **Habitat**: Boschi di conifere o misti; d'inverno, anche nel sottobosco e lungo le siepi. Costruisce un nido sospeso generalmente sotto la cima di un ramo di conifera (ma raramente su di un pino). Cartina 293.

FIORRANCINO: *Regulus ignicapillus*. **Tav. 66**
Franc.: Roitelet à triple bandeau. Ingl.: Firecrest. Ted.: Sommergoldhähnchen. Oland.: Vuurgoudhaantje. Spagn.: Reyezuelo listado. Sved.: Brandkronad kunsfågel.

Identificazione: 9 cm. Si distingue dal Regolo per il *marcato sopracciglio bianco e per la stria nera attraverso l'occhio*; parti superiori più verdi, parti inferiori più bianche; la tinta dorata dei lati del collo visibile raramente anche in buone condizioni di illuminazione. I giovani hanno strie bianche e nere appena accennate sul capo, ma mancano della cresta. Comportamento come il Regolo.
Voce: Come il Regolo, ma di tono meno acuto e meno insistente. Il canto è la semplice ripetizione di una sola nota, come la prima frase del Regolo. **Habitat**: Simile al Regolo, ma meno attaccato ai boschi di conifere e più frequentemente rinvenuto nella vegetazione bassa, marcite, paludi, ecc. Costruisce il nido appendendolo ai rami delle conifere, degli alberi cedui, ai cespugli, ecc. Cartina 294.

BALIE e PIGLIAMOSCHE: Muscicapidae

Si vedono generalmente posati in *posizione eretta* in luoghi sopraelevati, da cui possono compiere ripetuti corti voletti inseguendo gli insetti che vengono catturati con un'udibile "chiusura del becco". Zampe piccole e deboli. Becchi larghi alla base con forti setole. Canto piuttosto insignificante. I giovani hanno piumaggio macchiato. Sessi simili nel Pigliamosche. Nidificano nei buchi degli alberi.

PIGLIAMOSCHE: *Muscicapa striata*. **Tav. 67**
Franc.: Gobe-mouche gris. Ingl.: Spotted Flycatcher. Ted.: Grauschnäpper. Oland.: Grauwe vliegenvanger. Spagn.: Papamoscas gris. Sved.: Grå flugsnappare.

Identificazione: 13,5 cm. A parte la caratteristica posa eretta e attenta, si riconosce per il piumaggio bruno cenerino, il vertice macchiettato ed *il petto biancastro leggermente striato*. Ali e coda spesso agitate. Insegue gli insetti per poi ritornare al posto di "guardia". Piuttosto solitario.
Voce: Un molto fine e grattante *tsii* ed un rapido *tsi tac-tac*. Canto: alcune note sottili

sip-sip-sii-sitti-sii-sii. **Habitat**: Giardini, parchi, margini dei boschi, ecc. Nidifica sui fabbricati, contro il tronco degli alberi, dietro i rampicanti, ecc. Cartina 295.

PIGLIAMOSCHE PETTIROSSO: *Ficedula parva*. **Tav. 67**
Franc.: Gobe-mouche nain. Ingl.: Red-breasted Flycatcher. Ted.: Zwergschnäpper. Oland.: Kleine vliegenvanger. Sved.: Liten flugsnappare.

Identificazione: 11 cm. Il più piccolo Pigliamosche europeo. Solo il maschio ha la *gola arancio brillante*, d'estate e d'inverno, e la testa grigiastra. Bruno grigio superiormente, fulviccio chiaro di sotto, si riconosce facilmente per due *nette macchie bianche* ai lati della nera coda, la quale è spesso agitata quando sta posato. Comportamento ritirato, occasionalmente vola in aria o verso il terreno per catturare gli insetti; più spesso si ciba, come i Luì, tra la cima degli alberi. Il maschio ricorda il Pettirosso, tranne che per il bianco sulla coda e per il diverso colore della faccia.
Voce: Un vivo *cic* ed un calmo *tsirr* tipo Scricciolo. Il canto è variato, cominciando in modo molto simile all'ouverture del Luì verde e terminando con un trillo più veloce che ricorda il Codirosso. **Habitat**: Foreste cedue; di passo nei terreni coltivati. Abitudini di nidificazione come la Balia nera; costruisce anche nidi aperti addossati al tronco degli alberi. Cartina 296.

BALIA DAL COLLARE "forma semi-torquata": *Ficedula albicollis*. **Tav. 67, 76**
Franc.: Gobe-mouche à collier. Ingl.: Collared Flycatcher. Ted.: Halsbandschnäpper. Oland.: Withalsvliegenvanger. Spagn.: Papamoscas collarino. Sved.: Halsbandsflugsnappare.

Identificazione: 12,5 cm. Molto simile alla Balia nera, ma il maschio se ne distingue *per il largo collare bianco*. Ha anche il *groppone biancastro*, le macchie sulle ali più marcate, come anche la macchia frontale bianca, ma ha meno bianco ai lati della coda. In autunno, le parti nere sono rimpiazzate dal bruno scuro, il collare quasi scompare e gli altri segni bianchi si riducono. La femmina è difficilmente riconoscibile, ma quella della Baia dal collare è più grigia di sopra con i segni sulle ali più netti e con un accenno di collare e groppone bianchi. Comportamento ed habitat come la Balia nera. La forma orientale "a mezzo collare" (forse specie distinta, *F. semitorquata*, vedi Tav. 76), manca del collare bianco, ha più bianco sulla fronte e sulla coda e si confonde ancora più facilmente con la Balia nera.
Voce: Richiamo simile alla Balia nera. Il canto è più corto e più semplice: *tsit-tsit-tsit-siusi*, la penultima nota cadente. Cartina 297.

BALIA NERA: *Ficedula hypoleuca*. **Tav. 67**
Franc.: Gobe-mouche noir. Ingl.: Pied Flycatcher. Ted.: Trauerschnäpper. Oland.: Bonte vliegenvanger. Spagn.: Papamoscas cerrojillo. Sved.: Svartvit flugsnappare.

Identificazione: 12,5 cm. Il maschio, in primavera, ha testa e parti superiori *nere*, fronte, parti inferiori, *macchia sull'ala e lati della coda bianchi*; in autunno, il piumaggio somiglia a quello della femmina, ma la fronte rimane biancastra. La femmina è bruno oliva di sopra, bianco fulviccio di sotto, con macchia alare più piccola. I giovani si distinguono da quelli del Pigliamosche per il bianco sulle ali e sulla coda. Abitudine di catturare le mosche in volo, come il Pigliamosche, ma raramente ritorna allo stesso ramo e si nutre frequentemente a terra. La coda è continuamente agitata. Le macchie alari evitano di confonderla con gli altri Muscicapidi, tranne che con la Balia dal collare. Vedi anche Pigliamosche beccolargo (Accidentali).
Voce: Un metallico *uit*, un ansioso *fuit*, un persistente *tic* o *bi-tic*. Il canto è soprattutto

basato su due note che vanno "su e giù": *sii-it sii-it sii-it*, talora intercalate da un trillo tipo Codirosso. **Habitat**: Nelle Isole Britanniche solitamente in boschi cedui e giardini, spesso vicina all'acqua. Sul continente anche nei boschi di conifere. Nidifica nei buchi degli alberi, dei muri, nelle cassette-nido. Cartina 298.

TIMALLIDI: Timaliidae

BASETTINO: *Panurus biarmicus*. **Tav. 68**
Franc.: Mésange à moustaches. Ingl.: Bearded Tit. Ted.: Bartmeise. Oland.: Baardmees. Spagn.: Bigotudo. Sved.: Skäggmes.

Identificazione: 16 cm. Riconoscibile per le *parti superiori fulve, coda lunga fulva* e parti inferiori grigio rosa. Il maschio ha il capo grigio cenerino con un singolare *"mustacchio" nero, e le copritrici inferiori della coda pure nere*. La femmina è più chiara, con capo fulvo, senza mustacchi e senza nero. I giovani hanno il dorso, le copritrici alari ed i lati della coda neri. Volo laborioso, ondulante, con la coda tenuta caratteristicamente aperta. Compie frequenti acrobazie nei canneti.

Voce: Un caratteristico *ping-ping* ed un netto *p'hiut*, uno squittente *ciu*, ecc. **Habitat**: Canneti estesi e remoti. Costruisce il nido in basso presso il margine bagnato delle canne. Cartina 299.

CODIBUGNOLI: Aegithalidae

CODIBUGNOLO: *Aegithalos caudatus*. **Tav. 68**
Franc.: Mésange à longue-queue. Ingl.: Long-tailed Tit. Ted.: Schwanzmeise. Oland.: Staartmees. Spagn.: Mito. Sved.: Stjärtmes.

Identificazione: 13 cm. (compresa la coda di 7 cm.). Inconfondibile *piumaggio nerastro, biancastro e rosato, coda lunga e graduata* e nota di richiamo caratteristica. La razza inglese *A. c. rosaceus* e le razze dell'Europa occidentale e meridionale hanno la testa bianca con un largo sopracciglio nerastro sopra l'occhio, parti superiori miste di rosa e nero; biancastri di sotto con ventre e fianchi rosati; ali nere come la coda che ha le timoniere esterne bianco puro. I giovani hanno le guance scure e niente rosa. La razza nordica *A. c. caudatus* ha la testa, il collo e le parti inferiori bianco puro. Comportamento acrobatico muovendosi incessantemente di ramo in ramo.

Voce: Un caratteristico, basso *tapp*, un ripetuto, trillante *tsirrap* ed un debole *tzii-tzii-tzii*. Il non frequente canto è un miscuglio di note di richiamo e di un rapido *sii-sii-siu*.
Habitat: Boschetti fitti, zone cespugliose, siepi e boschi giovani da taglio; nei boschi anche d'inverno. Costruisce un nido ovoidale soffice, generalmente nei cespugli di sambuco, di more, di acacia, nocciolo o ontano. Cartina 300.

CINCE: Paridae

Piccoli uccelli paffuti a becco corto che compiono "acrobazie" quando cercano il cibo. Sessi generalmente simili. Giovani più opachi e generalmente più giallastri. Nidificano in buchi, salvo poche eccezioni. La maggior parte delle Cince è girovaga in gruppi misti d'inverno.

CINCIA BIGIA: *Parus palustris*. **Tav. 68**
Franc.: Mésange nonnette. Ingl.: Marsh Tit. Ted.: Sumpfmeise. Oland.: Glanskopmees. Spagn.: Carbonero palustre. Sved.: Kärrmes.

Identificazione: 11 cm. Ha mento e cappuccio neri. Si distingue dalla Cincia mora per *non avere la macchia bianca alla nuca*, per la mancanza di barra alare e per le parti superiori più brunastre; dalla Cincia bigia alpestre per il vertice nero *lucido* (e non opaco), per il bavaglino nero più piccolo, per la *mancanza di macchia chiara sulle ali chiuse* e per la caratteristica nota di richiamo. Guance e parti inferiori bianco grigiastro opaco. I giovani sono più grigi di sopra con vertice opaco e scuro, non distinguibili dai giovani della Cincia bigia alpestre. Raramente più di due individui nei gruppi misti, d'inverno.
Voce: Molto caratteristica. Un forte *pitcciu* o *piti-cciuii*; altre note: un profondo nasale *tcerr* ed un *cick-adiidiidii*. Il canto varia da una singola nota musicale ripetuta a frasi di quattro o cinque note come *pitcceuiuu*. **Habitat**: Boschi cedui, siepi, boschetti fitti, ecc.; meno spesso nei giardini. Non ha alcuna preferenza per le paludi. Nidifica in buchi che trova negli alberi, generalmente in salici o ontani. Cartina 301.

CINCIA DALMATINA: *Parus lugubris*. **Tav. 68**
Franc.: Mésange lugubre. Ingl.: Sombre Tit. Ted.: Trauermeise. Oland.: Rouwmees. Sved.: Sorgmes.

Identificazione: 14 cm. Il disegno è come nella Cincia bigia alpestre, ma è molto più grossa, i lati più scuri, il becco molto massiccio per una Cincia (così da dare l'impressione di una Cinciallegra). *Vertice e nuca nero bruno opaco* (nella femmina più sul bruno cioccolato), parti superiori bruno grigie, *faccia e lati del collo biancastri*, parti inferiori bianco sporco con fianchi grigio brunastri e larga macchia alla gola nera. Comportamento come la Cinciallegra, ma raramente si associa ai gruppi misti, d'inverno.
Voce: Un caratteristico *sirrah*; un aspro *zweet-zweet*, un cicaleccio da contralto *chr-r-r* e note da Cinciallegra. **Habitat**: Pianure, fianchi di montagne con boschi misti e spuntoni rocciosi. Nidifica nei buchi degli alberi, occasionalmente tra le rocce. Cartina 302.

CINCIA BIGIA ALPESTRE: *Parus montanus*. **Tav. 68**
Franc.: Mésange boréale. Ingl.: Willow Tit. Ted.: Weidenmeise. Oland.: Matkopmees. Sved.: Talltita. Nordameric.: Black-capped Chickadee.

Identificazione: 11 cm. Molto simile alla Cincia bigia, ma se ne distingue per il vertice *nero fumo opaco*, per la *macchia pallida* formata dai margini chiari delle remiganti secondarie (meno visibile d'estate) e per la *caratteristica nota di richiamo*. I fianchi sono di un fulvo più scuro che in quella bigia, ed il bavaglino nero di solito è più grande. I giovani sono indistinguibili da quelli della Cincia bigia. La razza nordica *P. a. borealis* è più chiara con le guance bianco puro.
Voce: Note usuali, un nasale ronzante *iz-iz-iz* ed un molto alto e sottile *zi-zi-zi*; anche un forte *cei*. Il canto: un *chu, chu, chu* tipo Usignolo ed un *piu, piu, piu* tipo Luì verde.
Habitat: Ama i cespuglieti paludosi più della Cincia bigia, specialmente se può trovare dei ceppi in decomposizione. Localmente anche in montagna. Scava dei buchi per nidificare negli alberi in decomposizione (betulle, salici, ecc.). Cartina 303.

CINCIA SIBERIANA: *Parus cinctus*. **Tav. 68**
Franc.: Mésange lapone. Ingl.: Siberian Tit. Ted.: Lapplandmeise. Oland.: Bruinkopmees. Sved.: Lappmes.

Identificazione: 13 cm. *Ha un aspetto decisamente "polveroso" e paffuto*, ben diverso dalla colorazione netta della maggior parte delle Cince. Vertice e nuca *bruno polveroso*,

parti superiori più chiare, leggermente rossicce. Faccia e parti inferiori bianco seta, con fianchi lievemente rossicci e la macchia sulla gola nero opaco che sfuma indistintamente nel petto. Facilmente riconoscibile dalle più piccole Cince bigia e bigia alpestre per il vertice nettamente bruno. Il piumaggio dei giovani sembra "più pulito".
Voce: Somiglia a quella della Cincia bigia alpestre, ma un lungo *eeez* ripetuto 4-5 volte.
Habitat: Quasi esclusivamente nelle foreste di betulle o di betulle e pini. Nidifica in vecchi buchi di picchi; o scava dei buchi in parti soffici di alberi morti. Cartina 304.

CINCIA DAL CIUFFO: *Parus cristatus*. Tav. 68
Franc.: Mésange huppée. Ingl.: Crested Tit. Ted.: Haubenmeise. Oland.: Kuifmees. Spagn.: Herrerillo capuchino. Sved.: Tofsmes.

Identificazione: 11 cm. Facilmente riconoscibile per la *cresta prominente, macchiettata bianca e nera e per la voce caratteristica*. Faccia biancastra con una macchia nera ricurva dall'occhio sin dentro la guancia, uno stretto collare e il "bavaglino" neri. Parti superiori grigio bruno caldo, inferiori biancastre con fianchi fulvicci. Qualche volta cerca il cibo sul tronco come i Rampichini. Meno socievole delle altre Cince.
Voce: Un breve, e basso vibrante *ciu-r-r* che ricorda il Codibugnolo, ma di tono più profondo. Anche un ripetuto, alto e fine *tzi-tzi-tzi*. **Habitat**: Solitamente boschi di pini; ma anche boschi misti e cespuglieti. Nidifica in buchi degli alberi in decomposizione, pali delle staccionate, ecc. Cartina 305.

CINCIA MORA: *Parus ater*. Tav. 68
Franc.: Mésange noire. Ingl.: Coal Tit. Ted.: Tannenmeise. Oland.: Zwarte mees. Spagn.: Carbonero garrapinos. Sved.: Svartmes.

Identificazione: 10,5 cm. Leggermente più piccola della Cinciarella. L'unica Cincia a vertice nero con una *grossa macchia bianca sulla nuca*. Guance bianco seta, "bavaglino" e alto petto neri; parti superiori grigio oliva, con una stretta doppia banda alare bianca; parti inferiori biancastre con fianchi fulvicci. I giovani hanno le guance giallastre come le parti inferiori e la macchia sulla nuca. Meno ritirata della Cinciallegra e della Cinciarella.
Voce: Un chiaro, sottile *tsu-i* o *tsii* con un corto trillo; anche *tsu-i, si* ed uno *ci-ci-cic*; anche un tenue *sissi-sissi-sissi*. Alcune note somigliano molto a quelle del Regolo. Canto, un ripetuto chiaro *situu* o *situii* più rapido e meno stridente della simile nota della Cinciallegra. **Habitat**: Mostra una certa predilezione per le conifere. Nidifica in buchi e nei ceppi degli alberi, generalmente vicino al terreno. Cartina 306.

CINCIARELLA: *Parus caeruleus*. Tav. 68
Franc.: Mésange bleue. Ingl.: Blue Tit. Ted.: Blaumeise. Oland.: Pimpelmees. Spagn.: Herrerillo común. Sved.: Blåmes.

Identificazione: 11 cm. L'unica Cincia con *il vertice, la coda e le ali blu cobalto brillante*. Parti inferiori gialle. Guance bianche; una linea nera attraverso l'occhio e intorno alla nuca e alle guance sino al mento blu nero. Marginatura bianca al vertice; macchietta bianca alla nuca; dorso verdastro. I giovani hanno le parti superiori verde bruno e le guance giallastre. Comportamento come la Cinciallegra.
Voce: Varie note di richiamo *tsi-tsi-tsi-tsit*, ecc. ed un aspro, scoppiettante *cir-r-r*. Canto: un acuto *tsi-tsi* seguito da un lungo trillo. **Habitat**: Come la Cinciallegra. Cartina 307.

CINCIARELLA AZZURRA: *Parus cyanus*. Tav. 68
Franc.: Mésange azurée. Ingl.: Azure Tit. Ted.: Lasurmeise. Oland.: Azuurmees. Sved.: Azurmes.

Identificazione: 13 cm. Somiglia ad una Cinciarella biancastra con una coda piuttosto lunga. Se ne distingue per la *testa bianco neve*, con una sottile stria blu scuro attraverso l'occhio sino al collare blu scuro, parti superiori grigio blu, parti inferiori *bianche* con una piccola stria o macchia blu sul petto. *Una larga "V" rovesciata sulle ali scure* e del bianco molto evidente sulle timoniere esterne. Il giovane ha il vertice grigio ed è più grigio di sopra.
Voce: La nota di richiamo ricorda il basso *tsirr* del Codibugnolo; allarme, un forte *tcerpink*. **Habitat e distribuzione**: Alberi (specialmente salici) e cespugli lungo le rive dei torrenti e dei fiumi ed attorno agli stagni. Erratica dalla Russia all'Europa centrale e ad Ovest sino all'Olanda e Francia.

CINCIALLEGRA: *Parus major*. Tav. 68
Franc.: Mésange charbonnière. Ingl.: Great Tit. Ted.: Kohlmeise. Oland.: Koolmees. Spagn.: Carbonero mayor. Sved.: Talgoxe.

Identificazione: 14 cm. La più grande delle comuni Cince. Collo e testa nero blu a riflessi, guance bianche. *Parti inferiori gialle con una larga stria longitudinale nera al centro* (la miglior caratteristica per riconoscerla in libertà). Parti superiori grigio blu verdastro. Giovani con vertice brunastro e guance giallastre. Arborea ed acrobatica.
Voce: La più variata tra le Cince; un *tsink-tsink* simile al richiamo del Fringuello; un nasale *cerr-cerr* (tipo Cincia bigia) ed un *si-si-si* come la Cinciarella. Il canto consiste di due o tre variazioni sillabiche sul familiare, squillante *ticcìu-ticcìu-ticcìu*, occasionalmente imitando altri uccelli. **Habitat**: Boschi misti, siepi, giardini. Nidifica nei buchi degli alberi, dei muri, nei tubi di scarico delle grondaie, nelle cassette-nido, ecc. Cartina 308.

SITTE o PICCHI MURATORI: Sittidae

Molto più massicci dei Rampichini, con becco forte simile a quello dei Picchi e con zampe grandi e potenti. Si arrampicano sugli alberi (o sulle rocce) all'insù o all'ingiù, senza usare la coda come propulsore. Sessi simili. Nidificano in buchi.

PICCHIO MURATORE DI KRÜPER: *Sitta krueperi*. Tav. 76
Franc.: Sittelle de Krüper. Ingl.: Krüper's Nuthatch. Ted.: Türkenkleiber. Oland.: Krüpers boomklever. Sved.: Krüpers nötväcka.

Identificazione: 13 cm. Somiglia al Picchio muratore corso ma si distingue facilmente per *l'evidente macchia rossiccia sul petto*; nero sul vertice ristretto alla parte frontale; stria oculare nera e bianca meno evidente.
Voce: Assomiglia a quella del Picchio muratore; anche un breve *puit* e un aspro *shwee*.
Habitat e distribuzione: Si trova principalmente tra il fogliame delle conifere (Asia Minore). Nidifica nelle isole greche.

PICCHIO MURATORE CORSO: *Sitta whiteheadi*. Tav. 66
Franc.: Sittelle corse. Ingl.: Corsican Nuthatch. Ted.: Korsikanischer Kleiber. Oland.: Zwartkopboomklever. Sved.: Korsikansk nötväcka. Nordameric.: Red-breasted Nuthatch.

Identificazione: 12 cm. Molto più piccolo del Picchio muratore. Se ne distingue per il vertice ed una larga stria attraverso l'occhio *neri*, e per *una larga stria bianca nettamente delimitata sopra l'occhio*. Parti inferiori *bianco seta*. La femmina è più scura, con vertice grigio lavagna.
Voce: Più nasale e più sommessa che nel Picchio muratore; un debole *piu-piu-piu-piu*;

un più forte ascendente *pui*; meno frequentemente un forte *qui-qui-qui* più fine della simile nota del Picchio muratore. **Habitat e distribuzione**: Confinato alle foreste di montagna della Corsica. Scava dei buchi per nidificare in alberi in decomposizione.

PICCHIO MURATORE: *Sitta europaea*. Tav. 66
Franc.: Sittelle torchepot. Ingl.: Nuthatch. Ted.: Kleiber. Oland.: Boomklever. Spagn.: Trepador azul. Sved.: Nötväcka.

Identificazione: 14 cm. Un uccello corto e massiccio, che si arrampica sugli alberi, con un becco potente e appuntito. Si riconosce per *le parti superiori e il vertice blu grigi, le parti inferiori fulve con fianchi castani*, gola e guance bianche ed una larga stria nera attraverso l'occhio. I giovani non hanno il castano. Si arrampica sugli alberi con brevi "corsette" in qualsiasi direzione, compresa quella *all'ingiù*. "Martella" le noci dopo averle incuneate nella corteccia. La coda *non* serve da sostegno. Le parti inferiori sono più bianche nella razza scandinava *S. e. europaea*. Vedi anche il Picchio muratore di roccia.

Voce: Uno squillante metallico *ciuitt-ciuitt-ciuitt*, un ripetuto *tsit*, uno stridulo trillante *tsirrr*, ecc. Il canto è un forte e ripetuto *tui* ed un lungo trillante *ci-ci-ci-ci*, *qui-qui-qui-qui*, ecc. **Habitat**: Vecchi alberi cedui nei boschi, parchi e giardini. Nidifica in buchi negli alberi, occasionalmente nei muri, cassette-nido, ecc., cementando il foro d'entrata e le fenditure con il fango. Cartina 309.

PICCHIO MURATORE DI ROCCIA: *Sitta neumayer*. Tav. 66
Franc.: Sittelle des rochers. Ingl.: Rock Nuthatch. Ted.: Felsenkleiber. Oland.: Rotsklever. Sved.: Klippnötväcka.

Identificazione: 14 cm. Ha un habitat molto diverso da quello degli altri Picchi muratori; frequenta le rocce nude, ma si posa occasionalmente sugli alberi. Somiglia ad un Picchio muratore *molto sbiadito*, con parti inferiori più *biancastre*, fianchi e sottocoda *bruno fulvi* (non castani) e coda grigia *senza segni bianchi*. Si comporta come il Picchio muratore.

Voce: Squittente e alta, mancando della ricchezza di note di quella del Picchio muratore; un poco musicale *huick* che si accelera in un rapidissimo trillo, rallentando poi di nuovo. **Habitat**: Gole rocciose, fianchi delle montagne, scogli. Nidifica in grotte e in spaccature delle rocce, cementando l'entrata con fango, in modo da formare un corto tunnel. Cartina 311.

PICCHI MURAIOLI: Tichodromadidae

PICCHIO MURAIOLO: *Tichodroma muraria*. Tav. 66
Franc.: Tichodrome échelette. Ingl.: Wall Creeper. Ted.: Mauerläufer. Oland.: Rotsruiper. Spagn.: Treparrocas. Sved.: Murkrypare.

Identificazione: 16 cm. Facilmente riconoscibile per il *rosso* sulle ali nere e arrotondate. Ha le parti superiori grigie, coda corta, becco lungo e sottile. *Grosse macchie bianche* ai margini delle ali e della coda. Gola e petto neri d'estate, biancastri d'inverno. Ha un volo spasmodico, simile a quello di una farfalla. Le ali molto larghe sono continuamente agitate quando cerca il cibo sui fianchi delle rocce o dei vecchi fabbricati. I giovani somigliano agli adulti, d'inverno, ma sono più brunicci e col becco diritto.

Voce: Un fine, fischiante *tui-tih* o *triu-tih* in scala ascendente, o un forte e melodioso *zizizitiui*; solitamente canta mentre si arrampica. **Habitat**: Rovine rocciose, rupi, rovine, ecc. Nidifica nei profondi crepacci, occasionalmente sui fabbricati, solitamente dai mille metri al limite delle nevi eterne; sverna nelle vallate rocciose e ai piedi delle colline. Cartina 311.

RAMPICHINI: Certhiidae

Piccoli ed attivi uccelli, con becco lungo curvo e sottile. Solitamente si vedono arrampicare sul tronco degli alberi. Sessi simili. Nidificano nei crepacci e fessure.

RAMPICHINO ALPESTRE: *Certhia familiaris*. **Tav. 66**
Franc.: Grimpereau des bois. Ingl.: Treecreeper. Ted.: Waldbaumläufer. Oland.: Kortsnavelboomkruiper. Spagn.: Agateador norteño. Sved.: Trädkrypare. Nordameric.: Brown Creeper.

Identificazione: 12 cm. Un piccolo uccello *bruno* che si arrampica sugli alberi. Si distingue facilmente dai Picchi e dai Picchi muratori per le piccole dimensioni, il *becco sottile e curvo*, e per il caratteristico comportamento. Parti superiori brune striate di fulvo. Parti inferiori bianco puro. Si arrampica sugli alberi, a spirale a brevi "slanci", con la rigida coda premuta contro la scorza. Viaggia con le Cince, d'inverno.
Voce: Un elevato e fine *tsii* o *tsit*. Canto debole, acuto, che comincia lentamente e accelera *tsii-tsii-tsiis-tszzi-tsii*. **Habitat**: Zone boscose, parchi e giardini con grandi alberi. Pone il nido tra la corteccia scostata dal tronco, nelle fenditure degli alberi, dietro l'edera, ecc. Nell'Europa centrale e meridionale preferisce i boschi di montagna ed evita le zone basse. Cartina 312.

RAMPICHINO: *Certhia brachydactyla*. **Tav. 66**
Franc.: Grimpereau des jardins. Ingl.: Short-toed Treecreeper. Ted.: Gartenbaumläufer. Oland.: Boomkruiper. Spagn.: Agateador común. Sved.: Kortkload trädkrypare.

Identificazione: Non sempre sicuramente distinguibile, in libertà, da quello alpestre, tranne che per la voce e l'area di distribuzione; ma è meno rugginoso sul groppone ed ha i *fianchi brunastri* (una caratteristica che lo distingue molto bene, in libertà), sopraccigli meno distinti. Becco solitamente un po' più lungo e ricurvo e unghie più corte che nel Rampichino alpestre.
Voce: Talvolta separabile da quella del R. alpestre per la sua qualità più ricca, che ricorda la Cincia mora; il canto di solito più forte e più breve, senza le note sottili e di timbro elevato del R. alpestre: un ritmico *teet, teet, teeteroititt*. Note di richiamo, un alto e stridulo *srrrih* o *ziit*. **Habitat**: Giardini, parchi, boschetti, evitando le zone veramente boscose. Nell'Europa centrale e meridionale, il Rampichino alpestre è generalmente ristretto alle regioni montane sopra i mille metri; mentre il Rampichino si trova dai milleduecento metri sino al livello del mare. Cartina 313.

PENDOLINI: Remizidae

PENDOLINO: *Remiz pendulinus*. **Tav. 68**
Franc.: Mésange rémiz. Ingl.: Penduline Tit. Ted.: Beutelmeise. Oland.: Buidelmees. Spagn.: Pájaro moscón. Sved.: Pungmes.

Identificazione: 10,5 cm. Facilmente riconoscibile per la testa e la gola nettamente grigio bianche, con *una grossa macchia nera attraverso la faccia*. Dorso *castano*, ventre bianco fulviccio. I giovani sono per lo più bruno cenere senza segni neri o castani.
Voce: Nota usuale, un soffice lamentevole *siiu* che ricorda il Pettirosso, ed un *tsii-tsii-tsii*. **Habitat**: Località paludose, boschetti, lungo le difese dei fiumi, ecc., ma localmente anche in zone aride. Costruisce un nido ovoidale con l'entrata tubulare, sospendendolo sui rami più esterni di un cespuglio o di un albero. Cartina 314.

RIGOGOLI: Oriolidae

RIGOGOLO: *Oriolus oriolus*.   Tav. 69
Franc.: Loriot. Ingl.: Golden Oriole. Ted.: Pirol. Oland.: Wielewaal. Spagn.: Oropéndola. Sved.: Sommargylling.

Identificazione: 23 cm. Il maschio è inconfondibile, *giallo brillante con ali e coda nere*, la seconda con macchie gialle. Femmina e giovani verde giallo con ali e coda scure; parti inferiori striate di grigio chiaro. Molto difficili da vedersi in mezzo al fogliame; facilmente distinguibili dal Picchio verde per l'assenza di rosso sul capo. Volo rapido, con lunghe ondulazioni con caratteristica "impennata" per raggiungere il fogliame. Normalmente se ne sta ben nascosto in cima agli alberi.
Voce: Un forte fischio flautato *ui-u-uio* o *ciac-ciac-uio*, emesso da un ramo ben nascosto; allarme, un aspro *ch-r-r*. Anche altre note aspre e miagolate, come di Ghiandaia. **Habitat**: Essenzialmente arboreo; parchi fittamente alberati, vecchi frutteti, boschi, filari di pioppi, raramente all'aperto. Il nido è appeso generalmente ad una biforcazione orizzontale ad una certa altezza e volentieri vicino all'acqua. Cartina 315.

AVERLE: Laniidae

Passeracei notevolmente colorati, con becco adunco ed abitudini rapaci. Solitamente se ne stanno posati all'erta in posizione eretta, in luoghi di buona osservazione con la coda piuttosto lunga aperta a ventaglio. La preda viene spesso infilzata tra le spine di arbusti spinosi che servono da magazzini viveri. Le note di richiamo sono aspre, ma il canto è sorprendentemente musicale. Sessi quasi simili ad eccezione dell'Averla piccola. Nidificano nei cespugli o sugli alberi.

AVERLA ISABELLINA: *Lanius isabellinus*.
Franc.: Pie-grièche isabelle. Ingl.: Isabelline Shrike. Ted.: Isabellwürger. Oland.: Isabel klauwier. Sved. Isabelletörnskata.

Identificazione: 17 cm. Bisogna prestare molta attenzione per identificare questa specie orientale poiché ci sono molte *razze*, di cui la *L. i. phoenicuroides* e la *L. i. isabellinus* sono quelle che si possono trovare più verosimilmente in Europa. I maschi e le femmine sono simili in tutte le età e possono assomigliare alle femmine e agli immaturi dell'Averla piccola. Il tipico maschio adulto *phoenicuroides* ha il vertice *fulvo*, come pure la coda, le timoniere superiori ed il groppone che contrastano con il mantello grigio-bruno; parti inferiori biancastre, maschera facciale nera, sopracciglio bianco e una piccola macchia alare bianca (più visibile in volo). Il tipico maschio *isabellinus* ha un *aspetto molto pallido* e disegno facciale meno evidente; coda molto pallida, più rossiccia, parti inferiori bianco-crema, macchia alare bianco crema appena visibile. Entrambe le razze hanno qualche volta dei riflessi fulvi sui fianchi. I giovani dell'Averla isabellina e dell'Averla piccola sono molto simili, ma il primo *non* ha il mantello *barrato* mentre il secondo ha dei segni scuri a mezzaluna inferiormente e superiormente. Notate che le femmine e gli immaturi dell'Averla piccola hanno spesso del rossiccio sulla coda e sul groppone.
Voce: Richiami aspri e un canto musicale simile a quello dell'Averla piccola. **Habitat e distribuzione**: Aperta campagna con cespugli e terreni coltivati. Erratico dall'Asia all'Europa.

AVERLA PICCOLA: *Lanius collurio*.   Tav. 67
Franc.: Pie-grièche écorcheur. Ingl.: Red-backed Shrike. Ted.: Neuntöter. Oland.: Grauwe klauwier. Spagn.: Alcaudón dorsirrojo. Sved.: Törnskata.

Identificazione: 17 cm. Il maschio si riconosce per *il dorso castano*. *Groppone e vertice grigio blu pallido*, "mascherina" nera attraverso la faccia sino alle copritrici auricolari. Parti inferiori bianco rosate. Coda nera, bianca ai lati, spesso mossa da un lato all'altro. La femmina normalmente manca dei segni neri sulla faccia ed è bruno rossiccia opaca di sopra, fulviccia di sotto, barrata con macchie brune a mezzaluna. Si riconosce dalla femmina dell'Averla capirossa *per la mancanza di bianco sull'ala*. Gli immaturi hanno le barrature a mezzaluna più marcate, difficili da distinguere dai giovani dell'Averla capirossa, tranne che per il piumaggio più rossiccio e la mancanza del groppone e della barra alare chiari. Volo di solito rettilineo. Plana e fa lo "spirito santo" quando caccia tra le siepi, ma generalmente si "butta" sulla preda da un posto elevato. Infilza i piccoli uccelli e gli insetti sulle spine. Vedi anche l'A. isabellina.

Voce: Un aspro, grattante *sciack* o *cii-ak*. Il canto è un calmo e musicale e spesso prolungato gorgheggio, intercalato da note di richiamo e da un notevole numero di imitazioni. **Habitat**: Zone cespugliose, siepi incolte, ecc. Nidifica tra i cespugli, piccoli alberi e ciuffi di sambuco. Cartina 316.

AVERLA CENERINA: *Lanius minor*.   **Tav. 67**
Franc.: Pie-grièche à poitrine rose. Ingl.: Lesser Grey Shrike. Ted.: Schwarzstirnwürger. Oland.: Kleine klauwier. Spagn.: Alcaudón chico. Sved.: Svartpannad törnskata.

Identificazione: 20 cm. Somiglia all'Averla maggiore, ma è più piccola *con ali proporzionatamente più lunghe e coda più corta*. I larghi *segni neri della faccia si incontrano sulla fronte* (meno evidenti nella femmina), nessun sopracciglio bianco, parti inferiori rosato pallide; *becco più corto e più alto*. Parti superiori blu grigie; coda e ali nere, barra alare bianca molto evidente e timoniere esterne bianche. I giovani sembrano *giallastri*, in distanza, con petto apparentemente senza barre, testa e fianchi bruni finemente barrati di bruno scuro, ali e coda bruno nerastre. Comportamento come l'Averla maggiore. Volo solitamente *diritto* (non basso e ondulante come nell'Averla maggiore); frequentemente fa lo "spirito santo".

Voce: Simile all'Averla maggiore; anche un chiaro *kviill*. **Habitat**: Campagna aperta con alberi sparsi e con cespugli, lati delle strade, ecc. Nidifica abbastanza in alto generalmente, vicino al tronco su di un albero, in vicinanza di una strada. Cartina 317.

AVERLA MAGGIORE: *Lanius excubitor*.   **Tav. 67**
Franc.: Pie-grièche grise. Ingl.: Great Grey Shrike. Ted.: Raubwürger. Oland.: Klapekster. Spagn.: Alcaudón picanzo. Sved.: Varfågel. Nordameric.: Northern Shrike.

Identificazione: 26 cm. La più grossa delle Averle. Si riconosce per il *piumaggio a contrasti bianchi, grigi e neri*. Si distingue dall'Averla cenerina per le dimensioni maggiori, fronte grigia (non nera), *stretta stria bianca* tra la maschera nera agli occhi ed il vertice grigio; *becco più lungo e più sottile*. Molto più bianco sulle scapolari, ali proporzionatamente più corte che *si incontrano alla base della coda*; coda più lunga e graduata, area bianca più stretta sulle ali aperte (le ali chiuse danno spesso l'effetto di una doppia barra alare). La femmina ha di solito delle tenui barrature brune sul petto. I giovani sono bruno grigi con leggere barre ondulate sul petto. Si posa sulle cime degli alberi o sui pali telegrafici, dai quali si butta all'attacco degli uccelletti, topi, lucertole, insetti. La coda è frequentemente aperta a ventaglio od ondeggiata. Volo basso e generalmente ondulato, con una ripida "impennata" per andarsi a posare. Fa frequentemente lo "spirito santo". La razza sudeuropea *L. e. meridionalis* è più scura sopra e sotto.

Voce: Caratteristico *sciek sciek*, talora prolungato in un rumore tipo Gazza. Nota di ansietà, un grattante *geeeg*. Il canto è un sommesso prolungato insieme di note aspre e d note musicali. **Habitat**: Margini dei boschi, frutteti, lande, siepi, ecc. Per nidificare è menc amante della campagna aperta che le altre Averle. Nidifica in posti vari, dagli alti alberi ai cespugli di spine. Cartina 318.

AVERLA CAPIROSSA: *Lanius senator.* **Tav. 67**
Franc.: Pie-grièche à tête rousse. Ingl.: Woodchat Shrike. Ted.: Rotkopfwürger. Oland.: Roodkopklauwier. Spagn.: Alcaudón común. Sved.: Rödhuvad törnskata.

Identificazione: 17 cm. Si distingue dalle Averle maggiore e cenerina *per il vertice e la nuca castano acceso*. Ha larghi segni neri sulla faccia che continuano attraverso la fronte, gola e parti inferiori bianco puro, ali nerastre come il mantello *che ha spalline bianche molto evidenti* ed una breve barra alare bianca, coda nera con i lati bianchi e *groppone bianco molto evidente in volo*. Femmina alquanto più opaca. Gli immaturi sembrano dei pallidi giovani di Averla piccola con scapolari e groppone molto più chiari, con tracce della corta barra alare biancastra. Comportamento e volo come l'Averla piccola, ma meno portata a posarsi all'aperto. La razza di Corsica *L. s. badius* non ha la barra alare bianca. Vedi anche Averla mascherata.

Voce: Come l'Averla cenerina, ma più variata, con frequenti cicalecci tipo Passera oltremontana. Il canto è un gorgheggio sostenuto e musicale, intercalato da note aspre e da imitazioni. **Habitat**: Terreni aperti e asciutti, oliveti, giardini, cespuglieti, occasionalmente grandi boschi. Nidifica su alberi piuttosto grandi e nei cespugli. Cartina 319.

AVERLA MASCHERATA: *Lanius nubicus*. **Tav. 67**
Franc.: Pie-grièche masquée. Ingl.: Masked Shrike. Ted.: Maskenwürger. Oland.: Maskerklauwier. Sved.: Masktörnskata.

Identificazione: 17 cm. Nero uniforme di sopra, dal vertice alla coda. Somiglia all'Averla capirossa per dimensioni, ma se ne distingue per il *groppone nero, il vertice nero* con la fronte bianca come il sopracciglio; anche per *i fianchi rossastri* (il resto delle parti inferiori, bianco) e per il bianco dei lati della coda più evidente. Marcatura delle ali come l'Averla capirossa. Comportamento come l'Averla piccola, ma con volo più aggraziato. Raramente si posa molto in vista.
Voce: Un aspro ma lamentevole, ripetuto *kiir*. Il canto è un sommesso e monotono susseguirsi di note aspre. **Habitat e distribuzione**: Oliveti, giardini e campagna leggermente boscosa. Nidifica sugli alti alberi. Visitatrice estiva in Turchia, Grecia e Jugoslavia meridionale. Erratica in Inghilterra (Spagna meridionale?).

CORVI: Corvidae

I più grossi passeracei. Uccelli con becchi piuttosto lunghi, potenti, con le narici coperte da setole volte in avanti. Sessi simili. Nidificano sugli alberi, scogli o buchi.

GHIANDAIA: *Garrulus glandarius.* **Tav. 69**
Franc.: Geai des chênes. Ingl.: Jay. Ted.: Eichelhäher. Oland.: Vlaamse gaai. Spagn.: Arrendajo. Sved.: Nötskrika.

Identificazione: 33 cm. Corpo bruno rosato, *groppone bianco in contrasto con la coda nera*, grossa macchia bianca sulle ali, *copritrici alari barrate nere e blu*, "cresta" di piume erettili striata di bianco e nero. Occhi azzurro chiaro. Volo pesante. Spesso in piccoli gruppi rumorosi.
Voce: Un penetrante rauco *skreek*, qualche volta emesso in coro. Varie altre note stridenti, miagolanti, ecc. **Habitat**: Raramente lontano dagli alberi. Solitamente nidifica in appartati boschi cedui e di conifere. Cartina 320.

GHIANDAIA SIBERIANA: *Perisoreus infaustus*. **Tav. 69**
Franc.: Mésangeai imitateur. Ingl.: Siberian Jay. Ted.: Unglückshäher. Oland.: Taiga gaai. Sved.: Lavskrika.

Identificazione: 30 cm. *Remiganti, groppone e penne esterne della coda graduata rosso "volpe"*, particolarmente evidenti in volo. Vertice e nuca bruno opaco scuro. Ali, dorso, penne centrali della coda e parti inferiori grigio topo, con fianchi e sottocoda rossiccio. Ritirata e di solito silenziosa all'epoca della riproduzione; altrimenti confidente e disinvolta. Agile nel tenersi appesa alla cima dei pini per raggiungere le pigne.
Voce: Un *kuk kuk* ed un rauco *ceir*; anche *uisk-ii*. **Habitat**: Fitte foreste di conifere nordiche e boschi di betulle, portandosi nei dintorni dei campi e dei villaggi, d'inverno. Nidifica solitamente sui pini. Cartina 321.

GAZZA AZZURRA: *Cyanopica cyana*. **Tav. 69**
Franc.: Pie-bleue. Ingl.: Azure-winged Magpie. Ted.: Blauelster. Oland.: Blauw ekster. Spagn.: Rabilargo. Sved.: Blåskata.

Identificazione: 34 cm. Facilmente riconoscibile per il *cappuccio nero* che si estende sino alla nuca e sotto gli occhi, per le *ali azzurre* con margine interno delle primarie nere, e la *coda azzurra* lunga e graduata o per la *voce caratteristica*. Parti superiori grigio brune, parti inferiori chiare con gola bianca. Comportamento confidente e disinvolto, girovagando per la campagna in bande numerose. Un po' più diffidente durante la nidificazione. I movimenti ricordano la Gazza.
Voce: Un querulo *zhrii* con inflessione verso l'alto. **Habitat e distribuzione**: Giardini, frutteti, orti, oliveti e boschi specialmente dove i lecci e i pini abbondano. Costruisce un nido aperto generalmente alla biforcazione di un pino, leccio, pioppo o quercia. Nidifica in gruppetti sparsi. Residente nella Spagna centro-meridionale e in Portogallo.

GAZZA: *Pica pica*. **Tav. 69**
Franc.: Pie bavarde. Ingl.: Magpie. Ted.: Elster. Oland.: Ekster. Spagn.: Urraca. Sved.: Skata.

Identificazione: 45 cm. *Piumaggio* inconfondibile *bianco e nero con coda lunga*. Scapolari, fianchi e ventre bianchi; resto nero, a riflessi blu verdi e porpora. Spesso in piccoli gruppi; d'inverno si raccoglie anche in numerosi stuoli.
Voce: Un forte rapido *ciak-ciak-ciakiciak*. Varie note poco musicali durante la stagione delle cove. **Habitat**: Campagne coltivate, terreni aperti con siepi e qualche albero. Costruisce nidi a cupola sugli alti alberi, cespugli, siepi. Cartina 322.

NOCCIOLAIA: *Nucifraga caryocatactes*. **Tav. 69**
Franc.: Casse-noix moucheté. Ingl.: Nutcracker. Ted.: Tannenhäher. Oland.: Notenkraker. Spagn.: Cascanueces. Sved.: Nötkråka.

Identificazione: 31 cm. Bruno cioccolato scuro, *a grosse macchie bianche*. Becco lungo e massiccio, nerastro. *Sottocoda bianco* molto evidente; larghi bordi bianchi sui margini inferiori della coda nerastra piuttosto corta (i lati superiori mostrano solo delle strette punte bianche). Ali nerastre e molto larghe, in volo. Il volo è simile a quello di una Ghiandaia; spesso in gruppetti, tranne che all'epoca delle cove. Ama posarsi sulla cima degli alberi.
Voce: Un aspro *kror* ed uno *skreek* come la Ghiandaia, spesso ripetuto in una serie di notevoli note. Durante la riproduzione, varie note lamentevoli, gracidanti e scattanti.
Habitat: Soprattutto foreste di conifere nelle regioni montane, anche boschi cedui, d'inverno. Nidifica sulle conifere. Cartina 323.

GRACCHIO: *Pyrrhocorax graculus*. **Tavv. 69, 70**
Franc.: Chocard à bec jaune. Ingl.: Alpine Chough. Ted.: Alpendohle. Oland.: Alpenkauw. Spagn.: Chova piquiamarilla. Sved.: Alpkaja.

Identificazione: 37 cm. Si distingue dal Gracchio corallino per il *becco diritto, molto più corto e giallo*. Zampe rosse. A breve distanza, il piumaggio appare più nero, meno a riflessi blu. Quando plana si distingue dal Gracchio corallino per la punta delle ali curvata all'indietro (nel Gracchio corallino il margine delle ali è dritto e più ampio). Comportamento simile. Il giovane è più opaco con zampe nerastre.
Voce: Non dissimile da quella del Gracchio corallino, ma le note sono monosillabiche, un sottile, ripetuto *skrii* ed un breve, esplosivo *tciup*. **Habitat**: Montagne ad altezze maggiori del Gracchio corallino; d'inverno scende a valle. Non si trova sulle coste marine. Nidifica nei crepacci e tra le rovine. Cartina 324.

GRACCHIO CORALLINO: *Pyrrhocorax pyrrhocorax*. **Tavv. 69, 70**
Franc.: Crave à bec rouge. Ingl.: Chough. Ted.: Alpenkrähe. Oland.: Alpenkraai. Spagn.: Chova piquirroja. Sved.: Alpkråka.

Identificazione: 38 cm. Piumaggio nero blu a riflessi. *Zampe e becco lungo e ricurvo rossi*. Volo forte, agile e frequentemente acrobatico, con le primarie molto distanziate e curvate all'insù quando volteggia. Socievole. Facilmente distinguibile dalla Taccola per la totale assenza di grigio sul piumaggio e dal Gracchio per il *becco più lungo e rosso e per le ali più grandi e diritte*.
Voce: Un lungo ed acuto *kiok* o il caratteristico *tciaff*. Anche parecchie note tipo gabbiano, *kuak-ak-ak*, ecc. **Habitat**: Localmente rocce e gruppi di scogli vicino al mare; anche in montagna. Nidifica nei crepacci sulle pareti rocciose, grotte, ecc. Cartina 325.

TACCOLA: *Corvus monedula*. **Tav. 70**
Franc.: Choucas des tours. Ingl.: Jackdaw. Ted.: Dohle. Oland.: Kauw. Spagn.: Grajilla. Sved.: Kaja.

Identificazione: 32 cm. Nera con *nuca e copritrici auricolari grigie*. Parti inferiori grigio scuro. Occhio distintamente grigio chiaro. Lo distinguono dal Corvo e dalle Cornacchie le *dimensioni minori*, il volo più rapido, l'andatura più vivace, il *becco più corto* e la voce caratteristica. Gregaria, spesso con i Corvi e gli Storni. La forma scandinava *C. m. monedula* ha generalmente il collare e le parti inferiori più chiare ed una macchia bianca appena visibile a ciascun lato del collo.
Voce: Inconfondibile *ciak* e quando è eccitata un chiacchierato *ciaka-ciaka-ciak*; anche *kya* ed una varietà di note durante la riproduzione. **Habitat**: Parchi, rocce, scogliere, vecchi fabbricati, campagne. Nidifica socialmente in buchi negli alberi, fabbricati, rocce, occasionalmente in tane, e sugli alberi. Cartina 326.

CORVO: *Corvus fragilegus*. **Tav. 70**
Franc.: Corbeau freux. Ingl.: Rook. Ted.: Saatkrähe. Oland.: Roek. Spagn.: Graja. Sved.: Råka.

Identificazione: 45 cm. Nero con riflessi iridescenti. Si distingue dalle Cornacchie per la *faccia nuda biancastra ed il becco più sottile, più appuntito e grigio nerastro*; i "calzoni" appaiono notevolmente ispidi quando cammina. Il giovane è più opaco, con la faccia nera completamente piumata; la confusione più facile è con la Cornacchia nera, ma il becco è sempre più sottile. Volo diritto e regolare, con battiti d'ala più veloci di quelli della Cornacchia. Gregario.
Voce: Ha una larga varietà di note. Quelle usuali, *koo, kaa*. La voce è meno rauca di

quella delle Cornacchie. **Habitat**: Di preferenza in zone agricole con qualche albero sparso. Nidifica e va a "dormire" *in colonie* sulle cime degli alberi. Cartina 327.

CORNACCHIA NERA: *Corvus corone corone*. **Tav. 70**
Franc.: Corneille noire. Ingl.: Carrion Crow. Ted.: Rabenkrähe. Oland.: Zwarte Kraai. Spagn.: Corneja negra. Sved.: Svart kråka.
Identificazione: 46 cm. Tutta nera, a riflessi metallici in buona luce. Becco massiccio e nero. Volo diritto, lento e regolare; raramente volteggia. Generalmente solitaria o a coppie, tranne quando va a riposare. Si distingue dagli immaturi del Corvo per il becco più massiccio e arrotondato; dalla Cornacchia grigia per il piumaggio nero uniforme; dal Corvo imperiale per le dimensioni molto inferiori, becco meno massiccio, coda più quadrata, ma immediatamente distinguibili soprattutto *per la voce*.
Voce: Un aspro gracchiante *kraa* ripetuto 3 o 4 volte. Anche un querulo ripetuto *kerk* ed un ovattato, metallico *konk*. **Habitat**: Lande, campagne coltivate, con alberi, e coste marine. Localmente anche in montagna. Nidifica solitamente sugli alberi, occasionalmente sulle rocce. Cartina 328.

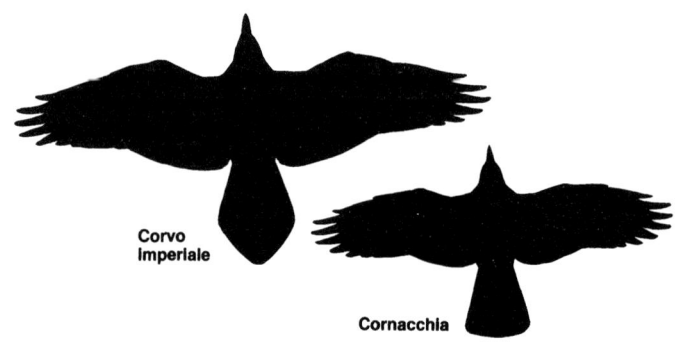

Silhouette di volo del Corvo imperiale e della Cornacchia (nessuna differenza fra Cornacchia nera e grigia).

CORNACCHIA GRIGIA: *Corvus corone cornix*. **Tav. 70**
Franc.: Corneille mantelée. Ingl.: Hooded Crow. Ted.: Nebelkrähe. Oland.: Bonte Kraai. Spagn.: Corneja cenicienta. Sved.: Grå kråka.
Identificazione: 46 cm. Facilmente distinguibile dalla Cornacchia nera e dal Corvo per *il dorso e le parti inferiori grigie*; il restante piumaggio è nero. Voce, abitudini e habitat come la Cornacchia nera, con la quale si incrocia dove le aree di distribuzione si sovrappongono. La sottospecie settentrionale è *C. c. cornix*, quella meridionale *C. c. sardonius*. Probabilmente è conspecifica con la Cornacchia nera. Cartina 329.

CORVO IMPERIALE: *Corvus corax*. **Tav. 70**
Franc.: Grand corbeau. Ingl.: Raven. Ted.: Kolkrabe. Oland.: Raaf. Spagn.: Cuervo. Sved.: Korp.

Identificazione: 62 cm. Le grandi dimensioni, il *massiccio becco nero*, le arruffate piume della gola, la *coda cuneiforme* e la *profonda, caratteristica voce* lo fanno facilmente distinguere dagli altri Corvidi più piccoli. Piumaggio nero iridescente in buona luce. Volo potente, diritto, spesso volteggia e scivola d'ala; numerose "acrobazie" durante il volo nuziale.
Voce: Un profodo ripetuto *prrak*, anche un metallico *tok* e molte altre note gracchianti.
Habitat: Dimora e nidifica sugli scolgi e in montagna; localmente sugli alberi. Cartina 330.

STORNI: Sturnidae

Uccelli massicci, con coda corta, becco lungo e appuntito, allegri, garruli e molto attivi. Sessi simili. Si cibano in terreno aperto. Gregari. Nidificano nei buchi.

STORNO: *Sturnus vulgaris*. **Tav. 69**
Franc.: Etourneau sansonnet. Ingl.: Starling. Ted.: Star. Oland.: Spreeuw. Spagn.: Estornino pinto. Sved.: Stare.

Identificazione: 21 cm. Nerastro, a riflessi bronzei, verdi e porpora. *Coda corta, ali appuntite, becco lungo e affilato*. Piumaggio fittamente macchiettato di biancastro, in inverno, specialmente la femmina. I giovani sono bruno topo con la gola biancastra. Becco degli adulti scuro in inverno, giallo limone in primavera. Allegro, litigioso e garrulo. Volo rapido e diritto, ogni tanto con qualche planata. Si nutre e va a dormire in comitive numerose, talora enormi. D'inverno e autunno sta in enormi stuoli che si riuniscono in densi e rumorosi dormitori nelle città, boschi e canneti all'imbrunire.
Voce: Un aspro, discendente *tciirr*, anche una mistura di chiari e quasi umani fischi e rumori svariati, il tutto cucito in lungo canto emesso dalla cima di un comignolo o di un albero. Buon imitatore. **Habitat**: Ugualmente a suo agio in città e in campagna. Nidifica nei buchi degli alberi, nei fabbricati, cassette-nido, ecc., o, nelle zone nude, anche nei buchi del terreno. Cartina 331.

STORNO NERO: *Sturnus unicolor*. **Tav. 69**
Franc.: Etourneau unicolore. Ingl.: Spotless Starling. Ted.: Einfarbstar. Oland.: Zwarte spreeuw. Spagn.: Estornino negro. Sved.: Svart stare.

Identificazione: 21 cm. Indistinguibile in lontananza dallo Storno comune, ma da vicino il maschio in piumaggio nuziale è chiaramente *più nero* a riflessi porporini *senza macchioline*; becco giallo. La femmina è più opaca. D'inverno, entrambi gli adulti sono nero grigiastri, macchiati di piccole macchioline bianche a forma di freccia. I giovani sembrano dei comuni giovani storni più scuri. Comportamento e volo come lo Storno.
Voce: Più forte e più stridente di quella dello Storno, specialmente un fischiante *siiuu*.
Habitat: Solitamente in piccole colonie sulle rocce e nelle città o nei paesi, localmente nelle zone boscose e intorno alle fattorie isolate. Nidifica nei buchi degli alberi, rocce, rovine ecc. Residente in Spagna, Portogallo, Corsica, Sardegna e Sicilia. Erratico in Grecia.

STORNO ROSEO: *Sturnus roseus*. **Tav. 69**
Franc.: Martin roselin. Ingl.: Rose-coloured Starling. Ted.: Rosenstar. Oland.: Rose spreeuw. Spagn.: Estornino rosado. Sved.: Rosenstare.

Identificazione: 21 cm. Simile di forme e nei movimenti allo Storno, anche se il volo è leggermente diverso. Piumaggio inconfondibilmente *rosa pastello*, con *testa, collo, ali e coda, come pure una caratteristica cresta, neri lucidi*. Zampe rosa e becco giallo arancio, tranne che in inverno quando il becco è bruno. I giovani sono bruno sabbia con ali e coda più scure, e senza cresta. *Più chiari* dei giovani storni anche se, visti in volo, si distinguono ulteriormente per il *becco giallastro* e il *groppone chiaro* (fate attenzione a qualche giovane Storno comune più color biscotto). Gregario anche durante la nidificazione. Spesso si associa agli Storni comuni specialmente quando cerca il cibo tra le mandrie, ma non nei canneti.

Voce: Nota in volo simile a quella dello Storno; i gruppi in pastura hanno un cicaleccio più alto e musicale che non gli Storni comuni. **Habitat e distribuzione**: Campagna aperta, terreni coltivati, vecchie rovine, steppe. Nidifica in buchi tra le pietre, in terreno aperto o nei muri. Di passo in Grecia, nidifica irregolarmente nell'Europa sud-orientale, a Ovest sino all'Ungheria e all'Italia, capitando, in autunno e in estate, sempre più frequentemente come erratico verso occidente nel resto dell'Europa fino all'Islanda.

PASSERI e FRINGUELLI ALPINI: Passeridae

Uccelletti massicci con becco grosso, in genere senza colori particolarmente brillanti. Sessi talvolta simili. Nido nei buchi, sugli alberi o tra le rocce.

PASSERA OLTREMONTANA: *Passer domesticus*. Tav. 73
Franc.: Moineau domestique. Ingl.: House Sparrow. Ted.: Haussperling. Oland.: Huismus. Spagn.: Gorrión común. Sved.: Gråsparv.

Identificazione: 14,5 cm. Forse l'uccello più familiare. Il maschio si riconosce per il *vertice grigio scuro, la nuca castana, la gola nera* e le guance biancastre. La femmina ed i giovani non hanno la gola nera e sono bruno sporco di sopra e bianco grigiastro di sotto, senza segni di riconoscimento. Il maschio della Passera d'Italia, il cosiddetto *P. d. italiae* (ora considerato un ibrido fra la Passera oltremontana e la Passera sarda) ha una colorazione più brillante del piumaggio nuziale con vertice *castano rosso acceso*, guance e parti inferiori *più bianche*. Vedi anche Passera mattugia e Passera sarda.

Voce: Garrula e variata. Un forte *cipp*, *cissis* e varie note grattate e cinguettate. **Habitat**: Aree coltivate e zone con costruzioni, raramente lontano dalle abitazioni. Nidifica nei buchi e nelle fenditure dei fabbricati, nell'edera, ecc. Cartina 332.

PASSERA SARDA: *Passer hispaniolensis*. Tav. 73
Franc.: Moineau espagnol. Ingl.: Spanish Sparrow. Ted.: Weidensperling. Oland.: Spaanse mus. Spagn.: Gorrión moruno. Sved.: Spansk sparv.

Identificazione: 15 cm. Il maschio ha il vertice *rosso castano*, come nella P. d'Italia, ma si riconosce da questa e dalla Passera oltremontana per il *nero alla gola e dell'alto petto molto più esteso, fianchi striati di nero e dorso molto più fortemente marcato*. La femmina ed i giovani sono indistinguibili, in libertà, da quelli della Passera oltremontana, sebbene le guance siano più bianche e le parti superiori più scure. Comportamento e volo più o meno come quelli della Passera oltremontana ma più spesso si vede in folti gruppi lontano dalle abitazioni.

Voce: Un ricco *chup* ed altre note che assomigliano a quelle della Passera oltremontana, ma tutte più ricche di tono. **Habitat**: Non ristretto alle abitazioni, preferendo i boschi a cespugli e le foreste. Nidifica in colonie e isolatamente nelle fondamenta dei nidi, occupati o no, delle cicogne, aquile, ecc. Anche in vecchi nidi di Balestruccio e tra i rami degli alberi. Cartina 333.

PASSERA D'ITALIA: *Passer italiae*. Tav. 73
Franc.: Moineau cisalpin. Ingl.: Italian Sparrow. Ted.: Italien Sperling.

Identificazione: 15 cm. Somiglia alla P. oltremontana (tanto da essere considerata da molti Autori una sottospecie: *P. domesticus italiae*), ma il maschio, in piumaggio nuziale, ha colorazione più brillante con il vertice castano rosso acceso (non grigio) e parti inferiori e guance più bianche. Il piumaggio è più opaco e grigio, d'inverno. La femmina ed i giovani non si distinguono, in libertà, da quelli della Passera oltremontana. Comportamento, volo, voce e habitat come quelli della Passera oltremontana. Vedi anche Passera sarda. Cartina 332.

PASSERA MATTUGIA: *Passer montanus*. Tav. 73
Franc.: Moineau friquet. Ingl.: Tree Sparrow. Ted.: Feldsperling. Oland.: Ringmus. Spagn.: Gorrión molinero. Sved.: Pilfink.

Identificazione: 13,5 cm. Sessi simili. Si distingue dal maschio della Passera oltremontana per il *vertice bruno cioccolato* carico e per la *macchia nera sulle copritrici auricolari bianco puro*, quasi a formare un collare bianco. Più ritirata della Passera oltremontana. Vedi anche Passere d'Italia e sarda.
Voce: Più acuta di quella della Passera oltremontana. Un breve metallico *cick* o *ciop*. Un ripetuto *cit tciup* ed un rapido gorgheggio. Il richiamo, in volo, è inconfondibile: *teck-teck*.
Habitat: Più rurale della Passera oltremontana; nell'Europa occidentale, nei paesi orientali e meridionali si trova anche vicino alle abitazioni e nel Nord si trova anche nella tundra. Nidifica nei buchi degli alberi, specialmente salici capitozzati, cassette-nido, covoni, ecc. Cartina 334.

PASSERA LAGIA: *Petronia petronia*. Tav. 73
Franc.: Moineau soulcie. Ingl.: Rock Sparrow. Ted.: Steinsperling. Oland.: Rotsmus. Spagn.: Gorrión chillón. Sved.: Stenfink.

Identificazione: 13,5 cm. Pallida e paffuta con coda corta. Il vertice è bruno grigio, lati del capo e guance bruno scuro con un *lungo* e *largo sopracciglio che arriva alla nuca*; le macchie bianche in punta alla coda evidenti *soprattutto in volo*. Parti inferiori debolmente segnate da strie bruno chiaro. La poco evidente macchia gialla alla gola è visibile solo quando il capo è sollevato ed a breve distanza. I giovani sono più chiari, senza macchia giallastra alla gola. Nel complesso *più alacre* ed attiva della Passera oltremontana.
Voce: Uno squittente *piy-i*. Varie note aspre e cinguettanti, più aspre e grattate di quelle della Passera oltremontana. **Habitat**: Alti fianchi di montagna con rocce, terreno sassoso, rovine, ecc. Raramente tra gli alberi ed i cespugli. Nidifica nelle fenditure delle rocce o delle rovine. Cartina 335.

FRINGUELLO ALPINO: *Montifringilla nivalis*. Tav. 73
Franc.: Niverolle. Ingl.: Snowfinch. Ted.: Schneefink. Oland.: Sneeuwvink. Spagn.: Gorrión alpino. Sved.: Snöfink.

Identificazione: 17,5 cm. Una specie prettamente montana. Si distingue dallo Zigolo delle nevi per *la testa grigia e la gola nera*, ma soprattutto per la scarsissima probabilità di osservarli nel medesimo habitat. Di sopra bruno cioccolato, bianco crema di sotto. Ali in gran parte bianche con remiganti nere. La coda è fondamentalmente bianca, con il centro nero, più evidente in volo che quando sta posato. La femmina ed i giovani sono più opachi con meno bianco sulle ali e la coda. Becco nerastro di primavera, giallo d'inverno e nei giovani. Sta posato in posizione eretta, con un nervoso movimento della coda.
Voce: Un aspro *tsuikk*. Il canto, nel volo nuziale e quando è posato, è un ripetuto *sitticerr-sitticerr*. **Habitat e distribuzione**: Cime nude delle montagne sopra i 2.000 m., più in basso d'inverno. Nidifica nei crepacci delle rocce, ecc. Cartina 336.

ESTRILDIDI: Estrildidae

ESTRILDA: *Estrilda astrild*. **Tav. 77**
Franc.: Astrild ondulé. Ingl.: Common Waxbill. Ted.: Wellenastrild. Oland.: Sint Helena-fazantje. Sved.: Helenaastrild.

Identificazione: 10 cm. Minuscolo, simile ad un Passero. Facilmente riconoscibile per le dimensioni minori ed il becco ed il ventre rossi. Bruno scuro superiormente, sottilmente *barrato*, come il petto e i fianchi, *becco cremisi*; guance biancastre, coda stretta arrotondata. L'adulto ha il *becco rosso* e un po' di rosso attorno agli occhi. Gli immaturi hanno il becco nerastro. Di solito si ciba e vola vicino al terreno in gruppi. Nota di richiamo un corto *tzuk-ut*. Uccelli introdotti dall'Africa ora si trovano in Portogallo e Spagna. Un'altra specie, *E. troglodytes* (con coda e groppone nerastri) è forse anch'essa diventata "brada".

FRINGUELLI, CARDELLINI, LUCHERINI, CROCIERI: Fringillidae

Uccelletti granivori, spesso vivacemente colorati con becco corto e forte, generalmente grosso alla base. Nidificano su alberi, cespugli o terreno.

FRINGUELLO: *Fringilla coelebs*. **Tav. 71**
Franc.: Pinson des arbres. Ingl.: Chaffinch. Ted.: Buchfink. Oland.: Vink. Spagn.: Pinzón común. Sved.: Bofink.

Identificazione: 15 cm. Il più comune di tutti i Fringillidi; si riconosce per la *chiara doppia barra alare bianca* e, in volo, per le *bianche timoniere esterne*. Maschio, bruno rosato di sotto con mantello castano, groppone verdastro, vertice e nuca *blu lavagna*. Femmina, bruno oliva pallido di sopra, più chiara di sotto. Volo ondulante. Gregario con gli altri Fringillidi, tranne che all'epoca delle cove; i sessi stanno spesso in "voli" separati. Immediatamente riconoscibile dalla Peppola per il groppone *verdastro* (non bianco).

Voce: Un forte, ripetuto *ciuink*, *uhit* e *ciuit*; in volo, un sommesso *tsip*; canto: una breve, vigorosa cascata di circa una dozzina di note che finiscono in un fiorente *ciu-i-o*; il canto varia molto da zona a zona. **Habitat**: Siepi, boschi, giardini, zone coltivate, ecc. Cartina 337.

PEPPOLA: *Fringilla montifringilla*. **Tav. 71**
Franc.: Pinson du nord. Ingl.: Brambling. Ted.: Bergfink. Oland.: Keep. Spagn.: Pinzón real. Sved.: Bergfink.

Identificazione: 14,5 cm. Facilmente distinguibile dal Fringuello per il *groppone bianco molto evidente* e per meno bianco sulla coda e sulle ali. Il maschio ha una *marcata macchia arancio alla spalla* e il petto arancio, testa e mantello *nero* brillante in primavera, brunastro d'inverno. La femmina si confonde facilmente con quella del Fringuello, tranne che per il groppone bianco e le strie scure sul vertice. Volo più erratico che nel Fringuello. Gregario con i Fringuelli, d'inverno. Il Ciuffolotto ha anche il groppone bianco, ma è un uccello molto più massiccio e con becco molto grosso.

Voce: Un metallico *tsuip* e *tciac*, quest'ultimo rapidamente ripetuto in volo; il canto è un grattato monotonamente ripetuto *dzuii*, tipo Verdone, intercalato da alcune deboli note cinguettanti. **Habitat**: Sverna nei boschi di betulle e nei torrenti coltivati. Nidifica tra le betulle e le conifere, generalmente negli spiazzi dei boschi. Cartina 338.

VERZELLINO: *Serinus serinus*. **Tav. 71**
Franc.: Serin cini. Ingl.: Serin. Ted.: Girlitz. Oland.: Europese kanarie. Spagn.: Serín. Sved.: Gulhämpling.

Identificazione: 11 cm. Un minuscolo Fringillide giallastro e striato. Si riconosce per il *becco corto e tozzo* e per il *groppone giallo brillante*. Il maschio ha la *fronte*, il sopracciglio la gola ed il petto *giallo brillante*. La femmina è più striata, più grigia di sotto e più bruna di sopra. Si riconosce dalla femmina del Lucherino per il *becco più corto e massiccio, assenza di giallo sulla coda*, il sopracciglio più marcato e una striatura più netta inferiormente. I giovani sono striati di bruno e mancano del giallo sul groppone. Il volo è veloce e ondulante; nel volo nuziale si alza verticalmente e scende in cerchi. Socievole.

Voce: Canto cinguettante in volo; un rapido *si-tui-tui-tui* ed un duro (come di Scricciolo) *cit-cit-cit*; nota d'ansietà, un liquido *tsuit*. Il canto emesso dalla cima degli alberi, dai pali telegrafici o in volo, è un rapido sibilante tintinnio con trilli, talora come quello del Canarino. **Habitat**: Parchi, giardini, vigneti, ecc. Nidifica sugli alberi, viti e piccoli cespugli. Cartina 339.

VENTURONE: *Serinus citrinella*. **Tav. 71**
Franc.: Venturon montagnard. Ingl.: Citril Finch. Ted.: Zitronenzeisig. Oland.: Citroensijs. Spagn.: Verderón serrano. Sved.: Citronsiska.

Identificazione: 12 cm. Verdastro, con *nuca e lati del collo grigiastri*. Parti inferiori giallo brillante. Groppone giallo verdastro, ali nerastre con barra giallo verdastra. La femmina è più opaca e debolmente striata. Giovani grigio brunastri con parti inferiori più chiare, striati sopra e sotto. Volo "danzante". Socievole. Il collo grigiastro e le parti inferiori senza strie lo distinguono dal Lucherino e dal Verzellino. La razza di Corsica e Sardegna *S. c. corsicana* ha il mantello striato di color ruggine, parti inferiori giallo più chiaro e nidifica sino al livello del mare.

Voce: Un lamentevole *tsi-i*; anche un metallico *ciuick*. Il canto è una mistura, tipo Lucherino, di note aspre e di cinguettii musicali, spesso durante il circolare volo nuziale. **Habitat**: Montagne con conifere sparse e terreno roccioso aperto; sopra i 1.500 meri d'estate, più in basso d'inverno. Nidifica sulle conifere. Cartina 340.

VERDONE; *Carduelis chloris*. **Tav. 71**
Franc.: Verdier. Ingl.: Greenfinch. Ted.: Grünling. Oland.: Groenling. Spagn.: Verderón común. Sved.: Grönfink.

Identificazione: 14,5 cm. Maschio verde oliva, *con groppone verde giallo e del giallo molto evidente sulla coda e sulle ali*. Becco massiccio biancastro. Zampe carnicino chiaro. La femmina è più opaca, più grigia e meno gialla. Giovani più bruni e striati. Volo ondulante.

Voce: Un forte rapido trillo; anche un breve ripetuto *ciap* o *tiu*. All'epoca delle cove, un prolungato e nasale *tsui-i-i*. Canta dalla cima degli alberi o nel volo nuziale, simile al volo di un pipistrello, un cinguettio tipo canarino, misto alle note di richiamo. **Habitat**: Giardini, cespuglieti, campagne. Nidifica nelle siepi, cespugli e piccoli alberi, specialmente sempreverdi. Cartina 341.

CARDELLINO: *Carduelis carduelis*. **Tav. 71**
Franc.: Chardonneret. Ingl.: Goldfinch. Ted.: Stieglitz. Oland.: Putter. Spagn.: Jilguero. Sved.: Steglits.

Identificazione: 12 cm. Sessi simili. *Ali a grosse macchie nere e gialle*, coda bianca e nera, *faccia scarlatta, testa bianca e nera*, dorso bruno che sfuma nel groppone bianco. I giovani hanno le parti superiori e la testa fulvo grigiastre, e sono striati e macchiati di bruno. Volo ondulato e "danzante". Socievole.

Voce: Un liquido, inconfondibile *tziupitt-tziupitt* frequentemente ripetuto; nota di ansietà un soffice *ah-i*; canto simile a quello del Canarino, un cinguettio liquido, contenente variazioni di richiamo. **Habitat**: Giardini, frutteti, terreni coltivati. Si nutre di semi di cardo nelle zone incolte e lungo le strade, d'autunno e d'inverno. Nidifica sugli alberi generalmente vicino all'estremità di un ramo. Occasionalmente nei cespugli. Cartina 342.

LUCHERINO: *Carduelis spinus*. **Tav. 71**
Franc.: Tarin des aulnes. Ingl.: Siskin. Ted.: Zeisig. Oland.: Sijs. Spagn.: Lúgano. Sved.: Grönsiska.

Identificazione: 12 cm. Il maschio è *giallo verde*, più chiaro di sotto, con vertice e mento *neri*. Groppone giallo, come la barra alare, i lati della coda ed una stria dietro l'occhio. Dorso e fianchi striati di bruno. La femmina è più grigia con meno giallo, senza nero sul capo, con le parti inferiori biancastre più fortemente striate. Volo tipo Fringillide, ma molto agile. Si associa agli Organetti, d'inverno. Vedi anche Verzellino, Venturone e Organetto.
Voce: Un cinguettio quasi costante. Richiamo, un acuto, squittente *tsy-zi* ed un vibrante *tsuiit*. Il canto, un lungo, rapido, musicale cinguettio, spesso terminante con una nota "vibrante" come quella del Verdone. **Habitat**: Boschi di conifere, betulle e ontani e siepi incolte. Nidifica alto nelle conifere, generalmente all'estremità di un ramo. Cartina 343.

FANELLO: *Carduelis cannabina*. **Tav. 72**
Franc.: Linotte mélodieuse. Ingl.: Linnet. Ted.: Hänfling. Oland.: Kneu. Spagn.: Pardillo común. Sved.: Hämpling.

Identificazione: 13 cm. Il maschio ha il mantello castano bruno. Ali bruno scure come la coda forcuta, *entrambe marginate di bianco*. Testa grigiastra, parti inferiori fulvicce, striate di bruno nero, petto *rosa*. All'epoca delle cove il maschio ha *il vertice e il petto carminio*, la gola biancastra con strie brune. La femmina manca del carminio ed è più striata. Volo ondulato. Gregario, d'inverno si distingue dal Fanello nordico e dall'Organetto per il mento e la gola striati e per i lati della coda bianchi molto evidenti (nel Fanello nordico debolmente chiari) e per il becco scuro.
Voce: Richiamo usuale: *tsuit*; nota in volo, un rapido cinguettio. Il canto è un cinguettio variato e musicale, intercalato con note pure e nasali, emesso dalla cima di un cespuglio, talvolta in coro. **Habitat**: Aperta campagna con siepi; d'inverno, vaga in grossi stuoli per i terreni incolti e coltivati, le paludi e le marcite. Nidifica socialmente nelle siepi e nella vegetazione fitta, occasionalmente nell'erica, ecc. Cartina 344.

FANELLO NORDICO: *Carduelis flavirostris*. **Tav. 72**
Franc.: Linotte à bec jaune. Ingl.: Twite. Ted.: Berghänfling. Oland.: Frater. Spagn.: Pardillo piquiflavo. Sved.: Gulnäbbad hämpling.

Identificazione: 13 cm. Piuttosto simile al Fanello per aspetto e movimenti. Fulvo scuro di sopra, striato di bruno e nero, più chiaro di sotto. *La gola è fulvo caldo*. Il maschio ha il *groppone rosa scuro*, mentre nella femmina il groppone è fulvo striato di nero. Becco grigio giallastro d'estate, giallo chiaro d'inverno. Si distingue dai giovani e dalle femmine del Fanello per meno bianco sulle ali e sulla coda, per le parti superiori più scure, la gola quasi giallo arancio fulvo e per la coda leggermente più lunga e, anche d'inverno, per il becco *giallo*; dall'Organetto per il piumaggio più fulvo, per l'assenza di nero al mento e di rosso al vertice e la coda più lunga.
Voce: Un nasale *ciuit*. Un cinguettio quasi costante in volo. Il canto somiglia a quello del Fanello, ma è più lento. **Habitat**: Nidifica socialmente nelle lande e nelle zone incolte ad una certa altitudine. D'inverno, vaga in stuoli nelle regioni costiere, campi, paludi, ecc. Cartina 345.

ORGANETTO: *Carduelis flammea*. Tav. 72
Franc.: Sizerin flammé. Ingl.: Redpoll. Ted.: Birkenzeisig. Oland.: Barmsijs. Spagn.: Pardillo sizerín. Sved.: Gråsiska.

Identificazione: 12,5 cm. Piccolo, bruno grigio striato, con la *fronte rosso carminio* e *mento nero*. Il maschio (soltanto) ha una sfumatura *rosa* al petto. I fianchi sono striati. Volo ondulato e agile. Socievole. La razza alpina ed inglese (Organetto minore, *C. f. cabaret*) è più piccola e più bruna, con le parti superiori più striate e la barra alare meno evidente. La razza continentale (Organetto pallido, *C. f. flammea*) è un po' più grande, col piumaggio più chiaro e più grigio, con la barra alare e il groppone più bianchi, in inverno. La razza di Groenlandia (Organetto maggiore, *C. f. rostrata*) è ancora più grande e più scura, col becco più grosso, ma non è sicuramente riconoscibile a meno che non sia con individui delle altre sottospecie. Vedi anche Organetto artico.

Voce: Acuto e metallico richiamo in volo: un rapido e sostenuto cinguettio: *ciacc-acc-acc* (c dolce), *tiu-tiu-tiu*, ecc. Nota di ansietà, un lamentevole *tsuiit*. Il canto è una serie sostenuta di brevi trilli intercalati da note del richiamo in volo. **Habitat**: Siepi, cespugli, preferibilmente zone con ontani e salici; nelle foreste nordiche soprattutto nei boschi cedui; anche sporgenze rocciose, sopra il limite di vegetazione degli alberi, nelle zone montagnose e nella tundra. Nidifica, spesso socialmente, nelle betulle, ontani, salici o ginepri. Cartina 346.

ORGANETTO ARTICO: *Carduelis hornemanni*. Tav. 72
Franc.: Sizerin blanchâtre. Ingl.: Arctic Redpoll. Ted.: Polarbirkenzeisig. Oland.: Witstuitbarmsijs. Sved.: Snösiska. Nordameric.: Hoary Redpoll.

Identificazione: 12,5 cm. In piumaggio nuziale sembra *coperto di brina* particolarmente sulla testa e sulla nuca. Si distingue dagli altri Organetti per il groppone *bianco senza strie*, per le parti inferiori più bianche e per il dorso grigio più chiaro. Il groppone bianco ed il capo chiaro contrastano con il dorso grigio tanto da dare un *disegno "a sella"*. Barre alari evidenti. Parti inferiori *più bianche e meno striate* che nelle altre razze; il petto del maschio è rosa pallido. La femmina manca del rosa; entrambi i sessi hanno il vertice carminio. Abitudini simili a quelle degli altri Organetti.
Voce: Come gli altri Organetti, ma in volo note più lente e più chiaramente separate.
Habitat: Come gli Organetti, ma la nidificazione è ristretta alle più alte, disalberate latitudini. Nidifica sul terreno o nei bassi cespugli. Cartina 347.

CROCIERE FASCIATO: *Loxia leucoptera*. Tav. 72
Franc.: Bec-croisé bifascié. Ingl.: Two-barred Crossbill. Ted.: Bindenkreuzschnabel. Oland.: Witbandkruisbek. Sved.: Bändelkorsnäbb. Nordameric.: White-winged Crossbill.

Identificazione: 14,5 cm. Più piccolo del Crociere, si riconosce anche in volo per le *due marcate barre alari bianche* che, in cattiva luce, lo possono far credere un Fringuello. Il piumaggio del maschio è carminio più brillante di quello del Crociere. La femmina è più gialla e più striata. Giovani con barre alari meno pronunciate degli adulti, per il resto simili ai giovani Crocieri. Vedi anche Ciuffolotto delle pinete.
Voce: Un liquido *piit* ed un secco *ciff-ciff*, quest'ultima nota essendo il corrispettivo del duro *cip-cip* del Crociere. Canto: una successione di forti trilli di diversa altezza. **Habitat**: Come il Crociere, ma preferise le foreste di larici. Nidifica raramente nella Finlandia settentrionale e nella Svezia del Nord. Sverna nelle province baltiche, talora raggiungendo l'Europa centrale, nord-occidentale e le Isole Britanniche.

CROCIERE: *Loxia curvirostra.* **Tav. 72**
Franc.: Bec-croisé des sapins. Ingl.: Crossbill. Ted.: Fichtenkreuzschnabel. Oland.: Kruisbek. Spagn.: Piquituerto común. Sved.: Mindre korsnäbb. Nordameric.: Red Crossbill.

Identificazione: 16 cm. Un uccello delle conifere. Si riconosce per le *mandibole incrociate, i movimenti da pappagallo, quando mangia, e la coda corta e forcuta.* Maschio *rosso mattone* più brillante sul groppone, con ali e coda scure. Giovani maschi bruno arancio. Femmina oliva, con groppone e parti inferiori giallastre. I giovani sono grigio verdastri fortemente striati di sotto. Gregario e confidente. La testa massiccia e la corta coda sono caratteristiche nel volo rapido e ondulante. Di quando in quando compie "irruzioni" in grande numero e alcune delle sottospecie continentali migrano in Gran Bretagna per nidificare. Si distingue dal Crociere fasciato per l'assenza di bianco sulle ali. Vedi Crociere delle pinete ed anche Ciuffolotti delle pinete e scarlatto.
Voce: Un forte, enfatico *cip-cip-cip*; il canto somiglia vagamente a quello del Verdone, ma è più regolarmente spaziato, composto di brevi trilli, gorgheggi e cinguettii. **Habitat**: Boschi di conifere, soprattutto abeti ma anche pini e larici. Le pigne aperte e cadute al suolo ne indicano la presenza. Nidifica sulle conifere. Cartina 348.

CROCIERE SCOZZESE: *Loxia scotica.*

Identificazione: 16 cm. Ora considerata una specie distinta. Si distingue dal Crociere (ma non sempre) per il *becco più grande*; dal Crociere delle pinete per le dimensioni leggermente minori, sebbene il becco possa essere altrettanto grande. Si trova principalmente nelle pinete (come il Crociere delle pinete), cibandosi soprattutto di pigne di pini *Pinus sylvestris*. Il Crociere preferisce l'abete rosso (*Picea*). Il Crociere fasciato preferisce il larice (*Larix*).
Voce: Apparentemente varia un po' dal Crociere ma non è stata ancora adeguatamente studiata. **Distribuzione**: Limitata alle pinete nella metà settentrionale della Scozia.

CROCIERE DELLE PINETE: *Loxia pityopsittacus.* **Tav. 72**
Franc.: Bec-croisé perroquet. Ingl.: Parrot Crossbill. Ted.: Kiefernkreuzschnabel. Oland.: Grote kruisbek. Sved.: Störrе krosnäbb.

Identificazione: 16,5 cm. Leggermente più grosso del Crociere, ma il *becco più massiccio e più arrotondato* gli dà l'aspetto più da "pappagallo". Colorazione e movimenti da pappagallo, ma raramente si vede in così gran numero e in genere si tiene lontano dagli altri Crocieri. Voce e habitat come il Crociere, ma con una certa preferenza per i pini. Vedi anche C. scozzese.
Voce: Un suono più profondo e forte del Crociere e note più sonore *chup-chup-chup* e distintive *tchweng, tchweng*. **Distribuzione**: Nidifica nel Sud della Finlandia e Scandinavia dal 67°, a Sud sino alla Germania orientale (sporadico). D'inverno capita in Danimarca, Germania, Austria, occasionalmente Inghilterra, Francia, Belgio, Italia, Jugoslavia.

TROMBETTIERE: *Bucanetes githagineus.* **Tav. 65**
Franc.: Bouvreuil githagine. Ingl.: Trumpeter Finch. Ted.: Wüstengimpel. Oland.: Woestijnvink. Sved.: Ökentrumpetare.

Identificazione: 13,5 cm. Un uccello delle dimensioni di un passero, che si ciba sul terreno, con becco tozzo. Il maschio è bruno-grigiastro con il groppone, le ali, le parti inferiori e la faccia *tinti di rosa*; in primavera il becco è *rosso-corallo brillante*. La femmina ed il maschio in abito invernale sono più opachi con becco giallastro. *Voce molto caratteri-*

stica. Difficile da osservare nel tipico habitat, in quanto sta rannicchiato vicino al terreno. Ha un volo rapido.

Voce: Una nota nasale, ronzante e belante e un aspro *chizz*. **Habitat e distribuzione**: Deserti e colline nude ma spesso vicino a fonti d'acqua. Nidifica in crepacci rocciosi o in muri di pietra. Le specie asiatica e nordafricana ora nidificano nella Spagna sud-orientale. Visitatore di Malta. Erratico altrove in Europa meridionale, settentrionale e occidentale.

CIUFFOLOTTO SCARLATTO: *Carpodacus erythrinus*. Tav. 72
Franc.: Roselin cramoisi. Ingl.: Scarlet Rosefinch. Ted.: Karmingimpel. Oland.: Roodmus. Spagn.: Carpódaco carminoso. Sved.: Rosenfink.

Identificazione: 14,5 cm. Maschio, *testa carminio rosato* brillante *come il petto e il groppone*, becco massiccio, ali bruno scure con due barre indistinte, ventre bianco. La femmina, il maschio nel primo anno e i giovani sono senza particolari caratteristiche: bruno giallo superiormente, più brillante sul groppone, più grigio sul capo, fulvi inferiormente, con fini strie brune; meglio riconoscibile per la forma tozza, un grosso occhio nero sul capo tondo e grosso, pallida doppia barra alare e coda forcuta. Volo ondeggiante. Si distingue dai Crocieri per la coda più lunga e per le mandibole non incrociate.

Voce: Un calmo, aspirato *tiu-ik*; canto, un chiaro *tiu-tiu-ti-tiu*. **Habitat**: D'estate, fitta vegetazione, cespugli, sottobosco, vicino all'acqua. Nidifica basso, di solito nella vegetazione palustre, localmente nei boschi asciutti di querce. Cartina 349.

CIUFFOLOTTO DELLE PINETE: *Pinicola enucleator*. Tav. 72
Franc.: Dur-bec des sapins. Ingl.: Pine Grosbeak. Ted.: Hakengimpel. Oland.: Haakbek. Sved.: Tallbit.

Identificazione: 20 cm. Un grosso e pesante fringillide con *coda piuttosto lunga*. Il maschio ha la *testa rosa carico come il collo, il petto e il groppone*; ali scure con *doppia barra bianca*, ventre grigio. Nella femmina, le parti rosa del maschio sono *bruno verde, dorato*. Capo piuttosto piatto. Becco massiccio tipo Ciuffolotto. Volo molto ondulato. Di solito molto confidente. Socievole d'inverno. Il Crociere fasciato e il Ciuffolotto scarlatto sono pure rosati con doppia barra alare bianca ma sono molto più piccoli (come una Passera).

Voce: Un alto, aspirato *ti, ti, tiu*; allarme, un musicale *civli-civli*; canto di note forti fischiate. **Habitat**: Boschi misti e conifere del Nord. Nidifica di solito sulle conifere. Cartina 360.

CIUFFOLOTTO: *Pyrrhula pyrrhyla*. Tav. 72
Franc.: Bouvreuil pivoine. Ingl.: Bullfinch. Ted.: Gimpel. Oland.: Goudvink. Spagn.: Camachuelo común. Sved.: Domherre.

Identificazione: 14,5 cm. Il maschio è un uccello con *parti inferiori rosa rosso brillante, groppone bianco molto evidente*, parti superiori grigio blu, *cappuccio e guance neri* ed un *becco molto massiccio nero*. Ha ali e coda neri, con macchia alare bianca. La femmina ha lo stesso cappuccio nero ed è di ugual disegno, ma è bruno rosa di sotto, grigio bruna di sopra. Volo ondulante. Ritirato, lascia raramente il folto della vegetazione. La razza dell'Europa settentrionale *P. p. pyrrhula* è decisamente più grande e più brillante della razza inglese *P. p. nesa*. Vedi anche Peppola che ha pure il groppone bianco ma più "stretto".

Voce: Un soffice, aspirato *uhiib*; il canto è una mistura sommessa di note gorgheggiate e aspre che comprendono *tic, tic, tiu*. **Habitat**: Piantagioni, siepi, giardini, frutteti e foreste di conifere. Nidifica tra i sempreverdi, gli alberi dei giardini e le siepi. Cartina 351.

FROSONE: *Coccothraustes coccothraustes*. **Tav. 71**
Franc.: Gros-bec. Ingl.: Hawfinch. Ted.: Kernbeisser. Oland.: Appelvink. Spagn.: Picogordo. Sved.: Stenknäch.

Identificazione: 17,5 cm. *Becco enorme*, collo "taurino", coda *corta* con punta bianca, ali blu nere con *marcate "spalline" bianche*. Testa fulva, dorso bruno acceso, parti inferiori bruno rosa pallido, gola nera. Becco blu metallico in primavera, corneo chiaro in inverno. La femmina è più chiara, meno rossiccia sul vertice. Giovani barrati di bruno e con macchia gialla alla gola. Volo rapido e solitamente alto, ma ondulato sulle brevi distanze. La silhouette di volo (testa grossa, coda corta) è inconfondibile. Visto da sotto presenta una *banda trasparente attraverso le remiganti primarie*. Cammina con passo eretto, ondulante, e saltella con vigore. Spesso in gruppo, d'inverno, cibandosi nei boschi o sul terreno. Estremamente diffidente.
Voce: Un forte, esplosivo *ptik* o *ptik... ptik-it*, un sottile *tziip*. Il canto raramente udito, un esitante *tik-tik tur-uii-uii* con varianti. Generalmente canta dalla cima degli alberi.
Habitat: Soprattutto arboreo. Boschi misti, parchi, frutteti, ecc. Nidifica sulla cima degli alberi o su di un basso ramo orizzontale o contro il tronco, spesso in gruppetti sparsi. Cartina 352.

PARULIDI: Parulidae

Piccoli erratici colorati dal Nordamerica all'Europa. Vedi anche Accidentali.

PARULA DI BLACKPOOL: *Dendroica striata*. **Tav. 65**

Identificazione: 12,5 cm. In Europa più facilmente in piumaggio invernale quando l'aspetto generale è striato bruno-olivastro superiormente con vertice grigio, parti inferiori giallo pallido debolmente striate. Ha *due evidenti barrature alari*. Sottocoda bianco, zampe bruno-giallastre chiare. In piumaggio nuziale ha la nuca nera, guance bianche e "mustacchio" nero. Parti inferiori bianche striate con nero sui fianchi.
Voce: Un suono piuttosto meccanico di note corte ronzanti sullo stesso tono, che diventano più forti e poi diminuiscono. Richiamo: *chip*. **Habitat e distribuzione**: Di solito foreste di conifere, ma durante le migrazioni in vegetazioni caduche. Erratico dal Nordamerica alla Gran Bretagna.

ZIGOLI: Emberizidae

Uccelli granivori con becco corto a base spessa. I maschi della maggior parte delle specie hanno colori o disegni brillanti. Nidificano sugli alberi, cespugli, sul terreno o nelle fenditure delle rocce.

ZONOTRICHIA COLLOBIANCO: *Zonotrichia albicollis*. **Tav. 65**
Fran.: Bruant à gorge blanche. Ingl.: White-throated Sparrow. Ted.: Weisskehlammer. Oland.: Witkeelgors. Sved.: Vithalsad sparv.

Identificazione: 16 cm. Dimensioni dello Zigolo giallo. Petto grigio con *macchia bianca sulla gola* ben delimitata, *vertice* finemente striato di *bianco e nero* ed un largo sopracciglio giallo prima dell'occhio e bianco oltre. Le ali ed il corpo assomigliano a quelli della Passera oltremontana. Becco nerastro. Gli immaturi hanno strisce brune e rossicce sul capo, e una meno evidente macchia sulla gola.

Voce: Un duro *ciuk* e un confuso *tsiit*. Canto: parecchi fischi chiari seguiti da tre note trillanti. **Habitat e distribuzione**: Boschetti e bassa vegetazione. Erratica dal Nordamerica all'Europa occidentale, settentrionale, centrale e orientale.

ZIGOLO DI LAPPONIA: *Calcarius lapponicus*. Tav. 73
Franc.: Bruant lapon. Ingl.: Lapland Bunting. Ted.: Spornammer. Oland.: Ijsgors. Spagn.: Escribano lapón. Sved.: Lappsparv. Nordameric.: Lapland Longspur.

Identificazione: 15 cm. Il maschio, in primavera, ha *testa, gola, petto e fianchi neri; una marcata banda fulviccia dall'occhio all'indietro che diviene bianca sotto la guancia; nuca castano acceso*. Parti superiori striate di bruno scuro; parti inferiori biancastre con fianchi striati, lati della coda bianchi molto evidenti. La femmina manca delle macchie nere, ha il vertice striato e la gola biancastra. In autunno e inverno entrambi i sessi sono meno caratteristicamente disegnati e passano la maggior parte del tempo *correndo* sul terreno; striato di bruno fulviccio, doppia e stretta barra alare biancastra, castano sulle copritrici alari, delle strie scure ai fianchi ed una quantità variabile di castano rossiccio alla nuca (nei maschi); spesso ha delle sfumature di strie attraverso l'alto petto. Si distingue dalla piuttosto simile femmina del Migliarino di palude per la *coda più corta*, con meno bianco, la *stria chiara lungo il vertice*, la stria a mo' di mustacchio meno pronunciata e l'abitudine di correre.

Voce: Un musicale *tiu, ticky-tick-tiu* ecc. Il canto (in volo) vigoroso ma musicale, non lontano da un breve tema dell'Allodola. **Habitat**: Sverna nelle stoppie costiere e lungo le spiagge ma anche in altre zone aperte quali campi d'aviazione, ecc. Nidifica nelle pianure senza alberi dell'estremo Nord, nella tundra e nelle collinette coperte di muschi. Cartina 353.

ZIGOLO DELLE NEVI: *Plectrophenax nivalis*. Tav. 73
Franc.: Bruant des neiges. Ingl.: Snow Bunting. Ted.: Schneeammer. Oland.: Sneeuwgors. Spagn.: Escribano nival. Sved.: Snösparv.

Identificazione: 16 cm. Facilmente riconoscibile per le *larghe macchie bianche sulle ali e sulla coda*. Il maschio, in primavera ha il dorso nero come le primarie e le penne centrali della coda; il resto del piumaggio *bianco neve*. La femmina ha capo bruno grigio, con stria fulva dall'occhio attorno alle copritrici auricolari, dorso grigio bruno spruzzato di nero. D'inverno, la testa del maschio è color sabbia, il dorso più bruno, le parti inferiori bianco crema con orlature fulve ai lati del petto. Femmina più bruna, ma le macchie alari bianche ancora visibili in volo; gli immaturi hanno ali *brune*, capo e banda pettorale fulvo rossiccio e parti inferiori bianco crema. Volo danzante e solitamente alto. Gregario. I grandi stuoli, in volo, sembrano fiocchi di neve cadenti. Vedi anche Fringuello alpino.

Voce: Un forte *tsuit*, un lamentevole *tiu*, ecc. Il canto è un acuto *tiuri-tiuri-tiuri-tititiui* molto rapido ma musicale, simile al canto di un'Allodola; canta nella planata di discesa del circolare volo nuziale. **Habitat**: Sverna lungo le coste marine e nelle regioni aperte costiere, occasionalmente nei campi d'entroterra. Nidifica nei crepacci nelle regioni montagnose o rocciose. Cartina 354.

ZIGOLO GOLAROSSA: *Emberiza leucocephalos*. Tav. 74
Fran.: Bruant à calotte blauche. Ingl.: Pine Bunting. Ted.: Fichtenammer. Oland.: Witkopgors. Sved.: Tallsparv.

Identificazione: 16 cm. Il maschio in abito nuziale ha un inconfondibile *disegno bianco e castano della nuca*; vertice bianco, guance bordate di nero, gola castana e una banda attraverso l'occhio. Groppone castano. Petto e fianchi spruzzati di castano chiaro, con

bianco sulla parte inferiore della gola e del ventre. Molto più opaco d'inverno. La femmina è più bruna, senza bianco sulla testa, più simile alla femmina dello Zigolo giallo ma con macchie bianco-rossastre non gialle.
Voce: Il canto assomiglia ad una corta versione di quello dello Zigolo giallo. **Habitat e distribuzione**: Aperta campagna con fattorie e boschi di conifere. Erratico dalla Siberia all'Europa settentrionale, centrale, occidentale e meridionale.

ZIGOLO GIALLO: *Emberiza citrinella*. Tav. 74
Franc.: Bruant jaune. Ingl.: Yellowhammer. Ted.: Goldammer. Oland.: Geelgors. Spagn.: Escribano cerillo. Sved.: Gulsparv.

Identificazione: 16 cm. Il maschio si riconosce *per la testa e le parti inferiori giallo limone e per il groppone castano*. Dorso striato di castano e fianchi striati. Il bianco delle timoniere esterne è molto evidente in volo. La femmina ed i giovani sono molto meno gialli, con macchie più scure e più numerose, specialmente sul capo. Si distinguono da quelle dello Zigolo nero per *il groppone castano*.
Voce: Un metallico *cip* e *tuitic*. Il canto: un rapido *ci-ci-ci-ci-ci... ciuii*. **Habitat**: Terreni coltivati, bordi delle strade, boschetti, terreno aperto. Nidifica vicino o sul terreno ai piedi di una siepe, ecc. Cartina 355.

ZIGOLO NERO: *Emberiza cirlus*. Tav. 74
Franc.: Bruant zizi. Ingl.: Cirl Bunting. Ted.: Zaunammer. Oland.: Cirlgors. Spagn.: Escribano soteño. Sved.: Häcksparv.

Identificazione: 16 cm. Il maschio ha le *parti inferiori giallo limone con banda pettorale verdastra, gola nera* (oscurata d'inverno) e fianchi striati. Testa verde oliva con vertice scuro, *strie giallastre sopra e sotto l'occhio*, stria nera attraverso l'occhio. Dorso e lati del petto castani. Si distingue dallo Zigolo giallo per il disegno caratteristico della testa e del petto. La femmina ed i giovani sono più opachi, e si distinguono dallo Zigolo giallo per il *groppone bruno oliva*. Vedi anche Ortolano e Zigolo dal collare.
Voce: Un debole *sip*; in volo: *sissi-sissi-sip*. Canto: un monotono affrettato tintinnio su di una nota piuttosto simile al canto della Bigiarella. **Habitat**: Siepi alte e alberi che costeggiano la terra coltivata o le lande. Sverna nelle campagne in gruppi misti. Nidifica basso, nelle siepi, alberi, ecc. Cartina 356.

ZIGOLO MUCIATTO: *Emberiza cia*. Tav. 74
Franc.: Bruant fou. Ingl.: Rock Bunting. Ted.: Zippammer. Oland.: Grijze gors. Spagn.: Escribano montesino. Sved.: Klippsparv.

Identificazione: 15,5 cm. Si riconosce per *la gola e la testa grigio cenere con una sottile stria nera* al vertice, attraverso e sotto l'occhio. La coda è frequentemente aperta mettendo in mostra il bianco, quando cerca il cibo sul terreno. Parti superiori castane, striate di nero. Groppone castano *senza strie*, parti inferiori *castano fulve*. La femmina è più opaca, più bruna, con petto e fianchi leggermente striati. Gli adulti si distinguono da tutti gli altri Zigoli europei per la *gola grigio cenere chiara*. I giovani si distinguono da quelli dello Zigolo giallo e dell'Ortolano grigio per le parti inferiori fulvo rossastre e per il groppone castano.
Voce: Richiamo: un sottile *siip*. Il canto ricorda quello del Migliarino di palude; un breve *zi-zi-zi-zirrr*, l'ultima nota elevantesi. **Habitat**: Solitamente fianchi rocciosi delle montagne, spesso sugli alberi, occasionalmente al livello del mare. Nidifica vicino o sul terreno. Cartina 357.

ZIGOLO CENERINO: *Emberiza cineracea*. Tav. 74
Franc.: Bruant cendré. Ingl.: Cinereous Bunting. Ted.: Kleinasiatische Ammer.
Oland.: Smyrna gors. Sved.: Gulgrä sparv.

Identificazione: 16 cm. Uno zigolo *grigiastro* con *capo giallo sporco*. Gola giallo chiaro. Nuca e alto petto grigio cenere tinti di giallo; parti inferiori prevalentemente bianche. Parti superiori grigio brunicce, striate di scuro, con copritrici e secondarie bordate di fulvo. Becco corneo-bluastro. Zampe bruno carnicino. Femmina più opaca, con capo più bruno, striato e gola gialla pure striata. Gli immaturi più scuri, con parti inferiori striate di bruno cenere, ma la gola mostra una "lavatura" giallo zolfo; le secondarie più interne largamente marginate di fulvo rossiccio.
Voce: Richiamo, un breve *kip*. Il breve canto ha il carattere tipico di quello degli Zigoli; si dice che sia *dir, dir, dir, dli-di*. **Habitat e distribuzione**: Versanti aridi e pietrosi con vegetazione scarsa sino al limite degli alberi. Nidifica in Grecia.

ORTOLANO: *Emberiza hortulana*. Tav. 74
Franc.: Bruant ortolan. Ingl.: Ortolan Bunting. Ted.: Ortolan. Oland.: Ortolaan.
Spagn.: Escribano hortelano. Sved.: Ortolansparv.

Identificazione: 16 cm. Si distingue dagli altri Zigoli per l'insieme delle *parti inferiori fulvo rosate* e della *gola gialla*. Ha la *testa ed il petto oliva* chiaro e *gola giallo chiara* con un mustacchio oliva. Da vicino, l'anello palpebrale stretto e giallo ed il becco rosato sono visibili. Le parti inferiori sono brune striate di nero. La femmina è più chiara, meno verde con piccole strie scure all'alto petto. I giovani sono più scuri, più bruni, striati alle parti inferiori, ma hanno il caratteristico *colore giallo dell'anello palpebrale e rosa del becco*. Vedi anche Ortolano grigio e Zigolo muciatto.
Voce: Un forte *tsi-ip* e *tsip* ed un aspirato *tsiu*. Il canto ricorda quello dello Zigolo giallo, ma più lento e molto variabile, generalmente di 6-7 note chiare seguite da un occasionale trillo. **Habitat**: Terreni aperti e collinosi, spesso anche in pianura, giardini e cespuglieti. Nidifica su o vicino al terreno, nei campi di cereali in crescita o tra le erbacce graminacee. Cartina 358.

ORTOLANO GRIGIO: *Emberiza caesia*. Tav. 74
Franc.: Bruant cendrillard. Ingl.: Cretzschmar's Bunting. Ted.: Grauer Ortolan.
Oland.: Bruinkeelortolaan. Sved.: Rostsparv.

Identificazione: 15,5 cm. Il maschio ricorda l'Ortolano, ma la testa e il petto sono inconfondibili *blu grigio brillante* (non oliva), la gola *ruggine* (non gialla). La femmina si distingue da quella dell'Ortolano per la *mancanza di giallo sulla gola*. Gli immaturi sono indistinguibili (o quasi) da quelli dell'Ortolano, tranne che per l'aspetto più fulvo; da quelli dello Zigolo muciatto per il becco rosato. In autunno, entrambi i sessi hanno le tinte in parte oscurate.
Voce: Somiglia a quella dell'Ortolano. Un canto breve di 3-4 note sullo stesso tono e un finale *dze-dze-dzree*; le note occasionali sono più alte e più musicali. **Habitat e distribuzione**: Fianchi nudi e rocciosi delle colline, regioni semidesertiche con vegetazione povera e scarsa. Nidifica sul terreno. Visitatore estivo, nidificante comunemente in Grecia e a Nord sino alla Dalmazia. Erratico altrove nell'Europa mediterranea, anche in Germania.

ZIGOLO BOSCHERECCIO: *Emberiza rustica*. Tav. 73
Franc.: Bruant rustique. Ingl.: Rustic Bunting. Ted.: Waldammer. Oland.: Bosgors.
Sved.: Videsparv.

Identificazione: 14,5 cm. Si distingue dagli altri Zigoli per la gola e le parti inferiori

bianco puro, con una larga, irregolare *banda pettorale cannella* e poche simili strie ai fianchi. Parti superiori castane, striate di nero. Il maschio ha *vertice e guance nerastre* (brunastre d'inverno), con un *marcato largo sopracciglio bianco*. La femmina ha del bruno scuro al posto del nero sul capo; ricorda vagamente un grosso Stiaccino. Ha l'abitudine di alzare nervosamente le piume del vertice.
Voce: Un ripetuto e acuto *tsip-tsip-tsip*. Il canto è piuttosto simile a quello del Pettirosso, ma più breve e meno lamentevole. **Habitat**: Zone dense di vegetazione vicino all'acqua e boschi misti con sottobosco umido. Nidifica tra l'erba o i bassi cespugli. Cartina 359.

ZIGOLO MINORE: *Emberiza pusilla*. **Tav. 74**
Franc.: Bruant nain. Ingl.: Little Bunting. Ted.: Zwergammer. Oland.: Dwerggors. Spagn.: Escribano pigmeo. Sved.: Dvärgsparv.

Identificazione: 13 cm. Dimensioni di un Fanello, ma piuttosto senza caratteristiche tranne che all'epoca delle cove quando vertice e guance sono *castani violentemente orlati di nero*. Parti superiori brune striate di nero, parti inferiori biancastre *con fini strie nere*. La femmina è più opaca. Si distingue dalla femmina dello Zigolo boschereccio e del Migliarino di palude per le dimensioni minori la coda più stretta, la mancanza di castano sulle copritrici alari e le guance castano sporco. In volo appare piccolo e raccolto con coda meno sporgente che nel Migliarino di palude.
Voce: Un ripetuto *tip*, tipo Pettirosso. Il canto è un calmo e melodioso cinguettio.
Habitat e distribuzione: Presso l'acqua nella tundra, valli con vegetazione bassa e zone paludose. Nidifica sul terreno, tra i salici o i cespugli di salici nani. Raro visitatore estivo, nidifica nel Nord della Finlandia (e verso Est); ha nidificato nella Norvegia settentrionale e Svezia. Occasionale durante il passo nella maggior parte dei paesi europei occidentali, a Sud sino al Mediterraneo (in Inghilterra fino al Nord delle Orcadi).

ZIGOLO DAL COLLARE: *Emberiza aureola*. **Tav. 74**
Franc.: Bruant auréole. Ingl.: Yellow-breasted Bunting. Ted.: Weidenammer. Oland.: Wilgengors. Sved.: Brunhuvad sparv.

Identificazione: 14 cm. Il maschio ha parti inferiori giallo brillanti con una *caratteristica stretta banda pettorale castana*. Disegno alare tipo Fringuello con larga spallina e stretta barra bianche; *faccia nera*, nuca e parti superiori castano scuro. D'inverno i segni neri e castani in parte offuscati, ma ancora distinguibile dagli altri Zigoli per il disegno dell'ala e la banda pettorale. La femmina è pure gialla o giallastra inferiormente ma manca della banda pettorale; il caratteristico disegno del capo ricorda il Pagliarolo (stria al vertice e sopracciglio chiaro separati da strie scure); si distingue ulteriormente dalle femmine dello Z. nero e Z. giallo per l'aspetto più pallido, centro del petto non striato e debole doppia banda alare. Entrambi i sessi hanno del bianco sulla coda.
Voce: Richiamo usuale *zipp*, anche un soffice trillante *trsitt*. Il canto somiglia a quello dell'Ortolano, ma di tono più acuto e più veloce. **Habitat e distribuzione**: Terreni aperti. D'estate, soprattutto cespugli di betulle e salici vicino all'acqua, ma anche nelle steppe. Nidifica a terra o nei piccoli cespugli, nella Finlandia occidentale. Migra verso Est, erratico ad Ovest sino all'Inghilterra e a Sud sino a Malta.

MIGLIARINO DI PALUDE: *Emberiza schoeniclus*. **Tav. 73**
Franc.: Bruant des roseaux. Ingl.: Reed Bunting. Ted.: Rohrammer. Oland.: Rietgors. Spagn.: Escribano palustre. Sved. Sävsparv.

Identificazione: 15 cm. Il maschio ha *la gola e la testa nere, con un collare bianco* (questo disegno quasi cancellato da una macchiettatura bruna in inverno); parti superiori bruno scure con strie nerastre e groppone grigiastro. Bianco molto evidente sulle timoniere esterne. Parti inferiori grigio biancastre, fianchi striati di nero. La femmina ha la testa bruna con sopracciglio fulvo chiaro e *strie bianche e nere molto evidenti a mo' di mustacchio*. Groppone brunastro. Gola e parti inferiori fulvicce con strie nerastre sul petto e sui fianchi.

Voce: Un forte *tsiik*, un metallico *cink* e (allarme) *citt*. Il canto comincia lentamente, finisce affrettatamente: *tsik-tsik-tsik-tississisk*. Generalmente emesso dalla cima di una canna o da un cespuglio. **Habitat**: Canneti, stagni di smaltimento dei rifiuti, paludi. Vaga per la campagna, d'inverno. Nidifica vicino o sul terreno, nella vegetazione bassa. Cartina 360.

ZIGOLO TESTANERA: *Emberiza melanocephala*. **Tav. 74**
Franc.: Bruant mélanocéphale. Ingl.: Black-headed Bunting. Ted.: Kappenammer. Oland.: Zwartkopgors. Spagn.: Escribano cabecinegro. Sved.: Svarthuvad sparv.

Identificazione: 16 cm. Il maschio ha le parti inferiori gialle *senza strie*. *Testa nera con collare giallo*, dorso castano *senza bianco sulla coda*. Testa brunastra d'autunno. La femmina è scura, striata bruno oliva di sopra. Si distingue dagli altri Zigoli col petto giallo per le parti inferiori *senza strie*; sottocoda giallo. Lo Zigolo testa aranciata, *Emberiza bruniceps*, spesso considerato conspecifico, ha la testa e la gola castano acceso nel maschio. Le femmine sono indistinguibili. (Vedi Accidentali).

Voce: Un breve, forte *zitt* ed un meno acuto, più calmo *zii*. Il canto è insolitamente piacevole per uno Zigolo; comincia con poche note lente e finisce con un affrettato gorgheggio musicale. **Habitat**: Terreni aperti con boschi sparsi e sottoboschi, oliveti, giardini, fianchi aridi e con vegetazione bassa delle montagne rocciose. Nidifica nella bassa vegetazione. Cartina 361.

STRILLOZZO: *Miliaria calandra*. **Tav. 74**
Franc.: Bruant proyer. Ingl.: Corn Bunting. Ted.: Grauammer. Oland.: Grauwe gors. Spagn.: Triguero. Sved.: Kornsparv.

Identificazione: 17,5 cm. Il più grosso degli Zigoli. Massiccio di forme. Color bruno sabbia striato sopra e sotto. Niente bianco sulle ali o sulla coda. Si distingue dalle Allodole e dalle Pispole per le dimensioni maggiori, la testa grande arrotondata ed il becco corto e massiccio. Sessi simili; i giovani mancano del bavaglino scuro. Zampe e becco giallastri, le prime giallo arancio all'epoca delle cove. Volo pesante, spesso con le zampe pendenti. Si posa sui fili del telegrafo. Gregario. Generalmente poligamo.

Voce: Un breve, raspante *cip*, un aspro, più lungo *ziip*; d'autunno, *tip-e-tip*. Il richiamo in volo: un forte cinguettio. Il canto è un caratteristico, rapido, secco tintinnio, come se si agitasse un mazzo di chiavi. **Habitat**: Campagna aperta, boschetti, terreni di pascolo, terreni incolti, siepi, ecc. Nidifica nell'alta erba, tra i cardi, ai piedi delle siepi, ecc. Cartina 362.

Accidentali

Le seguenti brevi note danno le caratteristiche salienti di specie che sono state osservate irregolarmente o molto localmente.

Le specie che sono state rinvenute in Europa più di venti volte sono descritte nel testo principale. L'orgine geografica di ciascuna specie è posta tra parentesi, seguita dalle regioni europee in cui la specie stessa è stata osservata almeno una volta.

Nel caso in cui è più probabile che si rinvengano in Europa gli immaturi o gli uccelli in piumaggio invernale della specie, vi è una breve descrizione.

I nomi alternativi delle specie sono indicati fra parentesi.

Podilimbo: *Podilymbus podiceps*. Dimensioni dello Svasso cornuto ma *con collo più grosso, becco più corto e massiccio* e *bianco evidente sotto le copritrici caudali*. Piumaggio bruno. D'estate ha una macchia nera sulla gola e un anello nero attorno al becco biancastro che mancano d'inverno. Gli immaturi hanno la faccia rigata. (Nordamerica). Accidentale nell'Europa occidentale. Vedi Tav. 15.

Albatros urlatore: *Diomedea exulans*. Il più grande uccello oceanico (apertura alare 3,60 m). Prevalentemente bianco, con la punta delle ali nera e con macchiettature scure sulle copritrici alari e sulla punta della coda. Becco carnicino pallido. La femmina ha una macchia scura sul vertice. Gli immaturi sono per gran parte bruni con gola e faccia bianche; ali nerastre di sopra, bianche di sotto tranne che per le punte nere. (Oceani e mari del Sud). Accidentale: Francia, Belgio.

Fulmaro gigante: *Macronectes giganteus*. Il più grande delle Procellarie, con una apertura alare di 2,44 m. Si distingue dagli Albatri scuri per il corpo più tozzo, le ali più corte, la coda a forma di ventaglio e un becco massiccio e pallido. Di colore bruno-grigio scuro uniforme con testa e gola pallide. I giovani chiazzati di bianco. Una specie bianca chiazzata di bruno predomina attorno al Circolo Antartico (Oceani del Sud). Accidentale nell'Europa occidentale.

Berta dal cappuccio: *Pterodroma hasitata*. Dimensioni di una grande Berta minore, assomiglia alla Berta dell'Atlantico, ma se ne distingue per *la nuca e la fronte biancastre* (che contrastano con il cappuccio nero) e una colorazione bianca o grigiastra più estesa sul groppone. Il becco è più corto e più spesso di quello della Berta dell'Atlantico. Molto raro. (Caraibi). Accidentale: Europa occidentale (compresa Gran Bretagna).

Uccello delle tempeste di Bulwer: *Bulweria bulwerii*. Visibilmente più grande dell'Uccello delle tempeste, più piccolo degli altri Uccelli delle tempeste a piumaggio scuro. *Nero fuliggine completamente*, tranne che per il grigio sul mento. Coda "cuneata" e più lunga che nella maggior parte degli Uccelli delle tempeste. Zampe *rosate*. (Isole atlantiche). Accidentale: Inghilterra, Italia.

Uccello delle tempeste fregata: *Pelagodroma marina*. Si distingue da tutti gli altri piccoli Uccelli delle tempeste per la *parte inferiore delle ali e del corpo interamente bianca*. Parti superiori scure, groppone grigio pallido. Fronte e una *striscia sopra l'occhio* bianche. *Vertice e stria sotto l'occhio scuri*. (Isole dell'Atlantico). Accidentale: Europa occidentale e centrale.

Uccello delle tempeste di Castro: *Oceanodroma castro*. Si distingue dall'Uccello delle tempeste e dall'Uccello delle tempeste codaforcuta per il regolare volo a zig-zag orizzontale. Da vicino si può notare il piumaggio più bruno, il groppone *bianco puro* (non grigio al centro), e la coda meno forcuta. (Isole dell'Atlantico). Accidentale: Europa occidentale (compresa Gran Bretagna).

Fregata magnifica: *Fregata magnificens*. Uccello di mare grande (apertura alare circa 2 m), nero, con coda molto lunga *profondamente forcuta* (solitamente tenuta come una lunga punta), macchia rossa alla gola e becco lungo e uncinato. La femmina ha il petto bianco. Gli immaturi hanno la testa e la maggior parte delle parti inferiori completamente bianche. (Atlantico). Accidentale: Europa occidentale e centrale.

Tarabusino americano: *Ixobrychus exilis*. Assomiglia al Tarábusino ma è anche più piccolo, con colorazione più rossiccia sulla faccia, parte posteriore del collo e ali. Il bordo bianco alle scapolari forma "bretelle" bianche, visibili quando è posato o in volo. (Nordamerica). Accidentale: Europa occidentale.

Tarabusino orientale: *Ixobrychus eurhythmus*. Il maschio si distingue dal Tarabusino per *le guance castano scuro* così come il dorso e le basi delle ali; copritrici alari grigio-rossastre (non crema) e remiganti color piombo; stretta striscia nera verso il basso dal centro della gola alla parte superiore del petto. Zampe verdi (non gialle). Femmina e immaturi bruno-rossicci nettamente chiazzati di fulvo chiaro, parti inferiori fulve con una pesante striatura. (Asia orientale). Accidentale: Europa centrale e meridionale.

Tarabusino verdastro: *Butorides virescens*. Quasi delle dimensioni del Tarabusino. Gli adulti hanno il vertice nero, collo castano e dorso bluastro. In lontananza sembra molto scuro. L'immaturo ha parti inferiori pesantemente striate; macchie bianche sulle ali. (Nordamerica). Accidentale: Europa occidentale (Gran Bretagna).

Garzetta gulare: *Egretta gularis*. Dimensioni e forma della Garzetta, con piedi gialli, cresta e "aigrette" in abito nuziale. Si trova in diverse fasi di colore. La razza occidentale *E. gularis gularis* è *grigio-lavagna scuro con mento e gola bianchi*. L'occasionale forma bianca è molto difficile da distinguere dalla tipica forma bianca della Garzetta in quanto entrambe hanno i becchi scuri e le dita dei piedi gialle, ma la Garzetta gulare ha il becco brunastro (non nero) leggermente più spesso ed è più facilmente osservabile nelle acque costiere ed estuari. Anche la razza orientale *E. g. schistacea* ha la forma bianca ma con becco giallo-arancio. (Africa). Accidentale: Europa meridionale e centrale.

Ibis eremita: *Geronticus eremita*. Molto più grande del Mignattaio. Piumaggio nero, irsuto, con riflessi verdi, bronzei, purpurei. Testa in gran parte lunga e rossa con becco rosso ricurvo. Zampe rosso scuro. (Africa nord occidentale, Asia occidentale). Accidentale: Europa meridionale.

Fenicottero minore: *Phoenicopterus minor*. Molto più piccolo e rosa brillante del Fenicottero; il collo sembra proporzionatamente più corto. Il becco è *carminio scuro* (non rosa) con punta nera. Attenzione alla razza cilena del Fenicottero che può fuggire dalla schiavitù. (Africa orientale). Accidentale: Europa meridionale.

Dendrocinia vedova: *Dendrocygna viduata*. 47 cm. Un'anatra dalle gambe lunghe e posizione eretta con *evidente faccia bianca*; resto della testa e collo neri, con macchia bianca sulla parte inferiore della gola. Fianchi pesantemente barrati di bianco e nero. Un fischio alto e chiaro. Accidentale dall'Africa all'Europa meridionale.

Anatra zamperosse: *Anas rubripes*. Dimensioni e silhouette di volo del Germano reale. Di colore bruno scuro (appare nero, a distanza), con guance e lati del collo chiari; becco giallastro; lo specchio violetto senza il bordo bianco. In volo, *il corpo scuro e le sfumature bianche delle ali* sono caratteristici. (Nordamerica). Accidentale: Europa occidentale e settentrionale.

Edredone dagli occhiali: *Somateria fischeri*. Si distingue facilmente dagli altri Edredoni per una *larga e pallida macchia circolare attorno all'occhio*. Il maschio ha *la fronte* e la nuca verde pallido; parti superiori bianco giallo; parti inferiori nerastre. La femmina è fittamente barrata di bruno e nero con testa e collo grigio fulvi. (Siberia). Accidentale: Europa settentrionale.

Quattrocchi minore: *Bucephala albeola*. Una piccola anatra. Il maschio ha una grossa testa ed una *grossa macchia bianca dietro l'occhio* e *intorno alla parte posteriore del capo*. In acqua sembra prevalentemente bianco con il dorso nero. La femmina è bruna di sopra, con i fianchi scuri, una macchia bianca alle guance ed una bianca macchia alare. (Nordamerica). Accidentale: Europa occidentale e centrale.

Smergo americano: *Mergus cucullatus*. Leggermente più grande della Pesciaiola, con becco sottile e lungo e la slanciata silhouette in volo tipica degli Smerghi. Il maschio è bianco e nero con una *bianca cresta erettile, a mo' di ventaglio*, bordata di nero; petto bianco con due barre nere davanti all'ala; fianchi brunastri. La femmina è molto più piccola e più scura di quella degli Smerghi maggiore e minore, con testa e collo scuri ed una *cospicua irsuta cresta fulva*. (Nordamerica). Accidentale: Europa occidentale e centrale.

Aquila di mare del Pallas: *Haliaëtus leucoryphus*. Bruno scura, con la gola e i lati de capo biancastri, vertice e nuca fulvicci ed una *larga banda bianca* sulla coda scura. Gl immaturi sono tutti scuri, con strie pallide sul capo. (Russia, Asia). Accidentale: Europa centrale e settentrionale.

Avvoltoio orecchiuto: *Torgos tracheliotus*. Dimensioni dell'Avvoltoio monaco, con becco anche più massiccio. Si distingue a distanza ravvicinata per la *testa e la gola nude, colo rosa*. In volo, l'adulto mostra una stretta barra biancastra vicino alla parte anteriore de sottoala scuro e "calzoni" e lati del gozzo bianchi. (Africa, Asia occidentale). Accidentale in Europa meridionale.

Astore cantante: *Melierax metabates*. Più piccolo e con le gambe più lunghe di quell dell'Astore. Grigio, con parti inferiori e groppone nettamente barrati; coda nerastra con punta bianca. Zampe e base del becco *arancio*. In volo sono caratteristiche le ali grigic chiaro ampie con *contrastanti punte nere* e la parte superiore del petto uniforme grigi scura. L'immaturo è bruno con groppone e parti inferiori più chiare, la posizione eretta e l lunghe zampe arancio più visibili quando è posato. Ha un chiaro fischio e note pigolanti (Africa, Asia occidentale). Accidentale: Europa meridionale.

Gheppio americano: *Falco sparverius*. Somiglia al Gheppio, ma la coda e il cappuccio del maschio sono *rossicci* (non grigi), ali grigio blu e disegno facciale nero e bianco molto più evidente. La femmina somiglia a quella del Gheppio, tranne che per un marcato disegno bianco e nero ai lati del capo. (Nordamerica). Accidentale: Europa occidentale, centrale e meridionale.

Falco concolore: *Falco concolor*. Dimensioni tra il Lodolaio e il Falco della regina. Sessi simili ma con due fasi di colore. Una quasi completamente nera, l'altra grigio-piombo con punta delle ali nera. La forma nera assomiglia molto alla forma scura del Falco della regina ma è leggermente più piccolo, con ali più lunghe e coda più corta (non si prolunga oltre le ali chiuse). A distanza ravvicinata notate le due timoniere centrali che sporgono leggermente. Si distingue dal maschio del Falco cuculo per la mancanza della base rossa al becco e per zampe gialle (non rosse). Voce come quella del Gheppio. (Africa, Asia occidentale). Accidentale: Europa meridionale.

Voltolino americano: *Porzana carolina*. Molto simile al Voltolino, ma gli adulti hanno una *macchia nera* sulla faccia e sulla gola. Vertice rossiccio scuro con striscia centrale nera. Non ha il rosso alla base del becco giallo, e neppure le macchie bianche sul collo e sull'alto petto. Gli immaturi non hanno la macchia facciale nera. (Nordamerica). Accidentale: Europa occidentale e settentrionale.

Pollo sultano di Allen: *Porphyrula alleni*. Più piccolo della Gallinella. Piumaggio nero a riflessi verde bronzo sulle parti superiori, blu rossastro al collo e alle parti inferiori. Becco e zampe *rosso scuro*. Placca frontale *verde*. (Africa). Accidentale: Europa meridionale, centrale, occidentale e settentrionale.

Gallinella americana: *Porphyrula martinica*. Dimensioni e forma della Gallinella d'acqua ma con zampe molto più lunghe e gialle. Color bronzo brillante superiormente, testa e parti inferiori porpora; sottocoda *tutto bianco*; becco rosso con punta gialla, con placca frontale azzurro chiaro. L'immaturo simile al giovane della Gallinella d'acqua ma con sottocoda bianco puro e senza striscia bianca sui fianchi. (Nordamerica). Accidentale Europa occidentale, settentrionale e centrale (compresa Gran Bretagna).

Folaga americana: *Fulica americana*. Si distingue dalla Folaga e dalla Folaga crestata per *una macchia bianca sottocaudale "divisa"*, che si trova anche negli immaturi. L'adulto ha un rigonfiamento rossastro sulla parte superiore del becco e segni rossastri vicino alla punta. (Nordamerica). Accidentale: Europa occidentale.

Gru canadese: *Grus canadensis*. Più piccola della Gru, senza la macchia nera sul collo. Colorazione grigia (compresa la prominente "coda" cadente), spesso con chiazze color cuoio. *Fronte e vertici rossi*, guance bianche. Immaturo color bruno-cuoio uniforme; non ha le ali grigie come l'immaturo della Gru. (Nordamerica, Siberia). Accidentale: Europa occidentale (compresa Gran Bretagna).

Corriere semipalmato: *Charadrius semipalmatus*. Difficile da distinguere dal Corriere grosso eccetto che per la *voce*. È leggermente più piccolo con vertice più prominente. Banda pettorale più stretta in centro. Le copritrici alari formano un riquadro pallido nel mantello scuro. Becco più corto e più massiccio. Parziale membrana interdigitale fra tutte e tre le dita (alcuni Corrieri hanno la membrana solo fra il medio ed il dito più esterno). Ha un richiamo distintivo *che-wee* e uno stridulo *chip, chip*. (Nordamerica). Accidentale: Europa occidentale (Gran Bretagna).

Corriere mongolo: *Charadrius mongolus*. Distinguibile in inverno dal Corriere grosso solo per le dimensioni minori, zampe più corte e *piccole, becco meno massiccio*; ha simili macchie grigiastre sui lati dell'alto petto; si distingue dal piuttosto simile Fratino per la mancanza del collaretto bianco. D'estate spesso ha una colorazione castano-rossiccia più estesa sul petto di quella del C. grosso. (Asia). Accidentale: Europa settentrionale.

Corriere asiatico: *Charadrius asiaticus*. Dimensioni del Corriere grosso. Bruno superiormente, bianco inferiormente. Ha una *larga banda pettorale color ruggine* strettamente bordata di nero inferiormente. Faccia e sopraccigli bianchi. La femmina ha solo un accenno di banda pettorale. Il maschio, d'inverno, somiglia alla femmina. (Asia). Accidentale: Europa orientale, meridionale, centrale, occidentale e settentrionale.

Piro-piro occidentale: *Calidris mauri*. Difficile da distinguere in piumaggio autunnale dal Piro-piro semipalmato ma spesso ha un po' di color ruggine sulla nuca e sulle scapolari ed è più grossolanamente marcato. Becco più spesso alla base, più lungo, spesso "cadente" leggermente verso la punta e tenuto verso il basso. Zampe nere. Meno striature sulle ali del Piovanello pancianera. Richiamo: un distintivo *cheet*. (Nordamerica). Accidentale: Europa occidentale e centrale (compresa Gran Bretagna).

Gambecchio collorosso: *Calidris ruficollis*. Leggermente più grande del Gambecchio, ma come tutti i gambecchi molto difficile da distinguere in inverno. D'estate ha il petto ed i lati della testa rossicci; il basso petto e i fianchi biancastri con macchie scure. Becco corto e nerastro. Nessun criterio affidabile su cui basare la distinzione dal Gambecchio in piumaggio autunnale. Richiami: un esile *chit-chit* e una distintiva nota stridente. (Asia). Accidentale: Europa centrale.

Gambecchio ditalunghe: *Calidris subminuta*. Si distingue con difficoltà dagli altri gambecchi per le parti superiori brune più *nettamente marcate* e di solito per le zampe giallo-verdastre. Collo e petto finemente striati di grigio-rossastro. D'estate le parti superiori, il collo e il petto sono tinti di rossiccio. Becco e zampe di colore variabile. Ha un volo alto "a campanile" come quello del Gambecchio nano. Richiamo distintivo: un ronzante *chrrup*. Si distingue dal piuttosto simile Gambecchio americano (che ha anche le zampe chiare) per le timoniere esterne più scure, segni neri più marcati e per la voce. (Asia). Accidentale: Europa settentrionale.

Piro-piro zampelunghe: *Micropalama himantopus*. Ricorda il Piro-piro pettorossiccio. In estate ha *le parti inferiori fittamente barrate*, la faccia a macchie rossicce sotto la striscia bianca dell'occhio, e *lunghe, verdastre zampe, come di ragno*, che sporgono molto oltre la coda, in volo. Slanciato, il becco leggermente curvo in basso e più lungo che negli altri Piro-piri delle stesse dimensioni. Senza barratura alare. Parte inferiore del groppone bianca. In inverno è più pallido e più grigio, senza le macchie color ruggine e con poche barrature. Per mangiare compie lo stesso movimento caratteristico del Piro-piro pettorossiccio. (Nordamerica). Accidentale: Europa settentrionale, occidentale e centrale.

Piro-piro pettorossiccio minore: *Limnodromus griseus*. Somiglia molto al P.-p. pettorossiccio, ma gli immaturi sono più fulvi con le copritrici inferiori e laterali della coda macchiate; ali che si giustappongono alla coda e becco solitamente più corto. Richiamo un rapido, triplice *kat, kat, kat*. (Nordamerica). Accidentale: Europa occidentale, settentrionale e centrale.

Pittima americana: *Limosa haematica*. 35-40 cm. Si distingue dalla piuttosto simile P.

reale per le parti inferiori rossicce che si estendono fino al petto, testa chiara, collo chiazzato di nero e *zampe grigio-blu*. In tutti i piumaggi per la *barra alare molto stretta e bianca* e lo stretto orlo bianco della banda nera della coda. Sottoala nerastro con barra centrale bianca. In inverno ha il dorso grigio con collo e parti inferiori grigio-crema. Il becco può essere leggermente volto all'insù. (Artico canadese). Accidentale: Europa occidentale (Gran Bretagna).

Chiurlo minuto: *Numenius minutus*. Un Chiurlo piccolo in miniatura (32 cm paragonati ai 40 cm), con becco più sottile, meno ricurvo e più corto. Testa a strisce *fulve* (non nere e bianche); groppone e coda come il dorso. Ali bruno-grigie chiare e color cuoio inferiormente con barratura scura *solo sulla punta delle ali*. Richiamo: un trillo musicale; allarme: un aspro *tchew-tchew-tchew*. (Asia). Accidentale: Europa settentrionale.

Chiurlo boreale: *Numenius borealis*. Somiglia ad un Chiurlo piccolo di dimensioni ridotte, con becco più corto, più diritto e *senza bianco sul groppone*. Si distingue dal simile Chiurlo di Hudson (razza americana del Chiurlo piccolo, senza bianco sul groppone) per le parti inferiori *più chiare* e più fulvicce e per la superficie inferiore delle ali *color cannella*; zampe verdastro scuro. (Nordamerica). Accidentale: Europa occidentale e settentrionale. Ora è praticamente estinto.

Piro-piro vagabondo: *Heteroscelus incanus*. 27 cm. Un uccello da ripa delle coste rocciose, di medie dimensioni. Superiormente *grigio scuro omogeneo*, inferiormente grigio più chiaro, con zampe giallastre. In abito nuziale le parti inferiori sono strettamente barrate di nero (in inverno non sono barrate). Nessun disegno alare o caudale. "Oscilla" come un piro-piro. Richiamo: un chiaro *whee-we-we*. Il richiamo cinguettante assomiglia a quello del Piro-piro macchiato. (Pacifico). Accidentale: Europa occidentale (Gran Bretagna).

Willet: *Catoptrophorus semipalmatus*. In posizione eretta assomiglia al grande Totano zampegialle maggiore ma con *zampe scure grigio-blu*, collo più grosso e becco più massiccio. In volo mostra un evidente *disegno alare nero e bianco* con una larga banda bianca attraverso il centro dell'ala sulle superfici superiore ed inferiore. Richiami: *pill-will-willet* o *kip-kip-kip*. (Nordamerica). Accidentale: Europa occidentale.

Gabbiano leucoftalmo: *Larus leucophthalmus*. Un gabbiano con dorso scuro, *becco molto lungo, rosso con punta nera*, sottoala nerastro, testa nera e *parte inferiore della gola pure nera* che contrasta con il collaretto bianco, anello oculare bianco interrotto e *zampe gialle*. Ali scure con bordo bianco. L'immaturo non ha la nuca biancastra. Leggermente più grande della Gavina ma con le ali più strette. (Africa). Accidentale: Europa meridionale.

Gabbiano di Franklin: *Larus pipixcan*. L'adulto ricorda il Gabbiano sghignazzante ma è più piccolo e più chiaro; le primarie esterne singolarmente marcate con una macchia nera *bordata di bianco in modo evidente* eccetto che anteriormente. L'immaturo assomiglia al Gabbiano sghignazzante, ma la fronte e le parti inferiori sono più bianche. (Nordamerica). Accidentale: Europa occidentale e settentrionale (compresa Gran Bretagna).

Gabbiano cirrocefalo: *Larus cirrocephalus*. Leggermente più grande del Gabbiano comune. Facile da identificare in abito nuziale per la *testa grigio pallida*, occhio giallo chiaro con rima rossa e sottoala scuro. Becco e zampe *rossi*. Petto talvolta tutto color pesca. D'inverno si distingue dal Gabbiano comune per la sfumatura grigio-chiara sulla guancia (non macchia scura) e per il colore degli occhi. Le primarie nere dell'adulto hanno del bianco alla base (e sulla punta della prima primaria) che forma una chiara macchia al *centro* dell'ala esterna, non vicino al bordo anteriore come nel Gabbiano comune. (Africa). Accidentale: Europa meridionale.

Sterna maggiore americana: *Sterna maxima*. Somiglia ad una piccola Sterna maggiore, col *becco di un colore arancio meno vivace*; la coda più lunga e più profondamente forcuta; le estremità delle primarie appaiono un po' meno nere; la fronte è *bianca* tranne che all'inizio del periodo delle cove; emette una nota più alta e meno rauca. (Nordamerica e Africa occidentale). Accidentale: Europa meridionale, occidentale e settentrionale.

Beccapesci forestiero o **Sterna del Rüppell**: *Sterna bengalensis*. Circa delle dimensioni della Sterna zampenere, ma col *becco giallo arancio* più slanciato e la coda più nettamente forcuta; piedi neri. Vertice degli adulti leggermente crestato, tutto nero d'estate, striato di bianco d'inverno. (Africa, Asia). Accidentale: Europa meridionale, centrale e occidentale.

Sterna aleutina: *Sterna aleutica*. Circa delle dimensioni della Sterna codalunga e della S. dalle redini. Si distingue dalla Sterna codalunga per la coda più corta, fronte bianca ben delimitata che si estende sopra l'occhio, parti superiori grigio più scuro molto evidente, becco e piedi neri e groppone e coda bianchi più contrastanti. Si distingue dalla S. dalle redini per la mancanza del collaretto pallido sulla nuca, parti superiori grigie *più chiare*, groppone bianco, coda e basso addome bianchi. Battito d'ala lento e profondo. Ha una caratteristica nota di richiamo fischiante, polisillabica, da limicolo, piuttosto diversa da quella di tutte le altre sterne. (Siberia, Alaska). Accidentale: Europa occidentale (Gran Bretagna).

Sterna di Forster: *Sterna forsteri*. L'adulto d'estate si distingue in volo dalla Sterna comune per le primarie *argentate* (più chiare del resto delle ali), coda meno bianca, zampe più lunghe e becco più lungo e arancio. Gli uccelli nel primo inverno hanno una pesante macchia nera auricolare sui lati della testa, becco nerastro, zampe arancio o giallastre. Gli adulti non hanno la macchia cupa sulla parte anteriore delle ali come quelli della Sterna comune. (Nordamerica). Accidentale: Europa occidentale (compresa Gran Bretagna).

Sterna dalle redini: *Sterna anaethetus*. Somiglia alla Sterna scura, ma è più piccola, col dorso più grigio, un largo collare biancastro e con la macchia frontale bianca che si estende in una punta *dietro l'occhio*. (Caraibi, Africa). Accidentale: Europa occidentale.

Sterna stolida: *Anous stolidus*. L'unica Sterna bruno scuro (tranne l'immatura Sterna scura) e l'unica Sterna con una *coda completamente arrotondata* (la Sterna scura l'ha forcuta). Il *vertice biancastro* in questo uccello scuro dà un effetto "contrario", ovvero "negativo", in contrasto con le altre Sterne che hanno il vertice scuro e il corpo chiaro. (Mari tropicali e subtropicali). Accidentale: Europa centrale.

Alca crestata: *Aethia cristatella*. Più grande della Gazza marina minore. *Interamente scura sopra e sotto*, facilmente riconoscibile per la corta *cresta nera, curva in avanti* e per i ciuffi di bianche penne cadenti dietro l'occhio in estate (come nell'Alca pappagallo). Becco rosso arancio con punta biancastra; in inverno, senza arancio sul becco; cresta più corta. (Pacifico settentrionale). Accidentale: Europa occidentale.

Alca pappagallo: *Cyclorrhynchus psittacula*. Molto più grande della Gazza marina minore. Si riconosce per il *becco rosso arancio proporzionatamente più grande e volto all'insù e per i ciuffi di bianche penne allungate e cadenti* dietro l'occhio. (Pacifico settentrionale). Accidentale: Europa settentrionale. Vedi anche Alca crestata.

Grandule del Senegal: *Pterocles senegallus*. Maschio quasi uniformemente color sabbia, sopra e sotto, con *vertice giallo arancio come la gola e le guance* e con una pallida banda grigio blu bordeggiante il vertice. La femmina è *fittamente macchiettata* di nero ed ha gola e guance giallo più pallido. Entrambi i sessi hanno dei lunghi "fili" alla coda (sebbene più corti che nella *Pterocles alchata*) ed una *stria ventrale nera*. (Africa, Asia). Accidentale: Europa meridionale.

Pterocle dal ventre castano: *Pterocles exustus*. Timoniere centrali lunghe e ventre e calzoni castano scuri; ascellari nerastre (la Grandule del Senegal le ha bianche). Maschio superiormente fulvo-sabbia con fini segni scuri, faccia giallastra, petto fulvo-rosato sotto il quale ha una *stretta banda nera*. Femmina più fittamente marcata superiormente; petto chiazzato (Africa, Asia). Accidentale: Europa centrale.

Tortora orientale: *Streptopelia orientalis*. Indistinguibile dalla comune Tortora selvatica, tranne quando possono riconoscersi le dimensioni maggiori e *l'aspetto più scuro e l'assenza di bianco sulla coda*. Parti superiori castano scuro, più fittamente chiazzate che nella Tortora selvatica. Punta delle penne della coda *grigie* (non bianche). Sottocoda pure grigio. (Asia). Accidentale: Europa meridionale, centrale, settentrionale e occidentale.

Cuculo americano occhirossi: *Coccyzus erythrophthalmus*. Somiglia molto al Cuculo americano, ma *non ha rossiccio sulle ali*, ha *piccole* macchie bianche sulla coda, il *becco completamente nero* ed un anello palpebrale rosso. (Nordamerica). Accidentale: Europa occidentale, centrale e meridionale.

Gufo di palude del Capo: *Asio capensis*. Simile ad uno scuro Gufo di palude, ma le parti inferiori sono macchiate e vermicolate, non striate, le ali hanno una *grande macchia pallida sulla metà distale*; gli occhi sono neri. Le dita quasi nude, i piedi nerastri. Corti ciuffi sulle orecchie. (Africa nord-occidentale). Accidentale: Spagna, Portogallo.

Succiacapre americano: *Chordeiles minor*. Più piccolo, più scuro e più grigio dei Succiacapre europei e meno crepuscolare. Ha la coda leggermente forcuta e bande bianche ben definite attraverso le ali molto lunghe e appuntite. Il volo ricorda quello del Gheppio piuttosto che quello del Succiacapre. (Nordamerica). Accidentale: Europa occidentale (compresa Gran Bretagna).

Rondone codacuta: *Hirundapus caudacutus*. Un grande rondone con una coda molto corta e quadrata. Nerastro, con toni verdi metallici su ali, vertice e coda e una *macchia grigiastra sull'alto dorso*. Fronte e gola bianche, e *evidenti segni a ferro di cavallo* sul sottocoda, che continuano fino ai fianchi. Piccola macchia bianca sul retro dell'ala superiore vicino al corpo. (Asia orientale). Accidentale: Europa orientale, settentrionale e occidentale (compresa Gran Bretagna).

Rondone pacifico: *Apus pacificus*. Più grande del Rondone comune. Assomiglia ad un grande Rondone indiano ma con *macchia bianca sul groppone* più prominente. Ali e coda *profondamente forcuta* notevolmente lunghe e più sottili. Gola bianca. Petto nero e ventre strettamente "a scaglie" biancastre, ma questo è visibile solo a breve distanza. (Asia). Accidentale: Europa occidentale.

Rondone indiano: *Apus affinis*. *Più piccolo e con le ali più corte* del Rondone comune al quale assomiglia, tranne che per la coda quadrata ed il *groppone bianco*. (Africa, Asia). Accidentale: Europa meridionale, occidentale e settentrionale.

Martin pescatore di Smyrne: *Halcyon smyrnensis*. Dimensioni fra quelle del Martin pescatore bianco e nero e del Martin pescatore americano. Testa e parti inferiori brunocioccolata, gola e parte superiore del petto bianche, ali e coda blu brillante. Grosso becco rosso. Grido: una sonora "risata". (Medio Oriente, Asia). Accidentale: Europa meridionale.

Martin pescatore bianco e nero: *Ceryle rudis*. Un Martin pescatore grande (il doppio, in dimensioni, del comune Martin pescatore), con cresta arruffata, *bianco e nero* con una banda larga e una stretta nere, attraverso il petto bianco. La femmina ha un'unica banda pettorale. Si rinviene nelle acque dolci come in quelle salate. (Africa, Asia). Accidentale: Europa meridionale e centrale.

Martin pescatore americano: *Ceryle alcyon*. Più grosso del Martin pescatore bianco e nero (dimensioni di una Taccola). *Grigio blu* di sopra, bianco di sotto con una prominente cresta ispida e una (maschio) o due (femmina) bande pettorali grigie; la banda inferiore della femmina è color ruggine e scende lungo i fianchi. (Nordamerica). Accidentale: Europa occidentale e centrale.

Sfirapico vario: *Sphyrapicus varius*. Dimensioni del Picchio rosso maggiore. Il maschio ha la testa a disegno brillante rossa, nera e bianca, con del rosso sulla fronte e *sulla gola*; superiormente macchia pettorale nera. La gola della femmina è bianca. Macchia alare lunga e bianca molto più stretta che nel P. rosso maggiore. Dorso finemente barrato di nero e bianco; groppone bianco; parti inferiori giallastre chiare. Immaturo barrato di brunastro superiormente e inferiormente. (Nordamerica). Accidentale: Europa occidentale (compresa Gran Bretagna).

Pigliamosche-tiranno di Acadia: *Empidonax virescens*. Dimensioni del Pigliamosche. Verdastro opaco superiormente, più pallido inferiormente con una lavatura di giallastro sui fianchi. Si distingue per *un evidente anello oculare chiaro* e due *barre alari bianche*. Ha un distintivo richiamo acuto *spit-chee* o *wee-see* e un esile *peet*. (Nordamerica). Accidentale: Europa occidentale.

Lodola del deserto minore: *Ammomanes cincturus*. Somiglia ad una piccola Lodola del deserto, ma più chiara, con *testa più piccola e arrotondata, becco tozzo*; spesso più rossiccia; remiganti primarie e timoniere terminate di nero. (Nordafrica, Medio Oriente). Accidentale: Europa meridionale.

Lodola del deserto: *Ammomanes deserti*. Tozza, con vertice piatto e *becco lungo, giallastro e appuntito*. Grigio-bruna superiormente, debolmente striata sulla testa; bianco sporco inferiormente, debolmente chiazzata sulla gola. In volo il groppone e le primarie sono di un color rossiccio caldo. (Nordafrica, Medio Oriente). Accidentale: Europa meridionale.

Lodola beccocurvo: *Alaemon alaudipes*. Una specie desertica che corre velocemente; con la coda lunga; ha un canto bellissimo. In volo dà l'idea di una piccola Upupa. Superiormente grigio sabbia con un sopracciglio biancastro ed un segno scuro che attraversa l'occhio. Becco lungo leggermente ricurvo. Zampe bianche. *Due barre bianco brillante* *per tutta la lunghezza delle ali nere.* Parti inferiori bianco sporco, fortemente macchiate sull'alto petto. (Nordafrica, Asia). Accidentale: Europa meridionale.

Calandra asiatica: *Melanocorypha bimaculata.* Si distingue dalla Calandra per le dimensioni inferiori, timoniere esterne *brunastre* (non bianche), le ali non hanno i bordi posteriori bianchi. *La doppia* macchia al collo è meno ben definita. (Asia). Accidentale: Europa settentrionale, meridionale e occidentale (compresa Gran Bretagna).

Calandrella Raytal: *Calandrella raytal.* Leggermente più piccola della Calandrella con *parti superiori grigio-argenteo molto chiaro*, gola bianca come pure la parte superiore del petto. (Asia). Accidentale: Europa meridionale.

Prispolone di Blyth: *Anthus godlewskii.* 20 cm. Molto difficile da distinguere dal Calandro maggiore e dal Calandro, avendo un aspetto intermedio. Circa dalle dimensioni del Calandro maggiore ma con piumaggio un po' più chiaro e più bruno simile a quello del Calandro (talvolta con un po' di arancio-rossiccio sui fianchi e sul sottocoda). Sembra leggermente meno "lungo di gambe" e di aspetto meno eretto del Calandro maggiore e ha l'unghia posteriore molto più corta. Si dice che il richiamo sia caratteristico: un ansioso, secco *dzeerp* e un aspro *psheeoo* che ricordano la Cutrettola, speso preceduto da un basso *chup, chup.* (Asia orientale). Accidentale: Europa occidentale e settentrionale.

Bulbul: *Pycnonotus barbatus.* Ricorda un tordo scuro, con coda lunga; vivace e saltellante. Superiormente bruno-terra, con *testa arrotondata, notevolmente scura.* Gola, ali e coda anche scure; parti inferiori più chiare con *sottocoda bianco.* (Africa, Asia). Accidentale: Europa meridionale.

Mimo bruno: *Toxostoma rufum.* Dall'aspetto di un Tordo, con coda lunga molto mobile. Parti superiori castane con *due evidenti barre alari bianche*; parti inferiori bianche chiaramente striate con macchie nerastre. L'occhio giallo contrasta con le guance grigiastre. Becco piuttosto lungo e curvo. (Nordamerica). Accidentale: Europa occidentale (Gran Bretagna).

Uccello gatto: *Dumetella carolinensis.* Un uccello slanciato, a coda lunga, grigio-lavagna scuro, con il *vertice nero* e il sottocoda *rosso castano.* Circa delle dimensioni di un Storno, ma con coda molto più lunga. Ha una caratteristica nota di richiamo miagolante. (Nordamerica). Accidentale: Europa centrale.

Passera scopaiola siberiana: *Prunella montanella.* Il maschio ha *vertice e faccia neri* con un'*ampia striscia ocra sopra* l'occhio e attorno alla guancia scura. Parti superiori brunorosso scuro e groppone e coda bruno-grigio. Parti inferiori color cuoio caldo con strisce lungo i fianchi. Femmina più opaca, con parti inferiori bianche. (Asia settentrionale). Accidentale: Europa settentrionale, centrale e meridionale.

Calliope: *Luscinia calliope.* In lontananza sembra un grosso Pettazzurro. La gola del maschio è scarlatto brillante, *sopracciglio e mustacchio bianchi*, petto grigio, il resto del piumaggio bruno oliva. La femmina ha la gola biancastra e il sopracciglio fulviccio. (Asia). Accidentale: Francia, Italia.

Usignolo siberiano: *Luscinia cyane.* Simile ad un Pettirosso, ma con coda più corta e zampe più lunghe, massicce e chiare. Il maschio ha le *parti superiori blu scuro, faccia nera e parti inferiori bianco puro.* Femmina bruno-olivacea scuro, soprattutto bianca inferiormente con gola a chiazze. Anello oculare piuttosto evidente. Immaturo "a scaglie" con petto macchiettato. (Asia). Accidentale: Europa occidentale.

Irania gutturale: *Irania gutturalis*. Dimensioni di un Usignolo. Maschio molto caratteristico con petto rossiccio brillante, gola e sopracciglio bianchi e stretti, guance e lati della gola neri, *parti superiori grigio-lavagna e coda nera*. Ha un canto alto e chiaro. Quando è posato alza e apre la coda. Femmina senza caratteristiche particolari, grigio-bruno con ali e coda più scure, parti inferiori fulve. (Asia). Accidentale: Europa settentrionale.

Codirosso algerino: *Phoenicurus moussieri*. Coda corta e abitudine di posarsi sui cespugli danno l'impressione di un incrocio tra il Codirosso e il Saltimpalo. Il maschio si distingue dagli altri codirossi per il *semicollaretto e la macchia alare bianchi*. Parti superiori e testa completamente neri; fronte e striscia oculare bianche; groppone, coda e parti inferiori *arancio*. La femmina è grigio-bruna superiormente, brunastra arancio inferiormente e di solito non ha la macchia alare bianca. (Africa settentrionale). Accidentale: Europa meridionale.

Monachella testabianca: *Oenanthe leucopyga*. Molto simile alla Monachella nera sebbene entrambi i sessi siano di solito *blu nero*, generalmente con del bianco sul vertice e sulla nuca (ma la specie è dimorfica, la colorazione variando dal nero al bianco quasi completo). Groppone, sottocoda e *regione ventrale* sempre bianchi come la coda tranne che per la metà terminale delle timoniere centrali che è nera. (Nordafrica, Asia occidentale). Accidentale: Europa meridionale e occidentale.

Tordo mustelina: *Hylocichla mustelina*. Assomiglia a un piccolo Tordo bottaccio, ma facilmente identificabile per la *testa rossiccia* ed il mantello piuttosto rossiccio. Petto e fianchi bianco-crema fittamente marcati con macchie nere *rotonde*. (Nordamerica). Accidentale: Europa occidentale.

Tordo eremita: *Catharus guttatus*. Considerevolmente più piccolo del Tordo bottaccio, al quale superficialmente somiglia. Subito riconoscibile per *coda e groppone rossiccio brillante*, zampe carnicine. Ha la caratteristica abitudine di sollevare la coda ed abbassarla lentamente. (Nordamerica). Accidentale: Europa occidentale e centrale.

Tordo guancegrigie: *Catharus minimus*. Molto simile al Tordo di Swainson, ma è più grigio, meno olivaceo, con una tinta fulva sulla parte superiore del petto molto pallida, anello palpebrale fulvo meno distinto, e macchie sul petto più diffuse. Identificabile a breve distanza per le *guance grigie*. (Nordamerica). Accidentale: Europa occidentale e centrale.

Cataro fosco: *Catharus fuscescens*. Dimensioni dell'Usignolo. Piuttosto simile al Tordo per la forma. Opaco, parti superiori bruno-fulve, parti inferiori biancastre, con parte superiore del petto crema *indistintamente macchiata* con piccoli punti. Ad una certa distanza le macchiette sono spesso invisibili. Il richiamo è un basso *phew*. (Nordamerica). Accidentale: Europa occidentale (Gran Bretagna).

Tordo unicolore: *Turdus unicolor*. Dimensioni del Tordo bottaccio. Grigio o grigio bruno uniforme di sopra, grigio o fulvo sul petto, generalmente (non sempre) con un collare di strie nerastre sull'alto petto. (Himalaya). Accidentale: Europa centrale.

Forapaglie di Gray: *Locustella fasciolata*. Sembra una molto grande Salciaiola, ma è quasi delle dimensioni di un Cannareccione. *Piumaggio senza strie*, bruno-oliva di sopra, con guance e petto grigi che contrastano con la gola bianca. Sottocoda rossiccio. (Asia). Accidentale: Europa centrale e occidentale.

Cannaiola di Jerdon: *Acrocephalus agricola*. Assomiglia ad un Forapaglie molto chiaro con parti inferiori biancastre. Difficile da distinguere dalla Cannaiola, dalla C. di Blyth e dalla C. verdognola, sebbene il sopracciglio sia leggermente più evidente e più bianco *dietro* l'occhio. Di solito più pallida e più rossiccia superiormente della Cannaiola e della C. di Blyth; più rossiccia e meno olivacea della C. verdognola. (Russia europea, Asia). Accidentale: Europa orientale, settentrionale, centrale e occidentale.

Cannareccione orientale: *Acrocephalus aedon*. Dimensioni, forma e colorazione molto simili al Cannareccione, *ma il becco è più alto e più corto*, coda più lunga in proporzione, groppone più rosso, zampe blu e privo di *stria oculare*. In mano è caratteristica la prima primaria arrotondata. (Asia sud-orientale). Accidentale: Europa occidentale (Gran Bretagna).

Silvia di Tristram: *Sylvia deserticola*. Il maschio si confonde facilmente con la Magnanina ma è leggermente più chiaro con *l'anello oculare biancastro e le ali bordate di rossiccio*. Si distingue dalla Sterpazzolina per la mancanza del "mustacchio" bianco; dalla Sterpazzola di Sardegna per la gola e le parti inferiori color vino scuro. Femmina molto più chiara; assomiglia alla femmina della Sterpazzola di Sardegna. Il canto ricorda quello della Magnanina, ma è caratteristico il *chit-it*. (Africa). Accidentale: Europa meridionale.

Silvia di Ménétries: *Sylvia mystacea*. Assomiglia molto all'Occhiocotto ma ha *gola e parti inferiori arancio-fulve* e un anello oculare giallo pallido invece che rosso. È evidente una separazione bianca fra la guancia nera e la gola rosa. La femmina è più opaca con disegno meno constrastante. Il canto "brontolante" meno variato di quello dell'Occhiocotto. (Medio Oriente). Accidentale: Europa meridionale.

Sterpazzola nana: *Sylvia nana*. Molto chiara, grigio sabbia di sopra, leggermente rossiccia sul groppone; biancastra di sotto, con fianchi leggermente fulvicci; coda ben arrotondata bruno *rosso* chiaro, con timonieri esterne biancastre. Occhi e zampe *giallastro chiaro*. La Sterpazzola di Sardegna è molto più scura, più grande, con guance ed occhi scuri. (Nordafrica, Russia europea, Asia). Accidentale: Europa meridionale, orientale, centrale, occidentale e settentrionale.

Pigliamosche beccolargo: *Muscicapa latirostris*. Somiglia ad una piccola femmina di Balia nera; se ne distingue per l'*assenza di macchia alare bianca* e, a distanza ravvicinata, per uno *stretto anello palpebrale bianco* ed occhio molto grande. Si distingue dal Pigliamosche per le dimensioni minori e *l'assenza di strie* sul capo e sul petto. (Asia dell'Est). Accidentale: Europa centrale e occidentale.

Sitta canadese: *Sitta canadensis*. Molto simile al Picchio muratore corso ma rossiccio inferiormente. Ha il cappuccio nero, una lunga stria sopraoculare bianca dal becco fino alla nuca e un'evidente stria nera attraverso l'occhio; gola biancastra, *ma castano dal petto al basso ventre* (rosa nella femmina). (Nordamerica). Accidentale: Europa occidentale.

Taccola di Dauria: *Corvus dauuricus*. Facilmente distinguibile dalla Taccola per il *petto biancastro* e *l'ampio collare biancastro attorno alla gola*. L'immaturo assomiglia alla giovane Taccola. (Asia). Accidentale: Europa orientale.

Vireo occhirossi: *Vireo olivaceus*. Dimensioni e forma della Capinera ma con coda più corta; verde oliva di sopra, bianco di sotto con *vertice grigio blu* e marcato *sopracciglio bianco bordato di nero*. Occhi rossi. Nessuna barra alare. Richiamo, un nasale *ciuèi*. (Nordamerica). Accidentale: Europa occidentale.

Ciuffolotto roseo: *Carpodacus roseus*. Più grosso del Ciuffolotto scarlatto (simile di forma). Il maschio è carminio, più bruno su dorso, ali e coda; parti inferiori carminie, con piccole macchiette bianche. Femmina bruno chiaro striata, leggermente rosea sul groppone. (Asia). Accidentale: Europa centrale.

Beccogrosso vespertino: *Hesperiphona vespertina*. Dimensioni e corporatura del Frosone, con becco *biancastro* massiccio. Maschio giallo opaco con testa scura, stria oculare gialla ben definita e ali bianche e nere. Femmina grigio-argentata e giallastra con ali e coda nere e bianche. (Nordamerica). Accidentale: Europa occidentale (Gran Bretagna).

Mniotilta varia: *Mniotilta varia*. A *forti strie bianche e nere* su capo, ali e corpo. La femmina è più opaca e ha le parti inferiori più bianche. Ha l'abitudine di *arrampicarsi sugli alberi come il Rampichino*. (Nordamerica). Accidentale: Europa occidentale.

Parula pellegrina: *Vermivora peregrina*. Leggermente più piccola e più massiccia del Luì grosso. In primavera la testa del maschio è grigia con sopracciglio bianco e anello palpebrale giallo. Parti superiori verde-oliva, *più brillanti sul groppone*. Sottocoda *bianco puro*. Ampia ma indistinta barra alare. La femmina e il maschio d'inverno hanno la testa verdastra con faccia, petto e fianchi giallastri (ricorda il Luì boreale tranne che per le zampe scure) ma *con il groppone verde, e sottocoda bianco* sempre evidenti. (Nordamerica). Accidentale: Europa occidentale (compresa Gran Bretagna).

Parula: *Parula americana*. Inconfondibilmente *bluastra* di sopra con petto e gola *gialli* e due cospicue barre alari bianche. Il maschio ha una *banda ruggine scuro attraverso il petto*. (Nordamerica). Accidentale: Europa occidentale.

Parula gialla: *Dendroica petechia*. Dimensioni di un Luì grosso (più piccola della D. coronata). Da lontano sembra *completamente gialla*. Gli adulti, particolarmente i maschi, sono nettamente striati di rossiccio sul petto e sui fianchi. *Macchie gialle sulla coda*. Le punte e i bordi lucenti delle penne delle ali formano delle barre alari. Vedi anche la Wilsonia citrina. Si ricordi che il Luì grosso del primo autunno può sembrare molto giallo. (Nordamerica). Accidentale: Europa occidentale (Gran Bretagna).

Dendroica golanera: *Dendroica virens*. Il maschio ha la *faccia giallo brillante* "inquadrata" dalla gola nera e dal vertice e parti superiori verde oliva; due cospicue barre alari e parti inferiori bianche con fianchi striati di nero. La femmina e gli individui in abito autunnale hanno molto meno nero sulla gola e sui fianchi. (Nordamerica). Accidentale: Europa centrale.

Parula tigrina: *Dendroica tigrina*. Dimensioni di un esile Beccafico. Color oliva scuro superiormente con *parti inferiori giallo brillante come il groppone e i lati del collo*. Evidenti strie nere su petto, fianchi e ventre. Ampie barre alari bianche. La sola Parula che ha insieme il vertice scuro, il sopracciglio giallo e le *guance castane*. Il piumaggio invernale e quello della femmina piuttosto insignificanti ma si distinguono per la macchia gialla sui lati del collo. Richiamo: un alto, nasale *swee-swee-swee*. (Nordamerica). Accidentale: Europa occidentale (Gran Bretagna).

Parula delle magnolie: *Dendroica magnolia*. Una dendroica nera e gialla con *macchie bianche ben definite sulle ali e sulla coda*. Vertice grigio, guance nere. Groppone giallo e parti inferiori con strisce nere sui fianchi. La coda nera ha macchie bianche ai lati molto evidenti (da sotto è bianca con la punta nera). Doppia barratura alare bianca pronunciata. Gli immaturi hanno la testa ed il dorso grigio-oliva e deboli strisce sui fianchi, ma è evidente la coda nera e bianca. (Nordamerica). Accidentale: Europa occidentale (Gran Bretagna).

Dendroica coronata: *Dendroica coronata*. In qualsiasi piumaggio si riconosce per il *groppone giallo brillante*, giallo sul vertice e sul davanti di ciascuna ala. Il maschio è superiormente blu grigio (d'inverno), assume una colorazione brunastra, simile a quella della femmina), con una evidente "U" rovesciata sul petto e sui fianchi bianchi (parzialmente oscurati da strisce, d'inverno). Macchie bianche su ciascun lato della coda aperta. (Nordamerica). Accidentale: Europa occidentale.

Codirosso americano: *Setophaga ruticilla*. In gran parte nero, con *macchie arancio brillante sulle ali e sulla coda*; ventre bianco. Femmina bruno-oliva, bianca inferiormente, con macchie sulle ali e sulla coda. L'immaturo assomiglia alla femmina ma il giallo si tinge di arancio nei maschi giovani. Coda costantemente aperta a ventaglio. (Nordamerica). Accidentale: Europa occidentale (Gran Bretagna).

Seiuro aurocapillo: *Seiurus aurocapillus*. Dimensioni di un Passero, assomiglia ad un Tordo minuscolo, ma *fittamente striato* (non macchiato) sulle parti inferiori biancastre. Superiormente bruno-oliva, *con striscia sul vertice arancio pallido* bordata di nero. Zampe rosate. Canto, un enfatico ripetuto *tee-cher*, *tee-cher*, qualche volta solo la prima sillaba. (Nordamerica). Accidentale: Europa occidentale (Gran Bretagna).

Seiuro o Tordo d'acqua: *Seiurus noveboracensis*. Assomiglia ad un Tordo grassoccio, delle dimensioni di un Passero, con la coda corta, *sopracciglio giallastro molto evidente* e parti inferiori giallastre pesantemente striate. Il comportamento e l'habitat ricordano quelli di una Tringa; corre lungo i bordi dell'acqua oscillando costantemente. (Nordamerica). Accidentale: Europa occidentale (compresa Gran Bretagna).

Parula golagialla: *Geothlypis trichas*. Dimensioni del Luì piccolo. Il maschio bruno olivastro di sopra, con una *larga "maschera" nera dalle guance attraverso la fronte* (parzialmente offuscata, d'inverno) incorniciata da un pallido grigio cenere; *gola giallo canarino*, con petto e fianchi di un colore cuoio pallido e *ventre bianco*. La femmina è più scura, manca della "maschera" nera ma conserva il ventre bianco. (Nordamerica). Accidentale: Europa occidentale.

Wilsonia citrina: *Wilsonia citrina*. Più grande della Parula gialla ma molto gialla inferiormente; le femmine e gli immaturi ricordano un piccolo Canapino. Il maschio in primavera ha la faccia gialla circondata da un evidente cappuccio nero. *Macchie bianche sulla coda*. (Nordamerica). Accidentale: Europa occidentale (compresa Gran Bretagna).

Tanagra estiva: *Piranga rubra*. Dimensioni dello Strillozzo. Il maschio adulto è inconfondibile, *tutto rosso-rosa* ma con becco biancastro piuttosto grande. Femmina giallo-olivacea superiormente, inferiormente giallo intenso. Il maschio immaturo è a chiazze rosse e verdi. (Nordamerica). Accidentale: Europa occidentale (compresa Gran Bretagna).

Tanagra scarlatta: *Piranga olivacea*. Dimensioni del Crociere. Il maschio in abito nuziale è inconfondibilmente *scarlatto con ali e coda nere*, becco biancastro. Femmina, immaturi e maschi d'inverno sono verdastro-opaco superiormente, giallo inferiormente con ali scure nero-brunastre. La femmina della Tanagra rossa è di un giallo più intenso, ali non così scure. (Nordamerica). Accidentale: Europa occidentale (Gran Bretagna).

Passerculo di Sandvich: *Passerculus sandvichensis*. Un passero "americano" piccolo, fittamente striato, di zone aperte, con stria biancastra sul vertice ben definita e sopracciglio ampio giallastro. Petto biancastro e fianchi nettamente striati. Zampe rosa. Si distingue dalla simile Melospiza melodia per la coda più corta e *intaccata* e le zampe più rosate. (Nordamerica). Accidentale: Europa occidentale (Gran Bretagna).

Passerella iliaca: *Zonotrichia iliaca*. Molto più grande di un Passero, con *coda castana* e forma di uno zigolo. Parti superiori striate bruno-rossicce; parti inferiori crema; petto e fianchi fittamente striati di bruno-rossiccio. (Nordamerica). Accidentale: Europa occidentale, centrale e meridionale (compresa Gran Bretagna).

Melospiza melodia: *Zonotrichia melodia*. Aspetto da zigolo. Striato di bruno superiormente e inferiormente, con *macchia nera al centro del petto*; la fitta striatura si estende molto lungo i fianchi. *Ampio sopracciglio color cuoio*. Leggermente rossiccia sulle ali. Gli immaturi possono non avere la macchia sul petto. Oscilla la coda aperta in volo. (Nordamerica). Accidentale: Europa occidentale (Gran Bretagna).

Zonotrichia dal sopracciglio bianco: *Zonotrichia leucophrys*. Uno zigolo "americano" con testa caratteristica a *strisce* nere e bianche. Vertice bianco con bordo nero sopra al sopracciglio bianco e stria nera attraverso l'occhio. Becco arancio-rosato. Parti superiori grigio-brune, parte inferiori grigie chiare, con basso petto bianco. Vedi anche Zonotrichia collobianco. (Tav. 65). (Nordamerica). Accidentale: Europa occidentale (compresa Gran Bretagna).

Junco color lavagna: *Junco hyemalis*. Più piccolo del Fringuello. Color *grigio-lavagna* scuro uniforme, con *basso petto, ventre e timoniere esterne bianche* e becco tozzo biancastro. (Nordamerica). Accidentale: Europa occidentale, centrale e meridionale (compresa Gran Bretagna).

Zigolo mascherato: *Emberiza spodocephala*. Il maschio ha il *capo grigio oliva scuro*, più nero attorno al becco, e *ventre giallo*. Ali e coda bruno nerastro. La femmina è più bruna e opaca senza nero sulla faccia e con la gola e il petto striati di bruno. (Siberia). Accidentale: Europa centrale. Tav. 74.

Zigolo muciatto orientale: *Emberiza cioides*. Il maschio ha sopracciglio e gola bianchi, "mustacchio" nero isolato e *vertice e guance castano scuro*. Di solito ha una banda pettorale castana chiara. Parti superiori come lo Zigolo muciatto. La femmina ha disegno e striatura del vertice simili, sebbene più deboli. (Asia orientale). Accidentale: Europa meridionale. Vedi Tav. 74.

Zigolo dal sopracciglio giallo: *Emberiza chrysophrys*. Testa nera, con una *stretta stria bianca sul vertice e una stria gialla sull'occhio*. Le parti superiori brune, striate di nerastro; le parti inferiori bianche, con strie nerastre sul petto e sui fianchi. La femmina è più opaca, inferiormente più macchiata. (Asia orientale). Accidentale: Europa centrale e occidentale.

Zigolo rutilo: *Emberiza rutila*. Il maschio ha la testa, le parti superiori e il petto *rosso castano*; le parti inferiori giallo brillante, con strie castane ai fianchi. La femmina è bruno oliva di sopra, striata di nerastro; vertice leggermente fulvo, groppone castano uniforme; le parti inferiori giallo opaco; gola bianca, bordata di castano. (Asia orientale). Accidentale: Europa centrale e occidentale.

Migliarino di Pallas: *Emberiza pallasi*. Assomiglia ad un piccolo, rossastro, Migliarino di palude, ma con dorso a forti strisce nere e grigie chiare e con evidente *groppone chiaro*. Il maschio in abito nuziale ha il colletto bianco tinto di giallo. Femmine per la maggior parte senza caratteristiche ma qualche volta hanno un caratteristico stretto "mustacchio" decisamente angolato verso il petto. Tiene la coda alzata. Richiamo: *peeseeoo* ed un cinguettio simile a quello del passero. (Asia). Accidentale: Europa occidentale (Gran Bretagna).

Zigolo testa aranciata: *Emberiza bruniceps*. Il maschio ha testa e *gola* castane, *nuca e groppone gialli* contrastanti con il mantello verdastro. La femmina assomiglia alla Moretta grigia ma con mantello più verdastro e senza giallo sul sottocoda. (Asia). Accidentale: verso occidente attraverso l'Europa. Vedi Tav. 74.

Beccogrosso pettoroseo: *Pheucticus ludovicianus*. Dimensioni di un Tordo, con becco simile a quello di un Frosone. Maschio nero e bianco superiormente, con *macchia rosea sul petto bianco*; d'inverno le parti inferiori sono striate. La femmina ha evidenti strisce bianche sulla testa, bruno opaco superiormente con strisce scure sul dorso e sulle parti inferiori. Entrambi i sessi hanno una doppia barra alare bianca. (Nordamerica). Accidentale: Europa occidentale, settentrionale e meridionale (compresa Gran Bretagna).

Passerina cianea o Ministro: *Passerina cyanea*. Più piccola di un Passero. Il maschio è *completamente blu intenso*; in inverno assomiglia alla femmina bruna sebbene conservi del blu sulle ali e sulla coda. Femmina priva di caratteristiche, bruna uniforme, più pallida inferiormente con striature indistinte. (Nordamerica). Accidentale: Europa occidentale.

Bobolink: *Dolichonyx oryzivorus*. Più grande dell'Allodola. Un uccello massiccio, con *faccia e parti inferiori nere*; banda bianca molto evidente sulle "spalle" e groppone bianco; *parte posteriore della testa giallo opaco*; dorso fittamente striato. Femmina e immaturi bruno-giallastri, molto striati sul vertice e sulle parti superiori (Nordamerica). Accidentale: Europa occidentale e settentrionale (compresa Gran Bretagna).

Ittero testagialla: *Xanthocephalus xanthocephalus*. Dimensioni di un Merlo. Maschio inconfondibile, nero con *testa e petto giallo-arancio*; in volo mostra un'evidente macchia alare bianca. La femmina è più piccola e più bruna con giallo limitato alla gola, parte superiore del petto e attorno alle guance; parte inferiore del petto striata di bianco. Becco molto appuntito. Gregario, di solito si osserva nelle paludi. Richiami: un basso *kruk* o *kack*. (Nordamerica). Accidentale: Europa settentrionale.

Ittero di Baltimora: *Icterus galbula*. Più piccolo del Rigogolo. Il maschio è *arancio brillante con testa, dorso, ali e coda nere*. Barratura alare bianca evidente in volo. Femmina olivacea superiormente, gialla inferiormente con due barre alari bianche. (Nordamerica). Accidentale: Europa occidentale (compresa Gran Bretagna).

Come interpretare le cartine

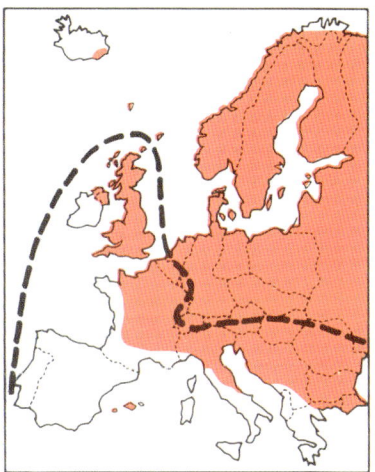

Le aree in rosso (o le piccole zone indicate da una freccia) rappresentano *l'area di nidificazione*. L'area al di sotto della linea tratteggiata (o in essa inclusa) rappresenta l'*area di svernamento*. Questo non significa che la specie sia reperibile ovunque entro questi limiti bensì solo localmente dove esiste l'adatto habitat. Ulteriori informazioni in forma abbreviata vengono date nello spazio tra le due cartine.

Per esempio, se l'area di svernamento di una specie è identica all'area di nidificazione (se cioè la specie è stanziale) o se l'uccello abbandona del tutto l'area compresa nella cartina, questo viene fatto notare e non viene usata la linea tratteggiata. Sono stati usati i seguenti termini: "Residente" (Stanziale) se è presente tutto l'anno; "migratore parziale" se molti ma non tutti gli individui abbandonano la parte settentrionale dell'area di distribuzione durante l'inverno; "visitatore estivo" se la specie sverna completamente fuori dall'Europa. Nei pochi casi in cui le cartine si sono dimostrate inadeguate, una breve nota sull'area di distribuzione viene data nel testo principale.

Ulteriori informazioni saranno ben accette agli Autori, che possono essere contattati presso l'editore.

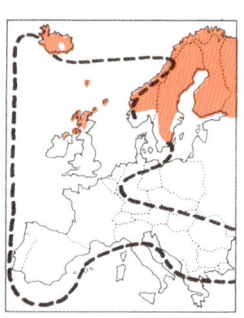

1. Strolaga minore
Migratrice parziale. Erratica a S fino alle isole mediterranee.

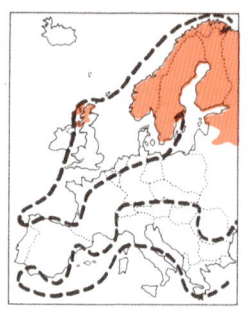

2. Strolaga mezzana
Soprattutto migratrice. Erratica: Faer Oer.

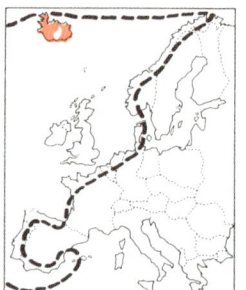

3. Strolaga maggiore
Soprattutto migratrice. Ha nidificato in Scozia. Erratica: Europa centrale, orientale e meridionale.

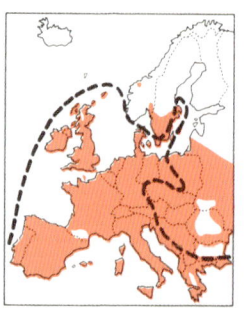

4. Tuffetto
Migratore parziale. Finlandia (ha nidificato). Erratico: Faer Oer.

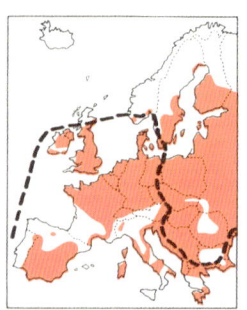

5. Svasso maggiore
Migratore parziale. Erratico: Islanda.

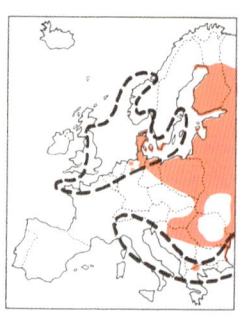

6. Svasso collorosso
Migratore parziale. Ha nidificato in Francia, Olanda. Erratico: Irlanda, Spagna e Islanda.

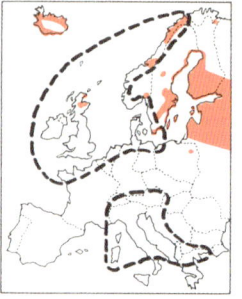

7. Svasso cornuto
Migratore parziale. Erratico: Europa centrale, di SE e di SO.

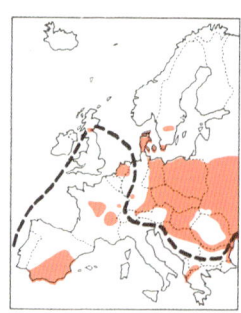

8. Svasso piccolo
Migratore parziale. Ha nidificato in Irlanda, Finlandia, Italia, ecc. Le aree di nidificazione spesso cambiano.

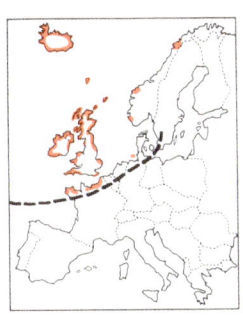

9. Fulmaro
Migratore parziale. Erratico: Finlandia, Europa centrale e meridionale.

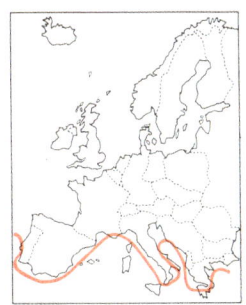

10. Berta maggiore
La linea rossa limita al N l'area di nidificazione. Scarsa visitatrice delle coste atlantiche. Erratica: Europa centrale.

11. Berta minore
Migratrice parziale. La linea rossa comprende le colonie. Frequenta il mare aperto. Erratica nell'entroterra compresa Europa centrale.

12. Uccello delle tempeste
Aree di nidificazione circoscritte. Migratore parziale. Erratico nell'entroterra. Può nidificare nella Norvegia nord-occidentale e nell'Egeo.

13. Uccello delle tempeste codaforcuta
In estate entro la linea rossa. Ha nidificato in Irlanda. Erratico nell'entroterra compresa Europa meridionale.

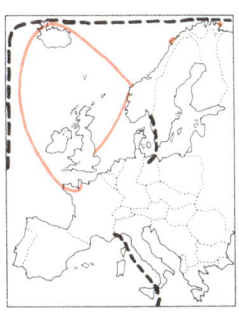

14. Sula
Migratrice parziale. La linea rossa circonda le colonie. Erratica: Mediterraneo orientale, Europa centrale, Baltico.

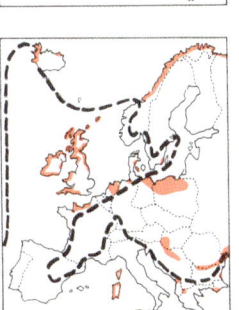

15. Cormorano
Migratore parziale. Di passo nell'Europa centrale.

16. Marangone dal ciuffo
L'area di diffusione invernale comprende il Mare del Nord. Erratico: Baltico, all'interno dell'Europa settentrionale e centrale.

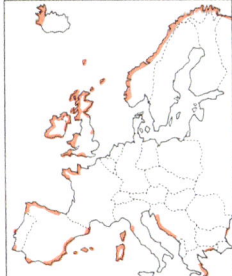

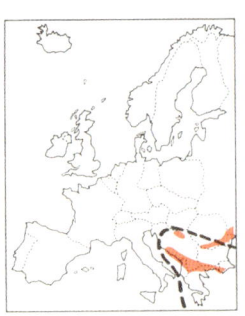

17. Marangone minore
Migratore parziale. Erratico a
N e O fino alla Svezia,
Danimarca, Francia, Italia.
Nidifica in Italia.

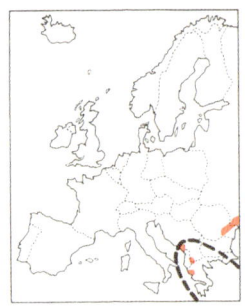

18. Pellicano riccio
Migratore parziale. Erratico:
Europa centrale, Italia.

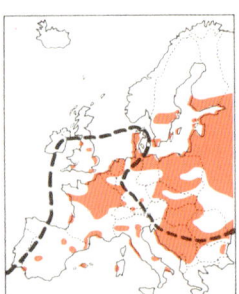

19. Tarabuso
Migratore parziale. Ha
nidificato in Grecia. Erratico:
Islanda.

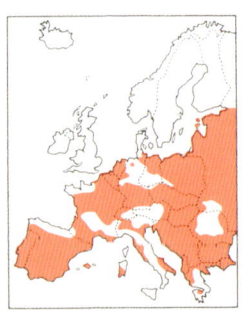

20. Tarabusino
Visitatore d'estate,
occasionalmente in inverno.
Erratico: Isole Britanniche,
Islanda, Europa settentrionale.

21. Nitticora
Visitatrice d'estate. Erratica al
N fino alle Isole Britanniche.

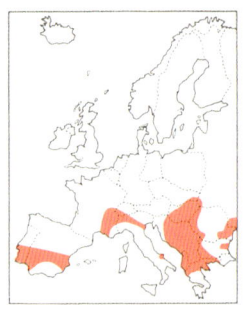

22. Sgarza ciuffetto
Visitatrice d'estate. Ha
nidificato in Cecoslovacchia.
Erratica: Isole Britanniche,
Europa centrale e
settentrionale.

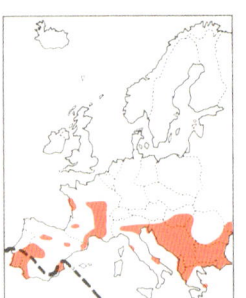

23. Garzetta
Migratrice parziale. Ha
nidificato in Olanda e
Cecoslovacchia. Erratica: Isole
Britanniche, Europa centrale e
settentrionale.

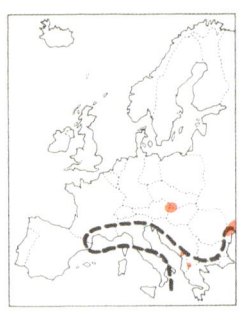

24. Airone bianco maggiore
Migratore parziale. Ha
nidificato in Olanda e Svizzera.
Erratico: Gran Bretagna,
Europa occidentale e
settentrionale.

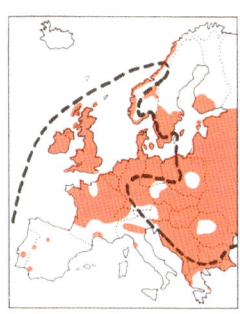

25. Airone cenerino
Migratore parziale.

26. Airone rosso
Visitatore d'estate. Erratico al N fino alle Isole Britanniche.

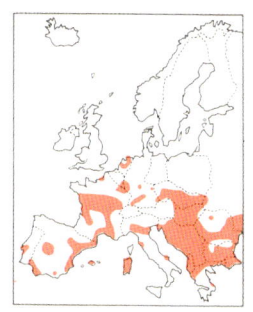

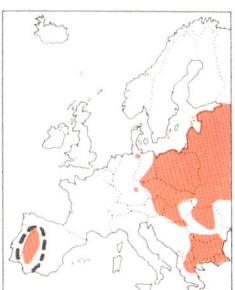

27. Cicogna nera
Soprattutto visitatrice d'estate. Ha nidificato in Francia, Danimarca e Svezia. Erratica: Inghilterra, Nord Europa.

28. Cicogna bianca
Soprattutto visitatrice d'estate. Erratica: Isole Britanniche, Nord Europa.

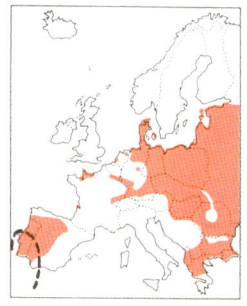

29. Mignattaio
Visitatore d'estate. Ha nidificato in Italia, Francia, Ungheria. Erratico al N fino alle Isole Britanniche e al centro Europa.

30. Spatola
Visitatrice d'estate. Ha nidificato in Danimarca, Cecoslovacchia e Portogallo. Erratica: Europa settentrionale e centrale.

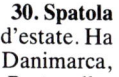
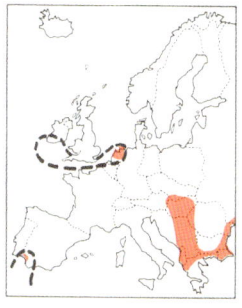
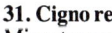

31. Cigno reale
Migratore parziale. Erratico: Europa meridionale.

32. Cigno minore
Visitatore invernale dalla Russia del N. Erratico al S e al centro Europa.

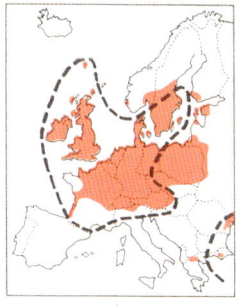

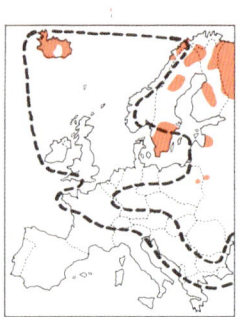

33. Cigno selvatico
Soprattutto migratore. Ha nidificato in Scozia. Erratico nell'Europa sud-occidentale.

34. Oca granaiola
Migratrice. Erratica: Irlanda, Islanda, Grecia.

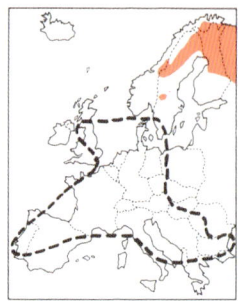

35. Oca zamperosee
Migratrice. Erratica: Europa orientale, centrale e meridionale.

36. Oca lombardella
Visitatrice invernale dalla Russia del N e Groenlandia. Erratica: Europa sud-occidentale.

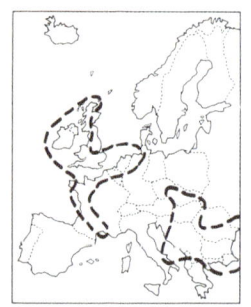

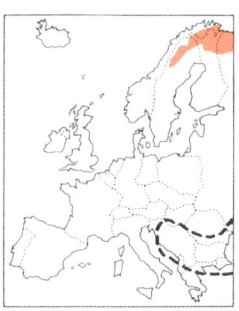

37. Oca lombardella minore
Migratrice. Erratica in Europa meridionale e occidentale (quasi regolare in Gran Bretagna).

38. Oca selvatica
Migratrice parziale.

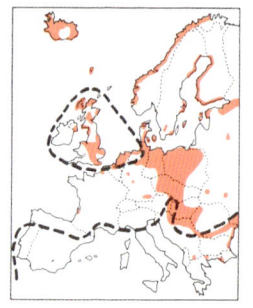

39. Oca facciabianca
Visitatrice invernale dall'estremo N. Di passo nel Baltico e in Islanda. Erratica: Europa meridionale, centrale e orientale.

40. Oca colombaccio
Visitatrice invernale dall'estremo N. Erratica in Europa fino al Mediterraneo.

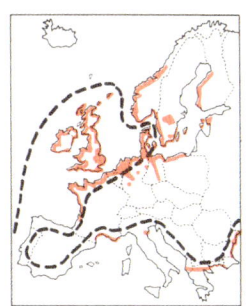

41. Casarca
Migratrice parziale. Erratica quasi in tutta l'Europa comprese Isole Britanniche e Islanda.

42. Volpoca
Migratrice parziale. Erratica: Islanda, Europa centrale.

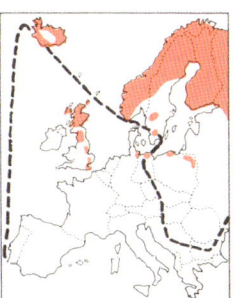
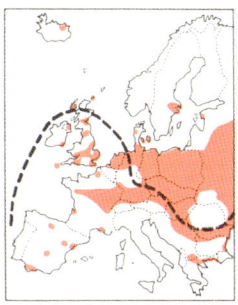

43. Fischione
Migratore parziale. Occasionalmente nidifica in Irlanda, Europa centrale, orientale e meridionale.

44. Canapiglia
Migratrice parziale. Occasionalmente nidifica in Italia e Norvegia. Erratica: Finlandia.

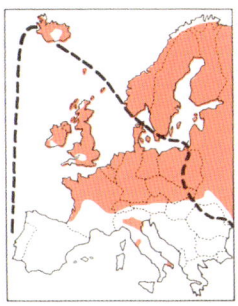
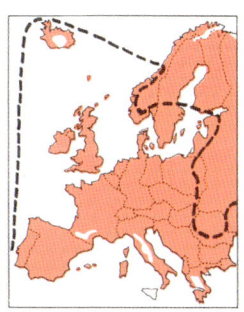

45. Alzavola
Migratrice parziale. Occasionalmente nidifica nell'Europa meridionale.

46. Germano reale
Migratore parziale.

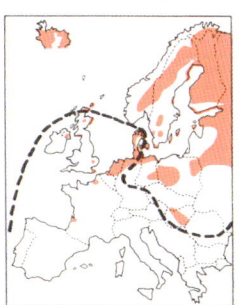
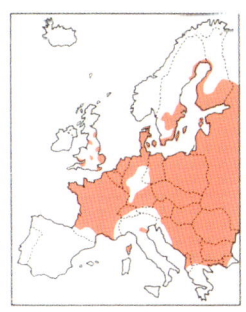

47. Codone
Soprattutto migratore. Nidifica sporadicamente a sud fino al Mediterraneo.

48. Marzaiola
Visitatrice d'estate. Ha nidificato in Irlanda, Spagna, Norvegia e Italia.

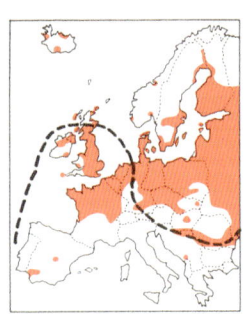

49. Mestolone
Migratore parziale. Ha
nidificato in Svizzera.

50. Fistione turco
Migratore parziale. Ha
nidificato in Italia e Grecia.
Erratico: Isole Britanniche,
Europa settentrionale.

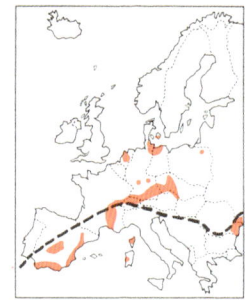

51. Moriglione
Migratore parziale. Erratico
alle Faer Oer.

52. Moretta tabaccata
Migratrice parziale. Ha
nidificato in Olanda, Germania
occidentale e Italia.

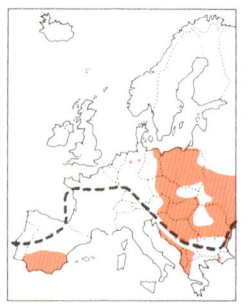

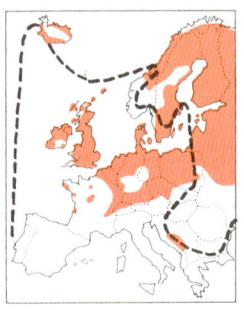

53. Moretta
Migratrice parziale. Ha
nidificato in Ungheria.

54. Moretta grigia
Soprattutto migratrice. Ha
nidificato in Scozia e
Danimarca. Erratica: Europa
meridionale.

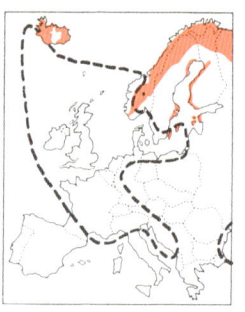

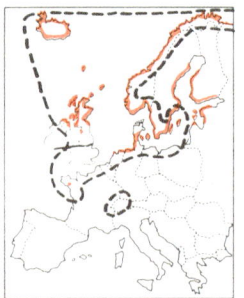

55. Edredone
Migratore parziale. Erratico:
Europa centrale, meridionale e
orientale.

56. Moretta codona
Soprattutto migratrice.
Erratica: Europa centrale,
meridionale e orientale.

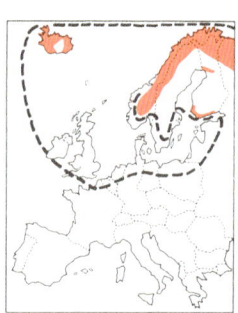

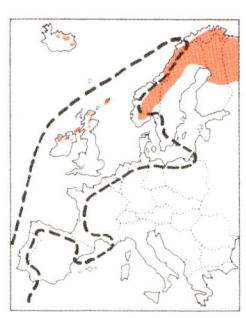

57. Orchetto marino
Soprattutto migratore. Gli immaturi svernano nel Mare del Nord. Erratico: Europa centrale e sud-orientale.

58. Orco marino
Migratore. Molti mutano in Danimarca in luglio. Erratico: Islanda, Europa sud-orientale.

59. Quattrocchi
Soprattutto migratore. Ha nidificato in Svizzera e Yugoslavia.

60. Pesciaiola
Migratrice. Forse regolare in Irlanda. Erratica: Europa sud-occidentale.

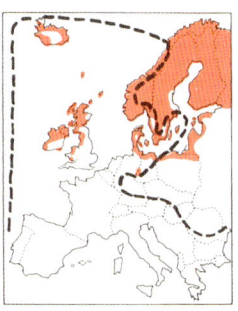

61. Smergo minore
Migratore parziale. Ha nidificato in Olanda.

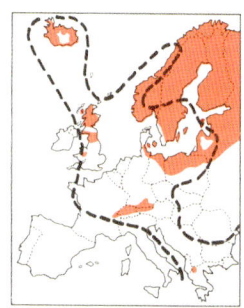

62. Smergo maggiore
Migratore parziale. Ha nidificato in Irlanda e Yugoslavia. Erratico: Europa sud-occidentale.

63. Gobbo rugginoso
Migratore parziale. La nidificazione irregolare persiste qua e là nel Sud Europa. Erratico: Europa centrale.

64. Falco pecchiaiolo
Visitatore d'estate. Erratico: Irlanda, Islanda.

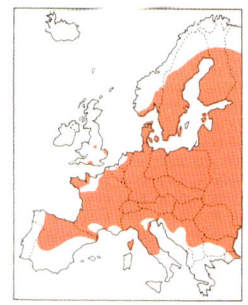

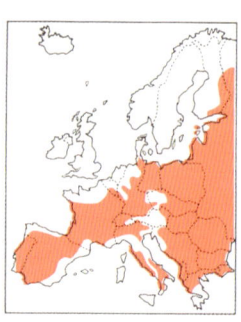

65. Nibbio bruno
Visitatore d'estate. Ha nidificato in Scandinavia. Erratico nelle Isole Britanniche.

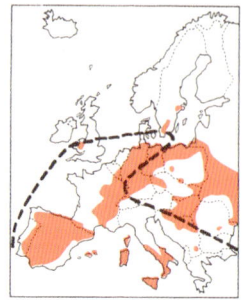

66. Nibbio reale
Migratore parziale. Ha nidificato in Danimarca. Erratico: Irlanda, Finlandia.

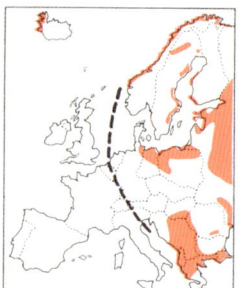

67. Aquila di mare
Soprattutto sedentaria. È stata reintrodotta in Scozia. Ha nidificato in Danimarca. Erratica: Europa occidentale.

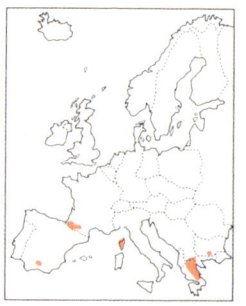

68. Gipeto
Sedentario, molto diminuito. Erratico: Europa centrale.

69. Capovaccaio
Soprattutto migratore ma alcuni svernano in Europa meridionale. Erratico: Europa centrale e settentrionale e Gran Bretagna.

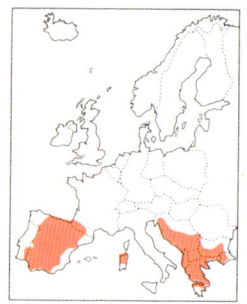

70. Grifone
Migratore parziale. Alcuni sulle Alpi d'estate. Erratico: Europa settentrionale, centrale e Isole Britanniche.

71. Avvoltoio monaco
Soprattutto sedentario. Erratico: Europa centrale. Estinto in Romania.

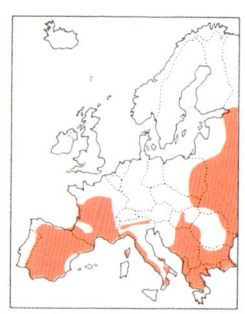

72. Biancone
Visitatore d'estate. Erratico: Europa settentrionale.

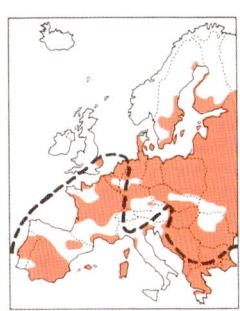

73. Falco di palude
Migratore parziale. Ha nidificato in Norvegia.
Erratico: Faer Oer e Irlanda.

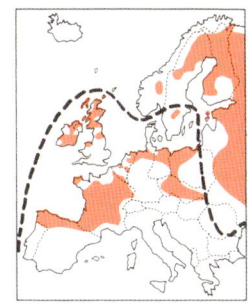

74. Albanella reale
Migratrice parziale. Ha nidificato in Danimarca e Italia.
Erratica: Islanda.

75. Albanella pallida
Visitatrice d'estate. Ha nidificato in Svezia, Germania.
Erratica: Gran Bretagna, Europa occidentale, centrale e meridionale.

76. Albanella minore
Soprattutto visitatrice d'estate. Ha nidificato in Grecia, Irlanda, Svezia. Nidifica irregolarmente in Inghilterra.

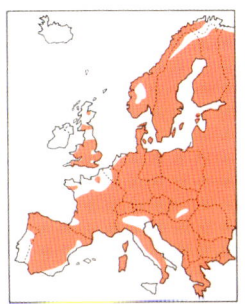

77. Astore
Soprattutto sedentario.
Erratico: Irlanda.

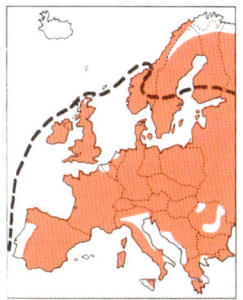

78. Sparviero
Migratore parziale. Erratico: Islanda.

79. Sparviero levantino
Soprattutto visitatore d'estate. Ha nidificato in Ungheria.
Erratico un po' più a nord e a ovest.

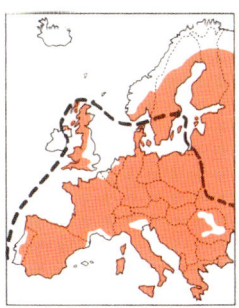

80. Poiana
Migratrice parziale.

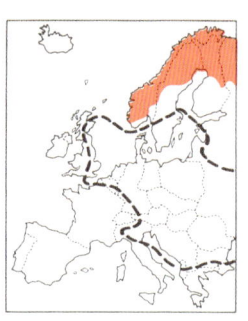

81. Poiana calzata
Migratrice. Erratica in Irlanda, Islanda e Europa sud-occidentale.

82. Aquila anatraia minore
Migratrice. Erratica: Europa settentrionale, occidentale e meridionale.

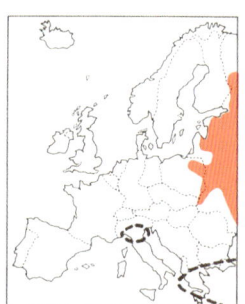

83. Aquila anatraia maggiore
Migratrice. Ha nidificato in Svezia e in Finlandia. Erratica ad O fino alle Isole Britanniche e Portogallo. Sverna talora in Francia, Olanda.

84. Aquila imperiale
Migratrice parziale. Erratica: Europa settentrionale, centrale, occidentale e meridionale.

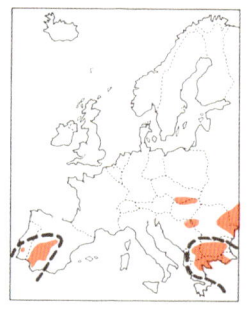

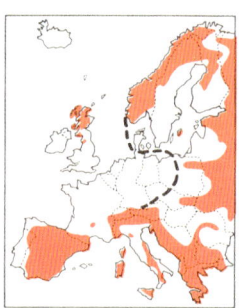

85. Aquila reale
Soprattutto sedentaria. Si spinge d'inverno nell'Europa orientale. Erratica: Olanda. Ha nidificato in Irlanda.

86. Aquila minore
Soprattutto visitatrice d'estate. Ha svernato in Europa meridionale. Erratica: Europa centrale e settentrionale.

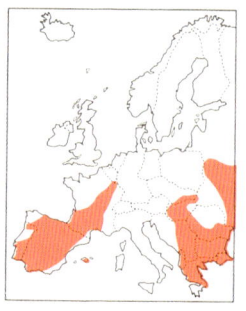

87. Aquila del Bonelli
Soprattutto sedentaria. Erratica: Europa centrale, orientale e settentrionale.

88. Falco pescatore
Soprattutto visitatore d'estate. Ha nidificato in molti paesi dell'Europa meridionale e centrale. Erratico: Islanda e Irlanda.

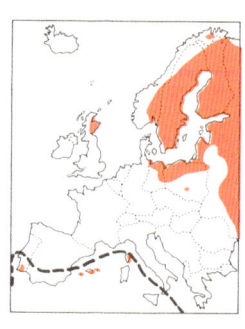

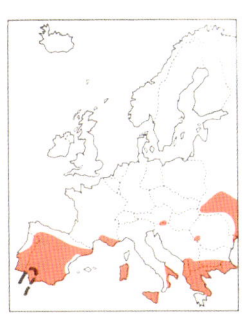

89. Grillaio
Visitatore d'estate. Erratico: Europa centrale, settentrionale e occidentale comprese le Isole Britanniche.

90. Gheppio
Migratore parziale. Erratico: Islanda.

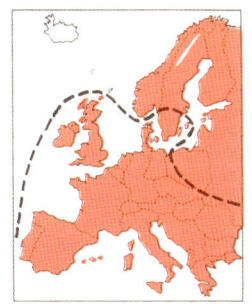

91. Falco cuculo
Visitatore d'estate. Ha nidificato in Europa settentrionale e ad ovest fino alla Francia. Regolare in Gran Bretagna. Erratico in Spagna, Irlanda.

92. Smeriglio
Migratore parziale. Erratico: Malta.

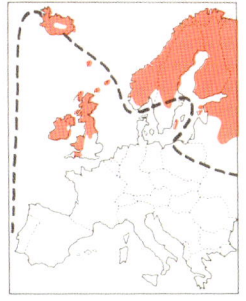

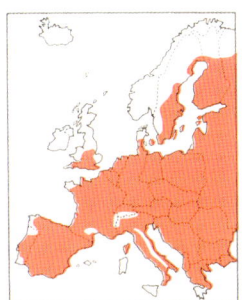

93. Lodolaio
Visitatore d'estate. Erratico: Irlanda, Islanda.

94. Lanario
Soprattutto sedentario. Erratico: Europa orientale, centrale e sud-occidentale.

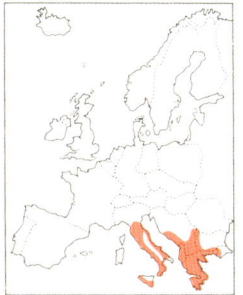

95. Sacro
Migratore parziale. Erratico: Europa centrale e settentrionale.

96. Girfalco
Soprattutto sedentario. Erratico d'inverno al S fino alle Isole Britanniche, al centro e a occidente.

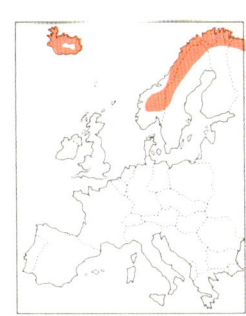

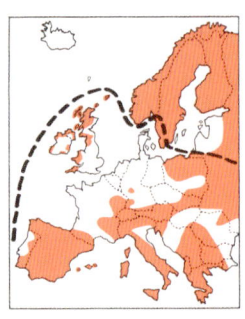

97. Pellegrino
Migratore parziale. Ha nidificato in Danimarca, Olanda e Belgio. Erratico: Islanda.

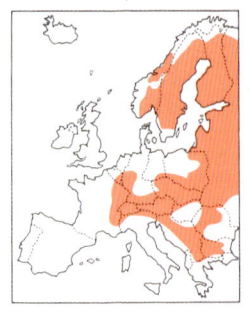

98. Francolino di monte
Sedentario. Erratico: Olanda.

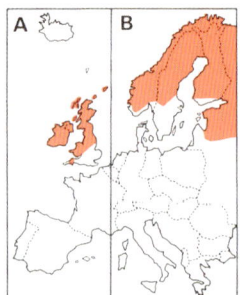

99. Pernice bianca di Scozia (A)
Sedentaria in Gran Bretagna e Irlanda.
Pernice bianca nordica (B)
Sedentaria nell'Europa continentale.

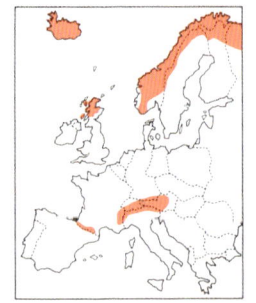

100. Pernice bianca
Sedentaria.

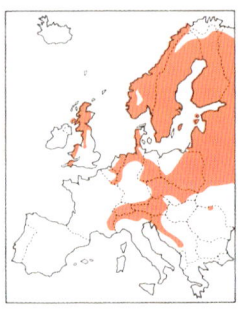

101. Fagiano di monte
Sedentario.

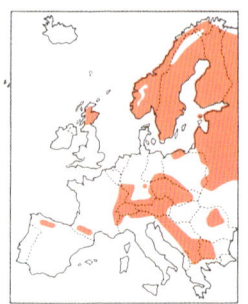

102. Gallo cedrone
Sedentario. Erratico: Belgio e Danimarca.

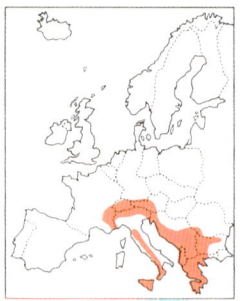

103. Coturnice
Sedentaria.

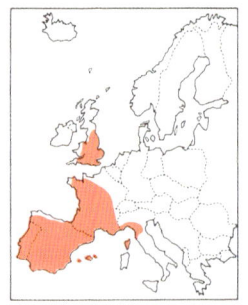

104. Pernice rossa
Sedentaria.

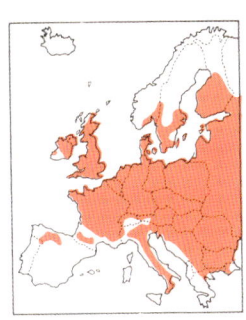

105. Starna
Sedentaria.

106. Quaglia
Migratrice parziale. Irregolare in gran parte della Gran Bretagna e Irlanda, anche nell'Europa del Nord. Sverna occasionalmente al N fino alla Gran Bretagna, Germania.

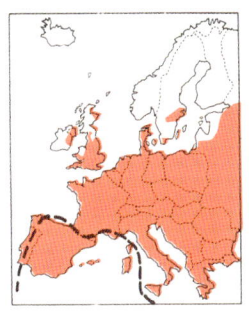

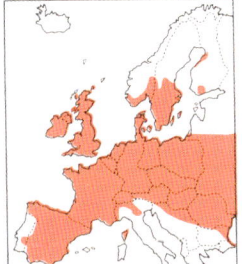

107. Fagiano
Sedentario.

108. Porciglione
Migratore parziale.

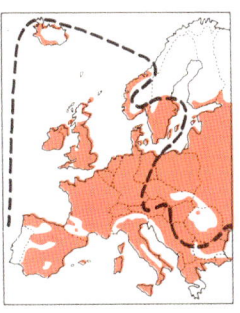

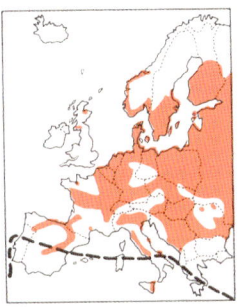

109. Voltolino
Soprattutto visitatore d'estate. Occasionalmente sverna in Europa occidentale, Mare del Nord. Erratico: Irlanda, Islanda

110. Schiribilla
Visitatrice d'estate. Regolare in Svezia. Erratica in Europa settentrionale e occidentale compresa la Gran Bretagna dove occasionalmente sverna.

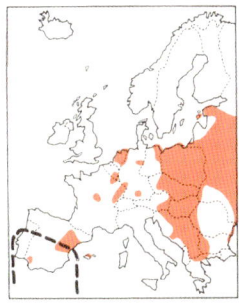

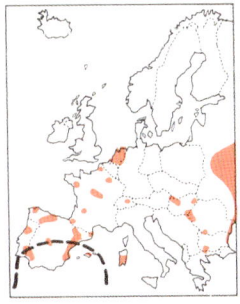

111. Schiribilla grigiata
Visitatrice d'estate; spesso sporadica. Erratica al N fino alle Isole Britanniche, Faer Oer, Svezia.

112. Re di quaglie
Visitatore d'estate. Erratico in Islanda.

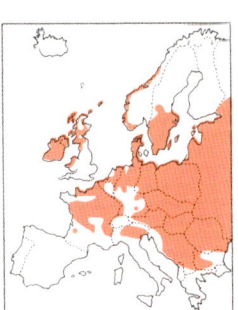

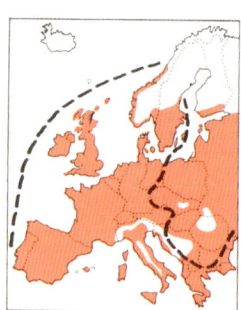
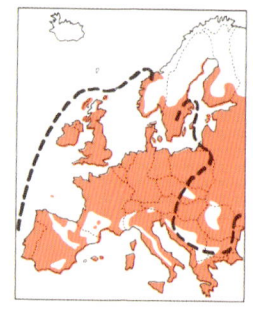

113. Gallinella d'acqua
Migratrice parziale. Erratica: Islanda.

114. Folaga
Migratrice parziale. Erratica: Islanda (ha nidificato).

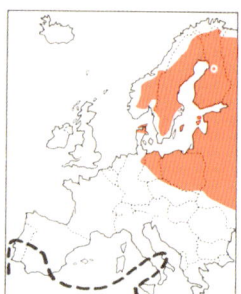
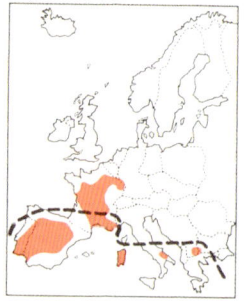

115. Gru
Migratrice. Ha nidificato in Gran Bretagna. Sverna talvolta a NE della Francia. Erratica: Irlanda, Islanda.

116. Gallina prataiola
Migratrice parziale. Erratica in: Isole Britanniche e Europa settentrionale e centrale.

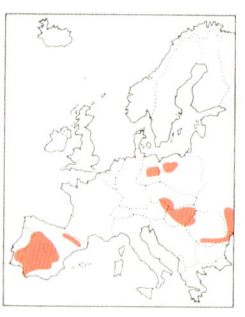
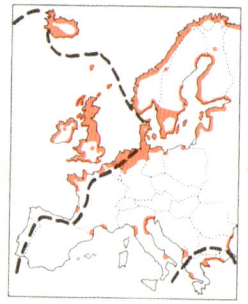

117. Otarda
Soprattutto sedentaria, distribuzione più ampia in inverno. Erratica nella maggior parte dell'Europa compresa la Gran Bretagna.

118. Beccaccia di mare
Migratrice parziale. Ha nidificato in Spagna. Erratica o di passaggio in Europa centrale.

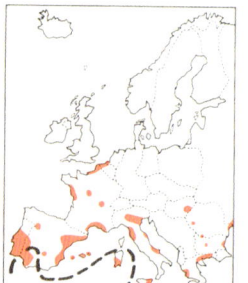
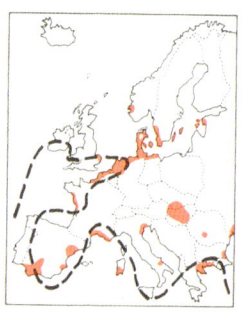

119. Cavaliere d'Italia
Visitatore d'estate. Nidifica irregolarmente fino alla Germania del N. Erratico: Isole Britanniche e Nord Europa.

120. Avocetta
Migratrice parziale. Erratica: Islanda, Finlandia.

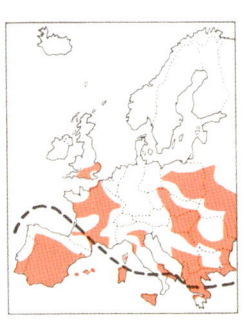

121. Occhione
Migratore parziale. Nidificava in Olanda e Germania. Ha svernato in Inghilterra. Erratico: Islanda, N Europa e Irlanda.

122. Pernice di mare
Visitatrice d'estate. Erratica: Isole Britanniche, Europa centrale e settentrionale.

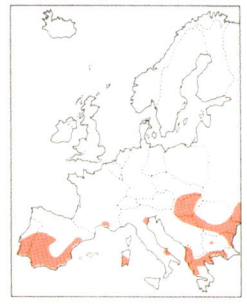

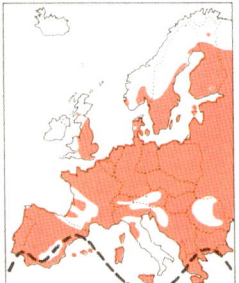

123. Corriere piccolo
Soprattutto visitatore d'estate. Erratico: Irlanda.

124. Corriere grosso
Migratore parziale. Ha nidificato in Spagna. Di passo in Europa meridionale e orientale.

125. Fratino
Migratore parziale. Ha nidificato in Inghilterra. Erratico: Irlanda, Baltico meridionale.

126. Piviere tortolino
Migratore. Erratico: Islanda e Irlanda.

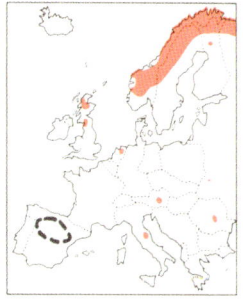

127. Piviere dorato
Migratore parziale. Un tempo nidificava in Belgio.

128. Pivieressa
Visitatrice invernale dall'estremo NE. Gli immaturi estivano entro l'area di distribuzione invernale. Di passo in Europa occidentale. Erratica in Islanda.

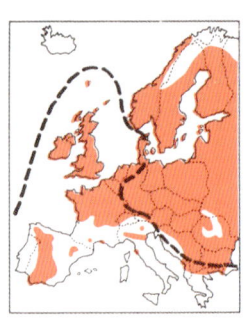

129. Pavoncella
Migratrice parziale. Nidifica occasionalmente in Islanda.

130. Piovanello maggiore
Visitatore invernale. Estivante sulle coste dell'Europa occidentale. Erratico: Europa orientale.

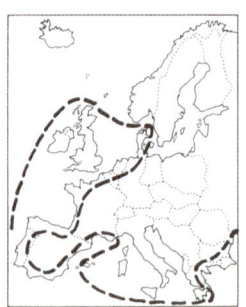

131. Piovanello tridattilo
Visitatore d'inverno. Spesso passa l'estate senza nidificare sulle coste dell'Europa occidentale. Di passo in quasi tutta l'Europa.

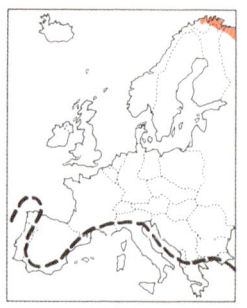

132. Gambecchio
Migratore. Di passo in quasi tutta l'Europa. Alcuni svernano al N fino alla Gran Bretagna. Erratico: Islanda.

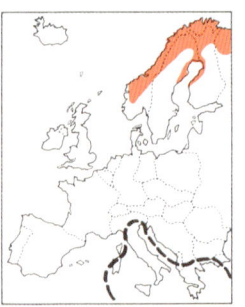

133. Gambecchio nano
Migratore. Di passo in quasi tutta l'Europa. Erratico: Irlanda, Portogallo.

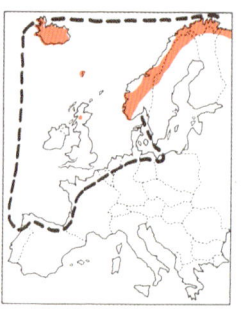

134. Piovanello violetto
Migratore parziale. Estivante al S fino alla Gran Bretagna. Erratico: Europa centrale e meridionale.

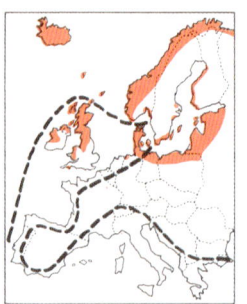

135. Piovanello pancianera
Migratore parziale. Di passo in tutta l'Europa. Estivante nell'area invernale. Ha nidificato in Olanda e nella Francia del Nord.

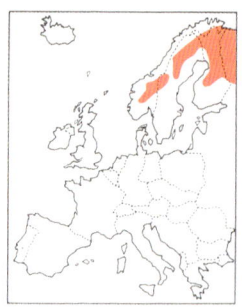

136. Gambecchio frullino
Visitatore d'estate. Di passo in Danimarca e Italia e verso E. Erratico: Europa occidentale comprese Isole Britanniche.

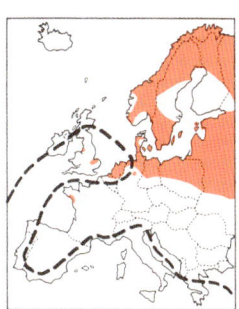

137. Combattente
Soprattutto migratore. Ha nidificato in Austria. Erratico in Islanda.

138. Frullino
Migratore. Erratico: Islanda.

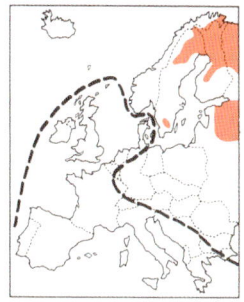

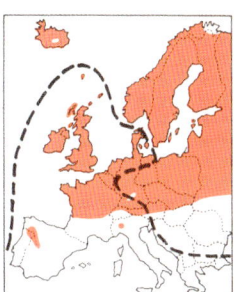

139. Beccaccino
Migratore parziale. Ha nidificato in Yugoslavia e Italia.

140. Croccolone
Visitatore d'estate. Di passo in Europa centrale. Erratico all'O fino alle Isole Britanniche.

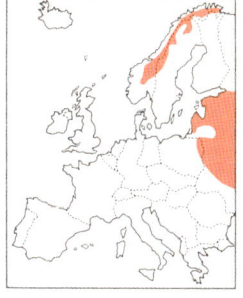

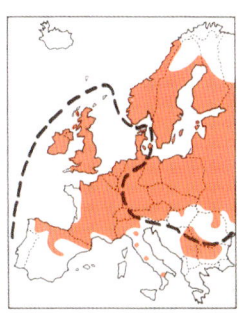

141. Beccaccia
Migratrice parziale. Probabilmente regolare in Islanda.

142. Pittima reale
Migratrice. Ha nidificato: Faer Oer, Spagna, Italia.

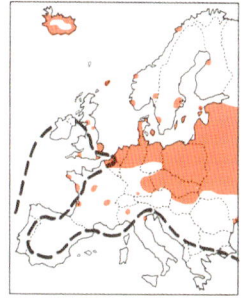

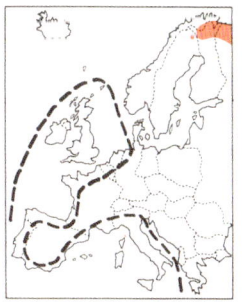

143. Pittima minore
Migratrice. Estiva sulle coste della Gran Bretagna e dell'Europa occidentale. Erratica: Islanda, raramente nell'entroterra.

144. Chiurlo piccolo
Migratore. Estiva sulle coste dell'Europa occidentale. Occasionalmente in inverno al N fino alle Isole Britanniche, Danimarca.

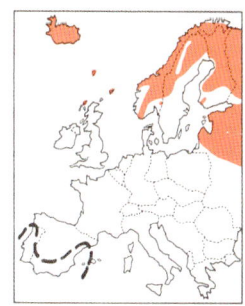

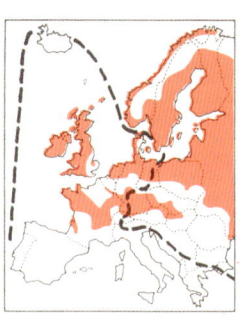

145. Chiurlo
Migratore parziale. Ha nidificato in Spagna. Estiva sulle coste del Mediterraneo meridionale.

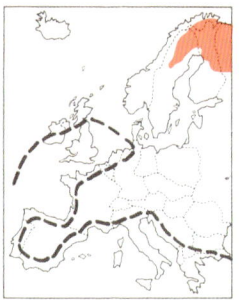

146. Totano moro
Migratore. Estiva a sud fino al Mediterraneo.

147. Pettegola
Migratrice parziale.

148. Albastrello
Visitatore d'estate. Ha nidificato in Finlandia, svernato in Spagna. Erratico: Europa centrale a ovest fino alla Gran Bretagna.

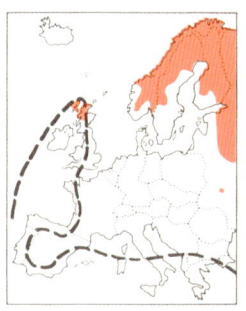

149. Pantana
Migratrice. Estiva a sud sino al Mediterraneo. Erratica in Islanda. Ha nidificato in Irlanda.

150. Piro-piro culbianco
Migratore. Ha nidificato: Inghilterra e Olanda, Austria e Italia.

151. Piro-piro boschereccio
Visitatore d'estate. Ha nidificato in Islanda. Di passo ad O fino all'Irlanda. Erratico: Portogallo.

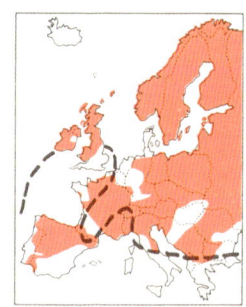

152. Piro-piro piccolo
Soprattutto visitatore d'estate. Ha nidificato in Olanda, Grecia. Erratico: Islanda.

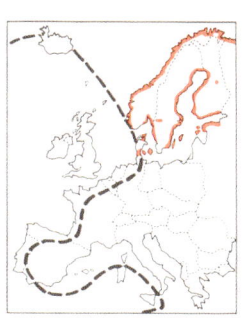

153. Voltapietre
Migratore. Estiva entro l'area invernale. Scarso, di passo o erratico nell'entroterra occidentale.

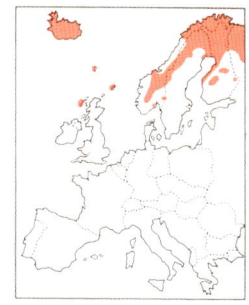

154. Falaropo beccosottile
Visitatore d'estate. Nidifica irregolarmente in Irlanda. Erratico o di passo in Inghilterra e in quasi tutta l'Europa.

155. Falaropo beccolargo
Visitatore d'estate. Di passo e svernante sulle coste occidentali dell'Europa. Erratico altrove.

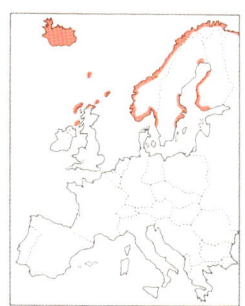

156. Labbo
Soprattutto visitatore d'estate. Qualche volta sverna fino al Mare del N. Erratico: Europa centrale e Mediterraneo.

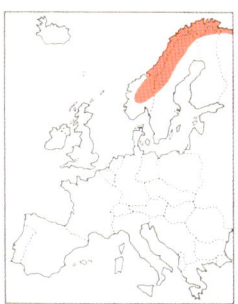

157. Labbo codalunga
Visitatore d'estate. Di passo in Gran Bretagna, Islanda, forse Svizzera. Erratico: Europa centrale, orientale e meridionale.

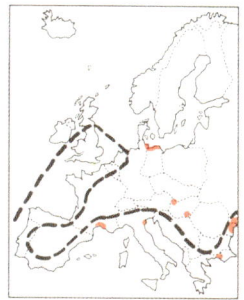

158. Gabbiano corallino
Migratore parziale. Nidifica sporadicamente in Gran Bretagna, Baltico, maggior parte dell'Europa centrale. Erratico: Norvegia e Irlanda.

159. Gabbianello
Soprattutto migratore. Ha nidificato in Gran Bretagna, Norvegia, Germania e Romania. Erratico: Islanda.

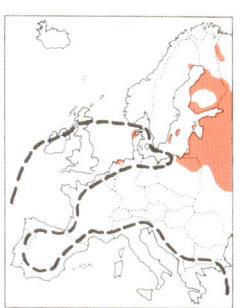

160. Gabbiano comune
Migratore parziale.

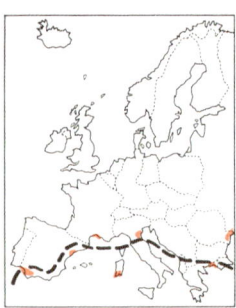

161. Gabbiano roseo
Migratore parziale. Erratico in Gran Bretagna, Portogallo, Europa centrale.

162. Gabbiano corso
Sedentario. Sparso nel Mediterraneo d'inverno. Erratico: in Portogallo.

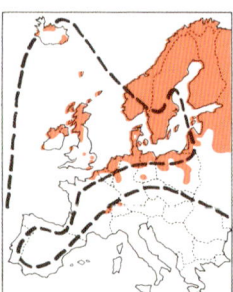
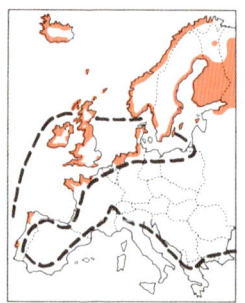

163. Gavina
Migratrice parziale.

164. Zafferano
Migratore parziale. Ha nidificato nella Germania orientale. Alcuni passano l'estate nel Mediterraneo.

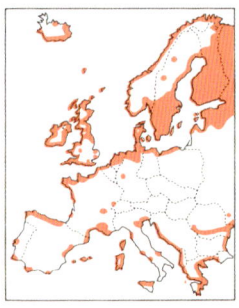

165. Gabbiano reale
Migratore parziale. Sverna sulle coste di tutta l'Europa (meno frequente all'interno) salvo dove le acque gelano.

166. Gabbiano glauco
Migratore parziale. Erratico in Europa centrale, meridionale e orientale.

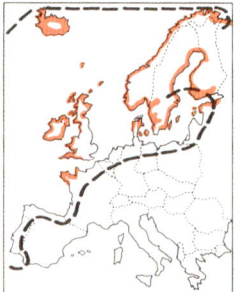
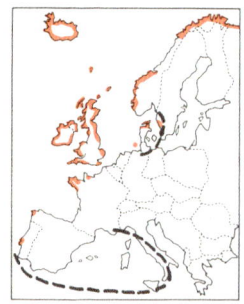

167. Mugnaiaccio
Migratore parziale. Gli immaturi spesso passano l'estate fuori dalle aree di nidificazione.

168. Gabbiano tridattilo
Migratore parziale. Raramente si spinge nell'entroterra. Erratico: Baltico, Europa sud-orientale.

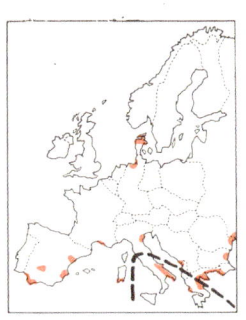

169. Sterna zampenere
Migratrice parziale. Ha
nidificato in Inghilterra.
Erratica: Irlanda, Europa
centrale e settentrionale.

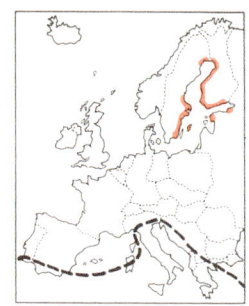

170. Sterna maggiore
Soprattutto visitatrice d'estate.
Occasionalmente nidifica nel
Mare del Nord e Mediterraneo.
Erratica in quasi tutta l'Europa
comprese Isole Britanniche.

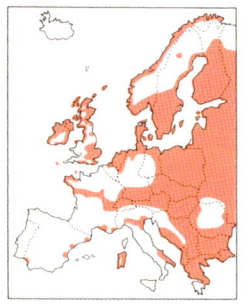

171. Beccapesci
Migratore parziale. Ha
nidificato in Polonia. Erratico:
Norvegia ed Europa centrale.

172. Sterna comune
Visitatrice d'estate. D'inverno
sulle coste dell'Italia e della
Sicilia.

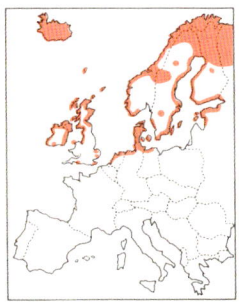
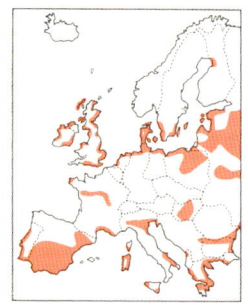

173. Sterna codalunga
Visitatrice d'estate. Erratica
nell'Europa centrale e
meridionale. Ha nidificato in
Belgio.

174. Fraticello
Visitatore d'estate. Erratico:
Norvegia.

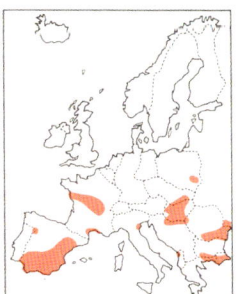
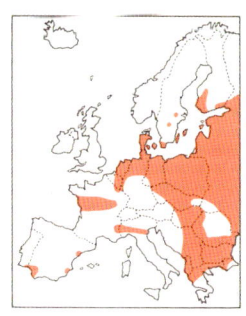

175. Mignattino piombato
Visitatore d'estate. Ha
nidificato: Europa centrale.
Erratico: Isole Britanniche e
Europa del Nord.

176. Mignattino
Visitatore d'estate. Di passo in
Gran Bretagna (ha nidificato) e
Irlanda. Erratico: Islanda e
Norvegia.

177. Mignattino alibianche
Visitatore d'estate. Ha nidificato: Francia. Di passo in Spagna. Erratico: Svezia, Danimarca e Gran Bretagna.

178. Uria
Migratrice parziale dal Baltico del N. Sverna sulle coste a S fino alla Spagna. Erratica: Mediterraneo, Europa centrale e orientale.

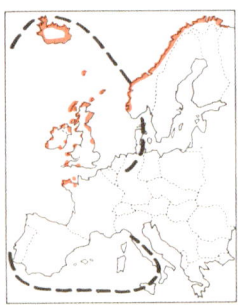

179. Gazza marina
Migratrice parziale dal Baltico del N. Sverna a S fino al tratteggio. Erratica nell'Europa centrale.

180. Uria nera
Soprattutto sedentaria. Sverna al S fino alla linea tratteggiata. Erratica: Francia, Europa centrale.

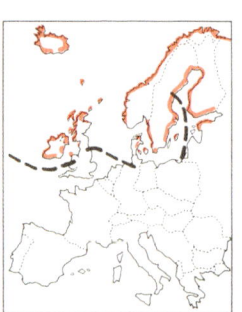

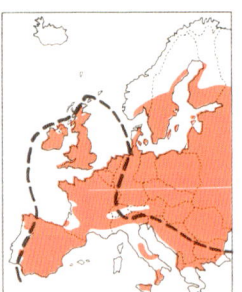

181. Pulcinella di mare
Si porta a terra solo d'estate. Erratico all'E fino all'Adriatico, Europa centrale.

182. Piccione selvatico
Sedentario. Allo stato semiselvatico si estende fino al Circolo Polare Artico.

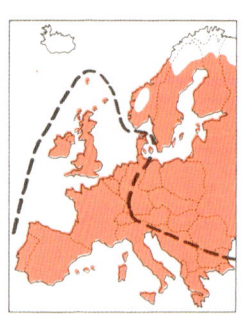

183. Colombella
Migratrice parziale.

184. Colombaccio
Migratore parziale. Ha nidificato in Islanda. Erratico: Faer Oer.

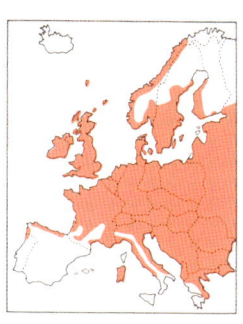

185. Tortora dal collare orientale
Sedentaria. Ha nidificato in Islanda.

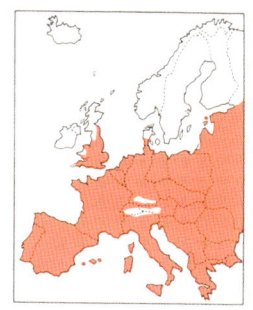

186. Tortora
Visitatrice d'estate. Nidifica irregolarmente in Irlanda. Erratica: Europa settentrionale.

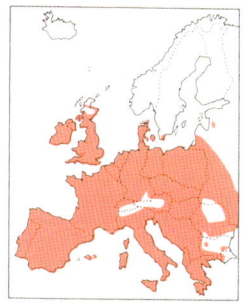

187. Cuculo
Visitatore d'estate. Erratico: Islanda.

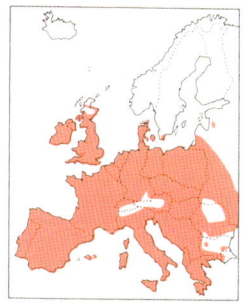

188. Barbagianni
Soprattutto sedentario. Erratico al N fino alla Finlandia.

189. Assiolo
Migratore parziale. Erratico: Isole Britanniche, Europa centrale e settentrionale.

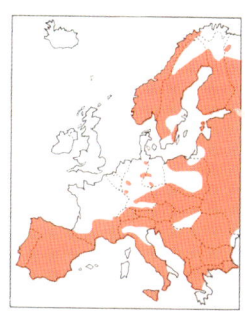

190. Gufo reale
Sedentario. Ha nidificato in Belgio. Erratico: Gran Bretagna, Danimarca.

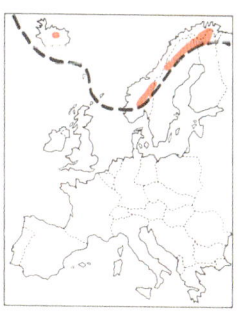

191. Gufo delle nevi
Migratore parziale. Area variabile. Irregolare in Scozia (ha nidificato). Erratico al S fino alla Francia, Jugoslavia.

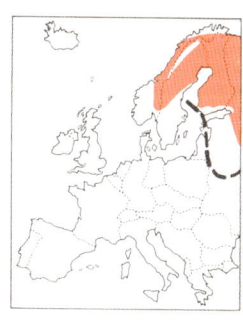

192. Ulula
Migratrice parziale. Quasi regolare in Polonia. Erratica al S fino alla Gran Bretagna, Jugoslavia.

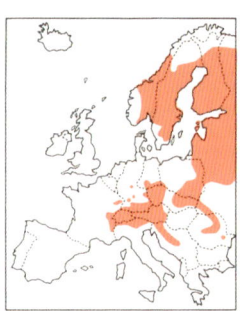

193. Civetta nana
Soprattutto sedentaria.
Erratica: Danimarca, Olanda, Belgio.

194. Civetta
Sedentaria. Erratica: Svezia, Irlanda.

195. Allocco
Sedentario.

196. Allocco degli Urali
Soprattutto sedentario.
Erratico: a sud fino all'Italia.

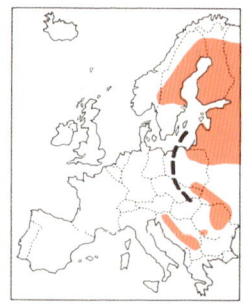

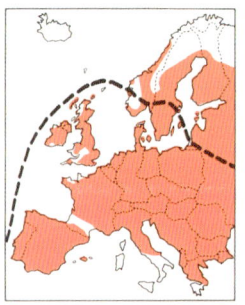

197. Gufo comune
Migratore parziale. Si spinge a N negli anni "dei lemming".
Regolare: Islanda, Faer Oer.

198. Gufo di palude
Migratore parziale. Ha nidificato in Irlanda, Italia, Bulgaria.

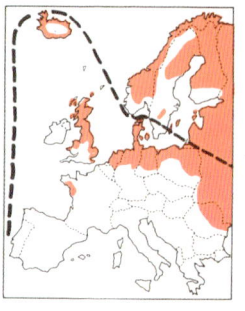

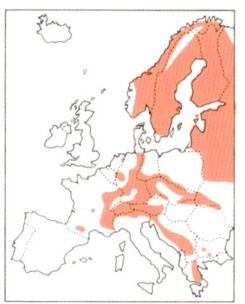

199. Civetta capogrosso
Parzialmente sedentaria. Ha nidificato in Danimarca, Belgio. Erratica in Gran Bretagna e nell'Europa sud-occidentale.

200. Succiacapre
Visitatore d'estate. Erratico: Islanda.

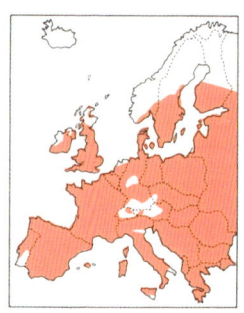

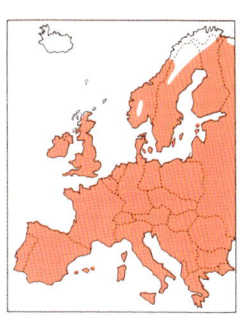

201. Rondone
Visitatore d'estate. Erratico: Islanda.

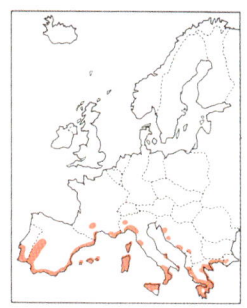

202. Rondone pallido
Visitatore d'estate. Erratico: Gran Bretagna ed Europa centrale.

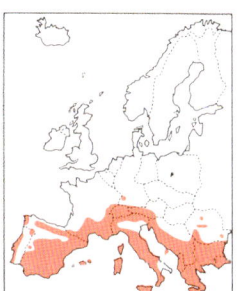

203. Rondone alpino
Visitatore d'estate. Erratico: Isole Britanniche, Europa centrale e settentrionale.

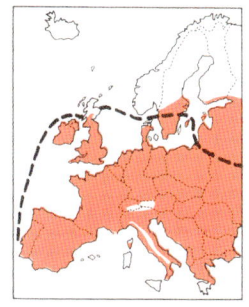

204. Martin pescatore
Migratore parziale. Erratico: Norvegia.

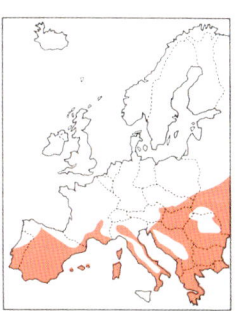

205. Gruccione
Visitatore d'estate. Ha nidificato nelle Isole Britanniche e in molti paesi a N fino alla Svezia. Erratico: Finlandia, Irlanda.

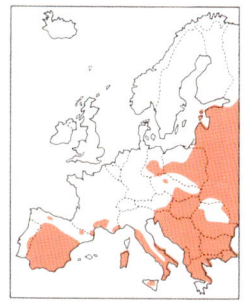

206. Ghiandaia marina
Visitatrice d'estate. Erratica a N fino alle Isole Britanniche, Islanda, Finlandia.

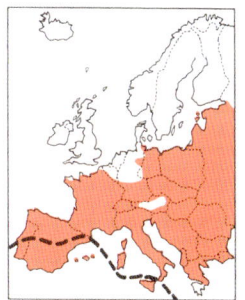

207. Upupa
Soprattutto visitatrice d'estate. Ha nidificato in Gran Bretagna e nell'Europa del Nord. Quasi regolare in Irlanda. Erratica: Islanda.

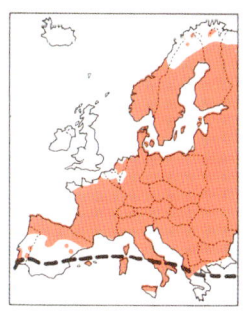

208. Torcicollo
Soprattutto visitatore d'estate. Forse estinto in Inghilterra, stabilito in Scozia? Erratico: Islanda, Irlanda.

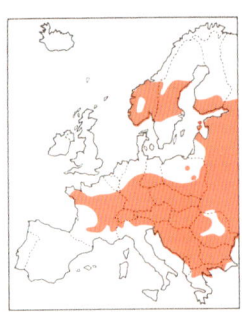

209. Picchio cenerino
Sedentario. Erratico:
Lapponia, Danimarca.

210. Picchio verde
Sedentario. Erratico: Irlanda.

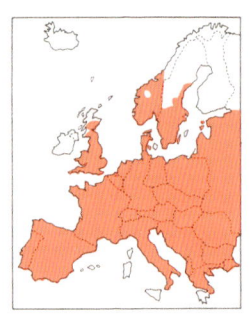

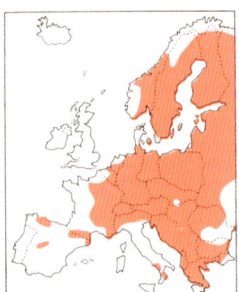

211. Picchio nero
Soprattutto sedentario.
Erratico in Danimarca.

212. Picchio rosso maggiore
Soprattutto sedentario.
Erratico: Irlanda e Islanda.

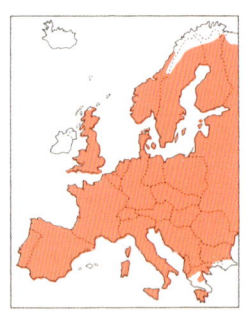

213. Picchio rosso di Siria
Soprattutto sedentario.

214. Picchio rosso mezzano
Soprattutto sedentario. Ha
nidificato in Olanda. Erratico:
Portogallo e Lettonia.

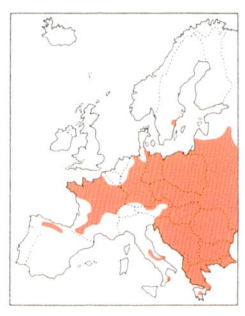

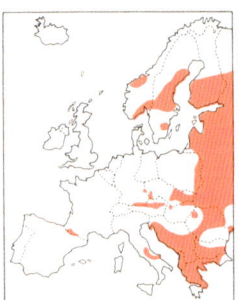

215. Picchio dorsobianco
Sedentario.

216. Picchio rosso minore
Sedentario.

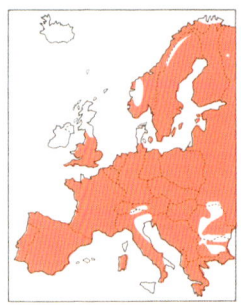

217. Picchio tridattilo
Sedentario.

218. Calandra
Soprattutto sedentaria.
Erratica: Gran Bretagna,
Europa centrale e
settentrionale.

219. Calandrella
Visitatrice d'estate. Erratica:
Isole Britanniche, Islanda,
Europa centrale e
settentrionale.

220. Cappellaccia
Soprattutto sedentaria.
Erratica: Inghilterra,
Finlandia.

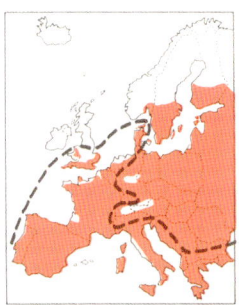

221. Tottavilla
Migratrice parziale. Erratica:
Scozia e Irlanda (ha nidificato).

222. Allodola
Migratrice parziale. Erratica:
Islanda. Occasionalmente
nidifica nelle Faer Oer.

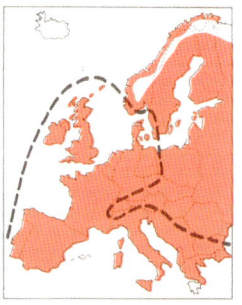

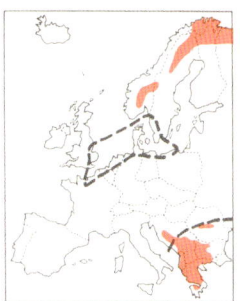

223. Allodola golagialla
Soprattutto migratrice. Ha
nidificato in Scozia. Erratica in
quasi tutta l'Europa.

224. Topino
Visitatore d'estate. Erratico
alle Faer Oer.

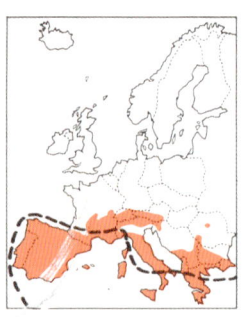

225. Rondine montana
Migratrice parziale. Può svernare in Europa meridionale.

226. Rondine
Visitatrice d'estate. Ha nidificato in Islanda e Faer Oer.

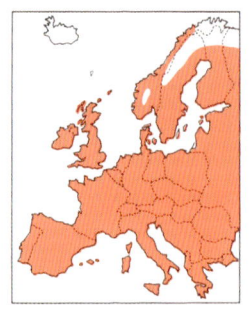

227. Rondine rossiccia
Visitatrice d'estate. Erratica: Isole Britanniche, Europa centrale, orientale e settentrionale.

228. Balestruccio
Visitatore d'estate. Erratico: Islanda.

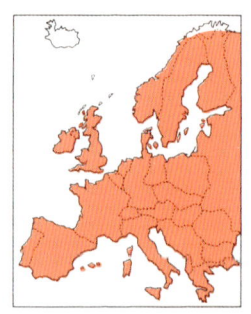

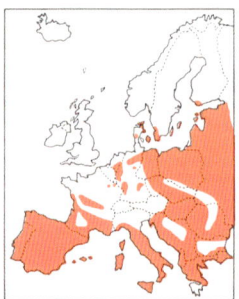

229. Calandro
Visitatore d'estate. Ha nidificato in Svizzera. Regolare in Inghilterra, erratico a nord fino all'Islanda.

230. Prispolone
Visitatore d'estate. Regolare in Irlanda. Erratico in Islanda.

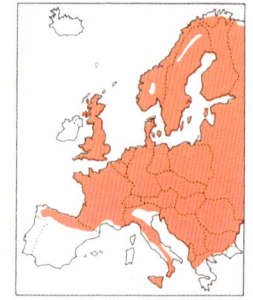

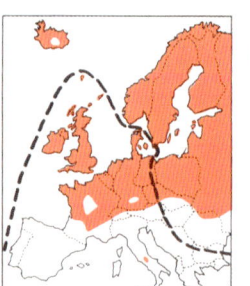

231. Pispola
Migratrice parziale.

232. Pispola golarossa
Visitatrice d'estate. Di passo sull'Europa occidentale fino all'Italia. Erratica: Europa occidentale comprese Isole Britanniche.

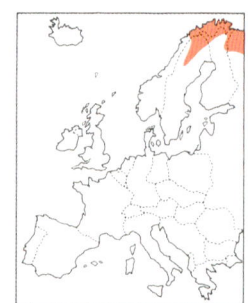

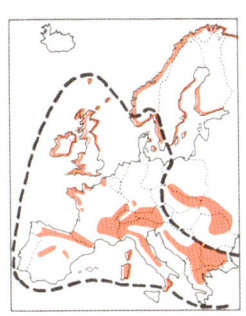

233. Spioncello
Migratore parziale. Erratico: Islanda.

234. Cutrettola
Visitatrice d'estate. Ha nidificato in Irlanda. Erratica: Islanda.

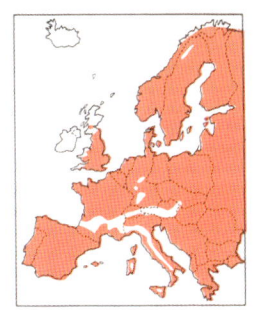

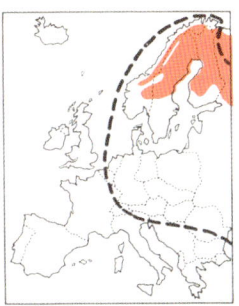

235. Ballerina gialla
Migratrice parziale. Erratica: Islanda, Finlandia.

236. Ballerina bianca
Migratrice parziale.

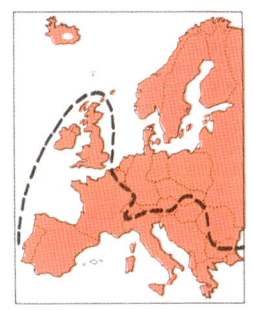

237. Beccofrusone
Migratore parziale. Passa sovente in inverno le linee indicate. Erratico: Islanda, Irlanda, Spagna.

238. Merlo acquaiolo
Soprattutto sedentario.

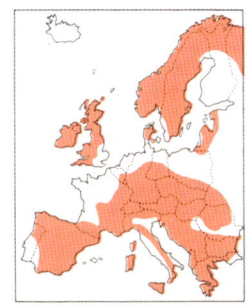

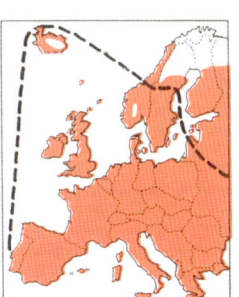

239. Scricciolo
Migratore parziale.

240. Passera scopaiola
Migratrice parziale. Erratica in Islanda.

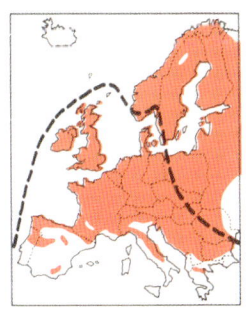

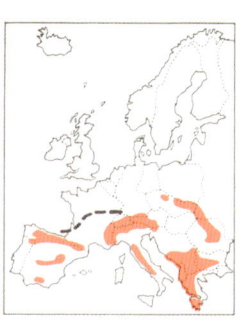

241. Sordone
Migratore parziale. Scende ad altitudini minori in inverno. Erratico: a nord fino alla Gran Bretagna e Nord Europa.

242. Usignolo d'Africa
Visitatore d'estate. Irregolare nella Francia del Sud. Erratico: Italia, Europa centrale e orientale, Isole Britanniche.

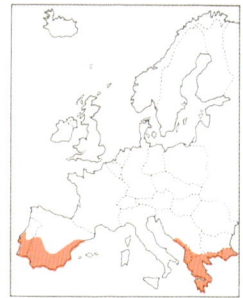

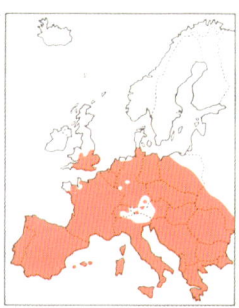

243. Pettirosso
Migratore parziale. Regolare in Islanda.

244. Usignolo maggiore
Visitatore d'estate. Erratico all'O fino all'Italia, Gran Bretagna, Svizzera.

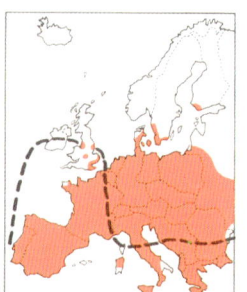

245. Usignolo
Visitatore d'estate. Erratico: Scozia, Irlanda, Nord Europa.

246. Pettazzurro
Visitatore d'estate. Nidifica sporadicamente in Svizzera. Raramente di passo in Gran Bretagna (ha nidificato in Scozia). Erratico: Irlanda e Islanda.

247. Codirosso spazzacamino
Migratore parziale. Ha nidificato in Scozia e Norvegia. Erratico in Islanda.

248. Codirosso
Visitatore d'estate. Erratico in Islanda.

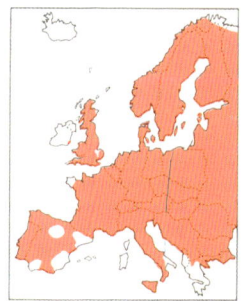

249. Stiaccino
Visitatore d'estate. Erratico in Islanda.

250. Saltimpalo
Migratore parziale. Erratico: in quasi tutto il Nord Europa.

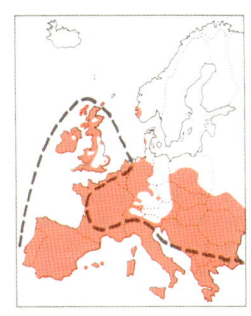

251. Culbianco
Visitatore d'estate.

252. Monachella
Visitatrice d'estate. Erratica: Isole Britanniche, Europa centrale e settentrionale.

253. Monachella nera
Sedentaria. Erratica: Gran Bretagna, Europa centrale e sud-orientale.

254. Codirossone
Visitatore d'estate. Erratico: Gran Bretagna, Nord Europa.

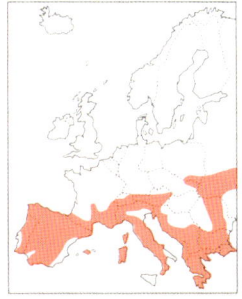

255. Passero solitario
Soprattutto sedentario. Erratico: Europa centrale e settentrionale.

256. Merlo dal collare
Migratore parziale. Ha nidificato in Danimarca, Faer Oer. Erratico in Islanda.

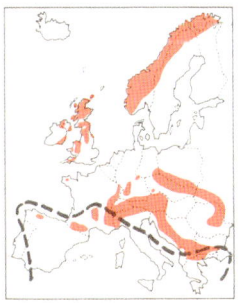

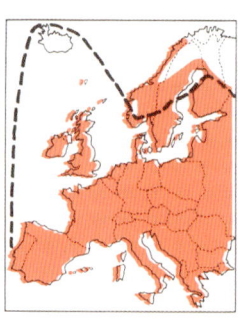

257. Merlo
Migratore parziale. Ha nidificato in Islanda.

258. Cesena
Migratrice parziale. Ha nidificato in Islanda. Nidifica irregolarmente in Gran Bretagna.

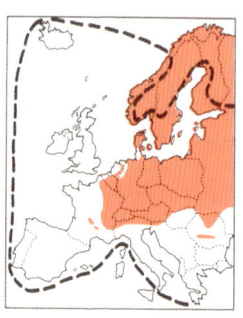

259. Tordo bottaccio
Migratore parziale. Erratico in Islanda.

260. Tordo sassello
Soprattutto migratore. Ha nidificato: Inghilterra sud-orientale, Francia, Cecoslovacchia.

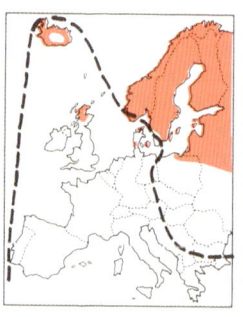

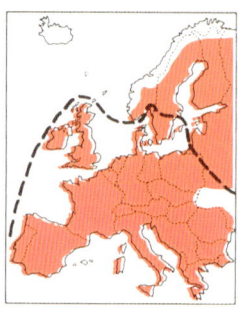

261. Tordela
Migratrice parziale. Erratica in Islanda.

262. Usignolo di fiume
Soprattutto sedentario. Ha nidificato in Germania. Erratico: Europa centrale e settentrionale.

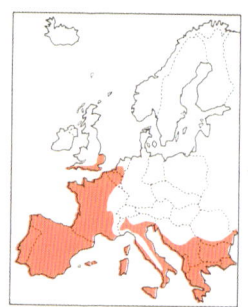

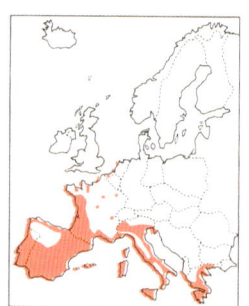

263. Beccamoschino
Sedentario, vulnerabile agli inverni rigidi. Erratico: Gran Bretagna, Irlanda.

264. Forapaglie macchiettato
Visitatore d'estate. Erratico in Islanda.

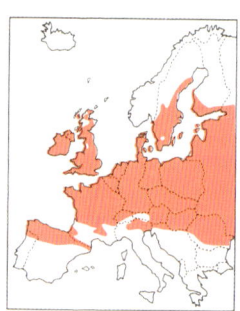

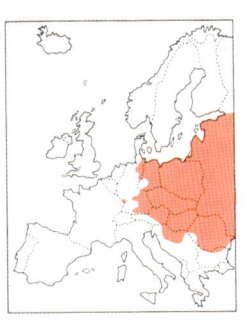
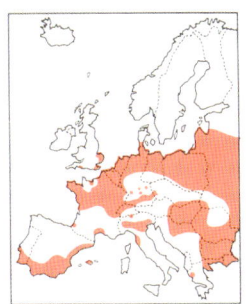

265. Locustella fluviatile
Visitatrice d'estate. Ha nidificato in Finlandia. Regolare in Svezia. Erratica in Gran Bretagna.

266. Salciaiola
Visitatrice d'estate. Erratica: Scozia, Irlanda e Nord Europa.

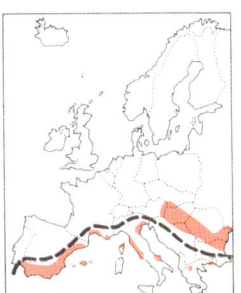
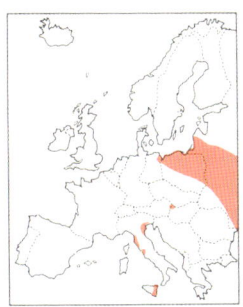

267. Forapaglie castagnolo
Migratore parziale. Erratico in Gran Bretagna (ha nidificato), Europa centrale.

268. Pagliarolo
Visitatore d'estate. Ha nidificato a occidente fino alla Francia. Regolare in Gran Bretagna. Di passo in Spagna e Portogallo. Erratico: Nord Europa.

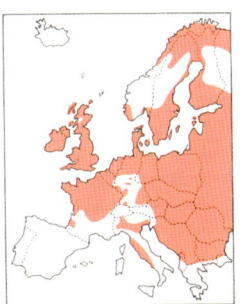
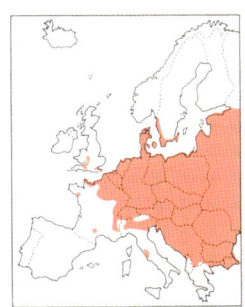

269. Forapaglie
Visitatore d'estate. Erratico in Islanda.

270. Cannaiola verdognola
Visitatrice d'estate. Ha nidificato in Spagna e Norvegia. Erratica: Scozia, Faer Oer.

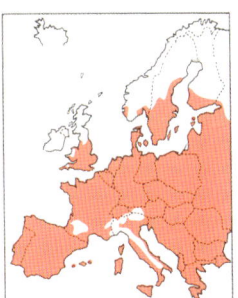
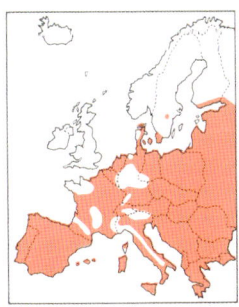

271. Cannaiola
Visitatrice d'estate. Ha nidificato in Scozia e Irlanda. Erratica: Islanda.

272. Cannareccione
Visitatore d'estate. Regolare: Gran Bretagna. Erratico: Irlanda, Norvegia.

273. Canapino pallido
Visitatore d'estate. Erratico: Isole Britanniche, Europa centrale.

274. Canapino levantino
Visitatore d'estate. Erratico in Italia e Romania.

275. Canapino maggiore
Visitatore d'estate. Regolare: Gran Bretagna e Irlanda. Erratico: Faer Oer.

276. Canapino
Visitatore d'estate. Regolare: Gran Bretagna, Irlanda. Erratico: Europa centrale e settentrionale.

277. Magnanina
Soprattutto sedentaria. Erratica in Irlanda, Europa centrale e orientale.

278. Sterpazzola di Sardegna
Visitatrice d'estate. Sedentaria a Malta. Erratica in Gran Bretagna.

279. Sterpazzolina
Visitatrice d'estate. Erratica: Isole Britanniche, Europa centrale, settentrionale e orientale.

280. Occhiocotto
Soprattutto sedentario. Erratico: Gran Bretagna, Europa centrale, settentrionale e orientale.

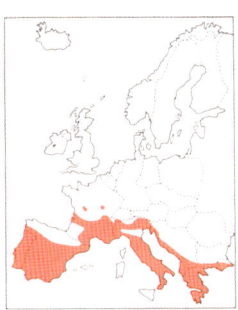

281. Bigia grossa
Visitatrice d'estate. Erratica: Gran Bretagna, Europa centrale.

282. Bigia padovana
Visitatrice d'estate. Di passo raramente sulla Gran Bretagna orientale. Erratica: Islanda, Irlanda.

283. Bigiarella
Visitatrice d'estate. Erratica: Irlanda, Islanda, Spagna.

284. Sterpazzola
Visitatrice d'estate. Erratica in Islanda.

285. Beccafico
Visitatore d'estate. Erratico in Islanda.

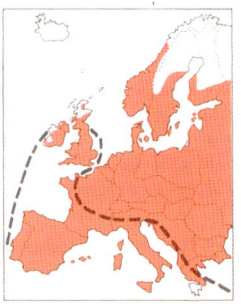

286. Capinera
Migratrice parziale. Di passo: Faer Oer e Islanda.

287. Luì verdastro
Visitatore d'estate. Migratore verso E. Ha nidificato in Svezia. Erratico: Isole Britanniche, Europa centrale.

288. Luì boreale
Visitatore d'estate. Migra verso E. Erratico: Isole Britanniche, Europa centrale e meridionale.

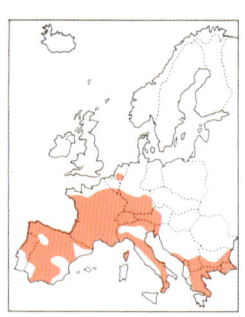
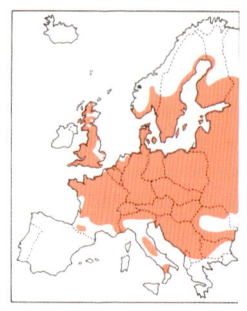

289. Luì bianco
Visitatore d'estate. Erratico:
Isole Britanniche, Nord
Europa.

290. Luì verde
Visitatore d'estate. Nidifica
irregolarmente in Irlanda.
Erratico: Islanda.

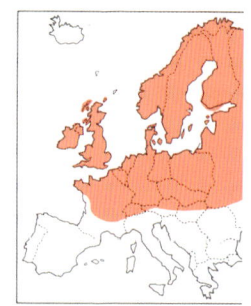

291. Luì piccolo
Migratore parziale. Migratore
di deriva in Islanda.

292. Luì grosso
Soprattutto visitatore d'estate.
Migratore di deriva in Islanda.

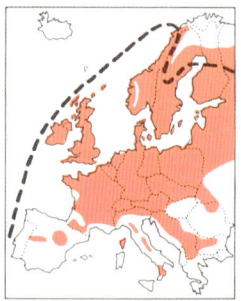
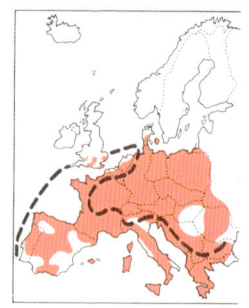

293. Regolo
Migratore parziale. Frequente
nelle Faer Oer; erratico in
Islanda.

294. Fiorrancino
Migratore parziale. Può essere
regolare in Irlanda; erratico nel
Nord Europa.

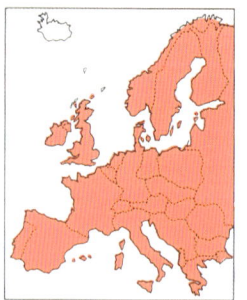
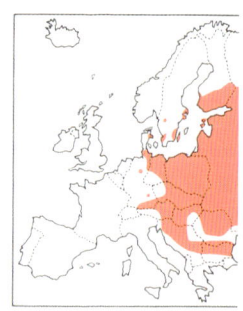

295. Pigliamosche
Visitatore d'estate. Erratico:
Islanda.

296. Pigliamosche pettirosso
Visitatore d'estate. Di passo
raro: Italia, Gran Bretagna,
Francia. Erratico: a occidente
fino alla Spagna, Irlanda,
Islanda.

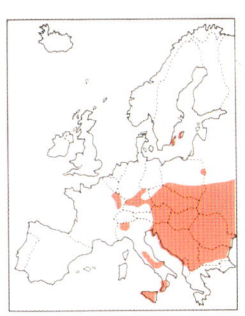

297. Balia dal collare
Visitatrice d'estate. Nidifica irregolarmente in Grecia. Erratica: Europa settentrionale e occidentale compresa la Gran Bretagna.

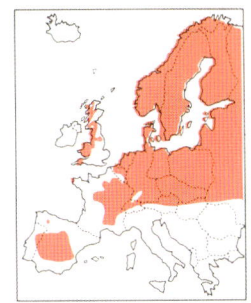

298. Balia nera
Visitatrice d'estate. Di passo in Irlanda. Erratica: Islanda.

299. Basettino
Erratico d'inverno.
Accidentale in Scozia, Irlanda e Nord Europa.

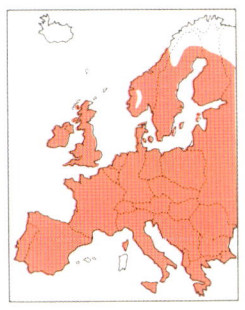

300. Codibugnolo
Migratore parziale.

301. Cincia bigia
Soprattutto sedentaria.

302. Cincia dalmatina
Sedentaria. Erratica in Italia.

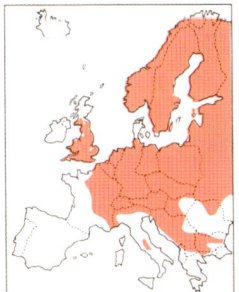

303. Cincia bigia alpestre
Soprattutto sedentaria.

304. Cincia siberiana
Soprattutto sedentaria.
Erratica in Estonia.

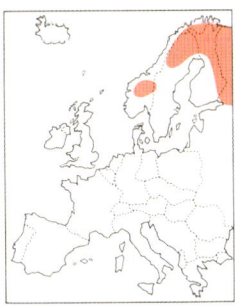

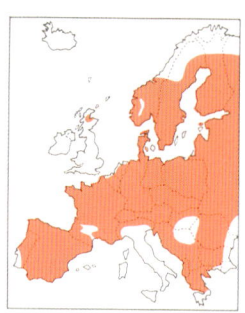

305. Cincia dal ciuffo
Soprattutto sedentaria.

306. Cincia mora
Migratrice parziale nella parte settentrionale dell'area di distribuzione.

307. Cinciarella
Migratrice parziale nella parte settentrionale dell'area di distribuzione.

308. Cinciallegra
Migratrice parziale nella parte settentrionale dell'area di distribuzione. Erratica in Islanda.

309. Picchio muratore
Sedentario. Ha nidificato in Finlandia.

310. Picchio muratore di roccia
Sedentario.

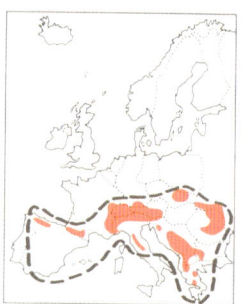

311. Picchio muraiolo
Migratore parziale. Erratico: Inghilterra, Germania settentrionale e Malta.

312. Rampichino alpestre
Soprattutto sedentario.

313. Rampichino
Soprattutto sedentario.
Erratico in Inghilterra.

314. Pendolino
Ha nidificato in Svizzera,
Olanda. Erratico d'inverno, ha
raggiunto la Gran Bretagna e la
Finlandia.

315. Rigogolo
Visitatore d'estate. Ha
nidificato in Scozia e Norvegia.
Erratico: Irlanda, Islanda.

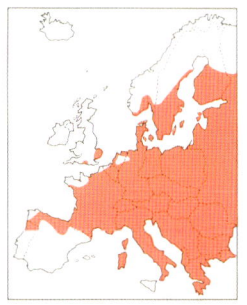

316. Averla piccola
Visitatrice d'estate. Nidifica
irregolarmente in Scozia.
Erratica: Irlanda e Islanda.

317. Averla cenerina
Visitatrice d'estate. Erratica a
nord fino alle Isole Britanniche,
Nord Europa.

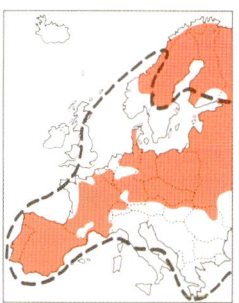

318. Averla maggiore
Migratrice parziale. Erratica:
Faer Oer, Irlanda.

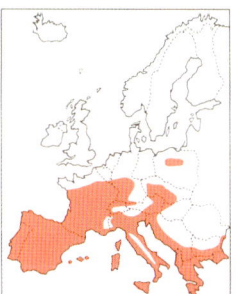

319. Averla capirossa
Visitatrice d'estate. Erratica:
Isole Britanniche, Nord
Europa.

320. Ghiandaia
Migratrice parziale, almeno
nella parte settentrionale
dell'area di distribuzione.

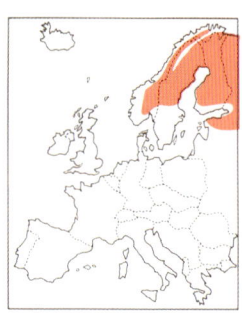

321. Ghiandaia siberiana
Soprattutto sedentaria.
Erratica: Europa centrale.

322. Gazza
Sedentaria.

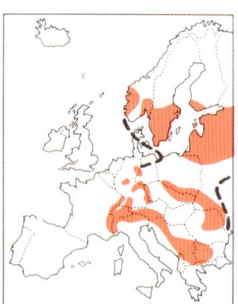

323. Nocciolaia
Soprattutto sedentaria. La razza siberiana invade periodicamente l'Europa occidentale fino alla Gran Bretagna e Spagna. Nidifica irregolarmente in Danimarca.

324. Gracchio
Sedentario. Erratico in Cecoslovacchia. Rinvenuto in Spagna.

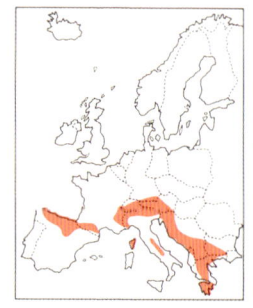

325. Gracchio corallino
Sedentario.

326. Taccola
Migratrice parziale. Erratica: Islanda.

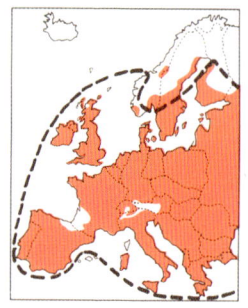

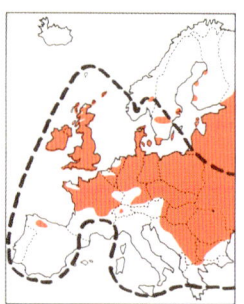

327. Corvo
Migratore parziale. Erratico: Islanda.

328. Cornacchia nera
Soprattutto sedentaria. Erratica: Nord Europa, Polonia.

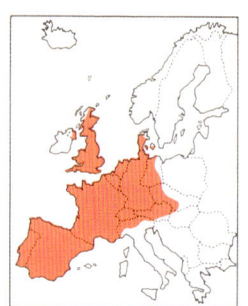

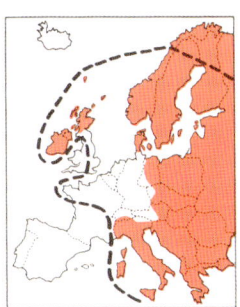

329. Cornacchia grigia
Migratrice parziale. Erratica in Islanda, Europa sud-occidentale.

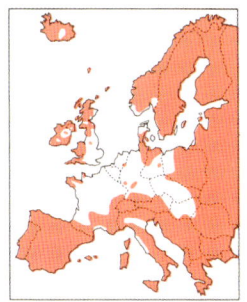

330. Corvo imperiale
Soprattutto sedentario.

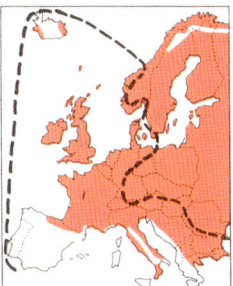

331. Storno
Migratore parziale.

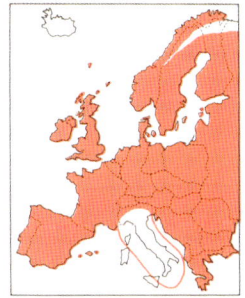

332. Passera oltremontana
Soprattutto sedentaria. Ha nidificato in Islanda. La linea tratteggiata circonda l'area di distribuzione della Passera d'Italia.

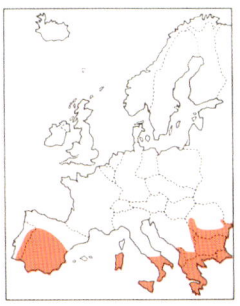

333. Passera sarda
Soprattutto sedentaria. Erratica: Gran Bretagna e Francia del Sud.

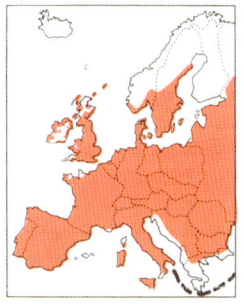

334. Passera mattugia
Migratrice parziale. Ha nidificato alle Faer Oer. Erratica in Islanda.

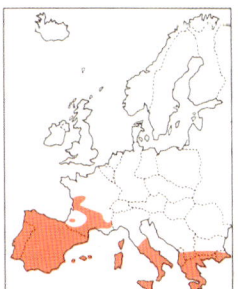

335. Passera lagia
Sedentaria. Erratica: Gran Bretagna ed Europa centrale.

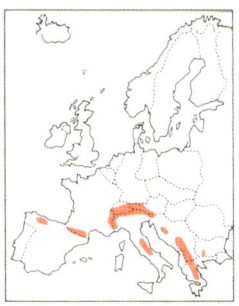

336. Fringuello alpino
Sedentario, d'inverno raramente ad altitudini basse. Erratico: Europa centrale e Baleari.

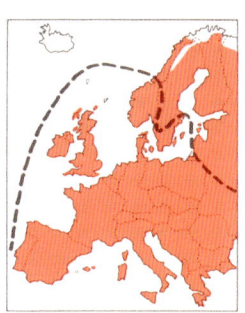

337. Fringuello
Migratore parziale. Regolare in Islanda.

338. Peppola
Migratrice, regolare in Islanda. Ha nidificato: Scozia, Danimarca, Olanda.

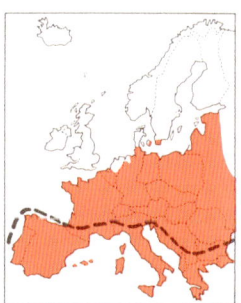

339. Verzellino
Migratore parziale. Ha nidificato in Inghilterra. Erratico: Irlanda, Finlandia.

340. Venturone
Soprattutto sedentario. Si espande in inverno. Ha nidificato nelle Baleari. Erratico: Gran Bretagna, Europa centrale.

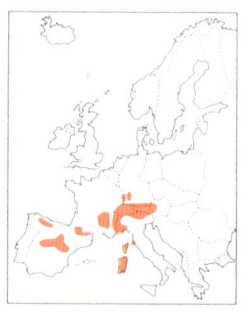

341. Verdone
Migratore parziale. Erratico in Islanda.

342. Cardellino
Migratore parziale.

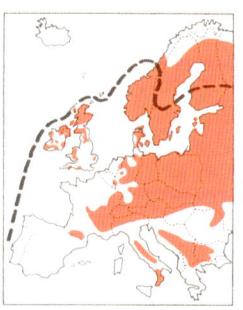

343. Lucherino
Migratore parziale. Ha nidificato in Grecia. Erratico alle Faer Oer.

344. Fanello
Migratore parziale. Erratico: Faer Oer.

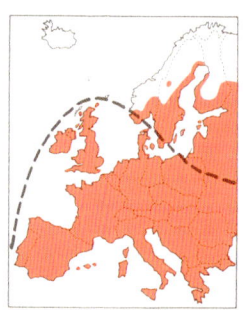

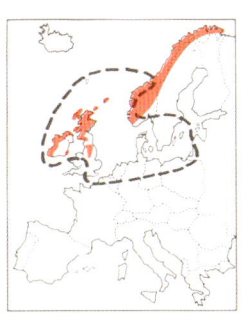

345. Fanello nordico
Migratore parziale. Erratico:
Europa meridionale.

346. Organetto
Migratore parziale.

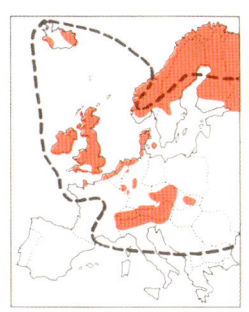

347. Organetto artico
Essenzialmente migratore.
Erratico: Gran Bretagna,
Europa centrale e orientale.

348. Crociere
Il Crociere è parzialmente
sedentario (non nelle
Highlands scozzesi). Dopo
irregolari irruzioni nidifica più
spesso, anche in Irlanda.
Erratico: Islanda. Il Crociere
scozzese è sedentario nelle
Highlands scozzesi.

349. Ciuffolotto scarlatto
Visitatore d'estate. Ha
nidificato in Gran Bretagna ed
Europa nord-occidentale.
Erratico: Islanda e Europa del
Sud.

350. Ciuffolotto delle pinete
Migratore parziale. Erratico:
Europa meridionale e
occidentale compresa Gran
Bretagna.

351. Ciuffolotto
Soprattutto sedentario.
Erratico in Islanda.

352. Frosone
Migratore parziale. Alle
Baleari in inverno. Ha
nidificato in Finlandia e
Norvegia. Erratico: Faer Oer,
Irlanda.

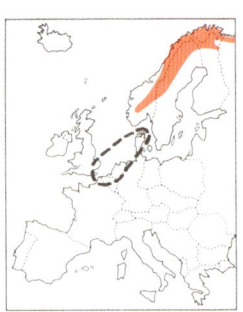
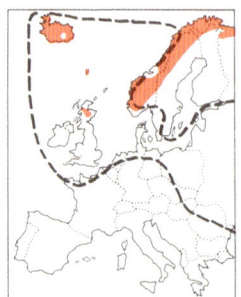

353. Zigolo di Lapponia
Migratore. Ha nidificato in Scozia. Di passo in Irlanda. Erratico: Islanda e a S fino all'Italia.

354. Zigolo delle nevi
Migratore parziale. Erratico in quasi tutta l'Europa meridionale.

355. Zigolo giallo
Migratore parziale. Erratico: Sicilia, Islanda.

356. Zigolo nero
Soprattutto sedentario. Erratico: Irlanda, Europa centrale.

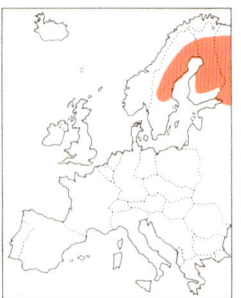
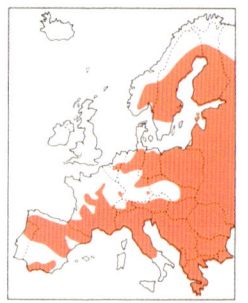

357. Zigolo muciatto
Soprattutto sedentario. Erratico: Gran Bretagna.

358. Ortolano
Visitatore d'estate. Di passo sull'Inghilterra orientale. Erratico: Islanda e Irlanda.

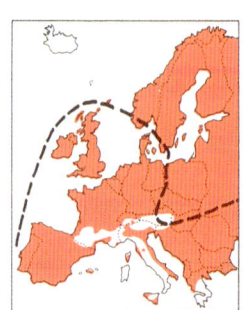

359. Zigolo boschereccio
Visitatore d'estate. Erratico nell'Europa centrale e meridionale, Gran Bretagna.

360. Migliarino di palude
Migratore parziale. Erratico in Islanda.

361. Zigolo testanera
Visitatore d'estate. Erratico:
Europa centrale, settentrionale
e occidentale compresa la Gran
Bretagna.

362. Strillozzo
Soprattutto sedentario.
Erratico: Nord Europa.

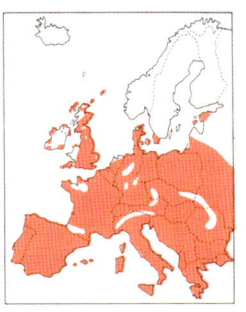

Cartine di distribuzione delle specie nidificanti in Italia
(redatte da Pierandrea Brichetti)

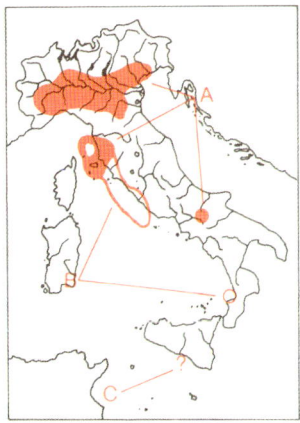

Gli areali di nidificazione italiani sono stati ricostruiti sulla base dei soli dati attendibili, editi o inediti, riferibili agli ultimi 10 anni circa e alle specie presenti in modo regolare.

Le grandi aree (specie più diffuse) o le piccole zone (specie più localizzate) coperte dal colore pieno (A), indicano che la nidificazione è certa o ritenuta tale. Per varie specie ancora poco conosciute (soprattutto passeriformi), tali aree hanno un valore puramente indicativo e sono da considerarsi degli areali "di massima". Si deve inoltre tenere presente che la nidificazione vera e propria non ha luogo in tutta l'area coperta, ma solo nelle località adatte e non in tutte con la stessa regolarità e consistenza.

Le grandi aree o le piccole zone semplicemente contornate (B), indicano che la nidificazione è probabile o possibile, mentre il punto interrogativo (C) segnala aree o località ove la nidificazione, seppur possibile, è molto dubbiosa e si riferisce a dati del tutto generici o non recenti.

Per ovvi motivi conservazionistici, sono stati indicati areali approssimativi per l'individuazione delle località di riproduzione di specie rare e minacciate, come molti rapaci. Non sono state approntate mappe per le specie immesse per fini venatori (es. Fagiano, Francolino di Erkel) o estinte (Gobbo rugginoso, Aquila di mare, Gipeto, Avvoltoio monaco, Albanella reale, Falco pescatore, Quaglia tridattila, Gru), mentre per cinque tra le specie nidificanti in modo irregolare (Svasso piccolo, Marangone minore, Airone guardabuoi, Fenicottero, Fischione, Codone, Schiribilla grigiata, Re di quaglie, Beccaccino, Sterna maggiore, Sterna del Rüppell, Tordo sassello, Balia nera, Peppola) sono state redatte le mappe poste alla fine del capitolo.

Elenco delle specie nidificanti in Italia

Sono indicati il nome volgare, la pagina in cui compare la descrizione della specie e in *corsivo* il numero della cartina di distribuzione italiana.

Airone cenerino 45, *375*
Airone rosso 46, *376*
Albanella minore 70, *397*
Allocco 133, *463*
Allodola 145, *487*
Alzavola 55, *382*
Aquila del Bonelli 75, *402*
Aquila reale 75, *401*
Assiolo 132, *459*
Astore 71, *398*
Averla capirossa 189, *563*
Averla cenerina 188, *562*
Averla piccola 187, *561*
Avocetta 91, *428*

Balestruccio 147, *492*
Balia dal collare 180, *546*
Ballerina bianca 151, *499*
Ballerina gialla 152, *498*
Barbagianni 131, *458*
Basettino 181, *547*
Beccaccia 104, *435*

Beccaccia di mare 90, *426*
Beccaccino 103, *601*
Beccafico 174, *538*
Beccamoschino 164, *521*
Beccapesci 121, *445*
Berta maggiore 37, *365*
Berta minore 38, *366*
Biancone 69, *395*
Bigia grossa 173, *534*
Bigia padovana 173, *535*
Bigiarella 174, *536*

Calandra 143, *483*
Calandrella 144, *484*
Calandro 148, *493*
Canapiglia 55, *381*
Canapino 170, *528*
Cannaiola 169, *526*
Cannaiola verdognola 168, *525*
Cannareccione 169, *527*
Capinera 174, *539*
Capovaccaio 68, *393*

Cappellaccia 144, *485*
Cardellino 197, *585*
Cavaliere d'Italia 91, *427*
Cesena 162, *517*
Cicogna bianca 46, *377*
Cigno reale 48, *379*
Cincia bigia 182, *549*
Cincia bigia alpestre 182, *550*
Cincia dal ciuffo 183, *551*
Cincia mora 183, *552*
Cinciallegra 184, *554*
Cinciarella 183, *553*
Ciuffolotto 201, *590*
Civetta 133, *462*
Civetta capogrosso 135, *465*
Civetta nana 133, *461*
Codibugnolo 181, *548*
Codirosso 156, *508*
Codirosso spazzacamino 155, *507*
Codirossone 159, *513*
Codone 57, *600*
Colino della Virginia *413*
Colombaccio 128, *453*
Colombella 128, *452*
Cormorano 41, *368*
Cornacchia grigia 192, *571*
Cornacchia nera 192, *570*
Corriere piccolo 93, *431*
Corvo imperiale 192, *572*
Coturnice 82, *414*
Crociere 200, *589*
Cuculo 130, *457*
Cuculo dal ciuffo 130, *456*
Culbianco 157, *511*
Cutrettola 150, *497*

Fagiano di monte 81, *411*
Falco della regina 78, *406*
Falco di palude 69, *396*
Falco pecchiaiolo 66, *390*
Fanello 198, *587*
Fiorrancino 179, *544*
Fistione turco 58, *386*
Folaga 88, *424*
Forapaglie 167, *524*
Forapaglie castagnolo 166, *523*
Francolino di monte 80, *409*
Fraticello 123, *447*
Fratino 94, *432*

Fringuello 196, *581*
Fringuello alpino 195, *580*
Frosone 202, *591*

Gabbiano comune 115, *440*
Gabbiano corallino 114, *439*
Gabbiano corso 116, *442*
Gabbiano reale 117, *443*
Gabbiano roseo 116, *441*
Gallina prataiola 89, *425*
Gallinella d'acqua 87, *422*
Gallo cedrone 81, *412*
Garzetta 45, *374*
Gazza 190, *565*
Germano reale 56, *383*
Gheppio 77, *404*
Ghiandaia 189, *564*
Ghiandaia marina 139, *472*
Gracchio 191, *567*
Gracchio corallino 191, *568*
Grifone 69, *394*
Grillaio 76, *403*
Gruccione 138, *471*
Gufo comune 134, *464*
Gufo reale 132, *460*

Lanario 78, *407*
Lodolaio 78, *405*
Lucherino 198, *586*
Luì bianco 177, *540*
Luì piccolo 178, *542*
Luì verde 177, *541*

Magnanina 171, *530*
Magnanina sarda 171, *529*
Marangone dal ciuffo 41, *369*
Martin pescatore 138, *470*
Marzaiola 57, *384*
Merlo 161, *516*
Merlo acquaiolo 152, *500*
Merlo dal collare 161, *515*
Mestolone 58, *385*
Migliarino di palude 206, *596*
Mignattaio 47, *378*
Mignattino 124, *449*
Mignattino alibianche 124, *450*
Mignattino piombato 124, *448*
Monachella 159, *512*
Moretta 60, *389*

Moretta tabaccata 59, *388*
Moriglione 59, *387*

Nibbio bruno 67, *391*
Nibbio reale 67, *392*
Nitticora 43, *372*
Nocciolaia 190, *566*

Occhiocotto 172, *533*
Occhione 91, *429*
Organetto 199, *588*
Ortolano 205, *595*

Passera d'Italia 194, *575*
Passera oltremontana 194, *576*
Passera lagia 195, *579*
Passera mattugia 195, *578*
Passera sarda 194, *577*
Passera scopaiola 153, *502*
Passero solitario 160, *514*
Pavoncella 97, *434*
Pellegrino 79, *408*
Pendolino 186, *559*
Pernice bianca'80, *410*
Pernice di mare 92, *430*
Pernice rossa 83, *415*
Pernice sarda 83, *416*
Pettazzurro 154, *506*
Pettegola 106, *437*
Pettirosso 154, *504*
Picchio cenerino 140, *475*
Picchio dorsobianco 142, *480*
Picchio muraiolo 185, *556*
Picchio muratore 185, *555*
Picchio nero 140, *477*
Picchio rosso maggiore 141, *478*
Picchio rosso mezzano 141, *479*
Picchio rosso minore 142, *481*
Picchio tridattilo 142, *482*
Picchio verde 140, *476*
Piccione selvatico 128, *451*
Pigliamosche 179, *545*
Piro-piro piccolo 109, *438*
Pispola 149, *495*
Pittima reale 104, *436*
Piviere tortolino 95, *433*
Poiana 72, *400*
Pollo sultano 87, *423*
Porciglione 85, *419*

Prispolone 149, *494*

Quaglia 82, *418*

Rampichino 186, *558*
Rampichino alpestre 186, *557*
Regolo 179, *543*
Rigogolo 187, *560*
Rondine 146, *490*
Rondine montana 146, *489*
Rondine rossiccia 147, *491*
Rondone 137, *467*
Rondone alpino o maggiore 137, *469*
Rondone pallido 137, *468*

Salciaiola 166, *522*
Saltimpalo 156, *510*
Schiribilla 86, *421*
Scricciolo 152, *501*
Sgarza ciuffetto 44, *373*
Sordone 153, *503*
Sparviero 71, *399*
Spioncello 150, *496*
Starna 83, *417*
Sterna comune 122, *446*
Sterna del Rüppell 214, *602*
Sterna maggiore 121, *602*
Sterna zampenere 120, *444*
Sterpazzola 174, *537*
Sterpazzola di Sardegna 172, *531*
Sterpazzolina 172, *532*
Stiaccino 156, *509*
Storno 193, *573*
Storno nero 193, *574*
Strillozzo 207, *598*
Succiacapre 136, *466*
Svasso maggiore 35, *364*
Svasso piccolo 36, *599*

Taccola 191, *569*
Tarabusino 43, *371*
Tarabuso 43, *370*
Topino 146, *488*
Torcicollo 139, *474*
Tordela 163, *519*
Tordo bottaccio 163, *518*
Tortora 129, *455*
Tortora dal collare orientale 129, *454*
Tottavilla 145, *486*

Tuffetto 35, 363

Uccello delle tempeste 39, *367*
Upupa 139, *473*
Usignolo 154, *505*
Usignolo di fiume 164, *520*

Venturone 197, *583*
Verdone 197, *584*

Verzellino 196, *582*
Volpoca 53, *380*
Voltolino 86, *420*

Zigolo testanera 207, *597*
Zigolo giallo 204, *592*
Zigolo muciatto 204, *594*
Zigolo nero 204, *593*

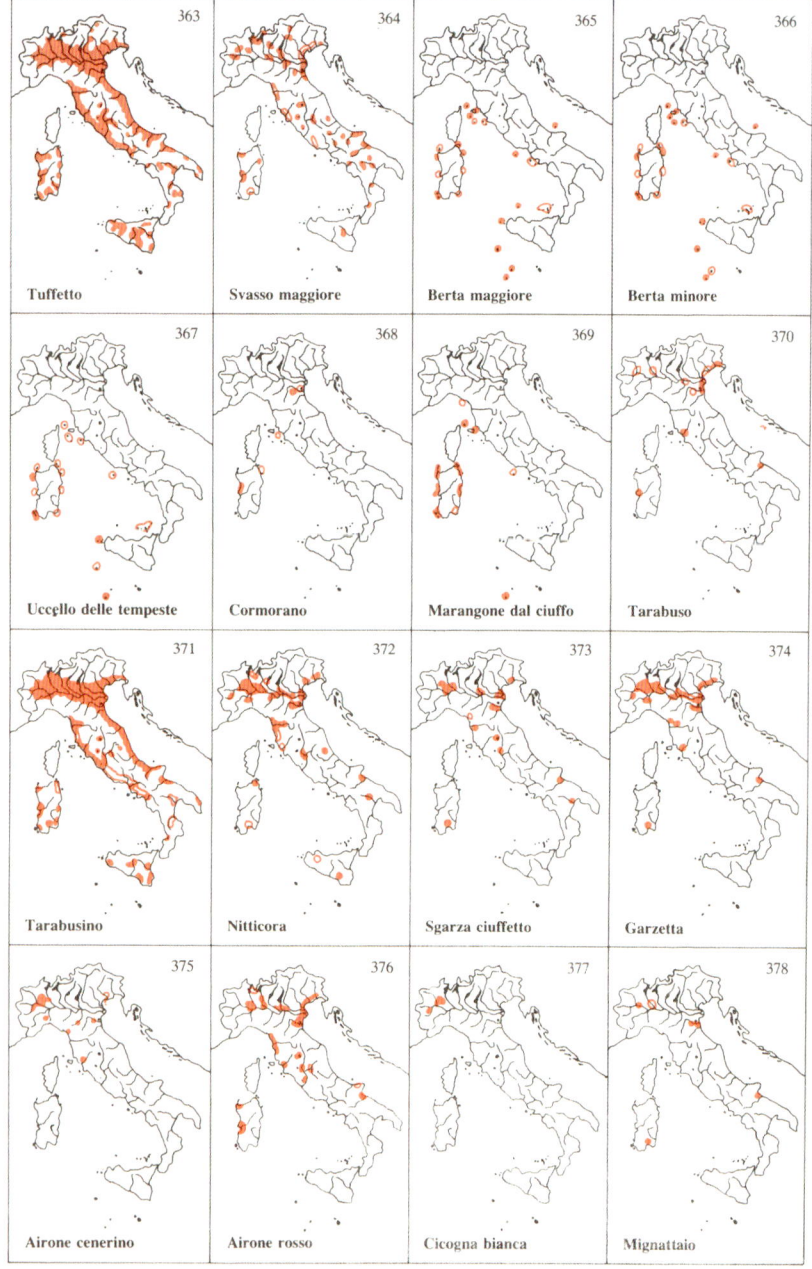

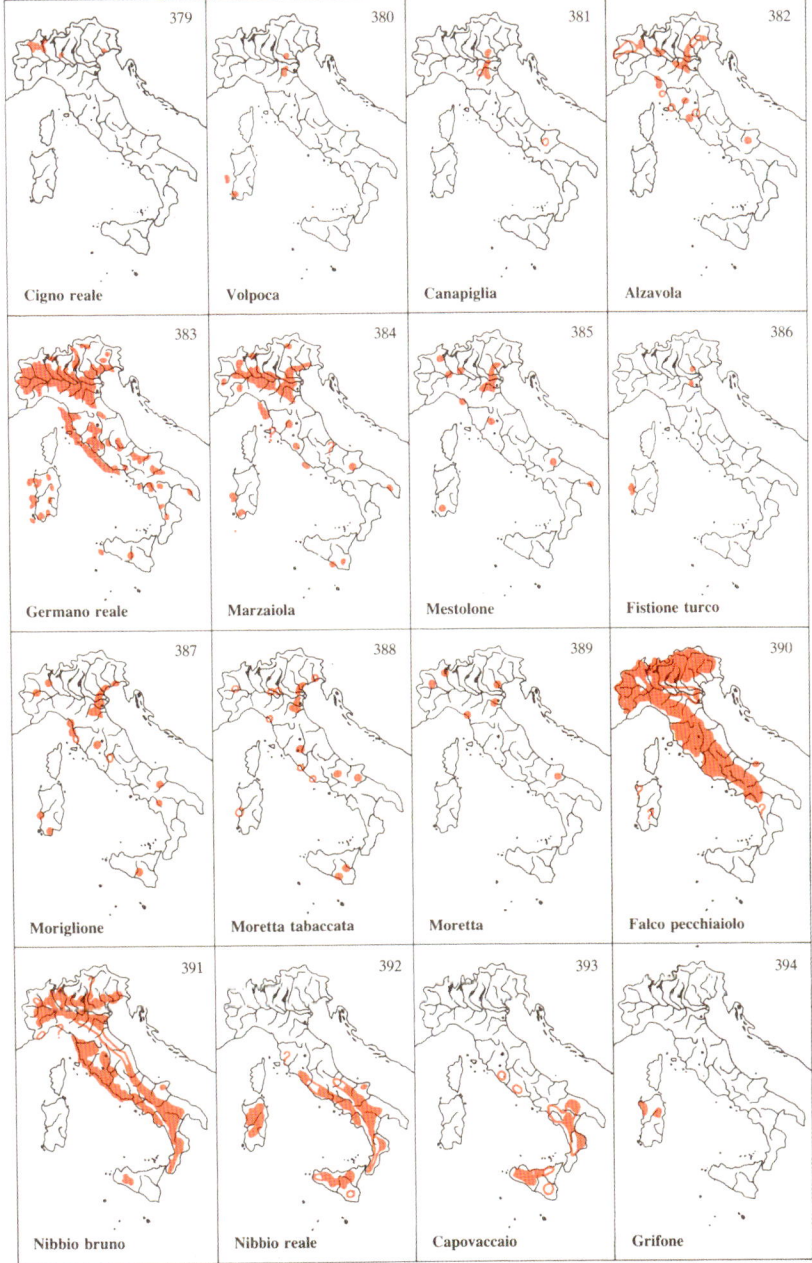

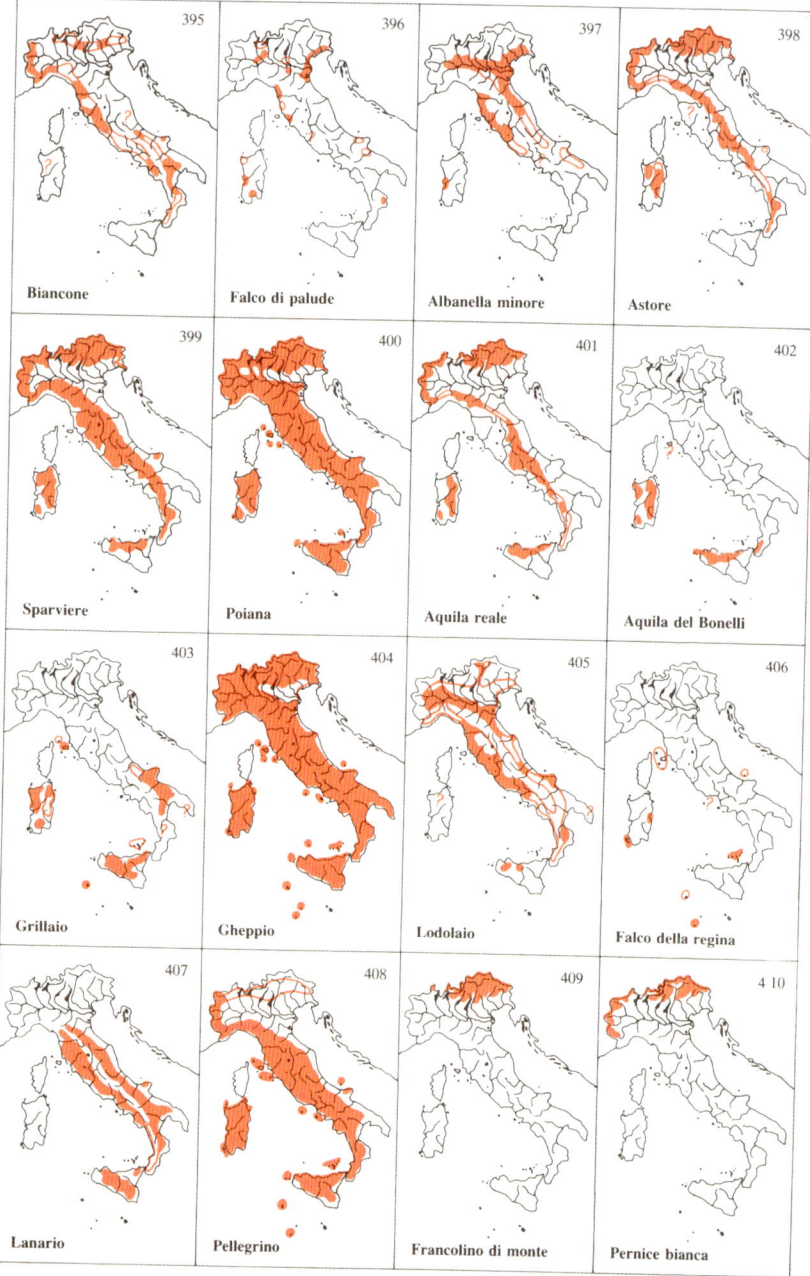

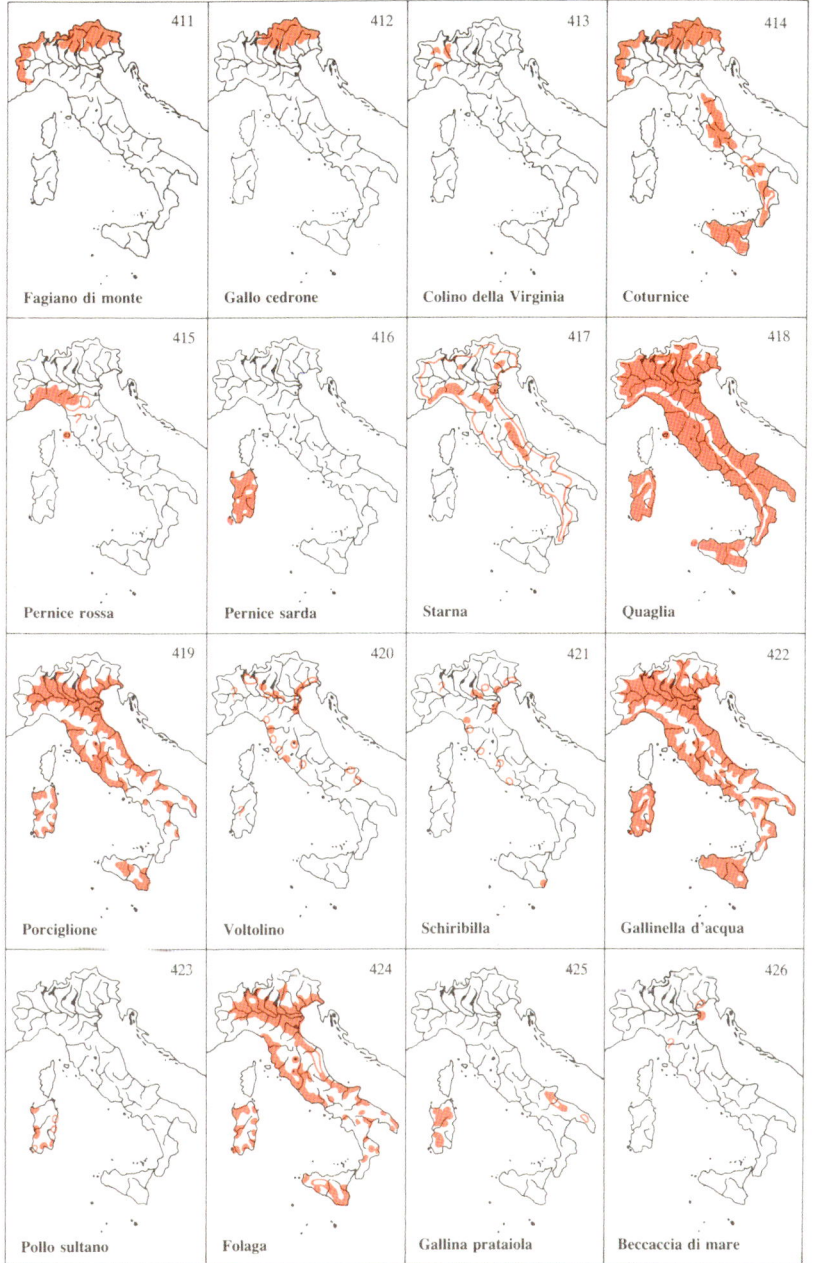

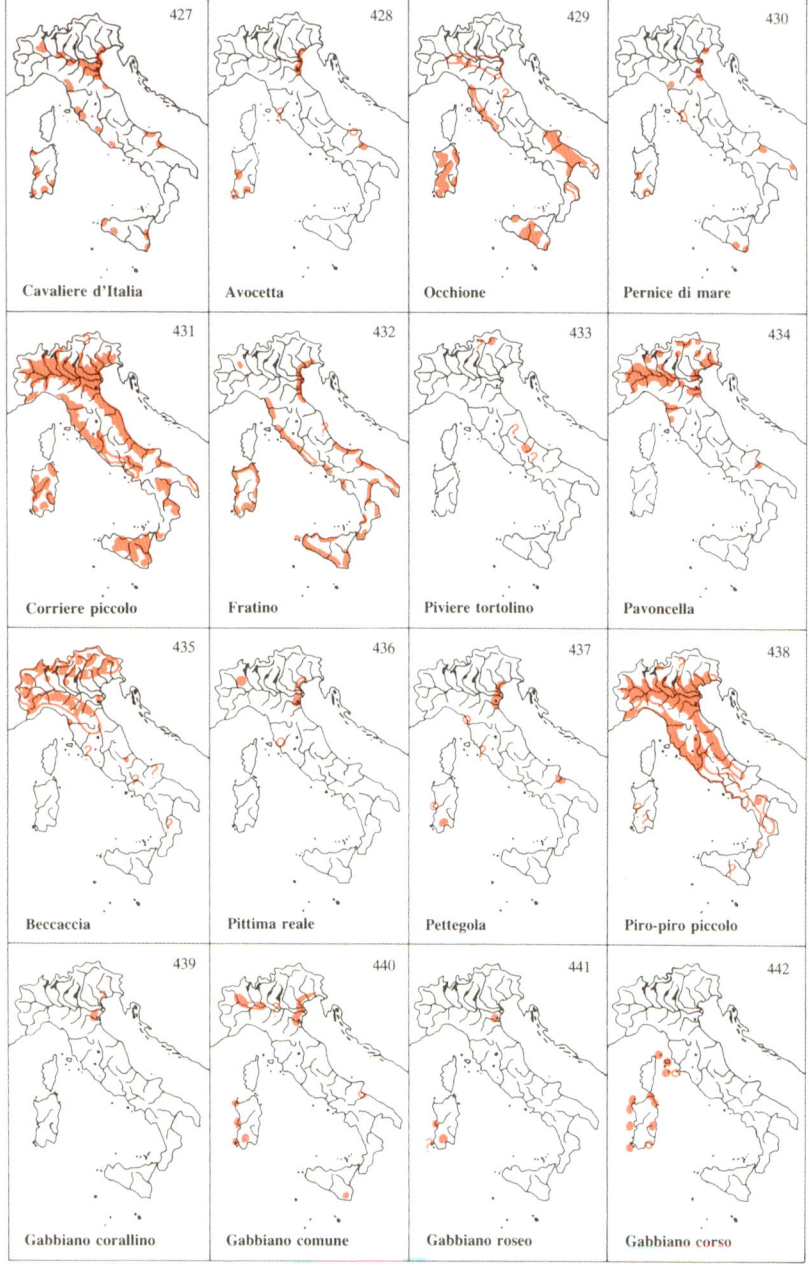

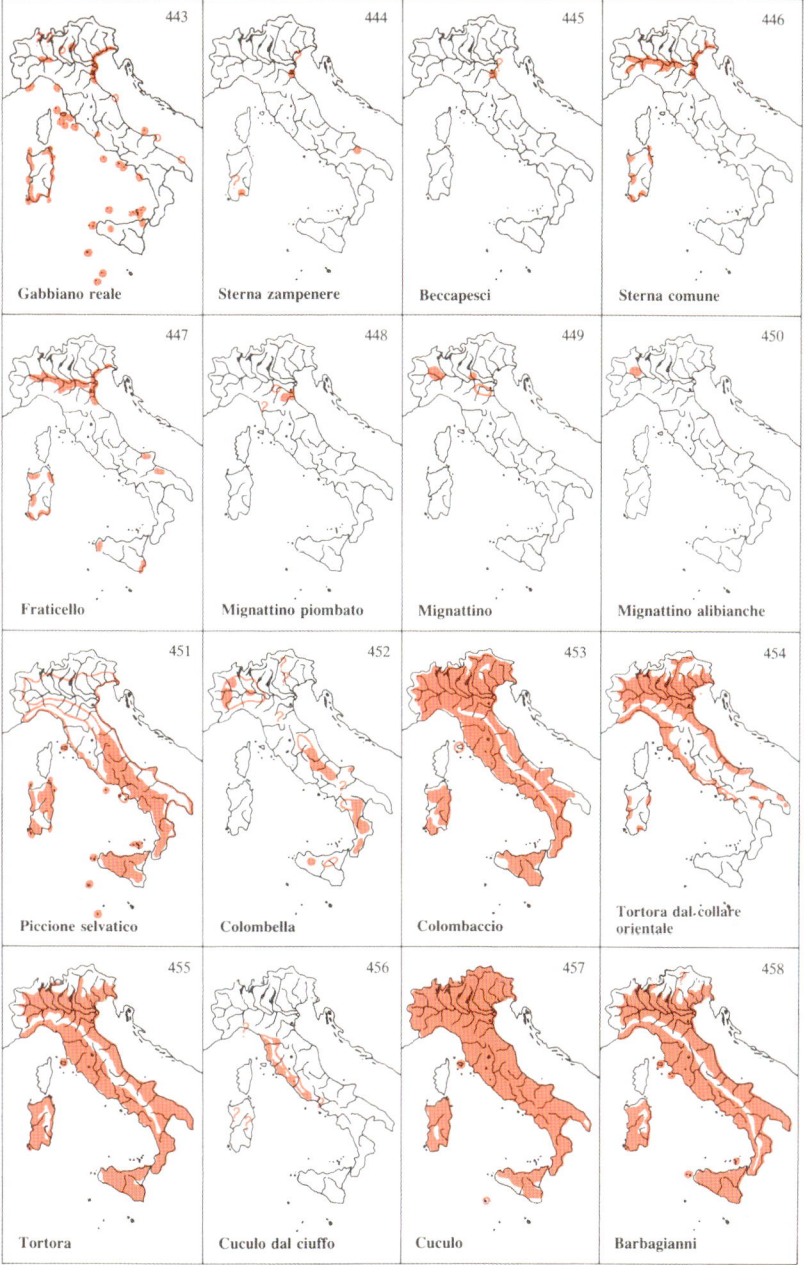

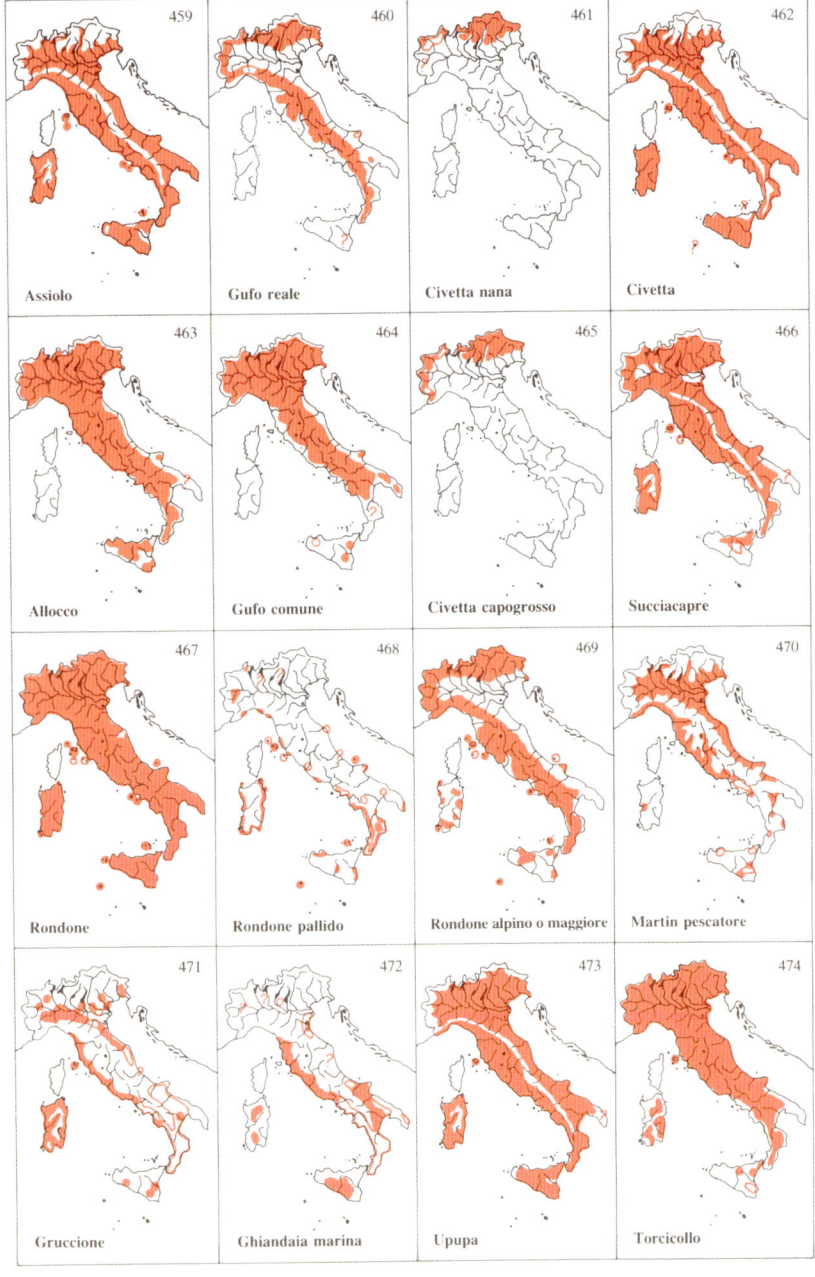

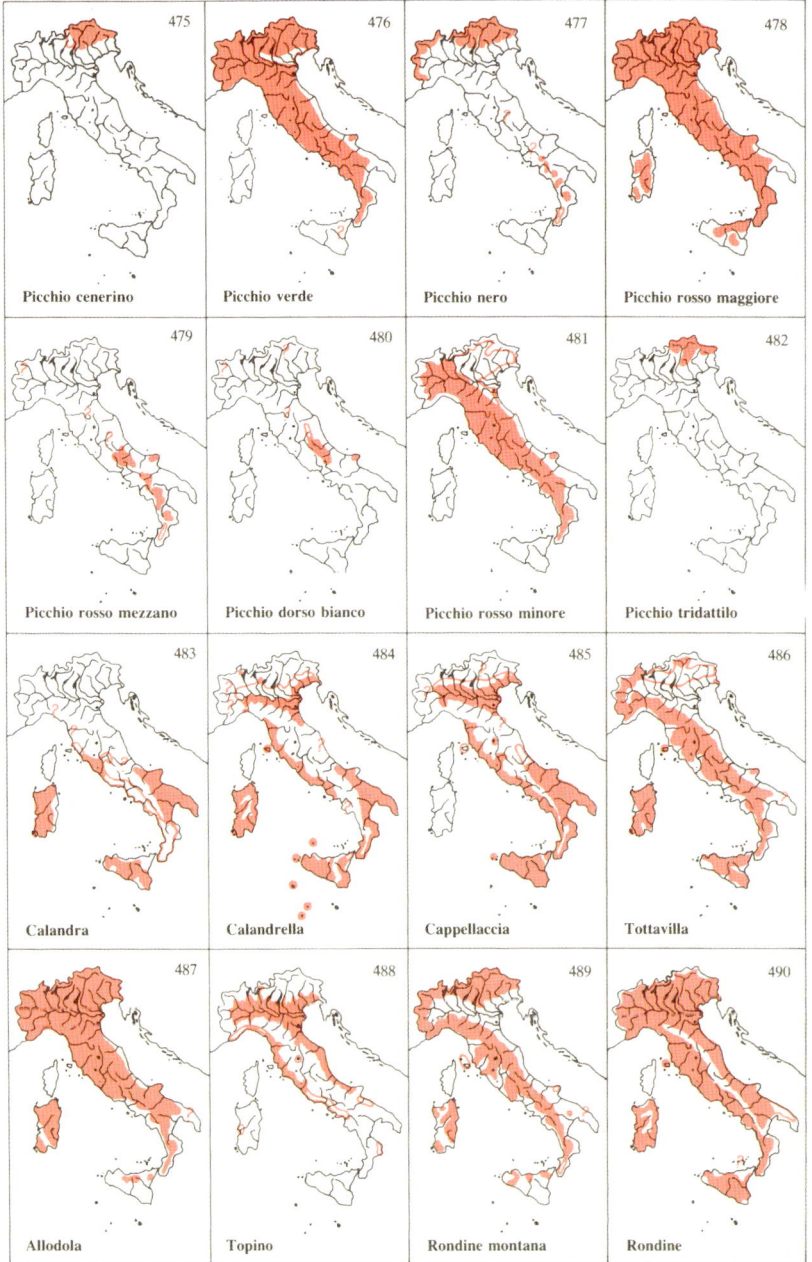

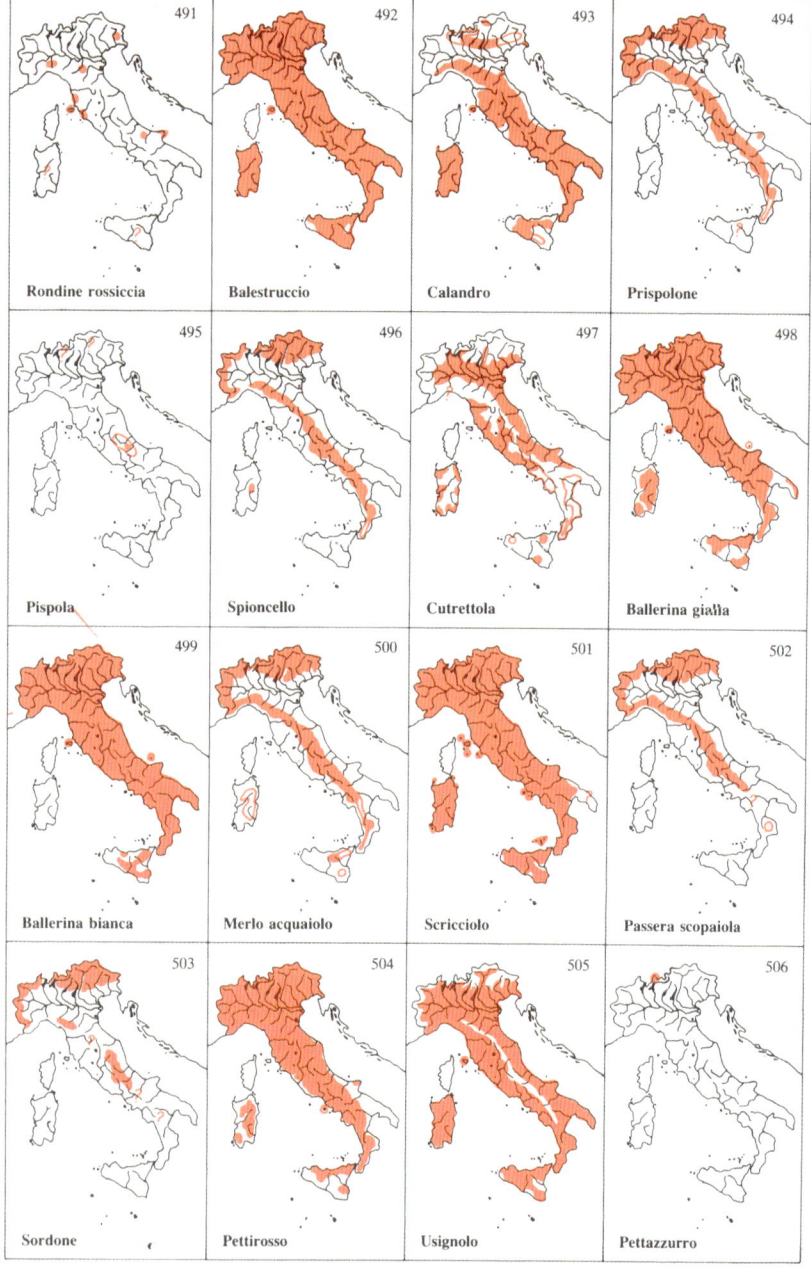

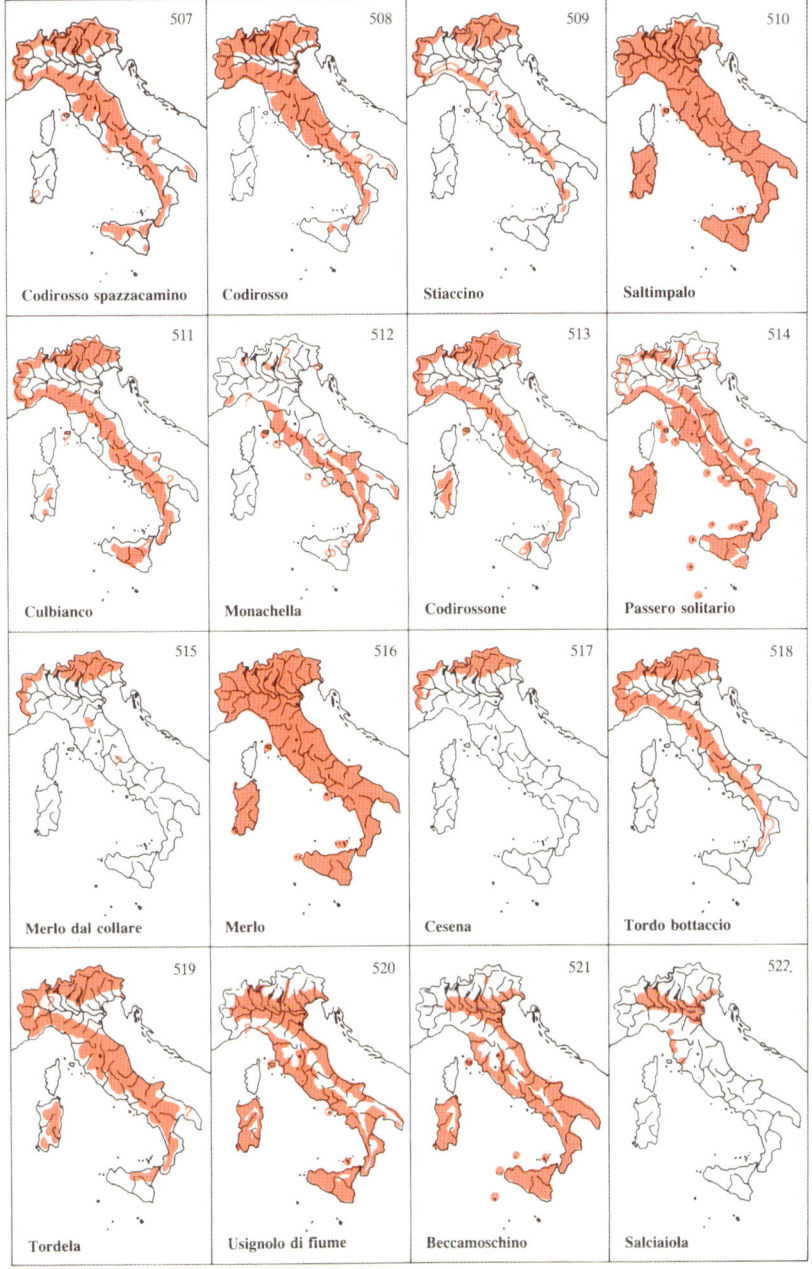

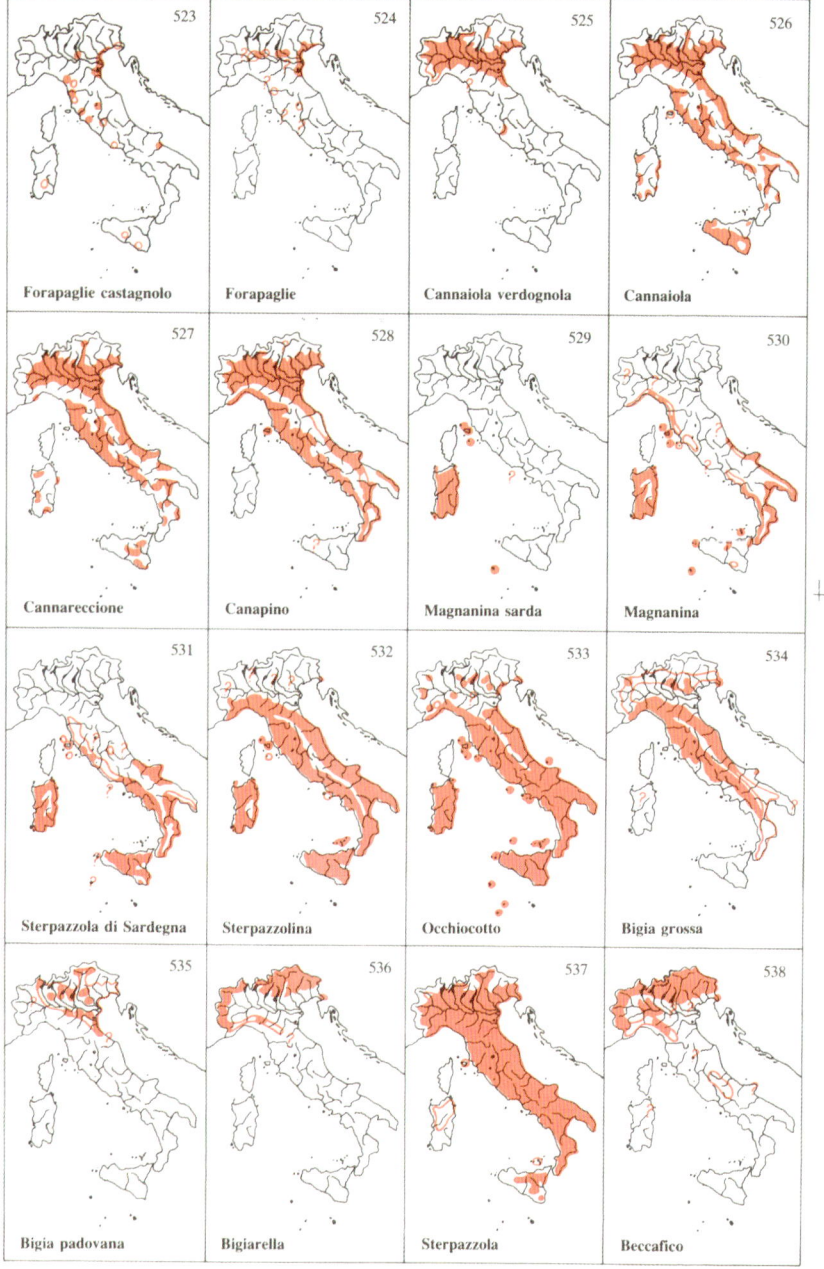

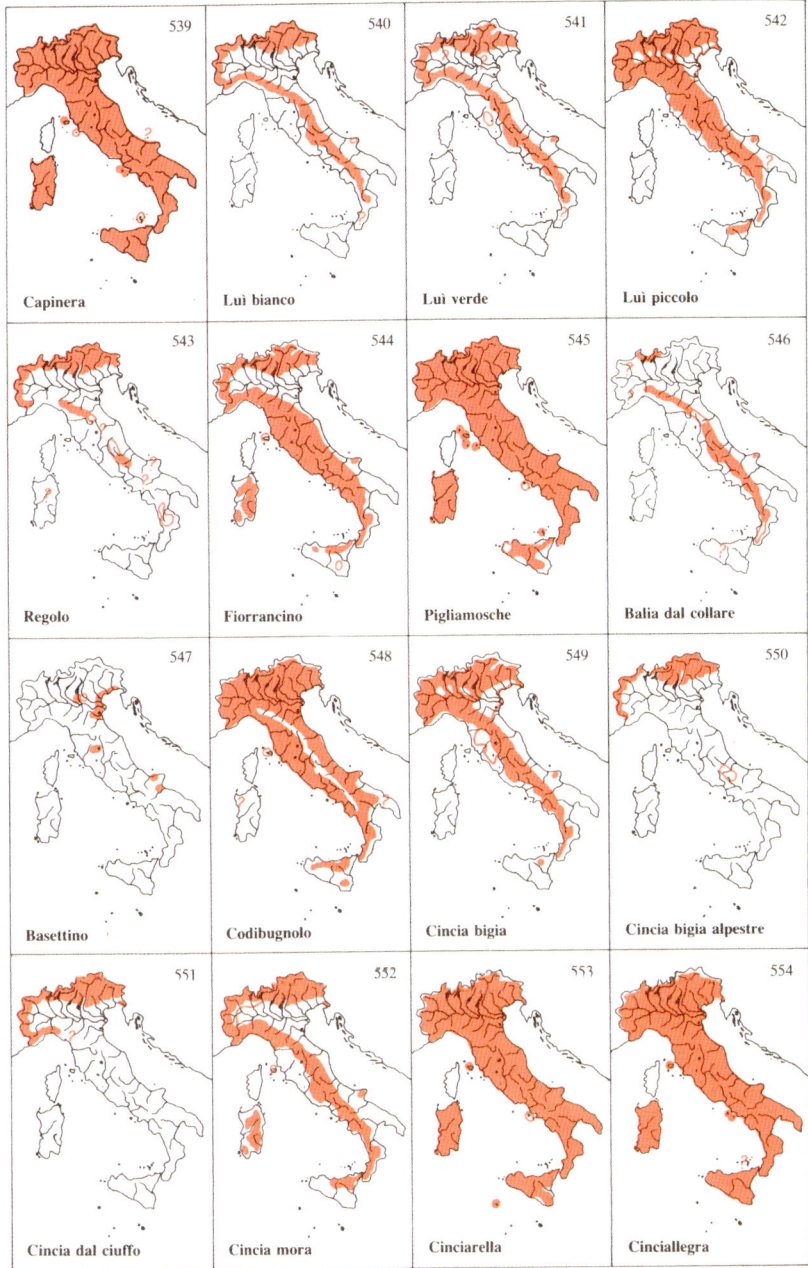

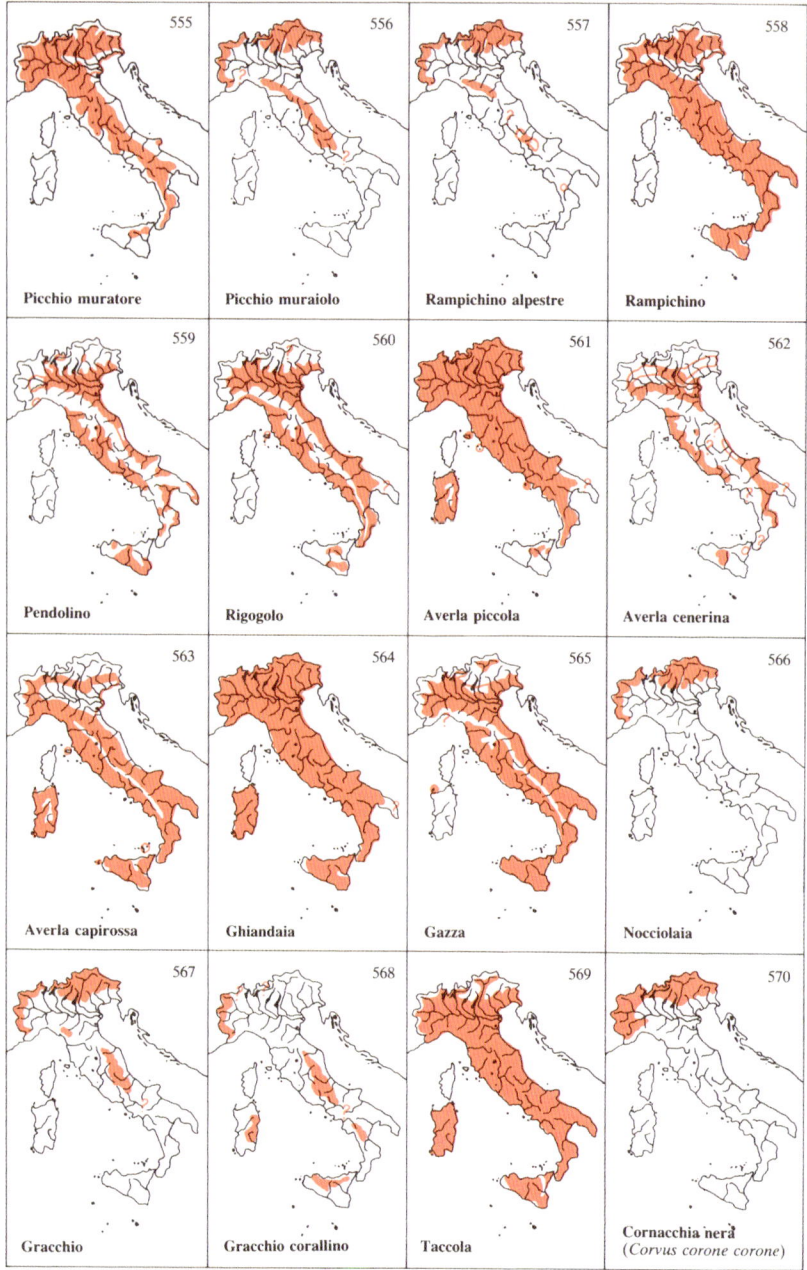

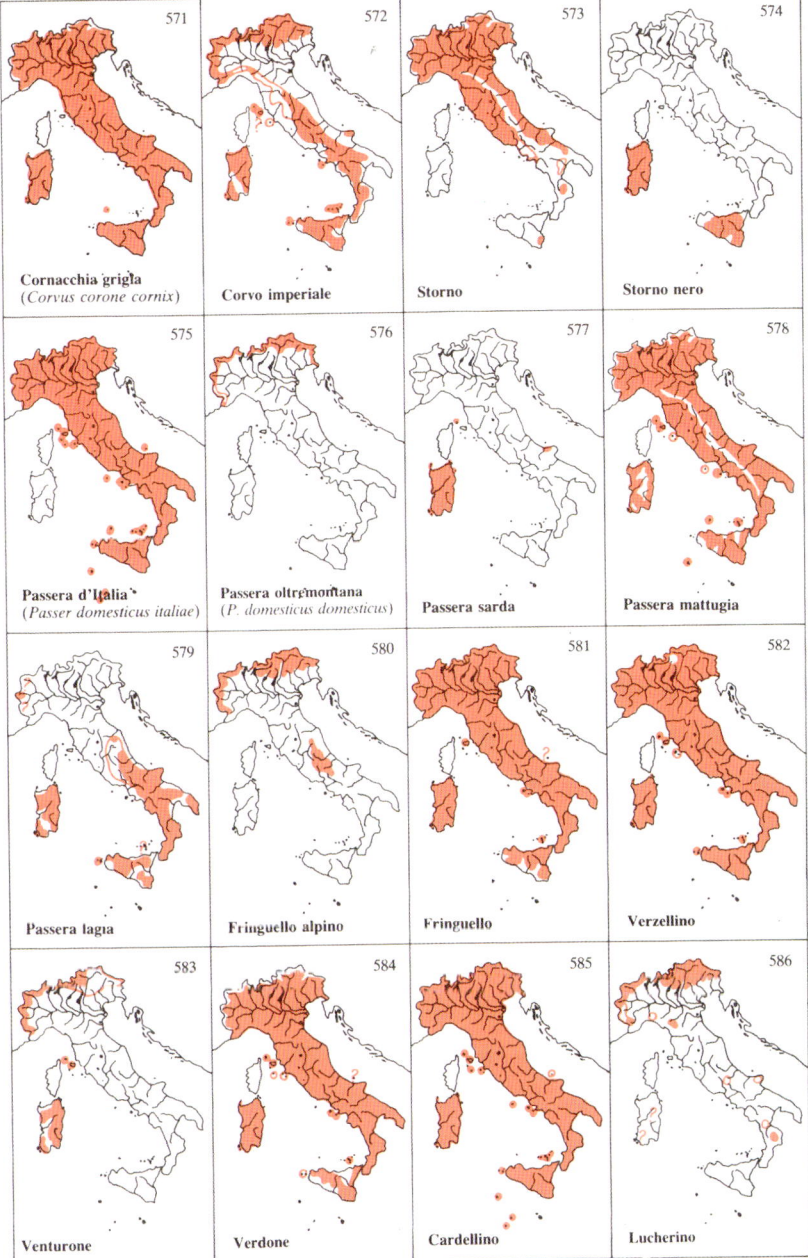

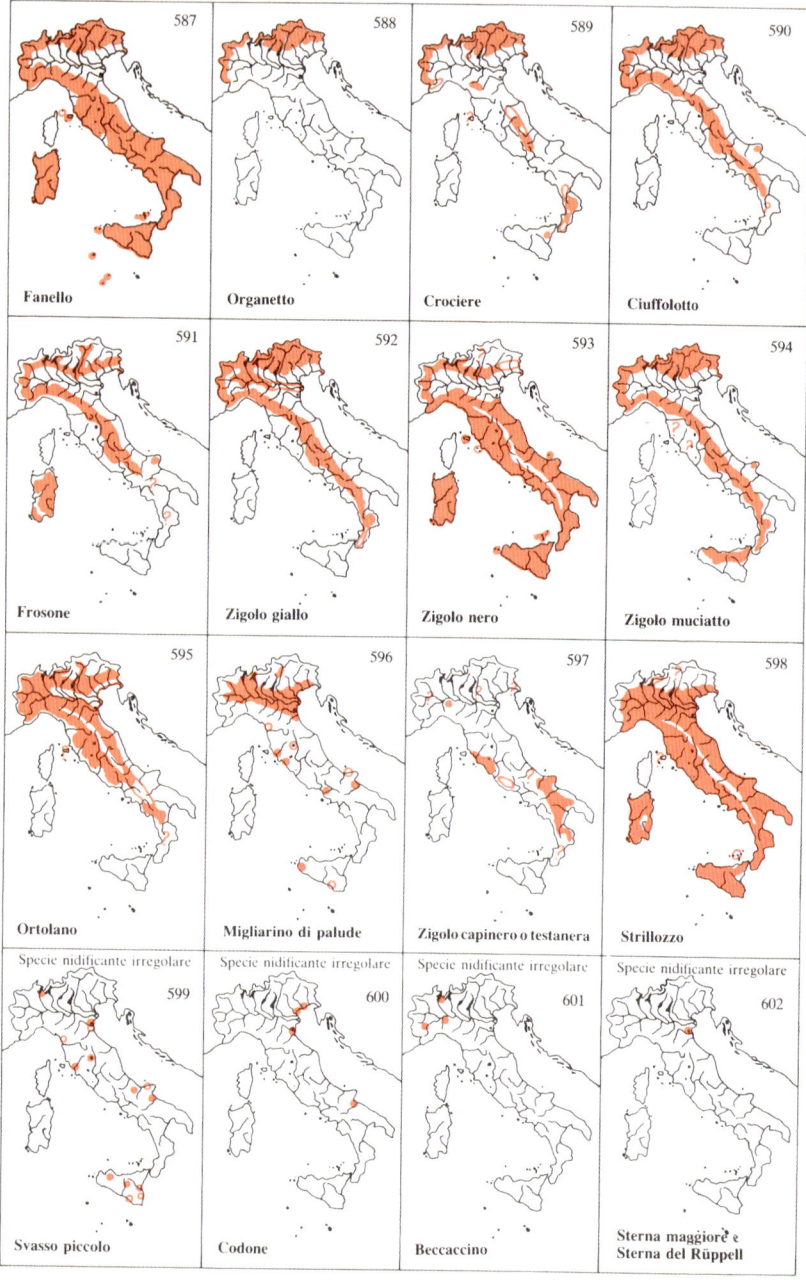

Bibliografia

Opere riguardanti il Paleartico occidentale o l'Europa

BAUER, K. M. e GLUTZ V. BLOTZHEIM, U.N. *Handbuch der Vogel Mitteleuropas* Vol. 1-3. Frankfurt am Main, Akad. Verlagsg., 1966-69.

BILIEVELD, M. *Birds of prey in Europe* London; Macmillan Press, 1974.

CHEYLAN, G. e THIBAULT, J.C. *Rapaces mediterraneens* Parc Naturel Regional Corse et Centre Recherche Ornith. Provence, 1981.

CRAMP, S. e SIMMONS, K.E.L. (a cura di) *The Birds of the Western Palearctic* Voll. 1-3. Oxford: Oxford Univ. Press, 1977-1983

CRAMP S. (ed.) *The Birds of the Western Palearctic* Vol. 4. Oxford: Oxford Univ. Press, 1985.

GEROUDET, P. *Les Passereaux* 3 Voll. Neuchatel: Delachaux et Niestle, 1957-62.

GEROUDET, P. *Grand Echassiers, Gallinaces, Rales d'Europe* Neuchatel: Delachaux et Niestle, 1978.

GEROUDET, P. *Limicoles, Gangas et Pigeons d'Europe* 2 Voll. Neuchatel: Delachaux et Niestle, 1982-83.

GLUTZ V. BLOTZHEIM, BAUER, K. e BEZZEL, E. *Handbuch der Vogel Mitteleuropas* Vol. 4-10. Frankfurt am Main: Akad. Verlagsg, 1971-86.

HARRISON, C. *An Atlas of the Birds of the Western Palearctic* London: Collins, 1982.

LEBRETON, PH. (a cura di) *Atlas ornithologique Rhone-Alpes* Lyon: CORA, 1977.

LIPPENS, L., e WILLE, H. *Atlas des oiseaux de Belgique et de l'Europe Occidentale* Tielt: Lannoo, 1972.

MAKATSCH, W. *Die Eir der Vogel Europas* 2 Voll., Leipzig: Neumann-Verlag, 1974.

PFORR, M. e LIMBRUNNER, A. *Uccelli d'Europa* 2 Voll., Trento: L. Reverdito Ed., 1983.

PORTER, R.F., WILLIS, I., CHRISTENSEN, S. e NIELSEN, B.P. *Guida all'identificazione dei Rapaci europei in volo* Bologna: Zanichelli, 1985.

SCHIFFERLI, A., GEROUDET, P. e WINKLER, R. *Atlas des oiseaux nicheurs de Suisse* Stat. Ornith. Suisse, Sempach, 1980.

SULTANA, J. e GAUCI, C. *A new Guide to the Birds of Malta* The Ornithological Society Malta, 1982.

SVENSSON, L. *Identification Guide to European Passerines* Rosersberg: Marstatryck AB, 1984.

THIBAULT, J.-C. *Les Oiseaux de la Corse* Parc Naturel Regional Corse, 1983.

VOOUS, K.H. *Atlas of European Birds* London; Nelson, 1960.

YEATMAN, L. *Atlas des oiseaux nicheurs de France* Paris: SOF, 1976.

ZINK, G. *Der zug europaischer singvogel* Vogelwarte Radolfzell e Max-Planck Inst. Verlag, Moggingen, 1973-1985.

Opere riguardanti l'Italia

AA.VV. *SOS Fauna. Animali in pericolo in Italia* Camerino: Ed. WWF, 1976.

AA.VV. *Scritti in Memoria di A. Toschi* Supplemento Ricerche Biologia selvaggina Vol. VII, Bologna, 1976.

ARRIGONI DEGLI ODDI E. *Ornitologia Italiana* Milano: Hoepli, 1929.

BOCCA, M. e MAFFEI, G. *Gli uccelli della Valle d'Aosta* Regione Autonoma Valle d'Aosta, 1984.

BRICHETTI, P. (a cura di) *Atlante degli uccelli nidificanti sulle Alpi italiane* 1-3. Rivista italiana di Ornitologia, Milano, 1982-86.

BRICHETTI, P. e CAMBI, D. *Uccelli. Enciclopedia sistematica dell'avifauna italiana* 4 Voll. Milano: Rizzoli-Corriere della Sera, 1981-82.

BRICHETTI, P. *Guida degli Uccelli nidificanti in Italia* Brescia: F.lli Scalvi Ed., 1985.

CHIAVETTA, M. *I Rapaci d'Italia e d'Europa* Milano: Rizzoli, 1981.

CHIAVETTA M. *Guida ai rapaci notturni Strigiformi d'Europa, Nord Africa e Medio Oriente* Bologna: Zanichelli, 1988.

DESSÌ FULGHERI, F. e MINGOZZI, T. (a cura di) *Atti Seminario Biologia dei Galliformi* Arcavacata. Dip. Ecologia Università Calabria, 1985.

FARINA, A. (a cura di) *Atti I Convegno italiano Ornitologia* Aulla, Regione Toscana, CISO e Museo Lunigiana, 1982.

FASOLA, M. (a cura di) *Atti II Convegno italiano Ornitologia* Salice Terme, Dip. Biologia Animale, Regione Lombardia e CISO.

FRUGIS, S. (a cura di) *Enciclopedia degli Uccelli d'Europa* 3 Voll. Milano: Rizzoli, 1971-72.

GIGLIOLI, E. *Avifauna Italica* Firenze: Tip. S. Giuseppe, 1907.

HARRISON C. *Nidi, uova e nidiacei degli uccelli d'Europa* Padova: Franco Muzzio Editore, 1988.

MARTORELLI, G. *Gli Uccelli d'Italia* (II Ed. riv. e agg. da E. Moltoni e C. Vandoni) Rizzoli, Milano, 1960.

MASSA, B. (a cura di) *Atlante degli uccelli nidificanti in Sicilia (1979-1983)* Il Naturalista Siciliano (numero speciale), Palermo, 1985.

MESCHINI, E. e ROSELLI, A. *Bollettino del Progetto Atlante italiano* Supplemento Avocetta. CISO, 1985-86.

PERCO, D. e PERCO, F. *I Rapaci, conoscerli e proteggerli* Pordenone: Perco, 1976.

SALVADORI, T. *Uccelli* In "Fauna d'Italia". Milano: Vallardi, 1872.

SAVI, P. *Ornitologia Toscana* Pisa: Nistri, 1827-31.

SPAGNESI, M. (a cura di) *Atti Conferenza conservazione zone umide di importanza internazionale specialmente come habitat degli uccelli acquatici* Cagliari. Supplemento Ricerche Biologia selvaggina, Vol. VIII, Bologna, 1982.

TOSCHI A. *Avifauna italiana* (riv., agg. e corr. da Boldreghini P. e Spagnesi M.) Ed. Olimpia, 1986.

Riviste italiane di ornitologia

Rivista italiana di ornitologia (periodico della Società italiana di Scienze Naturali e del Museo di Storia Naturale di Milano): tutti i numeri dal 1911 al 1986 (classica e prestigiosa rivista, già diretta da Ettore Arrigoni degli Oddi e Edgardo Moltoni).

Avocetta (periodico del Centro Italiano Studi Ornitologici-CISO): tutti i numeri dal 1978 al 1986 (rivista specializzata per addetti ai lavori).

Gli uccelli d'italia (periodico della società Ornitologica Italiana-SOI): tutti i numeri dal 1976 al 1985 (rivista a prevalente carattere amatoriale).

Picus (periodico del Centro Italiano Studi Nidi Artificiali-CISNIAR): tutti i numeri dal 1980 al 1985 (rivista a prevalente carattere conservazionistico).

Avifauna (periodico dell'Associazione Ornitologica Nazionale-AON): tutti i numeri dal 1978 al 1985 (rivista a prevalente indirizzo ornitofilo).

Sitta (periodico della Società Ornitologica Lombarda): dal 1987 (rivista a carattere specialistico).

Indice analitico

I nomi volgari sono stampati in tondo mentre quelli scientifici sono in *corsivo*. I numeri in carattere normale si riferiscono alle pagine descrittive nel testo, quelli in **neretto** alle tavole a colori e quelli in *corsivo* alle cartine europee e italiane.

Accipiter brevipes 71, **75**, *79*
— *gentilis* 71, **23**, **28**, 77, *398*
— *nisus* 71, **23**, **28**, 78, *399*
Accipitridae 66
Acrocephalus 164
— *aedon* 219
— *agricola* 219
— *arundinaceus* 169, **62**, 273, *527*
— *dumetorum* 167, **65**
— *melanopogon* 166, **62**, 267, *523*
— *paludicola* 167, **62**, *268*
— *palustris* 168, **62**, 270, *525*
— *schoenobaenus* 167, **62**, 269, *524*
— *scirpaceus* 169, **62**, 271, *526*
Actitis hypoleucos 109, **40**, **41**, *152*, *438*
— *macularia* 109, **42**
Aegithalidae 181
Aegithalos caudatus 181, **68**, *300*, *548*
— *caudatus caudatus* 181
— *caudatus rosaceus* 181
Aegolius funereus 135, **53**, *199*, *465*
Aegypius monachus 69, **20**, *71*
Aethia cristatella 214
Airone bianco maggiore 45, **5**, *24*
— cenerino 45, **5**, *25*, *375*
— guardabuoi 44, **6**
— rosso 46, **5**, *26*, *376*
Aironi 42
Aix galericulata 54, **11**
Alaemon alaudipes 216
Alauda arvensis 145, **56**, *222*, *487*
Alaudidae 143
Albanella minore 70, **21**, **22**, *76*, *397*
— pallida 70, **21**, *75*
— reale 70, **21**, **22**, *74*
Albanelle 66
Albastrello 107, **38**, *148*
Albastri 36
Albatros dal sopracciglio nero 36, **1**
— urlatore 208
Alca pappagallo 214
Alca torda 125, **50**, *179*
Alcedinidae 138
Alcedo atthis 138, **54**, *204*, *470*
Alcidae 124
Alectoris barbara 83, **30**, *416*
— chukar 82
— *graeca* 83, **30**, *103*, *414*
— *rufa* 83, **30**, *104*, *415*
Alle alle 126, **50**
Allocchi 131
Allocco 133, **53**, *195*, *463*
— degli Urali 134, **53**, *196*
— di Lapponia 134, **53**
Allodola 145, **56**, *222*, *487*
— del Dupont 143, **56**
— golagialla 146, **56**, *223*
Allodole 143
Alopochen aegypticus 53, **77**
Alzavola 55, **11**, **16**, **18**, **45**, *382*
— asiatica 55, **15**
Ammomanes cincturus 216
— *deserti* 216
Anas acuta 57, **11**, **16**, **18**, **47**, *600*
— *americana* 54, **15**
— *clypeata* 58, **11**, **16**, **18**, **49**, *385*
— *crecca* 55, **11**, **16**, **18**, **45**, *382*
— *crecca carolinensis* 55
— *discors* 57, **15**
— *formosa* 55, **15**
— *penelope* 54, **11**, **16**, **18**, *43*
— *platyrhynchos* 56, **11**, **16**, **18**, **46**, *383*
— *querquedula* 57, **11**, **16**, **18**, **48**, *384*
— *rubripes* 240
— *strepera* 55, **11**, **16**, **18**, **44**, *381*
Anatidae 48

Anatra mandarina 54, **11**
— marmorizzata 58, **11**
— zamperosse 210
Anatre 48
Anatre di superficie 48
— tuffatrici 48
Anous stolidus 214
Anser albifrons 50, **9**, **10**, *36*
— *albifrons albifrons* 50
— *albifrons flavirostris* 50
— *anser* 51, **9**, **10**, *38*
— *anser anser* 51
— *anser rubrirostris* 51
— *brachyrhynchus* 49, **9**, **10**, *35*
— *caerulescens* 51, **7**, **8**
— *erythropus* 50, **9**, *37*
— *fabalis* 49, **9**, **10**, *34*
Anthropoides virgo 89, *5*
Anthus campestris 148, **58**, *229*, *493*
— *cervinus* 149, **58**, *232*
— *godlewskii* 217
— *gustavi* 149, **76**
— *hodgsoni* 148, **76**
— *novaeseelandiae* 148, **58**
— *pratensis* 149, **58**, *231*, *495*
— *spinoletta* 150, **58**, *496*
— *spinoletta littoralis* 150, **58**
— *spinoletta petrosus* 150
— *spinoletta spinoletta* 150
— *trivialis* 149, **58**, *230*, *494*
Apodidae 137
Apus affinis 216
— *apus* 137, **57**, *201*, *467*
— *caffer* 137, **75**
— *melba* 137, **57**, *203*, *469*
— *pacificus* 215
— *pallidus* 137, **57**, *202*, *468*
Aquila anatraia maggiore 74, **25**, **26**, *83*
— anatraia minore 73, **25**, *82*
Aquila chrysaetos 75, **25**, **26**, *85*, *401*
— *clanga* 74, **25**, **26**, *83*
Aquila del Bonelli 75, **24**, *87*, *402*
— di mare 68, **25**, **26**, *67*
— di mare del Pallas 210
Aquila heliaca 74, **25**, *84*
— *heliaca adalberti* 75
— *heliaca heliaca* 75
Aquila imperiale 74, **25**, *84*
— minore 75, **24**, *86*
Aquila pomarina 73, **25**, *82*

Aquila rapace 74, **25**
Aquila rapax 74, **25**
Aquila reale 75, **25**, **26**, *85*, *401*
Aquile 66
Ardea cinerea 45, **5**, **25**, *375*
— *purpurea* 46, **5**, **26**, *376*
Ardeidae 42
Ardeola ralloides 44, **6**, **22**, *373*
Arenaria interpres 110, **33**, **34**, *153*
Asio capensis 215
— *flammeus* 135, **52**, *198*
— *otus* 134, **52**, *197*, *464*
Assiolo 132, **52**, *189*, *459*
Astore 71, **23**, **28**, *77*, *398*
— cantante 210
Athene noctua 133, **53**, *194*, *462*
Averla capirossa 189, **67**, *319*, *563*
— cenerina 188, **67**, *317*, *562*
— isabellina 187
— maggiore 188, **67**, *318*
— mascherata 189, **67**
— piccola 187, **67**, *316*, *561*
Averle 187
Avocetta 91, **36**, **37**, *120*, *428*
Avocette 91
Avvoltoi 66
Avvoltoio monaco 69, **20**, *71*
— orecchiuto 210
Aythya collaris 59, **15**
— *ferina* 59, **12**, **17**, **19**, *51*, *387*
— *fuligula* 60, **12**, **17**, **19**, *53*, *389*
— *marilla* 60, **12**, **17**, **19**, *54*
— *nyroca* 59, **12**, **17**, **19**, *52*, *388*

Balestruccio 147, **57**, *228*, *492*
Balia dal collare 180, **67**, *297*, *546*
— nera 180, **67**, *298*
Balie 179
Ballerina bianca 151, **58**, **59**, *236*, *499*
— gialla 151, **58**, **59**, *235*, *498*
Ballerine 147
Barbagianni 131, **52**, *188*, *458*
Bartramia longicauda 106, **42**
Basettino 181, **68**, *299*, *547*
Beccaccia 104, **38**, **39**, *141*, *435*
— di mare 90, **36**, **37**, *118*, *426*
Beccacce di mare 90
Beccaccini 97
Beccaccino 103, **38**, **39**, *139*, *601*

Beccafico 174, **64**, *285*, *538*
Beccamoschino 164, **62**, *263*, *521*
Beccapesci 121, **47**, **49**, *171*, *445*
— forestiero 214
Beccofrusone 151, **67**, *237*
Beccofrusoni 151
Beccogrosso pettoroseo 223
— vespertino 220
Berta dal cappucciuo 208
— dell'Atlantico 38, **2**
— grigia 38, **2**
— maggiore 37, **2**, *10*, *365*
— minore 38, **2**, *11*, *366*
— minore fosca 39
Berte 37
Biancone 69, **24**, *72*, *395*
Bige 164
Bigia grossa 173, **63**, *281*, *534*
— padovana 173, **63**, *282*, *535*
Bigiarella 174, **63**, *283*, *536*
Bobolink 223
Bombycilla garrulus 151, **67**, *237*
Bombycillidae 151
Bonasa bonasia, 80, **29**, *98*, *409*
Botaurus lentiginosus 43, **5**
— *stellaris* 43, **5**, *19*, *370*
Branta bernicla 52, **7**, **8**, *40*
— *bernicla bernicla* 52
— *bernicla hrota* 52
— *canadensis* 51, **7**, **8**
— *leucopsis* 52, **7**, **8**, *39*
— *ruficollis* 53, **7**, **10**
Bubo bubo 132, **52**, *190*, *460*
Bubulcus ibis 44, **6**
Bucanetes githagineus 200, **65**
Bucephala albeola 210
— *clangula* 64, **12**, **17**, **19**, *59*
— *islandica* 63, **12**
Bulbul 217
Bulweria bulwerii, 208
Burhinidae 91
Burhinus oedicnemus 91, **32**, **41**, *121*, *429*
Buteo buteo 72, **23**, **24**, *83*, *400*
— *lagopus* 73, **23**, **24**, *81*
— *rufinus* 73, **23**, **24**
Butorides virescens 209

Calandra 143, **56**, *218*, *483*
— asiatica 217

— nera 144, **56**
— siberiana 143, **56**
Calandrella 144, **56**, *219*, *484*
— Raytal 217
Calandrella brachydactyla 144, **56**, *219*, *484*
— *Raytal* 217
— *rufescens* 144, **56**
Calandrina 144, **56**
Calandro 148, **58**, *229*, *493*
— maggiore 148, **58**
Calcarius lapponicus 203, **73**, *353*
Calidris acuminata 100, **42**
— *alba* 97, **40**, **41**, *131*
— *alpina* 101, **33**, **40**, **41**, *135*
— *bairdii* 99, **40**
— *canutus* 97, **40**, **41**, *130*
— *ferruginea* 100, **33**, **40**, **41**
— *fuscicollis* 99, **40**
— *maritima* 101, **40**, **41**, *134*
— *mauri* 212
— *melanotos* 100, **40**, **41**
— *minuta* 98, **40**, **41**, *132*
— *minutilla* 99, **42**
— *pusilla* 98, **42**
— *rubicollis* 212
— *subminuta* 212
— *temminckii* 99, **40**, **41**, *133*
Calliope 217
Canapiglia 55, **11**, **16**, **18**, *44*, *381*
Canapino 170, **64**, *276*, *528*
— asiatico 170, **65**
— levantino 170, **64**, *274*
— maggiore 170, **64**, *275*
— pallido 169, **64**, *273*
Cannaiola 169, **62**, *271*, *526*
— di Blyth 167, **65**
— di Jerdon 219
— verdognola 168, **62**, *270*, *525*
Cannaiole 164
Cannareccione 169, **62**, *272*, *527*
— orientale 219
Capinera 174, **63**, *286*, *539*
Capovaccaio 68, **20**, *69*, *393*
Cappellaccia 144, **56**, *220*, *485*
— di Tekla 145, **56**
Caprimulgidae 135
Caprimulgus aegyptius 136, **75**
— *europaeus* 136, **54**, *200*, *466*
— *ruficollis* 136, **54**

Cardellini 196
Cardellino 197, **71**, *342, 585*
Carduelis cannabina 198, **72**, *344, 587*
— *carduelis* 197, **71**, *342, 585*
— *chloris* 197, **71**, *341, 584*
— *flammea* 199, **72**, *346, 588*
— *flammea cabaret* 199
— *flammea flammea* 199
— *flammea rostrata* 199
— *flavirostris* 198, **72**, *345*
— *hornemanni* 199, **72**, *347*
— *spinus* 198, **71**, *343, 586*
Carpodacus erythrinus 201, **72**, *349*
— *roseus* 220
Casarca 53, **14**, **16**, **18**, *41*
Cataro fosco 218
Catharus fuscescens 218
— *guttatus* 218
— *minimus* 218
— *ustulatus* 160, **76**
Catoptrophorus semipalmatus 213
Cavaliere d'Italia 91, **36**, **37**, *119, 427*
Cavalieri d'Italia 91
Cepphus grylle 126, **50**, *180*
Cercotrichas galactotes 153, **63**, *242*
Certhia brachydactyla 186, **66**, *313, 558*
— *familiaris 186*, **66**, *312, 557*
Certhiidae 186
Ceryle alcyon 216
— *rudis* 216
Cesena 162, **61**, *258, 517*
— di Naumann 162, **61**
— fosca 162, **61**
Cettia cetti 164, **62**, *262, 520*
Charadriidae 93
Charadrius alexandrinus 94, **33**, **34**, *125, 432*
— *asiaticus* 212
— *dubius* 93, **33**, **34**, *123, 431*
— *hiaticula* 93, **33**, **34**, *124*
— *leschenaultii* 94, **35**
— *mongulus* 212
— *morinellus* 95, **33**, **34**, *126, 433*
— *semipalmatus* 211
— *vociferus* 94, **35**
Chersophilus duponti 143, **56**
Chettusia gregaria 96, **35**
— *leucura* 96, **35**
Chiurli 97
Chiurlo 105, **36**, **37**, *145*
— boreale 213
— minuto 213
— piccolo 105, **36**, **37**, *144*
Chiurlottello 105, **36**
Chlamydotis undulata 90, **32**
Chlidonias hybridus 123, **48**, **49**, *175, 448*
— *leucopterus* 124, **48**, *177, 450*
— *niger* 124, **48**, **49**, *176, 449*
Chordeiles minor 215
Chrysolophus amherstiae 84, **77**
— *pictus* 84, **77**
Cicogna bianca 46, **6**, *28, 377*
— nera 46, **6**, *27*
Cicogne 46
Ciconia ciconia 46, **6**, *28, 377*
— *nigra* 46, **6**, *27*
Ciconiidae 46
Cigni 48
Cigno minore 48, **7**, *32*
— reale 48, **7**, **8**, *31, 379*
— selvatico 49, **7**, **8**, *33*
Cince 181
Cincia bigia 182, **68**, *301, 549*
— bigia alpestre 182, **68**, *303, 550*
— dal ciuffo 183, **68**, *305, 551*
— dalmatina 182, **68**, *302*
— mora 183, **68**, *306, 552*
— siberiana 182, **68**, *304*
Cinciallegra 184, **68**, *308, 554*
Cinciarella 183, **68**, *307, 553*
— azzurra 183, **68**
Cinclidae 152
Cinclus cinclus 152, **66**, *238, 500*
Circaetus gallicus 69, **24**, **72**, *395*
Circus aeruginosus 69, **21**, **22**, **73**, *396*
— *cyaneus* 70, **21**, **22**, *74*
— *macrourus* 70, **21**, *75, 397*
— *pygargus* 70, **21**, **22**, *76*
Cisticola juncidis 164, **62**, *263, 521*
Ciuffolotto 201, **72**, *351, 590*
— delle pinete 201, **72**, *350*
— roseo 220
— scarlatto 201, **72**, *349*
Ciukar 82, **30**
Civetta 133, **53**, *194, 462*
— capogrosso 135, **53**, *199, 465*
— nana 133, **53**, *193, 461*
Civette 131
Clamator glandarius 130, **54**, *456*
Clangula hyemalis 62, **13**, **17**, **19**, *56*

Coccothraustes coccothraustes 202, 71, 352, 591
Coccyzus americanus 131, 75
— erythrophthalmus 215
Codazzurro 154, 76
Codibugnoli 181
Codibugnolo 181, 68, 300, 548
Codirosso 156, 60, 248, 508
— algerino 218
— americano 221
— spazzacamino 155, 60, 247, 507
Codirossone 159, 60, 254, 513
Codone 57, 11, 16, 18, 47, 600
Colino della Virginia 413
Colombaccio 128, 51, 184, 453
Colombella 128, 51, 183, 452
Columba livia 128, 51, 182, 451
— *oenas* 128, 51, 183, 452
— *palumbus* 128, 51, 184, 453
Columbidae 128
Combattente 102, 38, 41, 137
Coracias garrulus 139, 54, 206, 472
Coraciidae 129
Cormorano 41, 3, 15, 368
Cornacchia grigia 192, 70, 329, 571
— nera 192, 70, 328, 570
Corriere americano 94, 35
— asiatico 212
— grosso 93, 33, 34, 124
— mongolo 212
— piccolo 93, 33, 34, 123, 431
— semipalmato 211
Corrione biondo 92, 33, 39
Corrioni 92
Corvi 189
Corvidae 189
Corvo 191, 70, 327
— imperiale 192, 70, 330, 572
Corvus corax 192, 70, 330, 572
— *corone cornix* 192, 70, 329, 571
— *corone corone* 192, 70, 328, 570
— *dauuricus* 220
— *frugilegus* 191, 70, 327
— *monedula* 191, 70, 326, 569
— *monedula monedula* 191, 70
Coturnice 83, 30, 103, 414
Coturnix coturnix 84, 30, 106, 418
Crex crex 87, 31, 112
Croccolone 103, 38, 39, 140
Crociere 200, 72, 348, 589
— delle pinete 200, 72
— fasciato 199, 72
— scozzese 200
Crociere 196
Cuculi 130
Cuculidae 130
Cuculo 130, 54, 187, 457
— americano 131
— americano occhirossi 215
— dal ciuffo 130, 54, 456
Cuculus canorus 130, 54, 187, 457
Culbianchi 153
Culbianco 157, 60, 251, 511
— isabellino 157, 76
Cursorius cursor 92, 33, 39
Cutrettola 150, 58, 59, 234, 497
— capinera 150, 58, 59
— capocenerino 150, 58, 59
— caposcuro 150, 58, 59
— testagialla orientale 160, 76
Cutrettole 147
Cyanopica cyana 190, 69
Cyclorrhynchus psittacula 215
Cygnus bewickii 48, 7, 32
— *cygnus* 49, 7, 8, 33
— *olor* 48, 7, 8, 31, 379

Damigella di Numidia 89, 5
Delichon urbica 147, 57, 228, 492
Dendrocinia vedova 210
Dendrocopos leucotos 142, 55, 215, 480
— *major* 141, 55, 212, 478
— *medius* 141, 55, 214, 479
— *minor* 142, 55, 216, 481
— *syriacus* 141, 55, 213
Dendrocygna viduata 210
Dendroica coronata 221
Dendroica coronata 221
Dendroica golanera 220
Dendroica magnolia 221
— *petechia* 220
— *striata* 202, 65
— *tigrina* 220
— *virens* 220
Diomedea exulans 208
— *melanophris* 36, 4
Dolichonyx oryzivorus 223
Dryocopus martius 140, 55, 211, 477
Dumetella carolinensis 217

Edredone 60, **13, 17, 19**, *55*
— dagli occhiali 210
— di Steller 61, **13**
Egretta alba 45, **6**, *24*
— *garzetta* 45, **6**, *23, 374*
— *gularis* 209
Elanus caeruleus 67, **21**
Emberiza aureola 206, **74**
— *bruniceps* 223
— *caesia* 205, **74**
— *chrysophrys* 222
— *cia* 204, **74**, *357, 594*
— *cineracea* 205, **74**
— *cioides* 222, **74**
— *cirlus* 204, **74**, *356, 593*
— *citrinella* 204, **74**, *355, 592*
— *hortulana* 205, **74**, *358, 595*
— *leucocephalus* 203, **74**
— *melanocephala* 207, **74**, *361, 597*
— *pallosi* 223
— *pusilla* 206, **74**
— *rustica* 205, **73**, *359*
— *rutila* 223
— *schoeniclus* 206, **73**, *360, 596*
— *spodocephala* 222
Emberizidae 202
Empidonax virescens 216
Eremophila alpestris 146, **56**, *223*
Erythacus rubecula 154, **60**, *243, 504*
Estrilda 196, **77**
Estrilda astrild 196, **77**
— *troglodytes* 196
Estrilde 196
Estrildidae 196

Fagiani 82
Fagiano 84, **29**, *107*
— di Lady Amherst 84, **77**
— di monte 81, **29**, *101, 411*
— dorato 84, **77**
Falaropo beccolargo 111, **33, 40, 41**, *155*
— beccosottile 111, **33, 40, 41**, *154*
— di Wilson 110, **35**
Falchi veri o Falconi 76
Falco biarmicus 78, **27**, *94, 407*
— *cherrug* 79, **27**, *95*
— *columbarius* 77, **27, 28**, *97*
— *concolor* 211
Falco concolore 211

— *cuculo* 77, **27, 28**, *91*
— della regina 78, **27, 28**, *406*
— di palude 69, **21, 22, 73**, *396*
Falco eleonorae 78, **27, 28**, *406*
— *naumanni* 76, **27, 28**, *89, 403*
Falco pecchiaiolo 66, **23, 24**, *64, 390*
— *peregrinus* 79, **27, 28**, *97, 408*
— pescatore 76, **26**, *88*
— *rusticolus* 79, **28**, *96*
— *rusticolus candicans* 79
— *sparverius* 211
— *subbuteo* 78, **27, 28**, *93, 405*
— *tinnunculus* 77, **27, 28**, *90, 404*
— *vespertinus* 77, **27, 28**, *91*
Falconidae 76
Fanello 198, **72**, *344, 587*
— nordico 198, **72**, *345*
Fenicotteri 47
Fenicottero 47, **6**
Ficedula albicollis 180, **67**, *297, 546*
— *hypoleuca* 180, **67**, *298*
— *parva* 180, **67**, *296*
— *semitorquata* 180, **76**
Fiorrancino 179, **66**, *294, 544*
Fischione 54, **11, 16, 18**, *43*
— americano 54, **15**
Fistione turco 58, **12, 17, 19**, *50, 386*
Folaga 88, **31**, *114, 424*
— americana 211
— crestata 88, **31**
Folaghe 85
Forapaglie 167, **62**, *269, 524*
— castagnolo 166, **62**, *267, 523*
— di Gray 218
— macchiettato 165, **62**, *264*
Francolino di monte 80, **29**, *98, 409*
Fratercula arctica 126, **50**, *181*
Fraticello 123, **48, 49**, *174, 447*
Fratino 94, **33, 34**, *125, 432*
Fregata magnifica 209
Fregata magnificens 209
Fringilla coelebs 196, **71**, *337, 581*
— *montifringilla* 196, **71**, *338*
Fringillidae 196
Fringuelli 196
— alpini 194
Fringuello 196, **71**, *337, 581*
— alpino 195, **73**, *336, 580*
Frosone 202, **71**, *352, 591*
Frullino 102, **38, 39**, *138*

Fulica americana 211
— *atra* 88, **31**, *114*, *424*
— *cristata* 88, **31**
Fulmari 37
Fulmaro 37, **2**, *9*
— gigante 208
Fulmarus glacialis 37, **2**, *9*

Gabbianello 114, **44**, **45**, *159*
Gabbiani 113
Gabbiano cirrocefalo 213
— comune 115, **44**, **45**, *160*, *440*
— corallino 114, **44**, **45**, *158*, *439*
— corso 116, **44**, *162*, *442*
— d'avorio 120, **44**
— del Pallas 113, **46**
— di Bonaparte 115, **46**
— di Franklin 213
— di Ross 119, **46**
— di Sabine 115, **44**, **45**
— d'Islanda 118, **44**
— glauco 118, **44**, **45**, *166*
— leucoftalmo 213
— reale 117, **44**, **45**, *165*, *443*
— roseo 116, **44**, *161*, *441*
— shignazzante 114, **46**
— tridattilo 119, **44**, **45**, *168*
Galerida cristata 144, **56**, *220*, *485*
— *theklae* 145, **56**
Gallina prataiola 89, **32**, *116*, *425*
Gallinago gallinago 103, **38**, **39**, *139*, *601*
— *media* 103, **38**, **39**, *140*
Galline prataiole 89
Gallinella americana 211
— d'acqua 87, **31**, *113*, *422*
Gallinelle 85
Gallinula chloropus 87, **31**, *113*, *422*
Gallo cedrone 81, **29**, *102*, *412*
Gambecchio 98, **40**, **41**, *132*
— americano 99, **42**
— collorosso 212
— di Baird 99, **40**
— ditalunghe 212
— frullino 101, **40**, *136*
— nano 99, **40**, **41**, *133*
Ganga 127, **32**
Garrulus glandarius 189, **69**, *320*, *564*
Garzetta 45, **6**, *23*, *374*
— gulare 209

Gavia adamsii 34, **1**
— *arctica* 33, **1**, *2*
— *immer* 34, **1**, *3*
— *stellata* 33, **1**, *1*
Gaviidae 33
Gavina 117, **44**, **45**, *163*
— americana 116, **46**
Gazza 190, **69**, *322*, *565*
— azzurra 190, **69**
— marina 125, **50**, *179*
— marina minore 126, **50**
Gazze marine 124
Gelochelidon nilotica 120, **47**, **49**, *169*, *444*
Geothlypis trichas 221
Germano reale 56, **11**, **16**, **18**, *46*, *383*
Geronticus eremita 209
Gheppio 77, **27**, **28**, *90*, *404*
— americano 211
Ghiandaia 189, **69**, *320*, *564*
— marina 139, **54**, *206*, *472*
— siberiana 190, **69**, *321*
Ghiandaie marine 139
Gipeto 68, **20**, *68*
Girfalco 79, **28**, *96*
Glareola nordmanni 92, **36**
— *pratincola* 92, **36**, **39**, *122*, *430*
Glareolidae 92
Glaucidium passerinum 133, **53**, *193*, *461*
Gobbo della Giamaica 65, **15**
— rugginoso 65, **14**, *63*
Gracchio 191, **69**, **70**, *324*, *567*
— corallino 191, **69**, **70**, *325*, *568*
Grandule 127, **32**
— del Senegal 215
Grifone 69, **20**, *70*, *394*
Grillaio 76, **27**, **28**, *89*, *403*
Gru 88, **5**, *115*
— canadese 211
Gruccione 138, **54**, *205*, *471*
— di Persia 138, **75**
Gruccioni 138
Gruidae 88
Grus canadensis 211
— *grus* 88, **5**, *115*
Gufi 131
Gufo comune 134, **52**, *197*, *464*
— delle nevi 132, **52**, *191*
— di palude 135, **52**, *198*
— di palude del Capo 215
— reame 132, **52**, *190*, *460*

Gypaetus barbatus 68, **20**, *68*
Gyps fulvus 69, **20**, *70*, *394*

Haematopodidae 90
Haematopus ostralegus 90, **36**, **37**, *118*, *426*
Halcyon smyrnensis 216
Haliaeetus albicilla 68, **25**, **26**, *67*
— leucoryphus 210
Hesperiphona vespertina 220
Heteroscelus incanus 213
Hieraaetus fasciatus 75, **24**, *87*, *402*
— pennatus 75, **24**, *86*
Himantopus himantopus 91, **36**, **37**, *119*, *427*
Hippolais caligata 170, **65**
— icterina 170, **64**, *275*
— olivetorum 170, **64**, *274*
— pallida 169, **64**, *273*
— polyglotta 170, **64**, *276*, *528*
Hirundinidae 146
Hirundapus caudacutus 215
Hirundo daurica 147, **57**, *277*, *491*
— rustica 146, **57**, *226*, *490*
Histrionicus histrionicus 62, **13**, **17**, **19**
Hoplopterus spinosus 96, **35**
Hydrobates pelagicus 39, **2**, *12*, *367*
Hydrobatidae 39
Hylocichla mustelina 218

Ibis eremita 209
Icterus galbula 223
Irania gutturale 218
Irania gutturalis 218
Ittero di Baltimora 223
— testagialla 223
Ixobrychus eurhythmus 209
— exilis 209
— minutus 43, **5**, *20*, *371*

Junco color lavagna 222
Junco hyemalis 220
Jynx torquilla 139, **55**, *208*, *474*

Labbi 111
Labbo 112, **43**, *156*
— codalunga 112, **43**, *157*
304

Lagopus lagopus 80, **30**, *99*
— lagopus scoticus 80
— mutus 81, **30**, *100*, *410*
Lanario 78, **27**, *94*, *407*
Laniidae 187
Lanius collurio 187, **67**, *316*, *561*
— excubitor 188, **67**, *318*
— excubitor meridionalis 188
— isabellinus 187
— minor 188, **67**, *317*, *562*
— nubicus 189, **67**
— senator 189, **67**, *319*, *563*
— senator badius 189
Laridae 113
Larus argentatus 117, **44**, **45**, *165*, *443*
— argentatus michahellis 117
— argentatus omissus 117
— atricilla 114, **46**
— audouinii 116, **44**, *162*, *442*
— canus 117, **44**, **45**, *163*
— cirrocephalus 213
— delawarensis 116, **46**
— fuscus 117, **44**, **45**, *164*
— fuscus fuscus 117
— fuscus graellsii 117
— genei 116, **44**, *161*, *441*
— glaucoides 118, **44**
— hyperboreus 118, **44**, **45**, *166*
— ichthyaetus 113, **46**
— leucophthalmus 213
— marinus 118, **44**, **45**, *167*
— melanocephalus 114, **44**, **45**, *158*, *439*
— minutus 114, **44**, **45**, *159*
— philadelphia 115, **46**
— pipixcan 213
— ridibundus 115, **44**, **45**, *160*, *440*
— sabini 115, **44**, **45**
Limicola falcinellus 101, **40**, *136*
Limnodromus griseus 212, **39**
— scolopaceus 103, **38**, **39**
Limosa haemastica 213
— lapponica 104, **36**, **37**, *143*
— limosa 104, **36**, **37**, *142*, *436*
Locustella certhiola 165, **65**
Locustella del Pallas 165, **65**
Locustella fasciolata 219
Locustella fluviatile 166, **62**, *265*
Locustella fluviatilis 166, **62**, *265*
— lanceolata 165, **65**
— luscinioides 166, **62**, *266*, *522*

— *naevia* 165, **62**, *264*
Lodola beccocurvo 216
— del deserto 216
— del deserto minore 216
Lodolaio 78, **27**, **28**, *93*, *405*
Loxia curvirostra 200, **72**, *348*, *589*
— *leucoptera* 199, **72**
— *pytyopsittacus* 200, **72**
— *scotica* 200, *348*
Lucherini 196
Lucherino 198, **71**, *343*, *586*
Luì 164
— bianco 177, **64**, *289*, *540*
— boreale 175, **64**, *288*
— del Pallas 176, **65**
— di Radde 176, **65**
— forestiero 176, **64**
— grosso 178, **64**, *292*
— piccolo 178, **64**, *291*, *542*
— scuro 177, **65**
— verdastro 175, **64**, *287*
— verde 177, **64**, *290*, *541*
Lullula arborea 145, **56**, *221*, *486*
Luscinia calliope 217
— *cyane* 217
— *luscinia* 154, **60**, *244*
— *megarhynchos* 154, **60**, *245*, *505*
— *svecica* 154, **60**, *246*, *506*
Lymnocryptes minimus 102, **38**, **39**, *138*

Macronectes *giganteus* 208
Magnanina 171, **63**, *277*, *530*
— sarda 171, **63**, *529*
Marangone 41, **3**, *15*
— dal ciuffo 41, **3**, *16*, *369*
— minore 41, **3**, *17*
Marangoni 40
Marmaronetta angustirostris 58, **11**
Martin pescatore 138, **54**, *204*, *470*
— pescatore americano 216
— pescatore bianco e nero 216
— pescatore di Smyrne 216
Marzaiola 57, **11**, **16**, **18**, *48*, *384*
— americana 57, *15*
Melanitta fusca 63, **13**, **17**, **19**, *58*
— *nigra* 62, **13**, **17**, **19**, *57*
— *perspicillata* 63, **13**, **17**, **19**
Melanocorypha bimaculata 217
— *calandra* 143, **56**, *218*, *483*

— *leucoptera* 143, **56**
— *yeltoniensis* 144, **56**
Melierax metabates 210
Melospiza melodia 222
Mergus albellus 64, **14**, **16**, **18**, *60*
— *cucullatus* 210
— *merganser* 65, **14**, **16**, **18**, *62*
— *serrator* 64, **14**, **16**, **18**, *61*
Merli acquaioli 152
Merlo 161, **61**, *257*, *516*
— acquaiolo 152, **66**, *238*, *500*
— dal collare 161, **61**, *256*, *515*
Meropidae 138
Merops apiaster 138, **54**, *205*, *471*
— *superciliosus* 138, **75**
Mestolone 58, **11**, **16**, **18**, *49*, *385*
Micropalama himantopus 212
Migliarino di Pallas 223
— di palude 206, **73**, *360*, *596*
Mignattai 47
Mignattaio 47, **6**, *29*, *378*
Mignattino 124, **48**, **49**, *176*, *449*
— alibianche 124, **48**, *177*, *450*
— piombato 123, **48**, **49**, *175*, *448*
Miliaria calandra 207, **74**, *362*, *598*
Milvus migrans 67, **21**, **22**, *65*, *391*
— *milvus* 67, **21**, **22**, *66*, *392*
Mimo bruno 217
Mniotilta varia 220
Mniotilta varia 220
Monachella 159, **60**, *252*, *512*
— del deserto 159, **60**
— dorsonero 158, **60**
— nera 159, **60**, *253*
— testabianca 218
Monticola saxatilis 159, **60**, *254*, *513*
— *solitarius* 160, **60**, *255*, *514*
Montifringilla nivalis 195, **73**, *336*, *580*
Moretta 60, **12**, **17**, **19**, *53*, *389*
— arlecchino 62, **13**, **17**, **19**
— codona 62, **13**, **17**, **19**, *56*
— dal collare 59, *15*
— grigia 60, **12**, **17**, **19**, *54*
— tabaccata 59, **12**, **17**, **19**, *52*, *388*
Moriglione 59, **12**, **17**, **19**, *51*, *387*
Motacilla alba 151, **58**, **59**, *236*, *499*
— *alba alba* 151
— *alba yarrelli* 151
— *cinerea* 151, **58**, **59**, *236*, *498*
— *citreola* 150, **76**

— *flava* 150, **58**, **59**, *234*, *497*
— *flava cinereocapilla* 150
— *flava feldegg* 150
— *flava flava* 150
— *flava flavissima* 150
— *flava thunbergi* 150
Motacillidae 147
Mugnaiaccio 118, **44**, **45**, *167*
Muscicapa latirostris 219
— *striata* 179, **67**, *295*, *545*
Muscicapidae 179

*N*eophron percnopterus 68, **20**, **69**, *393*
Netta rufina 58, **12**, **17**, **19**, *50*, *386*
Nibbi 66
Nibbio bianco 67, **21**
— bruno 67, **21**, **22**, **65**, *391*
— reale 67, **21**, **22**, **66**, *392*
Nitticora 43, **5**, *21*, *372*
Nocciolaia 190, **69**, *323*, *566*
Nucifraga caryocatactes 190, **69**, *323*, *566*
Numenius arquata 105, **36**, **37**, *145*
— *borealis* 213
— *minutus* 213
— *phaeopus* 105, **36**, **37**, *144*
— *phaeopus hudsonicus* 105
— *tenuirostris* 105, **36**
Nyctea scandiaca 132, **52**, *191*
Nycticorax nycticorax 43, **5**, *21*, *372*

Oca collorosso 53, **7**, **10**
— colombaccio 52, **7**, **8**, *40*
— del Canada 51, **7**, **8**
— delle nevi 51, **7**, **8**
— egiziana (o del Nilo) 53, *77*
— facciabianca 52, **7**, **8**, *39*
— granaiola 49, **9**, **10**, *34*
— lombardella 50, **9**, **10**, *36*
— lombardella minore 50, **9**, *37*
— selvatica 51, **9**, **10**, *38*
— selvatica occidentale 51
— selvatica orientale 51
— zamperosee 59, **9**, **10**, *35*
Occhiocotto 172, **63**, *280*, *533*
Occhione 91, **32**, **41**, *121*, *429*
Occhioni 91
Oceanites oceanicus 39, **2**, *12*
Oceanodroma castro 209
306

— *leucorrhoa* 40, **2**, *13*
Oche 48
Oenanthe deserti 159, 76
— *hispanica* 159, **60**, *252*, *512*
— *isabellina* 157, **76**
— *leucopyga* 218
— *leucura* 159, **60**, *253*
— *oenanthe* 157, **60**, *251*, *511*
— *oenanthe leucorrhoa* 157, **60**
— *pleschanka* 158, **60**
Orchetto marino 62, **13**, **17**, **19**, *57*
Orco marino 63, **13**, **17**, **19**, *58*
— marino dagli occhiali 63, **13**, **17**, **19**
Organetto 199, **72**, *346*, *588*
— artico 199, **72**, *347*
— maggiore 199
— minore 199
Oriolidae 187
Oriolus oriolus 187, **69**, *315*, *560*
Ortolano 205, **74**, *358*, *595*
— grigio 205, **74**
Otarda 90, **32**, *117*
Otarde 89
Otididae 89
Otis tarda 90, **32**, *117*
Otus scops 132, **52**, *189*, *459*
Oxyura jamaicensis 65, **15**
— *leucocephala* 65, **14**, *62*

Pagliarolo 167, **62**, *268*
Pagophila eburnea 120, **44**
Pandion haliaetus 76, **26**, *88*
Pandionidae 76
Pantana 107, **38**, **39**, *149*
Panurus biarmicus 181, **68**, *299*, *547*
Pappagalli 130
Parrocchetto dal collare 130, **77**
Parula 220
Parula americana 220
Parula di Blackpool 202, **65**
— delle magnolie 221
— gialla 220
— golagialla 221
— pellegrina 220
— tigrina 220
Parule 202
Parulidae 202
Parus ater 183, **68**, *306*, *552*
— *caeruleus* 183, **68**, *307*, *553*

— cinctus 182, **68**, *304*
— cristatus 183, **68**, *305*, *551*
— cyanus 183, **68**
— lugubris 182, **68**, *302*
— major 184, **68**, *308*, *554*
— montanus 182, **68**, *303*, *550*
— palustris 182, **68**, *301*, *549*
Passer domesticus 194, **73**, *332*, *576*
— *hispaniolensis* 194, **73**, *333*, *577*
— *italiae* 194, **73**, *575*
— *montanus* 195, **73**, *334*, *578*
Passera d'Italia 194, **73**, *575*
— lagia 195, **73**, *335*, *579*
— mattugia 195, **73**, *334*, *578*
— oltremontana 194, **73**, *332*, *576*
— sarda 194, **73**, *333*, *577*
— scopaiola 153, **73**, *240*, *502*
— scopaiola siberiana 217
Passerculo di Sandvich 222
Passerculus sandvichensis 222
Passere scopaiole 152
Passerella iliaca 222
Passeri 194
Passeridae 194
Passerina cianea o Ministro 223
Passerina cyanea 223
Passero solitario 160, **60**, *255*, *514*
Pavoncella 97, **33**, **34**, *129*, *434*
— armata 96, **35**
— codabianca 96, **35**
— gregaria 96, **35**
Pelagodroma marina 209
Pelecanidae 42
Pelecanus crispus 42, **4**, *18*
— *onocrotalus* 42, **4**
Pellegrino 79, **27**, **28**, *97*, *408*
Pellicano 42, **4**
— riccio 42, **4**, *18*
Pellicani 42
Pendolini 186
Pendolino 186, **68**, *314*, *559*
Peppola 196, **71**, *338*
Perdix perdix 83, **30**, *105*, *417*
Perisoreus infaustus 190, **69**, *321*
Pernice bianca 81, **30**, *100*, *410*
— bianca di Scozia 80, **30**, *99*
— bianca nordica 80, **30**, *99*
— di mare 92, **36**, **39**, *122*, *430*
— di mare orientale 92, **36**
— rossa 83, **30**, *104*, *415*

— sarda 83, **30**, *416*
Pernici 82
— di mare 92
Pernis apivorus 66, **23**, **24**, *64*, *390*
Pesciaiola 64, **14**, **16**, **18**, *60*
Petronia petronia 195, **73**, *335*, *579*
Pettazzurro 154, **60**, *246*, *506*
— occidentale 154
— orientale 154
Pettegola 106, **38**, **39**, *147*, *437*
Pettirosso 154, **60**, *243*, *504*
Phalacrocoracidae 40
Phalacrocorax aristotelis 41, **3**, *16*, *369*
— *carbo* 41, **3**, *15*, *368*
— *pygmaeus* 41, **3**, *17*
Phalaropus fulicarius 111, **33**, **40**, **41**, *155*
— *lobatus* 111, **33**, **40**, **41**, *154*
— *tricolor* 110, **35**
Phasianidae 82
Phasianus colchicus 84, **29**, *107*
Pheucticus ludovicianus 223
Philomachus pugnax 102, **38**, **41**, *137*
Phoenicopteridae 47
Phoenicopterus minor 209
— *ruber* 47, **6**
Phoenicurus moussieri 218
— *ochruros* 155, **60**, *247*, *507*
— *phoenicurus* 156, **60**, *248*, *508*
Phylloscopus bonelli 177, **64**, *289*, *540*
— *borealis* 175, **64**, *288*
— *collybita* 178, **64**, *288*, *542*
— *fuscatus* 177, **65**
— *inornatus* 176, **64**
— *proregulus* 176, **65**
— *schwarzi* 176, **65**
— *sibilatrix* 177, **64**, *290*, *541*
— *trochiloides* 175, **64**, *287*
— *trochilus* 178, **64**, *292*
Pica pica 190, **69**, *322*, *565*
Picchi 139
Picchi muraioli 185
— muratori 184
Picchio cenerino 140, **55**, *209*, *475*
— dorsobianco 142, **55**, *215*, *480*
— muraiolo 185, **66**, *311*, *556*
— muratore 185, **66**, *309*, *555*
— muratore corso 184, **66**
— muratore di Krüper 184, **76**
— muratore di roccia 185, **66**, *310*
— nero 140, **55**, *211*, *477*

— rosso di Siria 141, **55**, *213*
— rosso maggiore 141, **55**, *212*, *478*
— rosso mezzano 141, **55**, *214*, *479*
— rosso minore 142, **55**, *216*, *481*
— tridattilo 142, **55**, *217*, *482*
— verde 140, **55**, *210*, *476*
Piccione selvatico 128, **51**, *182*, *451*
Piccioni 128
Picidae 139
Picoides tridactylus 142, **55**, *217*, *482*
Picus canus 140, **55**, *209*, *475*
— *viridis* 140, **55**, *210*, *476*
— *viridis sharpei* 140, **55**
Pigliamosche 179, **67**, *295*, *545*
— beccolargo 219
— pettirosso 180, **67**, *296*
— tiranno di Acadia 216
Pinicola enucleator 201, **72**, *350*
Piovanello 100, **33**, **40**, **41**
— maggiore 97, **40**, **41**, *130*
— pancianera 101, **33**, **40**, **41**, *135*
— semipalmato 98, **42**
— tridattilo 97, **40**, **41**, *131*
— violetto 101, **40**, **41**, *134*
Piranga olivacea 222
— *rubra* 222
Piro-piro 97
Piro-piro boschereccio 108, **38**, **39**, *151*
— codalunga 106, **42**
— culbianco 108, **38**, **39**, *150*
— dorsobianco o di Bonaparte 99, **40**
— fulvo 102, **40**
— macchiato 109, **42**
— occidentale 212
— pettorale 100, **40**, **41**
— pettorossiccio 103, **38**, **39**
— pettorossiccio minore 212
— piccolo 109, **40**, **41**, *152*, *438*
— siberiano 100, **42**
— solitario 108, **42**
— Terek 109, **40**
— vagabondo 213
— zampelunghe 212
Pispola 149, **58**, *231*, *495*
— della Peciora 149, **76**
— golarossa 149, **58**, *232*
Pispole 147
Pittima americana 213
— minore 104, **36**, **37**, *143*
— reale 104, **36**, **37**, *142*, *436*

Pittime 97
Piviere asiatico 95, **35**
— di Leschenault 94, **35**
— dorato 95, **33**, **34**, *127*
— tortolino 95, **33**, **34**, *126*, *433*
Pivieressa 96, **33**, **34**, *128*
Pivieri 93
Platalea leucorodia 47, **6**, *30*
Plectrophenax nivalis 203, **73**, *354*
Plegadis falcinellus 47, **6**, *29*, *378*
Pluvialis apricaria 95, **33**, **34**, *127*
— *dominica* 95, **35**
— *squartarola* 96, **33**, **34**, *128*
Podiceps auritus 36, **1**, *7*
— *cristatus* 35, **1**, *5*, *364*
— *grisegena* 36, **1**, *6*
— *nigricollis* 36, **1**, *8*, *599*
Podicipedidae 35
Podilimbo 208
Podilymbus podiceps 208, **15**
Poiana 72, **23**, **24**, *80*, *400*
— calzata 73, **23**, **24**, *81*
— codabianca 73, **23**, **24**
Poiane 66
Pollo sultano 87, **31**, *423*
— sultano di Allen 211
Polysticta stelleri 61, **13**
Porciglione 85, **31**, *168*, *419*
Porciglioni 85
Porphyrio porphyrio 87, **31**, *423*
Porphyrula alleni 211
— *martinica* 211
Porzana carolina 211
— *parva* 86, **31**, *110*, *421*
— *porzana* 86, **31**, *109*, *420*
— *pusilla* 86, **31**, *111*
Prispolone 149, **58**, *230*, *494*
— di Blyth 217
— indiano 148, **76**
Procellaria diomedea 37, **2**, *10*, *365*
Procellariidae 37
Prunella collaris 153, **73**, *241*, *503*
— *modularis* 153, **73**, *240*, *502*
— *montanella* 217
Prunellidae 152
Psittacidae 130
Psittacula krameri 130, **77**
Pterocle dal ventre castano 215
Pterocles alchata 127, **32**
— *exustus* 215

— *orientalis* 127, **32**
— *senegallus* 215
Pteroclidae 127
Pterodroma hasitata 208
Ptyonoprogne fuligula 146, **57**, *225*, *489*
Puffinus assimilis 39, **2**
— *gravis* 38, **2**
— *griseus* 38, **2**
— *puffinus* 38, **2**, *11*, *366*
Pulcinella di mare 126, **50**, *181*
Pycnonotus barbatus 217
Pyrrhocorax graculus 191, **69**, **70**, *324*, *567*
— *pyrrhocorax* 191, **69**, **70**, *325*, *568*
Pyrrhula pyrrhula 201, **72**, *351*, *590*
— *pyrrhula nesa* 201
— *pyrrhula pyrrhula* 201

Quaglia 84, **30**, *106*, *418*
— tridattila 85, **30**
Quaglie 82
— tridattile 85
Quattrocchi 64, **12**, **17**, **19**, *59*
— d'Islanda 63, **12**
— minore 210

Rallidae 85
Rallus aquaticus 85, **31**, *108*, *419*
Rampichini 186
Rampichino 186, **66**, *313*, *558*
— alpestre 186, **66**, *312*, *557*
Recurvirostra avosetta 91, **36**, **37**, *120*, *428*
Recurvirostridae 91
Re degli edredoni 61, **13**, **17**, **19**
— di quaglie 87, **31**, *112*
Regolo 179, **66**, *293*, *543*
Regulus ignicapillus 179, **66**, *294*, *544*
— *regulus* 179, **66**, *293*, *543*
Remiz pendulinus 186, **68**, *314*, *559*
Remizidae 186
Rhodostethia rosea 114, **46**
Rigogoli 187
Rigogolo 187, **69**, *315*, *560*
Riparia riparia 146, **57**, *224*, *488*
Rissa tridactyla 119, **44**, **45**, *168*
Rondine 146, **57**, *226*, *490*
— di mare 122, **47**, **49**, *172*, *446*
— montana 146, **57**, *225*, *489*
— rossiccia 147, **57**, *227*, *491*

Rondini 146
Rondone 137, **57**, *201*, *467*
— alpino 137, **57**, *203*, *469*
— cafro 137, **75**
— codacuta 215
— indiano 216
— pacifico 215
— pallido 137, **57**, *202*, *468*
Rondoni 137

Sacro 79, **27**, *95*
Salciaiola 166, *266*, *522*
Saltimpali 153
Saltimpalo 156, **60**, *250*, *510*
Saxicola rubetra 156, **60**, *249*, *509*
— *torquata* 156, **60**, *250*, *510*
Schiribilla 86, **31**, *110*, *421*
— grigiata 86, **31**, *111*
Scolopacidae 97
Scolopax rusticola 104, **38**, **39**, *141*, *435*
Scriccioli 152
Scricciolo 152, **66**, *239*, *501*
Seiuro 221
— aurocapillo 221
Seiurus aurocapillus 221
— *noveboracensis* 221
Serinus citrinella 197, **71**, *340*, *583*
— *serinus* 196, **71**, *339*, *582*
Setophaga ruticilla 221
Sfirapico vario 216
Sgarza ciuffetto 44, **6**, *22*, *373*
Silvia di Ménétries 219
— di Rüppell 173, **63**
— di Tristram 219
Sirratte 127, **32**
Sirratti 127
Sitta canadensis 219
Sitta canadese 219
Sitta europaea 185, **66**, *309*, *555*
— *europaea europaea* 185
— *krueperi* 184, **76**
— *neumayer* 185, **66**, *310*
— *whiteheadi* 184, **66**
Sitte 184
Sittidae 184
Smerghi 48
Smergo americano 210
— maggiore 65, **14**, **16**, **18**, *62*
— minore 64, **14**, **16**, **18**, *61*

Smeriglio 77, **27**, **28**, *92*
Somateria fischeri 210
— *mollissima* 60, **13**, **17**, **19**, *55*
— *spectabilis* 61, **13**, **17**, **19**
Sordone 153, **73**, *241*, *503*
Sordoni 152
Sparvieri 66
Sparviero 71, **23**, **28**, *78*, *399*
— levantino 71, **75**, *79*
Spatola 47, **6**, *30*
Spatole 47
Sphyrapicus varius 216
Spioncello 150, **58**, *233*, *496*
Starna 83, **30**, *105*, *417*
Stercorari 111
Stercorariidae 111
Stercorario maggiore 113, **43**
— mezzano 112, **43**
Stercorarius longicaudus 112, **43**, *157*
— *parasiticus* 112, **43**, *156*
— *pomarinus* 112, **43**
— *skua* 113, **43**
Sterna albifrons 123, **48**, **49**, *174*, *447*
— *aleutica* 214
— *aleutina* 214
— *anaethetus* 214
— *bengalensis* 214, *602*
— *caspia* 121, **47**, **49**, *170*, *602*
Sterna codalunga 122, **47**, **49**, *173*
— comune 122, **47**, **49**, *172*, *446*
— dalle redini 214
— del Dougall 121, **47**, **49**
— del Rüppell 214, *602*
— di Forster 214
Sterna dougallii 121, **47**, **49**
— *forsteri* 214
— *fuscata* 122, **46**
— *hirundo* 122, **47**, **49**, *172*, *446*
Sterna maggiore 121, **47**, **49**, *170*, *602*
— maggiore americana 214
Sterna maxima 214
— *paradisaea* 122, **47**, **49**, *173*
— *sandvicensis* 121, **47**, **49**, *171*, *445*
Sterna scura 122, **46**
— stolida 214
— zampenere 120, **47**, **49**, *169*, *444*
Sterne 120
Sternidae 120
Sterpazzola 174, **63**, *284*, *537*
— di Sardegna 172, **63**, *278*, *531*

— nana 219
Sterpazzolina 172, **63**, *279*, *532*
Stiaccino 156, **60**, *249*, *509*
Storni 193
Storno 193, **69**, *331*, *573*
— nero 193, **69**, *574*
— roseo 193, **69**
Streptopelia decaocto 129, **51**, *185*, *454*
— *orientalis* 215
— *risoria* 129
— *senegalensis* 129, **75**
— *turtur* 129, **51**, *186*, *455*
Strigidae 131
Strillozzo 207, **74**, *362*, *598*
Strix aluco 133, **53**, *195*, *463*
— *nebulosa* 134, **53**
— *uralensis* 134, **53**, *196*
Strolaga beccogiallo 34, **1**
— maggiore 34, **1**, *3*
— mezzana 33, **1**, *2*
— minore 33, **1**, *1*
Strolaghe 33
Sturnidae 193
Sturnus roseus 193, **69**
— *unicolor* 193, **69**, *574*
— *vulgaris* 193, **69**, *331*, *573*
Succiacapre 136, **54**, *200*, *466*
— americano 215
— collorosso 136, **54**
— sabellino 136, **75**
Sula 40, **4**, *14*
Sula bassana 40, **4**, *14*
Sule 40
Sulidae 40
Surnia ulula 132, **53**, *192*
Svassi 35
Svasso collorosso 36, **1**, *6*
— cornuto 36, **1**, *7*
— maggiore 35, **1**, *5*, *364*
— piccolo 36, **1**, *8*, *599*
Sylvia atricapilla 174, **63**, *286*, *539*
— *borin* 174, **64**, *285*, *538*
— *cantillans* 172, **63**, *279*, *532*
— *communis* 174, **63**, *284*, *537*
— *conspicillata* 172, **63**, *278*, *531*
— *curruca* 174, **63**, *283*, *536*
— *deserticola* 219
— *hortensis* 173, **63**, *281*, *534*
— *melanocephala* 172, **63**, *280*, *533*
— *mystacea* 219

— *nana* 219
— *nisoria* 173, **63**, *282*, *535*
— *rüppelli* 173, **63**
— *sarda* 171, **63**, *529*
— *undata* 171, **63**, *277*, *530*
Sylviidae 164
Syrrhapetes paradoxus 127, **32**

Taccola 191, **70**, *326*, *569*
— di Dauria 219
Tachybaptus ruficollis 35, **1**, *4*, *363*
Tadorna ferruginea 53, **14**, **16**, **18**, *41*
— *tadorna* 53, **14**, **16**, **18**, *42*, *380*
Tanagra estiva 221
Tarabusi 42
Tarabusino 43, **5**, *20*, *371*
— americano 209
— orientale 209
— verdastro 209
Tarabuso 43, **5**, *19*, *370*
— americano 43, **5**
Tarsiger cyanurus 155, **76**
Tetraoni 80
Tetraonidae 80
Tetrao tetrix 81, **29**, *101*, *411*
— *urogallus* 81, **29**, *102*, *412*
Tetrax tetrax 89, **32**, *116*, *425*
Threskiornithidae 47
Tichodroma muraria 185, **66**, *311*, *556*
Tichodromadidae 185
Timaldi 181
Timaliidae 181
Topini 146
Topino 146, **57**, *224*, *488*
Torcicollo 139, **55**, *208*, *474*
Tordela 163, **61**, *261*, *519*
Tordi 163
Tordo bottaccio 163, **61**, *259*, *518*
— d'acqua 221
— di Swainson 160, **76**
— dorato 160, **61**
— eremita 218
— golanera 162, **61**
— guancegrigie 218
— migrator 164, **61**
— mustelina 218
— oscuro 161, **61**
— sassello 163, **61**, *260*
— siberiano 160, **61**

— unicolore 218
Torgos tracheliotus 210
Tortora 129, **51**, *186*, *455*
— dal collare orientale 129, **51**, *185*, *454*
— delle palme 129, **75**
— orientale 215
Tortore 128
Totano moro 106, **38**, **39**, *146*
— zampegialle maggiore 107, **42**
— zampegialle minore 108, **38**
Tottavilla 145, **56**, *221*, *486*
Toxostoma rufum 217
Tringa erythropus 106, **38**, **39**, *146*
— *flavipes* 108, **38**
— *glareola* 108, **38**, **39**, *151*
— *melanoleuca* 107, **42**
— *nebularia* 107, **38**, **39**, *149*
— *ochropus* 108, **38**, **39**, *150*
— *solitaria* 108, **42**
— *stagnatilis* 107, **38**, *148*
— *totanus* 106, **38**, **39**, *147*, *437*
Troglodytes troglodytes 152, **66**, *239*, *501*
Troglodytidae 152
Trombettiere 200, **65**
Tryngites subruficollis 102, **40**
Tuffetto 35, **1**, *4*, *363*
Turdidae 153
Turdus eunomus 162, **61**
— *iliacus* 163, **61**, *260*
— *merula* 161, **61**, *257*, *516*
— *migratorius* 164, **61**
— *naumanni* 162, **61**
— *obscurus* 161, **61**
— *philomelos* 163, **61**, *259*, *518*
— *pilaris* 162, **61**, *258*, *517*
— *ruficollis* 162, **61**
— *ruficollis atrogularis* 162
— *ruficollis ruficollis* 162
— *torquatus* 161, **61**, *256*, *515*
— *unicolor* 218
— *viscivorus* 163, **61**, *261*, *519*
Turnicidae 85
Turnix sylvatica 85, **30**
Tyto alba 131, **52**, *458*
— *alba guttata* 131
Tytonidae 131

Ubara 90, **32**
Uccelli delle tempeste 39

Uccello delle tempeste 39, **2**, *12*, *367*
— codaforcuta 40, **2**, *13*
— di Bulwer 208
— di Castro 209
— di Wilson 39, **2**
— fregata 209
Uccello gatto 217
Ulula 132, **53**, *192*
Upupa 139, **54**, *207*, *473*
Upupa epops 139, **54**, *207*, *473*
Upupe 139
Upupidae 139
Uria 125, **50**, *178*
Uria aalge 125, **50**, *178*
— *aalge aalge* 125
— *aalge albionis* 125
Uria dalle redini 125
— di Brünnich 125, **50**
Uria lomvia 125, **50**
Uria nera 126, **50**, *180*
Urie 124
Usignoli 153
Usignolo 154, **60**, *245*, *505*
— d'Africa 153, **63**, *242*
— di fiume 164, **62**, *262*, *520*
— maggiore 154, **60**, *244*
— siberiano 217

Vanellus vanellus 97, **33**, **34**, *129*, *434*
Venturone 197, **71**, *340*, *583*
Verdone 197, **71**, *341*, *584*
Vermivora peregrina 220
Verzellino 196, **71**, *339*, *582*
Vireo occhirossi 220
Vireo olivaceus 220
Volpoca 53, **14**, **16**, **18**, *42*, *380*
Volpoche 48
Voltapietre 110, **33**, **34**, *153*
Voltolini 85

Voltolino 86, **31**, *109*, *420*
— americano 211

Willet 213
Wilsonia citrina 221
Wilsonia citrina 221

Xanthocephalus xanthocephalus 223
Xenus cinereus 109, **40**

Zafferano 117, **44**, **45**, *164*
Zigoli 202
Zigolo boschereccio 205, **73**, *359*
— cenerino 205, **74**
— dal collare 206, **74**
— dal sopracciglio giallo 222
— delle nevi 203, **73**, *354*
— di Lapponia 203, **73**, *353*
— giallo 204, **74**, *356*, *592*
— golarossa 203, **74**
— mascherato 222
— minore 206, **74**
— muciatto 204, **74**, *357*, *594*
— muciatto orientale 222
— nero 204, **74**, *356*, *593*
— rutilo 223
— testa aranciata 223
— testanera 207, **74**, *361*, *597*
Zonotrichia albicollis 202, **65**
Zonotrichia collobianco 202, **65**
— dal sopracciglio bianco 222
Zonotrichia iliaca 222
— *leucophrys* 222
— *melodia* 222
Zoothera dauma 160, **61**
— *sibirica* 160, **61**